Alfons Fürst

Von Origenes und Hieronymus zu Augustinus

Arbeiten zur Kirchengeschichte

Begründet von

Karl Holl† und Hans Lietzmann†

herausgegeben von

Christian Albrecht und Christoph Markschies

Band 115

De Gruyter

Alfons Fürst

Von Origenes und Hieronymus zu Augustinus

Studien zur antiken Theologiegeschichte

De Gruyter

ISBN 978-3-11-025102-9
e-ISBN 978-3-11-025103-6
ISSN 1861-5996

Library of Congress Cataloging-in-Publication Data

A CIP catalogue record for this book is available from the Library of Congress.

Bibliografische Information der Deutschen Nationalbibliothek

Die Deutsche Nationalbibliothek verzeichnet diese Publikation in der Deutschen Nationalbibliografie; detaillierte bibliografische Daten sind im Internet über http://dnb.d-nb.de abrufbar.

Druck: Hubert & Co. GmbH und Co. KG, Göttingen
∞ Gedruckt auf säurefreiem Papier

Printed in Germany

www.degruyter.com

Vorwort

Im Zuge der Gründung der Forschungsstelle Origenes und der vielfältigen Beschäftigung mit Origenes und seinem Erbe am Seminar für Alte Kirchengeschichte der Katholisch-Theologischen Fakultät der Westfälischen Wilhelms-Universität Münster kam der Gedanke auf, dass es sehr praktisch wäre, wenn meine Arbeiten zu Origenes, Hieronymus und Augustinus in einem Band versammelt wären. Nach anfänglichem Zögern habe ich mich mit dieser Idee angefreundet, und der Verlag de Gruyter und der zuständige Herausgeber der „Arbeiten zur Kirchengeschichte", mein geschätzter Kollege *in Origenianis*, Christoph Markschies, waren ohne Umschweife bereit, einen solchen Band zu publizieren. Beiden und allen, die an der Entstehung dieses Buches mitgewirkt haben, gebührt daher mein herzlichster Dank, allen voran meinem Assistenten, Christian Hengstermann, sodann den Studentischen Hilfskräften am Münsteraner Lehrstuhl, Frau Anne Achternkamp, Frau Christine Kerber und Herrn Christian Gers-Uphaus, und dazu Herrn Michael Marx und Herrn Christian Pelz, die mit viel Einsatz an der Erstellung der Druckfassung und der Register mitgearbeitet haben.

Die Formalia in den erneut abgedruckten Aufsätzen wurden so weit wie möglich vereinheitlicht, Druckfehler korrigiert und behutsam stilistische Verbesserungen vorgenommen. Fünf Beiträge werden erstmals publiziert (Nr. 1, 4, 6, 10 und 20). Die Reihung orientiert sich nicht an der Chronologie des Erscheinens, sondern an sachlichen Gesichtspunkten. Die einzelnen Beiträge führen die Leserinnen und Leser auf hoffentlich anregende Streifzüge durch das Denken antiker Theologen abseits der konventionellen Pfade der Dogmengeschichte.

Die auf diese Weise zusammengestellten Beiträge reichen von Origenes und Hieronymus zu Augustinus. Diese drei Namen stehen für zentrale Stationen altkirchlicher Theologiegeschichte und spiegeln zugleich Stationen meiner Beschäftigung mit dieser. Mein akademischer Weg führte freilich in umgekehrter Richtung von Augustinus und Hieronymus zurück zu Origenes. Seit einiger Zeit liegt ein Schwerpunkt meiner Forschungen auf Origenes. Das manifestiert sich zuallererst in der Gründung der Forschungsstelle Origenes im Jahre 2008, die das Ziel verfolgt, das Denken des Origenes und sein vielfältiges Erbe für die Forschung in verschiedenen Disziplinen zu erschließen. Dies soll zum einen mit Hilfe der zwei- bzw. dreisprachigen Gesamtausgabe seiner Werke erreicht werden, die seit 2009 in einem Gemeinschaftsprojekt der Verlage de Gruyter und Herder erscheint, zum anderen durch Untersuchungen zur Theologie des Origenes und ihrer Wirkungsgeschichte in Einzelprojekten, für die als Publikationsorgan die Origenes und seinem Erbe gewidmete neue Reihe „Adamantiana" im Verlag Aschendorff gegründet wurde, deren erster Band 2011 erscheint.

Eines der wichtigsten Ziele dieser Forschungen besteht darin, Origenes als Philosoph zu entdecken und seinen Beitrag zur Philosophiegeschichte zu würdigen. Anders als sein großes lateinisches Pendant Augustinus spielt er in Darstellungen zu dieser bedauerlicherweise nach wie vor kaum eine Rolle, obwohl ihm, dem Begründer der Freiheitsmetaphysik, eine solche in höchstem Maße zukommt. Die Jahrhunderte, in denen Origenes gerade sein philosophischer Zug (anders als Augustinus) kirchlich zum Verhängnis wurde, hat die Forschung entschlossen hinter sich gelassen. Der verketzerte Klassiker Origenes hat freilich keine Rehabilitierung nötig. Seine Werke sprechen für ihn, und über die theologische Aufmerksamkeit hinaus, die ihm im 20. Jahrhundert zunehmend zuteil wurde, verdient er eine solche auch in nichtkirchlichen und nichtchristlichen Kontexten. Das Denken des Origenes bildet wie das Augustins und wie das Wirken des Hieronymus einen wesentlichen und unverzichtbaren Teil unseres geistigen und kulturellen Erbes.

Die Endphase der Erarbeitung dieses Buches fiel in die Zeit eines ganzjährigen Forschungsaufenthalts an der Universität Princeton als Visiting Fellow am Department of Classics. Die Kolleginnen und Kollegen dort und am Center for Hellenic Studies haben mich überaus herzlich aufgenommen, und in der inspirierenden Atmosphäre fand ich ausreichend Muße für die Fertigstellung der neuen Beiträge und die Endredaktion des gesamten Manuskripts. Meine tief empfundene Dankbarkeit sei daher auf akademischem Wege dadurch zum Ausdruck gebracht, dass ich dieses Buch den Kolleginnen und Kollegen am Department of Classics der University of Princeton widme.

Princeton, im Frühjahr 2011 *Alfons Fürst*

Inhalt

Biographisches und theologisches Profil

Origenes

Hieronymus

Origenes, Hieronymus und Augustinus

Biographisches und theologisches Profil

Origenes

Theologie der Freiheit*

1. Vom Risiko der Theologie

Origenes wusste, worauf er sich einließ. In einem Brief wies er einen seiner ehemaligen Schüler, Gregor den Wundertäter, auf die Gefahr hin, dass manchen Christen „der Aufenthalt bei den Ägyptern, das heißt bei den weltlichen Wissenschaften zum Verhängnis wird". Origenes hat nämlich „aus Erfahrung gelernt ..., dass sich selten jemand die brauchbaren Dinge Ägyptens angeeignet hat". „Zahlreich" seien „hingegen die Leute, die aufgrund einiger beschränkter griechischer Kenntnisse sektiererische Gedanken hervorgebracht und sozusagen goldene Kälber in Bet-El – ein Name, der mit ‚Haus Gottes' übersetzt wird – aufgestellt haben. Meines Erachtens deutet das Wort dadurch an, dass sie den heiligen Schriften, in denen das Wort Gottes wohnt und die im allegorischen Sinn ‚Bet-El' genannt werden, ihre eigenen Vorstellungen aufgepfropft haben" (ep. Greg. 3). Die Brisanz dieser Aussage liegt darin, dass Origenes eben das, was er anderen hier vorhielt, nach seinem Tod seinerseits vorgeworfen wurde, nämlich den christlichen, biblischen Glauben durch griechische Philosophie zu verfälschen. Origenes hat sich sehr weit auf das Denken seiner Zeit eingelassen, nicht nur auf Philosophisches, sondern auch auf Gnostisches, das im kulturellen Schmelztiegel der ägyptisch-griechischen Weltstadt Alexandria eine wichtige Rolle spielte.

Vor diesem Hintergrund fand Origenes Anhänger und glühende Verehrer, aber auch Gegner und erbitterte Feinde. Obwohl er im ersten Origenismusstreit an der Wende zum 5. Jahrhundert (393–404) der Häresie verdächtigt und im zweiten Origenismusstreit in den Jahren 543 und 553 als Ketzer verurteilt wurde, ist er doch ein Klassiker geblieben.

---

* Der Beitrag verwendet Passagen meiner Einführungsartikel zu Origenes, zum Teil aus: Liebhaber der Freiheit – Origenes, in: Michael LANGER/Józef NIEWIADOMSKI (Hg.), Die theologische Hintertreppe. Die großen Denker der Christenheit, München 2005, 214–229, zum Teil aus: Origenes (185–254), in: Gregor Maria HOFF/Ulrich H. J. KÖRTNER (Hg.), Arbeitsbuch Theologiegeschichte. Bd. 1: 2. bis 15. Jahrhundert, Stuttgart 2011 (im Druck).

Auch dort, wo man sich von ihm distanzierte, hat Origenes die christliche Theologie und Spiritualität tiefgehend beeinflusst. Unterschwellig ist er überall präsent, im griechischen Osten nicht weniger als im lateinischen Westen. Mit Hans Urs von Balthasar gesagt: „Indem das Gefäß in tausend Splitter zerbrach und der Name des Meisters gesteinigt und verschüttet wurde, entquoll der Duft des Salböls und erfüllte das ganze Haus: Es gibt in der Kirche keinen Denker, der so unsichtbar-allgegenwärtig geblieben wäre wie Origenes."

2. Leben und Werke

Was war das für ein Mensch, der fast 2000 Werke verfasste, von denen etwa 800 nur noch dem Titel nach bekannt sind, einige im originalen Griechisch vorliegen und einige in lateinischen Übersetzungen? Was war das für einer, der so weitreichende Kontroversen auslöste? Origenes, der „Sohn des Horus" (ein verbreiteter ägyptisch-griechischer Name), ist der aus dem Frühchristentum mit Abstand bekannteste Theologe, über dessen Biographie wir vergleichsweise viel wissen. Von sich selbst jedoch redet er in seinen Texten höchst selten. Gleichwohl scheint seine Persönlichkeit durch seine Schriften hindurch, und zusammen mit Nachrichten über ihn (besonders im 6. Buch der „Kirchengeschichte" des Eusebius von Caesarea) lässt sich in Umrissen ein Bild vom Menschen Origenes entwerfen.

Sein Leben und seine Werke sind ganz vom Flair seiner Heimatstadt Alexandria „bei Ägypten" (*ad Aegyptum*, wie die Römer sagten) geprägt, wo er um das Jahr 185 geboren wurde. Seine Eltern waren eine nicht weiter bekannte Ägypterin und ein wohlhabender Grieche namens Leonides, der das römische Bürgerrecht besaß. Der gebildete Vater sorgte für eine gründliche Ausbildung seines Sohnes sowohl in griechischer Literatur als auch in der Bibel. Seine späteren Schriften zeigen, dass Origenes die Bibel im Kopf hatte und mühelos imstande war, auswendig daraus zu zitieren oder Parallelstellen anzuführen, und dass er über eine stupende Kenntnis der Hauptwerke der griechischen, vor allem der philosophischen Literatur verfügte. Von einer, gar noch dramatischen Bekehrung, wie sie von vielen späteren Kirchenvätern überliefert ist, hören wir nichts, auch nichts von einer Taufe, die freilich irgendwann erfolgt sein muss. Origenes wuchs von Kindesbeinen an als Christ auf und hat sich Zeit seines Lebens als überzeugter Christ und als „Mann der Kirche" verstanden, „der im Glauben an Christus lebt" (in Lev. hom. 1,1). „Ich möchte ein Mann der Kirche sein", formulierte er in einem ausdrücklichen Bekenntnis, „und nicht nach irgendeinem Gründer einer Häresie, sondern nach Christi Namen benannt werden und diesen Namen tragen, der gesegnet ist auf Erden. Ja, ich will in Tat und Denken Christ sein und heißen" (in Luc. hom. 16,6).

Wohl im Jahre 202 wurde Leonides während einer lokalen Christenverfolgung hingerichtet und sein Vermögen konfisziert. Origenes, das älteste von sieben Kindern, sorgte für den Unterhalt der mittellos gewordenen Familie, indem er als Grammatiklehrer die Lektüre und Interpretation der griechischen Klassiker unterrichtete. Zudem fand er Unterstützung im Haus einer reichen Dame, in dem sich gebildete Christen von allerlei Couleur, darunter auch solche, die als häretische Gnostiker galten, zu Gespräch und Gebet trafen. Der junge Origenes nahm lebhaft am vielfältigen intellektuellen und christlichen Leben in Alexandria teil und lernte dabei die geistigen Strömungen kennen, mit denen er sich in seinen späteren Schriften auseinandersetzte. Nicht zuletzt teilte er die radikalen Züge in der christlichen Ethik dieser Zeit: die Vorbehalte gegen Besitz und Reichtum, gegen die Sexualität, und die Begeisterung für das Martyrium. Origenes verkaufte die Sammlung griechischer Klassiker seines Vaters gegen eine minimale tägliche Rente, pflegte einen überaus kargen Lebensstil mit wenig und schlichter Kleidung und wenig Essen und Schlafen und lebte zölibatär; ob er die Selbstkastration, von der Eusebius von Caesarea berichtet, indes wirklich vollzogen hat, bleibt zweifelhaft. Seine Begeisterung für das Martyrium hatte sogar etwas Fanatisches an sich. Seinen inhaftierten Vater mahnte er in einem Brief, nicht aus Rücksicht auf seine Familie dem Märtyrertod auszuweichen, und später, im Jahr 235, schrieb er eine glühende „Aufforderung zum Martyrium".

Unter solch extremen Umständen seiner Jugendzeit war Origenes als christlicher Lehrer tätig, der in einer freien Schule analog den Philosophenschulen der Zeit christliche Philosophie unterrichtete. Zu seinen Schülern gehörten nicht nur Christen unterschiedlicher Richtung, sondern auch Nichtchristen und darunter Leute, die sich für das Christentum interessierten oder bereits auf die Taufe vorbereiteten. Schnell gelangte der brillante junge Lehrer dabei zu Ruhm. Der (erste namentlich bekannte) Bischof der Stadt, Demetrios, betraute ihn auch offiziell mit der Unterrichtung der Taufbewerber, weshalb die Schule des Origenes in Alexandria unter der Bezeichnung „Katechetenschule" bekannt geworden ist. In einer weiteren lokalen Christenverfolgung in den Jahren zwischen 206 und 211 erlitt eine Reihe seiner Schülerinnen und Schüler das Martyrium. Ihr Lehrer begleitete sie zur Hinrichtung und brachte sich dabei selbst in Lebensgefahr.

Wohl nach 210 vertiefte Origenes seine philosophischen Kenntnisse bei dem legendären Ammonios Sakkas, dem späteren Lehrer Plotins. In seinem Denken stand Origenes zudem unter dem Einfluss des Clemens, der vor ihm (um 200) als christlicher Lehrer in Alexandria tätig gewesen war, und unter dem des hellenistischen Juden Philon von Alexandria (um 40), der die Tora und Platon aus jüdischer Perspektive kombiniert hatte. Die Fragen, mit denen sich Origenes befasste, und die Art, wie er sie anging, standen im Kontext der dominierenden Philosophie der Zeit, des Mittelplatonismus, dessen Vertreter er studiert hatte und zum Teil hoch schätzte, besonders Numenios von Apameia. Die tiefe philosophische Prägung, die Origenes von Ammonios empfing, wird an seinem sorgfältigen, diskursiven Stil sichtbar, der an Platon und Aristoteles erinnert. Mit der unvoreingenommenen Einbeziehung und Abwägung aller Aspekte und Meinungen, dem undogmatischen Argumentieren und einer bestechenden intellektuellen Redlichkeit setzte Origenes die sokratische Tradition des Philosophierens fort.

In diese Zeit fielen Reisen nach Rom, wo Origenes mit den trinitarischen Kontroversen Bekanntschaft machte, nach Arabien auf Einladung des dortigen römischen Gouverneurs und nach Palästina. In späteren Jahren führten ihn zwei weitere Reisen nach Arabien, zwei nach Athen sowie je eine nach Nikomedien und nach Caesarea in Kappadokien und, als Krönung sozusagen, nach Antiochia zu einer Unterredung mit der Kaisermutter Julia Mammaea. Origenes war ein Gelehrter mit Weltruhm geworden, den die Bischöfe gerne zu Synoden einluden, um dogmatische Fragen klären zu helfen, zum Beispiel nach Bostra, der Hauptstadt Arabiens, wo es um die Christologie des dortigen Bischofs Beryllus ging. Von jenem zeugt die umfangreiche Korrespondenz, die Eusebius noch vorlag, von der aber nur zwei Briefe, an Gregor den Wundertäter und an Julius Africanus, erhalten sind. Ein lebhaftes Zeugnis für letzteres ist der „Dialog mit Herakleides und seinen Bischofskollegen über Vater, Sohn und Seele", die Mitschrift einer Synodendiskussion, die 1941 in Tura südlich von Kairo zusammen mit anderen Fragmenten von Origenestexten entdeckt worden ist.

Um 220 wurde Origenes gegen starke Bedenken seinerseits von dem wohlhabenden und gebildeten Alexandriner Ambrosios, der ihm zeitlebens ein bestens ausgestattetes Büro finanzierte, zur Abfassung von Bibelkommentaren angeregt. In der ersten Dekade seiner schriftstellerischen Tätigkeit schuf Origenes bereits die Meisterwerke eines früh vollendeten Genies, das man wohl am besten in der einzigartigen, in den ersten Jahren in Caesarea verfassten Schrift „Über das Gebet" studiert. Die ganze Gedankenwelt des Origenes liegt reif entwickelt vor und wird fortan in einer ungeheuren Produktivität umgesetzt.

Als Grundlage für seine Lebensaufgabe, die Auslegung der Bibel, schuf Origenes die monumentale „Hexapla", eine sechsspaltige Synopse des Alten Testaments, in der die Abweichungen der kirchlich gebräuchlichen griechischen Übersetzung, der „Septuaginta“, vom hebräischen Text mit den textkritischen Zeichen der Homerphilologie markiert waren. Damit führte Origenes die Techniken der antiken Philologie in die christliche Bibelauslegung ein und berücksichtigte ferner jüdische Traditionen und rabbinische Exegesen, die ihm in Alexandria durch einen Judenchristen, in Palästina in intensiven Kontakten mit Juden vermittelt wurden.

Von den ersten Kommentaren sind nur Fragmente erhalten: ein Stück aus dem Prolog zum Kommentar zu den Psalmen 1–25 über hermeneutische Grundfragen, aufschlussreiche Fragmente zur Seelenlehre aus dem Klageliederkommentar und zahlreiche, meist sehr kurze Stücke aus dem großen, zwölfbändigen Kommentar über Gen. 1–5, unter denen die beiden einzigen langen Textpassagen eine Auslegung von Gen. 1,14 gegen Astrologie und Schicksalsglauben und für die Willensfreiheit bieten – das Grundaxiom origeneischen Denkens. Ferner nahm Origenes auf Drängen des Ambrosios sein exegetisches *opus magnum et arduum* in Angriff, einen Kommentar zum Johannesevangelium, der auf 32 Bücher anwachsen sollte, von denen neun erhalten sind (Bücher 1, 2, 6, 10, 13, 19, 20, 28 und 32, dazu Fragmente der Bücher 4 und 5), aber doch nicht zu Ende kam (Origenes brach die Auslegung Jahre später bei Joh. 13,33 ab). Keiner der riesigen Kommentare des Origenes scheint fertig geworden zu sein. Im Johanneskommentar führt Origenes die Kombination von Bibel und Philosophie vor, die er schmiedete. Insbesondere die ersten beiden Bücher mit der Auslegung des Johannesprologs können als das Herzstück der von seinen Kommentaren erhaltenen Bücher gelten. Berühmter freilich ist er mit dem Buch geworden, das er ebenfalls noch in Alexandria publizierte und in dem er seine exegetische Philosophie bzw. philosophische Exegese systematisch entfaltete: „Über die ersten Prinzipien“ (Περὶ ἀρχῶν/*De principiis*).

Die Freiheit seines Denkens und manch gewagte Gedankengänge, insbesondere zur erhofften Erlösung von Allem in kosmischen Dimensionen (die so genannte Apokatastasis), die nicht der gängigen kirchlichen Eschatologie entsprach, ließen Misstrauen und Konflikte nicht ausbleiben. Nachdem sich Origenes um 231 in Caesarea zum Presbyter hatte weihen lassen und ungehindert in den Gottesdiensten dort predigte, kam es zu Spannungen zwischen dem charismatischen Intellektuellen und seinem auf hierarchische Autorität pochenden Bischof Demetrios, der ihm auf einer Synode den Presbyterrang aberkannte und untersagte, in Alexandria zu lehren. Origenes übersiedelte endgültig nach Caesarea und kehrte nie wieder nach Alexandria zurück. Das von Herodes dem Großen gegründete Caesarea „am Meer“ war nicht so mondän und inspirierend wie Alexandria, für Origenes aber gleichwohl attraktiv. Als römische Hauptstadt der Provinz Syria Palaestina war es eine vitale Handelsstadt am Ende einer wichtigen Fernost-Route, mit Glas- und Textilfabrikation und mit blühenden kulturellen Einrichtungen. Neben der vorwiegend hellenistischen Bevölkerung gab es eine kleine christliche und eine große jüdische, weitgehend hellenisierte Minderheit, die Origenes wichtige Kontakte ermöglichte (die er in Jerusalem, das Juden zu dieser Zeit verboten war, nicht gehabt hätte). Bischof Theoktistes ließ Origenes jede nur denkbare Förderung angedeihen. Origenes gründete eine Art christliche Hochschule und war ein offenbar begeisternder Lehrer, wie die erhaltene Dankrede eines seiner Schüler, Gregors des Wundertäters, zeigt.

Die nächsten beiden Dekaden seines Lebens war Origenes als Lehrer, Exeget, Homilet und christlicher Schriftsteller tätig. Der größte Teil seiner erhaltenen Werke, eines der umfangreichsten Œuvre der antiken Literatur, entstand in dieser Zeit rastlosen Schaffens. Ambrosios, sein Mäzen in Alexandria, unterstützte ihn weiterhin. Origenes arbeitete an den großen Kommentaren zur Genesis und zum Johannesevangelium weiter und fing neue an, die bis auf winzige Spuren verloren sind (zu Jesaja und Ezechiel und zu den Paulusbriefen). Im Hoheliedkommentar, laut Hieronymus das Werk, in dem Origenes sich selbst übertroffen hat (in Cant. hom. Orig. prol.), erweist er seine Meisterschaft als Lehrer christlicher Theologie und Spiritualität, womit er die Mystik späterer Zeiten zutiefst prägte (erhalten ist eine unvollständige lateinische Übersetzung bis zur Auslegung von Hld. 2,15). Vor allem sind aus diesen Jahren über zweihundert Predigten erhalten, die mitstenographiert und unkorrigiert publiziert wurden; 21 liegen im griechischen Original vor, die anderen in den lateinischen Übersetzungen, die Rufinus von Aquileja (die Predigten zum Heptateuch und den Psalmen) und Hieronymus (zu den Propheten, zum Hohenlied und zum Lukasevangelium) an der Wende zum 5. Jahrhundert anfertigten.

Einen nochmaligen späten Höhepunkt erreichte sein Schaffen kurz vor seinen letzten Lebensjahren: Kurz nach 245 schrieb Origenes einen Kommentar zum Römerbrief in 15 Büchern, der in einer auf zehn Bücher gekürzten lateinischen Übersetzung erhalten ist. Im Jahre 248 entstand die „Apologie gegen Kelsos" in acht Büchern, die als einziges seiner großen Werke komplett erhalten ist. Und schließlich diktierte er noch einen 25 Bücher umfassenden Kommentar zum Matthäusevangelium, von dem die Bücher 10–17 erhalten sind (ferner umfangreiche Fragmente), sowie verlorene Kommentare zu den Zwölf Propheten und zum Ersten Korintherbrief – eine enorme Arbeitsleistung am Ende eines langen Gelehrtenlebens.

In der decischen Christenverfolgung des Jahres 250 wurde Origenes inhaftiert und schwer gefoltert, auf Anweisung des Richters aber am Leben gelassen. Von dieser Tortur hat er sich nicht wieder erholt. Er starb an ihren Folgen im Alter von 69 Jahren in Caesarea oder in Tyrus, wo bis in das 13. Jahrhundert sein Grab gezeigt wurde.

Für den wahrlich nicht weltlichen Lebensweg des Origenes ist nicht zu vergessen, dass er in einer Zeit lebte, in der die Krise des Römischen Reiches sich permanent verstärkte und das alltägliche Leben für viele Leute aufgrund von Bürgerkriegen, Steuerdruck, Inflation und dem Niedergang des Handels schwierig war. Unter solchen Umständen führte er das Leben eines Asketen und Gelehrten, der mit seiner Theologie und Philosophie dem Dasein ein intellektuelles und spirituelles Fundament gab und zu einem von biblischen Grundsätzen geleiteten sittlichen Leben anleitete.

3. Das systematische Hauptwerk *De principiis*

Das faszinierendste Werk des Origenes, das bis heute die meiste Aufmerksamkeit auf sich zieht, ist Περὶ ἀρχῶν/*De principiis*. Schon der Titel ist ein Geniestreich. Mit der Suche nach dem „Anfang" (ἀρχή), der ersten, grundlegenden Ursache der Welt, begann die griechische Philosophie – und in der Bibel bildet dieses Wort den Auftakt zweier grundlegender Schriften, des Buches Genesis im Alten Testament: „Im Anfang schuf Gott Himmel und Erde" (Gen. 1,1) und des Johannesevangeliums im Neuen Testament: „Im Anfang war das Wort" (Joh. 1,1) – dazu kommt als Kerntext Spr. 8,22, wo die Weisheit sagt: „Der Herr schuf mich als Anfang seiner Werke" –, gerade der Bücher also, zu denen Origenes jeweils einen großen Kommentar in Angriff genommen hatte, als er „Über die ersten Prinzipien" schrieb. Ferner bezeichnet der Begriff einerseits philosophisch fundamentale Prinzipien des Seins, andererseits theologisch fundamentale Prinzipien des christlichen Glaubens, was für Origenes zwar nicht rundweg deckungsgleich war, aber doch weitgehend koinzidierte. Im Begriff der ἀρχαί lassen sich somit alle seine Denkkonzepte komprimieren.

Der Aufbau der Schrift entspricht philosophischen Werken der Zeit, in denen es um die Beziehung Gottes bzw. der Götter zur Welt geht (im 4. Jahrhundert beispielsweise Sallustios, *De dis et mundo*). Die vier Bücher (deren Einteilung den tatsächlichen Aufbau verdeckt) bestehen aus einem kürzeren und einem längerem Zyklus (I 1 – II 3 und II 4 – IV 3), in dem jeweils dieselben Themen abgehandelt werden, beginnend mit der Lehre von Gott, seinem Sohn, dem Heiligen Geist und damit der Trinität, sodann die (anderen) geistigen Wesenheiten und schließlich die materielle Welt. Der erste Zyklus ist ein fortlaufender systematischer Durchgang, der zweite folgt derselben Ordnung, behandelt aber stärker Spezialfragen wie die Identität des Gottes des Alten und des Neuen Testaments, die Inkarnation, die Willensfreiheit und das Weltende und wird abgeschlossen von einem Kapitel über biblische Hermeneutik (IV 1–3). Gerahmt wird das Ganze von einer Vorrede (I praef.) und einem Abschluss mit einem zusammenfassenden nochmaligen Durchgang durch die Themen (IV 4). Das Werk behandelt also Theologie, Anthropologie und Kosmologie und ist in dieser Hinsicht ein philosophisch-theologisches Buch über „die ersten Prinzipien". Weil Philosophie und Bibel im Denken des Origenes nicht getrennt sind, sondern die philosophischen Prinzipien in ständigem Rekurs auf die Bibel und im Ausgang von dieser erläutert werden, sind diese Themen um einen Traktat über Schriftauslegung ergänzt, der ersten christlichen Bibelhermeneutik.

Gleich in den ersten Zeilen des Vorworts macht Origenes die Absicht deutlich, in dem Buch einen christlichen Standort in der Welt zu beschreiben und rational zu begründen. Mit Hilfe zentraler Stichworte wie „Erkenntnis" (γνῶσις/*scientia*) und „gut und glücklich leben" (εὖ ζῆν/*bene beateque vivere*) verortet er christliches Denken und Handeln in der geistigen Welt der Antike und liefert auf der Basis der biblischen Schriften und des christlichen Glaubens eine Anleitung zu einem bewussten christlichen Leben. Als Basis dafür, sich im diesbezüglichen innerchristlichen Streit der Meinungen zurecht zu finden, dient ihm die Glaubensregel (κανὼν τῆς πίστεως/*regula fidei*) (princ. I praef. 1f.). Origenes legt in allen seinen Werken eine große geistige Unabhängigkeit an den Tag, was das theologische Forschen anbelangt, aber er hat sein ganzes Leben lang daran festgehalten, dass wirklich spirituelle Christen die auf der Bibel und der kirchlichen Überlieferung beruhende Glaubensregel hochhalten. Da jedoch in der im Frühchristentum nirgends schriftlich fixierten Glaubensregel lediglich knapp die grundlegenden Lehren festgehalten sind, die für alle Gläubigen, auch die „einfachen", unverzichtbar sind, ist es Aufgabe der gebildeten Christen, die Vernünftigkeit dieser Lehren zu erweisen und ihre Implikationen zu entfalten (ebd. 3). Als Abschluss des Vorworts formuliert Origenes daher als Aufgabe der Theologie und als sein (im Grunde bis heute gültiges) Theologieverständnis, aus der Analyse der einzelnen Fragen ein „zusammenhängendes und organisches Ganzes *(corpus)*" zu schaffen, wozu er sich von der Bibel selbst aufgefordert sieht: „Zündet euch selbst das Licht der Erkenntnis an" (Hos. 10,12 LXX) – womit regelrecht das Motto der Epoche der Aufklärung vorweggenommen ist. Explizit verknüpft er dabei Bibel (die Heiligen Schriften) und Philosophie (logisches Schlussfolgern) und begründet Theologie als Wissenschaft, denn eine solche ist nach Aristoteles ein logisch zusammenhängendes System von Wissen; eben ein solches wollte Origenes auf der Basis christlicher Überzeugungen schaffen (princ. I praef. 10).

Am Ende beider Durchgänge durch die einzelnen Themen kommt Origenes auch auf die Grenzen theologischer Erkenntnis zu sprechen und verbindet dabei die philosophische Bibelauslegung mit Spiritualität. Er hat oft eingeschärft, dass alles Nachdenken und Reden über Gott, die Welt und den Menschen, auch das auf die Bibel und die Vernunft gestützte, strikt und unüberwindbar an die Bedingungen der kontingenten Existenz des Menschen und die raumzeitlichen Begrenzungen menschlicher Erkenntnis und Sprache gebunden bleibt. Daher ist theologisches Denken nicht nur der *regula fidei* verpflichtet, der „Richtschnur des Glaubens", sondern auch der *regula pietatis*, der „Richtschnur der Frömmigkeit". Im Theologieverständnis des Origenes sind biblische Exegese, philosophische Systematik und religiöse Spiritualität untrennbar miteinander verflochten:

> „Wenn hingegen jemand allzu wissbegierig eine Erklärung der Einzelheiten suchen sollte, so komme er und höre mit uns zusammen, wie der Apostel Paulus ‚mittels des Heiligen Geistes, der auch die Tiefen Gottes durchforscht' (vgl. 1 Kor. 2,10), ‚die Tiefe der göttlichen Weisheit und Erkenntnis' erforscht, aber doch nicht zum Ziele und sozusagen zur innersten Erkenntnis gelangen kann und deshalb aus Verzweiflung und Staunen die Worte ausruft: ‚O welche Tiefe des Reichtums der Weisheit und Erkenntnis Gottes!' (Röm. 11,33) Und wie sehr er an einem vollkommenen Begreifen verzweifelte, als er dies ausrief, das vernimm von ihm selbst aus den Worten: ‚Wie unbegreiflich sind Gottes Gerichte und wie unerforschlich seine Wege!' (ebd.) Er sagt ja nicht, die Gerichte Gottes könnten nur schwer begriffen werden, sondern sie könnten es überhaupt nicht; ebenso wenig sagt er, seine Wege könnten nur schwer erforscht werden, sondern sie könnten gar nicht erforscht werden. Mag einer auch noch so sehr im Forschen weiterkommen und mit angespanntem Eifer Fortschritte machen, mag ihm dabei auch Gottes Gnade beistehen und seinen Verstand erleuchten (vgl. Eph. 1,18) – zum vollkommenen Ziel des Forschens wird er nicht gelangen können. Überhaupt kann ein geschaffener Geist auf keine Weise umfassend begreifen, sondern sobald er ein wenig von dem Gesuchten gefunden hat, sieht er wieder anderes, was noch zu suchen ist; und wenn er zu diesem gelangt ist, wird er abermals viel mehr von dem vor sich sehen, was noch gesucht werden muss" (princ. IV 3,14).

Die Hauptgedanken des Origenes über Gott und Mensch verdichten sich in einer Passage, in der er als Abschluss seiner trinitätstheologischen Überlegungen das heilsgeschichtliche Wirken der Trinität und den Weg des Menschen zur endgültigen Vollkommenheit beschreibt. Vater, Sohn und Geist sind darin in ungetrennter Einheit und unvermischter Verschiedenheit miteinander verschränkt. Die immanente Trinität ist dabei die ökonomische – und umgekehrt:

> „Gott Vater verleiht allen Geschöpfen das Sein; die Teilhabe an Christus aber, insofern er der Logos ist, macht sie vernünftig. Infolgedessen können sie entweder Lob oder Tadel verdienen, da sie zur Tugend und zur Schlechtigkeit fähig sind. Daher tritt folgerichtig noch die Gnade des Heiligen Geistes hinzu, um die, die nicht wesenhaft heilig sind, durch Teilhabe an ihm heilig zu machen. Sie haben also erstens das Sein von Gott Vater, zweitens das Vernünftig-Sein vom Logos, drittens das Heilig-Sein vom Heiligen Geist; und umgekehrt werden sie erst nach der Heiligung durch den Heiligen Geist fähig, Christus aufzunehmen, insofern er Gottes Gerechtigkeit ist; und wer durch die Heiligung des Heiligen Geistes zu dieser Stufe gelangt ist, erlangt außerdem auch die Gabe der Weisheit durch die Kraft der Wirksamkeit des Geistes Gottes" (ebd. I 3,8).

Nachdem Origenes die gestufte Wirksamkeit von Vater, Sohn und Geist – Sein, Vernunft, Heiligkeit – beschrieben hat, erläutert er „umgekehrt" das untrennbare Wirken der Trinität vom Geist aus: Der Logos hat die intellektuelle und moralische Fähigkeit verliehen, Gut und Böse zu erkennen und entsprechend zu handeln; durch den Heiligen Geist gelangt der Mensch dahin, diese Potenz zum Guten zu gebrauchen – den Sohn als „Gerechtigkeit" zu erkennen. Der Vater hat das bloße Sein gegeben; durch den Heiligen Geist, der Gottes Geist ist, und durch den Sohn, der die „Weisheit" ist, gelangt der Mensch zur Fülle des Seins, die in der Gottähnlichkeit, ja in der Gottwerdung besteht. Das ethische Leben des Menschen beruht auf seiner Freiheit, die im trinitarischen Gott gründet und zugleich das innerste Wesen des Menschen ist, und führt zu einer Vollkommenheit, die aufgrund der geschichtlichen Erfahrung der Liebe Gottes dauerhaft unverlierbar sein wird:

> „Dadurch erscheint auch das Wirken des Vaters, der allen das Sein verleiht, strahlender und erhabener, wenn ein jeder durch die Teilhabe an Christus, sofern er die Weisheit, die Erkenntnis und die Heiligung ist, zu höheren Stufen fortschreitet; und wenn man durch die Teilhabe am Heiligen Geist geheiligt ist, wird man noch reiner und lauterer und empfängt würdiger die Gnade der Weisheit und der Erkenntnis. Schließlich, wenn man alle Flecken der Unreinheit und der Unwissenheit entfernt und abgewaschen hat, gelangt man zu einem solchen Grad von Lauterkeit und Reinheit, dass das Sein, das man von Gott empfangen hat, so beschaffen ist, wie es Gottes würdig ist, der ja das Sein in reiner und vollkommener Weise verliehen hat. Dann hat das Seiende die gleiche Würde wie der, der es ins Sein rief. Denn wer genau so ist, wie sein Schöpfer ihn wollte, wird dann auch von Gott die Gnade erhalten, dass seine Tugend Dauer hat und auf

> ewig bleibt. Damit dies eintreffe, und damit unaufhörlich und untrennbar mit dem, der da ist, vereinigt seien, die von ihm geschaffen sind: zu diesem Zweck hat die Weisheit die Aufgabe, die Geschöpfe zu lehren und zu erziehen und zur Vollkommenheit zu führen mit der Stärkung und unaufhörlichen Heiligung des Heiligen Geistes, durch die allein sie Gott fassen können" (ebd.).

„Über die ersten Prinzipien" ist kein Buch für „einfache" Gläubige, wie Origenes selbst sagte (ebd. IV 4,5), sondern für Gebildete, und zwar zum einen für rechtgläubige Christen, die tiefer in ihren Glauben eindringen wollen, zum anderen für häretische Christen (Gnostiker) und für heidnische Philosophen, die sich mit dem Christentum auseinandersetzen. Mit diesem Publikum vor Augen führte Origenes eine theologische Debatte auf höchstem Niveau und im Austausch mit den Wissenskulturen der Zeit. Dabei schuf er eine Synthese, in der scheinbar Gegensätzliches harmonisch integriert ist: Textkritik und Allegorese, Gelehrsamkeit und Frömmigkeit, Philosophie und Bibel. Eine der größten Stärken des Origenes bestand darin, nicht-christliche Traditionen des Wissens (Mathematik, Geometrie, Astronomie, Physik, Medizin) in sein christliches Nachdenken zu integrieren und christliche Theologie dadurch intellektuell attraktiv zu machen. Eben diese Stärke hat man ihm später häufig als seine größte Schwäche vorgeworfen.

4. Theologische Zugänge

Wer mit Origenes Theologie auf diesem anspruchsvollen Niveau treiben möchte, dem stehen viele Zugänge offen. Mit Endre von Ivánka kann er das Denken des Origenes zu den prägenden geistigen und religiösen Kräften seiner Zeit in Beziehung setzen und es im Schnittpunkt dreier Kreise ansiedeln, die von Platonismus, Gnosis und Christentum gebildet werden. In ständiger Auseinandersetzung mit platonischem und gnostischem Gedankengut, dessen Begrifflichkeiten und Denkformen Origenes ebenso benutzte, wie er sich in der Sache aufgrund seiner Orientierung an der Bibel davon distanzierte, schmiedete er seine christliche Theologie. Wer so an Origenes herangeht, wird ihn als „Systemdenker" verstehen. Mit Henri Crouzel kann er aber auch nach dem Denkstil des Origenes fragen und ihn als „Problemdenker" begreifen, der „théologie en recherche" trieb, zu einer bestimmten Frage verschiedene Positionen einer kritischen Prüfung unterzog und anschließend nicht Lehren verkündete, sondern Lösungsmöglichkeiten aufzeigte – ein regelrecht akademisch anmutender Stil wissenschaftlichen Arbeitens. Mit Eberhard Schockenhoff kann er die Eigenart des origeneischen Denkens aber auch an verschiedenen „Kristallisationspunkten“ festmachen: Freiheit, Verantwortung und Schuldfähigkeit des Menschen – Gottes Vorsehung und die Erziehung des Menschengeschlechts, Gerechtigkeit und Güte Gottes – das ethische Leben als Weg. Er wird so den Vorrang der Ethik in der Theologie des Origenes entdecken und den Freiheitsgedanken als ihr Fundament. Last but not least kann er mit Henri de Lubac und Richard Hanson in Origenes vor allem den Bibeltheologen sehen, der ein Thema in der einen, die Bibel in der anderen Hand hatte und im Nachdenken über die Metaphorik und Symbolik der biblischen Sprache Theologie mit Ästhetik verknüpfte. Er wird Origenes bei der Arbeit zuschauen können, denn auf das Verstehen und Erklären der Bibel richtete dieser seine ganze Energie. Im Kaleidoskop dieser Zugänge wird der unerschöpfliche Reichtum der Theologie des Origenes sichtbar.

Ein wesentlicher Antrieb für das Denken des Origenes ist die aporetische Erfahrung, dass die Welt „böse“ und nicht „in Ordnung“ ist. In der Antike richtete sich die Frage nach der Ursache für die ungerechten Zustände in der Welt und deren Überwindung nicht auf soziale, ökonomische oder politische Veränderungen, sondern wurde ganz direkt als Aufgabe dessen gesehen, der die Welt „gemacht“ hat: als Aufgabe des Demiurgen oder Schöpfers. Die unterschiedlichen Lebensbedingungen führten zur Infragestellung der Gerechtigkeit Gottes. Insbesondere die Gnostiker reagierten mit kompromissloser Aggressivität auf den skandalösen Zustand der Welt: „Sie sagen uns: Wenn diese große Mannigfaltigkeit, diese Verschiedenheit der Umstände der Geburt, wobei die Fähigkeit zum freien Entschluss ja keine Rolle spielt …, nicht von einer Wesensverschiedenheit der Seelen bewirkt wird …, was bleibt dann übrig als anzunehmen, es ginge dabei regellos und zufällig zu?“ (princ. II 9,5). Origenes teilte diese Betroffenheit; die Unterschiede zwischen den Menschen sind beträchtlich:

> „Die einen sind Barbaren, andere Griechen; und von den Barbaren sind einige mehr roh und wild, andere mehr zivilisiert; manche leben nach höchst bewährten Gesetzen, andere nach mehr primitiven und rohen, andere nach unmenschlichen und tierischen, die eigentlich nur Bräuche, keine Gesetze sind. Manche Menschen werden gleich von Geburt an niedergehalten, sie sind unterworfen und werden nach Sklavenart erzogen, sei es unter Herren, unter Fürsten oder Tyrannen; andere aber werden mit mehr Freiheit und Vernunft erzogen. Manche haben einen gesunden Körper, andere einen kranken von Jugend auf; manche sind im Sehen, im Hören, im Sprechen behindert, teils von Geburt, teils haben sie bald nach der Geburt diese Sinne verloren, teils erst im Erwachsenenalter. Wozu soll ich das ganze Verzeichnis des menschlichen Elends aufschlagen und hersagen, von welchem die einen frei, die anderen betroffen sind, da doch jeder bei sich

selbst all diese Dinge im Einzelnen betrachten und überlegen kann?" (ebd. II 9,3). „Im Vertrauen auf Gottes Barmherzigkeit muss man versuchen zu fragen und zu untersuchen, auf welche Weise diese große Verschiedenheit und Mannigfaltigkeit der Welt mit der umfassenden Norm der Gerechtigkeit vereinbar ist" (ebd. II 9,4).

Anders als die Gnostiker und auch anders als fast alle altkirchlichen und späteren Theologen hat Origenes über dieses Problem sehr unkonventionell nachgedacht und eindringlich die Sehnsucht nach Aufhebung der als Ungerechtigkeit empfundenen Ungleichheit zwischen den Menschen artikuliert. Die Herkunft des Bösen erklärte Origenes in der christlich üblichen Weise. Nicht Gott sei dafür verantwortlich, sondern die ursprünglich gleich erschaffenen Geistwesen, die ihren freien Willen unterschiedlich gebraucht hätten und dadurch verschieden „tief" zu Fall gekommen seien. Gott habe die materielle Welt nicht erschaffen, um die gefallenen Geistwesen zu bestrafen, sondern um ihnen einen Ort der Bewährung zu verschaffen, durch den „hindurch" sie wieder zu Gott „hinauf" gelangen könnten. Mit dieser Präexistenz der Seelen und mit dieser Schöpfungsvorstellung – die materielle Wirklichkeit als „zweite" Schöpfung nach Erschaffung der Geistwesen – präsentierte Origenes zwar Ideen, die ihm später als häretisch angekreidet wurden, doch gelangte er mit diesem Konstrukt nicht über die Aporie christlicher Theodizee hinaus. Auch Origenes vermochte nicht anzugeben, aus welchem Grund die doch gleich geschaffenen Geistwesen einen unterschiedlichen Gebrauch von ihrer Willensfreiheit gemacht haben sollen.

Diese Überlegungen zum Anfang sind indes nicht der Dreh- und Angelpunkt seiner theologischen Leitidee. Dieser liegt vielmehr in der Vorstellung, die Origenes sich vom Ende gemacht hat. Auf die Frage, was der Mensch hoffen darf, hat er eine unübliche Antwort gegeben. Mit der gemeinchristlichen Überzeugung, die Geschichte werde in Erlösung oder Verdammung einen doppelten Ausgang nehmen, mochte er sich nicht abfinden; sie hob die Unterschiede ja nicht auf, sondern schrieb sie fest, auf immer und ewig. Das war nicht das, was Origenes sich vom Gott der Güte und der Liebe erwartete. Er hoffte vielmehr, dass das Leben eines jeden Menschen mit Gottes Hilfe letztlich gelingen und zu einem guten Ende finden werde. So mächtig das Böse auch sei, werde es sich auf die Dauer doch erschöpfen und Gottes Liebe sich als stärker erweisen, denn „nichts ist unheilbar für den, der es gemacht hat" (ebd. III 6,5). Auch der größte Sünder werde auf unbekannte Weise das Heil erlangen, und nicht einmal für den Teufel – in seinem Konzept das am tiefsten gefallene Vernunftwesen – wollte Origenes ausschließen, dass er sich bekehren und erlöst werde. Gott wird hier von der Existenz des Bösen nicht etwa dadurch entlastet, dass ihm seine

Ursache nicht in Rechnung gestellt wird – diese vermeintliche Lösung propagiert Origenes zwar auch, doch ist seine Theodizee in diesem Punkt ebenso wenig überzeugend wie in allen ähnlichen Modellen –, sondern dadurch, dass ihm die Fähigkeit zu seiner endgültigen Überwindung zugetraut wird.

Diese Zukunftshoffnung verstand Origenes als ἀποκατάστασις τῶν πάντων, als „Wiederherstellung von Allem". In einem kosmologischen Schema von Abstieg und Aufstieg, Fall und Rückkehr, das er dem philosophischen und gnostischen Systemdenken der Zeit entlehnte, beschrieb er Heil und Erlösung als Rückkehr aller Geistwesen in die ursprüngliche Einheit mit Gott. Diese Eschatologie hat er weder als definitive Gewissheit behauptet noch als Lehre verkündet, sondern mit aller Behutsamkeit erörtert. Gleichwohl wird die tragende Option deutlich: Angesichts des eklatanten und empörenden Unrechts in der Welt erhoffte sich Origenes von Gott, dass die ungleiche, als ungerecht empfundene Verteilung von Lebenschancen in der Welt überwunden werde. Der universale Heilsprozess kommt erst dann an sein Ziel, wenn sich jedes einzelne Geistwesen Gott zuwendet und erlösen lassen will. Diese Theologie – die den christlichen Universalismus in gewaltfreier Form propagiert – lebt aus einem unerschöpflichen ethisch-pädagogischen Impuls. Origenes wollte motivieren und anspornen: Jeder Mensch hat eine Chance auf Erlösung, jeder darf damit rechnen, dass seine Existenz nicht zum Scheitern verurteilt ist.

5. Bibel, Philosophie und Spiritualität

Eine zentrale Leistung des Origenes besteht darin, Bibel und Philosophie zusammengebracht zu haben. Diese Verknüpfung ist schon in seiner frühen Biographie angelegt: Origenes ist zugleich als überzeugter Christ und als gebildeter Grieche aufgewachsen. Sein Leben und sein theologisches Denken waren kongruent. Das bedeutet nicht, dass es für ihn keine Unterschiede zwischen Christentum und Griechentum gegeben hätte. Die Unterschiede betreffen Fragen wie die Ewigkeit der Materie und der Welt – nicht der Schöpfung, denn die geistige Schöpfung ist für Origenes so ewig wie der Schöpfer, weil Gott unveränderlich und daher immer Schöpfer gewesen ist –, das Konzept von Vorsehung, sofern diese aristotelisch auf die Sphäre der Fixsterne beschränkt wird, wo alles nach festen Gesetzen abläuft, und natürlich die Astrologie. Auf so zentralen Feldern wie denen des Gottesbegriffs (Monotheismus, Schöpfung durch das Wort Gottes), der Ethik und der Physik sieht Origenes indes eine weitgehende Kongruenz zwischen der Bibel und der antiken, konkret der platonischen Philosophie (vgl. in Gen. hom. 14,3). Origenes ist *vere Platonicus* und *vere Christianus*.

Damit hat Origenes das Christentum entschlossen im antiken Denken verortet, oder anders gesagt: es entschlossen als das begriffen und zu buchstabieren versucht, was es zu jener Zeit im Mittelmeerraum gewesen ist, nämlich als antikes Phänomen. Nach Paulus, der in seiner Theologie Judentum und Nicht-Judentum („Heidentum") verbunden hat, ist das die zweite große Leistung der frühen Theologiegeschichte mit weitreichenden Folgen für diese: Jerusalem und Athen, Bibel und Philosophie passen zusammen. Um diese gigantische Synthese zu bewerkstelligen und indem er dies tat, schuf Origenes eine christliche Wissenschaft und legte die Fundamente für eine christliche Kultur.

Die christliche Wissenschaft schuf Origenes erstens dadurch, dass er in seine Bibelauslegung systematisch die wissenschaftliche Methodik der antiken Texterklärung einführte. Alexandria war seit den Ptolemäern die Stadt der Bildung und der Wissenschaft und in hellenistischer und römischer Zeit das intellektuelle Zentrum der Mittelmeerwelt. Das war der kulturelle und geistige Boden, auf dem ein umfassender und synthetischer Geist wie der des Origenes wachsen und gedeihen konnte. Neben den Naturwissenschaften (im antiken Sinn) war Alexandria das Zentrum der Philologie. Zur Erklärung der alten griechischen Dichtung wurden in dieser die Techniken geschaffen, die der Grammatiklehrer Origenes bestens beherrschte und die er zur Erklärung der alten biblischen Texte (vor allem des Alten, aber auch des Neuen Testaments) heranzog: Textkritik, Wort- und Sacherklärung, Grammatik, Metrik, Stilkritik. Zweitens verschaffte Origenes dieser Methodik eine hermeneutische Basis, indem er eine biblisch-philosophische Epistemologie entwickelte. Die Hauptbereiche der antiken Philosophie, Ethik, Physik und Metaphysik bzw. Theologie, waren seiner Ansicht nach das auch der Bibel zugrundeliegende Strukturprinzip. Hinter dieser Analogie steht eine Analogie zwischen Gottes Selbstoffenbarung in der Bibel und in der natürlichen Welt. Beide beruhen auf demselben rationalen Prinzip, dem „Logos", den der Logostheologe Origenes mit dem „Wort Gottes" identifiziert, das in Jesus Mensch geworden ist. Gottes heilschaffende Vorsehung, seine „Ökonomie", wirkt in derselben Weise in den Texten der Bibel und in den Phänomenen der natürlichen Welt, weshalb man Analogien vom einen zum anderen dieser beiden Bereiche ziehen kann. Die Erklärung der Bibel durch Exegese auf der einen und die Erklärung der Welt durch Philosophie auf der anderen Seite sind die beiden großen Wege zum Verständnis der Welt und des Menschen und zur Erkenntnis Gottes. Das ist der tiefere Grund dafür, dass Bibel und Philosophie kombiniert werden können. Neben den philologischen Techniken wendet Origenes daher auch die philosophische Allegorese auf die biblischen Texte an. Jene liefern die Methoden, um den Text auf der historischen und buchstäblichen Ebene zu verstehen, diese ist die Methode, den tieferen oder höheren geistigen Sinn eines Textes zu erfassen.

In dieser Richtung haben in Alexandria vor Origenes schon andere gearbeitet, der Jude Philon und der Christ Clemens, auf deren Schriften Origenes intensiv zurückgriff. Auch die Gnostiker – für Origenes waren das vor allem Basilides, Valentin und Markion – haben auf diese Weise das zu erreichen versucht, was sie Gnosis, „Erkenntnis", nannten. Die Gnostiker taten dies jedoch auf einer dualistischen Basis, wogegen Origenes die Einheit der Welt, der Menschheit und der Bibel hochhielt. Gegen die gnostischen Zerreißungen ist sein ganzes Denken der Versuch, Menschheit, Geschichte und Kosmos ebenso wie den in sich differenzierten (trinitarischen) Gott als Einheit zu konzipieren. Origenes' zentraler Begriff dabei war „Freiheit", Freiheit Gottes wie des Menschen, gegen den gnostischen Determinismus – der eng mit einem weit verbreiteten astrologischen Fatalismus vermengt war –, der zu Dualismus wird, weil sich Gut und Böse deterministisch nicht zusammenbringen lassen. Die Hauptaufgabe, der sich Origenes sein Leben lang widmete, bestand vor diesem Hintergrund darin, die Macht und Güte Gottes mit dem Leiden in der Welt zusammenzudenken. Die „Apokatastasis", die Hoffnung auf Wiederherstellung von Allem in kosmischen Dimensionen, ist die Kehrseite dieses Bemühens. Origenes wollte sich, wie oben beschrieben, nicht mit den Ungleichheiten und Ungerechtigkeiten in der Welt abfinden, sondern strebte nach Einheit, Gleichheit und Gerechtigkeit. Diese Einheit hat Origenes in seiner Existenz als Exeget paradigmatisch umzusetzen versucht. Wie die Philosophie, die Erklärung der natürlichen Welt, verstand er die Exegese, die Erklärung der Bibel, als Lebensform. Indem er der Bibel neben der Philosophie diesen Stellenwert gab und diesen hermeneutisch und methodologisch und damit wissenschaftstheoretisch fundierte, schuf er die Grundlagen für eine christliche Kultur.

In diesem Bemühen wurde Origenes philosophisch zum Begründer der abendländischen Freiheitsmetaphysik und theologisch zum Schöpfer einer Theologie des christlichen Lebens. Die praktische Absicht, die Origenes in seinen Reflexionen stets verfolgte, bestand darin, den einzelnen Christen und der christlichen Gemeinschaft, der Kirche, Orientierung über ihren Ort in der Welt und Wegweisung für ihr Handeln zu geben. Diese ethische Absicht bestimmt seine gesamte Theologie und Spiritualität. Sie greift sowohl die ethische Ausrichtung aller Philosophie seit der Sokratik auf als auch den lebenspraktischen Impuls der biblischen Geschichten und Gebote (bzw. Verbote), der gerade im Frühchristentum stark betont wurde. Der Mensch und sein Leben sind Ausgangs- und Zielpunkt der origeneischen Theologie. Die spekulative Systematik ist grundiert von einem eminent existentiellen Zug in den einzelnen Gedankengängen, metaphysische Reflexionen gehen stets Hand in Hand mit ethischen Paränesen. Das vielleicht beste Beispiel hierfür ist seine durch und durch anthropologische Auslegung des (ersten) Schöpfungsberichts in der ersten Genesishomilie. Ziel allen theoretischen und praktischen Bemühens ist die Vollkommenheit des Menschen, platonisch mit der programmatischen Formel aus Platons „Theaitetos" (176 b 1f.) formuliert: seine Annäherung, seine Angleichung an Gott.

Der Kern des origeneischen Vollkommenheitsideals ist die Immanenz des Logos in der Seele. Hinwendung zu Gott versteht Origenes in einer Theorie bewussten Lebens als wachsendes Bewusstsein der Gegenwart Christi, des Logos, in der ganzen Welt wie in der Seele jedes einzelnen Menschen. Die Gottesschau ereignet sich durch die geistige Ankunft Christi im Innern der Seele, durch die diese von ihrer geistigen Blindheit gereinigt wird und im Wort den trinitarischen Gott schaut. Origenes begründet hier die Jesus-Mystik der Christus- und damit der Gottes-Gegenwart in der Seele des Christen. Mehr und mehr erfüllt von der göttlichen Natur, wird die Seele in der Schau mehr und mehr vergöttlicht. Diese innere Verwandlung des Menschen durch die Immanenz Christi in der Seele ist insofern nicht heteronom, sondern autonom konzipiert, als der Logos das Lebensprinzip der Vernunftwesen ist, durch seine Ankunft und Herrschaft in der Seele also das zur Geltung gebracht wird, was die Logika ihrem Wesen nach sind: „In dir nämlich ist er und kommt nicht von außen, so wie auch das Reich Gottes in dir ist (vgl. Lk. 17,21)" (in Gen. hom. 13,4).

Philosophisch erläutert Origenes dieses Geschehen mit Hilfe des platonischen Teilhabe-Gedankens: Der Logos entfaltet seine Gegenwart im Menschen, die kraft der Teilhabe des Vernunftwesens Mensch am Wesen des Logos dort angelegt ist. Urbild und Abbild sind im Sinne einer Dialektik von fundamentaler Identität und bleibender Differenz untrennbar miteinander verbunden. Das empirische Abbild strebt nach der in seinem transzendenten Urbild beschlossenen Fülle seiner eigenen Wirklichkeit, der es sich annähern, die es aber nie ganz erreichen kann. Andererseits ist das, woran der Mensch teilhat, das gestaltende Prinzip des Daseins des Teilhabenden und als solches sein wirkliches Wesen, das er im tätigen Erkenntnisaufstieg zu verwirklichen sucht. Der Weg vom „Abbild" *(imago)* zur „Ähnlichkeit" *(similitudo)* – so Origenes' Auslegung von Gen. 1,26, die in die patristische Theologie einging – ist die graduelle Aufhebung der Seele in das Leben des Logos und seine Gemeinschaft mit dem Vater, ohne ihre Individualität zu verlieren.

In diesem Weg der Erlösung und des Aufstiegs zu Gott hat die Menschwerdung des Logos einen fundamentalen und bleibenden Sinn. Als historisches Ereignis markiert sie (mit Joh. 1,14) den Anbruch der Herrlichkeit Gottes in der ganzen Welt. Doch geschieht das nicht nur einmalig, sondern immer neu – wobei die einmalige historische Ankunft des Logos im konkreten Menschen Jesus die Basis für die überall und immer je neu mögliche und insofern universale Ankunft bildet –, indem der Logos in jedem einzelnen Menschen Mensch wird, also einen Menschen zu dem macht, der er in seinem Wesen eigentlich ist. Auf diese Weise war das Wort Gottes schon in den Propheten präsent, und die Christen sollen die Herrlichkeit Gottes in sich wohnen lassen. Entsprechend ermahnte Origenes seine Gemeinde in einer Predigt:

> „Denn in allen, die durch ihren Lebenswandel Gott verherrlichen, ist seine Herrlichkeit, und so ist die ganze Erde von der Herrlichkeit Gottes erfüllt … Aber was nützt es dir, wenn die Erde dank der Gemeinden der Seligen, die überall sind, mit der Herrlichkeit Gottes erfüllt ist, du aber nicht an der Herrlichkeit der Fülle Gottes teilhast? Auch du also, streng dich an und strebe in allem nach der Herrlichkeit Gottes, suche danach, wo diese auch in dir wohnen und einen Platz finden kann, damit auch du zusammen mit der ganzen Erde, auf der sich die Herrlichkeit Gottes findet, von seiner Herrlichkeit erfüllt wirst. Wie geschieht durch jeden von uns die Fülle der Herrlichkeit Gottes? Wenn das, was ich tue oder sage, zur Verherrlichung Gottes geschieht, wird mein Reden und Handeln von der Herrlichkeit Gottes erfüllt. Wenn mein Kommen und Gehen zur Verherrlichung Gottes geschieht, wenn meine Speise, mein Trank, wenn alles, was ich tue, zur Verherrlichung Gottes geschieht, habe auch ich teil an dem Wort: ‚Erfüllt ist die Erde von seiner Herrlichkeit' (Jes. 6,3)" (in Is. hom. 4,2).

Dazu bedarf es nach Origenes sowohl einer Grundentscheidung gegen die Sünde und für die Gerechtigkeit, die jeder einzelne Mensch bewusst oder unbewusst immer schon getroffen hat, als auch einer langwierigen und mühseligen, immer wieder neuen Umsetzung, die Origenes mit dem Bild des Weges beschrieben hat. Das grandiose von ihm erhoffte Ziel ist die Wiederherstellung von Allem, die Aussicht darauf, dass alle Menschen im Verein mit der ganzen Schöpfung diesen Weg zu Gott zu Ende gehen werden. „Eines Tages wird der Logos über alle vernünftigen Wesen herrschen und jede Seele zu ihrer Vollkommenheit umgestalten" (Cels. VIII 72).

In politisch und wirtschaftlich schwierigen Zeiten, herausgefordert von den deterministischen und dualistischen Sinnangeboten gnostischer Provenienz und von der Aufgabe, die schwer verständlichen biblischen Texte und den Glauben der „einfachen" Christen intellektuell redlich verstehbar zu machen, spannte Origenes einen großen Bogen von der existentiellen Entscheidung des Einzelnen für oder gegen Christus zum Erfordernis einer sittlichen Anstrengung im Kontext einer Gesamtdeutung von Welt und Geschichte als von Gott und seinem Logos durchwaltet und vom Geist geheiligt. Den Kerngedanken seiner Theologie bildet die Freiheit, die Autonomie, der Menschen, deren Lebensprinzip der Logos ist und dessen ganzes Wirken der Erziehung der Menschen zu der in ihnen angelegten Vollkommenheit dient. Sowohl das Insistieren auf der Freiheit – und damit auf der Fähigkeit des Menschen zu autonomem Handeln und auf der Verantwortung für sein Tun und Lassen – als auch die universale Dimension der Inkarnation und der Apokatastasis versuchen gegen jedwedes dualistische Denken die Einheit von Gott, Mensch und Welt zu denken und in einer sittlichen Lebenspraxis umzusetzen.

6. Klassiker und Ketzer

Der Hauptvorwurf, der später gegen die Theologie des Origenes wieder und wieder erhoben wurde, war der der Verfälschung der christlichen, biblischen Lehre durch griechische Philosophie, vor allem im Gottesbild (der angebliche Subordinatianismus, die Unterordnung des Logos Gottes unter Gott Vater) und in der Erlösungslehre (die Apokatastasis). Die diesbezüglichen Verdächtigungen, die im 6. Jahrhundert – 300 Jahre nach seinem Tod – zu seiner postumen Verurteilung als Häretiker und zur Vernichtung der meisten seiner Schriften führten, beruhen einerseits auf Missverständnissen oder bewussten Missdeutungen, andererseits auf sich verändernden theologiegeschichtlichen Kontexten. Sein suchendes und offenes Denken passte immer weniger in den Rahmen einer offiziellen Theologie, in der dogmatische Positionierung gefragt war und in der besonders in der Trinitätslehre und in der Christologie Lehren formuliert wurden, die auf der Ebene des Buchstabens mit seinen Überlegungen und Aussagen kollidierten. Dessen ungeachtet legte Origenes mit seinem heilsgeschichtlich konfigurierten Trinitätsdenken die Fundamente für die spätere dogmengeschichtliche Entwicklung, auch wo diese sich von ihm absetzte, und prägte diese subkutan bis zu ihrer Wiederentdeckung im 20. Jahrhundert durch Karl Rahner und Andere. Origenes verfasste in „Über die ersten Prinzipien" nicht nur den ersten pneumatologischen Traktat und damit eine zwar äußerst dicht präsentierte, aber in den wesentlichen Punkten ausgearbeitete Trinitätslehre, sondern schuf auch ein Konzept der zeitlosen, ewigen Existenz des Sohnes und des Heiligen Geistes mit dem Vater und damit deren Unterscheidung von allem anderen Seienden, das in der Zeit geschaffen und der Veränderung unterworfen ist, engstens verwoben damit aber ein Konzept des unablässigen Wirkens des Geistes und des Sohnes in der Welt zu deren Erlösung (was Hans Urs von Balthasar treffend Heilstrinitarismus genannt hat). Und mit seiner Hoffnung auf Erlösung von Allem versuchte Origenes die universale Idee eines guten und gerechten Gottes so zu Ende zu denken, dass die theo-autonom begründete Freiheit des Menschen, der den Logos (und damit Gott) als Urgrund und Urziel des eigenen Selbst erkennt, ebenso gewahrt bleibt wie die Rationalität der Gottesvorstellung – eine Vision, deren Spuren in der christlichen Theologiegeschichte immer wieder einmal zu greifen sind.

Mit diesen Leistungen ist Origenes der von seiner Kirche verketzerte klassische Vater der christlichen Theologie, der meist ungenannt bleibt, aber stets präsent ist. Er steht als geistiger Ahnherr an entscheidenden Phasen der Geistesgeschichte in den vom Mittelmeerraum ausgehenden Kulturen in Orient und Okzident. Vor allem seine Wieder-Entdeckung in der Renaissance und im Humanismus hat der geistesgeschichtlichen Entwicklung in der Neuzeit wesentliche Impulse gegeben, und das nicht nur in der Theologie, sondern auch in der Philosophie, wie man im 17. Jahrhundert an den Platonikern von Cambridge sehen kann, die zugleich mehr oder weniger Origenisten waren, oder an origeneischen Einflüssen auf den deutschen Idealismus. In der Theologie wurde Origenes im 20. Jahrhundert vom Schatten seiner Verketzerung befreit, namentlich in der Nouvelle Théologie in Frankreich, und hat faktisch den Rang eines „Kirchenvaters“ erreicht.

Literaturhinweise

Werke

Die griechischen christlichen Schriftsteller, 12 Bde., Berlin 1899–1941.

Sources Chrétiennes, 41 Bde., Paris 1943–2010.

Origenes, Vier Bücher von den Prinzipien, hg., übers., mit krit. und erl. Anmerkungen vers. von Herwig GÖRGEMANNS/Heinrich KARPP (TzF 24), Darmstadt [3]1992 (daraus die Übersetzungen im Text).

Origenes, Werke mit deutscher Übersetzung, hg. von Alfons FÜRST/Christoph MARKSCHIES, 25 Bde., Berlin/New York – Freiburg/Basel/Wien 2009ff.

Literatur

Hans Urs VON BALTHASAR, Le Mysterion d'Origène, in: RSR 26 (1936) 513–562; 27 (1937) 38–64; separat: Parole et Mystère chez Origène, Paris 1957.

Ulrich BERNER, Origenes (EdF 147), Darmstadt 1981.

Charles BIGG, The Christian Platonists of Alexandria. Eight Lectures, Oxford 1886.

Norbert BROX, Mehr als Gerechtigkeit. Die außenseiterischen Eschatologien des Markion und Origenes, in: Kairos 24 (1982) 1–16, erneut in: ders., Das Frühchristentum. Schriften zur Historischen Theologie, hg. von Alfons FÜRST/Franz DÜNZL/Ferdinand R. PROSTMEIER, Freiburg u.a. 2000, 385–403.

René CADIOU, La Jeunesse d'Origène. Histoire de l'école d'Alexandrie au début du IIIe siècle, Paris 1935.

Henri CROUZEL, Théologie de l'image de Dieu chez Origène (Theol[P] 34), Paris 1956.

Ders., Origène et la „Connaissance mystique" (MLST 56), Bruges-Paris 1961.

Ders., Origène, Paris/Namur 1985.

Jean DANIÉLOU, Origène, Paris 1948.

Eugène DE FAYE, Origène. Sa vie, son œuvre, sa pensée, 3 Bde., Paris 1923–1928.

Michel FÉDOU, La Sagesse et le Monde. Essai sur la Christologie d'Origène (CJJC 64), Paris 1994.

Wilhelm GESSEL, Die Theologie des Gebetes nach „De oratione" von Origenes, Paderborn u.a. 1975.

Rolf GÖGLER, Zur Theologie des biblischen Wortes bei Origenes, Düsseldorf 1963.

Gerhard GRUBER, ΖΩΗ. Wesen, Stufen und Mitteilung des wahren Lebens bei Origenes (MthST 23), München 1962.

Richard Patrick Crosland HANSON, Allegory and Event. A Study of the Sources and Significance of Origen's Interpretation of Scripture. With an Introduction by Joseph Wilson TRIGG, Louisville/London [2]2002.

Harald HOLZ, Über den Begriff des Willens und der Freiheit bei Origenes, in: NZSTh 12 (1970) 63–84.

Pierre Daniel HUET, Origeniana, Paris 1679; erneut in: PG 17, 633–1284.

Endre VON IVÁNKA, Origenes, in: ders., Plato Christianus. Übernahme und Umgestaltung des Platonismus durch die Väter, Einsiedeln [2]1990, 99–148.

Theo KOBUSCH, Die philosophische Bedeutung des Kirchenvaters Origenes. Zur christlichen Kritik an der Einseitigkeit der griechischen Wesensphilosophie, in: ThQ 165 (1985) 94–105.

Hal KOCH, Pronoia und Paideusis. Studien über Origenes und sein Verhältnis zum Platonismus (AKG 22), Berlin/Leipzig 1932.

Nicholas Robert Michael DE LANGE, Origen and the Jews. Studies in Jewish-Christian relations in third-century Palestine (UCOP 25), Cambridge 1976.

Aloisius LIESKE, Die Theologie der Logosmystik bei Origenes (MBTh 22), Münster 1938.

Henri DE LUBAC, Geist aus der Geschichte. Das Schriftverständnis des Origenes, Einsiedeln 1968.

James A. LYONS, The Cosmic Christ in Origen and Teilhard de Chardin. A Comparative Study, Oxford 1982.

Christoph MARKSCHIES, Origenes und sein Erbe. Gesammelte Studien (TU 160), Berlin/New York 2007.

Pierre NAUTIN, Origène. Sa vie et son œuvre (CAnt 1), Paris 1977.

Hugo RAHNER, Das Menschenbild des Origenes, in: ErJb 15 (1947) 197–248.

Ernst Rudolf REDEPENNING, Origenes. Eine Darstellung seines Lebens und seiner Lehre, 2 Bde., Bonn 1841. 1846 (Nachdruck Aalen 1966).

Helmut SAAKE, Der Tractatus pneumatico-philosophicus des Origenes in *Περὶ ἀρχῶν* I, 3, in: Hermes 101 (1973) 91–114.

Max SCHÄR, Das Nachleben des Origenes im Zeitalter des Humanismus (BBGW 140), Basel/Stuttgart 1979.

Eberhard SCHOCKENHOFF, Zum Fest der Freiheit. Theologie des christlichen Handelns bei Origenes (TTS 33), Mainz 1990.

Clemens SCHOLTEN, Die alexandrinische Katechetenschule, in: JAC 38 (1995) 16–37.

Karen Jo TORJESEN, Hermeneutical Procedure and Theological Method in Origen's Exegesis (PTS 28), Berlin/New York 1986.

Joseph Wilson TRIGG, Origen. The Bible and Philosophy in the Third-century Church, Atlanta 1983.

Ders., Origen, London/New York 1998.

Walther VÖLKER, Das Vollkommenheitsideal des Origenes. Eine Untersuchung zur Geschichte der Frömmigkeit und zu den Anfängen christlicher Mystik (BHTh 7), Tübingen 1931.

Hermann Josef VOGT, Das Kirchenverständnis des Origenes (BoBKG 4), Köln/Wien 1974.

Ders., Origenes als Exeget, hg. von Wilhelm GEERLINGS, Paderborn u.a. 1999.

Hieronymus

Theologie als Wissenschaft[*]

1. Askese und Wissenschaft

Eusebius Hieronymus aus Stridon in Dalmatien (ca. 347 bis 419) hat mit dem spezifischen Profil seines Schaffens einen originellen Beitrag zur christlichen Theologie geleistet, mit dem er unter seinen Zeitgenossen weitgehend isoliert blieb, über die Jahrhunderte hin aber außerordentlich innovativ wirkte und deshalb zu Recht in den Rang eines führenden Theologen und „Kirchenvaters“ der lateinischen Kirche rückte. Seine Sonderstellung in der christlichen Theologiegeschichte ist darin begründet, dass er sich nicht für die dogmatischen Fragen interessierte, die zu seiner Zeit Theologie und Kirche bis hin zu den so genannten einfachen Christen aufwühlten. Zu den erregten Debatten über Trinitätslehre und Christologie im Osten der antiken Welt sowie in deren Westen über die von Augustinus forcierte Auseinandersetzung über den Zusammenhang von Freiheit, Gnade und Erkenntnis im Schöpfungs- und Erlösungsgeschehen hat Hieronymus sich gar nicht oder nur am Rande geäußert. Die Schwerpunkte seines Lebens und Wirkens lagen auf anderen Gebieten. Einerseits begeisterte er sich für die asketische Bewegung, die in der zweiten Hälfte des 4. Jahrhunderts einen mächtigen Aufschwung erlebte, und wurde zu einem ihrer eifrigsten Propagandisten; ikonographisch beruht darauf in späteren Jahrhunderten der Typ des in verschiedenen Landschaften einsam büßenden Hieronymus. Andererseits war Hieronymus der typische Gelehrte, der „Schreibtischmensch“, der sich am liebsten in seine „Studierstube“ zurückzog und Theologie als Wissenschaft betrieb, ein Motiv, das in Darstellungen des „Hieronymus im Gehäus“ aus Renaissance und Humanismus, den Blütezeiten der Hieronymus-Verehrung, umgesetzt ist (unter anderem in einem Kupferstich von Albrecht Dürer von 1514). Seinen wissenschaftlichen Arbeitseifer richtete er auf die Bibel, die er nahezu komplett übersetzte und in großen Teilen kommentierte. Diese

---

* Wilhelm GEERLINGS (Hg.), Theologen der christlichen Antike. Eine Einführung, Darmstadt 2002, 168–183.

Verbindung von Askese und Wissenschaft ist charakteristisch für den Theologen Hieronymus.

[169] 2. Hieronymus als Asket

Die asketische Bewegung lernte Hieronymus um 367 in der Kaiserresidenz Trier kennen, als er sich dort nach Beendigung seines Studiums in Rom um eine Stellung im Staatsdienst bemühte. Er teilte das verbreitete Missbehagen an einer Kirche, deren „Macht und Reichtum wuchs, nachdem sie christliche Kaiser bekommen hatte, während sich ihr sittlicher Zustand verschlechterte" (vit. Malch. 1). Rasch gab Hieronymus seine beruflichen Pläne auf und schloss sich von 367/68 bis 373 in Aquileja einem asketischen Kreis von Klerikern um den späteren Bischof Chromatius an, der allerdings im Zwist auseinanderfiel. In den darauf folgenden Anläufen des Hieronymus, sein Christsein ernst zu nehmen, indem er auf Distanz zur Welt und ihren Errungenschaften ging, spiegeln sich die Wandlungen, denen das asketische Ideal an der Wende zum 5. Jahrhundert in zügigem Wechsel unterlag.

Von Aquileja aus ging Hieronymus nach Antiochia in den Osten. In Syrien, Palästina und Ägypten lagen die Ursprünge der asketischen Lebensform, und in eine solche Gegend zog Hieronymus sich Mitte der 370er Jahre zurück, in einen unfruchtbaren Landstrich bei Chalkis am Rande der syrischen Wüste. In einer in diesen Jahren entstandenen phantasievollen Legende über „Paulus, den ersten Eremiten" *(Vita Pauli)* wollte er der Lebensbeschreibung des ägyptischen Einsiedlers Antonius, die Athanasius von Alexandria kurz nach 357/58 verfasst hatte, Konkurrenz machen, und in der Tat begründete die erstklassige literarische Qualität des später sogar in das Griechische und in orientalische Sprachen übersetzten Romans Hieronymus' Ruhm als Schriftsteller. Doch obwohl Hieronymus mit diesem Büchlein, dem später noch zwei weitere Mönchsromane über „Die Geschichte von der Gefangenschaft des Mönches Malchus" und „Das Leben des heiligen Hilarion" folgten, sowie in Briefen an seine Freunde und Bekannten das Eremitenleben verherrlichte, war er, der Gelehrte aus der Großstadt, dafür nicht geschaffen und gab sein Wüstendasein auf.

Die Zerreißprobe, in die er geraten war, illustrierte er 384 im Rückblick mit der Schilderung eines dadurch berühmt gewordenen Traumes:

> „Vor vielen Jahren verließ ich Heimat, Eltern, Schwestern und Verwandte und verzichtete, was noch schwieriger ist, auf meinen wohlgedeckten Tisch ... Die Bibliothek aber, die ich mir in Rom aus lebhaftem Interesse und mit

viel Mühe erworben hatte, meinte ich nicht entbehren zu können. Ich Elender fastete also, während ich den Tullius (das heißt Cicero) las ... In einem Fiebertraum ... fühlte ich mich plötzlich im Geiste vor den Stuhl des Richters geschleppt ... Befragt nach meinem Stande, gab ich zur Antwort, ich sei Christ. Der auf dem Richterstuhl saß, sagte zu mir: ‚Du lügst! [170] Ein Anhänger Ciceros bist du, aber nicht Christi! Denn wo dein Schatz ist, da ist auch dein Herz (vgl. Mt. 6,21).' Darauf verstummte ich. Er aber gab Befehl, mich zu schlagen. Mehr noch als die Schläge peinigten mich Gewissensqualen ... Schließlich warfen sich die Umstehenden dem Richter zu Füßen und baten, er möge angesichts meiner Jugend Nachsicht walten lassen und mir Gelegenheit geben, meinen Irrtum zu büßen, jedoch die Strafe weiter an mir vollziehen, falls ich mir erneut einfallen lassen sollte, Werke der heidnischen Literatur zur Hand zu nehmen ... So schwor ich ihr ab: ‚Herr, wenn ich je wieder weltliche Handschriften besitze oder aus ihnen lese, dann will ich dich verleugnet haben!' ... Und danach habe ich mich mit einem solchen Eifer den göttlichen Schriften zugewandt, wie ich ihn bei der Beschäftigung mit den profanen nie gekannt hatte" (ep. 22,30).

Mit dieser Szene illustriert Hieronymus seine ambivalente Stellung zwischen der antiken Kultur und Literatur, aus der er nach familiärer Herkunft und schulischer Ausbildung kam, und asketisch motivierter Abkehr von ihr, verbunden mit der Hinwendung zur Bibel. Diese Spannung begleitete ihn sein ganzes Leben lang, denn nie vergaß oder verleugnete er die Bildung, in der er groß geworden war, sondern hielt sich künftig lediglich an eine neue Rangordnung: Die Bibel sollte an erster Stelle stehen, die heidnische Literatur erst, freilich auch sogleich an zweiter. Im öden Hinterland von Antiochia wurde Hieronymus klar, dass er nicht die extreme Askese der syrischen Eremiten wählen konnte, die radikal jeder Kultur und jeder Zivilisation entsagten. Er suchte eine Möglichkeit, christlich-asketisch zu leben, ohne auf die antik-heidnische Kultur und Bildung verzichten zu müssen.

Über Antiochia und Konstantinopel, wo er sich von 379/80 bis 382 zur Zeit des Zweiten Ökumenischen Konzils von 381 aufhielt, von dem er aber nicht sonderlich viel mitbekam, weil ihn die trinitarisch-pneumatologischen Debatten nicht näher interessierten, führte sein Weg zurück nach Rom. Von 382 bis 385 war er dort einerseits Sekretär des Bischofs Damasus, andererseits spiritueller und theologisch-exegetischer Lehrer eines schon länger bestehenden Zirkels asketisch lebender adliger Damen auf dem Aventin um die Witwe Marcella (gest. 410/11). Inspiriert unter anderem von der 371 in das Lateinische übersetzten Lebensbeschreibung des Antonius, die zum Bestseller avancierte, nutzten diese Frauen die rechtlich garantierten Möglichkeiten, die sie im Laufe der römischen Kaiserzeit erlangt hatten, zum Beispiel Gütertrennung in der Ehe und Verfügungsgewalt über Vermögen etwa bei Erbschaften, um sich asketisch und karitativ zu engagieren. Frauen wie Marcella und vor allem Paula (gest. 404) mit ihrer Tochter Eustochium (gest. 418/19) wurden die wichtigsten Lebensgefährtinnen des Hieronymus, denen er zahlreiche Briefe und Schriften widmete. Sie teilten nicht nur sein asketisches Lebensideal, sondern auch [171] seine theologisch-exegetischen Interessen. Der geistige Austausch mit ihnen dürfte sich fruchtbar auf seine asketischen Anschauungen und wissenschaftlichen Studien ausgewirkt haben. Trotz der enormen Wertschätzung, die Hieronymus diesen Frauen als Asketinnen entgegenbrachte, sah er ihre Rolle in der Kirche, für seine Zeit typisch, allerdings auf die Bereiche von Spiritualität und Diakonie beschränkt. In dieser Funktion freilich spielten sie im Leben des Hieronymus und in seiner Propaganda für die insbesondere weibliche Askese als Vorbilder für das Ideal der Virginität eine zentrale Rolle.

Der Versuch des Hieronymus, mitten in einer Weltstadt wie Rom eine auf strenger Askese beruhende „Gegenwelt" zu errichten, scheiterte an gesellschaftlichen und kirchlichen Widerständen. Zum einen waren die nicht-asketischen Christen Roms noch gänzlich antiken gesellschaftlichen Standards verpflichtet, weshalb sie die Abkehr der neuen Asketinnen und Asketen von der antiken Kultur als Infragestellung ihrer eigenen Lebensgrundlagen und überhaupt der Fundamente von Staat und Gesellschaft empfanden. Als Hieronymus später, um 393, gegen einen Gegner der Askese, Jovinian, Ehe und Familie gegenüber der Jungfräulichkeit drastisch abwertete, provozierte er damit einen öffentlichen Skandal, der dazu führte, dass seine Freunde in Rom die Verbreitung des Pamphlets zu unterbinden suchten. Zum anderen war die offizielle Kirche noch nicht asketisch-monastisch geprägt, weshalb Hieronymus mit seiner scharfen satirischen Kritik am nicht-asketischen Klerus eigentlich an der Realität vorbeizielte. Als in dieser angespannten Atmosphäre Hieronymus' Protektor Damasus im Dezember 384 starb und dazu auch noch eine der jungen Frauen im Kreis um Marcella und Hieronymus, Blesilla, ihre angeblich übertriebenen asketischen Anstrengungen mit dem Leben bezahlte, war Hieronymus' Stellung unhaltbar geworden. Mit Hilfe von Paulas riesigem Vermögen gründete er 386 in Bethlehem eine ausgedehnte Klosteranlage, bestehend aus einem Männer- und drei Frauenklöstern samt Pilgerherberge, in der er die zweite Hälfte seines Lebens verbrachte. Da er seine Bibliothek dorthin mitnahm und sich in erster Linie seinen wissenschaftlich-exegetischen Neigungen widmete, hatte er die Lebensform gefunden und zugleich erfunden, in der er Evangelium und Kultur, antike Gelehrsamkeit und christlich-asketische Spiritualität, miteinander verbinden konnte.

Mit dieser Klostergründung partizipierte Hieronymus auch an dem Wandel, dem die asketische Lebensform an der Wende zum 5. Jahrhundert unterlag. Die in ihren Anfängen ungebundene „Bewegung" freier Zirkel von Laienasketinnen und -asketen nahm in den „Klöstern" organisierte Formen an und wurde allmählich in die kirchlich-hierarchischen Strukturen integriert. Damit einher geht eine zunehmende Skepsis des älter werdenden Hieronymus gegenüber allzu optimistischen Erwartungen, wie er sie in [172] jungen Jahren selbst in das Askeseideal gesetzt hatte. Gegen die „Askese für alle", wie sie von in der Regel adligen Laien im Umkreis von Asketen wie Pelagius mit hohen, am urchristlichen Rigorismus orientierten Anforderungen und hochgespannten Erwartungen für das allgemeine religiös-spirituelle Niveau in der Reichskirche konzipiert wurde, propagierte Hieronymus Askese als Ideal für eine elitäre Minderheit und plädierte für die Einbindung der neuen monastischen Einrichtungen in die klerikalen kirchlichen Strukturen. Mit seiner eigenen Karriere als Asket ist Hieronymus ein exponiertes Beispiel für die Entwicklung der asketischen Bewegung seiner Zeit, die er mit seiner schriftstellerischen Propaganda lautstark und militant gefördert hat.

3. Hieronymus als Wissenschaftler

Die wissenschaftlichen Leistungen des Hieronymus in der Theologie beruhen auf mehreren Voraussetzungen. In Rom studierte er lateinische Sprachwissenschaft bei Aelius Donatus, dem führenden Grammatiklehrer der Spätantike, der ihm eine vorzügliche Beherrschung des klassischen, in erster Linie an Cicero, Sallust und Vergil geschulten Stils vermittelte. Als gewandter, äußerst produktiver Schriftsteller setzte Hieronymus die klassische lateinische Literatur auf christlichen Feldern fort. Eines seiner herausragenden Produkte auf diesem Gebiet ist die erste christliche Literaturgeschichte *De viris illustribus*, das heißt „Über berühmte christliche Autoren", die er in Anlehnung an und in Konkurrenz zu einem Werk von Sueton mit dem gleichen Titel 392/93 verfasste und die mit ihren biographischen und literaturwissenschaftlichen Informationen bis heute das klassische Muster einer „Patrologie" abgibt, in der das Leben und die Schriften, zuweilen auch die „Lehre" der antiken christlichen Schriftsteller behandelt werden.

Ebenfalls schon als Student hat Hieronymus damit begonnen, sich eine umfangreiche Bibliothek antiker Autoren zuzulegen, die er beständig ausbaute und um christliche Werke sowie Bibelausgaben in verschiedenen Sprachen nebst Bibelkommentaren erweiterte. Seine Bibliothek, in der er auch die Originale seiner zahlreichen eigenen Schriften aufbewahrte, dürfte neben der eines Cicero, Tertullian oder Origenes, dessen Nachlass Hieronymus im palästinischen Caesarea des öfteren einsah, eine der bedeutendsten Privatsammlungen der Antike gewesen sein, ist jedoch bei einem wohl von Beduinen, nicht, wie Hieronymus wähnte, von Pelagianern ausgehenden räuberischen Überfall auf die Klosteranlage in Bethlehem im Jahr 416, bei dem ein Mitglied des Konvents ums Leben kam und Hieronymus und die anderen Klosterangehörigen sich durch Flucht in [173] einen Wehrturm retteten, verbrannt, was, neben häufiger Krankheit und sonstigen Altersbeschwerden wie nachlassende Sehkraft, zugleich das tragische Ende für das wissenschaftliche und schriftstellerische Schaffen des Hieronymus bedeutete. Der gezielte Aufbau eines insbesondere biblisch-exegetischen Bestandes an Büchern bildete eine der unerlässlichen Grundlagen für die bibelwissenschaftlichen Arbeiten des Hieronymus.

Eine weitere waren die engen Beziehungen, die er bei seinen beiden Romaufenthalten zu einflussreichen Leuten aus römischen Adelskreisen knüpfte, so zu seinem Studienfreund Pammachius (gest. 410). Diese Leute unterstützten seine Forschungen finanziell, indem sie Personal und Material für die Anschaffung oder aufwändige Herstellung der teuren Rollen und Codices bezahlten, verschafften ihm weitere Kontakte im lateinischen Westen bis nach Gallien und Spanien, sorgten für die Verbreitung seiner Schriften, die er zum Zwecke der Publikation nahezu ausnahmslos von Bethlehem nach Rom sandte, und trugen so nicht unerheblich zum Erfolg der asketischen und exegetischen Schriftstellerei des Hieronymus bei.

Den Hauptanteil daran hatten schließlich die Sprachkenntnisse, die Hieronymus sich im Orient aneignete. Griechisch beherrschte er perfekt, dazu ein wenig Syrisch; Aramäisch (Hieronymus spricht von „Chaldäisch") konnte er allenfalls, doch immerhin lesen und vielleicht einigermaßen verstehen. Vor allem aber lernte er in Syrien und Palästina ebenso mühsam wie unverdrossen Hebräisch, und zwar weder aktiv noch perfekt, da ihm immer wieder auch Fehler unterlaufen, doch so weit, dass er zu umfangreichen und vertieften passiven Kenntnissen gelangte. Diese zu seiner Zeit äußerst ungewöhnliche Sprachkompetenz, die ihn schon zu Lebzeiten als „dreisprachig" *(vir trilinguis)* berühmt machte, befähigte ihn, bei seiner exegetischen Arbeit eigenständig auf jüdische Schriftgelehrsamkeit, insbesondere rabbinische Traditionen in der Haggadah, zurückzugreifen und der christlichen Exegese und Theologie zu erschließen. Zu seiner Zeit war das eine spektakuläre und originelle Forschungstätigkeit, die zu den zentralen und auf lange Sicht innovativen Leistungen des Wissenschaftlers Hieronymus gehört.

4. Hieronymus als Übersetzer

Seine Kompetenz sowohl in seiner Muttersprache als auch in Fremdsprachen nutzte Hieronymus dazu, zahlreiche Schriften griechischer Theologen – sehr viel von Origenes, ferner Eusebius von Caesarea, Didymus von Alexandria, Epiphanius von Salamis, Theophilus von Alexandria, Pachomius und anderes koptisches, doch schon in das Griechische übersetztes monastisches Schrifttum – in das Lateinische zu übertragen. Vergleiche mit erhaltenen Originalen erweisen ihn als talentierten, zuverlässi[174]gen Interpreten, dem kaum Fehler unterliefen und der nicht nur sachlich korrekte, sondern auch sprachlich ansprechende Übersetzungen zu Wege brachte. Da Griechischkenntnisse in der lateinischen Bildungswelt seiner Zeit rapide im Schwinden begriffen waren, bediente er den entstehenden Bedarf an Übersetzungen und gehörte mit Rufinus von Aquileja und anderen, zum Beispiel dem Chrysostomusübersetzer Anianus von Celeda, zu den gefragten Übersetzern.

Doch nicht nur wegen seiner umfangreichen Produktion nimmt Hieronymus einen zentralen Platz in der Geschichte des Übersetzens ein. Er ist vielmehr auch der erste gewesen, der in Fortsetzung theoretischer Einlassungen der antiken Übersetzungstradition, wie sie etwa bei Cicero zu finden sind, in den Jahren 395/96 aus konkretem Anlass – man warf ihm vor, einen griechischen Brief des Epiphanius (ep. 51 int. ep. Hieron.) zu frei in das Lateinische übertragen zu haben – in einem Brieftraktat mit dem Titel „Die beste Übersetzungsmethode" (ep. 57) die erste Übersetzungstheorie der Literaturgeschichte entworfen hat. Grundsätzlich plädierte er für Orientierung an der Zielsprache.

> „Beim Übersetzen ist nach folgendem, von mir oft eingeschärftem Grundsatz zu verfahren: Ohne den Sinn des Textes zu beeinträchtigen, ist auf die stilistische Eleganz und die grammatischen wie idiomatischen Eigenheiten derjenigen Sprache zu achten, in die übersetzt wird" (ep. 106,55).

Lediglich im Fall der Bibel sollte nicht nur auf den Sinn, sondern auch auf die Wortfolge geachtet werden, weil auch diese ein „Mysterium" darstelle, das göttliche Offenbarung in sich berge (ep. 57,5). Es spricht für das hoch entwickelte Problembewusstsein des Übersetzers Hieronymus, dass er diese Grundsätze bei jedem Text, auch den biblischen, außerordentlich flexibel angewandt hat, weshalb seine theoretischen Äußerungen je nach polemischer Frontstellung und Akzentsetzung widersprüchlich ausfallen konnten. Im Grunde hat er bei jeder einzelnen Wendung, abhängig von den idiosynkratischen Eigenheiten der jeweiligen Sprache, das rechte Maß zwischen Wörtlichkeit und Freiheit der Wiedergabe neu bestimmt. Langjährige Erfahrung hat Hieronymus gelehrt, wie schwierig es ist, eine konsistente Theorie des Übersetzens zu entwerfen, und in seiner Praxis auf elegantes Latein zu achten. Im Übrigen hat er sich damit einer Tätigkeit verschrieben, von der das gegenwärtige universitäre Arbeiten gerade in den philologisch ausgerichteten Geisteswissenschaften stark bestimmt wird: dem Herausbringen von Texten in Übersetzungen.

[175] 5. Hieronymus als Bibelübersetzer

Die wichtigsten Übersetzungen des Hieronymus waren seine diversen Übertragungen biblischer Schriften. Die im 4. Jahrhundert gebräuchlichen Bibeltexte waren vor allem im Alten Testament alles andere als einheitlich. In der griechischsprachigen Kirche benutzte man die Übertragung der hebräischen Bibel, die im Laufe der letzten drei Jahrhunderte vor der christlichen Zeitrechnung im ägyptischen Alexandria entstanden und von den ersten Christen übernommen worden war; da sie nach einer jüdischen Legende von 72 Übersetzern separat, doch wortwörtlich übereinstimmend erstellt worden sein soll, galt sie als vom Geist Gottes inspiriert und trug nach der auf 70 abgerundeten Zahl der Übersetzer im Lateinischen den Namen „Septuaginta", „die (Übersetzung der) Siebzig". Im Zuge ihrer handschriftlichen Verbreitung waren ihr Textbestand und ihr Wortlaut indes immer uneinheitlicher geworden, so dass im 4. Jahrhundert in verschiedenen Regionen mindestens drei unterschiedliche Rezensionen kirchlich in Gebrauch waren, darunter die von Origenes im 3. Jahrhundert angefertigte: In sechs, bei den Psalmen sogar in sieben und acht Spalten waren in ihr nebeneinander der hebräische Text in hebräischen und griechischen Buchstaben sowie verschiedene Übersetzungen in das Griechische aufgeführt – neben der Septuaginta die Neuübertragungen des Aquila, Symmachus und Theodotion aus dem 2. Jahrhundert n.Chr. –, weshalb diese Ausgabe „Hexapla", „die Sechsfache" oder „die Sechsteilige", hieß. Der Text der Septuaginta war in ihr mit Hilfe der anderen Übersetzungen in der Absicht korrigiert, ihn möglichst an das hebräische Original anzugleichen.

Die alten lateinischen Bibelausgaben sowohl des Alten als auch des Neuen Testaments, die von der modernen Forschung unter dem Begriff „Vetus Latina" zusammengefasst werden, waren ab dem 2. Jahrhundert durch mündliche „Spontanübersetzung" aus dem Griechischen für den zunächst gottesdienstlichen Gebrauch entstanden. Mit dieser Entstehungsweise spiegelten, ja steigerten sie die Mannigfaltigkeit der umlaufenden, qualitativ meist schlechten Bibelversionen in einer für viele Theologen nicht mehr akzeptablen Weise.

„Sobald nämlich in den Anfangszeiten des Glaubens jemandem eine griechische Ausgabe in die Hände fiel und er sich einbildete, in beiden Sprachen einigermaßen mitreden zu können, machte er sich waghalsig ans Übersetzen“, meinte Augustinus (doctr. christ. II 16) und beklagte sich im Jahr 403 bei Hieronymus über die fatalen Folgen: „Die verschiedenen lateinischen Bibelausgaben weichen in einem schier unerträglichen Ausmaß voneinander ab und lassen dermaßen den Verdacht aufkommen, im Griechischen könnte etwas anderes dastehen, dass ich regelrecht zögere, etwas daraus zu zitieren oder zu beweisen“ (ep. 71,6 bzw. 104,6 int. ep. Hieron.).

[176] Seine Bibliothek mit Bibelausgaben in den verschiedenen Sprachen und Rezensionen sowie seine griechischen und hebräischen Sprachkenntnisse versetzten Hieronymus in die Lage, diesen Zustand samt seiner Genese präzise zu diagnostizieren und tatkräftig für Abhilfe zu sorgen, indem er neue, verlässliche Fassungen der lateinischen Bibel erstellte. Von Anfang an ließ er sich dabei von dem Prinzip leiten, jeweils auf den Urtext zurückzugreifen. Das ist sein berühmtes Konzept der *Hebraica veritas* (so erstmals um 390 im Vorwort zu den „Untersuchungen zur hebräischen Sprache im Buch Genesis“), der in den aramäischen Partien des Alten Testaments eine *Chaldaica veritas* (in Dan. II 5,11a) und im Neuen Testament eine *Graeca veritas* (Vorwort zur Evangelienübersetzung) entspricht. Mit diesen programmatischen Formeln stellte Hieronymus den jeweiligen Urtext als einzig verlässliche Basis für „wahre“ Übersetzung und Auslegung in den Vordergrund (dass auch dieser, bedingt durch die Fährnisse der Überlieferung, Varianten aufweisen konnte, scheint Hieronymus nur gelegentlich aufgefallen zu sein). Als er 383 in Rom im Auftrag des Damasus die vier kanonischen Evangelien rezensierte, begnügte er sich deshalb nicht mit einem bloßen Vergleichen der diversen lateinischen Fassungen, sondern ging vom griechischen Urtext aus. Entsprechend verfuhr er bei seiner Revision des lateinischen Alten Testaments. Während er in Rom 384 die Psalmen noch nach einer nicht-hexaplarischen Septuaginta-Ausgabe überarbeitet hatte, legte er in Bethlehem zunächst die Textfassung aus der Hexapla des Origenes zugrunde, weil diese von allen Rezensionen des griechischen Alten Testaments dem hebräischen Urtext am nächsten kam. Dieses Unternehmen brach er allerdings ab – bekannt sind lediglich seine hexaplarischen Übertragungen von Ijob, 1 und 2 Chronik, Kohelet, den Sprichwörtern, vom Hohenlied und von den Psalmen, die als „Psalterium Gallicanum“ Eingang in die „Vulgata“ fanden –, um noch einen Schritt weiter konsequent auf den jeweiligen Urtext zurückzugehen. Von 391 bis 405 revidierte er so nahezu das komplette lateinische Alte Testament nach dem Hebräischen und Aramäischen. Ergänzt um anonyme spätere Revisionen der von Hieronymus nicht bearbeiteten, vor allem neutestamentlichen Schriften avancierte seine

Bibelausgabe, vielfach kontaminiert mit alten Lesarten der „Vetus Latina“, ab der Karolingerzeit zur in den lateinischen Kirchen allgemein gebräuchlichen Bibel, die 1546 vom Konzil von Trient als offizieller Bibeltext der römisch-katholischen Kirche approbiert wurde und seit dem ausgehenden 16. Jahrhundert wegen ihrer Verbreitung den Namen „Vulgata“ trägt.

Diese Geschichte ist freilich ein erst postumer Erfolg des Hieronymus. Zu seinen Lebzeiten ist er für seine textliche Neugestaltung der lateinischen Bibel heftig angegriffen worden. Die Wort für Wort als inspiriert geltende Bibel bildete die normative Grundlage der kirchlichen Lehre [177] und Verkündigung, und so wurde Hieronymus als Frevler am sakrosankten Bibeltext gebrandmarkt. In einem gefälschten Brief wurde sein Text als von jüdischen Hintermännern gesteuerte, absichtliche Fehlübersetzung denunziert, die der Desavouierung christlicher Lehren als unbiblisch dienen sollte, etwa in der Christologie anlässlich der Prophezeiung der Geburt eines Kindes in Jes. 7,14 aus einer „Jungfrau“ laut Septuaginta-Text, laut hebräischem Urtext indes aus einer „jungen Frau“. Zudem waren hebräischer und griechischer (wie lateinischer) Kanon nicht deckungsgleich, so dass Hieronymus mit seinem Rekurs auf die *Hebraica veritas* die Kanonfrage erneut aufwarf, die Ende des 4. Jahrhunderts gerade erst, orientiert am Septuaginta-Kanon, mehrmals synodal entschieden worden war.

Doch nicht nur solche brisanten theologischen Implikationen verursachten damals einen Streit um die Bibel, wie ihn erst die Reformationszeit wieder erleben sollte. Auch pastorale und konservativ-traditionale Reserven führten dazu, die neue Ausgabe des Hieronymus für den Gebrauch in Liturgie und Katechese abzulehnen, auch wenn sie mit ihrem verlässlicheren Text und zweifellos besseren Latein zu exegetischen und apologetischen Zwecken begrüßt wurde. Augustinus, der ungefähr in diesem Sinn reagierte, erzählte Hieronymus ein Beispiel dafür, zu welchen Problemen Textänderungen wie die von ihm vorgenommenen in den Gemeinden führen konnten, selbst wenn es sich um marginale und völlig belanglose Abweichungen vom alten, aber eben von einer sakralen Aura umgebenen Text handelt:

> „Ein Bischof, einer unserer Brüder, hatte in der von ihm geleiteten Gemeinde eingeführt, zu den Lesungen deine Übersetzung zu benutzen. Da erregte eine Stelle beim Propheten Jona Aufsehen, die bei dir ganz anders lautet, als alle sie von jeher im Gedächtnis hatten und sie Generation für Generation vorgetragen worden war (Hieronymus hatte die Pflanze in Jona 4,6–10, nach heutiger Auffassung ein Rizinusstrauch, mit ‚Efeu‘ statt mit dem traditionellen ‚Kürbis‘ wiedergegeben). Es kam zu einem solchen Aufruhr unter den Leuten, wobei besonders die Griechen empört den Vorwurf der Fälschung erhoben, dass der Bischof sich gezwungen sah – in der Stadt

> Oea war das nämlich –, eine Stellungnahme bei Juden einzuholen. Ob die aber aus mangelnder Kompetenz oder aus Bosheit die Auskunft erteilten, in den hebräischen Handschriften stehe dasselbe wie in den griechischen und lateinischen? Kurzum: Der Mann sah sich gezwungen, den angeblichen Fehler zu korrigieren, wenn er nach einem so riskanten Vorfall nicht ohne Gemeinde dastehen wollte" (ep. 71,5 bzw. 104,5 int. ep. Hieron.).

Die textkritischen und textgeschichtlichen Einsichten des Hieronymus kollidierten mit festgefügten kirchlichen Normen und Standards.

Gegen die vielfach feindselige Ablehnung seines Lebenswerkes verfolgte Hieronymus eine doppelte Strategie. Einerseits hielt er konsequent [178] an seinen wissenschaftlichen Errungenschaften fest und kritisierte freimütig die Septuaginta-Legende: „Ich weiß nicht, welcher Autor sich als Erster die Lüge hat einfallen lassen, in Alexandria siebzig Zellen hinzustellen, die Übersetzer darauf zu verteilen und alle dasselbe schreiben zu lassen" (Prolog zur Pentateuchübersetzung). Überzeugt von der Qualität seiner Arbeit, intendierte er letztlich die Ersetzung der zahllosen auf der Septuaginta beruhenden lateinischen Fassungen durch seine Neuedition. Andererseits hat er die Septuaginta-Version nicht schlichtweg verworfen, sondern sie in seinen Kommentaren neben der Fassung aus dem Urtext mitzitiert und mitkommentiert. Auch in seinen Predigten stützte er sich auf den liturgisch verwendeten Septuaginta-Text. Gegen alle kirchlichen Widerstände versuchte Hieronymus auf diese Weise Wissenschaftlichkeit und Kirchlichkeit zu vereinbaren und dokumentiert damit seine Integrität als Kirchenmann wie als Bibelwissenschaftler.

6. Hieronymus als Exeget

Mit seinen Bibelübersetzungen auf der Basis des Urtextes hat Hieronymus sich eine optimale Voraussetzung für die Exegese geschaffen, und wie beim Übersetzen konzentrierte er sich auch beim Erklären der Bibel auf das Alte Testament und darin auf die Prophetenbücher, die er als einziger altkirchlicher Exeget vollständig kommentierte: das Dodekapropheton in drei Phasen 393, 396 und 406, dann 407 Daniel, 408 bis 410 Jesaja, 410 bis 414 Ezechiel und 414 bis 416 Jeremia, der wegen des Überfalls auf das Kloster allerdings unvollendet blieb. In seiner exegetischen Methodik spiegeln sich sämtliche Auslegungsverfahren der Alten Kirche, doch hat er eigene Akzente gesetzt. Insofern er sich exegetische Kenntnisse autodidaktisch vor allem aus den Kommentaren, Scholien und Homilien des Origenes aneignete und Gregor von Nazianz sowie Didymus von Alexandria zu seinen Lehrern zählte, gehört

Hieronymus in die alexandrinische Tradition altkirchlicher Schriftdeutung. Ziel aller Auslegung ist es demnach auch für ihn, im Blick auf das Alte Testament die allgemeine heilsgeschichtliche Bedeutung und speziell die christlich-christologische Dimension der in der Bibel schriftlich fixierten kontingenten Ereignisse aus der Geschichte Israels aufzuzeigen – ein hermeneutischer Rahmen, für den sich die prophetischen Schriften mit ihren Prophezeiungen als ausgezeichnetes Demonstrationsobjekt eigneten. In origeneischer Manier bediente Hieronymus sich zu diesem Zweck der Typologie und der Allegorese und schrieb besonders in der Anfangszeit, sowohl in den neutestamentlichen Kommentaren zum Galater-, Epheser-, Titus- und Philemonbrief von 386 oder 387 (dazu kommt noch ein glossarischer Kommen[179]tar zum Matthäusevangelium von 398) als auch im alttestamentlichen Kommentar zu Kohelet von 388/89 (außerdem schrieb er vor 393 noch kurze Erläuterungen zu einzelnen Psalmen), origeneische Auslegungen vielfach wörtlich oder nur leicht adaptiert aus, bis hin zum Plagiat. Mit der Zeit arbeitete er zunehmend selbstständiger, doch blieb seine „übertragene", „geistige" Auslegung immer beeinflusst von Grundgedanken und Einzelexegesen der origeneischen Auslegungstradition.

Nun war Hieronymus aber auch und sogar noch intensiver bei einem antiochenischen Theologen in die Schule gegangen, nämlich Apollinaris von Laodizea. Von der antiochenischen exegetischen Methode lernte er die strenge Bindung allegorischer Auslegung an den Wortlaut des Textes. Typologische und allegorische Übertragungen des Textsinnes auf christliche Zusammenhänge sollten sich nicht verselbstständigen, sondern immer vom „buchstäblichen", „historischen" Sinn des Textes kontrolliert bleiben. Weil der Wortlaut des Textes und seine „wörtliche" Bedeutung daher für die Möglichkeiten „übertragener" Auslegung entscheidend waren, schenkte Hieronymus ihnen viel Aufmerksamkeit und setzte in seiner bleibend alexandrinisch geprägten Exegese einen starken antiochenischen Akzent. Textkritische Fragen stehen am Anfang der Auslegung: Durch Vergleichen mehrerer Ausgaben und durch Beiziehen des Urtextes gilt es, den richtigen Text zu konstituieren. Hieronymus interessiert sich für Techniken und Probleme handschriftlicher Überlieferung, weil sie Textverderbnisse bedingen, und diskutiert anhand von Sprache, Stil und Inhalt die Echtheit einzelner Passagen oder ganzer Bücher. Ferner geht es um das, was heutzutage „Einleitungsfragen" heißt: Um den „Wortsinn" zu eruieren, ist nach Autor und Entstehungszeit einer biblischen Schrift zu fragen und die in ihr vorausgesetzte historische Situation zu klären. Im Zuge dessen beschäftigt sich Hieronymus mit biblischer Geschichte, mit der Topographie Israels, mit Prosopographie und Etymologie, um die hebräischen Namen zu verstehen. Als Hilfsmittel benutzte er zwei griechische Lexika über „Lage und Bezeichnungen von Orten in der hebräischen Bibel“ und über „Hebräische Eigennamen“, die er um 390 in überarbeiteter Form in das Lateinische übersetzt hat (wie seine Kommentare wurden sie in der lateinischen Kirche zu exegetischen Standardwerken).

Ohne die „geistige“ Ausdeutung des Bibeltextes mittels Typologie und Allegorese im Gefolge der origeneisch-alexandrinischen Tradition aufzugeben, legte Hieronymus mit der antiochenischen Exegese den Schwerpunkt seiner Bibelauslegung auf Textkritik, Philologie und Realienkunde und setzte mit dem konsequenten Rekurs auf den jeweiligen Urtext und der Einbeziehung jüdischen Bibelwissens einen originellen Akzent. In gewiss nur rudimentären Ansätzen, weil weiterhin Vorgaben aus der christlichen Dogmatik die theologische Deutung des Alten Testaments präjudizierten, gehört [180] Hieronymus damit in die ferne Vorgeschichte neuzeitlicher historisch-kritischer Bibelarbeit.

7. Hieronymus als Dogmatiker

Die kirchlich wie theologisch unruhigen Zeiten brachten es mit sich, dass Hieronymus sich nicht immer in asketischer Ungestörtheit auf seine biblischen Studien konzentrieren konnte. Als engagierter Zeitgenosse, der er auch war, kam er nicht umhin, sich an aktuellen Kontroversen zu beteiligen, teils weil er hineingezogen wurde, teils weil sein asketisch-wissenschaftliches Lebensprogramm auf dem Spiel stand. Die Art und Weise, wie er jeweils agierte, gibt Aufschluss über das Profil seines theologisch-dogmatischen Denkens.

Als Hieronymus sich Mitte der 370er Jahre im Ödland bei Chalkis aufhielt, wurde er von anderen Asketen in den Streit um die korrekte trinitarische Formel hineingezogen. Ohne tieferen Einblick in die überaus verworrene dogmatische und kirchenpolitische Situation – die Kirche von Antiochia war in drei Parteien gespalten – und in Verkennung der aktuellen dogmengeschichtlichen Entwicklung – die Mehrheit der Bischöfe und Theologen neigte immer offener der 381 auf dem Konzil von Konstantinopel schließlich kanonisierten Formel zu, den Begriff „Wesen“ beziehungsweise „Essenz“ im Singular für die Einheit, den der „Substanz“ beziehungsweise „Existenz“ im Plural hingegen für die Dreiheit in Gott zu verwenden, während Hieronymus an der Sprachregelung des Konzils von Nizäa festhielt, beide Begriffe nur im Singular und synonym zu verwenden – wandte er sich mit der Bitte um Orientierung an Damasus, der ihm allerdings keine verbindliche Auskunft erteilte, und floh schließlich vor persönlichen Anfeindungen nach Antiochia, wo er sich vom strengen Alt-Nizäner Paulinus, der von Damasus unterstützt wurde, zum Priester weihen ließ, doch unter der Bedingung, seine liturgischen und pastoralen Amtspflichten nicht ausüben zu müssen. Der ganze Vorgang, der im Leben und in den Schriften des Hieronymus kaum Spuren hinterlassen hat, ist überaus bezeichnend für ihn: Als er in den kirchlichen und dogmatischen Streit verwickelt wird, versucht er so weit wie möglich seine Unabhängigkeit und seinen orthodoxen Ruf zu wahren, ohne sich auf die spekulativ-philosophischen Implikationen der in Frage stehenden Lehrmeinungen einzulassen.

Auch in den Streit um die Orthodoxie der Theologie des Origenes Ende des 4. und Anfang des 5. Jahrhunderts ist Hieronymus zunächst hineingezogen worden, agitierte dann aber sehr energisch gegen die Verteidiger des Origenes, besonders Johannes von Jerusalem und Rufinus von Aquileja. In diesen Auseinandersetzungen vermengten sich theologische Sachfragen auf äußerst unerquickliche Weise mit kirchlichen Interessen und persönlichen [181] Animositäten, und gerade Hieronymus hat mit seinen überaus polemischen Invektiven das Klima weiter vergiftet und statt zur Klärung der Probleme zur Verhärtung der Fronten beigetragen. Am Schluss stand das nach zwischenzeitlicher Aussöhnung endgültige Zerwürfnis mit seinem Jugendfreund Rufinus (gest. 410/11), das von Seiten des Hieronymus über dessen Tod hinaus andauerte. Nicht zuletzt deshalb muss Hieronymus sich einen cholerisch-reizbaren, intransigent-unversöhnlichen Charakter nachsagen lassen. Die origenistischen Streitigkeiten haben das Bild, das man sich von diesem Kirchenvater macht, aber noch in einer weiteren Hinsicht bestimmt. Obwohl die exegetische Arbeit des Hieronymus auf den Fundamenten ruhte, die Origenes gelegt hatte, hat er sich von dem großen Alexandriner distanziert. Dieser „Verrat" an seinem Lehrer wirft aber nicht nur ein schlechtes Licht auf seinen Charakter, sondern kennzeichnet erneut sein Profil als Theologe. Er führte nämlich die Unterscheidung zwischen dem (angeblich) häretischen Dogmatiker, dessen Irrlehren er nie geteilt habe, und dem orthodoxen Exegeten Origenes ein, den er für seine Arbeit an der Bibel weiter benutzen werde. Ohne einen substanziellen theologischen Beitrag zu leisten, ja unter Verzeichnung des Theologen Origenes, bei dem Exegese und Dogmatik Hand in Hand gingen, verfolgte Hieronymus ausschließlich das eher formale als inhaltliche Interesse, die wissenschaftliche Basis für seine Bibelübersetzung und -auslegung zu retten und dabei nicht seine Rechtgläubigkeit zu riskieren.

Während im origenistischen Streit also die wissenschaftlich-exegetische Arbeitsbasis des Hieronymus auf dem Spiel stand, sah er in der letzten Kontroverse seines an Kämpfen reichen Lebens, im pelagianischen Streit, sein asketisches Ideal in Frage gestellt. Vielleicht auch aus Rivalität wandte er sich ab 414 gegen den in aristokratischen Kreisen einflussreichen Laienasketen Pelagius aus Britannien, der sich nach langjähriger Tätigkeit in Rom seit 412/13 in Jerusalem aufhielt. Vor allem aber engagierte er sich in diesem Fall deswegen von sich aus, weil er die den Pelagianern nachgesagte Annahme ablehnte, bei entsprechender Aufbietung aller Kräfte des Willens sei es jedem Christen möglich, vollkommen sündenlos zu leben. Mit Hilfe zahlreicher Bibelstellen – exegetisches Argumentieren ist generell ein Merkmal der Streitschriften des Hieronymus – und mit dem Hinweis auf die allgemeine Lebenserfahrung kritisierte Hieronymus einen derartigen Optimismus. Insofern er sich mit seinen Einwänden jedoch auf rein praktischem Niveau bewegte, ohne die tieferen theologischen Hintergründe der zur Debatte stehenden handlungstheoretischen und soteriologischen Fragen auch nur anzudeuten, demonstriert er wiederum sein mangelndes theologisch-systematisches Interesse. Zwar schloss er sich mit Augustinus zu einer Allianz gegen Pelagius zusammen, dessen Gnaden- und Erbsündenlehre und überhaupt dessen ganzes spekulatives Denken [182] blieben ihm allerdings fremd. Erneut verhält es sich wie im Streit um Origenes so, dass Hieronymus die gegen Pelagius und andere entfachte Kampagne tatkräftig unterstützt, zur theologischen Problematik aber nur einen marginalen Beitrag geleistet hat.

8. Spiritualität, Theologie und Kultur

Diese theologischen Mängel haben neben den charakterlichen Schwächen in der Folgezeit nicht wenig dazu beigetragen, das „Image" des Hieronymus zu beschädigen und ihm sogar das Attribut „Theologe" abzusprechen. Gleichwohl gehört er zu den sowohl zu seiner Zeit als auch in späteren Jahrhunderten einflussreichsten christlichen Lehrern der Spätantike. Zusammen mit anderen gebildeten Christen wie Ambrosius und Augustinus, die wie er aus der antik-heidnischen Welt kamen, wuchs er im Laufe seines Lebens in das Christentum hinein und schuf mit seiner theologischen, in seinem Fall exegetischen Arbeit in christlich-asketisch motivierter Auseinandersetzung mit der antiken Bildung und unter Einbeziehung jüdisch-rabbinischer Traditionen die Grundlagen für eine eigenständige christliche Kultur im lateinischen Raum. Eben deshalb entdeckten Renaissancehumanisten wie Erasmus von Rotterdam in Hieronymus das klassische Vorbild für ihre eigene Verbindung von antiker Gelehrsamkeit und christlicher Spiritualität sowie von Philologie und Theologie, die erst im Gefolge der reformatorisch-gegenreformatorischen Kontroversen in Gegensatz zueinander treten sollten. Originalität und Innovativität des Theologen Hieronymus lagen nämlich gerade darin, dass er sich zwar der asketischen Bewegung anschloss, deren Distanz zur „Welt" und zu „weltlichen" Errungenschaften aber nicht teilte. Mit seiner Verbindung von Askese und (Bibel-)Gelehrsamkeit hat er vielmehr den Typ des gelehrten Mönches und zugleich das Kloster mit Bibliothek als Hort von Wissenschaft und Bildung geschaffen – eine spannungsvolle christliche Synthese aus antiker Kultur, asketischer Spiritualität und wissenschaftlicher Theologie kombiniert mit Elementen jüdischer Exegese, die für die weitere Geschichte von Religion und Zivilisation im Abendland von außerordentlich fruchtbarer Bedeutung werden sollte.

Literaturhinweise

Werke

Corpus Scriptorum Ecclesiasticorum Latinorum 54–56. 59, Wien/Leipzig 1910–1918 ([2]1996). 1926.

Corpus Christianorum. Series Latina 72–80, Turnhout 1958–2006.

Sources Chrétiennes 43, Paris 1956; 242. 259, 1978. 1979; 303, 1983; 323, 1985; 352, 1989; 386, 1992; 423, 1997; 473, 2003; 494, 2006; 508, 2007.

Bibliothek der Kirchenväter[2] I 15, Kempten/München 1914; II 16, 1936.

Christen in der Wüste. Drei Hieronymus-Legenden, übers. und erl. von Manfred FUHRMANN, Zürich/München 1983.

Augustinus – Hieronymus, Epistulae mutuae. Briefwechsel, übers. und eingel. von Alfons FÜRST, 2 Bde. (Fontes Christiani 41), Turnhout 2002.

Literatur

Paul ANTIN, Recueil sur saint Jérôme (CollLat 95), Brüssel 1968.

Gerhardus Johannes Marinus BARTELINK, Hieronymus, Liber de optimo genere interpretandi (Epistula 57). Ein Kommentar (Mn.S 61), Leiden 1980.

Dennis BROWN, Vir trilinguis. A study in the biblical exegesis of saint Jerome, Kampen 1992.

Andrew CAIN/Josef LÖSSL (Hg.), Jerome of Stridon. His Life, Writings and Legacy, Farnham/Burlington 2009.

Ferdinand CAVALLERA, Saint Jérôme. Sa vie et son œuvre, 2 Bde., Paris 1922.

Elizabeth A. CLARK, The Origenist Controversy. The cultural construction of an early Christian debate, Princeton 1992.

Barbara CONRING, Hieronymus als Briefschreiber. Ein Beitrag zur spätantiken Epistolographie (STAC 8), Tübingen 2001.

Pierre COURCELLE, Paulin de Nole et Saint Jérôme, in: REL 25 (1947) 250–280.

Ders., Les lettres grecques en occident de Macrobe à Cassiodore, Paris 1948, 37–115.

Yves-Marie DUVAL, Le Livre de Jonas dans la littérature chrétienne grecque et latine. Sources et influences du Commentaire sur Jonas de saint Jérôme, 2 Bde., Paris 1973.

Ders. (Hg.), Jérôme entre l'Occident et l'Orient, Paris 1988.

Desiderius Erasmus, Hieronymi Stridonensis Vita, ed. by Wallace K. FERGUSON, Erasmi Opuscula. A Supplement to the Opera omnia, The Hague 1933, 125–190; engl. Übersetzung: Collected Works of Erasmus. Bd. 61: Patristic Scholarship. The Edition of St Jerome, ed., translated and annotated by James F. BRADY/John C. OLIN, Toronto/Buffalo/London 1992, 15–62.

Alfred FEDER, Studien zum Schriftstellerkatalog des heiligen Hieronymus, Freiburg i.Br. 1927.

Barbara FEICHTINGER, Apostolae apostolorum. Frauenaskese als Befreiung und Zwang bei Hieronymus (Studien zur klassischen Philologie 94), Frankfurt a.M. u.a. 1995.

Alfons FÜRST, Augustins Briefwechsel mit Hieronymus (JAC.E 29), Münster 1999.

Ders., Hieronymus. Askese und Wissenschaft in der Spätantike, Freiburg u.a. 2003.

Manfred FUHRMANN, Die Mönchsgeschichten des Hieronymus. Formexperimente in erzählender Literatur, in: EnAC 23 (1977) 41–89.

Georg GRÜTZMACHER, Hieronymus. Eine biographische Studie zur alten Kirchengeschichte, 3 Bde., Leipzig 1901. Berlin 1906. 1908 (Nachdrucke Aalen 1969 und 1986).

Harald HAGENDAHL, Latin Fathers and the Classics. A Study on the Apologists, Jerome and other Christian Writers (SGLG 6), Göteborg 1958.

C. T. Robert HAYWARD, Saint Jerome's *Hebrew Questions on Genesis*, translated with introduction and commentary, Oxford 1995.

Pierre JAY, L'exégèse de Saint Jérôme d'après son „Commentaire sur Isaïe", Paris 1985.

Renate JUNGBLUT, Hieronymus. Darstellung und Verehrung eines Kirchenvaters, Tübingen 1968.

Adam KAMESAR, Jerome, Greek Scholarship, and the Hebrew Bible. A study of the *Quaestiones Hebraicae in Genesim*, Oxford 1993.

John Norman Davidson KELLY, Jerome. His life, writings, and controversies, London 1975.

Gert KLOETERS, Buch und Schrift bei Hieronymus, Diss. Münster 1957.

Patrick LAURENCE, Jérôme et le nouveau modèle feminin. La conversion à la „vie parfaite" (Collection des Études Augustiniennes. Série Antiquité 155), Paris 1997.

Silvia LETSCH-BRUNNER, Marcella – Discipula et Magistra. Auf den Spuren einer römischen Christin des 4. Jahrhunderts (BZNW 91), Berlin/New York 1998.

Heinrich MARTI, Übersetzer der Augustin-Zeit. Interpretation von Selbstzeugnissen (STA 14), München 1974.

Ilona OPELT, Hieronymus' Streitschriften, Heidelberg 1973.
Angelo PENNA, San Gerolamo, Turin/Rom 1949.
Stefan REBENICH, Hieronymus und sein Kreis. Prosopographische und sozialgeschichtliche Untersuchungen (Historia Einzelschriften 72), Stuttgart 1992.
Ders., Jerome, London/New York 2002.
Eugene F. RICE jun., Saint Jerome in the Renaissance, Baltimore/London 1985.
J. H. David SCOURFIELD, Consoling Heliodorus. A commentary on Jerome, *Letter* 60, Oxford 1993.
Friedrich STUMMER, Einführung in die lateinische Bibel. Ein Handbuch für Vorlesungen und Selbstunterricht, Paderborn 1928.
David S. WIESEN, Saint Jerome as a Satirist. A Study in Christian Latin Thought and Letters, Ithaca NY 1964.
Megan WILLIAMS, Jerome and the Making of Christian Scholarship, Chicago 2006.
Michael WISSEMANN, Schimpfworte in der Bibelübersetzung des Hieronymus (BKAW N.F. II/86), Heidelberg 1992.
Franz Xaver WUTZ, Onomastica sacra. Untersuchungen zum Liber interpretationis nominum Hebraicorum des hl. Hieronymus (TU 41/1–2), Leipzig 1914/15.

Origenes

Der junge Origenes im Bildungsmilieu Alexandrias*

1. Einführung

„Die empfindlichste Lücke in unserem Wissen von der ältesten Kirchengeschichte ist unsere fast vollständige Unkenntnis der Geschichte des Christentums in Alexandrien und Ägypten – Ägypten hier sowohl im engeren als im weiteren Sinne – bis zum Jahre c. 180 (Episkopat des Demetrius)."[1] Diese viel zitierten Worte Adolf von Harnacks gelten grundsätzlich nach wie vor. Auch wenn im Laufe des 20. Jahrhunderts durch eine Reihe von Textfunden im Sand und in den Höhlen Mittel- und Oberägyptens nicht wenige neue Quellen unsere Kenntnisse über die früheste Geschichte des Christentums in Ägypten vermehrt haben, gehören die Anfänge des Christentums in Alexandria und Ägypten zu den weißen Flecken des Frühchristentums. Erst gegen Ende des 2. Jahrhunderts beginnen die Quellen aus Alexandria reichlicher zu fließen, so dass wir historisch festeren Boden unter die Füße bekommen. Auch dann noch ist die Quellenlage aber alles andere als üppig. Zudem stammen die einzelnen Nachrichten vielfach aus späteren Zeiten – häufig aus der Kirchengeschichte des Eusebius – und stehen nicht selten isoliert für sich. Ihre historische Auswertung ist prekär und dementsprechend umstritten. Von einem klaren Bild des Christentums in Alexandria um die Wende vom 2. zum 3. Jahrhundert sind wir weit entfernt, von einem diesbezüglichen Konsens in der Forschung noch weiter.

Die wichtigste Persönlichkeit des alexandrinischen Christentums in dieser Zeit ist sicher, neben bzw. nach Clemens von Alexandria, Origenes. Origenes ist der erste Christ der vorkonstantinischen Zeit, für den sich nicht nur, antiken Gepflogenheiten gemäß, einige Daten zur ἀκμή angeben lassen. Auch wissen wir nicht nur sein ungefähres Sterbedatum (kurz nach 251, wohl um 253), sondern können aus den Angaben

* Ferdinand R. PROSTMEIER (Hg.), Frühchristentum und Kultur (Kommentar zu frühchristlichen Apologeten. Erg.-Bd. 2), Freiburg u.a. 2007, 249–277.

1 Adolf VON HARNACK, Die Mission und Ausbreitung des Christentums in den ersten drei Jahrhunderten, Leipzig ⁴1924, 706.

des Eusebius auch sein Geburtsjahr ziemlich exakt berechnen (um 185).[2] Darüber hinaus ist es sogar möglich, eine Biographie des Origenes zu schreiben. Mag in einer solchen vieles unklar bleiben und sich manche Lücke auftun, liefert Eusebius im sechsten Buch seiner Kirchengeschichte, das zu großen Teilen dem Leben des Origenes gewidmet ist, doch so [250] viel Material, dass sich seine Lebensgeschichte einigermaßen schreiben lässt. Ergänzt um Aussagen des Origenes in seinen Werken ist das bei allen Schwierigkeiten im Detail kein aussichtsloses Unterfangen.

Die in diesem Zusammenhang relevanten Daten sind nicht nur für die Biographie des Origenes interessant, sondern werfen auch ein Licht auf das Milieu, in dem das Christentum sich Ende des 2. und Anfang des 3. Jahrhunderts in Alexandria bewegte. Besonders über die Lebensgeschichte des Origenes bekommen wir erstmals einen näheren Einblick in die Verhältnisse und Entwicklungen der christlichen Gemeinde in dieser Stadt. Auch schon die Schriften des Clemens eröffnen diese Möglichkeit für das ausgehende 2. Jahrhundert. Was wir aus dem Leben des jungen Origenes in dieser Zeit wissen, ist aber prägnanter und erhellender für das Profil des Christentums in Alexandria. Um Aufklärung über diese Epoche des Christentums in Alexandria zu erhalten, dürfte ein Blick in die Jugendzeit des Origenes in dieser Stadt deshalb lohnenswert sein.

Nun würde es für diese Fragestellung nicht sehr viel bringen, den schon vorhandenen Rekonstruktionsversuchen der Jugendzeit des Origenes, die meist Problemen der Chronologie gewidmet sind, einen weiteren hinzuzufügen. Um die Perspektive von den biographischen Daten des Origenes aus auf das Profil der christlichen Gemeinde zu erweitern, dürfte es aussichtsreicher sein, die Daten aus der Lebensgeschichte des Origenes mit allgemeinen historischen Informationen zu verbinden, die wir über das kaiserzeitliche Alexandria besitzen. Der Althistoriker Johannes Hahn hat in seiner jüngst publizierten Habilitationsschrift die Strukturmerkmale der Stadt Alexandria in der römischen Kaiserzeit in Verbindung mit den politischen, gesellschaftlichen und religiösen Entwicklungen in der Stadt im 4. und beginnenden 5. Jahrhundert gebracht und mit diesem methodischen Zugriff überaus erhellende Erkenntnisse gewonnen.[3] Dieses Verfahren soll hier analog

---

2 Eusebius, hist. eccl. VI 2,2.12 (GCS Eus. 2, 518–520. 522); VII 1 (2, 636).

3 Johannes HAHN, Gewalt und religiöser Konflikt. Studien zu den Auseinandersetzungen zwischen Christen, Heiden und Juden im Osten des Römischen Reiches (von Konstantin bis Theodosius II.) (Klio.B NF 8), Berlin 2004, 15–120, für das Folgende bes. die Skizze zu den städtischen Strukturen Alexandrias in der römischen Kaiserzeit: ebd. 15–21.

auf die Zeit um 200 angewendet werden. Dabei können die Daten aus der Jugendzeit des Origenes nicht in jedem Fall in einen unmittelbaren Zusammenhang mit den städtischen Strukturen Alexandrias gebracht und nur bedingt direkte Schlussfolgerungen gezogen werden. Es dürfte aber lohnenswert sein, die vorhandenen Nachrichten einmal vor dem Hintergrund dessen zu interpretieren, was wir über das soziale und politische Milieu Alexandrias sonst wissen, und daraus Schlüsse auf das Profil des Christentums in dieser ja sehr speziellen Stadt zu ziehen.

Mit diesem methodischen Zugriff sollen also im Folgenden einige Daten aus dem Leben des jungen Origenes analysiert und von da aus gefragt werden, was wir uns unter Christentum im kaiserzeitlichen Alexandria möglicherweise vorzustellen haben. Im Kontext der sozialgeschichtlichen Erforschung des Frühchristentums kann dieser Aufsatz als bildungssoziologisch orientierter Beitrag verstanden werden.

[251] 2. Abstammung und sozialer Status: Die Mutter des Origenes

Epiphanius berichtet, Origenes sei der Abstammung nach (τῷ γένει) Ägypter gewesen, habe jedoch in Alexandria gewohnt und sei dort aufgewachsen.[4] Was bedeutete es für die soziale Stellung, in Alexandria als τῷ γένει Ägypter zu leben?

Alexandria besaß von Beginn an – die Stadt wurde 331 v.Chr. von Alexander dem Großen gegründet – eine stark gemischte Bevölkerung, in der Griechen unterschiedlicher Herkunft dominierten. Die einheimischen Ägypter konzentrierten sich vor allem auf das südwestliche Viertel Rhakotis, was zugleich der ägyptische Name der Stadt war. In diesem Viertel lag auf einer kleinen Anhöhe auch das prachtvolle Sarapeion, die dem Stadtgott geweihte Tempelanlage, die unter Bischof Theophilus im Jahre 392 zerstört wurde. Für die römische Zeit ist eine starke Vermischung der griechischen und der ägyptischen Bevölkerung anzunehmen, besonders in den Unterschichten. Römer bzw. Italiker waren in der römischen Kaiserzeit wohl nur als Funktionsträger der Reichsverwaltung in der Stadt ansässig.

4 Epiphanius, haer. 64,1,2 (GCS Epiph. 2^2, 403). Die anschließende Vermutung, Origenes habe als Knabe die philosophischen Schulen Athens besucht, ist dem Bemühen des Epiphanius zuzurechnen, Origenes als Zögling griechischer Philosophie zu diskreditieren, und daher als historische Notiz ohne Gewicht: Ernst Rudolf REDEPENNING, Origenes. Eine Darstellung seines Lebens und seiner Lehre, 2 Bde., Bonn 1841. 1846 (Nachdruck Aalen 1966), Bd. 1, 47f. Erst später hat Origenes Athen besucht: Eusebius, hist. eccl. VI 23,4 (GCS Eus. 2, 570).

Dazu kam ursprünglich eine große und sehr bedeutende, stark hellenisierte jüdische Gemeinde, die in zwei der fünf Stadtbezirke, die nach den ersten Buchstaben des griechischen Alphabets benannt waren, besonders präsent war, vor allem im Bezirk Delta, den man früher im Nordosten lokalisierte, im Nobelviertel mit den Palästen der Ptolemäer, wo sich vermutlich auch die weit über Alexandria hinaus bekannte Große Synagoge befand, der heute aufgrund einer Inschrift aus dem Jahre 13 v.Chr. jedoch in der Umgebung des Kriegshafens Kibotos im Nordwesten vermutet wird.[5] Juden besaßen seit Ptolemäus I. das Recht, in Alexandria zu wohnen, doch fand die Geschichte des alexandrinischen Judentums ein abruptes Ende infolge des großen Judenaufstands der Jahre 115 bis 117 im östlichen Mittelmeerraum.[6] Dessen blutige Unterdrückung durch die Römer führte zu schweren Verlusten für die jüdische Bevölkerungsgruppe Alexandrias und zur Vertreibung vieler Juden, wodurch das Judentum Alexandrias bedeutungslos wurde. Für die beiden folgenden Jahrhunderte besitzen wir nur sehr spärliche und unsichere Nachrichten über Juden in Alexandria,[7] woraus zu schließen ist, dass es dort nur noch wenige Juden gegeben haben dürfte. Jüdisches Leben in Alexandria (und Ägypten) war faktisch zusammengebrochen und erholte sich erst wieder etwas im Laufe [252] des 4. Jahrhunderts, ohne je wieder seine frühere Bedeutung zu erlangen.[8] Zur Zeit des Origenes spielte das Judentum in Alexandria daher keine Rolle.

In juristischer Hinsicht gab es zu dieser Zeit in Alexandria drei Kategorien von freien Bewohnern: Einwohner mit römischem Bürgerrecht, darunter auch Griechen, Einwohner mit alexandrinischem Bürgerrecht, vor allem Griechen, und ‚Ägypter'. So wurden nicht nur einheimische Ägypter bezeichnet, sondern auch Griechen und Leute anderer Herkunft, die weder das römische noch das alexandrinische Bürgerrecht besaßen und nicht Bürger einer der anderen griechischen Städte Ägyptens waren.[9] Kinder, die einer Verbindung zwischen Ehe-

---

5 BGU 1151, Zeile 40f.: ἐν τῶι Δ' ... πρὸς τῇ Κειβωτῷ.

6 Die literarische Hauptquelle ist Eusebius, hist. eccl. IV 2 (GCS Eus. 2, 300–302), dazu die Papyri CPJ 435–450.

7 Aus dem Zeitraum zwischen 117 und 337 gibt es nur 44 Papyri: CPJ 451–480.

8 Eine umsichtige Auswertung der Quellen ist zu finden bei Edith Mary SMALLWOOD, The Jews under Roman Rule. From Pompey to Diocletian (SJLA 20), Leiden 1976, 220–255. 364–368. 389–427. 516–519.

9 Dies und die folgenden Überlegungen nach Aline ROUSSELLE, La persécution des chrétiens à Alexandrie au IIIe siècle, in: RHDF 52 (1974) 222–251, hier 228. 233. Danach auch: Henri CROUZEL, Origène, Paris 1985, 23f.; Alain LE BOULLUEC, Die „Schule" von Alexandrien, in: Luce PIETRI (Hg.), Die Geschichte des Christentums I. Die

leuten aus unterschiedlichen Klassen entstammten, wurden wohl der niedrigeren Schicht zugezählt. Da der Vater des Origenes das römische Bürgerrecht besaß (s.u.), lässt sich aus der Notiz des Epiphanius, Origenes sei τῷ γένει Ägypter gewesen, wohl der Schluss ziehen, dass seine Mutter in Alexandria in bürgerrechtlicher Hinsicht zu den ‚Ägyptern' gehörte und mit einem sozial höher stehenden Griechen verheiratet war. Über ihre ethnische Herkunft ist damit nichts ausgesagt. Sie konnte wirklich Ägypterin, aber genauso gut Griechin sein oder irgendeine andere Herkunft haben. Wir kennen über sie nur die Anekdote, die Eusebius erzählt: Als sich der jugendliche Origenes nach dem Martyrium drängte, versteckte sie seine Kleider und hinderte ihn so daran, das Haus zu verlassen.[10] Wenn die Nachricht des Epiphanius verlässlich ist – was bei Epiphanius, der bedenkenlos alle möglichen falschen und unsicheren Informationen weitergegeben hat, nicht von vorneherein sicher ist –, können wir mit einiger Sicherheit schließen, dass Origenes weder das römische noch das alexandrinische Bürgerrecht besaß, sondern von seiner Mutter her juristisch zur ägyptischen Bevölkerungsgruppe Alexandrias gehörte.

Bestärkt wird dieser Schluss von zwei weiteren Beobachtungen. Von der Christenverfolgung des Jahres 202 in Alexandria war nur der Vater des Origenes betroffen (s.u.), während die übrige Familie unbehelligt blieb. Wenn anzunehmen ist, dass diese Verfolgung nur auf die beiden oberen Klassen von Bürgern zielte, lässt sich das ohne weiteres erklären. Das passt zu der Aussage des Epiphanius, Origenes sei ‚Ägypter' gewesen. Zweitens kann man auch aus der Selbstentmannung des Origenes[11] schließen, dass er nicht römischer Bürger war, denn Kastration war seit Domitian im römischen Recht verboten.[12] Welch konkrete Auswirkungen das haben konnte, geht aus einer Anekdote hervor, die Justin erzählt: Ein Christ in Alexandria beabsichtigte, sich von einem Arzt kastrieren zu lassen. Weil ein solcher Eingriff jedoch rechtlich verboten war, bat der [253] junge Mann den Statthalter L. Munatius Felix (150–154)[13] per Gesuch um Erlaubnis. Als ihm diese verweigert wurde, verzichtete er auf die Operation und lebte künftig

---

Zeit des Anfangs (bis 250) (dt. Ausgabe), Freiburg u.a. 2003, 576–621, hier 602; Attila JAKAB, Ecclesia alexandrina. Evolution sociale et institutionelle du christianisme alexandrin (IIe et IIIe siècles), Bern u.a. [2]2004, 154f.

10 Eusebius, hist. eccl. VI 2,4f. (GCS Eus. 2, 520).

11 Berichtet von Eusebius, ebd. VI 8,1–3 (2, 534–536).

12 Vgl. Sueton, Dom. 7,1 (p. 322 IHM): *castrari mares uetuit.*

13 Zu diesem Guido BASTIANINI, Lista dei prefetti d'Egitto dal 30[a] al 299[p], in: ZPE 17 (1975) 163–328, hier 291f.; ders., Il prefetto d'Egitto (30 a.C. – 297 d.C.). Addenda (1973–1985), in: ANRW II.10.1, Berlin/New York 1988, 503–527, hier 509.

enthaltsam.[14] Von Origenes wird nichts dergleichen berichtet. Er vollzog – wenn er das denn wirklich tat – den Eingriff an sich selbst und blieb offenbar straffrei. Wenn er nicht römischer Bürger war, dann war er von diesem Gesetz nicht betroffen.[15]

Über den Geburtsort des Origenes besitzen wir übrigens kein sicheres Zeugnis, doch ist die Annahme, dass er in Alexandria das Licht der Welt erblickte, sehr plausibel. Als sein Vater in dieser Stadt das Martyrium erlitt (s.u.), befanden Origenes, seine sechs jüngeren Geschwister und seine Mutter sich ebenfalls dort. Nichts deutet darauf hin, dass sie zu den Christen gehört hätten, die aus ganz Ägypten und der Thebais nach Alexandria gebracht wurden, um dort hingerichtet zu werden.[16] Vermutlich also war die Familie schon längere Zeit in Alexandria ansässig und lebte Origenes als Knabe dort, so dass der Annahme, er sei dort geboren, nichts entgegensteht.[17]

3. Erziehung und Ausbildung: Leonides, der Vater des Origenes

Der Vater des Origenes ist im vorigen Kapitel schon mehrmals erwähnt worden. Aus dem, was wir über ihn erfahren bzw. erschließen können, ergeben sich weitere Einsichten in das Milieu, in dem der junge Origenes aufwuchs, und zugleich in das Milieu, in dem das alexandrinische Christentum offenbar zuhause war.

Der Vater des Origenes hieß Leonides – so die ionische Form des Namens, wie Eusebius sie gibt (Λεωνίδης) und die nicht, wie es, wohl beeinflusst durch den bekannten Spartaner dieses Namens, oft geschieht, durch die dorische Form Leonidas ersetzt werden sollte. Aus der Wendung des Eusebius: ὁ λεγόμενος Ὠριγένους πατήρ[18] ist zwar zu schließen, dass Eusebius sich hier auf mündliche Überlieferung berief, doch folgt daraus nicht, dass diese als unzuverlässig oder ungenau zu gelten habe, etwa in dem Sinne, dass erst Spätere in dem Märtyrer Leonides den Vater des Origenes gesehen hätten und Eusebius diese Tradition referiere.[19] Leonides fiel der Christenverfolgung des Jahres

---

14 Justin, I apol. 29,2f. (p. 45 GOODSPEED).

15 Siehe ROUSSELLE, La persécution des chrétiens (wie Anm. 9) 228.

16 Von letzterem berichtet Eusebius, hist. eccl. VI 1 (GCS Eus. 2, 518).

17 So die nach wie vor überzeugende Argumentation von REDEPENNING, Origenes (wie Anm. 4) Bd. 1, 419f.

18 Eusebius, hist. eccl. VI 1 (GCS Eus. 2, 518).

19 Gegen Pierre NAUTIN, Origène. Sa vie et son œuvre (CAnt 1), Paris 1977, 32. 413f.,

202 zum Opfer. Daraus, dass er enthauptet wurde,[20] ist zu schließen, dass er das römische Bürgerrecht besaß, denn ein römischer Bürger konnte nur und musste auf diese [254] Weise exekutiert werden.[21] In staatsbürgerlicher Hinsicht gehörte Leonides damit zur führenden Schicht in Alexandria. Während Origenes mütterlicherseits also ‚Ägypter' war (s.o.), gehörte die Familie durch den Vater in die besseren Kreise der Stadt, ohne deshalb selbstständig über die Rechte zu verfügen, die der Vater besaß.

Eine weitere Notiz des Eusebius lässt einen spezifischen Aspekt des Milieus erkennen, dem Leonides zugehörte. Als er hingerichtet wurde, wurde sein Vermögen vom kaiserlichen Fiskus eingezogen.[22] Leonides war also nicht unvermögend. Davon verschont blieb offenbar die Bibliothek mit Werken alter Schriftsteller, denn Origenes war in der Lage, sie in den Jahren darauf zu veräußern, um vom Erlös, einer täglichen Rente von vier Obolen, das Minimum an Lebensunterhalt zu erwerben, das auch ein Asket wie er benötigte.[23] Leonides war demnach nicht nur ein wohlhabender Mann, ein Grieche (darauf lässt sein Name schließen) mit römischem Bürgerrecht, sondern besaß auch eine anscheinend passable Sammlung griechischer Schriften. Diese Notiz führt in die Bildungsschicht Alexandrias und fügt sich sehr gut in das kulturelle Milieu dieser Stadt. Alexandria war die Stadt der Bildung und der Bücher. Diesen Ruf verdankte sie der Bibliothek, die Ptolemäus I. im Jahre 290 v.Chr. begründet hatte und die die in der Antike größte und wichtigste Sammlung griechischer Handschriften enthielt.[24] Eine weitere große Bibliothek beherbergte das Sarapeion.[25] Aufgrund dieser Bibliotheken, ferner aufgrund des Museion, einer Art Akademie oder Wissenschaftskolleg, und aufgrund der großzügigen Förderung der dort tätigen Gelehrten, Schriftsteller und Dichter durch die ptolemäischen Herrscher

---

akzeptiert von JAKAB, Ecclesia alexandrina (wie Anm. 9) 146f. Das Richtige zur Bedeutung des λεγόμενος, das auch CROUZEL, Origène (wie Anm. 9) 22, zu Unrecht für „curieuse" hält, findet sich bei REDEPENNING, Origenes (wie Anm. 4) Bd. 1, 45 Anm. 1.

20 Eusebius, hist. eccl. VI 1 (GCS Eus. 2, 518).

21 So auch ROUSSELLE, La persécution des chrétiens (wie Anm. 9) 227f.; CROUZEL, Origène (wie Anm. 9) 22f.; LE BOULLUEC, Die „Schule" von Alexandrien (wie Anm. 9) 601.

22 Eusebius, hist. eccl. VI 2,13 (GCS Eus. 2, 522).

23 Ebd. VI 3,9 (2, 526).

24 Das einzige Zeugnis für die Gründung der Bibliothek durch Ptolemäus I. ist Irenäus, haer. III 21,2 (FC 8/3, 254–257), zitiert von Eusebius, hist. eccl. V 8,11 (GCS Eus. 2, 448). Vgl. auch Clemens, strom. I 148,2 (GCS Clem. Al. 2^4, 92).

25 Bezeugt von Aphthonius von Antiochia, progymn. 107 (II p. 48 SPENGEL), und vielleicht von Ammianus Marcellinus XXII 16,12f. (I p. 290f. SEYFARTH).

und später durch die römischen Kaiser avancierte Alexandria zur geistigen Metropole des Hellenismus und der hohen römischen Kaiserzeit. Es dürfte nicht verfehlt sein, dem Vater des Origenes eine gewisse Affinität zu diesem Umfeld zuzuschreiben.

Damit ist nicht nur das soziale, sondern auch das kulturelle und intellektuelle Terrain abgesteckt, auf dem Origenes aufwuchs und erzogen wurde. Eusebius berichtet, dass Origenes von seinem Vater in den griechischen Wissenschaften bzw. in der allgemeinen Schulbildung unterrichtet und darüber hinaus zum eingehenden Studium der Bibel angehalten wurde.[26] Natürlich führte Eusebius letzteres vor allem deswegen an, um das spätere biblische Wissen und die exegetische Kompetenz des Origenes biographisch aus der besonderen Art seiner Erziehung schon in der Kindheit zu erklären.[27] Die Nachricht an sich, für die Eusebius auf mündliche Tradition rekurrierte, wird dadurch aber nicht völlig in Frage gestellt.[28] Sowohl allgemein als auch speziell für Alexandria gibt es [255] mehrere Beispiele dafür, dass Söhne von ihren Vätern unterrichtet wurden und schon in jungen Jahren eine wissenschaftliche oder philosophische Ausbildung durchliefen. Galenus hörte mit 14 Jahren einen Schüler des Stoikers Philopator und einen des Platonikers Gaius in Pergamon,[29] von Apollonius von Tyana berichtete Philostratus, dass er als 14jähriger in Tarsos den Unterricht des ansonsten unbekannten Philosophen Euthydemus aus Phönikien besuchte.[30] Aus der Anfangszeit des alexandrinischen Christentums zur Zeit der Kaiser Hadrian und Antoninus Pius wird berichtet, dass Isidor Schüler seines Vaters Basilides war[31] und Epiphanes von seinem Vater Karpokrates im allgemeinen Fächerkanon und in platonischer Philosophie unterrichtet wurde und ein Buch schrieb, bevor er mit 17 Jahren starb.[32] Die Unterrichtung des Origenes durch seinen Vater war in Alexandria nichts Neues und scheint auch in christlichem Kontext nichts Besonderes gewesen zu sein.

Umgekehrt fällt von dieser Nachricht aus Licht auf das intellektuelle Format des Leonides. Offenbar verfügte er über genug Allgemeinbildung und Bibelkenntnis, um Lehrer seines überaus begabten Sohnes sein zu können. Auch diese Züge weisen in ein gehobenes und gebilde-

---

26 Eusebius, hist. eccl. VI 2,7f.15 (GCS Eus. 2, 520. 524).

27 So NAUTIN, Origène (wie Anm. 19) 35.

28 CROUZEL, Origène (wie Anm. 9) 22f.; LE BOULLUEC, Die „Schule" von Alexandrien (wie Anm. 9) 601 mit Anm. 184 (gegen Nautin).

29 Galenus, cogn. an. morb. 8 (V p. 41 KÜHN).

30 Philostratus, vit. Apoll. I 7,1 (LCL 16, 44f.).

31 Clemens, strom. II 113,3 (GCS Clem. Al. 2^4, 174); VI 53,2 (2^4, 458).

32 Ebd. III 5,2f. (2, 197). Siehe JAKAB, Ecclesia alexandrina (wie Anm. 9) 72f.

tes Milieu. In den besseren Kreisen legt man, sofern es sich um Gebildete handelt, Wert auf die Ausbildung der eigenen Kinder und nimmt diese unter Umständen selbst in die Hand. Da höhere Bildung in der Antike in der Regel an einen gehobenen Sozialstatus gebunden war, lassen diese Zusammenhänge den Schluss zu, dass wir uns den jungen Origenes in den höheren Schichten der alexandrinischen Gesellschaft vorstellen müssen, in denen sein Vater, ein gebildeter Mann mit römischem Bürgerrecht, verkehrte.

4. Eine Lücke in der Ausbildung: Rhetorik und Politik in Alexandria

Einen Abschnitt wert ist eine Lücke in der Ausbildung des Origenes: Rhetorik gehörte offenbar nicht zu seinem Lernprogramm.[33] Weder in den antiken Berichten über Origenes noch in seinen Werken spielt die Rhetorik eine Rolle. Was seine schriftstellerische Praxis anbelangt, gilt der Stil des Origenes nach den Maßstäben der Zweiten Sophistik, das heißt als strenge Beachtung eines klassischen Stilideals nicht ohne einen gewissen Pomp, als vollkommen unrhetorisch, ohne Prunk, ganz auf die Sache konzentriert. Auch in der Theorie hat Origenes sich für einen solchen Stil stark gemacht.[34] Gregor [256] Thaumaturgus beschrieb in seiner Dankrede, die er im Jahre 238 zum Abschluss seiner Studien bei Origenes in Caesarea hielt, dass Origenes das Studium der Rhetorik als unwichtig und unnötig erachtete und seine Schüler dazu anhielt, die Wahrheit von Aussagen nicht nach ihrer sprachlichen Einkleidung zu beurteilen.[35]

Diese Lücke im intellektuellen Profil des Origenes – wenn es sich denn um eine Lücke handelt – dürfte mit einer spezifischen Eigenart der städtischen Strukturen Alexandrias zusammenhängen. Anders als Philologie scheint Rhetorik in Alexandria generell nicht intensiv gepflegt worden zu sein, weder in der Theorie noch in der Praxis. Von den zahlreichen Handbüchern der Rhetorik aus der späteren Antike ist nur eines, die umfangreichen *Progymnasmata* des Aelius Theon (ver-

---

33 Bemerkt von REDEPENNING, Origenes (wie Anm. 4) Bd. 1, 48f. Siehe auch Jutta TLOKA, Griechische Christen – Christliche Griechen. Plausibilisierungsstrategien des antiken Christentums bei Origenes und Johannes Chrysostomos (STAC 30), Tübingen 2005, 76–79.

34 REDEPENNING, ebd. 49, verweist unter anderem auf folgende Stellen: Cels. VI 1f. mit Zitat von 1 Kor. 2,4f. (GCS Orig. 2, 70–72); in Hier. frg. 36 (GCS Orig. 3^2, 216f.).

35 Gregor Thaumaturgus, pan. Orig. 102–108, bes. 107 (FC 24, 164–167).

mutlich 1. Jahrhundert n.Chr.), in Alexandria entstanden. Rhetorik kam vor im schulischen Unterricht, wie vor allem aus Papyri hervorgeht, sowie als antiquarische Pflege der literarischen Hinterlassenschaft der klassischen rhetorischen Tradition Athens, fand aber keine originellen Vertreter, die für ihre Kunst berühmt geworden wären, und spielte im öffentlichen Leben der Stadt keine Rolle.[36]

Der Grund hierfür dürfte in der politischen Situation der Stadt zu suchen sein, in der in der Ptolemäerzeit die ptolemäischen Herrscher und in der Römerzeit die römischen Kaiser, vertreten durch die Präfekten von Ägypten, das Sagen hatten, eigenständiges politisches Agieren, wie es für eine griechische Polis üblich war, aber keinen Platz hatte.[37] Da die Stadt bei ihrer Gründung als griechische Polis konzipiert worden war, besaß sie ursprünglich wohl den üblichen Stadtrat (βουλή) als Körperschaft der städtischen Selbstverwaltung. Da die Stadt allerdings als Regierungssitz der ptolemäischen Herrscher fungierte und diese das politische Geschehen in ihrer Hauptstadt dominierten, waren die Entscheidungs- und Handlungsmöglichkeiten des Stadtrats wohl von vorneherein beschränkt. Nicht klar ist, ob der alexandrinische Rat bereits von einem der späteren Ptolemäerherrscher abgeschafft wurde. Sicher bzw. spätestens geschah dies jedoch unter Augustus, als die Römer im Jahre 30 v.Chr. die Herrschaft über Ägypten übernahmen und die Kontrolle der kaiserlichen Provinz Ägypten wie der Stadt Alexandria „bei“ Ägypten *(ad Aegyptum)* einem vom Kaiser direkt eingesetzten Statthalter übertrugen, dem *praefectus Alexandreae et Aegypti* bzw. *praefectus Augustalis*.[38] Fortan gab es in der Stadt nur noch ein nicht näher bestimmbares, als κοινὸν τῶν ἀρχόντων bezeichnetes Gremium, das Einfluss auf die Administration nehmen konnte. Erst unter Septimius Severus kam es im Jahre 199/200 zur Rekonstituierung eines Rates.[39] Die eigentliche Kontrolle über die Stadt übte jedoch bis zur Eroberung durch die Araber 642 n.Chr. weiterhin der kaiserliche Präfekt aus, zumal der dramatische Verfall der städtischen Kurien im 3. und 4. Jahrhundert auch vor dem Stadtrat von Alexandria nicht Halt mach-[257] te.[40] Diese politischen Verhältnisse waren für die Entfaltung einer freien Beredsamkeit, die auf entsprechende politische Wirkungsmöglichkei-

36 So das Fazit von Robert Wayne SMITH, The Art of Rhetoric in Alexandria. Its Theory and Practice in the Ancient World, The Hague 1974, 155–163.

37 Näheres bei Alan Keir BOWMAN, The Town Councils of Roman Egypt (ASP 11), Toronto 1971, 12–18.

38 CPJ 150 und dazu 153, Zeilen 66–68; Cassius Dio LI 17,2 (LCL 82, 46f.).

39 Cassius Dio LI 17,3 (LCL 82, 46f.); *Historia Augusta*, Sev. 17,2 (I p. 149 HOHL).

40 In einer der vielen diesbezüglichen Klagen des Libanius wird Alexandria beispielhaft erwähnt: orat. 49,12 (II p. 470f. NORMAN).

ten angewiesen ist, nicht günstig. So gesehen, ist es erklärlich, dass Origenes mit professioneller Rhetorik nicht oder kaum in Berührung gekommen ist.

Dieser weitgehende Ausschluss der Alexandriner von politischer Partizipation in ihrer eigenen Stadt hatte eine weitere, für das Erscheinungsbild der Stadt einschneidende Folge: Er führte dazu, dass die Oberschicht in Alexandria sich vor allem auf dem Gebiet betätigte, das seit Gründung der Stadt ihr Aushängeschild war: Bildung und Kultur. Politik war in Alexandria Sache der Römer, das heißt der kaiserlichen Verwaltung der Stadt, Religion Sache der verschiedenen Teile der bunt gemischten Bevölkerung. Die wohlhabende Oberschicht war auf den Sektor Bildung, Kultur, Wissenschaft fokussiert. Für die römische Kaiserzeit gilt das noch ungleich stärker als für die ptolemäische Zeit. Der Vater des Origenes und besonders Origenes selbst können als exemplarische Figuren für diese Verhältnisse gelten. Man kann wohl sagen, dass Origenes nicht nur der Rhetorik abhold war, sondern auch der Politik – ein Gebildeter, oder mit einem schillernden, hier aber zutreffenden Begriff: ein Intellektueller, der sich aus dem politischen Getriebe heraushielt und ganz seinen Leidenschaften frönte: der Philologie, der Philosophie und der Theologie.

5. Salon-Christentum: Die Gönnerin des Origenes

In eben dieses unpolitische, sozial gehobene und gebildete Milieu führt auch die nächste Nachricht, die Eusebius aus den Jugendjahren des Origenes mitteilt. Nach der Hinrichtung des Leonides geriet die Familie in Not. Origenes fand Aufnahme und Unterstützung im Hause einer reichen und vornehmen Frau, in dem auch ein aus Antiochia stammender Mann namens Paulus verkehrte, der, so Eusebius, ein berühmter Häretiker – Eusebius sagt leider nicht, welcher Richtung – war und von derselben Frau als Adoptivsohn angenommen worden war.[41] Diese Notiz ist für das soziale und intellektuelle Milieu, in dem der junge Origenes lebte, höchst aufschlussreich.

Ist es denkbar, dass die Dame, deren Namen wir nicht kennen, sich des Origenes annahm, ohne ihn schon von früher zu kennen? Das ist natürlich möglich, aber man könnte auch Verbindungen zwischen den Familien schon vor der Hinrichtung des Leonides vermuten, so dass auch von dieser Frau aus ein Licht auf die gesellschaftliche Schicht fallen würde, zu der die Familie des Origenes über den Vater gehörte.

41 Eusebius, hist. eccl. VI 2,13 (GCS Eus. 2, 522).

Sicherer und interessanter ist, was Eusebius über die Verhältnisse im Haus dieser Frau mitteilt. Er spitzt zwar sein kurzes Referat auf die Unterscheidung zwischen Häresie und Rechtgläubigkeit zu, um zu betonen, dass Origenes sich von den häretischen Lehren konsequent distanziert und mit den Häretikern zwar zusammengekommen, niemals aber mit [258] ihnen gebetet habe.[42] Die Annahme freilich, Origenes sei hier in eine kleine, von der ‚Großkirche' getrennte Sekte geraten,[43] wird vom Text des Eusebius einerseits nicht gedeckt und folgt andererseits zu unkritisch seiner häresiologischen Frontstellung. Zieht man diese ab, bekommen wir durch diese Notiz Einblick in ein Haus, in dem Christen mit unterschiedlichen theologischen Ansichten verkehrten. Die vornehme Dame spielte wohl die Rolle der vermögenden Gastgeberin, die sich solche Einladungen regelmäßig und vielleicht auch in größerem Umfang leisten konnte, die sich eines (halb) verwaisten, weit überdurchschnittlich begabten jungen Christen annahm und ihn förderte und die einen anderen Christen, der als Theologe offenbar einen gewissen Ruf hatte, adoptierte. Dieser Theologe zog „wegen seiner bekannten Gelehrsamkeit", wie Eusebius sagte, andere Christen an, die sich im Haus der vornehmen Dame trafen – gelegentlich vielleicht verbunden mit einer ἀγάπη, bei der gebetet wurde – und dabei wohl auch theologische Diskussionen führten.

Ist es übertrieben, hierin eine Art von Salon-Christentum zu sehen? Jedenfalls deutet nichts im Bericht des Eusebius über die Jugend des Origenes auf den Kontext einer ‚normalen' christlichen Gemeinde hin, hingegen alles auf das soziale und kulturelle Milieu der wohlhabenden und geistig interessierten Kreise Alexandrias. Damit finden wir den jungen Origenes in einem Milieu vor, das namentlich für Philosophenzirkel der hohen römischen Kaiserzeit nicht ungewöhnlich war. In letztere führt auch eine weitere Nachricht, die im folgenden Kapitel besprochen werden soll.

6. Philosophieunterricht: Ammonius, der Lehrer des Origenes

Porphyrius, einer der schärfsten Gegner des Christentums in der Antike, hat sich in seiner Streitschrift „Gegen die Christen" einmal an einer bei Eusebius zitierten Stelle über das intellektuelle Profil und den denkerischen Werdegang des Origenes geäußert. Was er da sagte, beruhte

42 Ebd. VI 2,14 (2, 522).

43 So NAUTIN, Origène (wie Anm. 19) 415.

durchaus auf eigener Kenntnis der Person und wohl auch von Werken des Origenes. Der 232 oder 233 in der Nähe von Caesarea in Palästina geborene Porphyrius, der seine Jugend in Tyrus verbrachte, hat nämlich nach eigener Aussage Origenes in dieser Zeit kennen gelernt,[44] und was er in seiner Streitschrift über Origenes sagte, lässt erkennen, dass er dessen Publikationen zur Kenntnis genommen hat:

> „Diese törichte Methode (Porphyrius polemisierte gegen die allegorische Auslegung der Bibel) möge man an einem Manne beobachten, mit dem auch ich in meiner frühesten Jugend verkehrt habe, nämlich an Origenes, der in hohem Ansehen stand und noch heute durch seine hinterlassenen Schriften in Ansehen steht und dessen Ruhm bei den Lehrern dieser Gedanken weit verbreitet ist! Er war Schüler des Ammonius, [259] des verdientesten Philosophen unserer Zeit. Wissenschaftlich hatte Origenes von seinem Lehrer sehr viel gewonnen, doch schlug er – was die rechte Entscheidung fürs Leben anbelangt – einen entgegengesetzten Lebensweg ein. Ammonius nämlich wandte sich, obwohl von seinen Eltern als Christ im Christentum erzogen, sobald er zu denken und zu philosophieren anfing, sofort der den (heidnischen) Gesetzen entsprechenden Lebensweise zu. Origenes aber irrte, obwohl als Grieche unter Griechen erzogen, zu barbarischer (d.h. nichtgriechischer, in diesem Fall jüdischer) Dreistigkeit ab. Ihr zuliebe verkaufte er sich und seine Bildung. Sein Leben war das eines Christen und widersprach den (heidnischen) Gesetzen. In seiner Auffassung von der Welt und von Gott dachte er wie ein Grieche und schob den fremden Mythen (der Bibel) griechische Ideen unter. Ständig beschäftigte er sich nämlich mit Platon. Er war vertraut mit den Schriften des Numenius, Kronius, Apollophanes, Longinus, Moderatus, Nikomachus und der berühmten Männer aus der pythagoreischen Schule. Er benützte aber auch die Bücher des Stoikers Chäremon und des Cornutus, von welchen er die allegorische Auslegung der heidnischen Mysterien erlernte, und wandte diese Methode auf die jüdischen Schriften an."[45]

Die Behauptung des Porphyrius an dieser Stelle, Origenes sei Schüler des Philosophen Ammonius Sakkas gewesen,[46] wird vielfach bestritten. Insbesondere werden zwei Argumente dagegen ins Feld geführt, die jedoch beide nicht überzeugen. Die damit zusammenhängenden Fragen sind freilich reichlich verworren.

---

44 Siehe auch Eusebius, hist. eccl. VI 19,3 (GCS Eus. 2, 558). Die antiken Nachrichten über die Herkunft des Porphyrius sind zusammengestellt bei NAUTIN, ebd. 199 Anm. 29.

45 Porphyrius, frg. 39 HARNACK = Eusebius, ebd. VI 19,5–8 (2, 558–560); Übersetzung: p. 292f. HAEUSER/GÄRTNER.

46 Wohl abhängig von Eusebius nannte auch Theodoret, graec. aff. cur. VI 60 (SC 57/1, 276f.), Ammonius als Lehrer des Origenes. – Siehe dazu jetzt auch Christoph BRUNS, War Origenes wie Plotin Schüler des Ammonios Sakkas? Ein quellenkritischer Beitrag zu seiner Verortung im Bildungsmilieu Alexandriens, in: JRPh 7 (2008) 191–208.

Erstens werden chronologische Schwierigkeiten geltend gemacht: Es sei nicht vorstellbar, dass der Ammonius, der vor seinem Tod um 242 elf Jahre lang der Lehrer Plotins war, schon zu Beginn des 3. Jahrhunderts als philosophischer Lehrer des Origenes tätig gewesen sei.[47] Doch warum sollte das nicht möglich gewesen sein? Origenes selbst lehrte ein halbes Jahrhundert lang christliche Philosophie (s.u.), vom Beginn bis in die Mitte des 3. Jahrhunderts. Richtig an diesem Einwand ist, dass wir von zwei verschiedenen Personen namens Ammonius ausgehen müssen. Eusebius bestritt nämlich in seiner Entgegnung auf diesen Text des Porphyrius, dass Ammonius vom Glauben abgefallen sei, und verwies zum Beweis dafür auf die Schriften des Ammonius, beispielsweise ein Buch mit dem Titel „Die Übereinstimmung zwischen Mose und Jesus".[48] Dabei verwechselte er aber wohl den Neuplatoniker Ammonius mit dem christlichen Schriftsteller dieses Namens.[49] Die konträren Behauptungen des Porphyrius und des Eusebius über ‚Ammonius' lassen sich nämlich nicht in der Weise auf eine Person beziehen, dass [260] dieser eine Ammonius „nach dem Amtsantritt des ‚rechtgläubigen' Bischofs Demetrius zwar am Christentum festhielt, sich aber einer häretischen Sekte gleichgesinnter Intellektueller anschloss".[50] Eine derartige Harmonisierung ist weder aus den Angaben des Porphyrius noch aus denen des Eusebius zu gewinnen, so dass die Unterscheidung zwischen einem Christen Ammonius und einem Neuplatoniker Ammonius die plausiblere Annahme ist.[51] Diese Unterscheidung vorausgesetzt, besteht kein Anlass, die Angaben des Porphyrius über Ammonius zu bezweifeln, etwa dahingehend, dass Porphyrius mit dem Ammonius, der Lehrer des Origenes war, einen anderen meine als Ammonius, den Lehrer Plotins, nämlich einen Peripatetiker dieses Namens, den Porphyrius in der Vita Plotins erwähnte.[52] Es gibt

---

47 So Heinrich DÖRRIE, Ammonios, der Lehrer Plotins, in: Hermes 83 (1955) 439–477, erneut in: ders., Platonica minora (STA 8), München 1976, 324–360, hier 354, und Hans-Rudolf SCHWYZER, Ammonios Sakkas, der Lehrer Plotins (RhWAW.G 260), Opladen 1983, 34–37, der es aber doch für möglich hält, dass Origenes Vorträge des Ammonios Sakkas gehört habe, ohne sein Anhänger zu werden, allerdings erst in den letzten Jahren seiner Anwesenheit in Alexandria, also um 230.

48 Eusebius, hist. eccl. VI 19,9f. (GCS Eus. 2, 560–562).

49 Die alten Nachrichten über den Christen Ammonius erörtert Otto BARDENHEWER, Geschichte der altkirchlichen Literatur, Bd. 2, Freiburg i.Br. [2]1914 (Nachdruck Darmstadt 2007), 198–202.

50 So Matthias BALTES, Ammonios Sakkas (1979), in: RAC Suppl. 1 (2001) 323–332, hier 324 (vgl. ebd. 326).

51 SCHWYZER, Ammonios Sakkas (wie Anm. 47) 20f.

52 Porphyrius, vit. Plot. 110 (Vc p. 44f. HARDER). So der Vorschlag von Mark Joseph EDWARDS, Ammonius, Teacher of Origen, in: JEH 44 (1993) 169–181.

keinen Grund dafür, Porphyrius hier nicht beim Wort zu nehmen. Demnach war Origenes Schüler des Neuplatonikers Ammonius, der von seinen Eltern als Christ erzogen worden war, als Erwachsener und Philosoph sich aber umgehend dem Heidentum zugewandt hatte und später auch der Lehrer Plotins war. Es liegt daher auch kein Grund vor, in dem Philosophielehrer, auf den Origenes in einem von Eusebius hierzu zitierten Brief verweist, ohne allerdings den Namen zu nennen, nicht Ammonius Sakkas zu sehen.[53] Die Argumentation des Origenes in diesem Brief, in dem er seine Beschäftigung mit heidnischer Philosophie rechtfertigte, ist nur sinnvoll, wenn er bei einem nichtchristlichen Philosophen Unterricht nahm.

Zweitens wird bezweifelt, dass unter dem Origenes, von dem Porphyrius redet, der Christ Origenes zu verstehen sei. Auch an diesem Einwand ist richtig, dass wir zwei Personen namens Origenes unterscheiden müssen.[54] Der Origenes, den Porphyrius in der Vita Plotins mehrmals erwähnt und der ebenfalls Schüler des Ammonius war, muss ein anderer sein als der Christ Origenes. Das ergibt sich zwingend aus folgenden Gründen: Jener heidnische Origenes verfasste ein Buch über die Dämonen und während der Regierungszeit des Kaisers Gallienus (253–268) eine Schrift mit dem Titel: Ὅτι μόνος ποιητὴς ὁ βασιλεύς.[55] Da Longinus dieses Werk nicht kannte, als er seine Schrift Περὶ τέλους verfasste (frühestens 263),[56] ist es eher in die späteren Jahre des Gallienus zu setzen. Ferner besuchte der Neuplatoniker Origenes Plotin in Rom,[57] was mit der Biogra[261]phie des Christen Origenes nicht in Einklang zu bringen ist.[58] Aus dieser Unterscheidung folgt indes nicht,

---

53 Eusebius, hist. eccl. VI 19,13 (GCS Eus. 2, 562). Diese Identifizierung, vorgenommen etwa von NAUTIN, Origène (wie Anm. 19) 200f., und LE BOULLUEC, Die „Schule" von Alexandrien (wie Anm. 9) 604, wird u.a. bestritten von SCHWYZER, Ammonios Sakkas (wie Anm. 47) 28–39, übernommen von Ulrich NEYMEYR, Die christlichen Lehrer im zweiten Jahrhundert. Ihre Lehrtätigkeit, ihr Selbstverständnis und ihre Geschichte (SVigChr 4), Leiden u.a. 1989, 97–99.

54 So zum Beispiel DÖRRIE, Ammonios (wie Anm. 47) 354–356. Zum Neuplatoniker Origenes siehe Karl-Otto WEBER, Origenes der Neuplatoniker. Versuch einer Interpretation (Zet. 27), München 1962, 17–34. Im Spiegel der Forschungsgeschichte diskutiert Frederick M. SCHROEDER, Ammonios Saccas, in: ANRW II.36.1, Berlin/New York 1987, 493–526, hier 494–509, das Thema. CROUZEL, Origène (wie Anm. 9) 29–31, hält das Problem zu Unrecht für ungelöst und „encore obscur" (ebd. 31).

55 Porphyrius, vit. Plot. 19 (Vc p. 6f. HARDER).

56 Siehe die Vorrede des Longinus, zitiert von Porphyrius, ebd. 108f. (Vc p. 44f.).

57 Ebd. 74 (Vc p. 32f.).

58 Der diesbezügliche Versuch von Pier Franco BEATRICE, Porphyry's Judgment on Origen, in: Robert Joseph DALY (Hg.), Origeniana Quinta (BEThL 105), Leuven 1992, 351–367, beruht auf waghalsigen Hypothesen, die keine Grundlage in den Quellen haben.

dass Porphyrius an der vorliegenden Stelle den heidnischen Philosophen Origenes mit dem Christen Origenes verwechselt habe.[59] Vielmehr ist in der von Eusebius zitierten Passage durchaus der Christ Origenes gemeint, jedoch in polemischer Absicht: In dem Vorwurf, Origenes habe über die Welt und über Gott wie ein Grieche gedacht und den fremden Mythen (d.h. den biblischen Geschichten) griechische Ideen untergeschoben, nahm Porphyrius die enge Verzahnung von griechischem Denken und biblischer Tradition aufs Korn, welche die Theologie des Origenes kennzeichnete. Die Behauptung des Porphyrius, Origenes sei ein zum Christentum konvertierter Grieche (d.h. Heide), ist die polemische Vergröberung dieses Zusammenhangs. Wie in der Frage nach der Identität des von Porphyrius gemeinten Ammonius war es Eusebius, der die Debatte darüber auslöste, welchen Origenes Porphyrius hier wohl im Visier hatte. Eusebius las Porphyrius nämlich wörtlich und wandte von dieser gleichsam buchstäblichen Interpretation aus gegen die Darstellung des Porphyrius ein, dass Origenes als Kind christlicher Eltern als Christ aufgewachsen und erzogen worden sei.[60] Das ist in der Sache wohl richtig,[61] trifft aber die Polemik des Porphyrius nicht.

Fazit also: Der heidnische Philosoph Ammonius, der von christlicher Abkunft war und später den Beinamen Sakkas erhielt, war nicht nur der philosophische Lehrer Plotins, sondern auch eines heidnischen und eines christlichen Philosophen, die beide zufällig Origenes hießen. Stellt man diese Daten in den Kontext der Stadt Alexandria, ergeben sich aus dieser Konstellation einige erhellende Einsichten in das intellektuelle Milieu des jungen Origenes und des jungen alexandrinischen Christentums.

---

59 So DÖRRIE, Ammonios (wie Anm. 47) 352f., und Richard GOULET, Porphyre, Ammonius, les deux Origène et les autres ..., in: RHPhR 57 (1977) 471–496, hier 484–494. Richtig in diesem Punkt SCHWYZER, Ammonios Sakkas (wie Anm. 47) 27f., und Franz Heinrich KETTLER, War Origenes Schüler des Ammonios Sakkas?, in: Jacques FONTAINE/Charles KANNENGIESSER (Hg.), Epektasis. Festschrift für Jean Daniélou, Paris 1972, 327–334, bes. 331–333, sowie ders., Origenes, Ammonius Sakkas und Porphyrius, in: Adolf Martin RITTER (Hg.), Kerygma und Logos. Beiträge zu den geistesgeschichtlichen Beziehungen zwischen Antike und Christentum. Festschrift für Carl Andresen, Göttingen 1979, 322–328, der aber fälschlich nur einen Origenes annimmt (ebd. 325f.).

60 Eusebius, hist. eccl. VI 19,10 (GCS Eus. 2, 560).

61 Anders Manfred HORNSCHUH, Das Leben des Origenes und die Entstehung der alexandrinischen Schule, in: ZKG 71 (1960) 1–25. 193–214, hier 15f. 25, der diese Behauptung des Eusebius für tendenziös und die Eltern des Origenes für Heiden hält.

Alexandria war vorwiegend die Stadt der Naturwissenschaften und der Medizin[62] sowie der Philologie.[63] Während die Rhetorik nie eine größere Rolle spielte (s.o.), hielt die Philosophie zwar Einzug in die alexandrinische Bildungswelt, allerdings erst spät und bedingt durch Faktoren, die mit Alexandria zunächst gar nichts zu tun hatten. Seit [262] dem 4. Jahrhundert v.Chr. geschah so ziemlich alles, was sich in der griechischen Philosophie ereignete, in Athen. Dort war der Hauptsitz der vier wichtigsten Schulen: der platonischen Akademie, des aristotelischen Peripatos, der Stoa und des epikureischen Kepos. Im 1. Jahrhundert v.Chr. begann sich das zu ändern. Die Eroberung Griechenlands durch die Römer und die Einnahme Athens im Jahre 86 v.Chr. durch Sulla, bei der die Gebäude der Akademie gänzlich vernichtet wurden,[64] versetzten den athenischen Philosophenschulen einen Schlag, von dem sie sich nie wieder erholten.[65] Athen verlor sein Quasi-Monopol als Stadt der Philosophie. Unter anderem – zum Beispiel auch Rom – entwickelte sich seit dem 1. Jahrhundert v.Chr. Alexandria zu einem Zentrum der Philosophie und blieb ein solches bis an das Ende der Antike. Schon in ptolemäischer Zeit war Alexandria ein wichtiger Ort nicht nur der Homer-, sondern auch der Platon-Philologie. Falls Eudorus von Alexandria (ἀκμή um 25 v.Chr.) zu Recht als Begründer des sogenannten Mittelplatonismus gelten kann, dann entstand die philosophische Richtung, die die folgenden zwei bis drei Jahrhunderte prägte, in der Metropole im Nildelta.[66] Und da der im Jahre 204 in Ägypten geborene Plotin (gest. 270) sich im Alter von 28 Jahren für elf Jahre in die philosophische Schule des Ammonius Sakkas begab, ehe er 244 nach Rom ging und dort zum Begründer des Neuplatonismus wurde,[67] stand die Wiege dieser philosophischen Richtung, von der die gesamte heidnische wie christliche Spätantike geprägt wurde, ebenfalls in Alexandria.[68] Die traditionelle Bedeutung der Stadt als Zentrum von

62 Eine Skizze dazu bei Manfred CLAUSS, Alexandria. Schicksale einer antiken Weltstadt, Stuttgart ²2004, 98–110.

63 Überblicke dazu bei Rudolf PFEIFFER, Geschichte der Klassischen Philologie. Von den Anfängen bis zum Ende des Hellenismus, München ²1978, 114–134; Nigel WILSON, Griechische Philologie im Altertum, in: Heinz-Günther NESSELRATH (Hg.), Einleitung in die griechische Philologie, Stuttgart/Leipzig 1997, 87–103, hier 89–97.

64 Wehmütig geschildert von Cicero, fin. V 1f. (p. 155f. SCHICHE).

65 Vgl. Heinrich DÖRRIE, Der Platonismus in der Kultur- und Geistesgeschichte der frühen Kaiserzeit, in: ders., Platonica minora (wie Anm. 47) 166–210, hier 166–168.

66 Vgl. dazu ders., Der Platoniker Eudoros von Alexandreia, in: Hermes 79 (1944) 25–38, erneut in: ders., Platonica minora (wie Anm. 47) 297–309; John DILLON, The Middle Platonists. A Study of Platonism 80 B.C. to A.D. 220, London ²1996, 114f.

67 Porphyrius, vit. Plot. 14–16 (Vc p. 6f. HARDER).

68 Ein Überblick dazu bei Klaus KREMER, Alexandrien – Wiege der neuplatonischen

Wissenschaft und Kultur wurde dadurch noch mehr aufgewertet, auch wenn die Philosophie in Alexandria nie eine so führende Rolle innehatte wie die Naturwissenschaften und die Philologie.

Die Information des Porphyrius über den Philosophieunterricht des jungen Origenes bei Ammonius Sakkas steuert im Verein mit den oben genannten Faktoren einen höchst aufschlussreichen Aspekt zu dem Bild bei, das wir uns vom philosophischen Leben im kaiserzeitlichen Alexandria machen können. Origenes befand sich nicht nur im Haus einer vornehmen Frau, in dem Christen unterschiedlicher Richtungen ein und ausgingen (s.o.), sondern begab sich auch in den philosophischen Unterricht eines heidnischen Philosophen, der als Christ aufgewachsen war und neben Heiden (von denen einer Origenes hieß) auch Christen (Origenes) oder künftige Christen (Heraklas: s.u.) zu seinen Schülern zählte. Umgekehrt besuchten Christen wie Nichtchristen den Unterricht des Origenes in christlicher Philosophie (s.u.). All das versteht man besser, wenn man von den historiographisch bis heute üblichen Grenzziehungen zwischen Heiden und Christen, Rechtgläubigen und Ketzern absieht und sich statt dessen Gebil[263]dete vorstellt, die sich mit den gleichen oder doch sehr ähnlichen Fragen beschäftigten, in ihren Antworten manchmal für die gleichen, manchmal für ähnliche, bisweilen für divergente oder sogar konträre Optionen votierten und darüber kontrovers debattierten und die sich religiös in verschiedenen Lagern befinden konnten, aber alle am selben kultivierten Esprit der Weltstadt Alexandria partizipierten. Sollen wir in einem solchen Umfeld scharfe Gruppengrenzen annehmen? Da ging es ja um Fragestellungen und Meinungen vielfältiger Art, die diskutiert wurden und verschiedene Positionen zuließen. Sind die Beteiligten an diesem Diskurs immer eindeutig zu verorten? Haben sie sich selbst immer eindeutig einer bestimmten Seite zugesellt? Wenn man bedenkt, wie wenig festgelegt die christliche Doktrin in dieser frühen Zeit noch war, wird man diese Fragen eher verneinen. Erst von späteren christlichen Generationen, die in ihrer Zeit stärker auf Abgrenzung bedacht waren und auch in ihrer Erinnerung an die Vergangenheit für mehr Klarheit sorgen wollten, als in der vielfältigen Überlieferung gegeben war, wurden diese Leute für den eigenen Standpunkt beansprucht und nach so gut wie immer anachronistischen Gruppenzugehörigkeiten eingeordnet. Im 2. und beginnenden 3. Jahrhundert waren die Verhältnisse durchaus noch andere. Die christlichen Intellektuellen Alexandrias, für die paradigmatisch Origenes (und vor ihm Clemens) steht, waren ohne Schwierigkei-

---

Philosophie, in: Alexandrien. Kulturbegegnungen dreier Jahrtausende im Schmelztiegel einer mediterranen Großstadt (Aegyptiaca Treverensia 1), Mainz 1981, 37–52.

ten Teil des Geisteslebens dieser Stadt, und das in einem Ausmaß und mit einer Selbstverständlichkeit, wie spätere Zeiten sich das nicht mehr vorstellen konnten.

7. Christlicher Philosophieunterricht: Die Schule des Origenes

Das zuletzt Gesagte gilt auch für eine letzte Nachricht aus der Jugendzeit des Origenes: Laut Eusebius wurde er im 18. Lebensjahr Vorsteher der „Schule der Unterweisung", der „Katechetenschule", wie die Wendung τὸ τῆς κατηχήσεως διδασκαλεῖον meist übersetzt wird.[69] Diese Nachricht wirft eine Reihe von Problemen auf, die hier nicht alle diskutiert werden können. Insbesondere die Datierung dieses Ereignisses durch Eusebius in das Jahr 203 hat aus verschiedenen Gründen Verdacht erregt und zu alternativen Vorschlägen geführt, etwa dergestalt, dass Origenes den Unterricht an dieser „Schule" erst im Jahre 211 oder sogar noch später im Jahre 217 nach seiner Rückkehr von der ersten Reise nach Palästina übernommen habe.[70] Da die Datierungsfrage für die in dieser Studie verfolgte Fragestellung nicht entscheidend ist, mag sie hier auf sich beruhen. Für das soziale und intellektuelle Milieu, in dem der junge Origenes sich bewegte, von grundlegender Bedeutung ist jedoch die Frage, was unter τὸ τῆς κατηχήσεως διδασκαλεῖον zu verstehen ist. Eusebius gebrauchte zur Bezeichnung dieser Einrichtung bzw. dieser Tätigkeit des Origenes noch folgende Begriffe: „Schule des Unter[264]weisens" (ἡ τοῦ κατηχεῖν διατριβή); „Schule" (διατριβή); „Aufgabe der Unterweisung" (τὸ τῆς κατηχήσεως ἔργον); „Schule der Unterweisung" (τῆς κατηχήσεως ἡ διατριβή).[71] Für diese Wendungen gilt dieselbe Frage.

Eine ältere Annahme geht davon aus, dass es sich dabei um eine Einrichtung der christlichen Gemeinde von Alexandria zur Unterrichtung der Taufbewerber handle.[72] Demgegenüber hat Clemens Scholten

---

69 Eusebius, hist. eccl. VI 3,3 (GCS Eus. 2, 524).

70 Das erste Datum präferiert NAUTIN, Origène (wie Anm. 19) 39. 365. 417, akzeptiert beispielsweise von NEYMEYR, Die christlichen Lehrer (wie Anm. 53) 99, und LE BOULLUEC, Die „Schule" von Alexandrien (wie Anm. 9) 602f. 606, das zweite Datum HORNSCHUH, Das Leben des Origenes (wie Anm. 61) 193f. 203. 205.

71 Eusebius, hist. eccl. VI 3,8 (GCS Eus. 2, 526); 4,3 (2, 530); 8,1.3 (2, 534. 536); 29,4 (2, 584).

72 Gustave BARDY, Aux origines de l'école d'Alexandrie, in: RSR 27 (1937) 65–90, hier 87f.; ders., Pour l'histoire de l'école d'Alexandrie, in: VivPen 2 (1942) 80–109, hier 85–87; Dietmar WYRWA, Religiöses Lernen im zweiten Jahrhundert und die Anfänge der

überzeugend nachgewiesen, dass der Zweck des alexandrinischen διδασκαλεῖον nicht in der Unterweisung von Katechumenen als Vorbereitung auf die Taufe bestand, sondern dass darin christliche Lehrer den christlichen Glauben in philosophischem Stil einem gebildeten Publikum vermittelten.[73] Die Analyse von Scholten überzeugt vor allem deshalb, weil er die überlieferten Nachrichten im sozialen Kontext der Zeit interpretiert. Die Lehrtätigkeit des Origenes an dieser alexandrinischen „Schule" zeichnete sich nämlich durch einige Charakteristika aus, die für die philosophischen Schulen der Zeit typisch waren:

1. Zu den Hörern des Origenes gehörten Christen, ‚Häretiker', Heiden und wohl auch Taufbewerber.[74] Ein gemischtes Publikum war im philosophischen Unterricht der Antike nicht unüblich; Plotin etwa hatte Christen und christliche Gnostiker unter seinen Schülern.[75] 2. In der Betreuung zahlreicher Schüler durch Origenes auf deren Weg zum Martyrium[76] wird die persönliche Bindung sichtbar, die zwischen Lehrer und Schüler in Philosophenschulen bestand, wofür es erneut aus dem Leben Plotins Beispiele gibt.[77] 3. Zu einem φιλοσοφώτατος βίος, wie Origenes es laut Eusebius führte,[78] gehörte ein kostenloser Unterricht – Origenes lehnte ihm angetragenes Honorar ab[79] – und eine anspruchslose Lebensführung;[80] auch für letzteres bietet die Vita Plotins neben Plotin selbst ein signifikantes Beispiel.[81] 4. Dazu passt, dass Origenes finanziell unabhängig war und von der alexandrinischen Kirche keinerlei materielle Unterstützung erhielt. Zur Bestreitung des Lebensnotwendigsten verkaufte er seine heidnischen Bücher für eine tägliche

alexandrinischen Katechetenschule, in: Beate EGO/Helmut MERKEL (Hg.), Religiöses Lernen in der biblischen, frühjüdischen und frühchristlichen Überlieferung (WUNT 180), Tübingen 2005, 271–305, hier 286f. 289. 298; NEYMEYR, Die christlichen Lehrer (wie Anm. 53) 93–95; TLOKA, Griechische Christen (wie Anm. 33) 95–99. 112–124; ferner die bei JAKAB, Ecclesia alexandrina (wie Anm. 9) 97–104, diskutierte Literatur.

73 Clemens SCHOLTEN, Die alexandrinische Katechetenschule, in: JAC 38 (1995) 16–37, hier 19–22, übernommen von LE BOULLUEC, Die „Schule" von Alexandrien (wie Anm. 9) 607f.

74 Eusebius, hist. eccl. VI 3,13 (GCS Eus. 2, 528); 18,1–3 (2, 556); 19,12 (2, 562).

75 Porphyrius, vit. Plot. 80f. (Vc p. 34f. HARDER).

76 Eusebius, hist. eccl. VI 3,3f.13 (GCS Eus. 2, 524. 528); 4f. (2, 528–532).

77 Porphyrius, vit. Plot. 34 (Vc p. 20f. HARDER): der Arzt Eustochios aus Alexandria; ebd. 36f. (Vc p. 20f.): der Arzt Zethus; ferner etliche andere Personen: ebd. 33–42 (Vc p. 18–23). 48–50 (Vc p. 24f.).

78 Eusebius, hist. eccl. VI 3,9 (GCS Eus. 2, 526).

79 Ebd. VI 3,11 (2, 528).

80 Ebd. VI 3,9–13 (2, 526–528).

81 Porphyrius, vit. Plot. 39–41 (Vc p. 20–23 HARDER): Rogatianus.

Rente von vier Obolen[82] und fand später einen Mäzen, Ambro[265]sius, der seine wissenschaftliche Arbeit großzügig förderte.[83] 5. Schließlich nahm er seinerseits Philosophieunterricht bei Ammonius Sakkas (s.o.) und traf 6. bei diesem auf einen anderen Schüler, Heraklas, der zu seinem Schüler wurde (s.u.).

Dem Fazit von Scholten ist uneingeschränkt zuzustimmen: „Alle Anzeichen deuten darauf hin, dass Origenes mit der Übernahme der Leitung der Katechetenschule nicht Katechumenenlehrer wird, sondern nur seine schon vorher begonnene Tätigkeit als christlicher Lehrer fortsetzt und einen christlichen Unterricht im Stile der platonischen Philosophenschule der Zeit aufbaut, in dessen Zentrum die Bibelexegese steht."[84] Auch wenn sich Taufbewerber unter den Schülern befanden, erteilte Origenes nicht Katechumenats-, sondern christlichen Philosophieunterricht. Τὸ τῆς κατηχήσεως διδασκαλεῖον war eine „Schule der (christlichen) Unterweisung", anders gesagt eine christliche philosophische Schule in Analogie zu einer heidnischen philosophischen Schule.

Origenes setzte damit eine Tradition fort, die im Christentum Alexandrias schon vor ihm etabliert war. Laut Eusebius war Pantänus der erste Leiter einer solchen „Schule" in Alexandria, die er mit folgenden Begriffen bezeichnete: „Schule der Gläubigen" (ἡ τῶν πιστῶν διατριβή); „Schule der heiligen Worte" (διδασκαλεῖον τῶν ἱερῶν λόγων); „Schule von Alexandria" (τὸ κατ᾽ Ἀλεξάνδρειαν διδασκαλεῖον); „Unterweisung von Alexandria" (ἡ κατ᾽ Ἀλεξάνδρειαν κατήχησις).[85] Das sind alles Termini für den philosophischen Unterricht.[86] Mit einem gemeindlichen Katechumenatsunterricht hat diese Schule nichts zu tun. Auch der im christlichen Sprachgebrauch erst um 200 auftauchende Begriff κατήχησις bedeutet keineswegs speziell Taufunterricht, sondern im profanen wie christlichen Griechisch zunächst einmal ganz allgemein Unterricht, Belehrung.[87] Pantänus war demnach Lehrer einer

82 Eusebius, hist. eccl. VI 3,8f. (GCS Eus. 2, 526).

83 Die Beziehung zwischen Ambrosius und Origenes im Kontext des kaiserzeitlichen Patronats analysiert ausführlich Adele MONACI CASTAGNO, Origene e Ambrogio. L'indipendenza dell'intellettuale e le pretese del patronato, in: Lorenzo PERRONE (Hg.), Origeniana Octava. Origen and the Alexandrian tradition (BEThL 164), Leuven 2003, 165–193, anhand der Proömien der Werke des Origenes. Siehe auch CROUZEL, Origène (wie Anm. 9) 32f.

84 SCHOLTEN, Katechetenschule (wie Anm. 73) 29.

85 Eusebius, hist. eccl. V 10,1.4 (GCS Eus. 2, 450. 452); VI 6 (2, 534).

86 SCHOLTEN, Katechetenschule (wie Anm. 73) 25f. 34–37.

87 SCHOLTEN, ebd. 30, mit Verweis auf die Belege bei André TURCK, *Catéchein* et *catéchesis* chez les premiers pères, in: RSPhTh 47 (1963) 361–372, bes. 365, und Adolf KNAUBER, Zur Grundbedeutung der Wortgruppe κατηχέω – catechizo, in: ORPB 68 (1967) 291–304, hier 300f.

Schule im Sinne der kaiserzeitlichen philosophischen Schulen, die sich darin von diesen unterschied, dass es eine christliche Schule war,[88] in der „die heiligen Worte" unterrichtet wurden, mit anderen Worten Bibelwissenschaft getrieben wurde. So verstanden, muss man – unter der falschen Voraussetzung, es gehe um die Unterrichtung von Taufbewerbern – nicht annehmen, Eusebius projiziere die Verhältnisse späterer Zeit zurück in das Ende des 2. Jahrhunderts,[89] zumal es noch unter Origenes nicht um Taufunterricht geht. Wir müssen uns Pantänus als christlichen Lehrer im Sinne der philosophischen Lehrer der Zeit vorstellen, der einen Schülerkreis um sich sammelte.

[266] Zu diesem Schülerkreis gehörte Clemens von Alexandria. Das genaue Verhältnis zwischen Pantänus und Clemens geht aus den Quellen nicht deutlich hervor. Laut Eusebius hat Clemens Pantänus in den *Hypotyposen* namentlich erwähnt und als seinen Lehrer bezeichnet.[90] Auch einen Passus in den *Stromateis* deutete Eusebius[91] so, dass Clemens darin auf Pantänus als seinen wichtigsten Lehrer anspiele: „Zur Ruhe kam ich bei dem, den ich zuletzt traf, der aber an Bedeutung der Erste war; in seiner Verborgenheit in Ägypten hatte ich ihn aufgespürt."[92] Von einem Lehrer-Schüler-Verhältnis sagte Clemens dabei allerdings nichts. Auch in einem Brief des Bischofs Alexander von Jerusalem an Origenes, in dem er Pantänus und Clemens als seine „Väter" bezeichnete,[93] erscheinen die beiden selbst nicht als Lehrer und Schüler.[94] Einen soliden alten Beleg dafür, dass Pantänus der Lehrer des Clemens war, gibt es also nicht. Sicher ist nur, dass beide Männer sich kannten und eine enge Beziehung zueinander hatten; deren genauer Charakter lässt sich aber nicht mehr feststellen.[95] Vielleicht war Clemens zwar nicht im strengen Sinn Schüler des Pantänus, aber doch Hörer seiner Vorträge und Kenner seiner Lehren.[96]

88 Die Junktur ἡ τῶν πιστῶν διατριβή ist als *genitivus subiectivus* zu lesen: SCHOLTEN, ebd. 31 Anm. 93.

89 Gegen NEYMEYR, Die christlichen Lehrer (wie Anm. 53) 43–45.

90 Eusebius, hist. eccl. V 11,2 (GCS Eus. 2, 452); VI 13,2 (2, 546). Rufinus präzisierte diese Angabe in seiner Übersetzung dahingehend, dass Clemens das im siebten Buch der *Hypotyposen* getan habe.

91 Eusebius, ebd. V 11,2 (2, 452).

92 Clemens, strom. I 11,2 (GCS Clem. Al. 2^4, 8).

93 Überliefert bei Eusebius, hist. eccl. VI 14,8f. (GCS Eus. 2, 550–552).

94 Zu Recht betont von Pierre NAUTIN, Lettres et écrivains chrétiens des IIe et IIIe siècles, Paris 1961, 131f.

95 Ders., Pantène, in: Tome commémoratif du millénaire de la Bibliothèque patriarcal d'Alexandrie, Alexandria 1953, 145–152, hier 146. 149f.

96 So JAKAB, Ecclesia alexandrina (wie Anm. 9) 114.

Aus der Bemerkung des Clemens, er habe Pantänus „in seiner Verborgenheit in Ägypten aufgespürt“ (s.o.), kann nicht der historische Rückschluss gezogen werden, Pantänus habe in kontemplativer Zurückgezogenheit gelebt und spirituell interessierte Leute angezogen,[97] denn hinter diesem Vokabular steckt sprichwörtliche Metaphorik.[98] Vielmehr müssen wir uns Pantänus als einen christlichen Lehrer vorstellen, der im Stile der zeitgenössischen Philosophenschulen vor einem entsprechend interessierten Publikum christliche Philosophie unterrichtete.

Über den Inhalt dieses Unterrichts stehen nur rudimentäre Indizien zur Verfügung: Clemens gab eine exegetische Bemerkung des Pantänus über den Gebrauch der Tempora in den Prophetenbüchern wieder,[99] und Eusebius berichtet, Clemens habe in den *Hypotyposen* „Schrifterklärungen“ (ἐκδοχὰς γραφῶν) des Pantänus angeführt.[100] Nicht definitiv entscheidbar ist dabei die Frage, ob Pantänus Bücher geschrieben hat. Entgegen der Behauptung des Eusebius und des Hieronymus, Pantänus habe neben mündlicher Lehre auch Schriften verfasst,[101] wies Clemens nämlich ausdrücklich darauf hin, [267] dass die „Älteren“ (πρεσβύτεροι) nicht schriftstellerisch tätig gewesen seien.[102] Sollte Pantänus von diesen „Älteren“ zu unterscheiden sein, lässt sich die Abfassung von Schriften durch ihn freilich nicht grundsätzlich bestreiten.[103] Eher wird man aber doch an Lehrvorträge denken, auf die Clemens sich bezog. Kombiniert man diese Notizen mit dem Lob, das Origenes in einem Brief der Bildung des Pantänus in den griechischen Wissenschaften zollte,[104] sowie damit, dass Eusebius Pantänus als wegen seiner Gelehrsamkeit sehr berühmten Mann präsentierte, der früher Stoiker war,[105] ergibt sich das schemenhafte Bild eines Christen, der Exegese und Philosophie miteinander verband bzw., anders gesagt, die Bibel mit den Mitteln des griechischen Denkens interpretierte. Eine genauere

---

97 So NAUTIN, Pantène (wie Anm. 95) 147f.; ders., Lettres et écrivains (wie Anm. 94) 140.

98 WYRWA, Religiöses Lernen (wie Anm. 72) 293 mit Anm. 114.

99 Clemens, ecl. proph. 56,2 (GCS Clem. Al. 3², 152f.).

100 Eusebius, hist. eccl. VI 13,2 (GCS Eus. 2, 546).

101 Eusebius, ebd. V 10,4 (2, 452). Hieronymus, vir. ill. 36,3 (p. 132f. CERESA-GASTALDO), machte daraus *multi commentarii* zur Heiligen Schrift.

102 Clemens, ecl. proph. 17,1.4 (GCS Clem. Al. 3², 144. 145); pasch. frg. 25 (3², 216) = Eusebius, hist. eccl. VI 13,9 (GCS Eus. 2, 548). Vgl. NAUTIN, Pantène (wie Anm. 95) 148f.; NEYMEYR, Die christlichen Lehrer (wie Anm. 53) 40.

103 So LE BOULLUEC, Die „Schule“ von Alexandrien (wie Anm. 9) 578.

104 Zitiert bei Eusebius, hist. eccl. VI 19,13 (GCS Eus. 2, 562).

105 Eusebius, ebd. V 10,1 (2, 450).

theologiegeschichtliche Einordnung des Pantänus ist angesichts der Quellenlage reine Spekulation und muss auf Hypothesen zurückgreifen, die nicht verifizierbar sind.[106] Entscheidend für die hier verfolgte Perspektive ist das intellektuelle Profil des Pantänus als eines christlichen Philosophen, denn es war offenbar diese Art von Christentum, in der auch der junge Origenes groß geworden ist.

Dasselbe gilt für den schon genannten ‚Schüler' des Pantänus: Clemens. Nach den wenigen bekannten Daten aus seiner Lebensgeschichte war Clemens ein philosophisch gebildeter, weit gereister und umfänglich belesener Mann, der sich nach einem Wanderleben im östlichen Mittelmeerraum im letzten Jahrzehnt des 2. Jahrhunderts in Alexandria niederließ und als christlicher Lehrer tätig war, bis er die Stadt wieder verließ, um sich der Christenverfolgung des Jahres 202 zu entziehen, und (wohl) nach Jerusalem ging.[107] In Alexandria faszinierten ihn neben Pantänus, den er dort kennen lernte, vielleicht die Möglichkeiten für wissenschaftliches Arbeiten, welche die Stadt mit ihren Bibliotheken bot. Dass er diese konsultiert hat, darf man gewiss aus der großen Zahl von Werken schließen, die er in seinen Schriften nannte und benützte. Clemens repräsentiert dasselbe intellektuelle Milieu wie Pantänus: Sein christliches theologisches Denken zeichnet sich durch dieselbe Kreuzung von Bibel bzw. Bibelauslegung und antiker Bildung bzw. Philosophie aus. Diese Verknüpfung hat Clemens ausdrücklich verteidigt:

> „Wenn in der Absicht, die Nächsten zu fördern, die einen sich daran machen zu schreiben, die anderen sich anschicken, die Lehre mündlich weiterzugeben, so ist sowohl die sonstige Bildung nützlich als auch das Lesen der vom Herrn erzählen[268]den Schriften zum Beweis für das Gesagte notwendig, besonders wenn die Hörer von der griechischen Bildung herkommen."[108]

---

106 Das gilt insbesondere für den Versuch von Martiniano Pellegrino RONCAGLIA, Pantène et le Didascalée d'Alexandrie. Du Judéo-Christianisme au Christianisme hellénistique, in: Robert H. FISCHER (Hg.), A Tribute to Arthur Vööbus. Studies in Early Christian Literature and Its Environment, Primarily in the Syrian East, Chicago 1977, 211–233, in den Schriften des Clemens das judenchristliche Gedankengut des Pantänus aufzuspüren; ein solches Verfahren lässt sich mangels Schriften des Pantänus methodisch kontrolliert nicht durchführen. Siehe ferner die von JAKAB, Ecclesia alexandrina (wie Anm. 9) 109–112, referierten Forschungsmeinungen.

107 Die Hauptquelle ist Clemens, strom. I 11,2 (GCS Clem. Al. 2^4, 8f.). Siehe ferner Eusebius, hist. eccl. VI 6 (GCS Eus. 2, 534); 11,6 (2, 542–544); 13,3 (2, 546); chron. Abr. 2209 (armenische Übersetzung) bzw. 2210 (Hieronymus). 2220 (GCS Eus. 7^3, 211. 212).

108 Clemens, strom. VI 91,5 (GCS Clem. Al. 2^4, 477f.); Übersetzung: NEYMEYR, Die christlichen Lehrer (wie Anm. 53) 69.

Wichtig für die hier verfolgten Überlegungen ist der sozialgeschichtliche Kontext seiner Tätigkeit.[109] Weil sich insbesondere im *Paidagogos*, aber auch in den *Stromateis* Merkmale einer mündlichen Unterweisung für Katechumenen ausmachen lassen, könnte man in den Adressaten Taufbewerber bzw. Neugetaufte sehen und die Texte speziell im gemeindlichen Katechumenat verorten.[110] Angesichts des ausgesprochen intellektuellen Formats der Protreptik und Paränese wie auch der ‚Lehre' des Clemens müsste allerdings überprüft werden, ob aus Zuschnitt und Adressaten seinen Schriften wirklich ein so enger Bezug zu einer „katechumenal-pastoralen Glaubensinitiation" und ein Zusammenhang mit der konkreten Taufpraxis gefolgert werden können.[111] Plausibler scheint doch zu sein, einen größeren, offeneren Rahmen anzunehmen. In seinen Schriften erscheint Clemens als christlicher Lehrer und Seelenführer mit einem Kreis von Schülern. Dieser setzte sich wahrscheinlich aus Ungetauften, Taufbewerbern, getauften Christen und möglichen künftigen christlichen Lehrern und Seelenführern zusammen. Unabhängig von ihrer jeweiligen Beziehung zum gemeindlich organisierten Christentum dürfte es sich um Leute gehandelt haben, die entweder bereits Christen waren und gewissermaßen tiefer in das Christentum eindringen wollten, oder um Leute, die sich für das Christentum interessierten, und zwar sowohl als Lebensform als auch als Philosophie, was zu jener Zeit ja nicht getrennt war. Clemens schrieb seine Bücher offenbar für Kreise, in denen seine zahllosen Anspielungen auf die griechische Dichtung, Geschichtsschreibung und Philosophie verstanden wurden. Er rechnete mit gebildeten Lesern. Das Zielpublikum insbesondere der *Stromateis* waren „Akademikerkreise".[112] Damit sehen wir Clemens in derselben sozialen Schicht der gebildeten, bessergestellten Kreise agieren wie den jungen Origenes.

---

109 NEYMEYR, ebd. 84–86. 93–95; LE BOULLUEC, Die „Schule" von Alexandrien (wie Anm. 9) 589f.; JAKAB, Ecclesia alexandrina (wie Anm. 9) 123f.

110 So Adolf KNAUBER, Ein frühchristliches Handbuch katechumenaler Glaubensinitiation. Der Paidagogos des Clemens von Alexandrien, in: MThZ 23 (1972) 311–334; ders., Der „Didaskalos" des Clemens von Alexandrien, in: StPatr XVI (TU 129), Berlin 1985, 175–185, hier 182. Ebenso: LE BOULLUEC, Die „Schule" von Alexandrien (wie Anm. 9) 581; WYRWA, Religiöses Lernen (wie Anm. 72) 298 (gegen die Deutung von Scholten).

111 KNAUBER, Ein frühchristliches Handbuch (wie Anm. 110) 313f.

112 So auch ders., Katechetenschule oder Schulkatechumenat? Um die rechte Deutung des „Unternehmens" der ersten großen Alexandriner, in: TThZ 60 (1951) 243–266, hier 264, der die *Stromateis* zwar in den Kontext des spätantiken philosophischen Schulbetriebs stellte (ebd. 250f. 257–260), ihren Zweck allerdings zu einseitig ausschließlich in Mission sah (ebd. 244 u.ö.).

Ob Origenes Schüler des Clemens war, wie Eusebius behauptete,[113] ist mehr als unsicher. Die Ergänzung dieses Satzes in der handschriftlichen Überlieferung, die Origenes „als Knabe" (παῖδα ὄντα) zum Schüler des Clemens macht, gehörte nach Ausweis [269] der besseren Handschriften ursprünglich nicht zum Text.[114] Diese Notiz dürfte dem Bemühen entsprungen sein, die Kontinuität der alexandrinischen Schultradition zu unterstreichen. Wenig Glauben verdient sie vor allem deswegen, weil Origenes in seinen erhaltenen Werken Clemens nirgends nennt. Wir können zwar annehmen, dass er die Werke des Clemens kannte, nicht weil er sie zitierte, sondern weil er häufig auf sie anspielte.[115] Ob er Clemens jedoch persönlich kannte, ist durch kein Zeugnis zu erhärten oder zu widerlegen. Was sein intellektuelles Format betrifft, ist Origenes gewiss der Fortsetzer des Clemens in Alexandria, über persönliche oder schulische Zusammenhänge jedoch können wir nichts sagen.[116]

Obwohl wir also nicht von einer unmittelbaren Schultradition in Alexandria ausgehen können und aus der Aufeinanderfolge der drei Persönlichkeiten des Pantänus, des Clemens und des Origenes kein jeweils direktes Lehrer-Schüler-Verhältnis zu schließen ist, wie das Eusebius suggeriert, geht aus diesen Daten doch deutlich hervor, dass wir es hier mit christlichen Schulen im philosophischen Stil der Zeit zu tun haben. Von daher lässt sich sagen, dass der junge Origenes ein christlicher Philosoph bzw. ein philosophierender Christ war. Die Erziehung und Ausbildung durch seinen Vater vermittelten ihm die für ein solches Dasein erforderlichen kognitiven Grundlagen. Im Hause der na-

113 Eusebius, hist. eccl. VI 6 (GCS Eus. 2, 534), übernommen von Hieronymus, vir. ill. 38,7 (p. 136f. CERESA-GASTALDO), und Photius, bibl. 118 (p. 91 HENRY).

114 Siehe Eusebius, Kirchengeschichte. Kleine Ausgabe, hg. von Eduard SCHWARTZ, Leipzig 1908, 227 app. crit. ad loc. – REDEPENNING, Origenes (wie Anm. 4) Bd. 1, 54f. 431–436, verteidigte die Echtheit dieser Lesart und ging davon aus, dass „Origenes im späteren Knabenalter die katechetischen Vorträge des Clemens hörte" (ebd. 436). Auch die Darstellung von René CADIOU, La jeunesse d'Origène. Histoire de l'école d'Alexandrie au début du IIIe siècle, Paris 1935, in der rein geistesgeschichtliche Zusammenhänge in den Blick genommen werden, beruht auf dieser Annahme (ebd. 7 mit Anm. 1).

115 Annewies VAN DEN HOEK, Origen and the Intellectual Heritage of Alexandria. Continuity or Disjunction?, in: DALY, Origeniana Quinta (wie Anm. 58) 40–50, registriert ohne Anspruch auf Vollständigkeit 119 Stellen aus Origenes und 121 aus Clemens (bzw. 90 nach Abzug der Duplikate).

116 So auch LE BOULLUEC, Die „Schule" von Alexandrien (wie Anm. 9) 603; WYRWA, Religiöses Lernen (wie Anm. 72) 299–301. Siehe ferner Roelof VAN DEN BROEK, The Christian ‚School' of Alexandria in the second and third centuries, in: Jan Willem DRIJVERS/Alasdair A. MACDONALD (Hg.), Centres of Learning. Learning and Location in Pre-Modern Europe and the Near East, Leiden u.a. 1995, 39–47, hier 40f.

mentlich nicht bekannten vornehmen Dame fand er erstmals Zugang zu philosophierenden christlichen Kreisen (falls er einen solchen nicht schon vorher über seinen Vater hatte, der wohl in diesem Milieu verkehrte). Als junger Erwachsener – wann genau, ist nicht sicher zu klären; jedenfalls im ersten Jahrzehnt des 3. Jahrhunderts – nahm er philosophischen Unterricht bei einem professionellen Philosophen, Ammonius Sakkas, was man sich praktisch so vorzustellen hat, dass er dessen öffentlichen Lehrvorträge hörte und vielleicht auch in den engeren Schülerkreis aufgenommen wurde. Und last but not least trat Origenes wie seine ‚Vorgänger' Pantänus und Clemens in diesem Sinne selbst als christlicher philosophischer Lehrer auf, indem er eine entsprechende Schule leitete und christliche Philosophie unterrichtete. Wiederum sehen wir das Christentum in Alexandria damit in den höheren, gebildeten Schichten der Gesellschaft.

[270] 8. Christlicher Philosophieunterricht in kirchlichem Auftrag

Die im vorigen Kapitel geschilderten Zusammenhänge müssen nicht bedeuten, dass dieses philosophische Christentum keinen Bezug zur ‚normalen' kirchlichen Gemeinde von Alexandria gehabt hätte. Ende des 2. Jahrhunderts sehen wir eine solche erstmals in den Quellen Gestalt gewinnen und wird der erste historisch bezeugte Bischof von Alexandria, Demetrius, greifbar. Über eventuelle Beziehungen des christlichen Philosophen Pantänus zur christlichen Gemeinde gibt es keine Nachrichten. Clemens hingegen stand nachweislich in Kontakt mit ihr.[117] In seinen Schriften werden erstmals deren Konturen deutlich.[118] Er spricht von Hirten, Vorstehern, Bischöfen, Presbytern und Diakonen[119] – auffälligerweise aber nie vom Bischof von Alexandria[120] –, er erwähnt Taufe und Eucharistie,[121] er kennt die kirchlichen Feste und

117 BARDY, Aux origines de l'école d'Alexandrie (wie Anm. 72) 82f.; Michael MEES, Die frühe Christengemeinde von Alexandrien und die Theologie des Klemens von Alexandrien, in: Lat. 30 (1984) 114–126, hier 122f.

118 NEYMEYR, Die christlichen Lehrer (wie Anm. 53) 89f. 91; LE BOULLUEC, Die „Schule" von Alexandrien (wie Anm. 9) 583f.; JAKAB, Ecclesia alexandrina (wie Anm. 9) 179–188.

119 Clemens, paed. I 37,3 (GCS Clem. Al. 1, 112); III 63,1 (1, 271); 97,2 (1, 289); strom. III 90,1 (2[4], 237); IV 108,1 (2[4], 295); VI 106,2 (2[4], 485); 107,2 (2[4], 485).

120 BARDY, Aux origines de l'école d'Alexandrie (wie Anm. 72) 82 mit Anm. 58.

121 Clemens, paed. I 26,1 (GCS Clem. Al. 1, 105); 32,1 (1, 109); 42,2f. (1, 115); II 19,4–20,1 (1, 167f.); strom. I 5,1 (2[4], 5); 96,1 (2[4], 61f.).

Feiertage, die Gebetszeiten, die Fasttage, die christlichen Agapefeiern,[122] und er berichtet höchst anschaulich vom Verhalten der christlichen Gottesdienstbesucher.[123] Clemens dokumentiert damit christliches Gemeindeleben.

Schwierig zu entscheiden ist die Frage, ob Clemens Presbyter war. In den Schriften des Clemens selbst gibt es keinen Hinweis auf seine Zugehörigkeit zur Priesterschaft. Die Stelle im *Paidagogos*, an der Clemens sich nach der Lesart in den älteren Ausgaben als „Hirte" und Kirchenvorsteher „nach dem Vorbild des guten Hirten" bezeichnete, ist nämlich verderbt und so herzustellen, dass Clemens nicht zu den „Hirten", sondern zu den „Schafen" gehört: ... ποιμένες [ἐσ]μὲν οἱ τῶν ἐκκλησιῶν προηγούμενοι κατ᾿ εἰκόνα τοῦ ἀγαθοῦ ποιμένος, τὰ δὲ πρόβατα ἡμεῖς ...[124] Da das handschriftliche ἐσμέν sichtlich durch Dittographie aus der Schlusssilbe von ποιμένες entstanden ist, ist diese Textfassung wegen des korrespondierenden μέν – δέ wohl besser als die Änderung von ἡμεῖς in ὑμεῖς, auch wenn die Verwechslung dieser beiden Pronomina in der handschriftlichen Überlieferung der Texte des Clemens öfter bezeugt ist.[125] Deswegen und wegen seiner Beziehung zu Pantänus wird man sich Clemens in Alexandria nicht [271] als Presbyter, sondern als christlichen Lehrer vorzustellen haben. Fraglicher ist, ob aus der Bezeichnung des Clemens als μακάριος πρεσβύτερος in einem Brief des Bischofs Alexander von Jerusalem an die Gemeinde von Antiochia, den Clemens überbrachte,[126] zu schließen ist, dass er später in Jerusalem Presbyter war, wie Hieronymus die Stelle offenbar auffasste und auf die Zeit in Alexandria übertrug.[127] Wenn ein Bischof in einem Brief an eine andere Gemeinde den Boten als Presbyter bezeichnet, könnte man meinen, der Titel sei amtlich gemeint.[128] Doch zitierte Clemens selbst einmal einen μακάριος πρεσβύτερος,[129] unter dem wohl Pantänus zu verstehen ist, der kein Presbyter war, so dass

---

122 Clemens, paed. II 4,3f. (GCS Clem. Al. 1, 156); strom. VII 35,3 (3^2, 27); 40,3 (3^2, 30); 75,2 (3^2, 54); 76,4 (3^2, 54).

123 Clemens, paed. III 79,3–81,3 (GCS Clem. Al. 1, 280f.).

124 Clemens, ebd. I 37,3 (1, 112). Vgl. Otto STÄHLIN, BKV² II 7, München 1934, 21 mit Anm. 1.

125 So LE BOULLUEC, Die „Schule" von Alexandrien (wie Anm. 9) 586 Anm. 82.

126 Überliefert bei Eusebius, hist. eccl. VI 11,6 (GCS Eus. 2, 542–544).

127 Hieronymus, vir. ill. 38,1 (p. 134f. CERESA-GASTALDO); ep. 70,4 (CSEL 54, 705): *Clemens, Alexandrinae ecclesiae presbyter.*

128 So NEYMEYR, Die christlichen Lehrer (wie Anm. 53) 47–49; LE BOULLUEC, Die „Schule" von Alexandrien (wie Anm. 9) 585; WYRWA, Religiöses Lernen (wie Anm. 72) 298.

129 Clemens, hypot. frg. 22 (GCS Clem. Al. 3^2, 201) = Eusebius, hist. eccl. VI 14,4 (GCS Eus. 2, 550).

der Sprachgebrauch im Brief Alexanders nicht unbedingt in klerikalem Sinne aufzufassen ist.[130] Die Einbindung der christlichen philosophischen Lehrer in die kirchliche Hierarchie Alexandrias begann demnach nicht mit Clemens.[131]

Eher ungewiss scheint mir auch die Überlegung von Scholten zu sein, dass schon Pantänus mit seiner Schule und dann auch Clemens von Bischof Demetrius kirchlich eingebunden wurden: „Sollte nicht derselbe Demetrius, der Origenes kirchlich einbindet, die Idee nicht schon früher gehabt haben, das offenbar blühende, aber sich selbst überlassene und theologisch eher pluralistische alexandrinische Lehrertum, das vielleicht in stärkerem Maße das Bild der Öffentlichkeit vom Christentum repräsentiert als die bischöfliche Gemeinde, kirchlich zu integrieren, indem er den in seinen Augen fähigsten Mann zum offiziellen kirchlich-philosophischen Lehrer macht, der die bischöfliche Gemeinde ganz anders nach außen darstellen kann? Was spricht dagegen, dass Demetrius bereits Pantänus und Clemens in diesem Sinne gewinnen konnte?“[132] Nun: Dezidiert dagegen spricht nichts, doch gibt es in den Quellen kein Indiz dafür.

Erst für Origenes wissen wir durch Eusebius sicher, dass er seine christliche philosophische Schule in bischöflichem Auftrag betrieb.[133] Aus dem oben Dargestellten wird klar, wie die kirchliche Beauftragung des Origenes mit dem Unterricht durch Bischof Demetrius zu verstehen ist: „Er überträgt nicht die Katechumenenunterweisung und Taufvorbereitung an Origenes, sondern bindet die fähigste Lehrkraft und die bestorganisierte christlich-philosophische Schule Alexandriens in die von ihm geführte Ge[272]meinschaft ein. Demetrius anerkennt das Unternehmen des Origenes als kirchlich.“[134] Aus den Angaben des Eusebius geht keineswegs hervor, dass die christliche Schule alten philosophischen Stils gleichsam im Katechumenatsunterricht aufgegangen wäre. Sie bestand vielmehr weiter, nur ab jetzt eben so, dass ihr Leiter

---

130 Diese Argumente von Hal KOCH, War Klemens von Alexandrien Priester?, in: ZNW 20 (1921) 43–48, scheinen mir nach wie vor überzeugend zu sein. Anders auch schon für die Zeit in Alexandria: LE BOULLUEC, Die „Schule“ von Alexandrien (wie Anm. 9) 585f.

131 In diesem Sinn stellte Adolf VON HARNACK, Geschichte der altchristlichen Litteratur bis Eusebius II/2. Die Chronologie der Litteratur von Irenaeus bis Eusebius, Leipzig 1904, 3f., die Entwicklung dar, gestützt auf die vor Stählins GCS-Ausgabe übliche Lesart von paed. I 37,3 (vgl. ebd. 9). In der Selbstanzeige des zweiten Bandes seiner Chronologie (ThLZ 1904, 356) korrigierte er diese Ansicht.

132 SCHOLTEN, Katechetenschule (wie Anm. 73) 35.

133 Eusebius, hist. eccl. VI 3,8 (GCS Eus. 2, 526); vgl. ebd. VI 14,11 (2, 552); 19,19 (2, 566).

134 SCHOLTEN, Katechetenschule (wie Anm. 73) 31.

in kirchlichem Auftrag tätig war. Möglicherweise ist die Beauftragung durch den Bischof auch im Kontext der Abgrenzung zwischen Orthodoxie und Häresie zu sehen, die in Alexandria gegen Ende des 2. Jahrhunderts schärfere Konturen gewann. Die Beauftragung durch den Bischof konnte bedeutet haben, dass Origenes eine christliche Schule mit philosophischer Ausrichtung leitete, die vom Bischof anerkannt war, also zu der Kirche gehörte, die sich als rechtgläubig verstand, im Gegensatz zu den Schulen, die als ‚häretisch' galten.[135] Amtliche Kompetenzen oder institutionelle Konsequenzen mussten sich daraus nicht ergeben. Das weiter bestehende philosophische Profil der Schule des Origenes wird aus einem Schritt deutlich, zu dem Origenes sich aufgrund der steigenden Schülerzahlen genötigt sah. Er teilte die Schüler in zwei Gruppen: in Anfänger, denen er durch Heraklas Elementarunterricht erteilen ließ (s.u.), und in Fortgeschrittene, deren Unterrichtung er selbst übernahm.[136] Hier ist nicht die Rede von Taufvorbereitung für Katechumenen einerseits, theologischem Unterricht für Getaufte andererseits, sondern von Anfängern und Fortgeschrittenen. Das entspricht dem Lehrplan philosophischer Schulen, in denen auf die Einführung das Hauptstudium der Philosophie folgte.[137] Nach der Darstellung bei Eusebius hat Origenes den Unterricht an seiner Schule analog strukturiert.[138] Auch als er gleichsam mit dem Segen des Bischofs unterrichtete, betrieb Origenes eine philosophische Schule, in der er christliche Wissenschaft unterrichtete.

9. Kirchenchristentum: Heraklas, Schüler und Gegner des Origenes

Der soeben genannte Heraklas[139] gehörte zu den philosophierenden Christen Alexandrias an der Wende vom 2. zum 3. Jahrhundert. In einem vor 231 geschriebenen Brief, der wohl an Alexander von Jerusalem adressiert war,[140] rechtfertigte Origenes seine Beschäftigung mit antiker Wissenschaft und Philosophie so, dass er sich auf Vorgänger

---

135 So LE BOULLUEC, Die „Schule" von Alexandrien (wie Anm. 9) 608.

136 Eusebius, hist. eccl. VI 15 (GCS Eus. 2, 552).

137 SCHOLTEN, Katechetenschule (wie Anm. 73) 22–24.

138 Eusebius, hist. eccl. VI 18,3f. (GCS Eus. 2, 556).

139 Die historischen Nachrichten über Heraklas sind gesammelt bei VON HARNACK, Geschichte II/2 (wie Anm. 131) 24f. Siehe auch JAKAB, Ecclesia alexandrina (wie Anm. 9) 222–227.

140 NAUTIN, Lettres et écrivains (wie Anm. 95) 245.

berief, und zwar neben Pantänus (Clemens wird auffälligerweise nicht genannt) auf Heraklas: Dieser sei bereits fünf Jahre vor Origenes Schüler des Philosophen Ammonius gewesen und habe auch als christlicher Kleriker den Philosophenmantel weiter getragen.[141] Laut Eusebius hat der junge Origenes dem Heraklas so sehr imponiert, dass die[273]ser zusammen mit seinem Bruder Plutarch dessen Schüler wurde[142] und sich zum Christentum bekehrte. Weil Heraklas „wissenschaftlich gut geschult und in der Philosophie nicht unbewandert" gewesen sei, habe Origenes ihm in der alexandrinischen christlich-philosophischen Schule den Elementarunterricht der Anfänger übertragen.[143] Als Wissenschaftler erfreute Heraklas sich eines so guten Rufes, dass Julius Africanus seinetwegen eine Reise nach Alexandria unternahm.[144]

Mit Heraklas begann eine Entwicklung, die das Ende des alten christlichen Lehrertums in Alexandria markiert. Im genannten Brief berichtete Origenes ferner, dass Heraklas dem Presbyterium der alexandrinischen Gemeinde angehörte.[145] Da Clemens in Alexandria noch nicht Presbyter war (s.o.) und Origenes erst in Palästina zum Priester geweiht wurde, ist Heraklas der erste christliche Wissenschaftler und Philosoph Alexandrias, der sich in die kirchliche Hierarchie einbinden ließ und darin Karriere machte: Um 231/32 wurde er als Nachfolger des Demetrius Bischof der Gemeinde von Alexandria (bis 247/48). Da er kurz zuvor, nach dem Weggang des Origenes nach Caesarea, die Leitung der Schule übernommen hatte,[146] befand sich auch diese Institution fest in bischöflicher Hand. Die antiintellektuelle kirchliche Linie, die Heraklas propagierte, kommt nicht zuletzt darin zum Ausdruck, dass er im Konflikt zwischen Origenes und Demetrius gegen seinen früheren Lehrer und Mentor Partei ergriffen hat.[147]

Mit seiner Jugend gehört Heraklas in das intellektuelle Milieu des frühen alexandrinischen Christentums, in dem es offenbar möglich war, dass er als Christ im Philosophenmantel zum Presbyterium gehörte, während der späte Heraklas für die kirchliche Domestizierung der christlichen Philosophen steht – womit er als Vorläufer der gebildeten Bischöfe des 4. und 5. Jahrhunderts erscheint.[148] Mit der kirchlichen

---

141 Überliefert bei Eusebius, hist. eccl. VI 19,13f. (GCS Eus. 2, 562).

142 Ebd. VI 3,1f. (2, 524).

143 Ebd. VI 15 (2, 552).

144 Ebd. VI 31,2 (2, 586).

145 Bei Eusebius, ebd. VI 19,13 (2, 562).

146 Eusebius, ebd. VI 26 (2, 580).

147 Die Indizien hierfür aus späteren Zeugnissen sind notiert bei VON HARNACK, Geschichte II/2 (wie Anm. 131) 25.

148 In diesem Sinne ordnete Ramon TREVIJANO, The Early Christian Church of Alexan-

Beauftragung des Origenes durch den Bischof und mehr noch mit der Priesterweihe des Heraklas ging die ‚Freiheit' des christlich-philosophischen Lehrertums zu Ende. Das schuf eine neue Konstellation und Konflikte, die Origenes in seiner Auseinandersetzung mit Demetrius schmerzlich zu spüren bekam. Auf lange Sicht setzte das bischöfliche Amt sich in diesem Konflikt durch, mochte die christlich-philosophische Schule Alexandrias auch bis an das Ende des 4. Jahrhunderts in enger Verzahnung mit der Gemeinde fortbestehen.[149]

[274] 10. Die intellektuelle Tradition Alexandrias: Philon und Origenes

Was wir in der Lebensgeschichte des jungen Origenes zu greifen bekommen, ist ein Christentum, das sich im Bildungsmilieu der Bildungsmetropole Alexandria bewegt. Das zugehörige Philosophieren und Theologisieren hatte in dieser Stadt zur Zeit des Origenes schon eine lange Tradition. An vorderster Stelle steht hier einer der großen alten Männer der alexandrinischen Gelehrtenwelt: Philon. Dieser hat seine entsprechende Lebenseinstellung an einer Stelle seines umfangreichen Œuvres einmal selbst beschrieben. Der Anlass war, dass Philon, der ansonsten in stiller Zurückgezogenheit lebte, die jüdische Gesandtschaft anführte, die nach dem antijüdischen Pogrom des Jahres 38 n.Chr. im Winter 39/40 oder 40/41 nach Rom ging, um sich bei Kaiser Caligula für die Interessen der Juden Alexandrias einzusetzen. Für Philon bedeutete das eine höchst unwillkommene Unterbrechung seines meditativen Daseins und seiner schriftstellerischen Arbeit. Seine Reflexion auf sein Empfinden in dieser Situation ist ein beeindruckendes Selbstzeugnis, das ganz angeführt zu werden verdient:

> „Es gab einmal eine Zeit, da ich mich ganz der Philosophie und der Betrachtung der Welt und ihrer Teile hingab, da ich mich des herrlichen, vielbegehrten, wahrhaft seligen Geistes freute, in stetem Verkehr mit göttlichen Gedanken und Lehren, an denen ich mich mit nie zu stillendem und zu sättigendem Verlangen erquickte; da stieg kein niedriger oder gemeiner Gedanke in mir auf, noch wand ich mich im Staube um Ruhmes, Reichtums oder leiblicher Freuden willen, sondern in fernen Höhen glaubte ich stets in seelischer Verzückung zu schweben und mitzuschwingen mit Son-

dria, in: StPatr XII, Leuven 1975, 471–477, hier 477, Heraklas in die organisatorische Entwicklung der Kirche in Alexandria ein.

149 Die wenigen Nachrichten dazu bei BARDY, Pour l'histoire de l'école d'Alexandrie (wie Anm. 72) 100–109; SCHOLTEN, Katechetenschule (wie Anm. 73) 32–34; LE BOULLUEC, Die „Schule" von Alexandrien (wie Anm. 9) 608.

ne und Mond, mit dem ganzen Himmel und dem Weltall. Damals, ja damals erschaute ich, aus Äthershöhen herniederblickend und das Geistesauge wie von einer Warte hinabrichtend, die unzähligen Bilder von allem, was auf Erden ist, und pries mich glücklich, den Verhängnissen des Menschenlebens durch Anspannung meiner Kräfte entronnen zu sein. Da aber lauerte das schlimmste der Übel, der Neid, der Feind des Schönen, mir auf: Plötzlich fiel er über mich her und ließ nicht eher davon ab, mich gewaltsam hinabzuzerren, als bis er mich in die weite Flut der politischen Sorgen gestürzt hatte, in der ich nun umhergetrieben werde, ohne auch nur ein wenig daraus emportauchen zu können. Seufzend (unter der Last) halte ich mich aber doch aufrecht, weil ich seit frühester Jugend festgewurzelt in meiner Seele ein Sehnen nach Bildung trage, das sich stets mitleidig meiner erbarmt, mich aufmuntert und aufrichtet. Ihm danke ich es, dass ich manchmal das Haupt emporhebe und mit dem Auge des Geistes, zwar nur matt – denn seine Schärfe ist durch den Nebel der fremdartigen Beschäftigungen umschleiert –, aber doch wenigstens notdürftig umherblicken kann auf die Dinge im Umkreis, von der Sehnsucht nach einem reinen, vom Bösen unberührten Leben erfüllt. Und wenn mir etwa gar wider Erwarten für kurze Zeit Stille und Ruhe von politischem Getöse gegönnt ist, dann erhebe ich mich beschwingt über die Wogen und schwebe sozusagen in den Lüften, von dem Wehen der Wissen[275]schaft umfächelt, die mir häufig zuredet, meinen gestrengen Herren – nicht nur Menschen, sondern auch Geschäften, die sich von allen Seiten stromweise über mich ergießen – zu enteilen, um bei ihr meine Tage zu verleben. Freilich muss ich bei alledem Gott danken, dass die Flut, die auf mich einströmt, mich doch nicht völlig in die Tiefe reißt; schlage ich doch auch die Augen meiner Seele auf, die ich unter Aufgabe jeder schönen Hoffnung schon für erblindet hielt, lasse mich vom Lichte der Weisheit bestrahlen und bin nicht für mein ganzes Leben der Finsternis preisgegeben. Und so unternehme ich es denn auch jetzt, nicht nur mit den heiligen Verkündigungen des Mose mich zu befassen, sondern auch voll Wissensdrang mich in jede einzelne zu versenken und das, was den meisten unbekannt ist, zu enthüllen und ans Tageslicht zu bringen."[150]

Philon berichtet hier nicht von einem temporären ‚Aufstieg', dem ein ‚Abstieg' folgte, auch nicht von einer Inspiration, Vision oder Audition.[151] Aus der Tempusstruktur des Textes ergibt sich vielmehr eindeutig, dass Philon einen Dauerzustand beschreibt, der von politischen Er-

150 Philon, spec. leg. III 1–6 (V p. 150f. COHN) in der Übersetzung von Isaak HEINEMANN, in: Philon von Alexandria. Die Werke in deutscher Übersetzung, Bd. 2, Berlin ²1962, 183f.

151 So missinterpretiert Peder BORGEN, Autobiographical Ascent Reports. Philo and John the Seer, in: ders., Early Christianity and Hellenistic Judaism, Edinburgh 1996, 309–320, diesen Text, indem er ihn fälschlich mit Offb. 1,1.4.9; 4,1f.; 22,8 und 2 Kor. 12,2–4 kombiniert.

eignissen unterbrochen wird. Es handelt sich um eine von ‚mystischer' Terminologie eingefärbte Schilderung seines Daseins als Philosoph, Wissenschaftler und Exeget, das von politischen Händeln gestört und nahezu verunmöglicht wird, wogegen Philon den Versuch unternimmt, sein Gelehrtendasein so gut es geht weiter zu leben.

Man kann diese plastische Darstellung regelrecht als Emblem für das Dasein vieler Gelehrter und Wissenschaftler in der Bildungsmetropole Alexandria nehmen. Leben und Wirken des Origenes könnten unschwer mit nahezu denselben Worten charakterisiert werden. Wie der Jude Philon beschäftigte der Christ Origenes sich vor allem mit der Auslegung der Bibel (zwar in verschiedener Gestalt, aber in derselben Sprache, dem Griechisch der Septuaginta, und daher konfrontiert mit denselben Verständnisschwierigkeiten, die diese Sprache in sich barg), um Dinge zu enthüllen und ans Tageslicht zu bringen, die den meisten unbekannt sind, wie Philon lebte er mehr mit seinem inneren Auge in der metaphysischen Welt des Geistes als in der realen Welt materieller Bedürfnisse und irdischen Treibens, wie Philon wurde er einmal unsanft mit der Realität konfrontiert, so dass Kontemplation und wissenschaftliche Arbeit nicht mehr möglich waren. Bei Origenes lieferte den Anlass dafür der Konflikt mit Bischof Demetrius, ausgelöst durch die Priesterweihe des Origenes in Palästina, der dazu führte, dass Origenes in den Jahren 231/32 Alexandria endgültig verließ, ohne je wieder zurückzukehren, und sich in Caesarea in Palästina niederließ. Zu diesem Ereignis hat Origenes sich an einer Stelle seiner Werke geäußert, an der er, der sonst kaum von sich redete, ausnahmsweise auf seine Gefühle zu sprechen kam. Durch die Vertreibung aus Alexandria wurde die Arbeit am Johanneskommentar unterbrochen, als er gerade mit dem sechsten Buch be[276]gonnen hatte. Weil er die schon geschriebenen Seiten in Caesarea nicht mehr zur Hand hatte, fing er mit dem sechsten Buch noch einmal an und erläuterte kurz die Umstände. Es lohnt sich, dieses nicht minder beeindruckende Selbstzeugnis neben das soeben zitierte von Philon zu stellen:

> „Bis zum fünften Band haben wir, wenn auch der in Alexandria ausgebrochene Sturm dagegen zu wirken schien, die uns geschenkten Gedanken diktieren können, weil Jesus den Winden und Meereswogen mit Drohungen Einhalt gebot. Als wir bereits bis zu einem gewissen Stück des sechsten Bandes vorangekommen waren, wurden wir aus Ägyptenland fortgerissen, doch Gott, der sein Volk aus diesem Land weggeführt hat, hat uns gerettet. Als darauf der Feind mit seinem neuartigen Schreiben, das dem Evangelium wahrhaft zuwiderläuft, gegen uns den Kampf eröffnete und alle in Ägypten erregbaren Winde der Bosheit gegen uns erweckte, da mahnte mich die Vernunft, lieber mich zum Kampfe zu stellen und Herz und Sinn rein zu bewahren, damit nicht etwa ruchlose Gedanken die Kraft

bekämen, den Sturm auch in meine Seele hineinzutragen, als zur Unzeit, bevor mein Denken Ruhe erhalten, die weitere Bearbeitung der Schrift fortzuführen. Auch die Abwesenheit der gewohnten Stenographen verhinderte die Weiterführung der Diktate. Jetzt aber, da Gott die gegen uns geschleuderten feurigen Geschosse gelöscht hat und sie daher kraftlos geworden sind und da sich unsere Seele an die neuen Verhältnisse gewöhnt hat und sich nun kraft des himmlischen Wortes anstrengt, die erlittenen Anfeindungen gelassen zu ertragen, wollen wir ohne weitere Verzögerung, da wir gleichsam einen gewissen inneren Frieden empfangen haben, die Fortsetzung diktieren und darum beten, dass Gott als Lehrer, der die Gedanken eingibt, im Inneren unserer Seele zugegen sei, damit das Gebäude der Auslegung des Johannesevangeliums zu Ende komme."[152]

Wie Philon war Origenes ein Gelehrter, der völlig in seiner Arbeit aufging und dafür innere Ruhe brauchte. Äußere Schwierigkeiten belasteten ihn. Seine Konzentration litt. Sein Inneres war tief aufgewühlt. Erst als seine Seele zur Ruhe kam und sich an die neuen Lebensumstände gewöhnt hatte, konnte er weiterarbeiten.

Über eine gewisse Seelenverwandtschaft zwischen Philon und Origenes hinaus spiegeln diese Texte eine Mentalität wider, wie sie für die Bildungselite Alexandrias nicht untypisch gewesen sein dürfte. Aufgrund der erzwungenen Abstinenz von politischem Engagement verlegte die gebildete Oberschicht Alexandrias sich auf das Feld von Bildung und Wissenschaft (s.o.). Weil die Stadt dafür ideale Voraussetzungen bot, war das nicht schwierig und wohl attraktiver als anderswo in der antiken Welt. Wie Philon und Origenes reden und handeln politisch abstinente Intellektuelle. Es ist speziell dieses, in Alexandria schon traditionelle Milieu, in dem wir den jungen Origenes sehen.

Origenes ist nur das am besten bekannte, prägnante Beispiel für ein solches Bildungschristentum in Alexandria. Es hat in dieser Stadt noch mehr solcher Christen gegeben. Erinnert sei nur an Pantänus und Clemens, aber auch an Basilides, Isidor, Kar[277]pokrates, vielleicht Herakleon (von dem nicht sicher ist, ob er nach Alexandria gehört). Das frühe Christentum war in Alexandria, so sieht es aus, in dieser Schicht zuhause. Das verdiente einmal ausführlicher untersucht zu werden, was aber an dieser Stelle nicht mehr geleistet werden kann, sondern einer anderen Gelegenheit vorbehalten bleiben muss.[153]

---

152 Origenes, in Ioh. comm. VI 2,8–11 (GCS Orig. 4, 107f.).

153 Siehe Alfons FÜRST, Christentum als Intellektuellen-Religion. Die Anfänge des Christentums in Alexandria (SBS 213), Stuttgart 2007.

Origenes – der Schöpfer christlicher Wissenschaft und Kultur

Exegese und Philosophie im frühen Alexandria

Die Schaffung einer christlichen Kultur auf der Basis der Antike und aus dieser heraus wird meist – und zu Recht – mit den Theologen der zweiten Hälfte des 4. und des beginnenden 5. Jahrhunderts in Verbindung gebracht. Diese Männer – von denen viele in engem Austausch mit Frauen standen – legten den Grundstein für eine christliche Kultur, die das abendländische Mittelalter im Westen ebenso prägte wie das byzantinische Jahrtausend im Osten. Sie machten sich dabei allerdings intensiv das Wirken eines Vorgängers zunutze, der sie an Genialität und Originalität alle überragte. Alle lasen sie ihn und formten ihr eigenes Denken im Kontext ihrer Zeit mit den Mitteln, die sie von ihm im kritischen Durchgang durch seine Werke gelernt hatten. Alle lasen sie Origenes mit Begeisterung und Empfänglichkeit für die Größe und Bedeutung dessen, was er geschaffen hatte. Ja, alle: Gregor von Nazianz und Basilius von Caesarea, die als die Kompilatoren der Philokalie gelten, der Anthologie mit zentralen Passagen aus Schriften des Origenes, Gregor von Nyssa, der größte unter allen postumen Origenes-Schülern des kirchlichen Altertums, Johannes Chrysostomus, der Moralprediger Antiochias und Konstantinopels im Geiste der ethischen Theologie des Origenes, Ambrosius von Mailand, dessen christliche Schriftstellerei ohne die Werke des Alexandriners (und noch eines anderen Alexandriners: des Juden Philon) schlicht nicht denkbar ist, Hieronymus, der alles, was er in Bethlehem als Exeget wurde, dem Studium der Werke des Origenes zu verdanken hatte, in das Gregor von Nazianz ihn in Konstantinopel eingeführt hatte – alle. Auch Augustinus von Hippo, der im lateinischen Westen die hermeneutischen und geschichtstheologischen Grundlagen für eine christliche Gelehrsamkeit (in *De doctrina Christiana*) und eine christliche Kultur (in *De civitate dei*) schmiedete, hat von Origenes so viel – insgesamt nicht viel – gelesen, wie er in lateinischen Übersetzungen habhaft werden konnte.[1] Noch in der Ablehnung, die dem Meister in dieser wegweisenden Epoche im Verlauf des ersten

1 Siehe dazu Beitrag Nr. 20 in diesem Band.

Origenismusstreits (um 400) zuteil wurde, war er präsent und konnte man sich von seinem Wirken nicht lösen. Zu prägend, zu grundlegend war es, ungeachtet aller Bedenken, die dagegen vorgebracht wurden, als dass man es hätte aufgeben können, ohne sich selbst zu verlieren.

Die christliche Kultur, die von den genannten Kirchenmännern und Theologen geschmiedet wurde, beruhte auf zahlreichen Voraussetzungen. Eine davon war die antike, griechisch-römische Bildung. In dieser waren sie aufgewachsen und ausgebildet worden. Was sie konnten und was sie wurden, verdankten sie dieser Erziehung und Bildung. Dankbar waren sie sich dessen bewusst und integrierten sie in die christliche Kultur, die sie schufen. Das ging nicht ohne Kämpfe und Konflikte, aber es ging auch nicht, ohne die antike Kultur in die neue Welt zu integrieren. In eben diesem Bemühen aber waren sie nicht die ersten, die das unternahmen. Einer der Ihren hatte dies, neben anderen, bereits über ein Jahrhundert zuvor unternommen: Origenes. Seine Synthese von Bibel und Philosophie, von christlichem Evangelium und antiker Kultur, bildete das Fundament, auf dem die Theologen im Goldenen Zeitalter der Kirchenväter, wie die Generationen des 4. und 5. Jahrhunderts genannt worden sind, aufbauten. Der große Alexandriner hatte die Instrumente geschmiedet, mit deren Hilfe eine christliche Kultur in der Antike überhaupt erst denkbar wurde, und er hat dies so erfolgreich getan, dass seine Leistungen alle folgenden Generationen in verschiedenen kirchlichen Traditionen nachhaltig prägten.

Unter den frühchristlichen Theologen können Paulus und Origenes als Schöpfer einer alles umfassenden religiösen Vision angesichts einer neuen Herausforderung gelten. Paulus setzte sich in seinem Wirken dafür ein, die Botschaft des jüdischen Rabbi Jesus der nichtjüdischen Welt zu vermitteln, und schuf in seinen Briefen die theologische Grundlage dafür: die „Rechtfertigung aus Gnade" ohne die „Werke des Gesetzes". Origenes arbeitete in seinen Schriften und in seiner Praxis als christlicher Lehrer daran, die biblisch-christliche Tradition mit antiken philosophischen Traditionen zu vermitteln. Christliches Denken wurde so mit den Errungenschaften der griechisch-römischen Kultur kombinierbar. „We have Origen, more than any other single person, to thank that Athens and Jerusalem belong equally to our Western heritage."[2] Origenes hat Bibel und Philosophie, Jerusalem und Athen zusammengebracht und damit das Fundament für eine christliche Kultur geschaffen, auf dem viele Kirchen und Theologien bis heute ruhen. In der Biographie des Origenes war beides von Anfang an miteinander verbunden:

2 So das Urteil von Joseph Wilson TRIGG, Origen. The Bible and Philosophy in the Third-century Church, Atlanta 1983, 9.

Origenes ist zugleich und ineins als überzeugter Christ und als gebildeter Grieche aufgewachsen.

Die von Origenes geschaffene Verknüpfung von Exegese und Philosophie war alles andere als selbstverständlich. Sie beruhte auf methodischen und hermeneutischen Voraussetzungen, die er mit seiner Arbeit als Ausleger der Bibel seinerseits geschaffen und in seinen Kommentaren in die Tat umgesetzt hat. Und sie hatte nicht nur eine theoretische und wissenschaftliche Seite, sondern – wie die gesamte Theologie des Origenes – auch eine eminent praktische Dimension, mit der er nicht nur christliches Denken, sondern auch christliches Leben formte. Indem Origenes den wissenschaftlichen Bibelkommentar erfand und Exegese als Lebensform begriff, schuf er die Grundlagen für eine christliche Kultur.

1. Exegese als Wissenschaft

a) Die Erfindung des Bibelkommentars

Origenes hat den christlichen Bibelkommentar geschaffen, aber er war nicht der erste christliche Exeget. Einige Jahre, bevor er um 220 mit der Abfassung von exegetischen Schriften begann, hatte Hippolyt in Rom um 214 einen Kommentar zum Hohenlied geschrieben (der freilich eher eine Predigt ist) sowie einen Kommentar zum Buch Daniel, der üblicherweise in die Jahre zwischen 200 und 204 datiert wird und der erste erhaltene fortlaufende christliche Bibelkommentar ist. Aus den von Origenes selbst überlieferten Fragmenten kennen wir die Erklärungen zum Johannesevangelium, die der Gnostiker Herakleon vor 180/85 verfasste. Origenes nennt sie ὑπομνήματα,[3] woraus zu vermuten ist, dass es sich vielleicht um Notizen eines Lehrers für den Unterricht gehandelt hat.[4] Ferner wissen wir von einigen wenigen Autoren

3 Origenes, in Ioh. comm. VI 15,92 (GCS Orig. 4, 125).

4 Ὑπομνήματα/*commentarii* hießen die Notizen des Lehrers, während die Notizen, welche die Schüler sich machten, σχόλια/*scholia* genannt wurden: Ilsetraut HADOT, Der fortlaufende philosophische Kommentar, in: Wilhelm GEERLINGS/Christian SCHULZE (Hg.), Der Kommentar in Antike und Mittelalter. Beiträge zu seiner Erforschung (Clavis Commentariorum Antiquitatis et Medii Aevi 2), Leiden/Boston/Köln 2002, 183–199, hier 184. Allerdings konnten auch Schüleraufzeichnungen ὑπομνήματα heißen, wie aus dem Beispiel bei Jaap MANSFELD, Prolegomena. Questions to be settled before the study of an author, or a text (PhAnt 61), Leiden/Boston/Köln 1994, 193, hervorgeht, und generell sind beide Begriffe nicht scharf trennbar, weil besonders in ὑπομνήματα noch der ursprüngliche Sinn von „Schriften" oder „Abhandlungen" ohne Spezifizierung auf eine bestimmte Gattung steckt: Ludwig FLA-

des 2. Jahrhunderts samt den Titeln ihrer Bücher und manchmal auch Fragmenten daraus, die biblische Texte erklärten:[5] Papias von Hierapolis schrieb eine fünf Bücher umfassende Λογίων κυριακῶν ἐξήγησις,[6] der christliche Gnostiker Basilides verfasste in Alexandria 24 Bücher ἐξηγήτικα „zum Evangelium",[7] die gleiche Werkbezeichnung ist von Julius Cassianus, einem Schüler Valentins, bezeugt.[8] Bekannt sind die „Antithesen" Markions, in denen er Passagen aus dem Alten Testament solchen aus dem Neuen gegenüberstellte.[9] Auch sein Schüler Apelles und der Valentinianer Alexander betrieben in Schriften unter dem Titel συλλογισμοί Bibelauslegung.[10] Schließlich sind zu nennen Justins „Dialog mit dem Juden Tryphon", ein christlich-jüdischer Disput über die Auslegung des Alten Testaments, Tatians προβλήματα, in denen er sich mit „dunklen und schwierigen Stellen in den göttlichen Schriften" beschäftigte,[11] ferner die verlorenen *commentarii* des Theophilus von Antiochia „zum Evangelium" und zu den Sprichwörtern[12] sowie die Ὑποτυπώσεις des Clemens von Alexandria.[13] Auch in einer Schrift wie dem Barnabasbrief geht es hauptsächlich um das Verständnis alttestamentlicher Bibelstellen.

Man kann aber noch weiter zurückgehen. Das Christentum entstand aus einem komplexen Prozess, in dem die Gestalt des Juden Jesus von Nazareth unter Rückgriff auf alttestamentliche Texte gedeutet wurde. In diesem Sinne ist Paulus der erste christliche Exeget, und die Autoren der neutestamentlichen Evangelien sind ebenfalls Exegeten,

---

DERER/Dagmar BÖRNER-KLEIN, Art. Kommentar, in: RAC 21 (2006) 274–329, hier 276–278.

5 Siehe auch Christoph MARKSCHIES, Origenes und die Kommentierung des paulinischen Römerbriefs. Einige Bemerkungen zur Rezeption von antiken Kommentartechniken im Christentum des dritten Jahrhunderts und ihrer Vorgeschichte, in: Glenn W. MOST (Hg.), Commentaries – Kommentare (Aporemata 4), Göttingen 1999, 66–94, erneut in: Christoph MARKSCHIES, Origenes und sein Erbe. Gesammelte Studien (TU 160), Berlin/New York 2007, 63–89, hier 69–72.

6 Eusebius, hist. eccl. III 39,1 (GCS Eus. 2, 284).

7 Clemens, strom. IV 81,1–83,1 (GCS Clem. Al. 2⁴, 284f.), mit drei Zitaten aus dem 23. Buch; Eusebius, ebd. IV 7,6 (2, 310) mit Bezug auf Agrippa Castor, einen Zeitgenossen des Basilides.

8 Clemens, ebd. I 101,2 (2, 64).

9 Die maßgebliche Rekonstruktion der Fragmente stammt von Adolf VON HARNACK, Marcion. Das Evangelium vom fremden Gott. Eine Monographie zur Geschichte der Grundlegung der katholischen Kirche. Neue Studien zu Marcion (TU 45), Leipzig ²1924 (Nachdruck Darmstadt 1996).

10 VON HARNACK, ebd. 178f.

11 Jedenfalls laut Eusebius, hist. eccl. V 13,8 (GCS Eus. 2, 458).

12 Hieronymus, vir. ill. 25 (p. 120 CERESA-GASTALDO).

13 Die Fragmente in GCS Clem. Al. 3², 195–202. – Für Pantänus siehe oben S. 67.

wie man sich allein schon aus der Fülle der Zitate und Anspielungen auf das Alte Testament in ihnen klarmachen kann. Schriftauslegung ist so alt wie das Christentum selbst.

Vor diesem Hintergrund besteht die Bedeutung des Origenes darin, eine bestimmte Form von Exegese geschaffen zu haben: die nach antiken Maßstäben wissenschaftliche Weise der Texterklärung in Form von umfangreichen Kommentaren. Wesentlich dabei war, dass Origenes nicht nur auf christlich-kirchliche Traditionen rekurrierte, sondern gezielt und intensiv nichtchristliches Wissen zur Erklärung der Bibel heranzog. So verschaffte er sich in einem Ausmaß Zugang zu jüdischen, rabbinischen Auslegungen, wie dies nach ihm in der Alten Kirche mit der bemerkenswerten Ausnahme des Hieronymus nicht wieder der Fall war. Sowohl in Alexandria als auch in Caesarea, und dort noch ungleich mehr, pflegte er Kontakte sowohl zu judenchristlichen Konvertiten als auch, und das ist besonders bezeichnend und entscheidend, zu jüdischen Gelehrten. Er konsultierte sie zur Bedeutung schwieriger Stellen im Alten Testament und erörterte ihre Ansichten in seinen Kommentaren und Homilien.[14] Der jüdische Autor freilich, dem Origenes am meisten verdankte, war Philon von Alexandria. In der zugrundeliegenden Systematik wie in vielen Details übte dieser einen tiefen Einfluss auf Origenes aus. Nicht zuletzt fand er in Philons Schriften die Kombination von Exegese und platonischer Philosophie vorgeprägt, die den eigentlichen Kern seiner Bibelauslegung ausmacht.[15] Vor allem aber bezog Origenes griechische Philologie und Philosophie in einem bis dahin unbekannten Umfang in die Exegese ein. Als ehemaliger Grammatiklehrer war er wohlvertraut mit den Techniken, die in der alexandrinischen Philologie zur Erklärung der alten griechischen Dichter entwickelt worden waren, und wandte sie in seiner Textauslegung an. Herakleon hatte das Johannesevangelium auch schon mit philologischen Mitteln erläutert,[16] und noch früher hat Papias rhetorische Traditionen aufgenommen, wie die rhetorischen Termini in seinen Fragmen-

14 Siehe dazu Gustave BARDY, Les traditions Juives dans l'œuvre d'Origène, in: RB 34 (1925) 217–252; Hans BIETENHARD, Caesarea, Origenes und die Juden (FDV 1972), Stuttgart u.a. 1974; Nicholas Robert Michael DE LANGE, Origen and the Jews. Studies in Jewish-Christian relations in third-century Palestine (UCOP 25), Cambridge 1976.

15 Ein Überblick dazu bei David T. RUNIA, Philo in Early Christian Literature. A Survey (CRI III/3), Assen/Minneapolis 1993, 157–183. Origenes erwähnt Philon lobend in Cels. IV 51 (GCS Orig. 1, 324) und VI 21 (2, 91); in Matth. comm. XV 3 (GCS Orig. 10, 354f.) spricht er von Philons „Schriften zum Gesetz des Mose, die auch bei verständigen Männern in Ansehen stehen“; Übersetzung: Hermann Josef VOGT, BGrL 30, Stuttgart 1990, 94.

16 Nachgewiesen von Ansgar WUCHERPFENNIG, Heracleon Philologus. Gnostische Johannesexegese im zweiten Jahrhundert (WUNT 142), Tübingen 2002.

ten zeigen.[17] Origenes jedoch ging viel weiter in der systematischen Einbeziehung philologischer Methoden. Die Haupttexte und -lehren der philosophischen Schulen schließlich kannte Origenes genauso gut wie die biblischen Schriften. In Alexandria studierte er Philosophie bei dem legendären Ammonios Sakkas, der auch der Lehrer Plotins war. Später in Caesarea unterrichtete er christliche Philosophie in seiner eigenen Schule, deren Lehrplan alle philosophischen Richtungen mit Ausnahme der wenigen, die als atheistisch galten, umfasste. Und schließlich zog Origenes antike wissenschaftliche Kenntnisse zur Erklärung der biblischen Texte heran, und zwar aus Mathematik, Geometrie und Physik, aus Meteorologie, Astronomie und Astrologie (die beide eng miteinander verflochten waren), aus Mineralogie und Zoologie und nicht zuletzt aus der Medizin.

Die grundlegende Leistung der lebenslangen exegetischen Tätigkeit des Origenes bestand darin, biblische und kirchliche Traditionen mit nichtchristlichem Gedankengut verknüpft zu haben, insbesondere mit dem methodischen Verfahren der Texterklärung der alexandrinischen Philologie und mit den Problemstellungen und Erkenntnissen der antiken, vor allem der platonischen Philosophie. Origenes brachte die zeitgenössische Gelehrsamkeit in ihrer ganzen Breite in die christliche Bibelauslegung ein und schuf dafür ein geeignetes Medium: die fortlaufende Erklärung des Bibeltextes in Form eines ‚Kommentars'. Damit begründete er die wissenschaftliche Form christlicher Exegese.[18]

b) Philologische Methodik

In der römischen Kaiserzeit entwickelte sich die Philosophie zum Studium philosophischer Texte. Philosophie treiben hieß zunehmend – und in der Spätantike endgültig –, die griechischen Klassiker zu studieren, vor allem Platon und Aristoteles, und Kommentare zu ihren Wer-

---

17 Siehe dazu Francis Henry COLSON, Τάξει in Papias. The Gospels and the rhetoric schools, in: JThS 14 (1913) 62–69; Josef KÜRZINGER, Papias von Hierapolis. Zu Titel und Art seines Werkes, in: BiZ N.F. 23 (1979) 172–186, erneut in: ders., Papias von Hierapolis und die Evangelien des Neuen Testaments. Gesammelte Aufsätze, Neuausgabe und Übersetzung der Fragmente, Kommentierte Bibliographie (EichM 4), Regensburg 1983, 69–87, hier 77–82.

18 Vgl. die Würdigung der Leistung des Origenes als Exegeten durch Richard Patrick Crosland HANSON, Allegory and Event. A Study of the Sources and Significance of Origen's Interpretation of Scripture, Richmond 1959, with an Introduction by Joseph Wilson TRIGG, Louisville/London 2002, 360–362, und allgemein TRIGG, Bible and Philosophy (wie Anm. 2) 244–246.

ken zu verfassen.[19] Analog dazu bestand ein wesentlicher Teil der christlichen Theologie – wenn nicht überhaupt alle Theologie – darin, theologische Fragen mittels der Interpretation der Bibel zu erörtern. Die christlichen Bibelkommentare entsprechen den paganen Philosophenkommentaren. Ein beiden Gattungen gemeinsames Charakteristikum ist die Anwendung philologischer Methoden. In die christliche Theologie wurden diese systematisch von Origenes eingeführt.

Wie planvoll und zielgerichtet Origenes dies anging, kann man sich an einem so eminent philologischen Unternehmen wie der Hexapla vor Augen führen. Mittels einer Synopse griechischer Übersetzungen des Alten Testaments, die er neben den hebräischen Text stellte, versuchte er, der christlichen Auslegung dieses Teils der Bibel und nicht zuletzt seiner eigenen exegetischen Arbeit eine verlässliche Textgrundlage zu verschaffen. In der ersten Spalte stand ziemlich sicher der hebräische Text in hebräischer Schrift; die Einwände, die dagegen vorgebracht wurden – die in Mailand und Kairo gefundenen Palimpsest-Fragmente weisen keine solche Spalte auf –, haben sich nicht als stichhaltig erwiesen.[20] In der zweiten Spalte stand eine griechische Transkription als Lesehilfe für die Aussprache des unpunktierten hebräischen Konsonantentextes und zur Klärung der Bedeutung verschieden vokalisierbarer Wörter. Die pedantisch wörtliche Übersetzung – eine Art Interlinearübersetzung – in der dritten Spalte, die Aquila um 128 n.Chr. angefertigt hatte, gab den hebräischen Satzbau im Griechischen wieder und lieferte die Wortbedeutungen. Die inhaltliche Bedeutung war der Übersetzung des Symmachus (2. Jahrhundert) in der vierten Spalte zu entnehmen, die in gutem griechischen Stil gehalten war. Die fünfte Spalte war die zentrale, denn in dieser stand der kirchlich gebräuchliche Text der Septuaginta. In diese Spalte hat Origenes – vielleicht auch Mitarbeiterinnen und Mitarbeiter, die er mit der Ausführung betraute – viel Mühe investiert: Mit Hilfe der diakritischen Zeichen, die in der alexandrinischen Homerphilologie zur Textkonstitution entwickelt worden

---

19 Siehe dazu Pierre HADOT, Théologie, exégèse, révélation, écriture, dans la philosophie grecque, in: Michel TARDIEU (Hg.), Les règles de l'interprétation, Paris 1987, 13–34, hier 14–23. Ein Überblick über die fortlaufenden Aristoteles- und Platonkommentare der Spätantike bei FLADERER/BÖRNER-KLEIN, Kommentar (wie Anm. 4) 289–296.

20 Gegen die diesbezügliche Skepsis von Pierre NAUTIN, Origène. Sa vie et son œuvre (CAnt 1), Paris 1977, 303–339, siehe die überzeugenden Argumente von Robert G. JENKINS, The First Column of the Hexapla. The Evidence of the Milan Codex (Rahlfs 1098) and the Cairo Genizah Fragment (Rahlfs 2005), in: Alison SALVESEN (Hg.), Origen's Hexapla and Fragments (TSAJ 58), Tübingen 1998, 88–102, und Gerard J. NORTON, Observations on the First Two Columns of the Hexapla, in: ebd. 103–124, ferner Pierre JAY, L'exégèse de Saint Jérôme d'après son „Commentaire sur Isaïe", Paris 1985, 411–417.

waren, markierte er die Abweichungen des griechischen vom hebräischen Text: Ein Obelos kennzeichnete gegenüber dem Hebräischen überschüssige Passagen in der Septuaginta, ein Asteriskos fehlende.[21] Letztere ergänzte er in der Septuaginta aus der Ende des 2. Jahrhunderts entstandenen Übersetzung des Theodotion, die in der sechsten Spalte stand. Im Psalter kamen dazu bis zu drei weitere Übersetzungen, die der Forschergeist des Origenes in Nikopolis bei Aktium und in Jericho selbst aufgespürt hatte.[22] Sinn und Zweck dieser Kolumnenordnung sind nicht mehr eindeutig aufzuhellen.[23] Deutlich zu erkennen ist freilich, dass Origenes die diakritischen Zeichen nicht textkritisch verwendete, um den ursprünglichen Text der Septuaginta herzustellen, sondern literarkritisch dazu, Unterschiede zwischen dem hebräischen Text des Alten Testaments und der kirchlich gebräuchlichen griechischen Übersetzung zu kennzeichnen. Seine wissenschaftliche Einstellung zeigt sich daran, dass er nicht einen gleichsam bereinigten griechischen Text edierte, sondern mit Hilfe der synoptischen Anordnung und der diakritischen Zeichen ein Arbeitsinstrument schuf, mit dessen Hilfe sich jeder Interessierte selbst ein Bild von den textlichen Gegebenheiten machen konnte.

Wegen ihrer schieren Größe – sie bestand sicher aus vielen Rollen oder Codices – dürfte die Hexapla kaum einmal als ganze abgeschrieben worden sein. Lediglich die fünfte Kolumne wurde in einer von Pamphilus und Eusebius besorgten Ausgabe eigenständig verbreitet,[24] und allenfalls für den Psalter gab es synoptische Abschriften, wie die erwähnten Mailänder und Kairoer Fragmente belegen. Gleichwohl hat Origenes die christliche Exegese damit auf eine neue Grundlage gestellt und mit seiner Innovation die Textgeschichte der Bibel nicht nur im griechischen Sprachraum nachhaltig beeinflusst, sondern auch im lateinischen, und zwar durch Hieronymus, der von dieser Arbeit des Ori-

---

21 Vgl. Origenes, ep. Afric. 7 (SC 302, 530–532); in Matth. comm. XV 14 (GCS Orig. 10, 388); orat. 14,1 (GCS Orig. 2, 332); in Rom. comm. VI 2 (p. 192 SCHERER). – In dem lesenswerten, wenngleich oft spekulativen Buch von Anthony GRAFTON/Megan WILLIAMS, Christianity and the Transformation of the Book. Origen, Eusebius, and the Library of Caesarea, Cambridge MA/London 2006 (Paperback 2008), 86–132, bestreitet Megan Williams die Präsenz der diakritischen Zeichen in der Hexapla, weil sie darin überflüssig, verwirrend und unlogisch seien (ebd. 88. 107f. 116f. 316 Anm. 5).

22 Jedenfalls laut Eusebius, hist. eccl. VI 16,2f. (GCS Eus. 2, 554).

23 Die gegebenen Erläuterungen folgen der plausiblen Hypothese von Emanuel TOV, Die griechischen Bibelübersetzungen, in: ANRW II.20.1, Berlin/New York 1987, 121–189, hier 180.

24 Vgl. Hieronymus, Vulg. Par. prol. (p. 546 WEBER/GRYSON). Siehe dazu Heinrich DÖRRIE, Zur Geschichte der Septuaginta im Jahrhundert Konstantins, in: ZNW 39 (1940) 57–110, hier 66–69.

genes zu seiner eigenen Bibelphilologie inspiriert wurde, was wiederum für die Geschichte des lateinischen Bibeltextes von nachhaltiger Bedeutung war.[25]

Origenes hat die Hexapla seiner Bibelauslegung zugrundegelegt und ging in Kommentaren wie Homilien gelegentlich auf verschiedene Textfassungen ein.[26] Darüber hinaus hat er die Techniken der alexandrinischen Philologie, und zwar ihrer nachhellenistischen Phase in der kaiserzeitlichen Schulphilologie, systematisch und intensiv auf die Erklärung des Bibeltextes angewendet: die Methode der Textkritik (διορθωτικόν), die er ausgesprochen konservativ und unter Verzicht auf Konjekturen einsetzte; die der Worterklärung (γλωσσηματικόν) unter Zuhilfenahme paganer Lexika und vor allem der Etymologie von Namen mit Hilfe von biblischen Onomastika; die der Sacherklärung zu Daten und Ereignissen, Sitten und Gebräuchen (ἱστορικόν), also Fragen der Chronologie, der Topographie, der Geographie, der Prosopographie und der Ethnographie; die der Grammatik und Rhetorik (Tropen und Figuren) eines Textes (τεχνικόν), seiner Metrik (μετρικόν) und seines Stils. Dazu trat die Würdigung des Inhalts und seine Auswertung in ästhetischer und moralischer Hinsicht (κρίσις ποιημάτων), die Identifizierung der jeweils sprechenden Person in einem Abschnitt (τὸ πρόσωπον τὸ λέγον) und der methodische Grundsatz, die Bibel wie Homer aus sich selbst zu erklären (Ὅμηρον ἐξ Ὁμήρου σαφηνίζειν). Beispiele für alles und auf diese Weise für die Vielseitigkeit und das universale Ausmaß der gelehrten Bildung des Origenes sind in seinen Schriften in Hülle und Fülle zu finden.[27]

In den Vorworten zu seinen Kommentaren hat Origenes seine Exegese schließlich explizit und programmatisch in die Tradition philologisch-wissenschaftlicher Textauslegung gerückt. Für Vorworte gab es zur Zeit des Origenes kein festes Schema,[28] wohl aber ein Set von The-

---

25 Siehe dazu die Beiträge Nr. 14 und 17 in diesem Band und generell Alfons FÜRST, Hieronymus. Askese und Wissenschaft in der Spätantike, Freiburg u.a. 2003, 91–116.

26 Beispielsweise in Gen. hom. 3,5 (GCS Orig. 6, 45); sel. in Ps. 2,1 (PG 12, 1101); 2,10 (12, 1112); 2,12 (12, 1116f.); 4,5 (12, 1144f.); 29,8 (12, 1296); 71 (12, 1069); in Ps. 118,119 (SC 189, 380); in Hier. hom. 14,3 (GCS Orig. 3^2, 107–109) mit 15,5 (3^2, 129); 16,5 (3^2, 137); in Hiez. hom. 11,1 (GCS Orig. 8, 424); in Matth. comm. XVI 16 (GCS Orig. 10, 531).

27 Eingehend besprochen von Bernhard NEUSCHÄFER, Origenes als Philologe, 2 Bde. (SBA 18/1–2), Basel 1987, 85–285 mit den zugehörigen umfangreichen Fußnoten im 2. Band. Siehe auch HANSON, Allegory and Event (wie Anm. 18) 162–186; Frances M. YOUNG, Biblical Exegesis and the Formation of Christian Culture, Cambridge 1997, 82–89.

28 Ein solches wurde von der Forschung bis vor nicht langer Zeit postuliert oder nachzuweisen versucht: Christoph SCHÄUBLIN, Untersuchungen zur Methode und Her-

men, die vor dem Beginn der eigentlichen Auslegung zu klären waren und je nach Text in Auswahl und flexibel behandelt wurden.[29] Die Autoren beschrieben einerseits ihr Selbstverständnis und ihr Verständnis des jeweiligen Werkes, andererseits den Hauptinhalt des Buches und grundsätzliche Aspekte der Thematik. Zu den topischen Fragen gehörten die Motivation des Autors zum Abfassen des Buches, sein methodischer Zugang und die zu seiner Umsetzung verwendeten Techniken, der Anspruch des Autors auf Wahrheit und Wahrhaftigkeit, die Betonung seiner Mühe und Einsatzbereitschaft, die Relevanz des behandelten Gegenstands, die – in keinem Fall ernst zu nehmende – Betonung der Unfähigkeit des Autors, ein solches Buch zu schreiben, in Verbindung mit einer Bitte um Unterstützung und der Anrufung einer Gottheit, die Auseinandersetzung mit Vorgängern und Kritikern, die grundsätzliche Auffassung des Autors von seinem Gegenstand, die Art seiner Präsentation und nicht zuletzt ein Überblick über den Inhalt und den Gedankengang (eines Buches oder des auszulegenden Textes).[30] Von der hohen Kaiserzeit an wurden einzelne Komponenten dieses Themensets aufgegriffen, erstmals um 200 n.Chr. in den Vorreden des Alexander von Aphrodisias zu seinen Aristoteleskommentaren. Im 5./6. Jahrhundert wurden sie im Kontext der Einführung in das Studium der Werke des Aristoteles mit Hilfe der *Isagoge* des Porphyrios in ein Schema gebracht, das erstmals bei dem alexandrinischen Philosophieprofessor Ammonios in den ersten Jahrzehnten des 6. Jahrhunderts zu

---

kunft der antiochenischen Exegese (Theoph. 23), Köln/Bonn 1974, 66–72; Ilsetraut HADOT, Les introductions aux commentaires exégétiques chez les auteurs néoplatoniciens et les auteurs chrétiens, in: TARDIEU, Les règles de l'interprétation (wie Anm. 19) 99–122; NEUSCHÄFER, Origenes als Philologe (wie Anm. 27) 57–84; MANSFELD, Prolegomena (wie Anm. 4) 7f. 10–19; FLADERER/BÖRNER-KLEIN, Kommentar (wie Anm. 4) 294f. – Auch MARKSCHIES, Kommentierung (wie Anm. 5) 80f., akzeptiert die These von einem Prologmodell, dem Origenes in seinen Kommentaren folge, und konstatiert für das Vorwort zum Römerbriefkommentar eine Ausnahme (ebd. 79–83), die er als „theologisch motivierten Rezeptionsvorbehalt" erklären will (ebd. 79. 83–86). Das ist jedoch erstens ein in sich unstimmiger Gedanke, weil nicht klar ist, welchen theologischen Vorbehalt es gegenüber einem methodischen Instrumentarium begründeterweise geben könnte. Zweitens aber passt er ganz und gar nicht auf Origenes, der solche Vorbehalte nicht kannte. Es sind gerade seine offenkundig nicht vorhandenen Vorbehalte, die man ihm aus der Ecke eines enggeführten Theologieverständnisses immer wieder vorgeworfen hat, weshalb es in die Irre führt, ihm das Gegenteil zuzuschreiben.

29 Nachgewiesen von Matthias SKEB, Exegese und Lebensform. Die Proömien der antiken griechischen Bibelkommentare (Clavis Commentariorum Antiquitatis et Medii Aevi 5), Leiden/Boston 2007.

30 Vgl. SKEB, ebd. 40–61.

greifen ist.[31] Origenes war der erste christliche Autor, der in seinen Vorworten auf diese Fragen einging. Ich führe einige für die Wissenschaftlichkeit der origeneischen Kommentare aufschlussreiche Beispiele an:[32]

Am Ende des ausführlichen Vorworts zum ersten Buch des Johanneskommentars bezeichnet Origenes das darin Besprochene als τὰ πρὸ τῆς συναναγνώσεως τῶν γεγραμμένων.[33] Das lateinische Pendant dazu steht im nicht minder ausführlichen Vorwort zum Hoheliedkommentar, wo er auf einige Vorfragen einging, *antequam ad ea quae in hoc libello scripta sunt discutienda veniamus*.[34] Der Begriff συνανάγνωσις bezeichnet die Lektüre und Interpretation eines Textes in der Schule unter Anleitung eines Lehrers.[35] Die Wendung τὰ πρὸ τῆς συναναγνώσεως bezieht sich auf das, was dabei vorweg zu erörtern ist. Sie ist zum ersten Mal im 1. Jahrhundert n.Chr. als Titel der Einleitung des Thrasyllos in die Schriften Demokrits belegt.[36] Wenn Origenes diese technische Junktur aufgreift, um die Einleitung zu seinen Kommentaren zu bezeichnen, folgt er den wissenschaftlichen Standards seiner Zeit.[37] An derselben Stelle im Vorwort zum Hoheliedkommentar nennt er vier Punkte, von denen er drei im Vorwort eingehend diskutierte: das Hauptthema des Hohenlieds *(causa praecipua)*, seine Position unter den salomonischen Büchern *(ordo)* und seinen Titel *(attitulatio)*; seine Kompositionstechnik als Drama *(dramatis in modum … compositus)* wird im Zuge der Auslegung anhand einschlägiger Passagen erläutert.[38] Auch im Proömium zum Johanneskommentar geht er auf die Frage nach

---

31 Ammonios, in Isag. p. 21,6–11 BUSSE, führt folgende Punkte als „Prolegomena bzw. vorausgehende technische Bemerkungen zu jedem Buch" (προλεγόμενα ἤτοι προτεχνολογούμενα ἐπὶ παντὸς βιβλίου) an: das Ziel des Werkes (ὁ σκοπός), sein Wert (τὸ χρήσιμον), die Echtheitsfrage (τὸ γνήσιον), seine Position in der Reihenfolge der Schullektüre (ἡ τάξις τῆς ἀναγνώσεως), die Erklärung des Titels (ἡ αἰτία τῆς ἐπιγραφῆς), die Kapiteleinteilung (ἡ εἰς τὰ κεφάλαια διαίρεσις) und zu welchem Teil der Philosophie die Schrift gehört (ὑπὸ ποῖον μέρος ἀνάγεται τὸ παρὸν σύγγραμμα). Siehe dazu SKEB, ebd. 68–127.

32 Ausführlich dazu SKEB, ebd. 137–278. Siehe auch Alfons FÜRST, Origen – Exegesis and Philosophy in Early Christian Alexandria, in: Josef LÖSSL/John WATT (Hg.), Interpreting the Bible and Aristotle. The Alexandrian Commentary Tradition Between Rome and Baghdad, Farnham 2011 (im Druck).

33 Origenes, in Ioh. comm. I 15,88 (GCS Orig. 4, 19).

34 In Cant. comm. prol. 1,8 (GCS Orig. 8, 62 bzw. SC 375, 86).

35 Vgl. I. HADOT, Kommentar (wie Anm. 4) 184; MANSFELD, Prolegomena (wie Anm. 4) 26–28. 193f. mit Belegen.

36 Bei Diogenes Laërtius IX 41: MANSFELD, ebd. 8.

37 MANSFELD, ebd. 7. 26f.; SKEB, Exegese und Lebensform (wie Anm. 29) 182–186. 205.

38 Origenes, in Cant. comm. prol. 1,8 (GCS Orig. 8, 63 bzw. SC 375, 86); zum letzten Punkt vgl. ebd. 1,1 (8, 61 bzw. 375, 80).

dem Titel „Evangelium" ein: τί τὸ εὐαγγέλιόν ἐστι;[39] und traktiert sie ausgesprochen gelehrt, indem er die möglichen Antworten nach Art von Handbüchern klassifiziert.[40] Als Hauptgrund dafür, überhaupt Kommentare zu schreiben, führte Origenes die Unklarheit (ἀσάφεια) eines Textes an.[41] Für die oft schwer verständlichen biblischen Texte liegt dieses Motiv auf der Hand. Nicht nur Origenes hat es bemüht, auch andere christliche Exegeten der Spätantike rekurrierten darauf,[42] und in Kommentaren zu philosophischen Texten ist es allgegenwärtig, beispielsweise in denen Galens im 2. Jahrhundert.[43]

Als letztes sei ein Detail erwähnt, mit dem Origenes seine exegetischen Werke unmittelbar in die philosophische Schriftstellerei der Antike einreihte: Im Vorwort zum Johanneskommentar fragte er nach der Aufgabe des Evangelisten: τί τὸ ἔργον τοῦ εὐαγγελιστοῦ; Damit stellte er die Frage nach der Art des auszulegenden Gegenstands. In seiner Antwort klassifizierte er das Evangelium als eine in der Antike wohlbekannte philosophische Gattung: Es sei ein Protreptikos, eine Anleitung oder Ermahnung, in diesem Fall freilich nicht zur Philosophie, sondern zum Glauben, um Glauben an das Jesusereignis zu wecken: ἐν προτρεπτικῷ λόγῳ τῷ εἰς πιστοποίησιν τῶν περὶ Ἰησοῦ.[44] Origenes stellte das Evangelium damit dezidiert in einen philosophischen Kontext.

Die antiken christlichen Theologen waren wie die paganen Philosophen Produkte der antiken grammatischen und rhetorischen Erziehung und Ausbildung. Zu dieser gehörten unter anderem philologische Techniken der Texterklärung. Origenes schuf den wissenschaftlichen Bibelkommentar, indem er auf diese Methodik zurückgriff. Da die Philosophen in ihren Platon- und Aristoteleskommentaren dieselben Verfahren anwandten, rückte Origenes seine Kommentare damit nicht nur in den Kontext philologischer Fachschriftstellerei, sondern auch in die philosophische Welt seiner Zeit. Origenes hat die christliche Exege-

---

39 So die Frage am Ende des Vorworts, in Ioh. comm. I 15,88 (GCS Orig. 4, 19).

40 Ebd. I 5,27–31 (4, 9f.). Siehe zu solchen Klassifikationen Marian PLEZIA, De commentariis isagogicis (Archiwum Filologiczne 23), Krakau 1949, 32–37. 62–65.

41 Philoc. 2,2.3 (p. 38 ROBINSON bzw. SC 302, 242. 244); 7,1 (p. 51 bzw. 302, 326); auch ebd. 5,1 (p. 43 bzw. 302, 284–286) = in Ioh. comm. V 1 (GCS Orig. 4, 100). Vgl. auch princ. IV 3,1 (GCS Orig. 5, 323); in Rom. comm. praef. (p. 37 HAMMOND BAMMEL): *elocutionibus interdum confusis et minus explicitis utitur* (sc. Paulus).

42 (Pseudo-?)Basilius, in Is. praef. 5 (PG 30, 128f.); Theodoret von Kyrrhos, in Ez. praef. (PG 81, 808–812): SKEB, Exegese und Lebensform (wie Anm. 29) 301–303. 323–325. Hieronymus, adv. Rufin. I 16 (CChr.SL 79, 15), definierte Kommentare in diesem Sinn: *obscure scripta ... plano sermone manifestant*.

43 Zu diesen MANSFELD, Prolegomena (wie Anm. 4) 148–161.

44 Origenes, in Ioh. comm. I 3,18 (GCS Orig. 4, 7).

se auf dieses Niveau gehoben und den Christen damit eine Stimme im Diskurs der Philosophie gegeben.

c) Philosophische Hermeneutik

Die damit methodisch und technisch geschaffene Verknüpfung von Bibel und Philosophie wäre allerdings eine oberflächliche oder künstliche gewesen, hätte Origenes sie nicht hermeneutisch fundiert. Die Wissenschaftlichkeit seiner Exegese besteht nicht einfach nur darin, die Auslegung in methodischen Schritten zu organisieren.[45] Um wissenschaftlich in einem nicht nur verfahrenstechnischen, sondern wissenschaftstheoretischen Sinn zu sein, musste dieser Zugang ein Fundament im Gegenstand selbst haben. In der Tat hat Origenes einen solchen Grund in der Bibel gesehen bzw. postuliert und damit nicht nur ein methodisch strukturiertes und kontrollierbares Auslegungsverfahren entwickelt und angewandt, sondern eine christliche Wissenschaftstheorie entworfen.[46]

In der Philokalie ist ein Fragment aus der Psalmenkommentierung des Origenes erhalten, aus dem hervorgeht, wie er sich den Zusammenhang von Bibel und Philosophie vorgestellt hat. Wenn es aus dem Kommentar zu den Psalmen 1–25 stammt, den Origenes in den frühen 220er Jahren in Alexandria schrieb, ist es einer der ältesten von ihm erhaltenen Texte. Die Kompilatoren der Philokalie, wahrscheinlich Basilius von Caesarea und Gregor von Nazianz, wählten das Stück aus, um die hermeneutischen Prinzipien der Exegese des Origenes zu veranschaulichen. Origenes postuliert darin eine Analogie zwischen der Selbstoffenbarung Gottes in der Schrift und in der Natur:[47]

---

45 Darauf reduziert MARKSCHIES, Kommentierung (wie Anm. 5), die Thematik. Auch in seinem Aufsatz: Ambrosius und Origenes. Bemerkungen zur exegetischen Hermeneutik zweier Kirchenväter, in: Wolfgang A. BIENERT/Uwe KÜHNEWEG (Hg.), Origeniana Septima. Origenes in den Auseinandersetzungen des vierten Jahrhunderts (BEThL 137), Leuven 1999, 545–570, erneut in: MARKSCHIES, Origenes und sein Erbe (wie Anm. 5) 195–222, hier 203, ist nur von der Rezeption philologischer Methoden die Rede, wenn es um die Wissenschaftlichkeit der Bibelauslegung des Origenes geht.

46 Eine konzise Darstellung zentraler Gedanken des Origenes und der nachfolgenden christlichen Tradition dazu bei Theo KOBUSCH, Christliche Philosophie. Die Entdeckung der Subjektivität, Darmstadt 2006, 58–63.

47 Vgl. Joseph Wilson TRIGG, Origen, London/New York 1998, 69 (mit englischer Übersetzung des Textes ebd. 71f.). – SKEB, Exegese und Lebensform (wie Anm. 29) 139–142, weist es dem später in Caesarea verfassten großen Psalmenkommentar zu, und weil es nach seiner Auffassung nicht zum Prolog gehört, sondern zur Auslegung

„… auf keinen Fall darf uns die Analogie (ἡ ἀναλογία) entgehen, da die Weisheit Gottes (ἡ σοφία τοῦ θεοῦ) die ganze inspirierte (θεόπνευστον) Schrift bis hin zum einzelnen Buchstaben durchdringt … Wie sich nämlich bei der Schöpfung der Welt die göttliche Kunstfertigkeit (ἡ θεία τέχνη) nicht nur am Himmel, an der Sonne, am Mond und an den Sternen zeigt – sie durchdringt alle jene Körper –, sondern auch auf der Erde im geringsten materiellen Gegenstand in derselben Weise am Werk ist, denn der Künstler (ὁ τεχνίτης) missachtet weder die Körper der kleinsten Lebewesen, noch viel weniger aber die in ihnen enthaltenen Seelen, von denen jede eine individuelle Eigenart (ἰδίωμά τι) empfängt, gleichsam ein erlösendes Prinzip (σωτήριον) in einem vernunftlosen Wesen, noch missachtet er die Pflanzen der Erde, denn in jeder einzelnen ist die Kunst des Schöpfers (τὸ τεχνικόν) zugegen bis hin zu den Wurzeln, den Blättern, den möglichen Früchten und den verschiedenen Eigenschaften, ebenso nehmen wir in Bezug auf alles, was vom Heiligen Geist inspiriert (ἐξ ἐπιπνοίας) niedergeschrieben worden ist, an, dass die heilige Vorsehung (πρόνοια), die dem Menschengeschlecht mit Hilfe der Buchstaben die übermenschliche Weisheit (σοφία) schenkt, in jeden einzelnen Buchstaben, soweit es möglich ist, sozusagen erlösende Orakel (λόγια σωτήρια) als Spuren der Weisheit (ἴχνη τῆς σοφίας) hineingesät hat. Wenn man einmal akzeptiert hat, dass diese Schriften das Werk dessen sind, der die Welt erschaffen hat, dann muss man unbedingt davon überzeugt sein, dass alle, die den Sinn (λόγος) der Schöpfung untersuchen, mit denselben Fragen konfrontiert sind wie die, die den Sinn der Schriften untersuchen …"[48]

Die axiomatische Voraussetzung für dieses Argument ist die Annahme, dass der Schöpfer der Welt zugleich der Schöpfer der Schrift ist, da nach Joh. 1,3 (vgl. Kol. 1,16) „alles" durch das Wort geschaffen ist.[49] Geht man von den Gedanken einer Schöpfung der Welt und einer Inspiration der Bibel[50] aus, lassen sich Analogien zwischen beiden ziehen.

---

von Ps. 1,1, berücksichtigt er es in seiner Analyse von Prologen nicht weiter. Diese literaturhistorischen Fragen sind für meinen Zusammenhang hier unwesentlich.

48 Origenes, in Ps. prol. (?) = philoc. 2,4f. (p. 39 ROBINSON bzw. SC 302, 246). Zu Beginn sind die Bibelstellen weggelassen, auf die Origenes sich bezieht (Ps. 11,7 [12,6 LXX]; Lk. 1,2 und bes. Mt. 5,18), am Ende entwickelt er den Gedanken weiter, dass das Verstehen der Welt mit denselben Problemen konfrontiert ist wie das Verstehen der Bibel, speziell im Hinblick auf die Theodizee.

49 So explizit in einem aus dem dritten Buch des Kommentars zum Kolosserbrief bei Pamphilus, apol. Orig. 120 (SC 464, 196), erhaltenen Fragment (PG 14, 1297): *omnia enim per ipsum* (sc. *Verbum*) *facta sunt, id est non solum creaturae, sed et lex et prophetae.*

50 Eine gründliche Studie dazu ist August ZÖLLIG, Die Inspirationslehre des Origenes. Ein Beitrag zur Dogmengeschichte, Freiburg i.Br. 1902. Siehe auch HANSON, Allegory and Event (wie Anm. 18) 187–209; auch das Buch von Robert M. GRANT, The Letter and the Spirit, New York 1957 (Nachdruck Eugene 2009), erörtert zu einem guten Teil das Thema der Inspiration, und zwar in paganen, jüdischen und christlichen Traditionen bis einschließlich Origenes.

Beide beruhen auf demselben Prinzip der Rationalität – das im übrigen unabhängig von den beiden genannten Axiomen in Geltung ist –, das sowohl die kreatürliche Welt bis hinab zu den kleinsten Lebewesen und Pflanzen als auch die biblischen Texte bis in den einzelnen Buchstaben hinein durchdringt. Das Bemühen, die biblischen Texte zu verstehen, rekurriert daher auf dasselbe Prinzip wie das Bemühen, die natürlichen Dinge zu verstehen. Der Gegenstand der Exegese, die Schrift, und der Gegenstand der Philosophie, das Sein, beruhen auf ein und derselben Rationalität, dem griechischen λόγος, den Origenes mit Christus, dem „Logos", identifiziert, in dem Gott sich der Welt offenbart hat. Die Analogie von Natur- und Bibeldeutung beruht auf dem belebenden und bewahrenden Prinzip des Göttlichen bzw. des Logos in Allem, vom Größten bis zum Kleinsten, in der Tier- und Pflanzenwelt ebenso wie in der Textwelt der Bibel. Die Weisheit Gottes (ἡ σοφία τοῦ θεοῦ) wirkt auf dieselbe Weise in der Schrift und in der natürlichen Welt: als schaffend (ἡ θεία τέχνη, ὁ τεχνίτης, τὸ τεχνικόν) und als erlösend (σωτήριον, λόγια σωτήρια).[51]

Diese Analogie liefert die Grundlage für eine Verknüpfung von Exegese und Philosophie. Die Deutung der Schrift auf der einen und die Deutung der Schöpfung auf der anderen Seite bilden die beiden großen Unternehmungen, um die Welt und den Menschen zu verstehen. Ihre Verknüpfung als zweifacher Ausdruck der Rationalität der Wirklichkeit ist das grundlegende Prinzip einer christlichen Wissenschaft. Aufgrund der beiden Bereichen gemeinsamen epistemologischen Strukturen wird der beschriebene methodische Zugang des Origenes zum Bibeltext überhaupt erst möglich und sinnvoll.

Zugleich verstand Origenes damit die Bibel ihrerseits als eine Art von Philosophie. Deren Teile bildeten aus seiner Sicht auch das grundlegende Strukturelement der biblischen Schriften. Zu seiner Zeit war es üblich, die Philosophie in drei Gebiete einzuteilen: Ethik, Physik und ein dritter Teil, der ‚Epoptik' genannt wurde. Diese Dreiteilung reichte in die ersten Jahre der platonischen Akademie zurück und hatte, was das dritte Glied angeht, eine komplizierte Geschichte hinter sich.[52] Xe-

51 Vgl. TRIGG, Origen (wie Anm. 47) 62. – Henri DE LUBAC, Histoire et Esprit. L'intelligence de l'Ecriture d'après Origène, Paris 1950, dt.: Geist aus der Geschichte. Das Schriftverständnis des Origenes, übertr. und eingel. von Hans Urs VON BALTHASAR, Einsiedeln 1968, 409–414, kritisierte diese Analogie als „übertriebenen Parallelismus, der auf einen Hieb Gott als Urheber der Welt und der Bibel rechtfertigen wollte" (ebd. 413). Sie freilich allein auf den „Wunsch, die häretische Gnosis zu widerlegen" (ebd.), zurückzuführen, verkennt ihre wissenschaftstheoretische und hermeneutische Dimension.

52 Nachgezeichnet von Pierre HADOT, Les divisions des parties de la philosophie dans

nokrates, der dritte Schulleiter, soll der erste gewesen sein, der die Gegenstände der Philosophie explizit in die drei Gebiete der Physik, Ethik und Logik einteilte.[53] Platon selbst hatte der Dialektik die erste Stelle zugewiesen, da er unter diesem Titel die intellektuellen Prinzipien des Seins erörterte, während Aristoteles die Dialektik nicht als eigenen Teil der Philosophie betrachtete, sondern als für alle Teile relevante Argumentationstechnik. An Stelle von Dialektik prägten die Stoiker den Begriff ‚Logik' und konzipierten diese nicht nur als Argumentationstechnik, sondern als Wissenschaft vom Reden (Rhetorik) und Diskutieren (Dialektik) gleicherweise und wiesen ihr einen eigenständigen Rang neben der Physik und der Ethik zu.[54] In der römischen Kaiserzeit folgten die Handbücher der platonischen Philosophie weitgehend und im Einzelfall mit Variationen dieser stoischen Einteilung. Seit dem 1. Jahrhundert n.Chr. gewann jedoch die ursprüngliche platonische Einteilung erneut an Bedeutung. Nicht zuletzt aufgrund von zunehmenden Einflüssen aus dem Bereich des Religiösen auf die Philosophie wurde die Dialektik ‚Epoptik' genannt, ‚Betrachtung' oder ‚Schau'. Dieses Wort stammte aus dem Mysterienkult von Eleusis. Schon Platon hatte es in der Rede der Diotima im *Symposion* als Bezeichnung für das Ziel der Einweihung in die Mysterien des Eros verwendet sowie im *Phaidros* für die Rückkehr der Seele zu vollkommener Schönheit.[55] Plutarch behauptete erstmals, Platon und Aristoteles hätten den zentralen Teil der Philosophie ‚Epoptik' (ἐποπτικόν) genannt, und setzte platonische Dialektik mit aristotelischer Metaphysik und Theologie gleich.[56] Bis an das Ende der Antike orientierte sich die platonische Philosophie an der Einteilung in Physik, Ethik und ‚Epoptik', d.h. ‚Mystik'.

Clemens von Alexandria führte dieses Konzept in die christliche Theologie ein. Er korrelierte die Teile der Philosophie mit dem Pentateuch: Die historischen und legislativen Texte entsprechen der Ethik, die liturgischen und priesterlichen der Physik und die theologischen

---

l'Antiquité, in: MusHelv 36 (1979) 218–231, dt.: Die Einteilung der Philosophie im Altertum, in: ZPhF 36 (1982) 422–444; eine Kurzfassung davon ist ders., Art. Philosophie I. Antike F. Die Einteilung der Philosophie in der Antike, in: HWP 7 (1989) 599–607. Vgl. auch NEUSCHÄFER, Origenes als Philologe (wie Anm. 27) 80–82; SKEB, Exegese und Lebensform (wie Anm. 29) 230f.

53 Vgl. Xenokrates, frg. 1 HEINZE aus Poseidonios, frg. 88 EDELSTEIN/KIDD (= SVF II 38); Sextos Empirikos, adv. math. VII 16.

54 Vgl. etwa Seneca, ep. 89,8.

55 Platon, symp. 210 a 1; Phaidr. 250 c 4.

56 Plutarch, Is. 77, 382 D. Siehe dazu J. KIRCHMEYER, Origène, Commentaire sur le Cantique, prol. (GCS Origenes 8, Baehrens, p. 75, ligne 8), in: StPatr X (TU 107), Berlin 1970, 230–235, bes. 232–234.

der ‚Epoptik'.[57] Vermutlich hat Origenes sich von dieser Idee des Clemens inspirieren lassen, wie aus einem Fragment seiner Psalmenauslegung hervorgeht, das dem Wortlaut bei Clemens sehr nahe kommt:

> „Die mosaische Philosophie wird in vier Formen aufgeteilt, in die geschichtliche und in die vor allem so genannte gesetzgeberische, die der ethischen Pragmatie zugehören, ferner in die der äußeren Zeremonien, die die Sache der physischen Betrachtung ist, und viertens in die allem überlegene theologische Form."[58]

Es ist aber nicht so wichtig, ob Origenes diesen Gedanken von Clemens hatte[59] oder ob beide auf eine gemeinsame philosophische Tradition zurückgriffen.[60] Jedenfalls baute er ihn zu einer systematischen Analogie zwischen Bibel und Philosophie und zur hermeneutischen Basis seiner Schriftauslegung aus und kam bei verschiedenen Anlässen darauf zu sprechen. Im Vorwort zum Hoheliedkommentar erklärt er die Abfolge der drei salomonischen Bücher Sprichwörter, Kohelet und Hoheslied[61] mittels der drei „allgemeinen Disziplinen, durch die man zur Erkenntnis der Dinge gelangt" *(generales disciplinae quibus ad rerum scientiam pervenitur)*, nämlich Ethik *(ethica* bzw. *moralis)*, Physik *(physica* bzw. *naturalis)* und ‚Epoptik' *(epoptice* bzw. *inspectiva)*. Einige griechische Gelehrte setzten, vermerkt er, die Logik *(logice* bzw. *rationalis)* an die vierte Stelle, womit er demonstriert, dass er die diesbezüglichen Schuldiskussionen über die Logik als Teil oder als Werkzeug der Philosophie kannte.[62] Salomo, so Origenes, habe seine Bücher analog den philosophischen Disziplinen angeordnet: In den Sprichwörtern lehre er Ethik, im Buch Kohelet Physik und im Hohenlied ‚Epoptik' *(inspectivum locum)*, wofür er auch ‚Dogmatik' *(dogmatica)*, ‚Mystik' *(mystica)* und Kontemplation oder Schau der Gottheit *(divinitatis contemplatio)* sagt.[63] Damit habe Salomo die „Grundlagen der wahren Philosophie" *(verae philosophiae fundamenta)* gelegt und zugleich die Reihenfolge der einzelnen Disziplinen

---

57 Clemens, strom. I 176,1–3 (GCS Clem. Al. 2^4, 108).

58 Origenes, sel. in Ps. 76,21 (III p. 109 PITRA); Übersetzung: KOBUSCH, Christliche Philosophie (wie Anm. 46) 173 Anm. 4.

59 Darauf insistiert SKEB, Exegese und Lebensform (wie Anm. 29) 235f. 237, und macht daraus fälschlich ein Argument gegen die Leistung des Origenes.

60 Dafür votiert KIRCHMEYER, Commentaire sur le Cantique (wie Anm. 56) 234f.

61 Das im Original griechische Buch der Weisheit Salomos zitiert Origenes zwar oft als biblische Schrift, erwähnt es aber hier nicht, weil er sich am hebräischen Kanon orientiert: SKEB, Exegese und Lebensform (wie Anm. 29) 236 Anm. 401.

62 Origenes, in Cant. comm. prol. 3,1 (GCS Orig. 8, 75 bzw. SC 375, 128). Die Zuordnung der Logik diskutiert er ebd. 3,2.8–13 (8, 75. 76f. bzw. 375, 128–130. 132–136); vgl. auch in Lam. frg. 14 (GCS Orig. 3^2, 241).

63 Ebd. 3,5–7.14–16 (8, 76. 77f. bzw. 375, 132. 136–138).

sowie des Unterrichts in ihnen geschaffen *(ordo disciplinarum institutionumque)*.[64]

Diese „dreifache Form der göttlichen Philosophie" *(triplex divinae philosophiae forma)* entdeckte Origenes auch an Abraham, Isaak und Jakob und an „vielen anderen Stellen in den heiligen Schriften": Abraham stehe für die Ethik, weil er ein Leben des Gehorsams führte, Isaak für die Physik, weil er tiefe Brunnen grub, sich also, übertragen gedeutet, tief in die natürlichen Dinge versenkte, und Jakob mit seiner Vision der Himmelsleiter für die Mystik.[65] In Gen. 20,17 verkörpere Abimelech die Ethik, d.h. die Moralphilosophie *(ethica, id est moralis philosophia)*, seine Frau die Naturphilosophie *(naturalis philosophia)* und seine Mägde „die verschiedenen und dem Wesen der einzelnen Schulen entsprechenden mannigfaltigen Spielarten der Dialektik" *(diversa et varia pro qualitate sectarum commenta dialecticae)*.[66] Was die Theologie angehe, seien viele pagane Philosophen wie die christlichen Theologen der Meinung, „es gebe einen einzigen Gott, der alles erschaffen habe ... Die sogenannte Ethik und Naturlehre aber teilt praktisch in jeder Hinsicht unsere Standpunkte."[67] Es sei daher nicht nebensächlich oder zufällig, dass Abimelech, „der die Wissbegierigen und Weisen dieses Zeitalters verkörpert, die dank ihrer philosophischen Bildung bereits viel von der Wahrheit erkannt haben",[68] zwei Gefährten hat:

> „Ich glaube auch nicht, dass es dem Heiligen Geist, der dies schreibt, nur beiläufig am Herzen lag festzuhalten, dass zwei andere mit Abimelech kamen, nämlich ‚Ahusat, sein Schwiegersohn, und Pichol, der Anführer seiner Streitmacht' (Gen. 26,26). Ahusat heißt nun übersetzt ‚umfassend' und Pichol ‚Mund aller', Abimelech aber ‚mein Vater, der König'. Diese drei verkörpern meines Erachtens die gesamte Philosophie, die sich bei ihnen in drei Teile gliedert, Logik, Physik und Ethik beziehungsweise Vernunftlehre, Natur- und Moralphilosophie. Die Vernunftlehre bekennt Gott als den Vater aller Dinge; sie wird von Abimelech versinnbildlicht. Die Naturphilosophie ist unveränderlich und umfasst alles; sie gründet gleichsam auf den Kräften der Natur selbst. Ahusat bekennt sie, den man ‚umfassend' nennt. Die Moralphilosophie ist in aller Munde und geht alle an; dank der Ähnlichkeit der gängigen Lehren findet sie sich in aller Munde. Pichol stellt sie dar, der übersetzt ‚Mund aller' heißt."[69]

---

64 Ebd. 3,8 (8, 76 bzw. 375, 132).

65 Ebd. 3,17–21 (8, 78f. bzw. 375, 138–142).

66 In Gen. hom. 6,2f. (GCS Orig. 6, 67f.); Übersetzung: HABERMEHL, OWD 1/2, 145.

67 Ebd. 14,3 (6, 123f.); Übersetzung: ebd. 255.

68 Ebd. (6, 123) mit Rekurs auf ebd. 6,2 (6, 67f.).

69 Ebd. 14,3 (6, 124f.); Übersetzung: HABERMEHL, OWD 1/2, 257. Vgl. ferner in Luc. frg. 218 RAUER (GCS Orig. 9^2, 321) zu Lk. 15,23 und bes. in Ex. hom. 3,3 (GCS Orig. 6,

Diese strukturelle Parallelisierung von Bibel und Philosophie ist durchaus von wissenschaftstheoretischer Bedeutung. In ihr lediglich eine apologetische Absicht zu sehen,[70] greift zu kurz. Gewiss greift Origenes auch das chronologische Argument auf, Salomo (und Mose) sei älter als die griechischen Philosophen – was stimmt – und diese deshalb von ihm abhängig – was nicht stimmt.[71] Dieses Geplänkel über historische Prioritäten und Abhängigkeiten ist aber relativ unwichtig gegenüber der systematischen Behauptung einer strukturellen Entsprechung zwischen der Denkweise der Philosophie und der Denkweise der Bibel. Von Bedeutung ist dieser so genannte Altersbeweis allerdings insofern, als er seinerseits das Ziel formuliert, das Origenes hier verfolgt: Er will eine christliche Wissenskultur schaffen, und eine Strategie dabei ist eine Art „kulturelles Übernahmeangebot".[72] Die griechisch-römische Kultur der Kaiserzeit war von ihrem literarischen Erbe geprägt. Origenes schuf eine christliche literarische Kultur, in deren Zentrum die Bibel stand und die in Bibelkommentaren zum Ausdruck kam und geformt wurde. Das pagane literarische Erbe wurde darin integriert, indem dessen Abhängigkeit vom christlichen Traditionsgut (das ein jüdisches war) behauptet wurde. Faktisch wurde damit ein Gleichklang zwischen beiden Kulturtraditionen angenommen. In den vorgeführten Texten kommt dieser fast überdeutlich zum Ausdruck. Die Teile der antiken Philosophie – Ethik, Physik und Logik oder ‚Epoptik' – fungieren als Strukturprinzip der philosophischen Exegese des Origenes und damit als hermeneutisches Fundament seiner Theologie, der „wahren Philosophie" – *verae philosophiae fundamenta,* wie es im Vorwort zum Hoheliedkommentar heißt –, die die „wahre Philosophie Christi" *(vera*

---

166), wo der Weg von drei Tagen in Ex. 3,18 Origenes unter anderem an die „logische, physikalische und ethische Weisheit" *(rationalis, naturalis, moralis sapientia)* der Welt denken lässt. Siehe auch Henri CROUZEL, Origène et la philosophie (Theol[P] 52), Paris 1962, 22–25; Sandro LEANZA, La classificazione dei libri salomonici e i suoi riflessi sulla questione dei rapporti tra Bibbia e scienze profane da Origene agli scrittori medioevali, in: Aug. 14 (1974) 651–666.

70 Wie das SKEB, Exegese und Lebensform (wie Anm. 29) 237–244, tut, der die wissenschaftstheoretische Deutung der Hoheliedkommentarstellen daher ablehnt.

71 Origenes, in Cant. comm. prol. 3,4 (GCS Orig. 8, 75f. bzw. SC 375, 130), wiederholt ebd. II 5,2 (8, 141 bzw. 375, 354). Eine besonders prägnante Formulierung dieses apologetischen Arguments bietet Minucius Felix, Oct. 34,5 (p. 32 KYTZLER): „Wie du feststellen kannst", sagt der Christ Octavius darin zu seinem heidnischen Gesprächspartner Caecilius, „stellen die Philosophen dieselben Überlegungen an wie wir, nicht etwa, weil wir ihren Spuren gefolgt wären, sondern weil jene aus den göttlichen Verheißungen der Propheten in Umrissen und stückchenweise die Wahrheit nachgebildet haben."

72 So YOUNG, Biblical Exegesis (wie Anm. 27) 51: „a potential cultural take-over bid".

philosophia Christi) ist.[73] Das kann man mit Fug und Recht ein wissenschaftstheoretisches Konzept nennen, mit dem Origenes Exegese als Wissenschaft konzipierte und die epistemologischen Grundlagen für eine christliche Kultur legte.

2. Exegese als Lebensform

a) Philosophie und Christentum als Lebensform

Seit den Arbeiten von Pierre Hadot gehört es zum Allgemeingut unserer Sicht auf die antike Philosophie, dass diese zuerst und vor allem eine Lebenshaltung und eine Lebensweise gewesen ist, die in „geistigen Übungen" ihren Ausdruck fand.[74] Vor allem mit Blick darauf verstanden die christlichen Theologen seit Justin das Christentum als Philosophie und konnten später das mönchische Leben als „wahre Philosophie" oder als „philosophische Lebensform" bezeichnen. Philon hatte schon dasselbe getan, wenn er die jüdische Überlieferung als die Philosophie des jüdischen Volkes darstellte.[75]

In den platonischen Schulen der römischen Kaiserzeit stand am Anfang der Lektüre Platons *Alkibiades maior*, in dem es um Selbsterkenntnis geht und der Gedanke der „Sorge um die Seele" anklingt.[76] Das Christentum hat diese Sorge der Seele um sich selbst uneingeschränkt übernommen.[77] Alle christlichen Theologen betonten den Vorrang der praktischen Dimension vor der theoretischen. Die Selbsterkenntnis, zu der das delphische γνῶθι σαυτόν aufruft, besteht, so als erster Origenes, in einer theoretischen Erkenntnis des Wesens der eigenen Seele, dann aber und vor allem in einer praktischen Erkenntnis ihrer Haltungen und Neigungen und in einer Prüfung des Verhaltens.[78] Das war keineswegs als Rückzug in die Innerlichkeit gemeint, sondern als An-

73 Origenes, in Gen. hom. 11,2 (GCS Orig. 6, 103).

74 Pierre HADOT, Exercices spirituels et philosophie antique, Paris 1981 (^{3}1993); Qu'est-ce que la philosophie antique?, Paris 1995; Philosophie als Lebensform. Antike und moderne Exerzitien der Weisheit, Berlin 1991 (Neuausgabe Frankfurt a.M. ^{2}2005); Wege zur Weisheit oder Was lehrt uns die antike Philosophie?, Frankfurt a.M. 1999.

75 P. HADOT, Philosophie als Lebensform (wie Anm. 74) 50f.; KOBUSCH, Christliche Philosophie (wie Anm. 46) 34–40.

76 Platon, Alk. mai. 132 c 1f.

77 Vgl. etwa Clemens, strom. VII 3,1 (GCS Clem. Al. 3^{2}, 4); Gregor der Wundertäter, pan. Orig. 140 (FC 24, 180). Zahlreiche weitere Belege bei KOBUSCH, Christliche Philosophie (wie Anm. 46) 161–163 Anm. 24–27.

78 Origenes, in Cant. comm. II 5,1–15 (GCS Orig. 8, 141–144 bzw. SC 375, 354–362).

leitung zu einer Philosophie des Lebens. Die Wahrheit, die christlich propagiert wurde, war eine Wahrheit des Lebens: „Ich könnte wohl sagen, dass diejenigen Wahres sagen, die in der Lage sind, die Zuhörer in den Zustand zu versetzen, dass sie dem Gesagten entsprechend leben", meinte Origenes einmal.[79] Das ist der Rahmen, in dem auch die Erkenntnis steht, die durch Auslegung der Bibel gewonnen wird.

b) Kommentieren als spirituelle Übung

Im Christentum kam zur Philosophie die Bibel hinzu, ja bildete die Basis für die christliche Philosophie. Die Bibel musste jedoch ausgelegt werden, um sie mit den philosophischen Traditionen der Antike kombinieren zu können. In der christlichen Philosophie bekam die Exegese daher einen zentralen Stellenwert. Der christliche Bibelkommentar wurde selbst zu einer „spirituellen Übung".

In der nichtchristlichen Philosophie ist eine parallele Entwicklung zu beobachten. Während noch für Epiktet Philosophie nicht in der bloßen Auslegung von Texten bestand,[80] ist seit dem 3. Jahrhundert eine deutlich veränderte Einstellung zu beobachten. Für spätantike neuplatonische Autoren war das Schreiben eines Kommentars eine spirituelle Übung, ein Gottesdienst, und der Kommentar selbst ein Hymnus an Gott.[81] So verstand beispielsweise Hierokles seinen Kommentar zum „Goldenen Gedicht" der Pythagoreer und Simplikios den seinen zum *Encheiridion* Epiktets als geistige Übung.[82] Simplikios verfasste Gebete, aus denen diese Spiritualität hervorgeht,[83] und brachte seinen Kom-

79 Cels. VIII 48 (GCS Orig. 2, 278); Übersetzung: KOBUSCH, Christliche Philosophie (wie Anm. 46) 163 Anm. 31. Siehe auch ders., Das Christentum als die Religion der Wahrheit. Überlegungen zu Augustins Begriff des Kultus, in: REAug 29 (1983) 97–128.

80 Epiktet, diatr. I 4,14–17; II 16,34; III 21,7f. Vgl. P. HADOT, Philosophie als Lebensform (wie Anm. 74) 15.

81 Siehe Henri Dominique SAFFREY, Quelques aspects da la spiritualité des philosophes néoplatoniciens de Jamblique à Proclus et Damascius, in: RSPhTh 68 (1984) 169–182, hier 169–179; P. HADOT, Théologie, exégèse (wie Anm. 19) 23–26. Vgl. auch den Titel (weniger den Inhalt) des Aufsatzes von Michael ERLER, Interpretieren als Gottesdienst. Proklos' Hymnen vor dem Hintergrund seines Kratylos-Kommentars, in: G. BOSS/G. SEEL (Hg.), Proclus et son influence, Zürich 1987, 179–217.

82 Vgl. dazu I. HADOT, Kommentar (wie Anm. 4) 195–199, mit Verweis auf Epiktet, ench. 49, der als einzigen Sinn von Texterklärung Konsequenzen für die Lebensführung akzeptierte.

83 Simplikios, in Cat. p. 438,33–36 KALBFLEISCH; in Ench. Epict. p. 138,22–33 DÜBNER. Siehe dazu Philippe HOFFMANN, Sur quelques aspects de la polémique de Simplicius

mentar über Aristoteles' *De caelo* in einem abschließenden Gebet dem Schöpfer des Alls als Hymnus dar:

> „Diese Ausführungen bringe ich dir, o Herr und Schöpfer des gesamten Universums und der in ihm enthaltenen einfachen Körper und den von dir Geschaffenen als Hymnus dar, ich, der ich sehnlichst gewünscht habe, die Größe deiner Werke zu erschauen und sie denen zu offenbaren, die dessen wert sind, auf dass wir, nichts Niedriges und Menschliches über dich denkend, dich entsprechend deiner Transzendenz, die du allem von dir Geschaffenen gegenüber besitzt, ehrfürchtig anbeten."[84]

Das Nachdenken über einen Text beim Erklären wurde als Kontemplation heiliger Worte angesehen und galt als Weg zur Erkenntnis der Welt und Gottes, vor allem aber als Weg der eigenen inneren Verwandlung, des intellektuellen und seelischen Fortschritts. Dahinter steht eine in die Anfänge der griechischen und römischen Literatur zurückreichende Tradition: Vor allem die Dichter, in deutlich geringerem Ausmaß auch die Prosaschriftsteller präsentierten ihren Lesern sich und ihr Werk als von einer Gottheit oder den Musen inspiriert.[85] Die Annahme, die Gottheit selbst schaffe das Werk und der Dichter oder Autor sei nur das Werkzeug der Gottheit, ist eine alte griechische Vorstellung und den Philosophen seit Platon und Aristoteles sehr vertraut, insbesondere Plutarch, der das Phänomen der Inspiration am ausführlichsten erörtert hat.[86]

Origenes gehört mit seiner Selbststilisierung als Autor ganz in diese Tradition. Im Prolog zum Johanneskommentar beschreibt er sein ganzes Leben und seine wissenschaftliche Arbeit als Gott geweiht.[87] Er gibt sich ganz Gott hin und verfolgt seine exegetischen Bemühungen im Vertrauen auf Gott.[88] Um den Sinn des Evangeliums zu verstehen,

---

contre Jean Philopon. De l'invective à la réaffirmation de la transcendance du ciel, in: Ilsetraut HADOT (Hg.), Simplicius. Sa vie, son œuvre, sa survie (Peripatoi 15), Berlin/New York 1987, 183–221, hier 203–210.

84 Simplikios, in Cael. p. 731,25–29 HEIBERG; Übersetzung: I. HADOT, Kommentar (wie Anm. 4) 198.

85 Otto FALTER, Der Dichter und sein Gott bei den Griechen und Römern, Diss. Würzburg 1934, hat die Zeugnisse dafür zusammengetragen. Siehe auch GRANT, The Letter and the Spirit (wie Anm. 50) 1–18. – Origenes war das übrigens bewusst: princ. III 3,3 (GCS Orig. 5, 259f.).

86 FALTER, ebd. 3f. und passim; GRANT, ebd. 12–15; P. HADOT, Théologie, exégèse (wie Anm. 19) 23–34. – SKEB, Exegese und Lebensform (wie Anm. 29), bes. 373–385 in seinem „Schlussresümee", berücksichtigt diesen antiken Hintergrund bei seinem Rekurs auf Offenbarung nicht und rückt die christliche Kommentierung der Bibel damit in einen falschen Kontrast zu den antiken Verhältnissen.

87 Origenes, in Ioh. comm. I 1,1–4,26 (GCS Orig. 4, 3–9), bes. 2,12 (4, 5f.).

88 Ebd. X 1,2 (4, 171) und VI 2,7 (4, 107).

strebt er danach, ein wahrer Schüler, ja ein Abbild Christi zu werden.[89] Dementsprechend beendet er das Vorwort zum ersten Buch mit der traditionellen Bitte um Unterstützung und Anrufung Gottes, indem er ihn bittet, ihm durch Christus im Heiligen Geist zu helfen, den mystischen Sinn in den Worten des Evangeliums aufzudecken.[90] Philon war ihm darin in gewisser Weise vorausgegangen: Er betrachtete seine Bibelauslegung als inspiriert und sein Verständnis des Textes, für das eine geistige Begabung erforderlich sei, als Initiation in Geheimnisse.[91] Die Auslegung des Johannesevangeliums ist für Origenes Ausdruck seiner eigenen Gottgeweihtheit und seines Strebens nach geistigem und geistlichem Fortschritt. Die einzelnen Bücher des Kommentars bilden gleichsam die Etappen auf diesem Weg zu Gott.[92] Die beständige Beschäftigung mit den Schriften soll, so später Basilius von Caesarea, „das Ehrwürdige und Mystische der göttlichen Worte der Seele einprägen" und so „zur Reinheit des Lebens" beitragen.[93] Die Tätigkeit des Kommentierens erhält einen regelrecht sakralen Charakter, Exegese wird zur spirituellen Übung und das Dasein als Exeget zu einer religiösen Lebensform.

c) Bibel und Seelenbildung

Die Bibel rückt damit in das Zentrum des christlichen Lebens. Sie gibt dem Leben Sinn und Richtung und erklärt zugleich die ganze Welt, denn aufgrund der Symbolstruktur aller Wirklichkeit ist Schriftdeutung immer zugleich Weltdeutung und Deutung der eigenen Existenz. Sein ganzes Leben soll man der Meditation der göttlichen Worte widmen, meinte Basilius deshalb, wobei er an eine mönchische Lebensweise dachte.[94] Wie der Logos schöpferisches und bewahrend-erlösendes Prinzip aller Dinge ist, ist er auch innerstes Lebensprinzip aller Vernunftwesen. Die Analogie zwischen Kosmos und Schrift ist daher zu erweitern zu einer Analogie zwischen Welt, Buch und Seele. Schriftauslegung ist nicht nur zugleich Kosmologie, sondern auch Anthropologie und Psychologie, ja Psychagogie. Das Verstehen, nach dem Origenes

---

89 Ebd. I 4,23f. (4, 8f.).

90 Ebd. I 15,89 (4, 19). Ähnliche Gebete begegnen ebd. VI 2,10 (4, 108); XX 1,1 (4, 327); XXVIII 1,6 (4, 389f.); XXXII 1,2 (4, 425).

91 GRANT, The Letter and the Spirit (wie Anm. 50) 34.

92 Vgl. SKEB, Exegese und Lebensform (wie Anm. 29) 159–168. Für den Lebensbezug des Kommentierens bei späteren christlichen Autoren siehe ebd. 355–363.

93 (Pseudo-?)Basilius, in Is. praef. 6 (PG 30, 128).

94 Ebd. (30, 128f.). Vgl. SKEB, Exegese und Lebensform (wie Anm. 29) 356f.

bei der Auslegung der Bibel strebt, ist gemäß dem delphischen „Erkenne dich selbst!" auf das Sich-Verstehen ausgerichtet. Ziel der Bibelauslegung des Origenes ist es, den existentiellen und ethischen Sinn des biblischen Textes zu erhellen, so dass die gewonnene Erkenntnis eine verändernde Wirkung auf das eigene Leben ausübt. Der existenzauslegende Charakter der Bibeldeutung des Origenes geht einher mit einer Aufforderung zum Handeln.[95]

Ein Paradebeispiel für die Verknüpfung von Weltdeutung und Existenzauslegung in der Bibelexegese des Origenes bildet seine Auslegung des Schöpfungsberichts in der ersten Genesishomilie. Entsprechend der antiken Analogie vom Menschen als Mikrokosmos im Makrokosmos deutete Origenes das All als Gleichnis für den Menschen. „Durch die Figur der Allegorie" bezog er „all das, was zu sehen ist, als es auf Gottes Geheiß durch sein Wort erschaffen und diese gewaltige sichtbare Welt eingerichtet wurde, zugleich auf die Dinge, die die kleinere Welt zu schmücken vermögen, nämlich den Menschen."[96] „Daher ist" – um nur ein Beispiel für dieses Verfahren anzuführen – „der erste Himmel, den wir geistig genannt haben, unser Bewusstsein, das ja selbst Geist ist, das heißt unser geistiger Mensch, der Gott schaut und erkennt. Jener körperliche Himmel aber, der Gewölbe heißt, ist unser äußerer Mensch, der körperlich wahrnimmt."[97] Das menschliche Leben steht im Zentrum aller Bibelauslegung. Konsequenterweise mündet die Exegese beständig in einen ethischen Impuls, so anlässlich der Aussage in Gen. 1,7f. über das Gewölbe, das die Wasser oberhalb von denen unterhalb scheidet:

> „Ein jeder von euch trachte also danach, dass er zur Scheidelinie werde zwischen dem Wasser, das oben ist, und dem, das unten ist, damit er dadurch Einsicht und Anteil erlange am geistigen Wasser, das über dem Gewölbe ist, und ‚aus seinem Bauch Ströme' (Joh. 7,38) ‚lebendigen Wassers' (Gen. 26,19) fließen lasse, ‚das ins ewige Leben sprudelt' (Joh. 4,14) – zweifelsohne geschieden und getrennt von dem Wasser, das unten ist, das heißt vom Wasser des Abgrunds, in dem, wie es heißt, die Finsternis liegt, in dem, wie oben dargelegt, ‚der Fürst dieser Welt' (Joh. 12,31) und der Widersacher, der Drache und seine Engel (vgl. Offb. 12,7), hausen. Durch seine Teilhabe an jenem oberen Wasser also, das, wie es heißt, über den Himmeln liegt, wird jeder Gläubige zum Himmlischen – wenn er seinen

95 Der ethische Impuls der Schriftauslegung des Origenes ist vorzüglich dargestellt bei Eberhard SCHOCKENHOFF, Zum Fest der Freiheit. Theologie des christlichen Handelns bei Origenes (TTS 33), Mainz 1990, 23–94, bes. 23–37.

96 Origenes, in Gen. hom. 1,11 (GCS Orig. 6, 13); Übersetzung nach HABERMEHL, OWD 1/2, 49.

97 Ebd. 1,2 (6, 3); Übersetzung: ebd. 29–31.

Sinn im Hohen und Erhabenen bewegt, nicht ans Irdische, sondern ganz ans Himmlische denkt und nach dem sucht, was oben ist, wo Christus zur Rechten des Vaters weilt (vgl. Kol. 3,1). Dann nämlich wird Gott auch ihn des Lobes für würdig erachten, das hier geschrieben steht, wenn es heißt: ‚Und Gott sah, dass es gut ist' (Gen. 1,8)."[98]

Mit einem seiner Lieblingsbilder hat Origenes die Bibel als Brunnen beschrieben. Der Symbolismus der Brunnen war überhaupt eines seiner Lieblingsthemen.[99] Die Brunnen stehen einerseits für die Heilige Schrift, andererseits für die Seele, die sich der Heiligen Schrift mit Hingabe widmet.[100] Diese beiden Gedanken sind bei Origenes fest miteinander verbunden: Beide, Bibel und Seele, leben ein geistiges Leben, das auf Gott zurückgeht; sie besitzen „dieselbe Struktur, vielmehr dieselbe ‚Inspiration'", insofern „das gleiche Gottesantlitz auf dem Grund beider leuchtet, in beiden das gleiche ewige Wort widerhallt. Je tiefer ich in den Sinn der Schrift eindringe, desto mehr verstehe ich den verborgenen Sinn meines Daseins."[101] Schon Philon hat die Brunnen, von denen in der Bibel die Rede ist, als Symbol für Bildung und Wissenschaft gedeutet.[102] In Anlehnung an die Erzählung im Buch Genesis, wie Rebekka täglich zum Brunnen kam, um Wasser zu schöpfen (vgl. Gen. 24,11.15), erklärte Origenes die Bibel als Brunnen, aus dem täglich zu schöpfen ist: „Eine Unterweisung für die Seelen ist das, eine geistige Lehre, die dich anhält und lehrt, jeden Tag zum Brunnen der Schriften zu kommen, zu den Wassern des Heiligen Geistes, und allezeit zu schöpfen und ein volles Gefäß nach Hause zu tragen …"[103] Bibellektüre und Bibelauslegung sind eine geistige Übung zur Bildung der Seele – *animarum eruditio et spiritalis doctrina*. Die Lektüre und Kommentierung heiliger Texte wird zur Psychagogie, zur Seelenführung, die die Seele zu Gott geleitet:

„Es steht aber fest, dass diese Vereinigung der Seele mit dem Wort nicht anders geschehen kann als durch die Unterweisung durch die göttlichen

---

98 Ebd. (6, 3f.); Übersetzung: ebd. 31.

99 Vgl. in Ioh. comm. XIII 3f. (GCS Orig. 4, 226); in Cant. comm. prol. 4,6f. (GCS Orig. 8, 81 bzw. SC 375, 150); in Gen. hom. 7,5f. (GCS Orig. 6, 75f.); 11–13 passim (6, 100–121); in Hier. hom. 18,4 (GCS Orig. 3^2, 154); einen Höhepunkt findet das Thema in Num. hom. 12,1–3 (GCS Orig. 7, 93–103).

100 In Gen. hom. 13,3f. (GCS Orig. 6, 116–121); in Num. hom. 12,2 (GCS Orig. 7, 100).

101 De Lubac, Geist aus der Geschichte (wie Anm. 51) 406; vgl. zur Analogie von Schrift und Seele ebd. 405–409 und zur Analogie zwischen Schrift, Seele und Welt ebd. 404–415.

102 Vgl. Philon, quaest. in Gen. IV 191 (p. 392 Aucher); fug. 200 (III p. 153 Cohn/Wendland).

103 Origenes, in Gen. hom. 10,2 (GCS Orig. 6, 95); Übersetzung: Habermehl, OWD 1/2, 199.

Bücher, die bildlich Brunnen genannt werden. Wenn einer zu ihnen kommt und Wasser aus ihnen schöpft, das heißt durch sein Nachdenken tiefere Bedeutung und Erkenntnis in ihnen findet, wird ihm eine Hochzeit zuteil werden, die Gottes würdig ist; denn seine Seele wird mit Gott vermählt."[104]

Anlässlich der Auslegung der Arche Noah hat Origenes die Bedeutung der Bibel für die Seele und das Leben des Bibellesers noch in ein anderes Bild gekleidet, nämlich dem einer Bibliothek im Herzen:

> „Wenn es jemanden gibt, der sich inmitten wachsender Übel und überströmender Laster von den flüchtigen und vergänglichen und hinfälligen Dingen abzuwenden und das Wort Gottes und die himmlischen Gebote zu hören vermag, der baut in seinem Herzen die Arche des Heils und weiht in sich sozusagen die Bibliothek des göttlichen Wortes. Als ihre Länge, Breite und Höhe gebraucht er Glaube, Liebe und Hoffnung. Den Glauben an die Trinität dehnt er auf die Länge und Unsterblichkeit des Lebens aus; die Breite der Liebe befestigt er mit den Herzensregungen der Freundlichkeit und Güte; die Höhe der Hoffnung richtet er empor zum Himmlischen und Erhabenen ... Doch diese Bibliothek errichtet er nicht aus rohen und unbehauenen, sondern aus viereckigen und gleichmäßig ausgerichteten Hölzern, das heißt nicht aus den Werken weltlicher Autoren, sondern aus den prophetischen und apostolischen Büchern. Sie (sc. ihre Verfasser) nämlich sind es, die in vielfältigen Versuchungen bewährt und deren Laster alle getilgt und ausgemerzt sind und die ein viereckiges und in jeder Hinsicht ausgewogenes Leben in sich bergen. Denn die Autoren weltlicher Bücher lassen sich zwar als erhabene Bäume und schattige Bäume bezeichnen ..., weil sie gewiss Erhabenes reden und sich einer blühenden Beredsamkeit befleißigen; doch haben sie nicht so gehandelt, wie sie geredet haben. Und deshalb kann man sie nicht Kanthölzer (vgl. Gen. 6,14) nennen, weil bei ihnen Leben und Wort in keiner Weise in Einklang sind."[105]

Hinter dieser Vorstellung steht der „in die Seele geschriebene" Logos bei Platon.[106] Das Bild hat Schule gemacht, etwa bei Augustinus, der es

---

104 Ebd. 10,5 (6, 99); Übersetzung: ebd. 207. – Als Psychagogie wird in einer neueren Deutungsrichtung übrigens auch Origenes' Schrift *De oratione* erklärt: Lorenzo PERRONE, Origenes' Rede vom Gebet zwischen Frömmigkeit und Theologie. Zur Rezeption von Περὶ εὐχῆς in der modernen Forschung, in: Alfons FÜRST (Hg.), Origenes und sein Erbe in Orient und Okzident (Adamantiana 1), Münster 2011, 101–127, hier 125–127.

105 Ebd. 2,6 (6, 37); Übersetzung: ebd. 87. Vgl. DE LUBAC, Geist aus der Geschichte (wie Anm. 51) 405. – Siehe auch in Ex. hom. 9,4 (Orig. 6, 242): Jeder „soll im Innersten seines Herzens ... die Bundeslade mit den Gesetzestafeln haben, um Tag und Nacht über die Weisung Gottes nachzusinnen (vgl. Ps. 1,2) und sein Gedächtnis zu einer Truhe und Bibliothek der Bücher Gottes zu machen, weil auch der Prophet diejenigen selig nennt, die seine (sc. Gottes) Anweisungen im Gedächtnis bewahren, um sie zu tun (vgl. Ps. 105[106],3; Ez. 37,24)."

106 Platon, Phaidr. 276 a 5f.8f.; 278 a 3; Pierre NAUTIN, SC 232, Paris 1976, 277 Anm. 1.

ebenfalls verwendete.[107] Es vermochte den Stellenwert der Bibel als Basis christlichen Lebens und den Gedanken von Bibellektüre und Bibelauslegung als Lebensform treffend zum Ausdruck zu bringen, wie ein Zitat dazu aus den Jeremiahomilien belegen mag:

> „Die wahrhaftige Bekehrung also besteht darin, die alten Bücher (sc. das Alte Testament) zu lesen, um die Gerechtfertigten zu erkennen und sie nachzuahmen, jene zu lesen, um die Getadelten zu sehen und sich davor zu hüten, jenen Vorwürfen zu verfallen, die Bücher des Neuen Bundes zu lesen, die Worte der Apostel, um sich nach dem Lesen all dies ins Herz zu schreiben und danach zu leben …"[108]

Die zentrale Funktion der Bibel im antiken Christentum war die Schaffung eines christlichen „way of life" im Kontext der antiken Welt.[109] Das ganze exegetische Bemühen des Origenes war darauf ausgerichtet, die Bedeutung der biblischen Texte für das Leben herauszufinden und zu vermitteln. Die durch Exegese zu gewinnende Erkenntnis ist epistemologisch und ethisch zugleich. Sie zielt auf intellektuellen Fortschritt und moralische Besserung als Hinführung zur Gotteserkenntnis.[110] Die Aufgabe des Exegeten besteht nach Origenes darin, die Bibel als pädagogisches Hilfsmittel für die Reise der Seele zu Gott zu erschließen. Der dreifache Sinngehalt der Schrift in Analogie zu Körper, Seele und Geist des Menschen[111] entspricht den verschiedenen Etappen dieses Weges, der von der Reinigung von Affekten und falschen Handlungen über die stufenweise Erkenntnis des Logos zur Vollkommenheit in der Einheit mit Gott, oder besser: im beständigen Verlangen nach der Gottesschau führt. Am Ende des Prologs zum Hoheliedkommentar hat Origenes die Sequenz der salomonischen Bücher mit diesem Weg des Fortschritts und Aufstiegs verbunden und den Sinn dieser Abfolge so erklärt:

> „Wer durch die Läuterung seines Charakters und das Halten der Gebote, auf die in den Sprichwörtern hingewiesen wird, die erste Stufe erreicht hat, danach aber dadurch, dass er (sc. in Kohelet) die Nichtigkeit der Welt begreift und die Hinfälligkeit der vergänglichen Dinge erkennt, an den Punkt kommt, dass er der Welt und allen Dingen in ihr entsagt, der gelangt schließlich auch (sc. im Hohelied) dahin, das, ‚was nicht gesehen werden kann und ewig ist' (vgl. 1 Kor. 4,18), zu betrachten und zu ersehnen."[112]

---

107 Augustinus, civ. XV 26 (II p. 116 DOMBART/KALB); c. Faust. XII 16 (CSEL 25/1, 345f.).

108 Origenes, in Hier. hom. 4,6 (GCS Orig. 3², 29). Vgl. ebd. 2,3 (3², 20): Wir sollen „die Worte der Schriften … in unserem Herzen aufbewahren und nach ihnen leben".

109 YOUNG, Biblical Exegesis (wie Anm. 27) 215.

110 TRIGG, Origen (wie Anm. 47) 11f.

111 Origenes, princ. IV 2,4 (GCS Orig. 5, 312f.).

112 In Cant. comm. prol. 3,22 (GCS Orig. 8, 79 bzw. SC 375, 142).

Im selben Sinne erklärte Origenes in einer berühmten Numerihomilie die Namen der 42 Lagerplätze der Israeliten auf dem Zug durch die Wüste: Die ersten zwölf stehen für die Überwindung der Laster und Leidenschaften, die nächsten 29 (nach dem Sinai) für ein beständiges Fortschreiten in der Erkenntnis des Göttlichen und die letzte (nur die letzte) für die Stufe unmittelbar vor dem Eintauchen in die Erkenntnis Gottes.[113] Diese Reise der Seele, die zugleich der Prozess ihrer Heilung ist, ist das zentrale Prinzip der Bibelauslegung des Origenes.[114] Seelenbildung ist Sinn und Zweck der Schrift, Exegese ist Psychagogie.

3. Bibel und Kultur

Ende des 2. Jahrhunderts war die Bibel als neues Corpus literarischer Klassiker christlich etabliert und trat im christlichen Diskurs an die Stelle der antiken Klassiker. Diesem neuen Kanon autoritativer und heiliger Texte wurde die Offenbarung der Wahrheit zugeschrieben. Die Bibel lieferte fortan die Vorbilder, Zitate und Anspielungen, die nicht einfach nur der Ausschmückung von wörtlichen und schriftlichen Äußerungen dienten, sondern eine fundierende Bedeutung für die Argumentation besaßen.[115] Dieser Vorgang bedeutete eine Herausforderung und Infragestellung der literarischen Kultur, von der die antike Welt geformt wurde: Auf der Basis der Bibel schufen die Christen eine alternative *paideia*.[116]

Origenes hat die Erschließung dieses neuen Kanons klassischer Texte in Angriff genommen und ihn für die christliche Lebensführung fruchtbar gemacht. Indem er die antike Gelehrsamkeit in die Bibelauslegung einführte, hat er die neue christliche *paideia* mit der antiken Kul-

113 In Num. hom. 27 (GCS Orig. 7, 255–280).

114 Nach dem für diese Thematik bahnbrechenden Buch von Walther VÖLKER, Das Vollkommenheitsideal des Origenes. Eine Untersuchung zur Geschichte der Frömmigkeit und zu den Anfängen christlicher Mystik (BHTh 7), Tübingen 1931, hat das in Verbindung mit der exegetischen Hermeneutik Karen Jo TORJESEN, Hermeneutical Procedure and Theological Method in Origen's Exegesis (PTS 28), Berlin/New York 1986, bes. 70–107, aufgezeigt. Als Beispiele vgl. die kurze Auslegung von Ps. 22(23) in Cant. comm. II 4,17–23 (GCS Orig. 8, 138 bzw. SC 375, 340–342) oder den Hinweis in Num. hom. 1,1 (GCS Orig. 7, 4) auf den *ingens profectus animae in his, quae scripta sunt*. Siehe auch DE LUBAC, Geist aus der Geschichte (wie Anm. 51) 214–232; YOUNG, Biblical Exegesis (wie Anm. 27) 242. – Siehe ferner Beitrag Nr. 6 in diesem Band, unten S. 156–161.

115 Siehe dazu YOUNG, ebd. 49–75. 97–116; vgl. ebd. 130.

116 Vgl. YOUNG, ebd. 51, mit Bezug auf Arthur J. DROGE, Homer or Moses? Early Christian Interpretations of the History of Culture (HUTh 26), Tübingen 1989.

tur verknüpft. Auf der Basis wissenschaftlicher philologischer Methoden und philosophischer Hermeneutik interpretierte er die Texte der Bibel als Einführung in ein tieferes Wirklichkeitsverständnis. Das Ziel der Exegese des Origenes ist eine neue Deutung der gesamten Wirklichkeit auf der Basis der Bibel. Bibel- und Weltdeutung bedingen und befruchten sich dabei gegenseitig: Die Welt des Textes erklärt die Welt außerhalb des Textes, und umgekehrt ermöglicht die Welt außerhalb des Textes das Verstehen der Welt des Textes. Ein autoritativer Text ist darauf angewiesen, sich auf die Welt zu beziehen, in der die Menschen leben, und seine Akzeptanz hängt von den Plausibilitätsstrukturen der Kultur ab, in deren Kontext er gelesen wird.[117] Eben diese Verknüpfung hat Origenes geleistet.

Die christliche Kultur, die auf diese Weise grundgelegt wird, ist zu einem beträchtlichen Teil ein Spiegel der antiken Kultur. Indem Origenes die Bibel im Kontext antiker Methodik und Hermeneutik liest und eng mit der Philosophie verknüpft, schafft er ein Amalgam aus antikem Denken und biblischen Traditionen, das nicht aufgelöst werden kann, ohne dabei zerstört zu werden.[118] Das bedeutet keineswegs, dass antike und christliche Kultur dasselbe gewesen oder dass biblische Traditionen nur mit antiker Kultur verknüpfbar wären. Es bleiben Unterschiede, so dass die Bibel mit verschiedenen Kulturen in unterschiedlichen Formen verknüpft werden kann und die von Origenes und den antiken Theologen geschaffene Verbindung das erste, aber nicht einzig mögliche Paradigma für eine solche Kombination darstellt. Origenes jedenfalls hat Gemeinsamkeiten und Unterschiede differenziert beschrieben – wie später Augustinus im siebten Buch der *Confessiones* –, woran auffällig ist, wie weit er die inhaltlichen Gemeinsamkeiten gerade im Gottesbild und in der Ethik fasste.[119] Der Hauptunterschied besteht darin, dass im christlichen Diskurs an erster Stelle (nicht ausschließlich) auf ein anderes Set an Texten und Geschichten Bezug genommen wird (die Bibel) als in der antiken Kultur (Homer bzw. Vergil und die übrigen literarischen Klassiker). In der zugehörigen Rhetorik wurde die antike Kultur der Bibel gewiss untergeordnet, in der diskursiven Praxis lief es freilich eher auf eine gegenseitige Durchdringung hinaus.[120] Umgekehrt wurde die Bibel auch nicht einfach nur als Rechtfertigung für die Über-

117 Vgl. YOUNG, ebd. 139.

118 Vgl. dazu auch DE LUBAC, Geist aus der Geschichte (wie Anm. 51) 383: „Deshalb dürfte es zu einfach sein, bei Origenes und seinen großen Nachahmern zwischen dem christlichen unverwüstlichen Auftrag und dem antiken zeitgenössischen Erbe zu unterscheiden. Eine innigere Amalgamierung hat sich vollzogen."

119 Origenes, in Gen. hom. 14,3 (GCS Orig. 6, 123f.).

120 YOUNG, Biblical Exegesis (wie Anm. 27) 68, stellt das zu einfach dar.

nahme philosophischer Grundsätze herangezogen,[121] sondern spiegelt sich in entsprechenden Kombinationen die kulturelle Dominanz der Bibel als Grundlage auch für Ansichten oder Praktiken, die nicht ursprünglich aus der Bibel stammen.

Mit dem Akzent auf Paränese und Pädagogik, den gerade Origenes in seiner Bibelauslegung gesetzt hat, hat das antike Christentum regelrecht den Charakter einer Schule erhalten, weniger den eines Kultes.[122] Am stärksten war die Prägung der christlichen Lebensführung durch die Bibel im Mönchtum, in der diese (besonders die Psalmen) die Basis für die geistigen Übungen abgaben und das alltägliche Leben bis ins kleinste Detail formten.[123] Über die Liturgie wurden allerdings auch die vielen einfachen Christen erreicht. Allein durch das Lesen umfangreicher Abschnitte aus der Bibel wurden das Geschichtsbild und generell die Bilderwelt der Hörer geformt, und in den Homilien versuchten die Prediger ganz gezielt, das Denken und das Leben der Christinnen und Christen zu beeinflussen.[124] Gewiss muss man einerseits eine Distanz zwischen gepredigten Idealen und gelebter Realität annehmen, doch kann man andererseits auch davon ausgehen, dass der durchschnittliche Christ zur Zeit des Origenes über eine relativ gute Bibelkenntnis verfügte und die Bibel eine wichtige Rolle in der alltäglichen Lebensgestaltung spielte.[125] Mit der Emphase auf Ethik und Lebensführung und den dogmatischen Erläuterungen zu christlichen Lehrmeinungen haben die Prediger auf lange Sicht wesentlich zur Schaffung einer christlichen Kultur im Sinne einer Gesamtdeutung der Welt und des Lebens beigetragen.[126]

Origenes schuf mit seiner Methodik und Hermeneutik der Bibel, mit seinen riesigen Kommentaren und seinen zahlreichen Predigten die

---

121 So P. HADOT, Philosophie als Lebensform (wie Anm. 74) 63f., mit Bezug auf geistige Übungen aus der antiken Philosophie im christlichen Mönchtum.

122 YOUNG, Biblical Exegesis (wie Anm. 27) 244.

123 P. HADOT, Philosophie als Lebensform (wie Anm. 74) 51–63.

124 Vgl. Ambrosius, in Luc. prol. 3 (CSEL 32/4, 5): Der Evangelist Matthäus vermittelt *praecepta vivendi*. – In diesem Sinne hat Christoph MARKSCHIES, „… für die Gemeinde im Grossen und Ganzen nicht geeignet …"? Erwägungen zu Absicht und Wirkung der Predigten des Origenes, in: ZThK 94 (1997) 39–68, erneut in: ders., Origenes und sein Erbe. Gesammelte Studien (TU 160), Berlin/New York 2007, 35–62, die *„Auferbauung der Gemeinde zur christlichen Frömmigkeit"* (ebd. 54, kursiv im Original) als Hauptabsicht der Predigten des Origenes diagnostiziert. Schon seine Zeitgenossen, die Bischöfe von Caesarea und Jerusalem und Bischof Firmilian von Caesarea in Kappadokien haben Origenes dafür geschätzt, wie Eusebius, hist. eccl. VI 19,18 (GCS Eus. 2, 564) und VI 27 (2, 580), berichtet (vgl. MARKSCHIES, ebd. 38).

125 So die Einschätzung von HANSON, Allegory and Event (wie Anm. 18) 360f.

126 YOUNG, Biblical Exegesis (wie Anm. 27) 221–264.

systematischen Grundlagen für diese Entwicklung. In diesem Sinne kann er als Schöpfer christlicher Wissenschaft und Kultur apostrophiert werden. Für den Bibelausleger selbst ist die Exegese dabei Lebensform, insofern er mit seiner eigenen Existenz paradigmatisch vorlebt, was eine auf die Bibel gegründete christliche Kultur konkret bedeutet. Origenes hat dazu ein absolut fundamentales Konzept mit höchst weitreichenden Konsequenzen vorgelegt und vorgelebt.[127] Gegen Dualismen jedweder Art, zu Origenes' Zeiten besonders die diversen gnostischen Systeme, insistierte Origenes auf der Rationalität der Vielheit der Phänomene und konzentrierte seine Theologie-Philosophie darauf, das Universum als verstehbare Einheit zu denken. ‚Wahrheit' (und also ‚Orthodoxie') war für Origenes dieser Blick auf die Wirklichkeit, ‚falsch' (und also ‚häretisch') war es in seinen Augen, Unterscheidungen als Lösungen zu präsentieren und damit Dualismen festzuschreiben, die deterministisch sind und die Freiheit zerstören, ja von vorneherein unmöglich machen, statt Unterscheidungen als heuristisches Mittel zur Erfassung der Einheit und Gesamtheit der Wirklichkeit vorzunehmen. Als Fundament der Einheit betrachtete Origenes die Bibel. Die zentrale Aufgabe des Exegeten besteht deshalb darin, die Einheit der Schrift darzulegen.[128] Nur wenn das gelingt, kann die Bibel als Fundament für Lehre und Leben der Kirche fungieren. Der Exeget steht damit vor einer überaus bedeutsamen und verantwortungsvollen Aufgabe: Seine exegetische Tätigkeit konstituiert die Einheit der christlichen Lehre – die für Origenes durchaus unterschiedliche Denkwege und Gedankenexperimente impliziert – und die Einheit der Kirche.[129] Das Leben und die Arbeit des spirituellen Exegeten sind deshalb fundierend und unverzichtbar: Er deckt die Einheitlichkeiten auf, die im vielfältigen buchstäblichen Text verborgen sind. Wenn er das leistet, zeigt er, dass diese Einheit möglich ist, und gibt so ein Beispiel für die anderen Christinnen und Christen, die aufgerufen sind, das in Freiheit ihrerseits zu leisten. In diesem Sinne bietet der Exeget den anderen ein

127 Siehe dazu den exzellenten Aufsatz von Rowan D. WILLIAMS, Origenes – ein Kirchenvater zwischen Orthodoxie und Häresie, in: ZAC 2 (1998) 49–64; engl.: Origen. Between Orthodoxy and Heresy, in: Wolfgang A. BIENERT/Uwe KÜHNEWEG (Hg.), Origeniana Septima. Origenes in den Auseinandersetzungen des 4. Jahrhunderts (BEThL 137), Leuven 1999, 3–14.

128 Vgl. Origenes, in Ioh. comm. V 5–8 (GCS Orig. 4, 102–105) aus philoc. 5,4–7 (p. 44–48 ROBINSON bzw. SC 302, 290–298); VI 1f. (4, 106–108); X 18,107 (4, 189): „An die Schrift in ihrer Gesamtheit muss man wie an einen einheitlichen Leib herangehen und darf die in der Harmonie ihrer Gesamtkomposition so straffen und festen Zusammenhänge nicht zerbrechen oder zerreißen, wie es die getan haben, die die alle Schriften umfassende Einheit des Geistes nach Kräften zerbrechen"; XX 6,43f. (4, 334).

129 WILLIAMS, Origenes (wie Anm. 127) 54f.

Lebensmodell an, dem sie folgen können[130] und das für jede Christin und jeden Christen von existentieller Bedeutung ist: Indem die Exegese die Präsenz Christi, des Logos, in der Schrift aufzeigt, setzt sie die Pädagogik der Inkarnation fort und bringt das Werk der Erlösung gleichsam in jede einzelne Seele hinein.[131] Die von ihm geliebte Symbolik des Brunnens hat Origenes gezielt in diesem Sinne auf jeden einzelnen Zuhörer und jede einzelne Zuhörerin seiner Predigten angewandt:

> „Versuche also auch du, lieber Zuhörer, einen eigenen Brunnen und eine eigene Quelle zu haben (vgl. Spr. 5,15.18), damit auch du, wenn du ein Buch der heiligen Schriften in die Hände genommen hast, aus eigener Ansicht irgendeine Einsicht vorzutragen beginnst."[132]

Dieses Konzept geriet vom 4. Jahrhundert an in die Krise, als institutionelle Strukturen als Garanten von Einheit (Bischofsamt, Glaubensbekenntnisse mit festem Wortlaut) mächtiger wurden, als sie es zur Zeit des Origenes waren. Im Zuge dieser spätantiken Entwicklung wurde Origenes, der *vere Christianus* und *vere Platonicus*, zum *Origenes haereticus*. Gleichwohl bildet sein Konzept auch in dieser Zeit die bleibende Basis für eine christliche Kultur. Christentum im Sinne des Origenes ist „der *beständige* Prozess der Suche nach einheitlichen Auslegungen für Schrift und Welt".[133] Christliche Kultur nach Origenes ist Bibelauslegung als meditative Übung im Dialog mit den geistigen Errungenschaften der jeweiligen Gegenwart und in geistiger Freiheit. Ziel der spirituellen Übungen ist es, Vertrauen in die Einheit des Kosmos zu gewinnen, der in Allem von Christus, dem Logos, dem kosmischen Christus,[134] durchwaltet ist.

Anders als von Ängsten gesteuerte Christen hat Origenes dieses Vertrauen aufgebracht und ständig investiert. „A refreshing breath of freedom from fear blows through Origen's biblical interpretation."[135] Platons Eros der Philosophie ist bei Origenes zum Eros der Exegese geworden. Durch ständige Beschäftigung mit dem Wort Gottes in den Worten der Bibel ist der Ausleger sowohl kognitiv als auch affektiv

130 Ebd. 57.

131 So das Fazit von TORJESEN, Origen's Exegesis (wie Anm. 114) 147; vgl. ebd. 136. 138.

132 Origenes, in Gen. hom. 12,5 (GCS Orig. 6, 112), zitiert aus MARKSCHIES, Predigten des Origenes (wie Anm. 124) 55; vgl. schon DE LUBAC, Geist aus der Geschichte (wie Anm. 51) 408f. – In Num. hom. 12,1 (GCS Orig. 7, 94) betont Origenes, dass „jeder von uns in sich selbst einen Brunnen hat".

133 WILLIAMS, Origenes (wie Anm. 127) 58 (kursiv im Original).

134 Siehe dazu die postum vom Doktorvater publizierte Studie von James A. LYONS, The Cosmic Christ in Origen and Teilhard de Chardin. A Comparative Study, Oxford 1982.

135 HANSON, Allegory and Event (wie Anm. 18) 365.

Gott nahe. Bibelauslegung ist in diesem Sinne ‚erotisch',[136] wobei es der Text ist, der eine ‚erotische' Wirkung auf den Leser oder die Leserin ausübt und sie unwiderstehlich anzieht. Die Küsse des Bräutigams, der Christus ist, meinte Origenes angeregt von Hld. 1,2, sind Einblicke in die tiefere Bedeutung der oft schwer verständlichen und rätselhaften Schrift.[137] Der Ausleger hört „die Stimme des Geliebten" (Hld. 2,8a), der zur Braut – zum Exegeten – kommt,[138] und „die jungen Frauen, die sie hören, entbrennen mehr und mehr in Zuneigung und Liebe zum Bräutigam".[139] Und „nur wer das Wort Gottes mit ungeteilter Hingabe in seinem Herzen und mit aller Liebe umfängt, der allein wird den Duft seines Wohlgeruchs und seiner Lieblichkeit verkosten können".[140]

> „Wenn jemand die Welt verlassen, wenn jemand aus dem Gefängnis und aus dem Gefangenenhaus freikommen will, dann nehme er Jesus in seine Hände, dann umschlinge er ihn mit seinen Armen, dann drücke er ihn gegen seine Brust. Vor Freude jubelnd wird er gehen können, wohin er will."[141]

In solcher Innigkeit, ja Zärtlichkeit dürfte der Kern von Origenes' Leben und seines unermüdlichen exegetischen Schaffens liegen. „Daher auch", schrieb Henri de Lubac, „der ergreifende und unvergängliche Reiz so vieler Seiten, die sich sonst weder durch wissenschaftliche Schärfe, noch durch Glanz der Bilder oder des Stils auszeichnen. Die Heilige Schrift ist seine Freude und sein Trost ... Sie ist der erfrischende Quell, in dem sich seine Seele erneuert. Sie ist der weite Raum, in dem er Gott erkundet:"[142]

> „Bricht Drangsal über uns herein, erfasst uns die Angst der Welt, erdrücken uns die Bedürfnisse des Leibes, so suchen wir die Weite der Weisheit und des Wissens Gottes, in der sich die Welt nicht beengt finden kann. Ich kehre zurück zu den unermesslichen Ebenen der göttlichen Schriften; auf ihnen suche ich den geistigen Sinn des Wortes Gottes, und keine Angst

---

136 TRIGG, Origen (wie Anm. 47) 49. Siehe dazu Patricia COX MILLER, „Pleasure of the Text, Text of Pleasure". Eros and Language in Origen's *Commentary on the Song of Songs*, in: JAAR 54 (1986) 241–253.

137 Origenes, in Cant. comm. I 1,11 (GCS Orig. 8, 91 bzw. SC 375, 184).

138 Ebd. III 11,1–3 (8, 199 bzw. 376, 598).

139 Ebd. II 11,3 (8, 171 bzw. 375, 456). Vgl. ebd. prol. 2,46 (8, 74 bzw. 375, 122).

140 Ebd. II 10,11 (8, 170 bzw. SC 375, 452).

141 In Luc. hom. 15,2 (GCS Orig. 9², 93); Übersetzung: SIEBEN, FC 4/1, 178–180. Zur sehr persönlichen Jesus-Frömmigkeit des Origenes siehe DE LUBAC, Geist aus der Geschichte (wie Anm. 51) 75–79; Irénée HAUSHERR, Noms du Christ et voies d'oraison (OCA 157), Rom 1960, 43–52; zum Vollkommenheitsideal des Origenes als Nachfolge Christi siehe VÖLKER, Vollkommenheitsideal (wie Anm. 114) 215–228.

142 DE LUBAC, ebd. 96.

wird mich hier mehr bedrücken. Ich galoppiere durch die riesigen Räume der mystischen Einsicht."[143]

Nicht zuletzt aus dieser nicht bloß intellektuellen, sondern auch emotionalen und in diesem Sinne umfassend menschlichen Tiefe erklären sich wohl die Faszination und der tiefgehende Einfluss, den Origenes sowohl zu seinen Lebzeiten mit seiner Persönlichkeit und als Lehrer der Theologie als auch später mit seinen Texten ausübte.[144]

143 Origenes, in Rom. comm. VII 9 (p. 600 HAMMOND BAMMEL); Übersetzung: DE LUBAC (bzw. VON BALTHASAR), ebd. 97 (vgl. ebd. 381).

144 Ein Beispiel aus der Antike für die Faszinationskraft des Menschen und Lehrers Origenes bietet der folgende Beitrag Nr. 5.

Das Theologiestudium als Lebenswende

Eine Geschichte aus der Alten Kirche*

1. „Warum bin ich dann über die Maßen gebildet?"

Was täten wir, hätten wir Kohelet nicht? Sobald uns Zweifel an Religion, Glaube oder Theologie befallen, bemühen wir gern den grüblerischen Prediger aus der Bibel. Studierenden (und vielleicht auch Dozierenden), denen Zweifel daran kommen, wozu sie denn eigentlich Theologie studieren (bzw. dozieren), liefert Kohelet eine provokante Frage, die eben diesen Zweifel zum Ausdruck bringt: „Warum bin ich dann über die Maßen gebildet?" (Koh. 2,15). Lässt sich darauf eine Antwort finden?

Zum Studium der Theologie gehören, wie zu jedem Fach, bestimmte Wissensinhalte, die man kennen und sich aneignen muss, um im Fach kompetent zu sein. Ohne solche Kompetenz würden die Absolventen der Theologie sich in ihren späteren Berufen schwer tun – egal, in welchem Berufsfeld sie tätig sind. „Irgendwie" jedoch scheint es im Fach Theologie noch um etwas anderes zu gehen als um inhaltliches Wissen und fachliche Bildung. Kann man das, was man treibt, wenn man Theologie studiert, überhaupt je zu einem Abschluss bringen? Geht es da nicht um Dinge, die nicht durch das „Ablegen" von Prüfungen ad acta gelegt werden können? Mit solchen Fragen soll nicht der Wert theologischer Bildung kleingeredet werden. Sie zielen vielmehr auf den „Mehrwert", den die wissenschaftliche Beschäftigung mit religiösen und theologischen Themen beinhaltet und den offenbar auch Kohelet mit seiner Frage im Visier hatte.

Zum einen liegt dieser Mehrwert in den so genannten „soft skills", von denen in der aktuellen Bildungspolitik viel die Rede ist, also in den Fähigkeiten und Fertigkeiten, die man dadurch erwerben kann, dass man eben studiert. Dazu gehört, Informationen aufzunehmen und kritisch zu verarbeiten, sich Wissen anzueignen und eigenständig damit

---

* Geist und Leben 78 (2005) 40–48. – Der Text ist die überarbeitete Fassung einer Rede, die anlässlich der Diplomfeier der Katholisch-Theologischen Fakultät der Westfälischen Wilhelms-Universität Münster am 16. November 2002 gehalten wurde.

umzugehen, es abzurufen und in verschiedener Weise für unterschiedliche Zwecke einzusetzen; dazu gehört ferner, Eigenständigkeit zu erlernen, mehrere Dinge gleichzeitig zu organisieren, sich selbst zu motivieren, Konstanz und Ausdauer an den Tag zu legen, um selbst gesteckte Ziele zu erreichen und äußeren Anforderungen gerecht zu werden. Es geht auch darum, die eigenen Möglichkeiten ebenso kennen zu lernen wie die eigenen Grenzen und zu einer realistischen Selbsteinschätzung zu gelangen. Das und anderes, was [41] man noch nennen könnte – Teamfähigkeit, Dialogfähigkeit, Medienkompetenz –, hört sich nicht spektakulär an, doch handelt es sich um wichtige Fähigkeiten, die nicht selbstverständlich sind. Ohne ein Mindestmaß dieser „weichen Kompetenzen" ist ein Studium einerseits nicht zu bewältigen, andererseits vermittelt eben das Studium solche Fähigkeiten, auch wenn die Studierenden das möglicherweise gar nicht oder nicht immer wahrnehmen.

Nun sind solche Fähigkeiten für das Studium aller Fächer erforderlich und in allen erlernbar. Dazu muss man nicht ausgerechnet Theologie studieren. Es gibt aber noch einen „soft skill", der zwar auch nicht ausschließlich der Theologie eignet, in ihr jedoch eine besondere Färbung hat. Ich meine Kritikfähigkeit. Natürlich kann man kein Fach studieren, ohne ständig kritisch Fragen zu stellen und zu versuchen, den Dingen auf den Grund zu gehen. Im Theologiestudium indes bekommt die Fähigkeit zu Kritik eine weitere Konnotation, die nicht ohne weiteres immer gegeben ist, sondern mit den spezifischen Inhalten der Theologie zusammenhängt. Sie bietet die Gelegenheit, nicht nur Wissensstoff anzuhäufen, sondern Fragen nachzugehen, die über bloße Sachzusammenhänge hinausweisen. Gerade die Theologie ist nämlich ein Fach, das nicht nur als abstrakter Stoff daherkommt, sondern ständig mit der Lebenswelt der Studierenden (und auch der Dozierenden) in Verbindung steht. Wer Theologie treibt, denkt nicht nur kritisch über „etwas" nach, sondern oft auch über „sich".

Das Studium der Theologie zwingt nicht zuletzt dazu, über das eigene Weltbild nachzudenken. Unter Umständen kann es dazu führen, von lieb gewordenen Vorstellungen Abschied zu nehmen und neue an ihre Stelle zu setzen. Ein Beispiel aus meiner eigenen Studienzeit: In einem (völlig überfüllten) Seminar, in dem es um die Entstehung des römischen Primatsanspruchs in der Zeit der Alten Kirche ging, war allen Teilnehmerinnen und Teilnehmern sehr schnell klar, dass Petrus nicht als erster Papst anzusehen ist, weil das Papsttum erst im Laufe einer Jahrhunderte währenden Entwicklung entstanden ist. Da meldete sich eine Studentin – sie musste einfach mitteilen, was da mit ihr geschah: Soeben sei ihr Weltbild zusammengebrochen, und sie möchte sagen, dass das für sie alles andere als einfach sei. – Zum Vergleich: Zwei mal zwei bleibt immer vier, auch wenn man Mathematik studiert, aber wenn man Theologie studiert, bleibt Petrus nicht immer der erste Papst. Diese Einsicht betrifft nicht nur irgendeinen Gegenstand, sondern hat mit dem eigenen Weltbild, den eigenen Glaubensüberzeugungen, man könnte auch sagen: mit der eigenen Identität zu tun.

Das Zerbrechen falscher Vorstellungen von der Welt und vom Leben eröffnet die Chance, richtigere an ihre Stelle zu setzen und damit das Leben besser zu meistern. Im Theologiestudium stecken dafür zahllose Möglichkeiten. Es vermittelt die anspruchsvolle Fähigkeit, eigene Ansichten und [42] Überzeugungen auf den Prüfstand kritischer Reflexion zu stellen, sie, wenn es sein muss, zu verwerfen und neue, bessere zu suchen. Theologie vermittelt Orientierungswissen und kann dazu beitragen, eine „Orientierungswissens-Kultur" zu etablieren.[1]

Es dürfte schwer zu sagen sein, wie viele Studierende der Theologie anders orientiert aus ihrem Studium herauskommen als sie hineingegangen sind, und zwar nicht einfach, weil sie ein paar Jahre älter geworden sind und das eine oder andere gelernt haben, sondern weil sie durch manche Wandlungen und vielleicht auch Brüche hindurchgegangen sind. In diesem Sinn könnte man vom Theologiestudium sogar als „Lebenswende" sprechen. Der Ausdruck scheint ein wenig hoch gegriffen. So dramatisch, dass nach dem Studium alles anders ist als vorher, dürfte es nur in Ausnahmefällen zugehen. In der Alten Kirche gab es allerdings einen Studenten, bei dem dieser Begriff durchaus am Platz ist. Da hat einer im dritten Jahrhundert Theologie studiert und dieses Studium im vollen Sinn als Wende seines Lebens begriffen.

2. „Dies war wahrhaftig ein Paradies für uns"

Es geht um einen Mann namens Gregor aus Neocaesarea in der römischen Provinz Pontus im Nordosten Kleinasiens (heute Niksar in der Türkei). Als er vierzehn Jahre alt war, starb sein Vater. Seine Mutter sorgte für eine gute Ausbildung, wie es für Kinder aus wohlhabenden Familien üblich war. Unüblich war, dass Gregor Latein lernte. Griechen taten das in der Antike nur selten; da Griechisch Umgangssprache war, bestand dazu wenig Anlass. Für Gregor allerdings bildete die Beherr-

1 Weiteres dazu bei Klaus MÜLLER, Kompetenzbildung im theologischen Lehramtsstudium. Ein wissenschaftstheoretischer Zwischenruf, in: Guido HUNZE/Klaus MÜLLER (Hg.), TheoLiteracy. Impulse zu Studienreform – Fachdidaktik – Lehramt in der Theologie (Theologie und Praxis B 17), Münster 2003, 31–50.

schung des Lateinischen eine unerlässliche Voraussetzung für den Berufsweg, den er einzuschlagen gedachte. Nachdem er sich bereits Grundkenntnisse im römischen Recht angeeignet hatte, wollte er Jura studieren. Ein Studium des römischen Rechts eröffnete die Möglichkeit, in der Verwaltung des Römischen Reiches tätig zu werden und, wenn es gut lief, als kaiserlicher Beamter Karriere zu machen. Zu diesem Zweck brach Gregor mit seinem Bruder Athenodoros nach Berytos in Syrien auf, dem heutigen Beirut im Libanon. Die Stadt war ein Zentrum für juristische Studien; später entwickelte sich dort eine berühmte Rechtsschule. Dieses Ziel sollten Gregor und sein Bruder allerdings nie erreichen. Verschiedene Zufälle – oder, wie Gregor es im Nachhinein sah, [43] die göttliche Vorsehung in Gestalt seines Schutzengels – führten sie auf andere Wege und schlussendlich auf einen anderen Lebensweg.

Es begann alles ganz harmlos. Die beiden Brüder steuerten Beirut nicht direkt an, sondern reisten erst noch ein Stück weiter nach Süden, bis nach Caesarea am Meer, der Hauptstadt der römischen Provinz Syria Palaestina (heute teilweise ausgegrabene Ruinen südlich von Haifa in Israel). Der Anlass dafür war ihre Schwester. Deren Mann hatte in Caesarea kurz zuvor eine Stelle als juristischer Berater beim Provinzstatthalter angetreten, und als seine Frau nachzog, begleiteten ihre Brüder sie. Caesarea war also lediglich als Durchgangsstation nach Beirut gedacht. Doch es kam anders. Fünf Jahre blieben die Brüder dort und ließen sich am Ende ihres Aufenthalts vermutlich taufen. Nach dieser Zeit sah ihr Leben sehr anders aus, als sie sich das noch bei der Ankunft in der Stadt vorgestellt hatten. Diese Wende ihres Lebens lag an einem Mann, den sie in Caesarea kennen lernten und der auf sie einen solchen Eindruck machte, dass sie ihr geplantes Jurastudium an den sprichwörtlichen Nagel hängten und stattdessen – Theologie studierten.

Der Mann war Origenes, ein Theologe aus Alexandria in Ägypten (im westlichen Nildelta an der Mittelmeerküste), der um 231/33 nach Caesarea in Palästina übergesiedelt war, weil er in einen Autoritätskonflikt mit seinem Bischof geraten war. Auf Reisen nach Palästina hatte er nämlich auf Einladung der Bischöfe von Jerusalem und Caesarea als Laie Predigten gehalten. Während das in Palästina offenbar niemanden störte, nahm Demetrios, der Bischof von Alexandria, daran Anstoß und beorderte Origenes, der für den Unterricht der Taufbewerber zuständig war, nach Alexandria zurück. Als Origenes sich etliche Jahre später in Palästina erneut zum Predigen einladen und, noch mehr, zum Priester weihen ließ, kam es zum Eklat, weil der Bischof von Alexandria diesen Akt vermutlich als Übergriff auf seine Amtsbefugnisse empfunden hat.

Er enthob Origenes seiner Lehrtätigkeit, erkannte ihm die Priesterwürde ab und schloss ihn aus der alexandrinischen Gemeinde aus. Origenes ging daraufhin nach Caesarea. Die dortigen Bischöfe waren hoch erfreut, den besten Prediger und führenden Theologen der damaligen Zeit bei sich zu haben.

In Caesarea gründete Origenes eine Schule, in der man christliche Theologie studieren konnte – das einzige bekannte Beispiel dieser Art aus der Alten Kirche. Der fünfjährige Studienplan sah vor, in einer Art Grundstudium Logik (bzw. Dialektik), Physik (d.h. Mathematik, Geometrie, Astronomie) und Ethik zu studieren, die Disziplinen der antiken Philosophie. Darauf folgte, gleichsam im Hauptstudium, die Theologie in zwei Etappen: Erst waren die theologischen Ansichten der antiken Philosophen und Dichter gründlich und kritisch durchzuarbeiten, dann folgte das Studium der Bi[44]bel. Die Schule des Origenes in Caesarea bot ein anspruchsvolles Studium generale (im antiken Sinn) als Vorbereitung auf das Studium der Theologie, deren Höhepunkt und Zentrum die Exegese bildete.

Diesen Origenes haben Gregor und sein Bruder in Caesarea getroffen. Welche Bedeutung diese Begegnung für sie hatte, wissen wir aus Gregors eigenen Worten. Am Ende ihres Studiums, vermutlich im Jahre 238, hat Gregor nämlich eine Dankrede an Origenes gehalten. Wenn die Rede nicht ein rein literarisches Produkt ist, dann müssen wir uns wohl ein Abschiedsfest vorstellen, in dessen Rahmen Gregor sich mit einer langen Rede bei seinem Lehrer für alles bedankte, was er von ihm gelernt hatte. Der Text ist eine Rarität aus dem frühen Christentum.[2]

Origenes muss einen ungeheuer tiefen Eindruck auf Gregor (und seinen Bruder) gemacht haben. „Über einen Mann gedenke ich nämlich etwas zu sagen", begründete Gregor seine Rede, „der zwar dem Anschein nach ein Mensch ist und sich auch so zeigt, aber für diejenigen, die imstande sind, den Kern seines Wesens zu erblicken, den menschlichen Bereich schon weit hinter sich gelassen hat, um sich besser vorzubereiten für den Aufstieg zur Gottheit" (Dankrede 10: FC 24, 125). „Jetzt erzähle ich, was das Gottähnlichste an ihm ist und was in ihm mit Gott verwandt ist; es ist zwar in diesem seinem sichtbaren und sterblichen Leib eingeschlossen, zwingt ihn aber, mit größtem Eifer Gott ähnlich zu werden" (ebd. 13: 24, 127). Aufstieg zu Gott, Gott ähnlich werden – das war das oberste Ziel spätantiker Philosophie. Origenes, meinte Gregor, habe dieses Ziel so gut wie erreicht.

---

2 Die Zitate sind folgender Ausgabe entnommen: Gregor der Wundertäter, Dankrede an Origenes. Im Anhang: Der Brief des Origenes an Gregor den Wundertäter, übersetzt von Peter GUYOT, eingeleitet von Richard KLEIN (FC 24), Freiburg u.a. 1996.

Die Begegnung mit Origenes markierte für Gregor und seinen Bruder den Beginn eines neuen Lebens: „Er hat uns vom ersten Tag an aufgenommen; es war in Wahrheit mein erster, mein wertvollster Tag von allen, wenn ich so sagen darf, da für mich zum ersten Mal die wahre Sonne aufzugehen begann"(ebd. 73: 24, 151). So von heute auf morgen, wie Gregor es hier pathetisch beschreibt, ging das freilich nicht. Man traf sich immer wieder, führte Gespräch um Gespräch – bis die Brüder beschlossen, nicht nach Beirut zu gehen, um Jura zu studieren, sondern in Caesarea zu bleiben, um Theologie zu studieren. „Am Anfang wollten wir ihn zwar ... verlassen und nach Berytos oder in unsere Heimat aufbrechen, er aber ... verwickelte uns in Unterhaltungen aller Art, setzte – wie das Sprichwort lautet – alle Segel und bot alle seine Kräfte auf" (ebd. 73f.: 24, 151). „Ich kann jetzt nicht sagen, wie viele solche Worte er uns hören ließ, während er uns ermunterte zu philosophieren, nicht nur an einem einzigen Tag, sondern mehrfach in den [45] ersten Tagen, an denen wir ihn besuchten" (ebd. 78: 24, 153). Die Brüder bekundeten offenbar Interesse an einem Studium bei Origenes, und dieser setzte in etlichen Gesprächen alles daran, sie dafür zu gewinnen. – Über mangelnde Betreuung durch den Dozenten konnten diese Studenten wohl nicht klagen, und das schon vor Aufnahme des Studiums.

Was hat die Brüder dazu gebracht, schlussendlich bei Origenes zu bleiben? Gregor konnte das selbst nicht so genau sagen. Sie fühlten sich offenbar auf unwiderstehliche Weise von der Persönlichkeit des Origenes und seinen Worten angezogen. Gregor versuchte es so zu beschreiben: „Wir waren wie von einem Pfeil getroffen von seiner Rede, und zwar vom ersten Augenblick an; denn sie war gewissermaßen eine Mischung aus einer wohltuenden Anmut, Überredungskunst und einer Art Zwang. Doch wir zappelten sozusagen und überlegten noch hin und her und waren noch nicht ganz entschlossen, mit dem Philosophieren fortzufahren, doch konnten wir – ich weiß nicht warum – nicht wieder damit aufhören, da wir unablässig von seinen Worten wie von irgendwelchen stärkeren Mächten zu ihm hingezogen wurden" (ebd. 78: 24, 153). Gregor und sein Bruder spürten: Da ist mehr, als einem sonst so geboten wird. Sie waren fasziniert – fasziniert von einem Mann, der ihnen Theologie so schmackhaft machte. „Er versuchte" nämlich „nicht, uns trügerisch mit Worten oder sonstwie zu umgarnen, sondern uns in seinem gewandten, menschenfreundlichen und äußerst edlen Denken zu retten und uns an dem Guten, das von der Philosophie stammt, teilhaben zu lassen" (ebd. 81: 24, 155).

Gregor und sein Bruder müssen sich sehr stark zu Origenes hingezogen gefühlt haben, und vielleicht hat auch Origenes gemerkt, dass solche Studenten nicht jeden Tag vorbeikommen. Die Offenheit der

Brüder erklärt sich möglicherweise daraus, dass dies nicht ihr erster Kontakt mit dem Christentum war. Schon nach dem Tod ihres Vaters, der ein überzeugter Anhänger der antiken Religion war, fühlte Gregor sich stark vom Christentum angezogen (vgl. ebd. 48–54: 24, 141–143). Vielleicht war es von daher gesehen so, dass Origenes bei Gregor offene Türen einrannte. Wirklich erklären kann man nie, was in einem Menschen in entscheidenden Augenblicken seines Lebens vorgeht. Sichtbar und greifbar ist erst wieder das Ergebnis, im Falle Gregors und seines Bruders das Theologiestudium bei Origenes. Sie ließen sich „überreden, alle Angelegenheiten oder Studien, von denen wir der Meinung gewesen waren, dass sie für uns passend wären, unter anderem sogar das Studium meiner schönen Gesetze, zu vernachlässigen, ebenso wie meine Heimat und meine Angehörigen, die hier bei mir waren und denen zuliebe wir die Reise unternommen hatten. Nur eines war mir lieb und willkommen: die Philosophie und ihr Führer, dieser göttliche Mensch“ (ebd. 84: 24, 155–157).

[46] Das Studium selbst war für Gregor und Athenodoros dann nicht das reine Vergnügen, sondern anstrengend. Origenes nahm seine Schüler hart ran und schenkte ihnen nichts: „Nachdem er auf solche Art gleich zu Beginn von uns Besitz ergriffen und uns in jeder Weise umgarnt hatte, und als er schon Wesentliches erreicht hatte und wir uns entschlossen hatten zu bleiben, behandelte er uns im übrigen von da an, wie ein tüchtiger Bauer es mit einem noch unbebauten Stück Land tut, …, indem er uns Fragen stellte, Aufgaben vorlegte und unsere Antworten anhörte … Er fuhr uns mit harten Worten an, und ganz in der Art des Sokrates pflegte er uns manchmal durch seine Rede zu Fall zu bringen“ (ebd. 93. 95. 97: 24, 161–163). Das war nicht immer einfach für die Brüder, aber sie mühten sich redlich – und mit Erfolg: „Schwer erträglich war das für uns und nicht ohne Schmerz am Anfang, wenn er seine Reden an uns richtete, da wir ja nicht daran gewöhnt und noch nie darin geübt waren, der Vernunft zu folgen. Doch er reinigte uns dadurch trotzdem gründlich“ (ebd. 98: 24, 163). „Seine Worte … weckten uns gleichsam aus dem Schlaf und lehrten uns, immer an den gestellten Themen festzuhalten und niemals, weder wegen der Länge der Ausführungen noch wegen des Scharfsinns der Worte in unserer Aufmerksamkeit nachzulassen“ (ebd. 101: 24, 165). Durch die blumige Sprache hindurch ermöglicht der Text einen realistischen Blick in den Studienalltag in der Spätantike.

Aus den hymnischen Worten Gregors wird nicht recht ersichtlich, was ihn eigentlich mehr begeistert hat: die Persönlichkeit des Origenes – oder sein theologisches Denken. Vielleicht ist beides auch nicht wirklich trennbar. Dieses Theologiestudium war nicht reine Wissensvermittlung, sondern Menschenformung. Origenes „pries die Philosophie und die Liebhaber der Philosophie mit großen Lobreden und vielen passenden Worten, indem er sagte, nur diejenigen würden in Wahrheit ein Leben nach den Regeln der Vernunft führen, die sich bemühten, auf rechte Weise zu leben. Sie müssten zuerst sich selbst erkennen, wer sie sind, und dann das wahrhaft Gute, das der Mensch erstreben, und das wahrhaft Böse, das er meiden soll. Er tadelte die Unwissenheit und alle Unwissenden: Zahlreich sind aber, wie er sagte, diejenigen, die wie Tiere geistig blind sind und nicht einmal erkannt haben, was sie selbst sind, und wie vernunftlose Wesen umherirren und überhaupt weder selbst wissen noch lernen wollen, was eigentlich das Gute oder das Böse ist, und die mit gierigem Verlangen nach Geld, Ruhm und Ansehen bei der Masse und nach körperlichem Wohlergehen streben, als würde es sich dabei um etwas Gutes handeln, und die diese Dinge hoch und sogar über alles schätzen und von den Berufen nur die für wertvoll halten, die ihnen dies verschaffen können, und von den Lebensläufen nur die, die ihnen die Aussicht darauf eröffnen, nämlich das Soldatenleben, den Anwaltsbe[47]ruf und das Studium der Gesetze. Damit nannte er mit höchstem Nachdruck und mit großem Sachverstand das, was uns anstachelte, weil wir denjenigen Teil unseres Inneren, dem, wie er sich ausdrückte, die oberste Herrschaft gebührt, nämlich die Vernunft, vernachlässigten" (ebd. 75–77: 24, 151–153). „So erzog er uns, ... das Gerechte zu tun, und andererseits nicht weniger dazu, klug zu sein, und zwar dadurch, dass sich unsere Seele auf sich selbst konzentriert und wir danach trachten und versuchen, uns selbst zu erkennen" (ebd. 140f.: 24, 181). Das entsprach dem zeitgenössischen Verständnis von Philosophie als Lebensform. Erkenntnis (ausgehend von Selbsterkenntnis) und Ethik gehörten zusammen. „Die Bestimmung aller Menschen liegt", so Gregor, „in nichts anderem als darin, durch die Lauterkeit ihres Denkens Gott ähnlich zu werden, zu ihm zu kommen und in ihm zu bleiben" (ebd. 149: 24, 185). Das kann man als spätantike, philosophisch imprägnierte Formulierung des „Mehrwerts" des Theologiestudiums ansehen.

Nach fünf Jahren Studium kehrten die Brüder in ihre Heimat zurück. Sie äußerten die Absicht, dort beruflich als Anwälte tätig zu werden; juristische Kenntnisse hatten sie sich ja schon vor ihrem Aufbruch nach Beirut bzw. Caesarea angeeignet. Wie ihr Leben tatsächlich weiterging, wissen wir nur schemenhaft. Beide wurden zu Bischöfen geweiht – was nicht sehr verwundern muss, denn Christen mit abgeschlossenem Theologiestudium waren zu jener Zeit Mangelware. Gregor war dann ein außerordentlich erfolgreicher Missionar, dem in späteren Legenden zahlreiche Wunder zugeschrieben wurden, so dass er zwei Beinamen erhalten hat: „der Wundertäter" und „der Große". Weil in der lateinischen Westkirche mit Gregor dem Großen der Papst Gregor I. assoziiert wird, firmiert er heutzutage in Lexika und andernorts als Gregor Thaumaturgos, „der Wundertäter". Doch bevor er das wurde, war er ein einfacher Student der Theologie bei Origenes in Caesarea.

Was Gregor und sein Bruder mit Origenes und in seiner Schule erlebt haben, haben sie als weit wertvoller erfahren als alle ihre früheren Ansichten und Pläne. Vielleicht liegt darin eine Antwort auf die Skepsis eines Kohelet. Das Theologiestudium ist mehr als eine aus vielen Theorien errichtete Hürde auf dem Weg in die Berufsfelder, die Theologinnen und Theologen offen stehen. Sein unersetzlicher Eigenwert könnte darin bestehen, eine speziell profilierte und in gewissem Sinn privilegierte Etappe in der eigenen religiösen Biographie zu sein.[3] Der „Mehrwert" der Theologie könnte [48] darin liegen, den Studierenden neue Horizonte und Wege für ihr Denken und Leben zu eröffnen. Sollte dieses dadurch reicher und weiter werden, dann handelt es sich bei dem, was man im Theologiestudium lernt, gleichsam um Früchte, die aus dem Paradies stammen. So, als Paradies, hat jedenfalls Gregor sein Studium in der Rückschau wahrgenommen: „Und, um es kurz zusammenzufassen, dies war wahrhaftig ein Paradies für uns, eine Nachahmung des großen Paradieses Gottes, … dies war eine wahre Heiterkeit und Wonne, worin wir während dieser Zeit, die nun zu Ende gegangen ist, geschwelgt haben; diese Zeit war ja nicht kurz und war doch ganz kurz, wenn sie in diesem Augenblick ihr Ende finden wird, wo wir nun abreisen und uns von hier entfernen" (ebd. 183f.: 24, 199–201).

3 Aus dieser Perspektive heraus wird die Theologie in der originell konzipierten Einführung von Hans-Martin GUTMANN und Norbert METTE, Orientierung Theologie. Was sie kann, was sie will, Reinbek bei Hamburg 2000, konsequent von den lebensgeschichtlichen Kontexten ihrer Subjekte aus erschlossen.

Origenes als Theologe der Geschichte

Exegese und Philosophie in der Geschichtstheologie des Origenes

Origenes als „Theologe der Geschichte“? Allein schon die für diesen Aufsatz gewählte Überschrift mag bei vielen Origenes-Interpreten dazu führen, sich verwundert die Augen zu reiben. Ist nicht klar, dass Origenes das ganz gewiss nicht ist? Dass er vieles ist, aber eines nicht: ein Theologe der Geschichte? Dass seine Theologie mit ihrer Metaphysik, seine Exegese mit ihrer Allegorie so ziemlich das Gegenteil von dem ist, was man sich unter Geschichtstheologie vorzustellen pflegt?

Nun, genau dies soll auf den folgenden Seiten verfochten werden: dass Origenes ein Theologe der Geschichte ist. Weil Theologie und Philosophie zu seiner Zeit nicht getrennt waren – was wir uns heutzutage wohl nur noch schwer vorstellen können –, kann man ihn auch als Philosophen der Geschichte bezeichnen und sein Denken als Geschichtsphilosophie charakterisieren. Da Origenes selbst sein Denken allerdings wesentlich auf die Bibel gestützt hat, bevorzuge ich im Folgenden, ungeachtet aller Verbindungen zu philosophischen Gedankengängen, die Bezeichnung Geschichtstheologie. Weil Origenes in dieser Hinsicht weithin verkannt wird, mag es sich lohnen, ein paar Seiten mit Überlegungen dazu zu füllen, erstens, warum dies so ist, und zweitens, wie man das Thema anders als üblich sehen könnte.

Der Aufsatz hat absichtlich den Charakter eines Essays, in dem eine Thematik umrissen wird, die weiter auszuarbeiten wäre. Er bietet Prolegomena dazu, wo eine solche Ausarbeitung anzusetzen hätte und in welche Richtung sie gehen könnte. Das gilt nicht zuletzt auch für die im Untertitel angesprochene Synthese von Exegese und Philosophie. Diese beiden Bereiche werden in der modernen Forschung in der Regel zwar nicht konträr, aber doch unverbunden nebeneinander erörtert, wie schon ein Blick auf die Titel einer beliebigen Origenes-Bibliographie erkennen lässt.[1] Die folgenden Überlegungen zur Geschichtstheo-

1 Symptomatisch ist beispielsweise die Gliederung des Sammelbandes von Charles KANNENGIESSER/William L. PETERSEN (Hg.), Origen of Alexandria. His World and His Legacy, Notre Dame 1988: Der erste Teil behandelt „The World of Sacred Scrip-

logie des Origenes verstehen sich daher auch als Beitrag dazu, die sachlogische innere Verknüpfung dieser beiden Bereiche aufzuzeigen und die Kontaktarmut zwischen den zugehörigen Forschungslinien abzubauen.

1. Der Sinn der Geschichte – Biblisch

Der Vorwurf, Origenes habe die biblischen Geschichten in lauter Allegorien aufgelöst und damit die Wahrheit der Geschichte preisgegeben, gehörte lange Zeit zu den eingefleischten Vorurteilen gegen seine Exegese.[2] Richard Simon hat ihn Ende des 17. Jahrhunderts nicht als erster, aber klassisch formuliert: „Origène établit avec tant de force … le sens spirituel, qu'il détruit entièrement la verité de l'histoire."[3] So oder ähnlich lautende Aussagen wurden seither meist von Leuten vorgebracht, die mit dem, was Origenes geleistet hatte, nämlich die Bibel mit Vernunft und Wissenschaft zusammenzubringen,[4] rein gar nichts anzufangen wussten. Henri de Lubac hat die Problemlage Mitte des 20. Jahrhunderts treffend auf den Punkt gebracht: „So viele unserer Zeitgenossen der jüngst vergangenen Generation: künstliche Antithesen aufbauschend, überzeugt, dass Buchstabe und Geist, Wirklichkeit und Symbol, Wissenschaft und Mystik einander widersprechen müssen, getrieben von den Forderungen ihrer Aufgabe, vor allem die historische Wahrheit und den Literalsinn des Dogmas zur Geltung zu bringen, mitunter auch die Verständnislosigkeit des Jahrhunderts für alles, was

---

ture", im zweiten geht es um „Spirituality--Philosophy--Theology". Natürlich soll nicht bestritten sein, dass eine solche Einteilung pragmatisch möglich und sinnvoll ist. Aber sie ist doch bezeichnend für eine Bipolarität in der Origenesforschung.

2 Henri DE LUBAC, Histoire et Esprit. L'intelligence de l'Ecriture d'après Origène, Paris 1950, dt.: Geist aus der Geschichte. Das Schriftverständnis des Origenes, übertr. und eingel. von Hans Urs VON BALTHASAR, Einsiedeln 1968, 23–52, hat die „Kette von Verurteilungen" zusammengestellt (vgl. ebd. 15).

3 Richard SIMON, Histoire critique des principaux commentateurs du Nouveau Testament, depuis le commencement du Christianisme jusques à nôtre tems [sic], Rotterdam 1693 (Nachdruck Fankfurt a.M. 1969), 47 in Bezug auf den Johanneskommentar des Origenes (zu diesem ebd. 37–55), ebd. nochmals wiederholt: „… il porte si loin le sens spirituel, qu'il semble détruire la verité de l'histoire" (ähnlich ebd. 55. 58 über den Matthäuskommentar). Im Folgenden gelangt Simon freilich auch zu einer ausgewogeneren Einschätzung, indem er die antihäretische Abzweckung mancher geistigen Auslegung des Origenes betont, vor allem um Anthropomorphismen im Gottesbild zu vermeiden (ebd. 48f.); dazu gehören auch die Beispiele für die Aufmerksamkeit, die Origenes dem exakten Wortlaut des Bibeltextes schenkt (ebd. 51–55. 69f.). – Vgl. auch DE LUBAC, ebd. 27. 493f.

4 Siehe dazu Beitrag Nr. 4 in diesem Band.

über die so genannten ‚positiven' Tatsachen hinausgeht, teilend, waren sie geradezu prädestiniert, die Tragweite eines solchen Werkes zu verkennen."[5] Obgleich sich solche kontradiktorischen Gegenüberstellungen als Irrweg erwiesen haben, der dazu geführt hat, das Denken des Origenes für einen solchen zu halten, hat doch noch zur Zeit de Lubacs und gegen diesen gerichtet Richard Hanson diese Kritik an Origenes aufrechterhalten und mit allem Nachdruck seine Exegese als „allegorical, essentially anti-historical interpretation" verworfen, „which dissolves particularity and ignores the possibility of revelation really taking place in event".[6] Der Titel seines Buches „Allegory and Event" soll diesen Gegensatz programmatisch zum Ausdruck bringen und richtet sich gegen den nicht weniger programmatischen Titel von de Lubacs Buch „Histoire et Esprit", in dem beides miteinander verbunden werden soll, wie die deutsche Übersetzung „Geist aus der Geschichte" verdeutlicht.

Kritik wie die von Hanson vorgebrachte ist nicht rundweg abwegig. Die Auslegungen des Origenes wirken nicht selten problematisch, um nicht zu sagen phantastisch. Der Weg vom zugrundeliegenden Bibeltext zur theologischen oder spirituellen Auslegung ist oft nur schwer oder gar nicht nachvollziehbar: „All is merged in a morass of spiritualizing exposition which has no legitimate ground in historical reality. Origen certainly opened the way to the discovery in the text of the Bible of the deepest secrets of the spiritual life, but the only tools which he provided for the operation were those of theological fantasy."[7] Auch de Lubac, der den bleibenden Gewinn der Bibelauslegung des Origenes aufzeigen will, gibt zu, dass seine Methoden „vielfach willkürlich und für uns befremdend" sind.[8] Der Verdacht, dass hier ein nichtbiblisches Denksystem von außen, nämlich aus der Philosophie,

---

5 DE LUBAC, Geist aus der Geschichte (wie Anm. 2) 48.

6 Richard Patrick Crosland HANSON, Allegory and Event. A Study of the Sources and Significance of Origen's Interpretation of Scripture, Richmond 1959, with an Introduction by Joseph Wilson TRIGG, Louisville/London 2002, 280. Schon wenige Jahre davor hat Hanson (verbunden mit Kritik an de Lubac) „the fatal flaw in the allegorical interpretation of Origen" kritisiert: ders., History and Allegory, in: Theology 59 (1956) 498–503, hier 500–502 (das Zitat ebd. 498). – Vgl. beispielsweise noch Robert M. GRANT, The Letter and the Spirit, New York 1957 (Nachdruck Eugene 2009), 96: „Like his (sc. Origen's) theology, his exegesis is fundamentally spiritual and unhistorical." Im Kontrast dazu bescheinigt er den antiochenischen Exegeten „a better understanding of the historical reality of the biblical revelation", ohne den Gegensatz freilich überzubetonen (ebd. 105).

7 HANSON, Allegory and Event (wie Anm. 6) 283; ebd. 242: „... it is obvious that in the vast majority of cases such a connection exists only in Origen's imagination"; vgl. ferner ebd. 248. 257.

8 DE LUBAC, Geist aus der Geschichte (wie Anm. 2) 437.

an die Bibel herangetragen wird, drängt sich regelrecht auf. Die Stärke der Exegese des Origenes, nämlich zur Erklärung der Bibel außerbiblisches, nicht-christliches und nicht-kirchliches Wissen der Zeit heranzuziehen, und das systematisch und auf höchstem Niveau, kehrt sich, so Hanson, in ihre größte Schwäche: „But his openness to non-Christian intellectual influences on the part of Origen meant that he was consciously endeavouring to reconcile the text of the Bible with contemporary philosophy and was under the necessity of finding in the Bible by some means or other his philosophical speculations … We may deplore the results of his enterprise of reading into the Bible conceptions which, we are bound to admit, are not there."[9] Das ist die Hauptlinie, auf der Origenes von Hanson (und Anderen) verstanden wird,[10] und das nicht erst in der Neuzeit, sondern schon zu seiner Zeit, wie der bekannte Vorwurf des Porphyrius belegt, Origenes habe „den fremden Mythen (der Bibel) griechische Ideen untergeschoben".[11] Dieser Eindruck wird verstärkt von Spitzfindigkeiten bei der möglichst genauen Analyse des Wortlauts, in der beispielsweise kontingente Eigenheiten der konkreten Sprachgestalt, etwa Hebraismen in der griechischen Übersetzung der Septuaginta, bis hinein in völlig unbedeutende Kleinigkeiten zum Anlass für tiefsinnige theologische Reflexionen genommen werden.[12]

Hat Origenes damit den historischen Sinn der Bibel missverstanden oder schlichtweg ignoriert? So sicher, wie diese Kritik an seiner Exegese suggeriert, können wir uns da bei aller Berechtigung der genannten Einwände nicht mehr sein. Was wir vor uns haben, wenn wir die Bibel lesen, sind zunächst einmal Texte, nicht Geschichte. Wie steht es mit der Historizität der biblischen Textwelten? Die im Kontext der neuzeitlichen Aufklärung und der modernen naturwissenschaftlichen Weltsicht entstandene historisch-kritische Methode hat uns diesbezüglich sehr skeptisch werden lassen. Natürlich basieren zentrale Texte der Bibel auf historischen Ereignissen, etwa die Leidensgeschichten in den Evangelien. Wie aber steht es zum Beispiel mit der Schöpfungsgeschichte, mit der Paradieseserzählung oder mit der Versuchungsgeschichte Jesu?[13] „Welcher vernünftige Mensch"[14] würde das in diesen

---

9 HANSON, Allegory and Event (wie Anm. 6) 361f.; vgl. ebd. 355. 368.

10 TRIGG, Introduction (wie Anm. 6) VIII. Vgl. GRANT, The Letter and the Spirit (wie Anm. 6) 107, allgemein über ‚Allegoristen': „… because of their reverence for philosophy, they tended to empty history of meaning" (wiederholt ebd. 113).

11 Porphyrius, frg. 39 HARNACK aus Eusebius, hist. eccl. VI 19,7 (GCS Eus. 2, 560).

12 Beispiele dafür bei DE LUBAC, Geist aus der Geschichte (wie Anm. 2) 357–359.

13 Diese Beispiele für Geschichten, die nicht im Wortsinn als historisch aufgefasst werden können – und die sich mühelos vermehren ließen –, führt Origenes, princ. IV 3,1

Texten Dargestellte mit allen seinen Einzelheiten für historisch nehmen wollen? Mauern stürzen nicht ein, weil davor Posaunen geblasen werden, heute nicht, und auch damals nicht vor Jericho.

Verglichen mit solcher Skepsis, war Origenes ungleich geschichtsfreudiger. Er hat viel mehr Geschichten der Bibel für historisch im Sinne von wirklichem Geschehen gehalten, als wir heute anzunehmen bereit sind: „In Wirklichkeit bezweifelt Origenes nur selten die Geschichtlichkeit der Fakten."[15] Grundsätzlich haben sich die Dinge, von denen in der Bibel erzählt wird, laut Origenes ἐπὶ τῷ ῥητῷ, „wortwörtlich" zugetragen,[16] etwa das Sonnenwunder Josuas (Jos. 10,12f.: Die Sonne bleibt bis zum Abend mitten am Himmel stehen): „Diese Dinge, die sich in der Wirklichkeit der Geschichte zugetragen haben *(haec secundum historiam gesta)*, verkünden für alle Zeiten die Wunder der göttlichen Macht."[17] Für die historische Existenz der Brunnen der Patriarchen, deren Symbolwert ihn so sehr fasziniert hat, hat Origenes sogar archäologische Erkundungen in Palästina angestellt: „Dass jene heiligen Männer Brunnen im Philisterland gegraben haben, wie die Genesis berichtet, wird durch die wunderbaren Ziehbrunnen bewiesen, die man heute noch in der Stadt Askalon zeigt und die wegen ihrer eigentümlichen, von allen übrigen verschiedenen Gestalt sehenswert sind."[18] Es gibt nach Origenes viele Texte in der Bibel, ἀναγεγραμμένα μὲν ὡς γεγονότα, οὐ γεγενημένα δὲ κατὰ τὴν λέξιν – „die zwar als geschehen aufgezeichnet, aber nach dem Wortsinn nicht geschehen sind",[19] aber gleichwohl „sind die geschichtlich wahren Stellen viel zahlreicher als die hineingewobenen rein geistlichen Stellen" – πολλῷ γὰρ πλείονά ἐστι τὰ κατὰ τὴν ἱστορίαν ἀληθευόμενα τῶν προσυφανθέντων γυμνῶν πνευματικῶν.[20]

(GCS Orig. 5, 323–325), an. Weitere Beispiele bei HANSON, History and Allegory (wie Anm. 6) 499f.

14 Origenes, ebd. (5, 323); Übersetzung: p. 731 GÖRGEMANNS/KARPP.

15 Marie-Joseph LAGRANGE, Éclaircissements sur la méthode historique. À propos d'un livre du R. P. Delattre (EtB 2), Paris 1905, 26 *(non vidi)*, zitiert aus DE LUBAC, Geist aus der Geschichte (wie Anm. 2) 28, der, ebd. 115–128, viele Beispiele dafür in den Werken des Origenes gesammelt hat.

16 Origenes, in Hier. hom. 7,1 (GCS Orig. 3^2, 52); in Ioh. comm. XIII 28,166 (GCS Orig. 4, 252).

17 In Ios. hom. 11,1 (GCS Orig. 7, 362); Übersetzung: DE LUBAC (bzw. VON BALTHASAR), Geist aus der Geschichte (wie Anm. 2) 119.

18 Cels. IV 44 (GCS Orig. 1, 316f.); Übersetzung: ebd. 120. – Zu Origenes' Deutung der Brunnen siehe Beitrag Nr. 4, oben S. 105f. 112.

19 Princ. IV 3,1 (GCS Orig. 5, 324); Übersetzung: p. 733 GÖRGEMANNS/KARPP.

20 Ebd. 3,4 (5, 329); Übersetzung: ebd. 743.

Die Problematik läuft somit darauf hinaus, bei jeder einzelnen Stelle danach zu fragen, ob das in den Texten Dargestellte wirklich geschehen ist oder nicht (oder nur zum Teil oder im Kern). Dazu kann es im Einzelnen unterschiedliche und auch in sich differenzierte Auffassungen geben. So hat Origenes den berühmten Streit zwischen Paulus und Petrus in Antiochia zwar für historisch, aber nicht für echt gehalten, sondern für einen inszenierten Scheinstreit, während Augustinus im Namen der Wahrheit der Bibel darauf insistierte, dass es sich um einen echten Streit gehandelt habe.[21] Entscheidend sind aber nicht solche Kontroversen im Einzelfall. Entscheidend ist, dass Origenes mit seiner Hermeneutik das Bewusstsein für die eigentümliche Struktur der biblischen Texte, eine komplexe Mixtur aus Geschichte und Mythos zu sein, geschärft, ja zuallererst in die theologische Welt gesetzt hat. Indem er die Frage nach der Geschichtlichkeit einer biblischen Erzählung stellt, löst er die geschichtliche Basis der Bibel nicht auf, sondern nimmt diese gerade ernst, und zwar dadurch, dass nicht einfach pauschal die Geschichtlichkeit der Bibel in jedem einzelnen Detail behauptet wird, die ja nicht gegeben ist, sondern zwischen historischen und fiktionalen Anteilen unterschieden und nach der Wahrheit beider Erzählformen gefragt wird.

Origenes führt damit im Grunde *avant la lettre* literaturwissenschaftliche Kriterien in die Auslegung der Bibel ein, vor allem aber fordert er Rationalität im Umgang mit biblischen Texten. Er lehrt, nach der Bedeutung, nach der Wahrheit von Texten zu fragen, die im historischen Sinne teils wahr, teils nicht wahr und oft eine komplexe Mixtur sind: Τὶς ἡ ἀλήθεια τῶν ἐν ταῖς ἱστορίαις πραγμάτων; – „Was ist die Wahrheit der Ereignisse in den Geschichten?", fragte er bezüglich der in den Evangelien über Jesus erzählten Geschichten.[22] Die Aufgabe des Exegeten besteht gerade darin, εἰς τὰ βάθη τοῦ εὐαγγελικοῦ νοῦ φθάσαι καὶ ἐρευνῆσαι τὴν ἐν αὐτῷ γυμνὴν τύπων ἀλήθειαν – „in die Tiefen des Sinns des Evangeliums einzudringen und die von Bildern freie Wahrheit in ihm herauszufinden".[23]

Origenes trägt damit keine der Bibel fremde Denkweise an sie heran, denn die biblischen Texte ihrerseits, gerade die des Alten Testaments, verdanken sich einem überaus energischen Rationalisierungsprozess in der altorientalischen Religionsgeschichte, der eine der gro-

21 Siehe dazu die Beiträge Nr. 9 und 16 in diesem Band.

22 Origenes, in Ioh. comm. I 6,34 (GCS Orig. 4, 11). Vgl. DE LUBAC, Geist aus der Geschichte (wie Anm. 2) 327.

23 Origenes, ebd. I 8,46 (4, 13). Weil ‚Wahrheit' bei Origenes die unverstellte Wirklichkeit in ihrer Fülle meint, ist ihr Gegenbegriff nicht Lüge oder Irrtum, sondern ‚Bild'.

ßen Leistungen der anonymen Autoren der alttestamentlichen Bücher ist. Φωτίσατε ἑαυτοῖς φῶς γνώσεως – „Zündet euch selbst das Licht der Erkenntnis an!“ (Hos. 10,12). Diesen regelrecht aufklärerisch anmutenden Satz im Propheten Hosea nimmt Origenes – in der griechischen Version der Septuaginta – als Anknüpfungspunkt für sein theologisches Bemühen und sein Verständnis der Aufgabe von Theologie.[24] So zeugt es für ihn von geistiger Faulheit, die eschatologischen Aussagen im Neuen Testament einfach nur wörtlich nehmen zu wollen.[25] Ein solcher fauler und nachlässiger „Verzicht auf das Forschen“ verstoße aber gegen die Aufforderung Jesu zum Suchen – einem Suchen, dem Gott das Finden verspricht (vgl. Mt. 7,7; Lk. 11,9).[26] In seinen Augen wäre das ein Verstoß gegen die Rationalität, zu der die Bibel selbst auffordert. Ἐραυνᾶτε τὰς γραφάς – „Erforscht die Schriften!“ (Joh. 5,39), diese Aufforderung Jesu aus dem Johannesevangelium zitiert Origenes gerade im Zusammenhang mit der schwierigen und nicht immer eindeutig entscheidbaren Frage, „ob der betreffende als geschichtlich geltende Bericht im Wortsinne geschehen ist oder nicht und ob der Wortlaut eines bestimmten Gebotes zu befolgen ist oder nicht. Deshalb muss der Leser sich genau an die Weisung des Erlösers halten … und sorgfältig prüfen, wo der Wortlaut wahr ist und wo er unmöglich ist“.[27] „Täten wir doch alle, was geschrieben steht“, seufzte er zur selben Stelle in einer Jesajahomilie.[28] Die Frage nach der Geschichtlichkeit der biblischen Texte ist auf dieser Ebene die Frage nach dem rationalen Umgang mit diesen Texten, die Frage nach τῷ φωτὶ τῆς γνώσεως – „dem Licht der Erkenntnis“.[29]

Die Kritik von Hanson – in seinem übrigens nach wie vor höchst lesenswerten Klassiker, der viele erhellende Beobachtungen zur Exegese des Origenes bietet; womit ich mich hier auseinandersetze und worin

---

24 Princ. I praef. 10 (GCS Orig. 5, 16); Übersetzung: p. 99 GÖRGEMANNS/KARPP. Vgl. auch in Cant. comm. II 5,19 (GCS Orig. 8, 146 bzw. SC 375, 364). – Siehe dazu in diesem Band Beitrag Nr. 1, oben S. 10f.

25 Ebd. II 11,2 (5, 184–186). Vgl. DE LUBAC, Geist aus der Geschichte (wie Anm. 2) 127f.

26 In Gen. frg. D 1 METZLER (OWD 1/1, 60) aus Pamphilus, apol. Orig. 5 (SC 464, 40).

27 Princ. IV 3,5 (GCS Orig. 5, 330f.); Übersetzung: p. 745–747 GÖRGEMANNS/KARPP.

28 In Is. hom. 2,2 (GCS Orig. 8, 251); Übersetzung: FÜRST/HENGSTERMANN, OWD 10, 213.

29 In Ioh. comm. I 6,36 (GCS Orig. 4, 11). – Trotz seiner fundamentalen Kritik hat HANSON, Allegory and Event (wie Anm. 6) 365–368, sehr bedenkenswerte bleibende Anregungen aus der Exegese des Origenes formuliert, darunter auch diesen Aspekt: „We today are inclined to sympathize with much of Origen's exegetical rationalizing“ (ebd. 366). – Die Betonung der Rationalität in der Bibelauslegung ist übrigens ein Erbstück von Philon von Alexandria: GRANT, The Letter and the Spirit (wie Anm. 6) 37; vgl. ebd. 51. 56 und für Origenes ebd. 96. 97.

ich ihm nicht folge, ist sein Haupteinwand gegen die Exegese des Origenes – Hansons Kritik also steht offenkundig im Kontext des Historismus des 19. Jahrhunderts, der Mitte des 20. Jahrhunderts noch weithin vorherrschte, und zwar nicht nur in manchen Strömungen der Theologie.[30] Hansons Einwände gegen die Exegese des Origenes gehen davon aus, dass ein objektiver Sinn von Geschichte gegeben und eruierbar sei. Problematisch an seinem Argument ist: Hanson redet, als wüsste er oder als wäre klar, was die biblischen Autoren dachten, und er redet, als wäre klar, dass die Geschichte eine zentrale Bedeutung für die biblischen Autoren hatte und was diese Bedeutung gewesen sei. Aus dieser Perspektive wirft er Origenes vollkommenes Unverständnis für die Bibel vor: „... in one important respect Origen's thought remained outside the Bible and never penetrated within it ... The critical subject upon which Origen never accepted the biblical viewpoint was the significance of history. To the writers of the Bible history is *par excellence* the field of God's revelation of himself." „To this insight Origen is virtually blind."[31]

Nun würde ich als Historiker weiter an der Aufgabe und dem Ziel der Beschäftigung mit Zeugnissen der Vergangenheit festhalten, deren Sinn in ihrem ursprünglichen Kontext zu erforschen. Allein der vorliegende Essay kann ja nur auf der Basis der Vorannahme geschrieben werden, dass es ein mögliches und sinnvolles Unterfangen ist, den Charakter der Exegese des Origenes zumindest annähernd herauszufinden und darzustellen. Doch seitdem klar geworden ist, dass wir in historischen Zeugnissen wie denen der Bibel Texte vor uns haben, deren Bedeutung nie unabhängig vom Rezipienten und seinem Kontext ist, können wir nicht mehr von einem ursprünglichen historischen Sinn reden, als wäre dieser fraglos gegeben. Und selbst wenn man die Formulierung akzeptiert – was ich tun würde –, dass die Bibel von der

30 Prominent hat Geoffrey R. ELTON, The Practice of History. Afterword by Richard J. EVANS, Malden MA/Oxford/Carlton [2]2002, noch im Jahr 1967, als die 1. Auflage erschien, die Ansicht verteidigt, Geschichte als Fach sei die Suche nach der objektiven Wahrheit über die Vergangenheit; siehe nur seine Wendung „to know and write human history as it really was" (ebd. 1), die deutlich den berühmten Satz Rankes zitiert, „er will blos zeigen, wie es eigentlich gewesen": Leopold VON RANKE, Geschichten der romanischen und germanischen Völker von 1494 bis 1514, Leipzig [3]1885, VII. Vor etwa einem Jahrzehnt hat Richard J. EVANS, In Defense of History, New York 1999, dieser Sicht gegen die postmoderne Auflösung der Geschichte in reine Konstruktion weitere Argumente geliefert. – Ich danke meinem Kollegen Marc Domingo Gygax (Princeton) für den Hinweis auf diese und die in Anm. 33 genannten Bücher und für anregende Gespräche darüber.

31 HANSON, Allegory and Event (wie Anm. 6) 363f.; vgl. noch 368 die Rede von „his failure to realize the problems presented by the Bible".

Offenbarung Gottes in der Geschichte erzählt, ist doch zu fragen, was denn damit gesagt ist. Hanson konstatiert immer nur, dass Gott seinen Willen in der Geschichte kund getan habe, ohne auch nur ansatzweise zu erklären, was das heißt oder was man sich unter einen solchen theologischen Formel vorzustellen habe.[32] Genau das aber versucht Origenes in allen seinen exegetischen Überlegungen zu erklären. Hanson entgeht das – und deswegen missversteht er Origenes in einem wesentlichen Punkt –, weil Geschichte für ihn etwas ist, was ihm nicht weiter erklärungsbedürftig, sondern schlicht gegeben zu sein scheint. Diese historistische Phase der Historiographie ist aber vorbei, seit der Konstruktionscharakter dessen, was wir Geschichte nennen, deutlich geworden ist und damit Fragen aufkamen wie: Was meinen wir, wenn wir von Geschichte reden? Wie kommt zustande, was wir Geschichte nennen?[33] Und auch wenn man in diesem Kontext nicht so weit geht, historische Faktizität gänzlich in Abrede zu stellen – und so weit würde ich dezidiert nicht gehen –, steht damit doch unausweichlich die Frage im Raum, aus welchen Kontexten und Interessen heraus welche Geschehnisse welche Bedeutung gewinnen – und eben deshalb erzählt, aufgeschrieben und erforscht werden. Der Bezug zu dem, der nach der Geschichte fragt, ist vom Konzept und vom Inhalt von Geschichte nicht zu trennen.[34]

---

32 Ebenso GRANT, The Letter and the Spirit (wie Anm. 6) 107, wenn er darauf pocht, dass Gott sich „not only through the oracles of his prophets but also in events" offenbart habe. Aber was heißt denn das?

33 Als Standardwerke hierfür gelten im englischen Sprachraum Edward Hallett CARR, What is History?, New York 1961, und Hayden WHITE, Metahistory. The Historical Imagination in Nineteenth-Century Europe, Baltimore/London 1973. – Siehe auch den Überblick von Georg G. IGGERS, Historiography in the Twentieth Century. From Scientific Objectivity to the Postmodern Challenge, Middletown CT [2]2005.

34 Auch HANSON war natürlich klar, dass Exegese immer von Vorannahmen des Exegeten bestimmt ist, wie folgender Passus zeigt, Allegory and Event (wie Anm. 6) 368: „We can therefore reasonably claim that the particular parts of Origen's interpretation of Scripture which are irreconcilable with the assumptions of the scholars of today derive largely (but not solely) from sources extraneous to traditional Christianity, from a Platonic attitude to history and a Philonic attitude to Holy Scripture. What divides us from Origen is, for the most part, the *presuppositions* [kursiv: A.F.] with which he approached the Bible, not his failure to realize the problems presented by the Bible nor the actual technique of interpretation itself." Hanson entgeht aber, dass das für die Vorwürfe, die er Origenes hier macht, genauso gilt, was Frances M. YOUNG, Biblical Exegesis and the Formation of Christian Culture, Cambridge 1997, 166, ihm zu Recht vorhält: „The historical earthing of the biblical material and the historical nature of the Christian religion Hanson took for granted – an unquestioned dogma. Now, however, we can see how this historical emphasis was recognisably culturally specific to the modern world, a novelty which is itself increasingly challenged in postmodern hermeneutics."

In diesen modernen Diskussionszusammenhängen scheint mir der Umgang des Origenes mit Geschichte erneut aktuell zu werden. Origenes hat nämlich das ganze Gewicht auf die Frage nach der Beziehung zwischen den biblischen Texten und ihren Rezipienten gelegt. Geschichte an sich, als Geschehen in der Vergangenheit, ist für ihn vollkommen uninteressant; seine Texte „verraten" auf jeder Seite „einen gänzlichen Mangel an historischer Wissensfreude".[35] Interessant und wichtig wird für ihn Geschichte erst, wenn nach der Bedeutung dieses oder jenes Geschehens in der Vergangenheit für die Gegenwart gefragt wird. Je nach Zuspitzung einer diesbezüglichen Aussage konnte er letzteres so stark betonen, dass vom historischen Geschehen scheinbar nichts übrig bleibt: *Saepe iam dixi quod in his non historiae narrantur, sed mysteria contexuntur* – „Schon oft habe ich gesagt, dass hier keine Geschichten erzählt, sondern Geheimnisse ineinander gewoben werden."[36] Das führte immer wieder zu der Einschätzung, Origenes missachte die Geschichte[37] oder reduziere ihre Bedeutung gegen Null. „We must therefore conclude, from our survey of Origen's estimate of the historical value of the Bible", fasste Hanson seine diesbezügliche Kritik zusammen, „that though he did regard most of the narratives and accounts in it as historical, ... he only regarded this history as valuable because of the parabolic or symbolic significance which it contained, because, in short it could be allegorized, ..." „He perilously reduces the significance of history ... In his view history, if it is to have any significance at all, can be no more than an acted parable, a charade for showing forth eternal truths about God; it is not, as it is in the prophets, the place where through tension and uncertainty and danger and faith men encounter God as active towards them."[38]

Aber das ist alles zu pauschal gesagt und verkennt den Impetus des Origenes, die Geschichte *verstehen* zu wollen. Studiert man die biblischen Erzählungen, dann, so Origenes, geht es um Verstehen und Erkenntnis (νόησις).[39] Der entscheidende Punkt dabei ist, dass damit der Standpunkt und die Perspektive dessen ins Spiel kommt, der liest und

35 DE LUBAC, Geist aus der Geschichte (wie Anm. 2) 329.

36 Origenes, in Gen. hom. 10,4 (GCS Orig. 6, 98); Übersetzung: HABERMEHL, OWD 1/2, 203. – Vgl. ferner ebd. 7,1 (6, 70); 10,2 (6, 95); weitere Belege bei DE LUBAC, ebd. 143f.

37 Etwa wenn Joseph Wilson TRIGG, Origen. The Bible and Philosophy in the Third-century Church, Atlanta 1983, 180, trotz einer ansonsten ausgewogenen Darstellung der Exegese des Origenes von „disdain for history" spricht. Auch Eugène DE FAYE, Origène. Sa vie, son œuvre, sa pensée, 3 Bde., Paris 1923–1928, Bd. 1, 75, unterstellte Origenes „un dédain qu'il ne cache pas" für den Literalsinn (vgl. ebd. 81).

38 HANSON, Allegory and Event (wie Anm. 6) 285f. 364.

39 Origenes, princ. IV 2,1 (GCS Orig. 5, 305); 2,7 (5, 318); 3,6 (5, 332).

verstehen will. Geschichte ist immer nur in einem bestimmten Bezug zur Gegenwart dessen, der sich für eine bestimmte Vergangenheit interessiert, relevant und kommt überhaupt erst als Geschichte vor. Was wir Geschichte nennen, ist jeweils Ausdruck einer bestimmten Erinnerungskultur, in deren Kontext sie tradiert wird und der Tradenten wie Rezipienten (was oft in ein und derselben Person koinzidiert) angehören. In diesem Zusammenhang, konkret: dem der kirchlichen Überlieferung, in der er sich explizit verortet, haben die Geschichten der Bibel für Origenes einen eminenten Rang und gesteht er ihnen historische Faktizität in einem höheren Umfang zu, als wir das heute tun würden. Zugleich aber insistiert er ständig darauf, dass allein damit noch nichts gewonnen ist. Alles hängt vielmehr daran, ob es gelingt, den Sinn des Geschehenen für die Leser und Hörer der biblischen Texte in ihrer Gegenwart aufzuzeigen.

Es dürfte hilfreich sein, sich das entsprechende exegetische Verfahren des Origenes an einer längeren Passage vor Augen zu führen. Die historischen Daten zu Beginn des Jeremiabuches nimmt er zum Anlass für folgende Überlegungen:

> „Ähnliches werdet ihr auch im Buch Jeremia finden. Aufgeschrieben ist die Zeit seines prophetischen Wirkens, wann er damit anfing und bis wann er prophezeite. Nun, wenn jemand der Lesung nicht aufmerksam zuhört und die Intention der vorgelesenen Abschnitte nicht erforscht, wird er sagen: Es ist eine Geschichte, in der aufgeschrieben ist, wann Jeremia zu prophezeien anfing und nach wie langer Zeit prophetischen Wirkens er wieder zu prophezeien aufhörte. Was hat diese Geschichte mit mir zu tun? Aus der Lesung habe ich erfahren, dass er ‚in den Tagen des Königs Joschija von Juda, des Sohnes des Amos, im dreizehnten Jahr seiner Herrschaft' zu prophezeien anfing; danach wirkte er ‚in den Tagen des Königs Jojakim von Juda, des Sohnes des Joschija' als Prophet ‚bis zur Vollendung des elften Jahres der Herrschaft des Königs Zidkija von Juda, des Sohnes des Joschija'. Ferner habe ich erfahren, dass sich seine prophetische Tätigkeit über drei Könige ‚bis zur Gefangenschaft Jerusalems im fünften Monat' erstreckte (Jer. 1,2f.). Worüber also werden wir durch diese Worte belehrt, wenn wir der Lesung aufmerksam zuhören?
>
> Gott verurteilte Jerusalem wegen seiner Sünden, und sie (sc. die Einwohner) waren dazu verurteilt, der Gefangenschaft preisgegeben zu werden. Dennoch sendet der menschenfreundliche Gott, als die Zeit gekommen ist, schon unter dem dritten König vor der Gefangenschaft noch diesen Propheten, damit sich die, die willens sind, durch die prophetischen Worte zur Besinnung bringen und bekehren lassen. Er sandte den Propheten aus, um auch noch unter dem zweiten König – nach dem ersten – sowie unter dem dritten bis in die Zeiten der Gefangenschaft selbst zu prophezeien. Denn der langmütige Gott gewährte einen Aufschub bis sozusagen einen Tag vor der Gefangenschaft und forderte die, die ihn hörten, zur Um-

kehr auf, um den Betrübnissen der Gefangenschaft Einhalt zu gebieten. Daher steht geschrieben, dass Jeremia bis zur Gefangenschaft Jerusalems prophezeite, bis zum fünften Monat (Jer. 1,3). Die Gefangenschaft hatte schon begonnen, da prophezeite er noch, indem er etwa sagte: Ihr seid in Gefangenschaft geraten; auch in dieser Lage: Kehrt um! Denn wenn ihr umkehrt, wird sich das Los der Gefangenschaft nicht fortsetzen, sondern wird euch das Erbarmen Gottes zuteil werden.

Aus der Aufzeichnung über die Zeiten des prophetischen Wirkens gewinnen wir also etwas Nützliches, nämlich dass Gott in seiner Menschenfreundlichkeit die Hörer dazu auffordert, nicht das Los der Gefangenschaft zu erleiden. Derartiges ist auch bei uns der Fall. Wenn wir sündigen, steht auch uns bevor, in Gefangenschaft zu geraten. Denn ‚einen solchen dem Satan zu übergeben' (1 Kor. 5,5) unterscheidet sich in Nichts von der Übergabe der Bewohner Jerusalems an Nebukadnezzar. Wie sie nämlich jenem wegen ihrer Sünden übergeben wurden, so werden wir wegen unserer Sünden dem Satan, der Nebukadnezzar ist, übergeben.[40]

An diesem Text kann man sehen, dass Origenes das hier Berichtete als verlässliche historische Information nimmt. Aber die Frage ist, warum das in der Bibel aufgezeichnet ist – also in einer Sammlung von Schriften, denen in einem bestimmten Traditions- und Lebenszusammenhang normative Bedeutung zugeschrieben wird – und warum es in dieser Form aufgezeichnet ist. Diese Frage ist ein Leitmotiv der Schrifthermeneutik des Origenes: In der Bibel sind nur die Tatsachen der (Heils-)Geschichte dokumentiert; Aufgabe des Exegeten bzw. Theologen ist es, nach den Gründen *(unde)* und nach der exakten Bedeutung *(quomodo)* zu fragen, die *ratio assertionis*, „den Sinn einer Aussage" zu erforschen.[41] Um die Frage nach dem Sinn einer Geschichte beantworten zu können, müssen die Details des Textes möglichst genau analysiert werden, wie Origenes an anderer Stelle einschärft: „Beachte jede Einzelheit, die geschrieben steht. Denn wenn jemand es versteht, in die Tiefe zu graben, wird er in den Einzelheiten einen Schatz finden, und dort, wo man es nicht erwartet, liegen vielleicht die kostbaren Kleinodien der Geheimnisse verborgen."[42] Die minutiöse Analyse des Wort-

40 Origenes, in Hier. hom. 1,2f. (GCS Orig. 3², 2f.). Ein vergleichbarer Bezug auf die Gegenwart der Zuhörer findet sich in Hiez. hom. 1,3 (GCS Orig. 8, 325); 7,8 (8, 398); vgl. DE LUBAC, Geist aus der Geschichte (wie Anm. 2) 117f.

41 Princ. I praef. 3 (GCS Orig. 5, 9). Vgl. in Is. hom. 3,1 (GCS Orig. 8, 253); 6,3 (8, 272) und dazu Alfons FÜRST/Christian HENGSTERMANN, OWD 10, Berlin/New York – Freiburg/Basel/Wien 2009, 219 Anm. 45.

42 In Gen. hom. 8,1 (GCS Orig. 6, 77); Übersetzung: HABERMEHL, OWD 1/2, 165. Vgl. in Ex. hom. 10,2 (GCS Orig. 6, 247): *Oportet enim nos prius secundum historiam discutere quae leguntur, et sic, qoniam ‚lex spiritalis est'* (Röm. 7,14), *spiritalem in his intelligentiam quaerere,* mit einem voraufgehenden Beispiel für eine minutiöse Untersuchung des Wortlauts, die schon fast zu penibel ausfällt; in Lev. hom. 14,1 (GCS Orig. 6, 478); in

lauts ist der Weg, um die Bedeutung des Textes herauszufinden. Diese kann nach Origenes aber nicht auf der Ebene des Buchstabens oder des historischen Geschehens liegen, denn „diese Dinge", sagte er in einer Predigt über das Buch Exodus, „wurden nicht um der Geschichte willen *(ad historiam)* für uns aufgezeichnet, und man soll nicht meinen, die göttlichen Bücher erzählen die Taten der Ägypter, vielmehr ist das Aufgezeichnete zu unserer Belehrung und Ermahnung aufgeschrieben worden".[43] Die biblischen Bücher erzählen Geschichten, die in den meisten Fällen wirklich geschehen sind, aber die Absicht der Niederschrift liegt in den Augen des Origenes nicht darin, Geschichte um der Geschichte willen zu schreiben, sondern in und mit den Geschichten eine sowohl darauf basierende als auch darüber hinausgehende Wahrheit darzustellen. Eine Geschichte im Buch Genesis ist ihm Anlass, das folgendermaßen klar zu stellen:

> „Denn gelesen wurde, dass Abraham den Sohn Isaak zeugte, als er hundert Jahre alt war (Gen. 21,5). ‚Und Sarah sprach: Wer', heißt es, ‚wird Abraham verkünden, dass Sarah einen Knaben stillt?' (Gen. 21,7) ‚Und da', heißt es, ‚beschnitt Abraham den Knaben am achten Tag' (Gen. 21,4). Nicht den Geburtstag dieses Knaben feiert Abraham, sondern er feiert den Tag der Entwöhnung und richtet ein großes Festmahl aus (Gen. 21,6). Wie? Sollen wir annehmen, dem Heiligen Geist sei aufgetragen worden, Geschichten zu schreiben und zu erzählen, wie ein Knabe entwöhnt und ein Festmahl ausgerichtet wurde, wie er spielte und andere Kindereien trieb? Oder sollen wir annehmen, dass er uns damit etwas Göttliches mitteilen will, würdig, dass es das Menschengeschlecht aus Gottes Worten erfahre?"[44]

Nur wenn dieser Bezug hergestellt wird, ist Geschichte mehr als Archivalienkunde – was nicht heißt, dass Archivarisches in Origenes nicht vorkommt. Um den Sinn einer einzelnen Aussage zu erhellen, hat er vielmehr versucht, alle verfügbaren Informationen zu sammeln und für die Erklärung des Bibeltextes auszuwerten. Das ungewöhnlichste Beispiel hierfür ist sein langer Exkurs über die verschiedenen Arten von Perlen im Matthäuskommentar, um den Vergleich des Himmelreiches mit einer Perle zu erklären (Mt. 13,45f.).[45] Diese Vertiefung ins Detail diente freilich immer dazu, den Text bzw. die Geschichte zu verstehen. Origenes interessierte gerade die Bedeutung der Geschichte oder präziser: der Geschichte hinter den biblischen Geschichten, weshalb es

Num. hom. 25,6 (GCS Orig. 7, 241): *Considera enim diligenter quid indicet historiae textus.*

43 In Ex. hom. 1,5 (GCS Orig. 6, 151); Übersetzung nach DE LUBAC (bzw. VON BALTHASAR), Geist aus der Geschichte (wie Anm. 2) 131.

44 In Gen. hom. 7,1 (GCS Orig. 6, 70); Übersetzung: HABERMEHL, OWD 1/2, 151.

45 In Matth. comm. X 7f. (GCS Orig. 10, 6–9).

grundverkehrt ist, ihm das Vorurteil zu unterstellen, Geschichte könne in seinen Augen nie eine Bedeutung haben.[46] Gewiss hatte Origenes keinen „geschichtlichen Sinn" im Sinne des Geschichtsdenkens des 19. Jahrhunderts und auch keinen Begriff von „Geschichte im modernen Sinn des Wortes".[47] Doch ist es anachronistisch, ihm das vorzuhalten. Damit einher geht aber, dass er „allen Engen, Täuschungen, Fallen des Historismus" entging.[48] Und damit kommt im Kontext gegenwärtiger Konzepte von Geschichte eine Stärke seiner Position zum Vorschein: Ein einzelnes historisches Ereignis an sich ist in seiner Kontingenz und Partikularität bedeutungslos. Bedeutung erhält es erst, wenn es mit anderen Ereignissen, mit anderen Erfahrungen und mit Deutungen verbunden wird, und das heißt: wenn es in einen größeren, allgemeinen Kontext gestellt wird,[49] der immer von demjenigen, der Geschichte interpretiert, im Zuge seiner Interpretation mithergestellt wird.

Eben dies hat Origenes in seiner Exegese mit jedem einzelnen Detail der biblischen Geschichte getan. Die Methoden, die er dazu anwendete, vor allem das unter dem Schlagwort ‚Allegorese' bekannte Verfahren, sind uns fremd und unnachvollziehbar geworden und können nicht repristiniert werden. Und man muss auch nicht jede einzelne seiner Überlegungen für gelungen oder überzeugend halten. Aber die grundlegende Denkbewegung zwischen ‚Buchstabe' und ‚Geist', zwischen Wortlaut und Bedeutung eines Textes scheint auf etwas hinzuweisen, was in gegenwärtigen Reflexionen über Geschichte zwischen Fakt und Fiktion auf der Agenda steht. Die Geschichte wird damit nicht gering geschätzt oder ignoriert, im Gegenteil. Auch wenn Origenes „eine einzelne Erzählung … nach dem Buchstaben nicht interes-

46 So HANSON, Allegory and Event (wie Anm. 6) 365: „Such a mind as Origen's, in short, could never completely assimilate biblical thought because it approached the Bible with one presupposition which closed to it many doors of understanding, the presupposition that history could never be of significance."

47 So DE LUBAC, Geist aus der Geschichte (wie Anm. 2) 292f.; vgl. ebd. 329f. Wir können auch Konstruktion und Wirklichkeit nicht mehr so einfach als Gegensätze behandeln, wie DE LUBAC, ebd. 293f., das noch tat, auch wenn man kein postmoderner Konstruktivist ist. Die Dialektik zwischen historischem Ereignis, das ‚Geschichte' ist, und dem Reden darüber auf der Basis von Quellen, die ihrerseits schon ein Reden über das Ereignis sind, ein Reden, dass sich bis zur ‚Fiktion' vom historischen Ereignis entfernen kann, ist komplexer geworden.

48 Darauf hat DE LUBAC, ebd. 293, gleichfalls und zu Recht hingewiesen.

49 Das sieht auch ein positivistischer Historiker wie ELTON, Practice of History (wie Anm. 30) 10, so: „No historian really treats all facts as unique; he treats them as particular. He cannot – no one can – deal in the unique fact, because facts and events require reference to common experience, to conventional frameworks, to (in short) the general before they acquire meaning."

siert“ – „Was kümmert es mich zu wissen, ob der König von Hai gehängt wurde?“,[50] brachte er dieses Desinteresse, das er offenbar mit seinen Zuhörern teilte, einmal drastisch zum Ausdruck –, „so interessiert ihn doch die *Geschichte* im ganzen brennend“.[51] Origenes löst die Geschichte nicht auf, sondern fragt nach ihrer Bedeutung und schreibt ihr damit einen Sinn zu. Auf diese Weise setzt er die Geschichte und den Buchstaben des Textes, der sie erzählt, in ihr Recht, denn die Geschichten in der Bibel sind zustandegekommen, weil konkreten Ereignissen und Erfahrungen Bedeutungen zugeschrieben und sie deshalb in Texte und Geschichten gegossen wurden, um wegen ihrer Bedeutung, nicht einfach nur wegen ihrer Faktizität weitererzählt und überliefert zu werden. Für die späteren Rezipienten ist diese Bedeutung einerseits nur über eine minutiöse Beachtung der Details des Textes und der Geschichte dahinter zu ergründen, andererseits ist ein partikulares und kontingentes Detail der Geschichte bedeutungslos, wenn es nicht mit diesem Sinn in Verbindung steht. Daher ist beides unverzichtbar: jedes Detail des Textes zu beachten, um die historische Grundlage zu sichern, τηρουμένης τῆς κατὰ τὰ γενόμενα ἱστορίας – „die Geschichte im Hinblick auf das Geschehene zu beachten“,[52] und zugleich ὡσπερεὶ ἐπιβάθρᾳ χρησάμενοι τῇ ἱστορίᾳ καὶ τὰ ἴχνη τῆς κατὰ τὸν τόπον ἀληθείας ζητοῦντες ἐν τοῖς γράμμασιν – „die Geschichte wie eine Leiter zu benutzen und die Spuren der Wahrheit an einer Stelle in den Buchstaben zu suchen“,[53] um zum Sinn der Geschichte vorzudringen. Es mag paradox klingen, ist es aber nicht: Gerade indem Origenes über Buchstabe und Geschichte hinausgeht (πέρα τῆς ἱστορίας),[54] rettet er sie, weil nur so ihre Bedeutung sichtbar werden kann. „Wollte man in einem Wort den Geist der origenischen Exegese zusammenfassen, so könnte man sagen: Sie ist ein Versuch, den Geist in der Geschichte zu fassen, oder der Geschichte den Übergang zum Geist zu ermöglichen. Beides ist unterscheidbar und doch eins: indem die Geschichte überstiegen wird, wird sie zugleich in ihrem Sinn begründet.“[55] Die exegeti-

50 Origenes, in Ios. hom. 8,6 (GCS Orig. 7, 342); vgl. ebd. 8,2 (7, 337); DE LUBAC, Geist aus der Geschichte (wie Anm. 2) 329.

51 DE LUBAC, ebd. 328.

52 Origenes, in Matth. comm. X 14 (GCS Orig. 10, 17).

53 In Ioh. comm. XX 3,10 (GCS Orig. 4, 329).

54 Ebd. X 22,130 (4, 194). Vgl. Marguerite HARL, Origène et la fonction révélatrice du verbe incarné (PatSor 2), Paris 1958, 143.

55 Das ist der richtige Hauptgedanke des Buches von DE LUBAC, Geist aus der Geschichte (wie Anm. 2) 327 (und das ganze folgende Kapitel „Von der Geschichte zum Geist“); vgl. ebd. 16: Es geht darum, „dem Geschichtlichen einen Sinn zu sichern“; ebd. 136: „… wird Origenes recht verstanden, so geht es ihm keineswegs,

schen Bemühungen des Origenes sind eine groß angelegte Rechtfertigung des Buchstabens und der Geschichten der Bibel. Im Kontext seiner Zeit richtete sich das natürlich gegen die gnostischen Verwerfungen beider, darüber hinaus aber steckt darin ein fundamentales hermeneutisches Bemühen.

An diesem Punkt hängt die Exegese des Origenes untrennbar mit seiner Philosophie zusammen. „Wenn die Wirklichkeit der sichtbaren Welt die unsichtbare sinnbildet, dann wird auch die Wirklichkeit der biblischen Geschichte die Dinge des Heils sinnbilden und ihnen als ‚Grundlage' dienen. Eben die geschilderten Ereignisse und die Taten der biblischen Gestalten sind – in ihrer historischen Wirklichkeit – angefüllt mit geheimnisvoller Bedeutung."[56]

> „Wie also Sichtbares und Unsichtbares miteinander verwandt ist, Erde und Himmel, Seele und Fleisch, Körper und Geist, und aus diesen Verbindungen diese Welt besteht, so muss man annehmen, dass auch die heilige Schrift aus Sichtbarem und Unsichtbarem besteht, gleichsam aus einer Art von Körper, nämlich des Buchstabens, der sichtbar ist, und aus der Seele des Sinns, der eben in diesem (sc. dem Buchstaben) fassbar ist, und aus dem Geist im Blick auf das, was auch noch etwas Himmlisches in sich enthält."[57]

Der sichtbare Text, der Buchstabe der Bibel enthält wie die natürliche Welt einen unsichtbaren, tieferen oder höheren Sinn und verweist darauf. Analog zum Kosmos ist die in der Bibel dargelegte Geschichte ein „historisches Bild" (εἰκὼν ἱστορική) für das Heilswirken Gottes.[58] Für die weiteren Überlegungen zur Verschränkung von Kosmologie und Geschichte im Denken des Origenes ist daher sein Gesamtkonzept von Geschichte im Rahmen seiner Schöpfungs- und Erlösungslehre, seine Geschichtstheologie bzw. Geschichtsphilosophie, zu analysieren.

2. Der Sinn der Geschichte – Kosmisch

In den beiden großen Büchern von Henri de Lubac und Richard Hanson über die Exegese des Origenes spielt sein philosophisches Denken

---

wie man oft gemeint hat, um die Verneinung des Buchstabens. Vielmehr, auf eine indirekte Art, um dessen Rechtfertigung."

56 DE LUBAC, ebd. 116. GRANT, The Letter and the Spirit (wie Anm. 6) 103f., spricht den Zusammenhang zwischen exegetischem Verfahren und philosophischer Weltsicht ebenfalls kurz an.

57 Origenes, in Lev. hom. 5,1 (GCS Orig. 6, 333f.). – Zur dreifachen Struktur der Schrift vgl. ebd. 5,5 (6, 344); princ. IV 2,4 (GCS Orig. 5, 312f.) und unten S. 158f.

58 In Ioh. comm. X 4,17 (GCS Orig. 4, 174).

keine Rolle. So beschließt Hanson seine Darstellung mit folgendem Fazit: „... what we see in Origen is an interaction between the Bible, the Church's interpretation of the Bible, and the insights of the individual scholar himself."[59] Die hier genannten drei Größen sind zweifellos für das Werk des Origenes konstitutiv: die Bibel, die kirchliche Tradition und seine Gelehrsamkeit. Aber gerade zu letzterem gehört eine wesentliche Konstituente seines Denkens: die Philosophie, und zwar Philosophie nicht im Sinne eines bestimmten philosophischen Systems – will man ihn so zuordnen, gehört Origenes zum breiten Strom des Platonismus der römischen Kaiserzeit –, sondern im Sinne von rationalem Erkenntnisbemühen im Fragen nach der Wirklichkeit und dem Sein, wie es sich in vielen Traditionen der Antike findet, auf die Origenes zurückgriff und mit denen er sich auseinandersetzte. Dieser blinde Fleck in Hansons Perspektive hat Folgen, die man deutlich an seiner Einordnung der Eschatologie des Origenes sehen kann: Seine theologischen Konzepte, schreibt Hanson, seien viel eher statisch als dynamisch, sein Konzept von Heil und Erlösung, nämlich Gottes Erziehungsplan, könne auf keinen Fall dynamisch genannt werden; die ganze Bewegung sei auf die Seite des Menschen verlagert, und zwar in dessen nie endende Sehnsucht nach dem unveränderlichen Gott.[60] Hanson bekommt zweierlei nicht in den Blick: Es ist gerade die Geschichte – die von Origenes ernst genommene Geschichte –, in der Origenes eine „Bewegung Gottes" denkt, und diese wiederum denkt er in kosmischen Dimensionen engstens verschränkt mit dem Universum und seiner Existenz vom Anfang bis zum Ende.

Auch de Lubac bekommt diesen Zusammenhang nicht wirklich in den Blick, obwohl er mit seinem Buch nachweisen will, dass Origenes mit seiner Art der Bibelauslegung die Geschichte nicht aufhebt. Und auch wenn richtig ist, dass Origenes nicht explizit eine „Theologie der Geschichte" geschrieben hat,[61] spielt eine solche in seiner Exegese doch ein wichtigere Rolle, als de Lubac ihr zugestehen wollte. Origenes habe durchaus „den Gedanken einer historischen Entwicklung der Offenbarung ... erfaßt. Er hat eine solche Entwicklung sogar für notwendig

59 HANSON, Allegory and Event (wie Anm. 6) 374.

60 Ebd. 355f.: „He does not think of God as moving at all; his theological concepts are, as far as God is concerned, all static rather than dynamic; or rather, he has transferred the movement from God to man. It is man, it is the whole universe, which, in its unending *Sehnsucht* towards the unchangeable God, displays movement in this scheme. God's vast plan of education (which is ultimately the image in which Origen conceives of salvation) cannot be called dynamic."

61 DE LUBAC, Geist aus der Geschichte (wie Anm. 2) 298f., woran stimmt, dass in Hier. hom. 18,6 (GCS Orig. 3^2, 158–160) und 19,15 (3^2, 174) eine solche nicht enthält.

erachtet, sofern der Mensch einen Weg zu Gott zurückgehen muß. Auch wenn es ihm wichtiger scheint, die Ehre des biblischen Gottes zu retten, seinen Zuhörern eine heilsame Lehre zu vermitteln, seinen Lesern den Geist des Christentums einzuschärfen, als eine Philosophie oder Theologie der Geschichte zu konstruieren, erfaßt er trotzdem die Zeit als einen unentbehrlichen Faktor, von dem keine Beurteilung der Offenbarung absehen kann."[62] Mit dem Hinweis auf „die Zeit als einen unentbehrlichen Faktor" erwähnt de Lubac immerhin etwas, was für geschichtliches Denken konstitutiv ist. Vorsehung und Erziehung sind in der Soteriologie des Origenes ineinander verschränkt und konstituieren innerhalb der Schöpfung die Zeit, die nicht unbegrenzt ist, sondern Anfang und Ende hat; die zeitliche Ausdehnung der Welt schreitet nicht unendlich fort, sondern ist auf ein definitives Ziel ausgerichtet. Im Rahmen eines solchen Konzepts von Welt, Schöpfung und Zeit wird ‚Geschichte' denkbar.[63] Inwiefern die „Entwicklung" auf dem „Weg zu Gott" sogar „notwendig" ist, wie de Lubac sagt, und inwiefern dadurch die Geschichte im Erlösungsprozess aufgewertet wird, das wird freilich erst klar, wenn das philosophisch-theologische Denken des Origenes insgesamt berücksichtigt wird. Sein Geschichtsdenken betrifft nicht nur die biblische Geschichte im Sinne eines Fortschreitens vom Alten zum Neuen Testament – diese Engführung bei de Lubac ergibt sich, wenn man nur die Exegese im Blick hat. Zwar bietet die biblische Geschichte von der „Genesis" bis zur „Offenbarung des Johannes" eine Vision der gesamten Geschichte und der Welt, doch ist im Denken des Origenes eine noch größere Dimension in den Blick zu nehmen: der Kosmos, das Universum als ganzes. Entgegen einer vermeintlichen, gnostisch beeinflussten Entgegensetzung von Kosmos und Geschichte und einer daraus resultierenden Entwertung der Geschichte, wie sie etwa Adolf von Harnack meinte diagnostizieren zu können,[64] hat Origenes gerade im

---

62 DE LUBAC, ebd. 303.

63 Siehe Charlotte KÖCKERT, Gott, Welt, Zeit und Ewigkeit bei Origenes, in: Reinhard G. KRATZ/Hermann SPIECKERMANN (Hg.), Zeit und Ewigkeit als Raum göttlichen Handelns. Religionsgeschichtliche, theologische und philosophische Perspektiven (BZAW 390), Berlin/New York 2009, 253–297; vgl. bes. ebd. 262. 265. 266–273.

64 Adolf VON HARNACK, Lehrbuch der Dogmengeschichte I. Die Entstehung des kirchlichen Dogmas, Tübingen [5]1931, 659f. im Anschluss an den Vorwurf des Porphyrius (siehe oben Anm. 11): „Die Gnosis ist in der That die hellenische, ihr Ergebnis jenes wunderbare, hier nur durch die Rücksicht auf die h. Schriften und die Geschichte Christi so complicirt gestaltete Weltbild, welches ein Drama zu sein scheint und im letzten Grunde doch unbewegt ist. Die Gnosis neutralisiert alles Empirisch-Geschichtliche, wenn auch nicht überall in seiner Thatsächlichkeit, so doch durchweg in seinem Werthe ... Die Objecte der religiösen Erkenntnis sind geschichtslos oder

Rahmen seiner universalen Kosmologie eine Geschichtstheologie entworfen.

Einen weiterführenden[65] und überaus anregenden, aber, wenn ich recht sehe, wenig beachteten Aufsatz über den Stellenwert der Geschichte im Gesamtprozess des Kosmos bei Origenes hat Carl-Friedrich Geyer 1982 in den „Franziskanischen Studien" publiziert.[66] Während in den zyklischen Kosmologien der Antike „Geschichte im Sinne verantwortlichen menschlichen Planens, Entscheidens und Gestaltens ... ausgeschlossen" ist,[67] kombiniert Origenes ein zyklisches mit einem linearen Denken, in dem die Zielgerichtetheit dominiert. Damit bricht er das antike zyklische, geschichtslose Denken auf und nimmt einen teleologischen Geschichtsprozess an, der zwar über die gegenwärtige Welt hinausreicht und insofern kosmologisch ist, aber doch als echte Geschichte konzipiert ist, insofern der genaue Ablauf von verantwortlichen Freiheitsentscheidungen jedes einzelnen Menschen konstituiert wird.[68] Die beiden Hauptaspekte dieses Prozesses sind Vorsehung und Fortschritt, der Prozess selbst besteht, mit Lessing gesagt, in der Erziehung des Menschengeschlechts. Dieser Zusammenhang bildet einen der Kristallisationspunkte des origeneischen Denkens.[69] Während die Antike Vor-

---

vielmehr – echt gnostisch und neuplatonisch – sie haben nur eine überweltliche Geschichte."

65 Nicht weiter führt die begriffsgeschichtliche Studie von Basil STUDER, Der Begriff der Geschichte im Schrifttum des Origenes von Alexandrien, in: Lorenzo PERRONE (Hg.), Origeniana Octava. Origen and the Alexandrian Tradition, Leuven 2003, 757–777, erneut in: Basil STUDER, Durch Geschichte zum Glauben. Zur Exegese und zur Trinitätslehre der Kirchenväter, Rom 2006, 147–176. Studer vermag zwar (anhand von *Contra Celsum*, weniger anhand der exegetischen Werke, was die Aussagekraft seiner Ergebnisse einschränkt) zu zeigen – was man beim Lesen der Texte des Origenes ohnehin leicht feststellt –, dass das in den Schriften des Origenes fast 500 Mal belegte Wort ἱστορία/*historia* die Bedeutung „Erzählung" (im Sinne von *story*), nicht von „Geschichte" (im Sinne von *history*) hat (und nur selten den älteren Sinn von „Nachforschung") und dass Origenes damit so gut wie immer eine aufgeschriebene Geschichte, in der Regel die biblischen Geschichten, meint (ebd. 150–158). Da er jedoch die Philosophie nicht einbezieht, kommt die Frage einer Geschichtstheologie nicht in den Blick.

66 Carl-Friedrich GEYER, Zu einigen theologischen Voraussetzungen der Geschichtsphilosophie bei Origenes, in: FS 64 (1982) 1–18.

67 Ebd. 11.

68 Ebd. 12–14. Weil Origenes die Vorstellung von einem Kreislauf mit der nicht nur des Fortgangs der Ereignisse, sondern auch des Fortschritts der vernunftbegabten Individuen verbindet, würde ich an Stelle der Graphiken von Geyer allerdings lieber eine Spirale zeichnen, die sich gleichsam von links unten nach rechts oben windet – doch sind alle solchen Bilder dem komplexen Denken des Origenes unangemessen.

69 Eberhard SCHOCKENHOFF, Zum Fest der Freiheit. Theologie des christlichen Handelns bei Origenes (TTS 33), Mainz 1990, 131–146. Siehe dazu Hal KOCH, Pronoia

sehung und Erziehung streng unterschied, hat Origenes beides im Sinne eines Voranschreitens zur Erlösung soteriologisch umgedeutet – die Vorsehung hat bei Origenes nichts Deterministisch-Schicksalhaftes an sich – und einander zugeordnet:

> „Die Weisheit (sc. Christus) hat die Aufgabe, die Geschöpfe zu lehren und zu erziehen *(instruere atque erudire)* und zur Vollkommenheit zu führen *(ad perfectionem perducere)*", und „durch die Teilhabe an Christus schreitet ein jeder voran und gelangt auf höhere Stufen des Fortschritts *(per participationem Christi … proficit et in altiores profectuum gradus venit)*."[70]

> „Da die vernunftbegabten Geschöpfe … mit der Fähigkeit der freien Entscheidung *(arbitrii liberi facultate)* beschenkt sind, regte die Willensfreiheit *(libertas voluntatis suae)* einen jeden entweder zum Fortschritt durch Nachahmung Gottes an oder zog ihn zum Abfall durch Nachlässigkeit *(vel ad profectum per imitationem dei provocavit vel ad defectum per neglegentiam traxit)* …, während die göttliche Vorsehung *(divina providentia)* für einen jeden je nach der besonderen Art seiner Bewegungen, seiner Gesinnung und seiner Entschlüsse sorgt *(dispensat)*."[71]

Obgleich Origenes die schlussendliche Vervollkommnung aller vernünftigen Wesen zu denken versucht, ist der Prozess dahin weder für jedes einzelne Wesen noch für ihre Gesamtheit als beständiger Aufstieg gedacht, sondern vielmehr sowohl durch ein Fortschreiten zum Besseren als auch durch ein Herabsinken zum Schlechteren gekennzeichnet. Daraus resultiert die unvorstellbar lange Dauer des Prozesses durch eine unbekannte, aber endliche Anzahl von Welten hindurch, von denen Origenes redet,[72] um die Freiheit und Unvollkommenheit der Vernunftwesen mit der Hoffnung auf Vervollkommnung von Allem zu vermitteln. „Ungeachtet der teleologischen Rahmenbedingungen und der irreversiblen Ausrichtung des Gesamtprozesses auf ein endgültiges Ziel will Origenes die Entwicklung, die von diesen Rahmenbedingungen eingegrenzt wird, in keiner Weise deterministisch verstanden wissen."[73] Im Zentrum seines Konzepts steht vielmehr der Freiheitsgedanke, und Origenes denkt einen wirklichen Geschichtsprozess. Er präsentiert nicht eine „Geschichtsdeutung, in der Geschichte nur insofern von Interesse ist, als sie das Medium darstellt, in dem sich die (endgültige)

---

und Paideusis. Studien über Origenes und sein Verhältnis zum Platonismus (AKG 22), Berlin/Leipzig 1932; GEYER, Geschichtsphilosophie bei Origenes (wie Anm. 66) 15f.

70 Origenes, princ. I 3,8 (GCS Orig. 5, 62. 61); Übersetzung: p. 183. 181 GÖRGEMANNS/KARPP (leicht modifiziert).

71 Ebd. II 9,6 (5, 169f.); Übersetzung: ebd. 413 (modifiziert).

72 Ebd. III 1,23 (5, 242); 5,3 (5, 272f.); in Ioh. comm. XIX 14,88 (GCS Orig. 4, 314).

73 GEYER, Geschichtsphilosophie bei Origenes (wie Anm. 66) 17.

Läuterung der Seele vollzieht".[74] Der sich über viele Welten erstreckende Heilungsprozess der Seelen ist nicht als Gegensatz von Geschichte zu interpretieren,[75] sondern gerade als ihr Ausdruck. Geyers Auffassung liegt ein Verständnis von Geschichte zugrunde, demzufolge diese durch ein ‚plötzliches' Ende gekennzeichnet sei – das scheint mir apokalyptisch gedacht zu sein. Origenes hingegen konzipierte gerade das, was Geschichte ist: einen Prozess durch lange Zeiträume hindurch (die in kosmischen Dimensionen unüberschaubar sind). Auch wenn er diesen Prozess teleologisch in einen proto- und eschatologischen Rahmen setzte, hat er ihm doch nichts von seinem Entscheidungscharakter und seiner Offenheit in der Gegenwart der jetzigen Welt genommen. Es sind die Freiheitsentscheidungen der Vernunftwesen, von denen der konkrete Ablauf und seine Dauer sowohl hinsichtlich der Individuen als auch hinsichtlich der Gesamtheit bestimmt werden.[76] Aus dem speziellen Zuschnitt der Kosmologie des Origenes in Verbindung mit dem Freiheitsgedanken ergibt sich ein wirkliches Geschichtsdenken.

Im Blick auf den von Origenes angenommenen Anfang dieses kosmischen Prozesses wie im Blick auf sein erhofftes Ende kann man durchaus sagen, dass Geschichte „zur Hilfskonstruktion bei der Lösung der Theodizeefrage" wird. „Bei Origenes ist … die Wiederherstellung des Urzustandes der einzig denkbare Weg zu einer Entwirrung der Verwicklungen, in die der präexistente Fall der Seele verstrickt hat (Theodizeeproblematik). Die Wiederherstellung des Urzustandes *(Apokatastasis)* ist ihrerseits nur *prozessual* zu verwirklichen, in einem (notwendigerweise) *geschichtlichen* Prozeß, dessen Reflexion den weiteren systematischen Entwurf des Origenes bestimmt."[77] Hier ist der entscheidende Punkt formuliert: Nur im Prozess, nur auf dem Weg, der von den Freiheitsentscheidungen vernünftiger Wesen gestaltet wird, ist der Urzustand wieder herstellbar. Deshalb ist Geschichte ein konstitutiver Bestandteil des origeneischen Denkens. Sein gesamter systematischer Entwurf ist, sofern er die Zukunft betrifft, davon bestimmt. Diese Seite seines Konzepts ist auch die entscheidende – aus ihr folgt seine auf das Praktische fokussierte Theologie ethischen Handelns –, weniger die in die Vergangenheit gerichtete Seite. Da ist Origenes einerseits gut platonisch, indem er wie Platon das Theodizeeproblem mit der Präexi-

---

74 Ebd. 9.

75 Gegen GEYER, ebd. 10, mit Bezug auf Origenes, princ. III 6,6 (GCS Orig. 5, 287): „Dies muss man sich aber nicht als ein plötzliches Geschehen vorstellen, sondern als ein allmähliches, stufenweise im Laufe von unzähligen und unendlich langen Zeiträumen sich vollziehendes"; Übersetzung: p. 659 GÖRGEMANNS/KARPP.

76 So auch KÖCKERT, Zeit und Ewigkeit bei Origenes (wie Anm. 63) 269.

77 GEYER, Geschichtsphilosophie bei Origenes (wie Anm. 66) 9 (kursiv im Original).

stenz der Seele zu lösen versucht,[78] andererseits gut gemeinchristlich, indem er das Böse in der Welt der Verantwortung nicht Gottes, sondern des Menschen zuschreibt.[79] Wirklich gelöst wird dieses Problem damit so wenig wie in anderen Konzepten, weil die Herkunft der unterschiedlichen Dynamiken der von Gott ursprünglich gleich geschaffenen Vernunft- und Freiheitswesen damit auch nicht erklärt werden kann. Aber dieses Theodizeemodell setzt im Konzept des Origenes auf der anderen Seite eine Dynamik frei, von der alles Weitere bestimmt ist und auf die es ihm auch hauptsächlich ankommt: die Idee der vollkommenen Wiederherstellung des Urzustands, die nur in Freiheit und damit durch Geschichte zu erreichen ist. Diese wird zwar als auf dieses Ziel gerichtet gedacht und ist insofern teleologisch konzipiert, in ihrem konkreten Verlauf aber (Dauer und Zahl der Welten, Position und Entwicklungsrichtung der Individuen in den einzelnen Phasen) ist sie im Blick auf diese gegenwärtige Welt nach vorne offen (auch hinsichtlich der Fortschritte der einzelnen Vernunftwesen). Insofern enthält die Theologie des Origenes ein echtes Konzept von Geschichte, in deren Kern der Freiheitsgedanke steht.

Ein kurzer Seitenblick auf Augustinus mag dies weiter verdeutlichen. Entgegen landläufiger Annahmen[80] ist in Augustins Konzept des Vorherwissens und später des Vorherbestimmens Gottes der Geschichte jeder Entscheidungscharakter genommen, „der Geschichte überhaupt erst möglich werden läßt. Der Betrachter der schon im voraus feststehenden Geschichte wird … zum Helfer der göttlichen Vorsehung. Er wird dies freilich nicht dadurch, daß er die Pläne der Gottheit fördert (und damit aktiv eingreift in die Geschichte), sondern dadurch, daß er diese Pläne, die immer schon feststehen, plausibel darstellt und als notwendig bewußt macht."[81] Bei Augustinus hat die Geschichte –

---

78 Vgl. Platon, Gorg. 523 a – 527 e; polit. X 614 a – 621 d; Phaid. 73 a – 76 e (zum erkenntnistheoretischen Pendant, der Anamnesislehre), und Origenes, princ. I 7,4 (GCS Orig. 5, 89f.); II 9,6–8 (5, 169–172); III 1,21–23 (5, 238–241). – James A. LYONS, The Cosmic Christ in Origen and Teilhard de Chardin. A Comparative Study, Oxford 1982, 134f. mit Anm. 134–136, verweist auf mögliche jüdisch-christliche Hintergründe dieser Annahme des Origenes und auf die starke Zurückhaltung, mit der Origenes diese Frage erörtert hat.

79 Vgl. Origenes, ebd. I 7,4 (5, 90); 8,2 (5, 98); II 9,7 (5, 170f.) mit dem Rekurs auf Röm. 9,14: „Ist etwa Ungerechtigkeit bei Gott? Das sei ferne!"; III 3,5 (5, 261f.).

80 Beispielsweise bei DE LUBAC, Geist aus der Geschichte (wie Anm. 2) 440, der Augustinus bescheinigt, wie Origenes „ein durchaus geschichtliches Denken zu besitzen".

81 So richtig GEYER, Geschichtsphilosophie bei Origenes (wie Anm. 66) 5. Im Gegensatz zum universalen Einheitsdenken des Origenes ist in Augustins Konzept ein metaphysischer Dualismus unausweichlich, weil „sich am Ende der Zeit das Reich des

ungeachtet der Tatsache, dass er sich im „Gottesstaat" intensiv mit der römischen Geschichte und ihrer theologischen Deutung auseinandergesetzt hat – keinen eigenen Wert, ja gibt es Geschichte im eigentlichen Sinne nicht. Sie dient lediglich der Manifestation des bereits im Voraus Feststehenden. Nicht die aufgrund der Prädestination deterministische Geschichtstheologie des Augustinus, sondern das Freiheits- und Geschichtsdenken des Origenes rechtfertigt es, „von jenem Bruch im Verhältnis zum antiken Welt- und Selbstverständnis zu sprechen, den man bei Augustinus zwar immer vermutet, nicht aber überzeugend nachgewiesen hat".[82]

Aber zerstört nicht Origenes mit seiner Teleologie die Freiheit im Sinne von geschichtlicher Offenheit auf Zukunft hin letztlich genauso wie Augustinus mit seiner Prädestination? Am Schluss seines Aufsatzes argumentiert Geyer für diese Ansicht: Das Konzept des Origenes schließe Freiheit aus, weil am Ende ein neuer Abfall möglich sei, wo Linearität erneut in Zyklik umkippe (1). Eine durchgehaltene Linearität hingegen würde sich göttlicher Determination verdanken, was wiederum Freiheit ausschließe (2). Und schließlich mache die intensive Betonung der menschlichen Freiheit durch Origenes, die sich auch gegen die Grundintention seiner geschichtlichen Konzeption wenden könne, ihrerseits Geschichte unmöglich (3).[83] Diese Einwände sind wichtig und bedenkenswert, doch lassen sich ihnen folgende Überlegungen entgegenhalten:

Die zentrale Frage bei alledem dürfte die sein, wie das Ende konzipiert ist: Ist dieses vollkommen identisch mit dem Anfang? Dann ist ein erneuter Abfall möglich, weil die Konstitution der rationalen Geschöpfe dann dieselbe ist wie bei ihrer ersten Abkehr von Gott. Oder enthält das Ende ein Plus gegenüber dem Anfang, das so geartet ist, dass ein erneuter Abfall ausgeschlossen, zugleich aber die Freiheit nicht beeinträchtigt wird? Das ist ein sehr altes Streitthema der Origenes-Deutung. Schon Theophilus von Alexandria, Hieronymus und Justinian unterstellten Origenes, er habe einen erneuten Fall der zur Vollkommenheit gelangten Geschöpfe gelehrt.[84] Augustinus hielt den damit einhergehenden dauernden Wechsel zwischen Seligkeit und Elend für den schrecklichsten Gedanken in der Soteriologie des Origenes, weil er die

Guten und das des Bösen ... so unversöhnlich gegenüber" stehen „wie nach dem Heraustreten des Menschen aus dem Urzustand" (ebd. 10).

82 Ebd. 11.

83 Ebd. 18.

84 Theophilus von Alexandria im Osterfestbrief des Jahres 401, lateinisch überliefert bei Hieronymus, ep. 96,9 (CSEL 55, 167f.); Hieronymus, ep. 124,5 (CSEL 56/1, 101f.); Justinian, ep. ad Menam (ACO III 211).

Sicherheit des Heils gefährde.[85] Bis in die moderne Forschung herein werden beide Meinungen vertreten.[86] Es lassen sich allerdings Argumente dafür beibringen, dass Origenes einer Größe, die am Anfang noch keine Rolle spielen konnte, für das Ende eine konstitutive Bedeutung zugesprochen hat und dass diese Größe einem erneuten Abfall im Wege steht: die Erfahrung. Die Vernunftwesen haben durch die Höhen und Tiefen ihres Lebens die verschiedenen Welten hindurch Erfahrungen mit der Liebe Gottes gemacht, die sie *auf diese Weise* am Anfang noch nicht hatten (und nicht haben konnten), besonders die Erfahrung der nie endenden Liebe Gottes zu den von ihm geschaffenen Wesen, auch nicht zu dem am weitesten von ihm entfernten.

> „Schließlich, wenn man alle Flecken der Unreinheit und der Unwissenheit entfernt und abgewaschen hat, gelangt man zu einem solchen Grad von Lauterkeit und Reinheit, dass das Sein, das man von Gott empfangen hat, so beschaffen ist, wie es Gottes würdig ist, der ja das Sein in reiner und vollkommener Weise verliehen hat. Dann hat das Seiende die gleiche Würde wie der, der es ins Sein rief. Denn wer genau so ist, wie sein Schöpfer ihn wollte, wird dann auch von Gott die Gnade erhalten, dass seine Tugend Dauer hat und auf ewig bleibt. Damit dies eintreffe, und damit unaufhörlich und untrennbar mit dem, der da ist, vereinigt seien, die von ihm geschaffen sind: zu diesem Zweck hat die Weisheit die Aufgabe, die Geschöpfe zu lehren und zu erziehen und zur Vollkommenheit zu führen mit der Stärkung und unaufhörlichen Heiligung des Heiligen Geistes, durch die allein sie Gott fassen können."[87]

Diese Erfahrung hält die vernünftigen Wesen von einem erneuten Fall ab. Wenn sie am Ende frei von allem Bösen und ganz von der Liebe Gottes und zu Gott erfüllt sind, werden sie ihre Freiheit nur noch so gebrauchen, dass sie sich beständig Gott zuwenden.[88]

> „Wenn der vernünftige Geist gereinigt ist von aller Hefe der Sünde, wenn alle Trübung der Bosheit gänzlich beseitigt ist, dann wird alles, was er empfinden, erkennen und denken kann, Gott sein; er wird nichts anderes mehr als Gott empfinden, Gott denken, Gott sehen, Gott haben; Gott wird das Maß all seiner Bewegungen sein; und so wird Gott für ihn alles sein."[89]

---

85 Augustinus, civ. XXI 17 (CChr.SL 48, 783). Siehe dazu in diesem Band Beitrag Nr. 20, unten S. 496, mit weiteren Belegen.

86 Siehe die Literaturhinweise in Beitrag Nr. 7, unten S. 174 Anm. 24 und 25.

87 Origenes, princ. I 3,8 (GCS Orig. 5, 62); Übersetzung: p. 181–183 GÖRGEMANNS/KARPP.

88 Siehe dazu auch Riemer ROUKEMA, „Die Liebe kommt nie zu Fall" (1 Kor 13,8a) als Argument des Origenes gegen einen neuen Abfall der Seelen von Gott, in: Wolfgang A. BIENERT/Uwe KÜHNEWEG (Hg.), Origeniana Septima. Origenes in den Auseinandersetzungen des 4. Jahrhunderts (BEThL 137), Leuven 1999, 15–23, bes. 21f.

89 Origenes, princ. III 6,3 (GCS Orig. 5, 283); Übersetzung: p. 649–651 GÖRGEMANNS/

Der Endzustand kippt nicht in einen neuen Kreislauf um. Im zyklisch-linearen Prozess, den Origenes konstruiert, dominiert nicht die Zyklik und damit die Determination, sondern die Linearität[90] und damit die Freiheit, die auch im Endzustand gewahrt bleibt, und zwar nicht als banale Freiheit der Entscheidung, sondern als erfüllte Freiheit der Liebe, die nur ein Ziel kennt und für die Nicht-Liebe aufgrund der damit gemachten Erfahrungen keine Option mehr ist (gegen 1). Eben deshalb läuft die Linearität auch nicht auf Determination hinaus, weil die in Freiheit gemachten Erfahrungen der Individuen das Ende als definitiv konstituieren, nicht Gott, der den Prozess dahin solange andauern lässt und mit seiner Fürsorge begleitet und zum rechten Gebrauch der Freiheit anleitet, bis alle Beteiligten ihn gelernt haben; solange das nicht der Fall ist, ist das Ende noch nicht eingetreten (gegen 2). Gewiss ist die Freiheit der vernünftigen Wesen der Dreh- und Angelpunkt all dieser Überlegungen. Doch wird Geschichte dadurch nicht unmöglich gemacht, sondern überhaupt erst ermöglicht, allerdings im teleologischen Konzept des Origenes nicht in endloser Offenheit (wodurch Freiheit absurd werden würde), sondern auf ein Ziel gerichtet. In seiner Geschichtstheologie, die im Gesamtrahmen teleologisch ist, nicht aber im Blick auf eine einzelne und schon gar nicht im Blick auf die gegenwärtige Welt, formuliert Origenes die Hoffnung, dass der rechte Gebrauch der Freiheit nicht effektlos sein wird, weil sie auf ein Ziel gerichtet ist, das ihr zuinnerst entspricht (gegen 3).

Diese Überlegungen lassen sich an zwei Gedanken des Origenes explizieren, die eher am Rande der Origenesforschung liegen, jedoch in das Zentrum nicht nur dieser Thematik, sondern der origeneischen Theologie insgesamt gehören. Der eine lässt sich am Stichwort ‚Weltseele' festmachen.[91] Im antiken Platonismus ist das ein Mittelbegriff, um die göttliche Einheit mit der irdischen Vielheit zu verknüpfen; als solcher spielt er in der Systematik Plotins, in der die „Seele" (ψυχή) als

---

KARPP. Vgl. KÖCKERT, Zeit und Ewigkeit bei Origenes (wie Anm. 63) 286: „Jeder Einzelne wird frei vom Begehren des Bösen sein, weil er immer im Guten ist und Gott für ihn alles ist."

90 So auch LYONS, Cosmic Christ (wie Anm. 78) 133: „Biblical salvation history controls this notion, to the extent that the procession of ages sets out from a beginning and advances towards an end in which ‚God is all and in all'." Siehe dazu auch Hans Urs VON BALTHASAR, Apokatastasis, in: TThZ 97 (1988) 169–182, hier 169–174.

91 Für das Folgende siehe Christian HENGSTERMANN, Christliche Natur- und Geschichtsphilosophie. Die Weltseele bei Origenes, in: Alfons FÜRST (Hg.), Origenes und sein Erbe in Orient und Okzident (Adamantiana 1), Münster 2011, 43–74, bes. 67–74, der dieses Thema im Denken des Origenes erstmals eingehend erörtert. Kurze Bemerkungen dazu bei Aloisius LIESKE, Die Theologie der Logosmystik bei Origenes (MBTh 22), Münster 1938, 112–114, und Jean DANIÉLOU, Origène, Paris 1948, 107f.

dritte Hypostase nach dem „Einen" (ἕν) und dem „Geist" (νοῦς) fungiert, eine zentrale Rolle. Im Denken des Origenes lässt sich an der mit diesem Begriff verbundenen Vorstellung die innere Verschränkung von Kosmologie und Geschichte aufzeigen. Mit den Leitideen der Vorsehung und der Erziehung in der geschichtlich-dynamischen Soteriologie des Origenes ist er dadurch verbunden, dass mit ihm die Einheit der Wirklichkeit und der Heilsgeschichte ausgedrückt wird, obgleich diese sich über viele aufeinander folgende Welten erstreckt. Für Origenes ist die Einheit der vielen Vernunftwesen die Kirche im Sinne der Einheit des erlösten Menschengeschlechts, wobei die Kirche nicht institutionell, sondern streng personalistisch als „Versammlung aller Heiligen *(coetum omnium sanctorum)*", „gleichsam eine Person aller *(quasi omnium una persona)*"[92] vorgestellt wird – analog zu einer Einheit der vielen Einzelseelen in einer Weltseele. Insofern die einzelnen Vernunftwesen am Logos, der Christus ist, teilhaben, realisieren sie nicht nur ihr eigenes, von dieser Teilhabe konstituiertes Wesen, sondern in ihrer Gemeinschaft das Wesen von Allem, als Schöpfung am Logos und vermittelt über diesen an Gott teilzuhaben. In diesem Sinne interpretiert Origenes die biblischen Wendungen „Salz" und „Licht der Erde" (Mt. 5,13f.) und bezeichnet die Kirche als die im Logos vereinte Menschheit als κόσμος τοῦ κόσμου – „Schmuck des Universums",[93] was nicht ein ästhetisches Akzidens meint, sondern als Ausdruck für das All in seiner eigentlichen Wirklichkeit, als dessen inneres Leitprinzip zu verstehen ist.

> „Gestirne werden wir in uns tragen, die uns erleuchten: Christus und seine Kirche. Denn er ist ‚das Licht der Welt' (Joh. 8,12), der auch die Kirche mit seinem Licht erleuchtet. Wie es nämlich heißt, der Mond empfange sein Licht von der Sonne, damit durch ihn auch die Nacht erleuchtet werde, so erleuchtet auch die Kirche mit dem Licht, das sie von Christus empfängt, alle, die in der Nacht der Unwissenheit wandeln."[94]

Dieses naturphilosophische Konzept hat Origenes dezidiert geschichtsphilosophisch gewendet: Er interpretierte die Ausbreitung der christlichen Kirche – diese im genannten Sinn verstanden, weshalb die diesbezüglichen Aussagen des Origenes frei von jeglichem Triumphalismus sind – als Prozess, in dem das Universum, einem vernünftigen

92 Origenes, in Cant. comm. I 1,5 (GCS Orig. 8, 90 bzw. SC 375, 178).

93 In Ioh. comm. VI 59,301–303 (GCS Orig. 4, 167f.).

94 In Gen. hom. 1,5 (GCS Orig. 6, 7); Übersetzung: HABERMEHL, OWD 1/2, 37. Dazu LYONS, Cosmic Christ (wie Anm. 78) 142f.: „Origen's ecclesiology is clearly a facet of his cosmology. His idea of a church comprehends much more than a terrestrial assembly of Christ's followers ... it is the internal regulative principle of the cosmos. It mediates Christ's work of ordering the world ..., but also the world's extending itself to Christ."

Lebewesen gleich,[95] zum ihm innewohnenden Geheimnis seiner Wirklichkeit transformiert wird. Die Verbreitung des Christentums in der ganzen Welt „weist darauf hin, dass wirklich Gott Mensch geworden ist und den Menschen die rettenden Lehren übergeben hat".[96] Seit dem Erscheinen Christi auf Erden ist die Geschichte für Origenes „ein einziges Fortschreiten im Bewusstsein christlicher Freiheit, mit dem der Logos selbst … in immer mehr Menschen Fleisch wird und die Wirklichkeit im Ganzen nach und nach zum Ort der augenfälligen ‚Herrlichkeit Gottes' umgestaltet wird.[97] Am Ende steht die Erlösung der gesamten Wirklichkeit."[98] Gegen die stoische Palingenesie,[99] die geschichtslose Wiederkehr des immer Gleichen, betont Origenes, „dass nicht das kosmische Gesetz die Geschichte bestimmt, sondern umgekehrt die freie Vernunftnatur eine Wirklichkeit herbeiführen wird, in der Christus kraft der gelingenden Freiheit jedes Einzelnen alle Vielheit und Bosheit überwunden hat."[100] Gegen die partikulare Geschichts- und Religionsphilosophie des Platonikers Kelsos propagierte Origenes die auf Freiheit beruhende Einheit aller Vernunftwesen im Logos:

> „Wir aber sagen, es werde einmal die Zeit kommen, da der Logos alle vernünftigen Wesen beherrschen und alle Seelen zu seiner Vollkommenheit umgestalten wird, sobald ein jeder sich einfach der Vollmacht bedient und das wählt, was er will, und in dem, was er gewählt hat, verharrt … Denn da der Logos und die ihm innewohnende Heilkraft stärker sind als alle Übel in der Seele, lässt er diese Kraft gemäß dem Willen Gottes bei jedem Einzelnen wirken, und das Ende der Behandlung ist die Beseitigung des Übels."[101]

95 Nach princ. II 1,3 (GCS Orig. 5, 108) ist „das Weltganze gleichsam als ein ungeheuer großes Lebewesen anzusehen, das wie von einer Seele von Gottes Kraft und Planung beherrscht wird"; Übersetzung: p. 289 GÖRGEMANNS/KARPP.

96 Ebd. IV 1,2 (5, 295f.); Übersetzung: ebd. 677.

97 Vgl. dazu in Is. hom. 1,2 (GCS Orig. 8, 245); 4,2 (8, 259) zu Jes. 6,3: „Erfüllt ist die ganze Erde von seiner Herrlichkeit". Siehe dazu auch in diesem Buch Beitrag Nr. 1, oben S. 20.

98 HENGSTERMANN, Weltseele bei Origenes (wie Anm. 91) 71.

99 Origenes, princ. II 3,4 (GCS Orig. 5, 119): „Denn die Seelen werden nicht durch einen Kreislauf, der nach langen Zeiträumen in dieselbe Bahn zurückkehrt, dazu getrieben, dies oder jenes zu tun oder zu begehren; sondern worauf sich ihr persönlicher freier Entschluss richtet, dahin lenken sie den Lauf ihrer Handlungen"; Übersetzung: p. 311 GÖRGEMANNS/KARPP. Vgl. Cels. IV 67f. (GCS Orig. 1, 337f.); V 20f. (2, 21–23).

100 HENGSTERMANN, Weltseele bei Origenes (wie Anm. 91) 71.

101 Cels. VIII 72 (GCS Orig. 2, 288f.); Übersetzung nach KOETSCHAU, BKV^2 I 53, 389. – Zum religionspolitischen Kontext dieser Aussage siehe in diesem Band Beitrag Nr. 19, unten S. 460–471, bes. 469f.

Die Vorstellung der ‚Weltseele' bzw. der ‚Kirche' – die Christen bzw. alle vernünftigen Geschöpfe, die ihrer Bestimmung folgen, gleichsam als ‚Seele der Welt', und als Pendant dazu Christus gleichsam als ‚Seele Gottes' in der Welt, wie Origenes einmal erwägt[102] – bringt die Einheit der geschaffenen, vielfältigen Wirklichkeit mit dem Schöpfer im Logos zum Ausdruck und bildet zusammen mit der kosmischen Christologie des Origenes die Grundlage für eine Philosophie bzw. Theologie der Geschichte, insofern eine solche die universale Gemeinschaft der Vernunftwesen voraussetzt. Die Geschichte „ist das Medium, in dem die Dualismen von Gott und Welt, Einheit und Vielheit nach und nach versöhnt und überwunden werden"; umgekehrt ist die kosmische Wirklichkeit gerade in ihrer historischen Dynamik „der einzige Weg der Wahrheits- und Gotteserkenntnis".[103]

Letzteres wird besonders deutlich an dem zweiten Gedanken, an dem die geschichtliche Heilskosmologie des Origenes sichtbar wird, nämlich an seiner Rede von der „Mitte" und der „Bewegung" Gottes. Er entfaltet diese ungewöhnliche Vorstellung bei seiner Auslegung der Gottesvision Jesajas (Jes. 6,1–7), in der die Seraphim nach Origenes' Textauffassung Gesicht und Füße Gottes verhüllen (Jes. 6,2).[104] Aufgrund ihrer Wichtigkeit seien die beiden zentralen Passagen dazu hierher gesetzt:

> „Sie bedeckten das Angesicht Gottes, denn der Ursprung Gottes *(exordium Dei)* ist unbekannt. Aber auch die Füße, denn was könnte man wohl als das Letzte in unserem Gott *(novissimum in Deo)* verstehen? Einzig das Mittlere *(media)* kann man sehen; was davor gewesen ist, das weiß ich nicht. Aus dem, was ist *(ex his, quae sunt)*, erkenne ich Gott; was danach sein wird, abgesehen davon, dass es sein wird, das weiß ich nicht ... Sie (sc. die Seraphim) ließen zumindest einen Teil Gottes, seine Mitte sozusagen *(partem Dei, ut ita dicam, medietatem eius)*, unverhüllt und riefen einander zu, während sie bei Gott standen und sprachen: ... ‚Heilig, heilig, heilig ist der Herr der Heere, erfüllt ist die ganze Erde von seiner Herrlichkeit' (Jes. 6,3). Meines Herrn Jesu Christi Ankunft verkündigen sie. Jetzt also ist die ganze Erde erfüllt von seiner Herrlichkeit. Allerdings ist sie noch nicht erfüllt,

---

102 Vgl. princ. II 8,5 (GCS Orig. 5, 162).

103 HENGSTERMANN, Weltseele bei Origenes (wie Anm. 91) 74.

104 Das Folgende ist ausführlich dargestellt in: Origenes, Die Homilien zum Buch Jesaja. Im Anhang: Fragmente und Zeugnisse des Jesajakommentars und: Theophilus von Alexandria, Traktat gegen Origenes über die Vision Jesajas, eingel. und übers. von Alfons FÜRST/Christian HENGSTERMANN (OWD 10), Berlin/New York – Freiburg/Basel/Wien 2009, 132–158. – Die Entdeckung dieser Zusammenhänge in diesen Predigten hat die beiden Autoren dieses Buches seinerzeit übrigens mit dazu veranlasst, sich eingehend mit den am Rande der Origenesforschung liegenden Jesajahomilien zu beschäftigen; die Ausgabe ist die Frucht dieser Studien.

sondern wird erst künftig erfüllt werden, wenn dem Gebet Genüge getan ist, mit dem der Herr selbst uns mit folgenden Worten zu beten geheißen hat: ‚Wenn ihr betet, sprecht: Vater unser, der du bist in den Himmeln, geheiligt werde dein Name! Dein Reich komme! Dein Wille geschehe, wie im Himmel, so auch auf Erden!' (Mt. 6,9f.). Bis jetzt gilt der Wille des Vaters im Himmel, auf Erden ist sein Wille noch nicht erfüllt … In denen, die sündigen, herrscht er (sc. Christus) ja noch nicht, doch wenn ihm die Macht auch über diese gegeben ist, wenn ihm alles unterworfen ist, dann wird seine Macht ihre Fülle erreichen und er wird überall hingehen und sich alles unterwerfen."[105]

„Es ist unmöglich, den Ursprung Gottes *(principium Dei)* zu finden. Den Ursprung der Bewegung Gottes *(principium motus Dei)* bekommt man nirgends zu fassen – ich sage nicht: du, sondern überhaupt niemand noch etwas von dem, was ist. Allein der Erlöser und der Heilige Geist, die schon immer bei Gott gewesen sind, sehen sein Angesicht; und vielleicht sehen die Engel, die beständig das Angesicht des Vaters in den Himmeln sehen, auch die Ursprünge seiner Werke *(principia negotiorum)*. So verbergen die Seraphim aber auch die Füße vor den Menschen; denn es ist unmöglich zu beschreiben, wie die letzten Dinge *(novissima)* sind … Was wir sehen – um gleichwohl einzuräumen, dass wir etwas sehen –, sind die mittleren Dinge *(media)*. Was vor der Welt gewesen ist, wissen wir nicht; allerdings ist vor der Welt etwas gewesen. Was nach der Welt kommen wird, können wir nicht mit Gewissheit erfassen; doch wird es etwas anderes nach der Welt geben."[106]

Diese beiden Predigtstellen ergänzen und interpretieren sich gegenseitig. „Anfang" und „Ende" Gottes können prinzipientheoretisch-metaphysisch als „Ursprung" und „Ziel" verstanden werden – dann meint die „Mitte" Gottes den Kosmos als Gesamt der dem Menschen erkennbaren Wirklichkeit, das Sein, „das, was ist" *(ea, quae sunt)*, das seinen Grund und seine Bestimmung in Gott hat. Zeitlich verstanden, markieren sie Anfang und Ende der „Bewegung" Gottes als seine „Werke" *(opera Dei)*,[107] sein Heilshandeln in der Welt. Während Anfang und Ende, Ursprung und Ziel dem Menschen verborgen sind, ist die „Mitte", die „Bewegung" Gottes der einzige Gegenstand der irdischen Gotteserkenntnis. Die Größe, in der Gott im Kosmos als „Mitte" und in der Geschichte als „Bewegung" präsent ist, ist Christus als „Mitte" *(medium)* bzw. als „Mittler" *(mediator)*, der in der Kraft des Heiligen Geistes diese

105 Origenes, in Is. hom. 1,2 (GCS Orig. 8, 245f.); Übersetzung: FÜRST/HENGSTERMANN, OWD 10, 201.

106 Ebd. 4,1 (8, 257f.); Übersetzung: ebd. 229. – Vgl. ferner princ. IV 3,14 (GCS Orig. 5, 346); in Hiez. hom. 14,2 (GCS Orig. 8, 452f.).

107 Von diesen ist weiter unten nach der aus in Is. hom. 4,1 zitierten Stelle die Rede.

Gotteserkenntnis vermittelt.[108] In das Gottesbild wie in die Kosmologie wird hier die dynamische Perspektive der Geschichte der Erziehung Aller durch den Logos zum Heil integriert, ohne das eine auf das andere zu reduzieren.

Den Kern des ganzen Konzepts bildet der kosmische Christus, dessen Beziehung zur geschaffenen Wirklichkeit in ihrer natürlichen und in ihrer historischen Dimension allumfassend ist.[109] Der Logos „ist überall und durchdringt das ganze All",[110] das Wort und die Weisheit durchdringen die ganze Welt und der Erlöser durchwaltet die ganze Schöpfung,[111] Christi „höhere Natur ist von solcher Macht, dass er, obwohl er seiner Gottheit nach unsichtbar ist, zugleich auch bei jedem Menschen ist und sich über die ganze Welt erstreckt (συμπαρεκτεινόμενος)".[112] Eben dadurch ist der Logos in die mannigfaltige Geschichte der Schöpfung involviert: „Extension to the entire cosmos ... connotes involvement, through a multiplicity of relations *ad extra*, with the contingent history of creation."[113] Der Sohn vermittelt als Logos die Präsenz des Göttlichen, die ihm als Weisheit vom Vater, dem Schöpfer her in Fülle eignet, an die gesamte Schöpfung und führt umgekehrt diese in einem langen Prozess pädagogischen Werbens um die vernünftigen Freiheitswesen aus der Zerstreuung in die Vielheit zurück in die Einheit mit ihrem Ursprung, ohne ihre Individualität und Freiheit aufzuheben. „Ergebnis dieser Anstrengung des Begriffs ist der Entwurf einer christlichen Weltdeutung, die Gott und Welt im Sinne einer dynamischen Kosmologie und heilstrinitarischen Geschichtsphilosophie in einer differenzierten Einheit zusammendenkt" und „die dem menschlichen Handeln in der Welt seinen Sinn bewahrt."[114]

Ihre eigentliche Bedeutung gewinnt die Geschichte bei Origenes also im Rahmen seiner Kosmologie, und umgekehrt wird der Kosmos als Gesamtheit aller Vernunftwesen nur im Verlauf eines Freiheitsprozesses zu dem, wozu diese ursprünglich gedacht sind. Origenes hat in sei-

---

108 So princ. II 6,1 (GCS Orig. 5, 139). Vgl. auch Cels. III 34 (GCS Orig. 1, 231) und zu dieser Mittlerfunktion Christi generell LYONS, Cosmic Christ (wie Anm. 78) 118–130 (dazu ebd. 115).

109 Siehe dazu LYONS, ebd. 118–145; bes. 131: „Christ's relation to the created cosmos is allinclusive."

110 Origenes, princ. II 11,6 (GCS Orig. 190f.); Übersetzung: p. 455 GÖRGEMANNS/KARPP.

111 In Ioh. comm. VI 39,202 (GCS Orig. 4, 148f.).

112 Ebd. VI 30,154 (4, 140); Übersetzung mit Erläuterungen dazu: HENGSTERMANN, Weltseele bei Origenes (wie Anm. 91) 52f.

113 LYONS, Cosmic Christ (wie Anm. 78) 136, aufgegriffen auch bei HENGSTERMANN, ebd. 52 Anm. 44.

114 FÜRST/HENGSTERMANN, OWD 10 (wie Anm. 104) 132f. 161.

nem Denken den Gegensatz zwischen Natur und Geschichte zu überwinden versucht. Die Geschichte ist dabei nicht einfach in die Kosmologie eingeordnet, so dass die Kosmologie letztlich doch das entscheidende Element wäre und die Geschichte nur eine Pseudo-Geschichte. Der Kosmos ist im Konzept des Origenes vielmehr von der Dynamik der Geschichte bestimmt. Von Bedeutung ist Geschichte in den Augen des Origenes nicht als partikulare, kontingente Historie, für die man sich interessieren kann oder nicht, sondern als Teil eines universalen Prozesses, in dem es um Heil geht. Das Denken des Origenes ist universal, zeitlich (Geschichte) wie räumlich (Kosmos), und beides ist verbunden zu einer heilsgeschichtlichen Kosmologie. Der Geschichte in den denkbar größten Dimensionen wird in dieser Kosmosoteriologie ein realer Wert zugesprochen, der für den Ablauf des Heilsprozesses und sein definitives Ende eine konstitutive Rolle spielt. Und das kann die Geschichte deshalb, weil sie einerseits mit dem Gottesgedanken – dem Heilstrinitarismus des Origenes –, andererseits mit dem Freiheitsgedanken verbunden ist: Wer Gott denkt, muss in einem strengen Monismus die Welt denken, sonst ist ein Dualismus mit unüberwindbaren Gegensätzen unausweichlich, und wer Freiheit denkt, muss Geschichte denken, sonst ist alles geordnete Notwendigkeit (oder chaotischer Zufall, aber das läuft auf dasselbe hinaus, nämlich auf Fremdbestimmung der Vernunftwesen). Die Freiheitsentscheidungen der Menschen bringen Geschichte hervor, die ihren Ermöglichungsgrund darin hat, dass sie das innerste Wesen Gottes zum Ausdruck bringt, nämlich „Güte" und „ungeschaffene Freiheit" „und daher seinem Wesen nach Mitteilung und schöpferischer Heilswille" zu sein.[115] Dieser spezifische Konnex von Gottes- und Schöpfungsbegriff begründet den Konnex von Kosmologie und Geschichte.

3. Der Sinn der Geschichte – Psychologisch

Wie hängen nun die in den beiden voraufgehenden Kapiteln erörterten exegetischen und philosophischen Überlegungen zur Geschichte bei Origenes miteinander zusammen? Im eingangs angesprochenen Niemandsland zwischen Exegese und Philosophie gehört es meines Erachtens zu den Hauptaufgaben der Origenesforschung, nach all der zu beiden Bereichen im letzten Saeculum geleisteten Arbeit nach Zusam-

115 Vgl. für diese Gottes-Prädikate in Ioh. comm. I 35,254 (GCS Orig. 4, 45) und in Lev. hom. 16,6 (GCS Orig. 6, 502); siehe dazu HENGSTERMANN, Weltseele bei Origenes (wie Anm. 91) 56f.

menhängen zwischen ihnen zu fragen. Im Kopf des Origenes muss es diesen Zusammenhang gegeben haben. Es dürfte sogar davon auszugehen sein, dass für ihn Exegese und Philosophie so wenig getrennt waren wie Theologie und Philosophie, zumal Theologie für ihn Exegese war. Das ist für heutige Interpreten, die an die Ausdifferenzierung dieser Bereiche samt der Entwicklung je eigener Methoden gewohnt sind und denen sich unter der Voraussetzung dieser Separierungen erst die Frage nach möglichen Zusammenhängen stellt, ein wahrscheinlich nicht mehr wirklich nachvollziehbares Amalgam. Bei allem Bewusstsein für diese historische Distanz und den sich daraus ergebenden hermeneutischen Schwierigkeiten ist aber doch von der inneren Verschränktheit dieser Bereiche auszugehen und deshalb zumindest der Versuch zu wagen, diese zu fassen zu bekommen. Das ist gewiss eine Aufgabe, die weit über diesen Essay hinausführt. Ein Aspekt, der mir für die Thematik zentral zu sein scheint, sei dazu abschließend allerdings noch angesprochen.

Der Ort gleichsam, an dem im Denken des Origenes Bibel- und Weltdeutung zusammenkommen, ist die (vernunftbegabte) Seele. Zu der grundlegenden Analogie, die Origenes zwischen der Gottes- und Selbsterkenntnis aus der Schrift und aus der Natur gesehen hat, gehört die Ausrichung beider auf die Bildung der Seele.[116] In einer profunden Studie zur exegetischen Hermeneutik und Methodik des Origenes hat Karen Torjesen die Seelenbildung als Sinn der Bibel und als Aufgabe und Ziel der Exegese bei Origenes herausgearbeitet.[117] Die Aufgabe des Exegeten besteht demnach darin, aus der Schrift die Weisungen Christi zu erheben, die der Seele dabei helfen, auf ihrem Weg zur Vollkommenheit voranzukommen.[118] Damit dies gelingen kann, muss die Auslegung versuchen, eine Begegnung zwischen Christus und dem Hörer oder Leser im Wort der Schrift herbeizuführen.[119] Die Bibelauslegung des Origenes bewegt sich daher zwischen drei Referenzpunkten: dem Text, seiner Auslegung und dem Hörer oder Leser, für den die Auslegung erfolgt. Ziel der Auslegung ist es, eine Brücke von der im Text festgehaltenen historischen Pädagogik des Logos zu einer gegenwärtigen, an den Hörer oder Leser adressierten Pädagogik zu schlagen.[120] Aus diesem Grunde steht die Bedeutung des Textes für den gegenwär-

116 Siehe dazu Beitrag Nr. 4 in diesem Band, oben S. 103–108.

117 Karen Jo TORJESEN, Hermeneutical Procedure and Theological Method in Origen's Exegesis (PTS 28), Berlin/New York 1986.

118 Ebd. 43.

119 Ebd. 47. 130–138.

120 Ebd. 13f. 124–130.

tigen Hörer oder Leser im Zentrum der Auslegung des Origenes. Sie ist die Leitfrage seiner ganzen Schriftlektüre und Schriftauslegung.[121] *Quid ad me?* Diese Perspektive spiegelt sich ex negativo an Stellen, in denen Origenes eine solche Bedeutung nicht zu entdecken vermag: Vor solchen steht er ziemlich ratlos.[122] Die Stellen hingegen – mit wenigen Ausnahmen die gesamte Bibel, an deren Einheit Origenes streng festhält – bzw. die Lehren daraus, die sich auf die gegenwärtige Erziehungstätigkeit des Logos beziehen lassen, interpretiert Origenes entsprechend dem Grad des Fortschritts der Seele auf ihrem Weg zur Vollkommenheit.[123] Die Seele befindet sich für Origenes auf einem Weg, der von der Reinigung von Affekten und falschen Handlungen über die stufenweise Erkenntnis des Logos zur Vollkommenheit in der Einheit mit Gott führt. Aufgabe der Exegese ist es, die Bibel als pädagogisches Hilfsmittel dafür zu erschließen.[124] Die Lehren Christi in der Schrift entsprechen den Etappen auf dem Weg der Seele. Der Hörer oder Leser, der diese Lehren Schritt für Schritt durchgeht, wird so von ihnen durch einen Prozess der Reinigung und Nachahmung zum Ziel der Vollkommenheit geführt.[125] In diesen Kontext gehört die Aussage

---

121 Ebd. 23f.; vgl. ebd. 101 und etwa den oben S. 137 zitierten Text aus in Ex. hom. 1,5 (GCS Orig. 6, 151). Siehe auch Christoph MARKSCHIES, „... für die Gemeinde im Grossen und Ganzen nicht geeignet ...“? Erwägungen zu Absicht und Wirkung der Predigten des Origenes, in: ZThK 94 (1997) 39–68, erneut in: ders., Origenes und sein Erbe. Gesammelte Studien (TU 160), Berlin/New York 2007, 35–62, hier 55.

122 Beispiele dafür sind für Origenes die Erzählung von der Blutschande von Lots Töchtern mit ihrem Vater (Gen. 19,30–38) und die List Tamars, die sich als Dirne verkleidet von ihrem Schwiegervater Juda schwängern ließ (Gen. 38,1–30), in Regn. hom. graec. 2 (GCS Orig. 3², 283f.): „Es gibt Geschichten, die uns nichts angehen ..., wie zum Beispiel die Geschichte von Lot und seinen Töchtern: Wenn sie im übertragenen Sinn etwas Nützliches enthält, dann weiß es Gott und vielleicht der, dem er die Gnade erweist, jene Worte zu erklären, wenn aber im historischen Sinn, dann mag man danach forschen; denn welchen Nutzen habe ich von der Geschichte von Lot und seinen Töchtern? Und ebenso: Welchen Nutzen habe ich von der bloß erzählten Geschichte von Juda und Tamar und was mit dieser geschah?“ In princ. IV 2,2 (GCS Orig. 5, 309) zählt Origenes Lots Geschlechtsverkehr im Rausch mit seinen Töchtern neben den Berichten, dass Abraham zwei Frauen hatte (Gen. 16) und Jakob entgegen dem Gebot in Lev. 18,18 mit zwei Schwestern verheiratet war und zwei Mägde ihm Kinder gebaren (Gen. 29,15–30,24), zu den „Geheimnissen“ (μυστήρια) in der Bibel, von denen „die Einsichtigen und Bescheidenen“ bekennen, dass „wir sie nicht verstehen“. In der lateinisch erhaltenen Homilie über Lot und seine Töchter versucht er beide Seiten für ihren moralischen Fehltritt jeweils teilweise zu entlasten: in Gen. hom. 5,3f. (GCS Orig. 6, 60–63); vgl. Cels. IV 45 (GCS Orig. 1, 319) und dazu auch DE LUBAC, Geist aus der Geschichte (wie Anm. 2) 122f.

123 TORJESEN, Origen's Exegesis (wie Anm. 117) 13.

124 Ebd. 70–107. – Siehe dazu auch Beitrag Nr. 4, oben S. 107f.

125 Ebd. 48.

über die dreifache Bedeutung der Schrift in Analogie zu Leib, Seele und Geist des Menschen im bibelhermeneutischen Traktat der Grundlagenschrift:

> „Der uns richtig erscheinende Weg zum Umgang mit den Schriften und zum Verständnis ihres Sinnes ist folgender; er lässt sich in den Schriftworten selbst aufspüren. Bei Salomo finden wir in den Sprichwörtern folgende Anordnung über die aufgezeichneten göttlichen Lehren: ‚Und du schreibe sie dreifach in deinen Rat und deine Erkenntnis, damit du denen, die dich fragen, Worte der Wahrheit antworten kannst' (Spr. 22,20f. LXX). Dreifach also muss man sich die Bedeutungen der heiligen Schriften in die Seele schreiben: Der Einfältige soll gewissermaßen vom Fleisch der Schrift erbaut werden – so nennen wir die auf der Hand liegende Auffassung –, der ein Stück weit Fortgeschrittene gleichsam von ihrer Seele, und der Vollkommene – der denen gleicht, von denen der Apostel (sc. Paulus) sagt: ‚Weisheit aber reden wir unter den Vollkommenen, aber nicht die Weisheit dieser Weltzeit und nicht die der vergänglichen Herrscher dieser Weltzeit, sondern wir reden Gottes Weisheit im Geheimnis, die verborgene, die Gott vor den Weltzeiten zu unserer Herrlichkeit vorherbestimmt hat' (1 Kor. 2,6f.) – erbaut sich aus ‚dem geistigen Gesetz' (Röm. 7,14), ‚das den Schatten der zukünftigen Güter enthält' (Hebr. 10,1). Wie nämlich der Mensch aus Leib, Seele und Geist besteht, ebenso auch die Schrift, die Gott nach seinem Plan zur Rettung der Menschen gegeben hat."[126]

Der dreifache Sinn der Schrift ist nicht im Sinne einer exegetischen Methode auf drei Ebenen des Schriftsinns, einen buchstäblichen, einen moralischen und einen mystischen, zu beziehen, wie immer wieder angenommen wird[127] – um dann regelmäßig feststellen zu müssen, dass Origenes in seiner konkreten exegetischen Arbeit eigentlich immer nur von zwei Bedeutungsebenen ausgeht, der wörtlichen und der übertra-

126 Origenes, princ. IV 2,4 (GCS Orig. 5, 312f.); Übersetzung: p. 709–711 GÖRGEMANNS/KARPP (modifiziert). Vgl. auch in Lev. hom. 5,1 (GCS Orig. 6, 334); 5,5 (6, 344): *triplicem namque in scripturis divinis intelligentiae inveniri saepe diximus modum: historicum, moralem, mysticum; unde et corpus inesse et animam ac spiritum intelleximus.*

127 Repräsentativ etwa DE LUBAC, Geist aus der Geschichte (wie Anm. 2) 169–200, der den Bezug zur Seele zwar zur Sprache bringt (ebd. 173. 179f.), ihn aber nicht eigens thematisiert; GRANT, The Letter and the Spirit (wie Anm. 6) 94f.; HANSON, Allegory and Event (wie Anm. 6) 235–258. Von dieser Auffassung beeinträchtigt werden auch die Darstellungen von Henri DE LUBAC, Exégèse médiévale. Les quatre sens de l'Écriture, Bd. 1/1 (Théologie 41), Paris 1959, 198–207; Jean DANIÉLOU, Message évangélique et culture hellénistique aux IIe et IIIe siècles (Bibliothèque de Théologie. Histoire des doctrines chrétiennes avant Nicée 2), Paris 1961, 259–264; Maurice F. WILES, Origen as Biblical Scholar, in: Peter R. ACKROYD/Christopher Francis EVANS (Hg.), The Cambridge History of the Bible 1. From the Beginnings to Jerome, Cambridge 1970, 454–489, hier 467–470.

genen.[128] Origenes denkt vielmehr pädagogisch-didaktisch an drei Etappen des Fortschritts der Seele. Der „dreifache Sinn der Schrift als Leib, Seele und Geist" entspricht „in seiner Stufung dem Erkenntnisvermögen der Einfachen, der Fortgeschrittenen und der Vollkommenen".[129] Der Exeget, der bei Origenes primär exegetischer Lehrer ist, soll die Auslegung einer Stelle auf diese unterschiedlichen Grade an Verständnisvermögen auf Seiten seiner Zuhörer beziehen.

Unverzichtbare Grundlage für diese Art von Auslegung ist die Geschichte.[130] Wenn es nämlich darum geht, den Hörer oder Leser in einen Kontakt mit der Bibel zu bringen, der für die Reise seiner Seele hilfreich ist, dann geht es nicht so sehr um einen Kontakt mit dem Wortlaut des Textes, als vielmehr um einen mit der Geschichte, oder besser gesagt: der geschichtlichen Erfahrung, die der Text bezeugt. Die historische Situation, die hinter dem Text steht, ist im Verständnis des Origenes eine Begegnung mit dem Logos. Die Geschichte, um die es in der Bibel geht, ist für ihn also nicht gleichsam neutrales Geschehen in einem modernen Sinn von Geschichte, sondern die Geschichte einer religiösen Erfahrung, in welcher der Logos wirkt, oder anders gesagt: die Geschichte der Selbstmitteilung des Logos.[131] Diejenigen, die diesen Sinn des Geschehens erfassten (die Propheten und Apostel), haben die jeweilige Geschichte aufgeschrieben, nicht um die Geschichte als solche, sondern um den Sinn, der in ihr steckt und den sie in ihr entdeck-

128 Etwa GÖRGEMANNS/KARPP 709 Anm. 14: „In seinen Auslegungen hat Or. sich meist mit der Unterscheidung eines zweifachen Schriftsinnes begnügt." Oder auch WILES, ebd. 467f. 470, und Henri CROUZEL, Origène, Paris/Namur 1985, 79.

129 So schon Hans-Jörg SPITZ, Die Metaphorik des geistigen Schriftsinns. Ein Beitrag zur allegorischen Bibelauslegung des ersten christlichen Jahrtausends (Münstersche Mittelalter-Schriften 12), München 1972, 16, aufgegriffen und überzeugend als richtig erwiesen von TORJESEN, Origen's Exegesis (wie Anm. 117) 40–43; vgl. auch dies., „Body," „Soul," and „Spirit" in Origen's Theory of Exegesis, in: AThR 67 (1985) 17–30. Auch Rolf GÖGLER, Die christologische und heilstheologische Grundlage der Bibelexegese des Origenes, in: ThQ 136 (1956) 1–13, hier 12f., hat die Stelle bereits in diese Richtung gedeutet. – Torjesen aufgreifend, verbindet Elizabeth Ann DIVELY LAURO, The Soul and Spirit of Scripture within Origen's Exegesis (Bible in Ancient Christianity 3), Leiden/Boston 2005, beide Deutungen („categories of doctrine or teaching" mit „senses of meaning": ebd. 36) und versucht zu zeigen, dass die Verknüpfung des psychischen mit dem pneumatischen Sinn der Schlüssel für die Führung des Hörers zum Heil ist (vgl. ebd. 14. 36. 238).

130 TORJESEN, ebd. 139–141.

131 Origenes, in Ioh. comm. XIII 28,165 (GCS Orig. 4, 251): Χριστὸς ἑαυτὸν εὐηγγελίσατο; dazu TORJESEN, ebd. 119: „... the Logos as selfrevealing subject. The Logos announces himself, he is the subject matter of his own proclamation." Vgl. ferner Origenes, ebd. I 7,37 (4, 11f.); in Hier. hom. 9,1 (GCS Orig. 3[2], 63f.); in Is. hom. 1,5 (GCS Orig. 8, 247f.); in Matth. comm. ser. 28 (GCS Orig. 11, 53).

ten – wofür Origenes von Offenbarung und Inspiration redete –, an künftige Generationen weiterzugeben.[132] Diese lesen in den Texten der Bibel von diesen Geschichten, hinter denen jeweils eine konkret erlebte Geschichte steht, und ihre Aufgabe ist es, den darin festgehaltenen Sinn, die tiefere Wahrheit aufzudecken und so ihrerseits zu einer erneuten Begegnung mit dem Logos zu gelangen. In diesem Sinn hat Origenes „die uns richtig erscheinenden Merkmale des Schriftverständnisses" folgendermaßen umrissen:

> „Als nach Gottes Vorsehung der Geist durch den ‚im Anfang bei Gott weilenden Logos' (Joh. 1,2) die Diener der Wahrheit, die Propheten und Apostel, erleuchtete, war sein Ziel an erster Stelle die Belehrung über die verborgenen Geheimnisse bezüglich der Geschicke der Menschen …, damit der Belehrbare, indem er forscht und sich in die Tiefen des Sinnes der Wörter versenkt (vgl. 1 Kor. 2,10), der gesamten Lehren seines Ratschlusses teilhaftig werde."[133]

Die „Wörter", das, „was aufgeschrieben ist, sind die äußeren Gestalten von gewissen Geheimnissen *(formae sacramentorum quorundam)* und Abbilder von göttlichen Dingen *(divinarum rerum imagines)*",[134] die in diesen Wörtern „verborgenen Geheimnisse" aber beziehen sich auf die „Geschicke der Menschen", mithin auf ihre Geschichte. Der Weg zur Gotteserkenntnis führt darüber, sich in „die Tiefen *dieses* Sinns der Wörter" zu versenken. Während der Geist den „heiligen Dienern der Wahrheit", den Propheten und Aposteln, die Wahrheit über Gott, seinen Sohn, die Vernunftwesen und den Kosmos offenbarte, „hatte er im Blick auf die, welche die Mühe nicht auf sich nehmen können, solche Geheimnisse zu finden" – also alle anderen Menschen außer die Propheten und Apostel –, „ein zweites Ziel:

> Er wollte nämlich die Belehrung über die genannten Gegenstände in Ausdrücken verbergen, die, äußerlich betrachtet, eine Erzählung sind mit Aussagen über die sichtbaren Schöpfungswerke, die Erschaffung des Menschen und die Ausbreitung durch die Generationen hin von den ersten Menschen bis zu ihrer Vielzahl, auch mittels anderer Geschichten, die von den Taten der Gerechten und zuweilen auch von deren Verfehlungen handeln, da sie ja Menschen waren, ferner von der Schlechtigkeit, Zügellosigkeit und Habgier der Gesetzlosen und Gottlosen. Was besonders merkwürdig ist: In der Geschichte von Kriegen und von Siegern und Besiegten werden denen, die solches genau prüfen können, einige Geheimnisse enthüllt. Und noch seltsamer: Durch eine geschriebene Gesetzgebung werden

---

132 Vgl. TORJESEN, ebd. 146.

133 Origenes, princ. IV 2,7 (GCS Orig. 5, 318f.); Übersetzung: p. 721–723 GÖRGEMANNS/ KARPP.

134 Ebd. I praef. 8 (5, 14); Übersetzung: ebd. 95.

die Gesetze der Wahrheit prophezeit, und dieses alles ist mit einer Kraft, die wahrlich der Weisheit Gottes zukommt, zusammenhängend aufgeschrieben. Denn es war die Absicht des Geistes, auch die Hülle des Geistlichen – ich meine das Leibliche an den Schriften – an vielen Stellen zu etwas Nützlichem zu machen, das die Vielen zu bessern vermag, je nachdem, wie sie es fasst (d.h. abhängig vom Fortschritt der jeweiligen Seele)."[135]

Die Geschichte, die im Text der Bibel erzählt wird, ist die Geschichte von Erfahrungen mit dem universalen Logos, und diese Geschichte kann zum Modell für weitere Erfahrungen mit dem Logos werden oder zu solchen verhelfen. Der tiefere Sinn steckt nicht eigentlich im bloßen Wortlaut, der seinerseits schon Deutung und Vermittlung ist, sondern in der Geschichte, auf die der Text sich bezieht. Deshalb verläuft die Auslegung des Origenes nicht direkt vom Text zur übertragenen Bedeutung,[136] sondern vom Text erst zur Geschichte dahinter – daher die eindringliche Analyse des Wortlauts, um diese möglichst exakt zu eruieren, und die Frage nach der Historizität der einzelnen Geschichten – und von dieser zur geistigen Wahrheit, die sich dann auf den Hörer oder Leser in seiner historischen Situation übertragen lässt. Der Text der Bibel ist das Medium, in dem und mit dem eine Beziehung zwischen zwei geschichtlichen Situationen hergestellt wird, und in beiden geht es dabei nicht um ein historisches Geschehen als solches, auch wenn dieses unabdingbar dazugehört, sondern um das pädagogische Handeln Gottes an der Seele auf ihrem Weg zur Vollkommenheit.

Dieser Prozess der Geschichte, den die biblischen Texte bezeugen und der zugleich der Weg der Seele ist, ist koextensiv mit der Entwicklung des Kosmos. Im Zentrum beider, der biblischen wie der kosmischen Geschichte, stehen der Logos Gottes, der sein erzieherisches Erlösungshandeln darin ausübt, und die Logika, die Vernunftwesen, die in Freiheit ihre Erfahrungen mit Gut und Böse machen. Was im Kern die biblischen Geschichten konstituiert, ist also genau das, was den Kern der Weltgeschichte ausmacht. An diesem Punkt konvergieren Exegese und Philosophie im Denken des Origenes, ja sind identisch, denn in beiden geht es darum, diese Wahrheit zu erkennen und in praktisches Handeln umzusetzen. Allerdings kommt der Bibel dabei ein Vorrang zu, denn der Kosmos ist lediglich das Medium dieses Prozesses, das dazu dient, den Vernunftseelen ihre Entfernung von der Vollkommenheit zu Bewusstsein zu bringen; er kann diesen Prozess seinerseits nicht selbst steuern oder voranbringen.[137] Die Bibel hingegen oder vielmehr

135 Ebd. IV 2,8 (5, 320f.); Übersetzung: ebd. 725–727.

136 Vgl. TORJESEN, Origen's Exegesis (wie Anm. 117) 141 Anm. 99.

137 Aus diesem Grund kritisiert TORJESEN, ebd. 114 Anm. 23, Kochs (wie Anm. 69) Beschreibung des Kosmos und der Vorsehung als pädagogischer Einrichtungen:

der Logos in der Schrift ist Initiator, Impulsgeber, Wegbereiter, Begleiter und Führer auf dem Weg der Seele. So sehr in der Geschichtskosmologie des Origenes Exegese und Philosophie auch koinzidieren, ist Origenes doch weniger ein exegetischer Philosoph als vielmehr ein philosophischer Exeget.

Fragt man nach der Bedeutung der Synthese, an der Origenes hier gearbeitet hat, kann man sich an einen wunderbaren Absatz anhängen, den Henri de Lubac dazu geschrieben hat.[138] Richtig an seinen Ausführungen ist vor allem, dass man Origenes missversteht, wenn man ihn buchstäblich nimmt – so wie die Bibel, Origenes sagt es wieder und wieder, missverstanden wird, wenn man sie einfach nur buchstäblich nimmt. Der äußere Buchstabe seiner Exegese und die Methoden, mit denen er zu den Einzelheiten seiner Auslegungen kommt, sind uns fremd geworden, wirken willkürlich und können nicht mehr angewendet werden. Aber was Origenes für das „Tiefenverständnis der Schrift und des Christentums" geleistet hat, ist weiterhin wertvoll. Es sei dahingestellt, ob es im strengen Sinn unverzichtbar ist – so zu reden liefe Gefahr, seine kulturell kontingente Synthese nicht nur für allgemein bedeutsam zu halten, sondern sie absolut zu setzen. Nichts würde dem Geist des abwägenden Forschens des Origenes mehr widersprechen als eine solche Kanonisierung. Aber dass man sich von der Art des Origenes, exegetisch-philosophische Theologie zu treiben, und von seinen Gedankengängen zu den grundlegenden Fragen des Daseins und der Wirklichkeit nach wie vor anregen lassen kann, das kann man wohl sagen. Der Sinn der Geschichte, den Origenes in seiner Exegese philosophisch zu ergründen suchte, ist nicht weit entfernt von dem Sinn, den die historische Beschäftigung mit seinen Texten und Überlegungen hat.

„The cosmos is also a dim reflection of the world of the intelligible from which the soul has fallen. But the cosmos can do no more than point beyond itself; it cannot lead the soul back."

138 DE LUBAC, Geist aus der Geschichte (wie Anm. 2) 437. Die folgenden Reflexionen im Abschlusskapitel „Ergebnis und Ausblick" (ebd. 437–514) sind dann nicht so wunderbar, sondern beruhen auf einer mittlerweile gänzlich überholten Sicht des Verhältnisses zwischen Judentum und Christentum bzw. Altem und Neuem Testament, in dem die Vätertradition einschließlich Origenes allzu ungebrochen als katholische Wahrheit vereinnahmt wird.

Lasst uns erwachsen werden!

Ethische Aspekte der Eschatologie des Origenes*

I.

Seitdem Sophistik und Sokratik das Interesse der Philosophen weg von den frühgriechischen kosmologischen Spekulationen auf den Menschen und sein Verhalten gelenkt hatten, spielten ethische Fragen im philosophischen Diskurs der Antike eine immer wichtiger werdende Rolle. In den hellenistischen Schulen dominierte die Ethik die anderen Disziplinen Logik und Physik. In der vom Platonismus geprägten Spätantike sind die Gewichte zwar anders verteilt, nämlich zugunsten von Metaphysik und philosophischer Theologie, doch ist auch da die Ausrichtung des Denkens auf das praktische Leben noch lebendig. Bei allen abstrakten Verstiegenheiten der neuplatonischen Systemkonstruktionen bleibt Philosophie Lebenskunst, Anleitung zum εὖ ζῆν, zum rechten, gelingenden Leben. Richtig leben kann man nach sokratisch-platonischer Auffassung nur, wenn man richtig denkt – und umgekehrt: Erkenntnis setzt moralische Reifung voraus. Dieser Konnex ist in der antiken Geistesgeschichte nie aufgegeben worden.

Als in der Spätantike christliche Denker damit beginnen, ihren Glauben und ihre Weltdeutung mit philosophischen Mitteln zu explizieren, tun sie das unter anderem unter dieser Vorgabe. Wie viele andere Denkmuster des zeitgenössischen Philosophierens übernehmen sie auch die Verschränkung von Denken und Leben, von Weltdeutung und Weltgestaltung, griechisch ausgedrückt von Logos und Nomos. Aus zwei Gründen, die für die paganen Philosophen keine Rolle spielten, sahen sich die christlichen Theologen sogar noch ungleich drängender vor die Aufgabe gestellt, zwischen theologischer Spekulation und christlicher Praxis zu vermitteln. Der spätantike Platonismus mochte theologische, theosophische und sogar religiöse Züge annehmen und dadurch zu einer Art Religion für Gebildete werden, die oft mit einer asketischen Lebensform einherging. Doch benennt man mit dieser Beschreibung bereits eine Grenze dieser ‚Religion': Sie ist elitär,

* Theologie und Philosophie 75 (2000) 321–338.

nur wenigen Gebildeten zugänglich. Im Christentum liegen die Dinge in diesem Punkt wesentlich anders. Christliche Theologie empfängt ihren Grundimpuls nicht daraus, fromme Weltdeutung für wenige zu sein. Es ist vielmehr der sogenannte einfache Glaube der vielen Christen, über den ein christlicher Philosoph und Theologe nachdenkt. Mag er sich noch so anspruchsvoller denkerischer Mittel bedienen, um seine Theologie zu formulieren, bleibt sein Nachdenken, sei es affirmativ, sei es kritisch, doch immer gebunden an die unreflektierte Glaubens- und Lebenspraxis der vielen einfachen Christen. Damit kommt eine Spannung in das Christentum, die in seiner [322] Geschichte zu zahlreichen Reibereien zwischen aufgeklärter Theologie und schlichtem Glauben geführt hat, aber prinzipiell nicht aufhebbar ist, sondern immer neu gestaltet werden muss.[1]

Dass dem so ist, hat mit dem zweiten Motiv zu tun, aufgrund dessen christliche Theologie nicht von der Lebenspraxis des einzelnen Christen absehen kann. Der Glaube, über den christliche Theologen nachdenken, ist wesentlich gelebter Glaube, ist das Bezeugen der christlichen Heilshoffnung im konkreten Tun. Christlicher Glaube hat Konsequenzen im Lebenswandel, oder er ist nicht der Glaube, den das Neue Testament bezeugt und fordert. Jesu eindringlicher Hinweis darauf, dass nach den Maßstäben Gottes die Taten zählen, ist der entscheidende Grund dafür, dass christliche Theologie nicht nur den Glaubensüberzeugungen, sondern auch und vielleicht sogar noch mehr der Lebenspraxis der Christen verpflichtet ist. Aus diesem biblischen Grund eignet dem Denken der christlichen Theologen der Spätantike ein ungleich stärkerer ethischer Akzent als dem ihrer paganen philosophischen Kollegen. Es geht eben nicht um ein erbauliches Glasperlenspiel für wenige kluge Köpfe, sondern im umfassenden biblischen Sinn um das Leben der Vielen.

Einer der frühchristlichen Theologen, der richtig denken lehren wollte, um richtig leben zu können, ist Origenes. In der ersten Hälfte des 3. Jahrhunderts entwirft er als erster eine christliche Theologie, die sich auf dem höchsten intellektuellen Niveau der Zeit bewegt. Sein Denken ist äußerst subtil und anspruchsvoll, geschmiedet mit Hilfe von Vorstellungen und Denkmustern, die ihm Gnosis und Platonismus, neben dem Christentum die geistig führenden Kräfte der Epoche, zur Verfügung stellen. Im Unterschied zur Gnosis wie zum Platonis-

1 Erhellendes für das frühe Christentum bei Norbert BROX, Der einfache Glaube und die Theologie. Zur altkirchlichen Geschichte eines Dauerproblems, in: Kairos 14 (1972) 161–187. Speziell zu Origenes: Adele MONACI CASTAGNO, Origene ed „i molti". Due religiosità a contrasto, in: Aug. 21 (1981) 99–117.

mus hat Origenes jedoch aus biblischen Impulsen heraus eine ausgesprochen ethisch geprägte Weltdeutung entworfen. Der verantwortlich handelnde Mensch ist es, der Welt und Geschichte bestimmt. Origenes' Theologie beruht auf dem Gedanken der Freiheit jedes vernunftbegabten Wesens, dessen Tun und Lassen nicht nur über sein eigenes Geschick, sondern auch über das der anderen und der ganzen Welt mitentscheidet.[2] Origenes' Theologie ist nicht einfach Ethik, doch ohne die ethische Pointe ist sein Denken nicht zu begreifen.[3]

[323] Außer von der pagan-philosophischen und von der biblischen Seite her ist der ethische Aspekt der Theologie des Origenes auch aus der ur- und frühkirchlichen Mentalität heraus zu erklären. Das Insistieren auf Ethik und Glaubenspraxis ist frühchristlicher Konsens. Während der Taufvorbereitung etwa und bei der Entscheidung über die Zulassung eines Taufbewerbers zur Taufe spielen die Lebenspraxis und besonders das soziale Engagement in der Gemeinde eine zentrale Rolle. Erst ab dem 4. Jahrhundert ist aus vielen Gründen verstärkt eine Doktrinalisierung des Christlichen zu registrieren, die den Akzent auf Lehre und Dogma verschiebt. Origenes hat in seine hochstehende spekulative Theologie den frühkirchlichen Impuls eingebracht, dass es beim Christwerden und im Christsein um einen aufgrund einer neuen Überzeugung und Hoffnung deutlich veränderten Lebensstil geht.

II.

Nun gibt es in der Theologie des Origenes einen Gedanken, der gerade aufgrund ethischer Erwägungen massiven Einwänden ausgesetzt ist. In seiner Eschatologie weicht Origenes bekanntlich von der gemeinchristlichen Überzeugung ab, die Geschichte werde in Himmel oder Hölle, Erlösung oder Verdammung, Rechtfertigung oder Verwerfung einen doppelten Ausgang nehmen. Origenes hat da sehr anders gedacht. Auf

2 Dieses Fundament der origeneischen Theologie behandelt Hendrik Simon BENJAMINS, Eingeordnete Freiheit. Freiheit und Vorsehung bei Origenes (SVigChr 28), Leiden u.a. 1994.

3 Das zeigt Eberhard SCHOCKENHOFF, Zum Fest der Freiheit. Theologie des christlichen Handelns bei Origenes (TTS 33), Mainz 1990; ders., Origenes und Plotin. Zwei unterschiedliche Denkwege am Ausgang der Antike, in: Robert Joseph DALY (Hg.), Origeniana Quinta (BEThL 105), Leuven 1992, 284–295. Dass Origenes kein Ethiker *ex professione* und schon gar kein Moralist ist, betont zu Recht Éric JUNOD, Die Stellung der Lehre von der Freiheit in den homiletischen Schriften des Origenes und ihre Bedeutung für die Ethik, in: Fairy VON LILIENFELD/Ekkehard MÜHLENBERG (Hg.), Gnadenwahl und Entscheidungsfreiheit in der Theologie der Alten Kirche (Oikonomia 9), Erlangen 1980, 32–44. 95–102, hier 40f.

die Frage, was der Mensch erhoffen darf, hat er eine unkonventionelle Antwort versucht. Das Leben jedes einzelnen Menschen und die gesamte Geschichte von Welt und Mensch würden letztlich gelingen und zu einem guten Ende bei Gott finden. Origenes erwartet „die vollständige Vernichtung aller Übel und die Besserung jeder Seele ... Eines Tages wird der Logos über alle vernünftigen Wesen herrschen und jede Seele zu ihrer Vollkommenheit umgestalten“ (Cels. VIII 72).[4] Auch der größte Sünder werde auf unbekannte Weise das Heil erlangen (orat. 27,15), sogar der Teufel werde sich bekehren und erlöst werden (princ. III 6,5f.; in Ioh. comm. I 16,91; Cels. VII 17; in Ios. hom. 8,4f.) und Gott „alles in allem“ sein, wie Origenes mit 1 Kor. 15,28 gern sagt (z.B. princ. III 5,7; 6,5f.; in Ioh. comm. I 16,91; in Rom. comm. V 10; VI 5). In einem dem Systemdenken seiner Zeit entlehnten kosmologischen Schema von Abstieg und Aufstieg, Fall und Rückkehr, in dem Ende und Anfang sich entsprechen, beschrieb Origenes diese Vorstellung der ἀποκατάστασις τῶν πάντων, der Wiederherstellung oder Wiederbringung von allem, als Rückkehr aller Vernunftwesen in die ursprüngliche Einheit mit Gott (princ. I 6,1–3; III 6,3).[5] Er hat zwar ausdrücklich darauf hingewiesen, dass er damit keine [324] definitiven Gewissheiten behaupten, sondern das Thema mit aller Behutsamkeit erörtern wolle (ebd. I 6,1),[6] doch wird an seinen Gedanken die Option deutlich, der sie ent-

4 Übersetzungen von Texten aus der Apologie gegen Celsus sind, bisweilen (wie hier) mit Abänderungen, entnommen aus Paul KOETSCHAU, Des Origenes acht Bücher gegen Celsus, 2 Bde. (BKV^2 I 52. 53), München 1926. 1927.

5 Die umfassend angelegte Studie von Celia E. RABINOWITZ, *Apokatastasis* and *sunteleia* (sic). Eschatological and soteriological speculation in Origen, Diss. New York 1989, bleibt an der doxographischen Oberfläche, und die gewählten Perspektiven und Gewichtungen sind bestreitbar (vgl. z.B. ebd. 181f.). – Begriffs- und Bedeutungsgeschichtliches zur Apokatastasis bei Albrecht OEPKE, Art. ἀποκαθίστημι, ἀποκατάστασις, in: ThWNT 1 (1933) 386–392; Christoph LENZ, Art. Apokatastasis, in: RAC 1 (1950) 510–516; André MÉHAT, „Apokatastase“. Origène, Clément d'Alexandrie, *Act.* 3,21, in: VigChr 10 (1956) 196–214; Paolo SINISCALCO, Ἀποκατάστασις e ἀποκαθίστημι nella tradizione della Grande Chiesa fino ad Ireneo, in: StPatr III (TU 78), Berlin 1961, 380–396; Wilhelm BREUNING, Art. Apokatastasis, in: LThK^3 1 (1993) 821–824. Bei Rowan WILLIAMS, Art. Origenes/Origenismus, in: TRE 25 (1995) 397–420, werden weder die Eschatologie und die Apokatastasis noch Origenes' Ethik auch nur erwähnt. Zum geistesgeschichtlichen Umfeld der origeneischen Konzeption: Maria-Barbara VON STRITZKY, Die Bedeutung der Phaidrosinterpretation für die Apokatastasislehre des Origenes, in: VigChr 31 (1977) 282–297. – Naturwissenschaftliche Aspekte erörtert Siegmund GÜNTHER, Die antike Apokatastasis auf ihre astronomischen und geophysischen Grundlagen geprüft (SBAW.MPh 1916/1), München 1916, 83–112.

6 Das wird oft hervorgehoben, etwa von Henri CROUZEL, L'Hadès et la Géhenne selon Origène, in: Gr. 59 (1978) 291–331, hier 324–329; Celia E. RABINOWITZ, Personal and Cosmic Salvation in Origen, in: VigChr 38 (1984) 319–329, hier 319f.; Henri CROUZEL,

stammen: Origenes rechnete optimistisch mit einem restlosen Gelingen der Geschichte.[7]

Mit dieser Hoffnung hat er zwar immer wieder Nachfolger gefunden, in der alten Kirche insbesondere in Gregor von Nyssa[8] – ob Maximus Confessor Sympathien für Origenes' Eschatologie hatte, ist umstritten und eher nicht der Fall[9] –, doch blieben solche Stimmen in der Geschichte der christlichen Theologie deutlich in der Minderheit.[10] Die

---

Origène, Paris 1985, 337–341; ders., L'Apocatastase chez Origène, in: Lothar LIES (Hg.), Origeniana Quarta (IThS 19), Innsbruck/Wien 1987, 282–290, hier 283. 285. 286f.; Lawrence R. HENNESSEY, The Place of Saints and Sinners after Death, in: Charles KANNENGIESSER/William L. PETERSEN (Hg.), Origen of Alexandria. His World and His Legacy, Notre Dame IN 1988, 295–312, hier 311f.

7 Origenes' Brief an Freunde in Alexandrien, aus dem Rufin (adult. libr. Orig. 7) und Hieronymus (adv. Rufin. II 18) kontrovers zitieren, steht dem nicht entgegen, da er sich darin nur gegen die Unterstellung verwahrt, er behaupte, der Teufel müsse aufgrund seiner Natur notwendigerweise gerettet werden: Henri CROUZEL, A letter from Origen „To Friends in Alexandria", in: David NEIMAN/Margaret SCHATKIN (Hg.), The Heritage of the Early Church. Festschrift für Georges Vasilievich Florovsky (OCA 195), Rom 1973, 135–150, hier 146f.; Pierre NAUTIN, Origène. Sa vie et son œuvre (CAnt 1), Paris 1977, 165.

8 Vgl. Jean DANIÉLOU, L'apocatastase chez saint Grégoire de Nysse, in: RSR 30 (1940) 328–347; ders., L'être et le temps chez Grégoire de Nysse, Leiden 1970, 221–226; Joseph BARBEL, Gregor von Nyssa. Die große katechetische Rede (BGrL 1), Stuttgart 1971, 158–161; Ignacio ESCRIBANO-ALBERCA, Zum zyklischen Zeitbegriff der alexandrinischen und kappadokischen Theologie, in: StPatr XI (TU 108), Berlin 1972, 42–51; Augustin MOUHANNA, La conception du salut universel selon Saint Grégoire de Nysse, in: Adel Theodor KHOURY/Margot WIEGELS (Hg.), Weg in die Zukunft. Festschrift für Anton Antweiler (SHR 32), Leiden 1975, 135–154; Bruno SALMONA, Origene e Gregorio di Nissa sulla resurrezione dei corpi e l'apocatastasi, in: Aug. 18 (1978) 383–388, hier 386–388; Constantine N. TSIRPANLIS, The Concept of Universal Salvation in Saint Gregory of Nyssa, in: ders., Greek Patristic Theology. Basic Doctrines in Eastern Church Fathers I, New York 1979, 41–56; François MÉAN, Jenseits der Hölle bei den Kirchenvätern des ersten Millenniums, in: Demetrios THERAIOS (Hg.), Welche Religion für Europa? Ein Gespräch über die religiöse Identität der Völker Europas. Festschrift für Hermann Kunst, Frankfurt a.M. u.a. 1992, 215–230, hier 226–228; Alden A. MOSSHAMMER, Historical Time and the Apokatastasis according to Gregory of Nyssa, in: StPatr XXVII, Leuven 1993, 70–93.

9 Vgl. Eugène MICHAUD, St. Maxime le Confesseur et l'Apocatastase, in: RITh 10 (1902) 257–272; Hans Urs VON BALTHASAR, Kosmische Liturgie. Das Weltbild Maximus' des Bekenners, Einsiedeln [2]1961 (bzw. Einsiedeln/Trier [3]1988), 355–359; Brian E. DALEY, Apokatastasis and „Honorable Silence" in the Eschatology of Maximus the Confessor, in: Felix HEINZER/Christoph SCHÖNBORN (Hg.), Maximus Confessor, Freiburg i.d.Schw. 1982, 309–339.

10 Die Tradition ist in verschiedenen Ausschnitten beschrieben bei Ernst STAEHELIN, Die Wiederbringung aller Dinge (Basler Universitätsreden 45), Basel [2]1963; Gotthold MÜLLER, Die Idee einer Apokatastasis ton panton in der europäischen Theologie von Schleiermacher bis Barth, in: ZRGG 16 (1964) 1–22; Constantinos Apostolos PATRI-

Behauptung, „die Bestra[325]fung der Dämonen und der gottlosen Menschen sei zeitlich und werde zu irgendeiner Zeit ein Ende haben, oder es werde eine Wiederbringung von Dämonen oder gottlosen Menschen geben" – so Kaiser Justinian I. in einem Edikt von 543 (ep. ad Menam, 9. Anathem) –, wurde 553 vom zweiten Konzil von Konstantinopel in fünf Anathematismen als ketzerisch verworfen (anath. syn. Const. 1. 12–15).[11] Auch an den theologischen Einwänden, die gegen die Apokatastasis erhoben wurden und werden, zeigen sich die Reserven gegen die uneingeschränkte Heilshoffnung des Origenes. Der Vorwurf freilich, die Christologie spiele dabei eine nur funktionale Rolle,[12] übersieht die christozentrische Konzeption der Heilsgeschichte bei Origenes. Der Logos „beginnt die Vernichtung des Bösen und des Teufels und setzt sie fort" (Cels. VII 17), und „durch seinen Christus werde die Güte Gottes die ganze Schöpfung zu einem einzigen Ende führen" (princ. I 6,1).[13] Schwerer wiegt der Einwand, Origenes verkürze Gottes Gerechtigkeit zugunsten seiner Barmherzigkeit. In diesem Sinn bespöttelte schon Augustinus die Anhänger der Apokatastasis süffisant als „mitleidige Seelen", von denen Origenes „noch mitleidiger" sei (civ. XXI 17); am göttlichen Richterspruch sei nicht zu rütteln (ebd. 23). Der Einwand verkennt allerdings Impetus und Dimensionierung der origeneischen Eschatologie. Angesichts des eklatanten und empörenden Unrechts in der Welt erhofft Origenes von Gott nicht bloß eine juridische Gerechtigkeit, die dem Menschen Lohn oder Strafe strikt nach Verdienst zuteilt, sondern „mehr als Gerechtigkeit", auf dass die skan-

DES, The Salvation of Satan, in: JHI 28 (1967) 467–478; Leopold KRETZENBACHER, Versöhnung im Jenseits. Zur Widerspiegelung des Apokatastasis-Denkens in Glaube, Hochdichtung und Legende (SBAW.PH 1971/7), München 1972; Adolf KÖBERLE, Allversöhnung oder ewige Verdammnis?, in: ders., Universalismus der christlichen Botschaft. Gesammelte Aufsätze und Vorträge, Darmstadt 1978, 70–83, hier 76–82; Werner VAN LAAK, Allversöhnung. Die Lehre von der Apokatastasis. Ihre Grundlegung durch Origenes und ihre Bewertung in der gegenwärtigen Theologie bei Karl Barth und Hans Urs von Balthasar (SThTSt 11), Sinzig 1990; John R. SACHS, Apocatastasis in Patristic Theology, in: TS 54 (1993) 617–640.

11 Text und Übersetzung aller Anathematismen gegen Origenes (bzw. genauer gegen zeitgenössische Origenisten) von 543 und 553 bei Herwig GÖRGEMANNS/Heinrich KARPP, Origenes. Vier Bücher von den Prinzipien (TzF 24), Darmstadt ^{3}1992, 822–831. Alle folgenden Übersetzungen von Texten aus *De principiis*, ab und zu mit Abänderungen, sind dieser Ausgabe entnommen.

12 Vgl. Wilhelm BREUNING, Zur Lehre von der Apokatastasis, in: IKaZ 10 (1981) 19–31, hier 20–24.

13 Weiteres bei Gotthold MÜLLER, Origenes und die Apokatastasis, in: ThZ 14 (1958) 174–190, hier 181–184. 187.

dalös ungleiche, als ungerecht empfundene Verteilung von Vor- und Nachteilen in der Welt einmal überwunden werde.[14]

Am gravierendsten dürfte ein dritter Einwand sein, der auf die sittliche Praxis zielt: Die Aussicht darauf, dass alle erlöst werden, kompromittiere jegliche Moral. Bereits im ersten Streit um Origenes' Rechtgläubigkeit an der Wende vom 4. zum 5. Jahrhundert geriet seine Theologie unter anderem deshalb ins Zwielicht. Hieronymus, der militante Vorkämpfer der asketischen [326] Bewegung, echauffierte sich darüber, dass „Gabriel dasselbe sein werde wie der Teufel, Paulus dasselbe wie Kaiphas, Jungfrauen dasselbe wie Dirnen" (ep. 84,7; vgl. adv. Rufin. II 12 und den dritten Vorwurf in c. Ioh. Hieros. 7). Eine derartige Einebnung aller Unterschiede stellt in seinen Augen Sinn und Wert asketischer und generell moralischer Anstrengung in Frage.[15] Bis heute hält man gegen Origenes' Eschatologie „das Urteil der praktisch-ethischen Vernunft, dass nämlich der Ernst des sittlichen Lebens ohne diese absolute Gegensätzlichkeit (sc. von Erlösung und Verdammung) nicht aufrecht zu erhalten wäre".[16] Es sei zu „fragen, wie sich mit der Lehre von einer Allversöhnung der ungeheure Entscheidungsernst vereinbaren lässt, den die heiligen Bücher atmen. Er wäre dahin, wenn dem Menschen am Ende der Zeiten doch eine Allversöhnung in Aussicht stünde. Wenigstens so lange, als der Mensch dem αἰών οὗτος angehört, würde er sich auch in den schlimmsten Verirrungen der frohen Hoffnung getrösten können, dass am Ende doch noch alles gut gehen werde. So hätte Gott keine Möglichkeit, dem Sünder sein Ultimatum anzudrohen und seiner Herr zu werden. Die Freiheit seiner Gnade wäre damit in ihrem letzten Ernst aufgehoben. So sehr man das Überschwengliche der Gnade betonen mag, so darf es doch nicht bis zu einem Grad übersteigert werden, dass Gott zum Sklaven seiner Liebe würde, und dass die Freiheit des Menschen über die Freiheit Gottes triumphierte."[17]

---

14 Vgl. Norbert BROX, Mehr als Gerechtigkeit. Die außenseiterischen Eschatologien des Markion und Origenes, in: Kairos 24 (1982) 1–16, erneut in: ders., Das Frühchristentum. Schriften zur Historischen Theologie, hg. von Alfons FÜRST/Franz DÜNZL/Ferdinand R. PROSTMEIER, Freiburg u.a. 2000, 385–403.

15 Weiteres bei Elizabeth A. CLARK, The place of Jerome's Commentary on Ephesians in the Origenist controversy. The apokatastasis and ascetic ideals, in: VigChr 41 (1987) 154–171.

16 So Leo SCHEFFCZYK, Apokatastasis. Faszination und Aporie, in: IKaZ 14 (1985) 35–46, hier 40, der sich mit Origenes' Theologie allerdings nicht weiter befasst, sondern sie unter der Rubrik „Abschwächungen oder Abirrungen" (ebd. 37) allzu simpel meint als eben Ketzerei abtun zu können.

17 Karl ADAM, Zum Problem der Apokatastasis, in: ThQ 131 (1951) 129–138, hier 135, mit Emil Brunner, der sich mit solchen Vorbehalten gegen Karl Barth wandte.

Treffen solche Einwände zu, hätte Origenes mit seiner Hoffnung auf die Rückkehr aller Vernunftwesen zur Einheit mit Gott nichts weniger erreicht, als seine eigene, die ethische Praxis ständig mitbedenkende und einfordernde Theologie zu konterkarieren. Der Einwand ist also von einer Tragweite, dass er dringend nach einer Überprüfung verlangt.

III.

Um die Thematik in den Griff zu bekommen, muss man Origenes' Vorstellungen zutreffend darstellen. Das ist freilich eine Trivialität, an die aber doch zu erinnern ist. Wer Origenes liest, ist nämlich von der Substanz und Brillanz seines Denkens in eben solchem Maße fasziniert, wie ihm viele Gedanken fremdartig und irritierend erscheinen, manche vielleicht sogar bizarr. Zudem kollidieren einzelne Aussagen ständig mit gängigen christlichen Überzeugungen und Lehren. Gerade seine Eschatologie ist seit je Missverständnissen, Verzerrungen und daraus resultierenden Einwänden ausgesetzt, die Origenes aber gar nicht treffen können. „Und so ist es bei [327] Origenes überall: stets blickt durch alle objektiven Irrtümer und Schiefheiten ein letzter christlicher und kirchlicher Sinn durch, der den Kritiker immer wieder entwaffnet und staunend stehn lässt vor so viel unverfälschtem Wert."[18] Um eine solche Theologie richtig beschreiben und angemessen beurteilen zu können, darf man nicht einfach doxographisch Sätze registrieren und diese womöglich noch an der inadäquaten Elle einer erst lange nach Origenes formulierten Orthodoxie messen, sondern muss Gehalt, Intention und Spiritualität des origeneischen Denkens im Rahmen des Gesamtentwurfs in den Blick nehmen.[19]

Unter dieser methodischen Vorgabe will ich zwei Aspekte beleuchten, die oft missverstanden oder ungenau dargestellt werden: die Frage nach den Sündenstrafen und die nach der Heilsgewissheit. Als Widerpart soll in beiden Fällen Augustinus dienen, weil seine Verzeichnung der origeneischen Gedanken, von denen er eine nur ungefähre Vorstellung hatte, da er nach eigenem Bekunden nicht viel von Origenes gele-

---

18 Hans Urs VON BALTHASAR, Origenes. Geist und Feuer. Ein Aufbau aus seinen Schriften, Salzburg/Leipzig 1938, 40.

19 Am Beispiel der Christologie des Origenes führt das vor: Norbert BROX, Spiritualität und Orthodoxie. Zum Konflikt des Origenes mit der Geschichte des Dogmas, in: Ernst DASSMANN/Karl Suso FRANK (Hg.), Pietas. Festschrift für Bernhard Kötting (JAC.E 8), Münster 1980, 140–154.

sen hat (haer. 43),[20] einen enormen Einfluss in der Theologiegeschichte ausübte. So kritisierte Augustinus zeitgenössische Anhänger der Apokatastasis energisch für die ihnen unterstellte Eigennützigkeit: Sie spekulierten darauf, dass ihnen die für ihre Sünden verdiente Strafe gnädigerweise werde erlassen werden (civ. XXI 18.24).

Nun mag es zur Zeit Augustins Leute gegeben haben, die die Erlösung aller aus solchen egoistischen Motiven erhofften. Mit Origenes' Ansichten haben derartige Vorstellungen aber nichts zu tun. So billig hat Origenes es sich mit dem heiklen Thema von Sünde und Strafe nicht gemacht. Seine Hoffnung darauf, dass das Heil einmal alle erreichen werde, hat in seinem Konzept nicht zur Folge, dass Gott die Sünden der Menschen ignoriert. Im Gegenteil: Solange der Mensch an seinem bösen Tun und seiner gottwidrigen Einstellung festhält, kann Erlösung nicht gelingen. Vielmehr muss jeder Mensch die Konsequenzen seines Handelns auf sich nehmen. „Das Ende der Welt wird eintreten, wenn ein jeder entsprechend dem, was er durch seine Sünden verdient hat, bestraft wird; die Zeit weiß Gott allein (vgl. Mt. 24,36 par.), wann jedem nach Verdienst vergolten wird" (princ. I 6,1). „*Jeder* Sünder muss für seine Sünden bestraft werden: ‚Täuscht euch nicht! Gott lässt seiner nicht spotten' (Gal. 6,7)" (in Hier. hom. 20,3).[21] Mit Nachdruck [328] wendet sich Origenes gegen die frühchristlich verbreitete Mentalität, gerade einmal die sogenannten Kapitalsünden zu meiden reiche schon aus, um das durch die Taufe erlangte Heil nicht mehr zu verspielen. „Es meint doch ein jeder von uns, der nicht Götzendienst und nicht Unzucht getrieben hat – wären wir doch wenigstens von diesen Dingen rein! –, dass er nach dem Abscheiden aus dem Leben gerettet werden würde. Wir übersehen aber, dass ‚wir noch alle vor den Richterstuhl Christi hintreten müssen, damit jeder den Lohn empfängt für das Gute oder Böse, das er im irdischen Leben getan hat' (2 Kor. 5,10). Wir übersehen den, der sagte: ‚Nur euch habe ich aus allen Stämmen der Erde anerkannt. Darum werde ich bei euch für alle eure Handlungen' – nicht bloß für einige, für andere aber nicht –‚Vergeltung fordern' (Am. 3,2)"

---

20 Das meiste wusste er durch Hieronymus, einen der Vermittler griechischer, insbesondere origeneischer Theologie (und Exegese) an den lateinischen Westen; siehe dazu: Berthold ALTANER, Augustinus und Origenes, in: HJ 70 (1951) 15–41, erneut in: ders., Kleine patristische Schriften, hg. von Günter GLOCKMANN (TU 83), Berlin 1967, 224–252; Anne Marie LA BONNARDIÈRE, Jérôme „informateur" d'Augustin au sujet d'Origène, in: REAug 20 (1974) 42–54; Caroline Penrose BAMMEL, Augustine, Origen and the Exegesis of St. Paul, in: Aug. 32 (1992) 341–368.

21 Übersetzungen von Texten aus den Jeremiahomilien sind (mit kleineren Abweichungen) entnommen: Erwin SCHADEL, Origenes. Die griechisch erhaltenen Jeremiahomilien (BGrL 10), Stuttgart 1980.

(in Hier. hom. 20,3; vgl. in Rom. comm. IX 41). Ist der Mensch nicht bereit, sich radikal von jeder bösen Tat freizumachen, wird es ihm schlecht gehen, unvorstellbar schlecht sogar. In diesem Sinn kann Origenes die Drohung mit ewigem Feuer, in dem der Sünder wird büßen müssen, noch steigern, nämlich ins nicht mehr Denk- und Sagbare: Den schweren Sünder werde eine Strafe ereilen, die noch viel härter sein werde als das ewige Feuer. „Ich vermag nichts Schlimmeres als die Hölle zu denken; ich glaube vielmehr nur, dass das, was den Ehebrechern bereitet ist, etwas Schlimmeres als die Hölle ist" (in Hier. hom. 19,15). Origenes hat die Sünde und ihre verheerenden Folgen alles andere als verharmlost. Unmissverständlich weist er vielmehr darauf hin, dass jeder Mensch für sein Tun wird geradestehen müssen.

Von daher lässt sich nachvollziehen, weshalb Origenes mit mehreren sukzessive aufeinander folgenden Welten gerechnet hat (princ. II 3,5; III 5,3; orat. 27,15; der Passus bei Hieronymus, ep. 124,9, gehört vermutlich zu princ. III 5,5). Das ist so einer seiner bizarr anmutenden Gedanken. Die Vorstellung als solche entstammt kosmologischen Spekulationen der antiken Philosophie,[22] doch um sie im Kontext des origeneischen Denkens zu begreifen, sagt der Hinweis auf diese Herleitung wenig. Um ihren Sinn zu entdecken, muss man sie mit der soteriologischen und eschatologischen Hoffnung des Origenes verknüpfen. Dass alle Vernunftwesen sich in dieser Welt bekehren und frei von jeder Sünde werden, damit ist realistischerweise kaum zu rechnen. Setzt man aber nur eine Welt an, ist dieses Faktum nicht mit der Hoffnung zu vermitteln, dass dereinst doch alle wieder bei Gott sein werden. Da Gott die Freiheitsentscheidung jedes Menschen respektiert, muss die Spannung zwischen dieser unvollkommen bleibenden Welt und der erhofften Vollkommenheit aller Vernunftwesen denkerisch überbrückt werden. Das leistet die Annahme mehrerer aufeinander folgender Welten, in der Origenes in ebenso hellenistisch-platonischer wie gnostischer Manier [329] die individuelle Eschatologie mit der universellen zu einem soteriologischen Geschehen in gigantischen kosmischen Dimensionen verknüpft. Jeder Mensch bekommt mehrmals die Chance zur Umkehr, und zwar so oft, bis sie von allen ergriffen und vollkommen realisiert wird. „So werden manche in der ersten Epoche, andere in der zweiten, einige in der letzten durch besonders schwere Strafen hindurch, die lang dauern und sozusagen äonenlang zu ertragen sind, in einem besonders harten Reinigungsprozess wiederherge-

22 Kursorisch vorgestellt von Walter STOHMANN, Überblick über die Geschichte des Gedankens der Ewigen Wiederkunft mit besonderer Berücksichtigung der „Palingenesis aller Dinge", Diss. München 1917, 6–45.

stellt und wieder eingesetzt" (princ. I 6,3). „Dies muss man sich aber nicht als ein plötzliches Geschehen vorstellen, sondern als ein allmähliches, stufenweise im Laufe von unzähligen und unendlich langen Zeiträumen sich vollziehendes, wobei der Besserungsprozess langsam einen nach dem anderen erfasst" (ebd. III 6,6). Es bedarf sozusagen einiger Anläufe und ‚unendlicher' erzieherischer Geduld, ehe alle gefallenen Vernunftwesen wieder bei Gott sein werden.[23]

Zunächst ist das eine deprimierende Aussicht. Doch so ernst Origenes das Böse auch nimmt und für jede Sünde eine Strafe ansetzt, die der Mensch unausweichlich zu tragen hat, und obwohl er mehrere aufeinander folgende Welten ansetzt, in denen das langwierige Drama von Sünde, Strafe und Umkehr sich vollzieht, bleibt diese Perspektive doch immer umfangen von der je größeren Hoffnung auf ein Heil, das die Verwicklung des Menschen in Sünde, Schuld und Strafe bis in unvorstellbare Ausmaße hinein immer wieder noch einmal einholt und überholt. Nicht Mt. 25,41 ist für Origenes das letzte Wort, sondern Röm. 11,26: Die Sünder kommen ins ewige Feuer – bis Christus sich um jede Seele mit den Heilmitteln kümmert, die nur er kennt, und „ganz Israel gerettet wird" (in Ios. hom. 8,5). Der Logos steigt den Seinen nach bis ins tiefste Elend und holt sie zurück: „Der gute Vater verlässt die, die von ihm abgefallen sind, nicht völlig" (in Ioh. comm. I 14,83). Hinter dieser Soteriologie steht die Annahme, dass das Böse zwar mächtig ist, sich auf Dauer aber doch erschöpfen (ebd. II 13,93) und Gottes Liebe sich als stärker erweisen werde (in Rom. comm. V 10). „Denn da der Logos mit seiner ihm innewohnenden Heilkraft mächtiger ist als alle der Seele anhaftenden Übel, so lässt er diese Kraft nach dem Willen Gottes bei jedem wirken; und so ist das Ende der Dinge die Vernichtung der Sünde" (Cels. VIII 72). Auch „eine dauerhafte und eingewurzelte Schlechtigkeit" werde nicht „gänzlich aus der Einheit und Harmonie des Endzustandes herausfallen" (princ. I 6,3), denn „nichts ist unheilbar für den, der es gemacht hat" (ebd. III 6,5).

[330] Augustinus hat diese Konzeption zwar gründlich missverstanden, aber dennoch einen wichtigen Punkt erahnt. Sein zweites

---

23 Vgl. Eugène DE FAYE, Origène. Sa vie, son œuvre, sa pensée III (BEHE.R 44), Paris 1928, 110: „Il est clair que la plupart des hommes meurent sans s'être amendés. Leur éducation n'est pas faite. Voilà pourquoi Origène adopte l'idée de la pluralité des mondes … C'est pour des raisons morales qu'Origène veut qu'après ce monde il y en ait un autre. Les mondes sont des écoles. Le pécheur passera d'une école à l'autre jusqu'à ce qu'enfin il s'amende et devienne parfait." Im selben Sinn: Jean DANIÉLOU, Origène, Paris 1948, 271. 279f.; Constantine N. TSIRPANLIS, Origen on free will, grace, predestination, apocatastasis, and their ecclesiological implications, in: PBR 9 (1990) 95–121, hier 116.

Missverständnis besteht darin, sich die vielen, im Zyklus von Fall und Rückkehr aufeinander folgenden Welten in endlosen Zyklen arrangiert vorzustellen (civ. XXI 17; vgl. ebd. XII 14.18.20f.; ep. 166,27). Hinter dieser Auffassung verbirgt sich die in der Origenesforschung strittige Frage, ob Origenes mit endlosen Zyklen von Fall und Apokatastasis rechnete[24] oder ob er eine begrenzte Anzahl von Welten im Rahmen nur eines einzigen Zyklus meinte.[25] Aufgrund einiger Aussagen zur Endgültigkeit des Heils (princ. III 6,6; in Rom. comm. V 10; VI 5; dial. 26f.) und aufgrund grundsätzlicher systematischer und hermeneutischer Erwägungen, die hier indes nicht weiter ausgebreitet werden können, dürfte eindeutig letztere Position die richtige sein. Origenes präsentierte eine eigenartige Verschränkung von zyklischem (antik-hellenistischem) und linearem (biblisch-christlichem) Ablauf[26] und konstruierte auf keinen Fall zyklische Wiederholungen des immer Gleichen. Von derartigen kosmologischen Theorien, namentlich der stoischen Palingenesis, distanzierte er sich ausdrücklich (princ. II 3,4; Cels. I 19; IV 11f.67f.; V 20f.; VIII 72). Im Übrigen ging es ihm bei aller Systemgebundenheit, die er mit der zeitgenössischen Philosophie teilte, nicht darum, ein geschlossenes dogmatisches System zu entwerfen. Der Skopos seines theologischen Denkens ist vielmehr Protreptik und Pädagogik. Origenes will motivieren und anspornen, indem er auch systematisch zu erklären versucht, auf welchen denkbaren Wegen das von ihm erhoffte große Ziel von allen erreicht werden kann.

Obwohl Augustinus also fälschlich einen dauernden Wechsel von Gewinnen und Verlieren der Seligkeit kritisierte, weil dadurch die Ge-

---

24 So, und das heißt also: wie Augustinus, z.B. Hans MEYER, Zur Lehre von der ewigen Wiederkunft aller Dinge, in: Albert M. KOENIGER (Hg.), Beiträge zur Geschichte des christlichen Altertums und der byzantinischen Literatur. Festschrift für Albert Ehrhard, Bonn/Leipzig 1922, 359–380, hier 368–373; Hans JONAS, Gnosis und spätantiker Geist II. Von der Mythologie zur mystischen Philosophie (FRLANT 159), hg. von Kurt RUDOLPH, Göttingen 1993 (II/1: FRLANT 63, 1954; ²1966), 191–194; Eckhard SCHENDEL, Herrschaft und Unterwerfung Christi. 1. Korinther 15,24–28 in Exegese und Theologie der Väter bis zum Ausgang des 4. Jahrhunderts (BGBE 12), Tübingen 1971, 109. 202; Gerhard MAY, Art. Eschatologie V. Alte Kirche, in: TRE 10 (1982) 299–305, hier 302.

25 So v.a. Peter NEMESHEGYI, La Paternité de Dieu chez Origène, Tournai 1960, 203–224, ferner z.B. Georg TEICHTWEIER, Die Sündenlehre des Origenes (SGKMT 7), Regensburg 1958, 80f.; Hermann Josef VOGT, Das Kirchenverständnis des Origenes (BoBKG 4), Köln/Wien 1974, 344f.; Brian DALEY, Eschatologie. In der Schrift und Patristik (HDG IV/7a), Freiburg i.Br. u.a. 1986, 133; Hermann Josef VOGT, Art. Origenes, Origenismus, in: LThK³ 7 (1998) 1131–1135, hier 1133. – Weitere Hinweise bei BROX, Spiritualität (wie Anm. 19) 143 Anm. 15.

26 Beschrieben von Hans Urs VON BALTHASAR, Apokatastasis, in: TThZ 97 (1988) 169–182, hier 169–174.

wissheit dauerhafter Erlösung zerstört werde – das war für ihn der eigentlich horrende Gedanke in Origenes' Eschatologie[27] –, hat er auf der ethisch-spirituellen Ebene, die den Resonanzboden für die systemimmanenten Überlegungen darstellt, doch gleichsam ‚erspürt', dass Origenes keine Heilssicher[331]heit verspricht, auf die der Mensch sich passiv verlassen könnte. Im Gegenteil: Wie der Prozess der Rückkehr im Einzelnen abläuft und wie viele Welten nötig sein werden, bis alle wieder bei Gott sind – Origenes rechnet mit einer begrenzten Anzahl, weiß aber natürlich keine konkrete Zahl zu nennen (princ. II 3,4; in Rom. comm. VIII 12) –, das steht in der Verantwortung jedes einzelnen Menschen: „Die Seelen werden durch ihre Willensfreiheit angetrieben und erfahren ihre Fortschritte und Rückschritte gemäß der Kraft ihres Willens. Denn die Seelen werden nicht durch einen Kreislauf, der nach langen Zeiträumen in dieselbe Bahn zurückkehrt, dazu getrieben, dies oder jenes zu tun oder zu begehren; sondern worauf sich ihr persönlicher freier Entschluss richtet, dahin lenken sie den Lauf ihrer Handlungen" (princ. II 3,4). Das ist nicht das Versprechen einer billigen Heilsgewissheit, sondern die Aussicht auf Heil für alle, das freilich auch von allen aktiv mitvollzogen werden muss.

Dieser Hoffnung wider alle Hoffnung darauf, dass das Schicksal jedes Menschen sich zum Guten wenden werde, eignet damit unübersehbar ein ethischer Akzent. Origenes' Eschatologie ist weder als Automatismus konzipiert, noch stellt sie eine passiv zu habende Heilsgewissheit in Aussicht. Gott will zwar alle Menschen erlösen, und Origenes redet ständig von der grandiosen Hoffnung, dass Gott das auch tun wird, aber der Mensch muss mitmachen, und zwar jeder ohne Ausnahme. Worauf es ankommt, das ist der ethisch-pädagogische Impetus, der in einer solchen Theologie steckt. Keiner darf sich verweigern, wenn es um die Beseitigung von Unrecht und Ungerechtigkeit geht. Wie die Geschichte im Einzelnen abläuft und wie lange sie letztendlich dauern wird, liegt entscheidend in der Verantwortung jedes einzelnen Menschen. Stellt der Mensch sich gegen Gott, bewirkt er damit nur eine Verlängerung seiner Misere; das aber könne auf Dauer niemand ernsthaft wollen. Der universale Heilsprozess kommt erst dann an sein Ziel, wenn jedes einzelne Vernunftwesen sich Gott zuwenden und erlösen lassen will. Christi „Werk (der Erlösung) ist unvollkommen, solange ich unvollkommen bleibe" (in Lev. hom. 7,2). Und wieder riskiert Origenes eine irritierende Aussage, diesmal im Be-

---

27 Vgl. Willy THEILER, Augustin und Origenes, in: ders., Untersuchungen zur antiken Literatur, Berlin 1970, 543–553, hier 543. 547, der Origenes' Überlegungen insgesamt jedoch missversteht.

reich der Christologie, um aufzurütteln und anzuspornen: „Auch jetzt noch trauert mein Erlöser über meine Sünden. Mein Erlöser kann sich nicht freuen, solange ich in meiner Sündigkeit verbleibe“ (ebd.).[28] Solange das der Fall ist, wird der Logos in so vielen Anläufen (Weltperioden), wie eben nötig sein werden, nicht aufhören, jeden Einzelnen zur Umkehr zu rufen, bis alle, auch der Teufel, dem Ruf folgen.

Man mag eine solche Hoffnung für realistisch oder für unrealistisch hal[332]ten. Jedenfalls sollte klar sein, dass die Aussicht auf Heil für alle, die an die Bedingung gekoppelt ist, dass alle mitmachen, nicht jede Moral untergräbt, sondern einen geradezu leidenschaftlichen Appell an die Freiheit jedes einzelnen Menschen impliziert, sich zu bekehren und den Glauben in gelebte Praxis umzusetzen. „Die Herrschaft der Gerechtigkeit soll in uns eine ewige Herrschaft sein. Wir wollen nicht wieder zur Herrschaft des Todes fliehen, aus der befreit wir zur Herrschaft des ewigen Lebens gelangt sind, damit die Gnade in uns durch die Gerechtigkeit herrsche im ewigen Leben durch Jesus Christus, unseren Herrn (vgl. Röm. 5,21)“ (in Rom. comm. V 7).[29] Der eingangs angesprochene biblische Aufruf zum Tun des Glaubens ist hier radikal ernst genommen.

IV.

Das ist zweifellos eine anspruchsvolle Ethik, und ein Vorbehalt, der öfter gegen sie geltend gemacht wird, folgt ihr auf dem Fuße: Das sei ein Ethos nur für Leute, die reifer und weiter sind im Glauben als die vielen einfachen Christen und mit solchen Gedanken in der rechten Weise umgehen könnten. Die Masse der Gläubigen sei mit derartigen Ansprüchen jedoch überfordert und missbrauche das in Aussicht gestellte Heil zu moralischer Laxheit. Konsequenterweise habe Origenes die Hoffnung auf Rettung aller nur Eingeweihten mitgeteilt.[30] Ist Origenes' Moraltheologie elitär oder gar esoterisch?

---

28 Gotthold MÜLLER, Bibliographie zur Apokatastasis-Frage, in: ders., Identität und Immanenz. Zur Genese der Theologie von David Friedrich Strauß. Eine theologie- und philosophiegeschichtliche Studie, Darmstadt 1968, 321–338, hier 325 Anm. 2, vermutet hinter solchen Gedanken indirekten oder auch unmittelbaren indischen Einfluss auf Origenes, dessen Apokatastasis-Spekulation generell im Boddhisattva-Ideal des Mahayana-Buddhismus „vermutlich das älteste religionsgeschichtliche Vorbild“ hat.

29 Übersetzungen von Texten aus dem Römerbriefkommentar aus: Theresia HEITHER, Origenes. Römerbriefkommentar, 6 Bde. (FC 2/1–6), Freiburg i.Br. u.a. 1990–1999.

30 Vgl. STAEHELIN, Wiederbringung (wie Anm. 10) 7: „Jedenfalls aber war er (sc. Origenes) nicht der Meinung, dass die Wiederbringung öffentlich verkündet werden

Manches klingt so. Wiederholt weist Origenes darauf hin, dass es sich bei der Erlösung aller um ein Geheimnis handle (in Rom. comm. VIII 12; in Hier. hom. 14,18), das in der Bibel in dunklen Ausdrücken verborgen sei, zugänglich nur den Verständigen. Das Geheimnis der Aussage des Paulus, Unzüchtige, Ehebrecher, Lustknaben, Knabenschänder, Diebe, Trunkenbolde, Lästerer und Räuber werden das Gottesreich nicht erben (1 Kor. 6,9f.), „muss verborgen sein, damit die Menge (ὁ πολύς – der Massenmensch, der Durchschnittschrist) den Mut nicht verliere und in Unwissen[333]heit über die wirklichen Dinge das Ableben nicht wie ein Ausruhen, sondern wie eine Strafe erwarte" (in Hier. hom. 20,3). „Da der Geist das für die große Masse der künftigen Leser der Schrift Passende zubereiten will, so spricht er deshalb weise von furchtbaren Dingen in dunklen Ausdrücken, um diejenigen einzuschüchtern, die sich nicht anders von der Fülle ihrer Sünden befreien und bekehren können" (Cels. V 15). „Denn diese bewegt die Furcht vor den angekündigten Strafen, sich dessen zu enthalten, was unter Strafe gestellt ist, und treibt sie zu dem Vorsatz, die christliche Religion mit ganzem Herzen anzunehmen" (ebd. III 78). Die Bibel empfehle „die Furcht vor der Gottheit … als nützlich für die große Menge allen denen …, die noch nicht imstande sind, das, was um seiner selbst willen gewählt zu werden verdient, zu erkennen und zu erwählen als das höchste Gut, das alle Verheißungen übertrifft" (ebd.). Paulus spreche demgemäß in Röm. 5,19 von „vielen", die in Christus erlöst werden, nicht wie in 5,12 von „allen", „um die verborgeneren Geheimnisse zu verhüllen", denn „durch die Gewissheit einer derartigen Verheißung würde er wohl die zur Nachlässigkeit verleiten, denen es nützt, unter der Furcht zu sein" (in Rom. comm. V 5). „Denn zu dem, was darüber hinausliegt, in der Belehrung emporzusteigen, ist nicht vorteilhaft, weil es Leute gibt, die kaum durch die Furcht vor der ewigen

---

solle; vielmehr solle sie mit Schweigen umhüllt werden, und die Unvollkommenen hätten die Drohung der ewigen Verdammung nötig, damit sie nicht gleichgültig würden." In diesem Sinn auch Franz Heinrich KETTLER, Neue Beobachtungen zur Apokatastasislehre des Origenes, in: Henri CROUZEL/Antonio QUACQUARELLI (Hg.), Origeniana Secunda (QVetChr 15), Rom 1980, 339–348, hier 342; BREUNING, Apokatastasis (wie Anm. 12) 26 mit Anm. 21; VON BALTHASAR, Apokatastasis (wie Anm. 26) 175–178. 179f.; VAN LAAK, Allversöhnung (wie Anm. 10) 40; Holger STRUTWOLF, Gnosis als System. Zur Rezeption der valentinianischen Gnosis bei Origenes (FKDG 56), Göttingen 1993, 326f. 344. 364f. Ein vehementes Plädoyer für die esoterische Origenes-Interpretation hält Franz Heinrich KETTLER, Der ursprüngliche Sinn der Dogmatik des Origenes (BZNW 31), Berlin 1966 (zur Eschatologie: ebd. 11. 23f.). – Gegen solche Auffassungen wendet sich Éric JUNOD, Wodurch unterscheiden sich die Homilien des Origenes von seinen Kommentaren?, in: Ekkehard MÜHLENBERG/Johannes VAN OORT (Hg.), Predigt in der Alten Kirche, Kampen 1994, 50–81, hier 77–81.

Strafe zurückgehalten werden, sich tief in die Flut der Sünde und in die Übel zu stürzen, welche die Sünde zur Folge hat" (Cels. VI 26; vgl. in Matth. comm. ser. 16).

So elitär und esoterisch solche Aussagen klingen, so wenig wollen sie es sein. Dagegen spricht schon der eingangs angesprochene gemeinchristliche Grundsatz, den Origenes mit allem Nachdruck verteidigt. Gegen Platoniker (Platon, Tim. 28 c 3–5, aufgegriffen zum Beispiel von Apuleius, Plat. I 191, und Albinus bzw. Alcinous, didasc. 27,1) und Gnostiker (nach Irenäus, haer. III 5,1), die die Wahrheit für wenige Auserwählte reservieren, hält er wie schon vor ihm Irenäus (ebd. 5,2) und Clemens von Alexandrien (paed. I 30,2; 31,2) an der Überzeugung fest, dass das Christentum eine Wahrheit und ein Heil bringt, die prinzipiell allen zugänglich und vermittelbar sind (princ. IV 1,1f.; Cels. III 54; VII 60f.). Weiterhin ist zu fragen, ob die esoterisch klingenden Stellen richtig interpretiert sind, wenn man sie so klassifiziert. Zieht man noch andere Äußerungen über den Effekt von Drohreden hinzu, wird klar, dass Origenes etwas anderes im Blick hat. Da gibt es zum einen Menschen, bei denen nur die Drohung mit Strafe hilft, um sie zu einem anständigen Leben zu bringen (Cels. V 15). Daneben aber gibt es solche, die sich davon kaum beeindrucken lassen und sich trotzdem in alle erdenklichen Sünden stürzen (ebd. VI 26). Eine Drohung zeigt also nicht immer Wirkung. So überrascht es nicht, wenn Origenes die Wirksamkeit von Strafandrohungen einmal direkt in Frage stellt: Ist der eigentliche Sinn der Drohung nicht durchschaubar, erzeuge sie nur Entmutigung (in Hier. hom. 20,3), zumal jeder irgendeine Sünde hat und also jeder mit Strafe rechnen muss (ebd. 20,3.9). Solche Überlegungen sind nicht Esoterik, [334] sondern eine ausgesprochen nüchterne und realistische Beurteilung der möglichen Wirkungen von Strafandrohungen.

Der dritte und wichtigste Grund dafür, dass Origenes' Ethik zwar anspruchsvoll, aber weder esoterisch noch elitär sein will, ist der, dass Origenes nicht verschiedene Morallehren für verschiedene Klassen von Christen entworfen hat. Realistischerweise nimmt er die Unterschiede zwischen den Christen, was Tempo und Niveau ihres moralischen und geistigen Fortkommens betrifft, zwar ernst: „Einige eilen voraus und streben rascher zur Höhe, andere folgen in kurzem Abstande, und wieder andere weit hinten; und so gibt es zahllose Stufen von Fortschreitenden, die aus der Feindschaft zur Versöhnung mit Gott kommen" (princ. III 6,6). Gregor von Nyssa greift diese Vorstellung auf und verstärkt die Dynamik, die in ihr steckt, indem er die „zahllosen Stufen" durch weitere Verfeinerung ausmalt: „Der eine steht gerade erst am Anfang des besseren Loses, weil er gleichsam aus dem Abgrund seines

Lebens, das von Bosheit bestimmt war, zur Partizipation an der Wahrheit emportauchte; dem anderen ist dank seiner Bemühung auch schon eine Zugabe des Besseren zuteil geworden. Wieder ein anderer wuchs durch das Verlangen nach dem Guten zu mehr heran, der nächste befindet sich in der Mitte des Aufstiegs zum Hohen, ein weiterer eilte auch über die Mitte bereits hinaus. Einige gibt es wieder, die sich auch darüber erhoben, andere überholten auch jene, und über diese hinaus strengen sich wieder andere zum Lauf nach oben an. Und Gott nimmt – alles in allem – einen jeden in dem ihm eigenen Status an …" (in Cant. hom. 15).[31] Nicht alle sind also gleich weit. Aber alle sind auf dem gleichen Weg zum gleichen Ziel. Aufgrund dieser grundsätzlichen Gleichheit der Chancen und Möglichkeiten aller Menschen vor Gott hat Origenes den Esoterismus, den er mit seiner anspruchsvollen Theologie unausweichlich pflegte, ständig zu durchbrechen gesucht und den Versuch unternommen, wirklich jedem klar zu machen, worum es in Wahrheit geht.

Wie dieser Versuch ausgefallen ist, erfahren wir aus den letzten beiden der zwanzig in nur einer Handschrift[32] griechisch erhaltenen Jeremiahomilien, die für Origenes' Ansichten über die Sündenstrafen äußerst aufschlussreich sind, für die Eschatologie insgesamt aber nur selten berücksichtigt werden, weil ihr Hauptthema ein ganz anderes ist. In dessen Rahmen kommen allerdings einige wichtige eschatologische und ethische Überlegungen vor, die reichlich komplex mit dem Hauptthema verquickt und nur zu begreifen sind, wenn man dieses kennt. Deshalb dazu kurz einige Hinweise.

[335] Der Bibelvers, den Origenes in diesen beiden Predigten vor allem auslegt, stellt ihn vor ungewöhnliche Schwierigkeiten. „Du hast mich getäuscht, Herr, und ich ließ mich täuschen", klagt der Prophet Jeremia (Jer. 20,7). „Gott – täuscht? Wie ich das erklären soll, weiß ich nicht", sagt Origenes als erstes (in Hier. hom. 19,15). Stark verkürzt sieht seine Erklärung so aus: Im Rahmen der antiken Tradition der nützlichen Täuschung – meist spricht man von Nutzlüge – macht Origenes sich die für den konventionellen Gottesbegriff unmögliche biblische Aussage, Gott täusche den Menschen, so verständlich, dass es sich bei einem Betrug Gottes um einen pädagogisch motivierten Scheinbe-

31 Übersetzung: Franz DÜNZL, Gregor von Nyssa. Homilien zum Hohenlied, 3 Bde. (FC 16/1–3), Freiburg i.Br. u.a. 1994, Bd. 3, 813, besprochen von dems., Braut und Bräutigam. Die Auslegung des Canticum durch Gregor von Nyssa (BGBE 32), Tübingen 1993, 250f.

32 Scorialensis Ω III 19 membr. saec. XI/XII in 4° fol. 208^{v}–326^{v}, seit 1576 in der Bibliothek des Eskorial in Madrid (zuvor in Besitz des Don Diego Hurtado de Mendoza); Abschrift davon: Vaticanus gr. 623 chart. saec. XVI p. 281–475.

trug handle, der in Wahrheit darauf ziele, dem Kind, das der Mensch vor Gott ist, gleichsam auf einem Umweg eine Erkenntnis zu vermitteln, die es auf direktem Wege noch nicht hätte begreifen können oder sogar abgelehnt hätte (ebd. 19,15; 20,3). Erwachsen geworden, durchschaut der Mensch den Trick, dankt wie Jeremia Gott für die heilsame Täuschung und bittet sogar um eine solche, wenn sie ihm nützlich ist (ebd. 20,3.4). Um ein Missverstehen dieser riskanten Gedanken zu verhindern, weise ich ohne weitere Ausführung darauf hin, dass sie nicht moralisch bewertet werden dürfen, sondern es erkenntnistheoretisch um die Struktur menschlicher Wahrheitsfindung geht, die unvermeidlich immer wieder über Irrtum und Umweg führt und die sich Gott sozusagen zunutze macht, um dem Menschen Wahrheit zu vermitteln.[33]

Zur Erläuterung dieser Überlegungen rekurriert Origenes auf ein paar Beispiele. Wie durch eine Täuschung, so erziehe Gott als Vater das Kind Mensch auch durch seinen Zorn, seinen Unmut, seine Reue (ebd. 20,1f.) – oder eine Drohung (ebd. 20,3). In dieser Reihe kommt Origenes auf die Bestrafung mit „ewigem Feuer" zu sprechen, die dem Sünder angedroht wird, und schärft sie mit allem Nachdruck ein (ebd. 19,15). Seine Zuhörer sollen sie nicht auf die leichte Schulter nehmen. Kindern würden nämlich andere, und zwar leichtere Strafen angedroht als Erwachsenen. Verglichen mit den Menschen, die unter dem Gesetz lebten, sind die Christen Erwachsene. Deshalb werden ihnen härtere Strafen angedroht, statt der Steinigung das ewige Feuer, in dem schon der brennen wird, der seinen Bruder einen Toren heißt (vgl. Mt. 5,22). Vor Gott und im Blick auf die ewige Seligkeit sind aber auch die Christen noch Kinder und müssen Erwachsene erst noch werden. Mit der Relation Kinder – Erwachsene schiebt Origenes auch die Relation leichtere – härtere Strafen eine Stufe weiter und kommt zu der oben schon angesprochenen Steigerung der Bestrafung mit ewigem Feuer ins nicht mehr Vorstellbare. Unter den verschärften Anforderungen des Evangeliums, das schon mit ewigem Feuer droht, wenn man einen anderen be-[336]schimpft, müssen schwerere Sünden mit noch undenkbar viel härteren Strafen rechnen (ebd.).

Aufgrund dieser scharfen Aussagen Origenes' Ansichten über die Hölle doch als orthodox ausgeben zu wollen, was tatsächlich versucht worden ist, und zwar seltsamerweise von einem Origeneskenner wie

---

33 Nähere Überlegungen hierzu bei Alfons FÜRST, Augustins Briefwechsel mit Hieronymus (JAC.E 29), Münster 1999, 38–40. 65–71. – DANIÉLOU, Origène (wie Anm. 23) 276, entdeckt dahinter eine rabbinische Tradition, doch beruht das auf einem Missverstehen von in Hier. hom. 20,2, wo Origenes zwar eine jüdische, allerdings anders akzentuierte Exegese von Jer. 20,7 referiert; seine Deutung als pädagogische Täuschung ist jedoch seine eigene Auslegung, wie er selbst sagt (ebd. 20,3).

Henri de Lubac,[34] stellt nicht nur diesen Text, sondern den ganzen Origenes auf den Kopf. Richtiger ist schon die Auffassung, Origenes täusche hier seine Zuhörer im Sinn einer heilsamen Täuschung, wie er sie gerade am Beispiel von Jer. 20,7 erläutert hat, um die im Glauben noch Unmündigen auf die rechte Bahn zu bringen.[35] Doch wird diese Deutung dem Text auch nicht gerecht. Wir hätten dann ja Predigten vor uns, in denen Origenes seine Zuhörer angeblich täuscht, ihnen gleichzeitig aber nicht nur klarmacht, dass er das tut, sondern auch noch ausführlich erklärt, um was für eine Art von Täuschung es sich handelt und welchem Zweck sie dient. Das wäre grotesk. Man muss schon ein gutes Stück genauer hinschauen, um zu sehen, was Origenes hier tatsächlich beabsichtigt.

Im Duktus seiner Darlegung merkt man sofort, wie Origenes die Drohung mit ewigem Feuer und noch schlimmeren Strafen versteht: als pädagogisches Mittel, um das Kind Mensch zu erziehen. Das ist der (platonische) Sinn allen Strafens bei Origenes, auch der Bestrafung mit ‚ewigem' Feuer (princ. I 6,3; II 3,7; 10,4–6; III 5,8; in Num. hom. 8,1; in Hiez. hom. 1,2f.; orat. 29,15; in Rom. comm. VIII 12; Cels. V 15).[36] Wie die Zuhörer auf die Drohung mit Strafe reagieren können und sollen, macht Origenes am Beispiel der Niniviten klar. Gott ließ ihnen durch Jona die Zerstörung ihrer Stadt ankündigen (vgl. Jona 3,4), nahm auf ihre Buße hin aber davon Abstand. Das ist ein Beispiel für das, was Origenes sich unter einer heilsamen Täuschung Gottes mittels einer Strafandrohung vorstellt. Die Niniviten wurden gerettet, weil sie sich täuschen ließen. Hätten sie die Drohung ignoriert, wäre sie sogleich wahr geworden. Sich täuschen zu lassen, war also heilsam für sie (in

34 Vgl. Henri DE LUBAC, „Du hast mich betrogen, Herr!" Der Origenes-Kommentar über Jeremia 20,7, übersetzt von Hans Urs VON BALTHASAR, Einsiedeln 1984, bes. 48–57. 83–97.

35 So Joseph Wilson TRIGG, Divine Deception and the Truthfulness of Scripture, in: KANNENGIESSER/PETERSEN, Origen of Alexandria (wie Anm. 6) 147–164, hier 162.

36 Diesen bekannten Aspekt erörtern insbesondere Gustav ANRICH, Clemens und Origenes als Begründer der Lehre vom Fegfeuer, in: Theologische Abhandlungen für Heinrich Julius Holtzmann, Tübingen/Leipzig 1902, 95–120; Carl-Martin EDSMAN, Le baptême de feu (ASNU 9), Leipzig/Uppsala 1940, 1–15; Hans-Jürgen HORN, Die „Hölle" als Krankheit der Seele in einer Deutung des Origenes, in: JAC 11/12 (1970) 55–64; Willem Cornelis VAN UNNIK, The „Wise Fire" in a Gnostic eschatological vision, in: Patrick GRANFIELD/Josef Andreas JUNGMANN (Hg.), Kyriakon. Festschrift für Johannes Quasten, Münster 1970, Bd. 1, 277–288, hier 281f. 285; Henri CROUZEL, L'exégèse origénienne de 1 Cor 3,11–15 et la purification eschatologique, in: Jacques FONTAINE/Charles KANNENGIESSER (Hg.), Epektasis. Festschrift für Jean Daniélou, Paris 1972, 273–283; Pierre NAUTIN, Origène. Homélies sur Jérémie I (SC 232), Paris 1976, 172–179.

Hier. hom. 19,15; 20,3). Von der Androhung ewiger Strafe für die Sünden gilt dasselbe. Nimmt man sie als Täuschung auf die leichte Schulter und sündigt ungeniert, tritt unausweichlich ein, was ange[337]droht ist. Lässt man sich täuschen wie Jeremia und die Niniviten, dann lernt man dazu und wird erwachsen vor Gott.

Zu einfach darf man sich diesen Reifungsprozess aber nicht vorstellen oder machen. Origenes weist ausdrücklich auf die Gefahr hin, die zu frühe und zu rasche Einsichten in sich bergen. „Wie viele aber von denen, die man für weise hielt, sind, nachdem sie die Wahrheit hinsichtlich der Bestrafung herausgefunden und dabei freilich auch den Sachverhalt der Täuschung überdacht hatten, in eine schlechtere Lebensweise hineingeraten" (ebd. 20,4). Denn „zuweilen ist eine allzu rasche Heilung nicht zum Besten der Behandelten, falls diese aus eigener Verantwortung in Schwierigkeiten geraten sind und dann ganz leicht von diesen Schwierigkeiten befreit würden; denn sie würden das Übel als ein leicht heilbares für gering achten, sich ein zweites Mal nicht hüten hineinzugeraten, und so wieder in dasselbe Übel verfallen." Jesus habe deshalb zu den „Menschen draußen" in Gleichnissen geredet (vgl. Mk. 4,11), „damit sie sich nicht allzu rasch bekehrten und geheilt würden, indem sie Vergebung erlangten, dann die Verwundungen der Schlechtigkeit als harmlos und leicht heilbar unterschätzten und aufs neue und noch schneller in sie verfielen" (princ. III 1,17). Gott täuscht das Kind Mensch, um es zu schonen und allmählich auf die Wahrheit vorzubereiten, zu der man sich nur richtig verhalten kann, wenn man wirklich erwachsen geworden ist (in Hier. hom. 19,15). Besser sei es also, sich täuschen zu lassen und das Richtige zu tun, als sich nicht täuschen zu lassen und falsch zu reagieren (ebd. 20,4). Der Mensch muss reif genug werden, um mit der „Wahrheit über die Strafen" (ebd.) verantwortungsvoll umgehen zu können.

Man wird Bedenken haben, ob alle Zuhörer in Origenes' Gemeinde den oft verschlungenen Pfaden seiner gewagten Gedanken folgen konnten. Über den konkreten Effekt einer solchen Predigt kann man im Grunde nur mehr oder weniger müßige Spekulationen anstellen.[37] Das ist aber auch nicht so wichtig. Entscheidend ist der ethische Anspruch, mit dem Origenes jeden Christen konfrontiert. Seine Gedanken über Sünde und Strafe, Schuld und Sühne, Heil und Erlösung sind ein einziger Appell, im Glauben erwachsen zu werden. Ohne jede Einschrän-

37 Das hat zuletzt getan: Christoph MARKSCHIES, „... für die Gemeinde im Grossen und Ganzen nicht geeignet ..."? Erwägungen zu Absicht und Wirkung der Predigten des Origenes, in: ZThK 94 (1997) 39–68, erneut in: ders., Origenes und sein Erbe. Gesammelte Studien (TU 160), Berlin/New York 2007, 35–62, bes. 56–60.

kung oder Verschleierung beschreibt er die Hoffnung, die der Christ haben darf: Jeder hat eine Chance auf Erlösung, jeder darf damit rechnen, dass seine Existenz nicht zum Scheitern verurteilt ist. Gleichzeitig schärft er eindringlich den Einsatz ein, den diese Hoffnung erfordert, und warnt davor, ihre Realisierung durch Fehlverhalten immer wieder aufzuschieben. Zu den Aufgaben des Predigers gehört nach Origenes, „die Zuhörer dazu zu bestimmen, mit aller Kraft die Handlungen zu meiden, welche die Strafen zur Folge haben" (Cels. VIII 48). Diese Pädagogik lebt aus einem enormen Vertrauen in jeden Menschen, [338] sich zum Guten reizen und locken zu lassen. „Die Güte Gottes reizt, wie es seinem Wesen entspricht, und lockt alles hin zu dem seligen Ende, wo dahinfällt und ‚flieht Schmerz und Trauer und Seufzen' (vgl. Jes. 35,10)" (princ. I 8,3). Unverdrossen und engagiert hat Origenes unablässig die Menschen umworben, sich nicht länger wie unmündige Kinder zu benehmen, die ihre Freiheit infantil missbrauchen und sich damit immer nur neu schaden, sondern reife Erwachsene zu werden, die im Bewusstsein ihrer Verantwortung für sich und für andere die von Gott durch seinen Logos ständig eröffnete Möglichkeit zu ergreifen versuchen, an der Veränderung zum Besseren mitzuarbeiten.

V.

„Lasst uns erwachsen werden!" Diesen adhortativen Aufruf, in den der Prediger sich selbst miteinschließt, kann man über die im Vorangehenden erörterten ethischen Aspekte der Eschatologie des Origenes stellen. Es handelt sich nicht um ein Zitat aus Origenes.[38] Er ist vielmehr aus einem seiner Texte gewonnen, mit dem das Fazit gezogen werden kann. Origenes beendete die erste der beiden Predigten über Jer. 20,7 wie folgt: „Fürchte auch du, solange du noch Kind bist, die Drohungen, damit du nicht das, was über die Drohungen hinausgeht, erleiden musst: die ewigen Strafen (vgl. Mt. 25,46), das nie erlöschende Feuer (vgl. Mk. 9,43; Mt. 3,12; Lk. 3,17) oder vielleicht etwas Schlimmeres als

---

38 Erst nach der Drucklegung dieses Aufsatzes habe ich seinerzeit entdeckt, dass es doch einen Text bei Origenes gibt, in dem er nahezu wörtlich so redet und der deshalb hier nachgetragen sei, in Luc. hom. 20,7: „Lasst uns also aufhören, kleine Kinder zu sein, und anfangen, erwachsene Menschen zu werden, indem wir sagen: ‚Als ich ein Mann geworden war, habe ich abgelegt, was eines kleinen Kindes war' (1 Kor. 13,11) … an uns liegt es, dass wir uns mit allem Einsatz bemühen, das Kindsein abzulegen, es zum Verschwinden zu bringen, um zu den höheren Altersstufen zu gelangen"; Übersetzung: Hermann-Josef SIEBEN, Origenes. Homilien zum Lukasevangelium, 2 Bde. (FC 4/1–2), Freiburg i.Br. u.a. 1991. 1992, Bd. 1, 231.

dieses, – das, was denen, die größerenteils wider die rechte Vernunft gelebt haben, aufgespart ist. Die Erfahrung all dieser Dinge mag uns immerdar erspart bleiben. In Jesus Christus mögen wir vielmehr als Erwachsene die Berechtigung für die himmlischen Feste erlangen, für das geistige Paschamahl, das dort in Christus Jesus gefeiert wird" (in Hier. hom. 19,15).

„Wer das glaubt, weiß gar nichts"

Eine spätantike Debatte über den Universalanspruch des christlichen Monotheismus*

„Wir brauchen viele Götter." Mit diesem Titel war im Frühjahr 2003 ein Spiegel-Gespräch mit dem Philosophen Odo Marquard zu dessen 75. Geburtstag überschrieben.[1] Marquard plädiert für den Polytheismus, für viele Götter, viele Mythen, viele Geschichten. Seine Intention dabei ist, gegen Uniformierung Widerstand zu leisten. Gegen den Absolutheitsanspruch einer Mono-Perspektive fordert Marquard Pluralismus auch und gerade dort, wo es um Orientierung und Identitätsfindung geht. Hinter seinem Plädoyer stehen die üblen Erfahrungen des 20. Jahrhunderts mit Totalitätsansprüchen von unterschiedlicher Couleur. Diese monströsen Versuche totaler Gleichschaltung mit ihren todbringenden Konsequenzen haben nicht nur bei Marquard zu einem tiefen Misstrauen gegen Vereinheitlichungen und Absolutsetzungen jedweder Art geführt. Auch die monotheistischen Religionen sind von da aus in die Kritik geraten. Die Überzeugung, es gebe nur einen Gott, sitzt auf der Anklagebank einer Gegenwart, deren Signum Pluralität ist. Die ständige Erfahrung von Mannigfaltigkeit allerorten führt dazu, Vielfalt als Wert und oberstes Prinzip anzusetzen. „Es lebe der Vielfall", schrieb Marquard in seinem „Lob des Polytheismus" vor nunmehr 25 Jahren.[2]

---

* Orientierung 68 (2004) 138–141.

1 Der Spiegel Nr. 9 (2003) 152–154.

2 Odo MARQUARD, Lob des Polytheismus. Über Monomythie und Polymythie, in: Hans POSER (Hg.), Philosophie und Mythos. Ein Kolloquium, Berlin/New York 1979, 40–58, erneut in: ders., Abschied vom Prinzipiellen. Philosophische Studien, Stuttgart 1981, 91–116, hier 110, und in: Hans-Joachim HÖHN (Hg.), Krise der Immanenz. Religion an den Grenzen der Moderne, Frankfurt a.M. 1996, 154–173. Kritisch dazu: Jacob TAUBES, Zur Konjunktur des Polytheismus, in: Karl-Heinz BOHRER (Hg.), Mythos und Moderne, Frankfurt a.M. 1983, 457–470; Hans-Gerd JANSSEN, Streitfall Monotheismus. Einführung in das Thema, in: Jürgen MANEMANN (Hg.), Monotheismus (Jahrbuch Politische Theologie 4), Münster/Hamburg/London 2002 (erschienen 2003), 20–27; bes. Alois HALBMAYR, Lob der Vielheit. Zur Kritik Odo Marquards am Monotheismus (Salzburger Theologische Studien 13), Innsbruck/Wien 2000, v.a. 143–215. 387–404.

Schon Friedrich Nietzsche hat sich in diesem Sinne geäußert: Der Monotheismus, oder wie er bissig sagte, der „Monotono-Theismus", versuche mit seiner Forderung unbedingten Glaubens an nur einen Gott eine „Alleinperspektive" gegen den Reichtum des Lebens und seiner Perspektiven durchzusetzen, gegen die Vielfalt des Realen einer Einheit zum Sieg zu verhelfen. Dagegen plädierte Nietzsche, „ein Prophet der Vielfalt",[3] für Perspektivenvielfalt und Perspektivenwahl und in diesem Sinne für Freiheit, nämlich des Wählenkönnens zwischen mehreren Möglichkeiten.[4] Die Wurzeln der Wiederentdeckung des Polytheismus reichen zurück bis in die Renaissance und vor allem in das Ende des 18. Jahrhunderts.[5] Der Aufwertung des Polytheismus korreliert seitdem eine immer vehementere Kritik am Monotheismus, bis hin zu aggressiver Polemik.[6]

Eines der von dieser Kritik artikulierten Probleme ist folgendes. Monotheistische Religionen treten mit dem Anspruch auf uni[139]versale Gültigkeit auf. Mit diesem Habitus stehen sie gegen die faktische Vielfalt der Religionen und geraten in den Verdacht der Intoleranz und Gewalttätigkeit. Aufgrund der Spannung zwischen kulturell-religiöser Pluralität und monotheistischer Universalität gehört es mittlerweile zum common sense nicht nur unter vielen Wissenschaftlern und Intellektuellen, sondern auch in der so genannten öffentlichen Meinung, dem Monotheismus schnurstracks Intoleranz und Gewalt zu unterstellen. Auch das ist nicht neu. Schon im 18. Jahrhundert hat David Hume Polytheismus mit Toleranz und Monotheismus mit Intoleranz in Verbindung gebracht.[7]

---

3 Als solchen pries ihn Richard RORTY, in: Die Zeit Nr. 35 (2000) 41.

4 Nachweise bei Jürgen WERBICK, Absolutistischer Eingottglaube? – Befreiende Vielfalt des Polytheismus?, in: Thomas SÖDING (Hg.), Ist der Glaube Feind der Freiheit? Die neue Debatte um den Monotheismus (QD 196), Freiburg/Basel/Wien 2003, 142–175, hier 147–151.

5 Siehe Burkhard GLADIGOW, Polytheismus und Monotheismus. Zur historischen Dynamik einer europäischen Alternative, in: Manfred KREBERNIK/Jürgen VAN OORSCHOT (Hg.), Polytheismus und Monotheismus in den Religionen des Vorderen Orients (AOAT 298), Münster 2002, 3–20, hier 15–18.

6 Beispiele für letzteres bei Heinz-Günther STOBBE, Monotheismus und Gewalt. Anmerkungen zu einigen Beispielen neuerer Religionskritik, in: MANEMANN, Monotheismus (wie Anm. 2) 166–180.

7 Nachweise bei WERBICK, Absolutistischer Einheitsglaube? (wie Anm. 4) 145–147. – Siehe dazu auch Alfons FÜRST, Monotheismus und Gewalt. Fragen an die Frühzeit des Christentums, in: StZ 222 (2004) 521–531; ders., Friedensethik und Gewaltbereitschaft. Zur Ambivalenz des christlichen Monotheismus in seinen Anfängen, in: ders. (Hg.), Friede auf Erden? Die Weltreligionen zwischen Gewaltverzicht und Gewaltbereitschaft, Freiburg/Basel/Wien 2006, 45–81. 188–196.

1. Antike Vielfalt der Gotteserkenntnis und Gottesverehrung

Hier lebt eine Debatte wieder auf, die in der Antike zwischen Anhängern der antiken Religionen und Kulte und christlichen Theologen schon einmal geführt worden ist. Damals verteidigten Männer, die im griechisch-römischen Sinn religiös waren, die Vielfalt religiöser Weltanschauungen und die Möglichkeit vieler Wege zur Erkenntnis Gottes – von dessen letztlicher Einheit sie durchaus überzeugt waren – gegen den christlichen Anspruch auf alleinigen Besitz der Wahrheit via Offenbarung. So hielt der Rhetor und Philosoph Themistios zu Beginn des Jahres 364 vor dem christlichen Kaiser Jovian eine Rede, in der er ausführte, die Vielfalt der Kulte bezeuge die unerreichbare Größe Gottes und die begrenzten Erkenntnismöglichkeiten des Menschen. Jeder opfere seinem Gott, weil niemand Gott voll und ganz verstehe (orat. 5, 67b–70c).[8] Und zwanzig Jahre später plädierte Symmachus, der Stadtpräfekt von Rom, in einer Eingabe an Kaiser Valentinian II. im Rahmen antiker Kosmosfrömmigkeit für viele Wege zur einen Wahrheit: „Angemessenerweise wird das, was alle verehren, für Eines gehalten. Wir schauen auf zu denselben Sternen, der Himmel ist uns gemeinsam, dasselbe Weltall schließt uns ein. Was kommt es darauf an, nach welcher Lehre jeder das Wahre sucht? Auf einem einzigen Weg kann man nicht zu einem so erhabenen Geheimnis gelangen“ (relat. 3,10).

Ich gehe nicht auf diese berühmte historische Szene ein; bekanntlich konnte Symmachus sich im Streit über die Entfernung der Statue der Siegesgöttin Viktoria aus der Senatskurie in Rom nicht gegen Bischof Ambrosius von Mailand durchsetzen.[9] Stattdessen will ich den Blick auf die solchen Bemerkungen zugrundeliegende Spannung zwischen Pluralität und Universalität richten. Aufschlussreich dafür ist eine literarische Debatte zwischen dem Philosophen Kelsos und dem Theologen Origenes im 2. und 3. Jahrhundert. Die beiden Kontrahenten haben nämlich über die Vereinbarkeit kulturell-nationaler Verschiedenheiten mit dem christlichen Universalismus gestritten. Ihr Streit drehte sich nicht um den Monotheismus als solchen, sondern um den Universalanspruch des monotheistischen Bekenntnisses und mögliche

8 Siehe dazu Arthur Hilary ARMSTRONG, The Way and the Ways. Religious Tolerance and Intolerance in the Fourth Century, in: VigChr 38 (1984) 1–17, hier 8f.

9 Dazu jüngst Ernst DASSMANN, Wieviele Wege führen zur Wahrheit? Ambrosius und Symmachus im Streit um den Altar der Viktoria, in: SÖDING, Ist der Glaube Feind der Freiheit? (wie Anm. 4) 123–141.

Folgen für Krieg und Frieden – ein überaus aktuell anmutender Disput.[10]

2. Kultureller und religiöser Pluralismus

Die spätantike Welt war in hohem Maße pluralistisch. Im riesigen Imperium Romanum lebten von den kühl-gemäßigten Breiten der britischen Inseln und Mitteleuropas bis in die subtropischen Zonen Oberägyptens, von Gibraltar und dem Atlasgebirge im Westen bis zu Euphrat und Tigris im Osten zahlreiche Völkerschaften mit ihren jeweiligen Sprachen, Kulturen und Traditionen mit- und nebeneinander. Auch die Religiosität dieser Ökumene, das heißt der gemeinsamen Welt im antiken Sinn, war von einer Vielfalt an Gebräuchen und Kulten gekennzeichnet, die sich in einem außerordentlich synkretismusfreundlichen Klima permanent durchdrangen und vermischten. Diese an sich schon plurale religiöse Situation veränderte sich in der frühen römischen Kaiserzeit tiefgreifend.[11] Religion, eine Sache von Herkommen und Tradition, eingebunden in Familie, Sippe, Stamm und Stadt, wurde zu einer Sache freier Entscheidung. Es entstand, merkantil ausgedrückt, ein Wettbewerb zwischen religiösen Gruppen, wie ihn die frühere Antike nicht gekannt hatte und der zu Konflikten neuer Art führen konnte, nämlich zu solchen, die religiös bedingt waren. In diese Welt gelangte das Christentum als neue religiöse Gruppierung. Es war ein Sinnangebot mehr auf dem Markt der Erlösungshoffnungen und Heilsversprechen. Aus antiker Sicht agierten die Christen allerdings mit ihrem missionarischen Impetus und mit der enormen Bedeutung, die sie mangels anderweitiger Identitätsmerkmale der religiösen Überzeugung zumaßen, ungewohnt aggressiv.

---

10 Inspirationsquelle für die folgenden Gedanken war Erik PETERSON, Der Monotheismus als politisches Problem. Ein Beitrag zur Geschichte der politischen Theologie im Imperium Romanum, Leipzig 1935, erneut in: ders., Ausgewählte Schriften 1. Theologische Traktate, hg. von Barbara NICHTWEISS, Würzburg 1994, 23–81, dessen Darstellung aber nur zusammen mit der kritischen Überprüfung seiner These und Belege durch Jan BADEWIEN, in: Alfred SCHINDLER (Hg.), Monotheismus als politisches Problem? Erik Peterson und die Kritik der politischen Theologie (SEE 14), Gütersloh 1978, 36–42, benutzt werden kann. – Im Gefolge Petersons: Arnaldo MOMIGLIANO, The Disadvantages of Monotheism for a Universal State, in: CP 81 (1986) 285–297, hier 289–293, erneut in: ders., Ottavo contributo alla storia degli studi classici e del mondo antico, Rom 1987, 313–328.

11 Siehe John NORTH, The Development of Religious Pluralism, in: Judith LIEU/John NORTH/Tessa RAJAK (Hg.), The Jews among Pagans and Christians in the Roman Empire, London/New York 1992, 174–193.

Vor diesem Hintergrund kritisierte Kelsos in einer Streitschrift gegen das Christentum aus dem Jahre 178 mit dem Titel „Wahres Wort“ den christlichen Monotheismus. Er wäre diskutabel, wenn es gelänge, die nationalen Besonderheiten zu überwinden. „Ach“, seufzte er (bei Origenes, Cels. VIII 72), „wäre es doch möglich, dass Griechen und Barbaren, die Asien, Europa und Libyen (d.h. Afrika) bis zu deren Grenzen hin bewohnen (d.h. die ganze Welt aus antiker Sicht), sich darauf verständigten, ein und dasselbe Gesetz zu beachten!“ Weil das aber unrealistisch sei – „Wer das glaubt, weiß gar nichts“, hat er seinen Wunsch selbst abrupt-unwillig abgetan (ebd.) –, sei allein ein polytheistisches Konzept vom Göttlichen politisch vernünftig. Einen einzigen Gott gegen alle anderen Götter zu stellen, sei jedoch gleichbedeutend mit Aufruhr. Der christliche Monotheismus könne sich daher auf das politische Leben nur destruktiv auswirken. Dabei argumentierte Kelsos konservativ:

> „Die einzelnen Völker halten die von den Vorfahren wie auch immer eingerichteten Gebräuche in Ehren. Das scheint sich aber nicht nur deswegen so ergeben zu haben, weil es unterschiedlichen Völkern in den Sinn kam, unterschiedliche Bestimmungen zu treffen, und man an den für die Gemeinschaft gültigen Beschlüssen festhalten muss, sondern auch deshalb, weil die verschiedenen Teile der Erde wahrscheinlich von Anfang an verschiedenen Aufsehern zugewiesen und in bestimmte Herrschaftsgebiete aufgeteilt worden sind, und auf diese Weise werden sie auch verwaltet. Daher dürfte wohl das, was bei den einzelnen Völkern getan wird, richtig sein, sofern es im Sinne jener Herrscher geschieht. Nicht gottgefällig aber wäre es, die in den jeweiligen Regionen von Anfang an eingeführten Regelungen abzuschaffen“ (ebd. V 25).

Die Weigerung der Christen, andere Götter außer ihrem einen Gott anzuerkennen oder gar zu verehren, nannte Kelsos „den Schrei der Revolte von Leuten, die sich von den übrigen Menschen absperren und losreißen“ (ebd. VIII 2). „Wahrlich, wer behauptet, es sei nur ein Herr gemeint, wenn er von Gott redet, der handelt gottlos; denn er zerteilt das Reich Gottes und stiftet Unruhe, als ob es dort Parteiung gäbe und einen anderen Gott, einen Widersacher“ (ebd. VIII 11). Kelsos argumentierte politisch mit nationalen und kulturell-religiösen Differenzen gegen den christlichen Universalismus. Schon einen solchen Anspruch zu erheben, sei Aufruhr, und zwar nicht nur abstrakt in der metaphysischen Sphäre des Göttlichen, sondern real in Staat und Gesellschaft. [140] Kelsos verknüpfte den christlichen Monotheismus mit der politischen und sozialen Ordnung des Imperium Romanum und diagnostizierte ein erhebliches Gefahrenpotential. Zum ersten Mal ist hier, soweit ich sehe, der christliche Monotheismus prinzipiell mit Intoleranz und Gewalt in Verbindung gebracht.

3. Christliche Einheitsvision

Origenes war in seiner siebzig Jahre später auf Bitten eines Freundes verfassten Entgegnung „Gegen Kelsos" hellsichtig genug, die nationalen und kulturellen Besonderheiten als faktisch gegeben anzuerkennen. Anders als Kelsos glaubte er jedoch daran, dass Gott bzw., in seiner theologisch-philosophischen Terminologie, der göttliche Logos (Christus) die Macht habe, die Unterschiede zwischen den Menschen im Laufe der Zeit zu überwinden und alle Seelen unter ein Gesetz zu bringen:

> „Eines Tages werde der Logos das gesamte geistige Sein beherrschen und jede Seele zu ihrer Vollkommenheit umgestalten, sobald jeder, indem er einfach von seiner Freiheit Gebrauch macht, wählt, was er will, und erreicht, was er gewählt hat ... Denn der Logos und seine Heilkraft sind stärker als alle Übel der Seele. Diese Heilkraft wendet er bei jedem entsprechend dem Willen Gottes an, und das Ende der Behandlung ist die Vernichtung des Bösen" (Cels. VIII 72).

Theologisch handelt es sich hierbei um die so genannte Apokatastasis, die „Wiederherstellung von allem", d.h. die im Rahmen des platonischen Weltbildes formulierte eschatologische Aufhebung der Unterschiede zwischen den Menschen in der Vereinigung mit Gott. Diese Idee des Origenes lebt, modern gesprochen, von einer hohen Sensibilität für die empörend ungleiche Verteilung von Lebenschancen in der Welt und aus der Überzeugung, dass Glaube und Hoffnung im christlichen Sinn auf die Überwindung dieser Ungleichheit zielen.[12] Politisch geht es um die Frage, ob es möglich sei, viele verschiedene Völker (und Individuen) unter dem einen Gott der Christen zu vereinen. Weil Origenes klar gesehen hat, dass davon zu seiner Zeit, in der ersten Hälfte des 3. Jahrhunderts, nicht entfernt die Rede sein konnte, verlegte er die endgültige Realisierung dieser Möglichkeit in das Eschaton, an das Ende von Zeit und Geschichte. „Vielleicht ist so etwas in der Tat unmöglich für Menschen, die sich noch in ihrem Körper befinden, nicht aber für diejenigen, die von ihm befreit sind" (ebd.).

Diese Zukunftshoffnung ging einher mit folgender Zeitdiagnostik: Zu seiner Zeit sah Origenes die Unterschiede zwischen den verschiedenen Völkern bereits im Schwinden begriffen. Die eschatologische Einigung der Völker unter einem göttlichen Herrn sei nämlich schon

---

12 Näheres bei Norbert BROX, Mehr als Gerechtigkeit. Die außenseiterischen Eschatologien des Markion und Origenes, in: Kairos 24 (1982) 1–16, erneut in: ders., Das Frühchristentum. Schriften zur Historischen Theologie, hg. von Franz DÜNZL/Alfons FÜRST/Ferdinand Rupert PROSTMEIER, Freiburg/Basel/Wien 2000, 385–403.

vorbereitet durch die Einigung der Völker unter einem irdischen Herrn, dem römischen Herrscher, und zwar durch Kaiser Augustus:

> „Unbestreitbar ist, dass Jesus während der Regierungszeit des Augustus geboren wurde, der dadurch, dass er der einzige Herrscher war, den größten Teil der Menschen auf der Erde sozusagen gleich gemacht hatte. Die Existenz vieler Königreiche wäre für die Verbreitung der Lehre Jesu über die ganze Erde hinderlich gewesen ..., weil dann die Leute überall gezwungen gewesen wären, zu den Waffen zu greifen und zur Verteidigung ihres Vaterlandes Krieg zu führen. So war es ja vor der Zeit des Augustus und noch früher, als Peloponnesier und Athener gegeneinander Krieg führen mussten und desgleichen andere Völker gegen andere. Wie hätte diese pazifistische Lehre, die nicht einmal erlaubt, an seinen Feinden Vergeltung zu üben, durchdringen können, wenn die Zustände auf der Erde bei der Ankunft Jesu nicht überall erträglicher gewesen wären?" (ebd. II 30).

Eine derartige Beschreibung der Bedeutung des Imperium Romanum war nicht spezifisch christlich, sondern begegnete auch auf nichtchristlicher Seite, etwa in der im Jahre 155 n.Chr. gehaltenen Rom-Rede des Aelius Aristides: Wie Zeus als einziger Herrscher Ordnung stifte, so Rom als einzige Herrscherin ebenso (orat. 26,103). Bei den Christen gewann dieser Gedanke allerdings eine neue Färbung: Der römischen Alleinherrschaft in den Ländern rund um das Mittelmeer, die von sich aus mit universalem Anspruch auftrat, wurde eine providentielle Rolle für die Ausbreitung des Christentums zugeschrieben. Der durch Rom, konkret durch Augustus herbeigeführte politische Friede *(pax Romana)* sei Voraussetzung für die Ausbreitung der friedlichen Religion des Christentums gewesen.

4. Monotheismus als politische Ideologie

Während Origenes die historische Entwicklung so deutete, dass er die Welt, in der er lebte, auf dem Weg zur universalen Durchsetzung des Christentums sah und die vollständige Realisierung dieser Perspektive in das Eschaton verlegte, formte Eusebius von Caesarea im 4. Jahrhundert daraus eine markant konturierte politische Utopie bzw. historisch-politische Ideologie. In der Monarchie des Augustus habe die Nationalstaatlichkeit ihr Ende gefunden. An die Stelle der von Pluralismus und Polytheismus bedingten Konflikte sei Friede getreten: „Als dann der Retter und Herr erschien und zugleich mit seinem Kommen zu den Menschen Augustus als der Erste unter den Römern über die Nationalitäten Herr wurde, da löste sich die pluralistische Vielherrschaft auf und Friede erfasste die ganze Erde" (dem. ev. VII 2,22). Gegen die polytheistische Polis und die pluralistische Nationalstaatlichkeit, die nichts als Kriege zur Folge gehabt hätten, verknüpfte Eusebius das Römische Reich, die Monarchie des römischen Kaisers, den Monotheismus und den Frieden miteinander.[12a] Das war nicht mehr christliche Zukunftsvision wie bei Origenes, sondern politische Publizistik im Dienste der konstantinischen Religionspolitik. Mochte dieses Geschichtsbild mehr als bestreitbar sein, wurde es doch außerordentlich wirkmächtig.

5. Monotheismus und Gewalt

Es scheint mir nicht leicht entscheidbar, wer in dieser Debatte über Pluralität und Universalität die besseren Argumente auf seiner Seite hatte – Kelsos oder Origenes. In einer religiös pluralen Welt sah Kelsos im universalen Geltungsanspruch des christlichen Monotheismus nichts als eine Quelle für Konflikte. Origenes hingegen erblickte in der friedlichen Einung aller Völker auf dem Gebiet der Religion den Beitrag des Christentums zur Reduzierung des Konfliktpotentials, das nationale, kulturelle und religiöse Differenzen in sich bergen. Diese Hoffnung beruhte bei Origenes auf dem optimistischen Vertrauen darauf, dass jeder Mensch in der Lage sei, seine Freiheit in rechter Weise zu gebrauchen und dies angesichts leidvoller Erfahrungen irgendwann auch konsequent tun werde.[13] Im Gegensatz zu Kelsos hat Origenes die geschichtliche Entwicklung so gedeutet, dass der monotheistische Universalismus des Christentums nicht Gewalt erzeugt, sondern zur Überwindung von Gewalt beiträgt. Die um den Freiheitsbegriff zentrierte Theologie des Origenes zeigt, dass ein monotheistisches Gottesbild nicht unausweichlich mit Intoleranz und Gewalt einhergehen muss.

Die weitere Geschichte ist anders verlaufen. Das Konzept des Origenes, die Universalität des christlichen Glaubens über das Prinzip der Freiheit mit der Vielfalt der Wirklichkeit zu vermitteln, geriet postum auf die Liste der Häresien. Die gewaltfreie Variante des christlichen Universalanspruchs wurde damit aus dem offiziellen Gedächtnis der Kirchen verbannt. Als die Christen im Bunde mit der Staatsmacht gegen Ende des 4. Jahrhunderts stark genug geworden waren, ihren uni-

---

12a Siehe dazu jetzt auch Alfons FÜRST, Monotheismus und Monarchie. Zum Zusammenhang von Heil und Herrschaft in der Antike, in: Stefan STIEGLER/Uwe SWARAT (Hg.), Der Monotheismus als theologisches und politisches Problem, Leipzig 2006, 61–81, und in: ThPh 81 (2006) 321–338.

13 Näheres dazu bei Alfons FÜRST, Lasst uns erwachsen werden! Ethische Aspekte der Eschatologie des Origenes, in: ThPh 75 (2000) 321–338 (in diesem Band Nr. 7).

versalen Anspruch durchzusetzen, haben sie dafür auch Gewalt angewendet. Mehr noch als die Spätantike liefert die Geschichte der Neuzeit – Stichwort: Kolonialisierung – hierfür Beispiele in Hülle und Fülle. Das Christentum hat einen großen Teil seiner Geschichte gegen sich.

[141] Könnten wir uns des Gewaltpotentials des Monotheismus nicht am besten dadurch entledigen, dass wir auf die Unterscheidung zwischen Wahr und Falsch in religiösen Dingen, die angeblich so viel Unheil in die Welt gebracht hat, verzichten? Der Ägyptologe Jan Assmann hat mit faszinierenden kultur- und religionsgeschichtlichen Studien diese Frage in den letzten Jahren aufgeworfen.[14] In der von ihm ausgelösten, in das Bewusstsein einer breiteren Öffentlichkeit gedrungenen Debatte ist mit Erich Zenger zu erörtern, worum es bei der von Assmann so genannten „Mosaischen Unterscheidung" der Sache nach geht.[15] Die einschlägigen biblischen Texte zielen nämlich nicht auf eine formale Unterscheidung zwischen einem wahren Gott und vielen falschen Göttern, sondern auf eine inhaltliche zwischen Freiheit und Unfreiheit. Der Gott Israels erweist sich als der wahre Gott, insofern er Freiheit, Gerechtigkeit und Solidarität stiftet und schützt. In der „Mosaischen Unterscheidung" zwischen Wahr und Falsch in den Religionen geht es erst sekundär um die Alternative zwischen Monotheismus und Polytheismus, primär jedoch um diejenige zwischen Unfreiheit und Rechtlosigkeit auf der einen, Freiheit und Menschenwürde auf der anderen Seite. Auf eben dieser Linie hat Origenes, bibeltheologisch korrekt, den Monotheismus gegenüber dem Polytheismus favorisiert. Was mit der „Mosaischen Unterscheidung" zur Debatte steht, ist nicht einfach die Zahl von Göttern, sondern sind die ethischen Implikationen des Monotheismus und die Freiheit des Menschen.[16] Dabei dürfen die monotheistischen Religionen sich nicht damit begnügen, ihre Überzeugungen zu verteidigen, sondern haben die Aufgabe, ihr Gottes- und Religionskonzept in eine entsprechende Praxis umzusetzen.

---

14 Siehe Jan ASSMANN, Moses der Ägypter. Entzifferung einer Gedächtnisspur, München/Wien 1998 (Frankfurt a.M. ²2000); ders., Die Mosaische Unterscheidung oder der Preis des Monotheismus, München/Wien 2003. In einem Beitrag für die FAZ Nr. 301 (2000) 54 betont Assmann, dass er die Unterscheidung zwischen wahrer und falscher Religion keineswegs aufheben, sondern mittels einer kritischen historischen Analyse sublimieren wolle – was meint das?

15 Siehe Erich ZENGER, Was ist der Preis des Monotheismus? Die heilsame Provokation von Jan Assmann, in: HerKorr 55 (2001) 186–191, hier 190f., erneut in: ASSMANN, Die Mosaische Unterscheidung (wie Anm. 14) 209–220.

16 Siehe dazu auch die Auseinandersetzung mit Assmann aus systematisch-theologischer Perspektive bei Georg ESSEN, Ethischer Monotheismus und menschliche Freiheit. Theologische Annäherungen an den Pluralismus der Moderne, Nimwegen o.J. (2003), v.a. aber WERBICK, Absolutistischer Einheitsglaube? (wie Anm. 4) 164–175.

6. Usurpatorischer und privativer Monotheismus

Mit der Apologetik hatten die monotheistischen Religionen freilich nie Schwierigkeiten, wohl aber mit der Praxis. Es ist ihr historisches Versagen, das den Verdacht nährt, dem Monotheismus sei Gewalttätigkeit inhärent.[17] Vielleicht lässt sich das Gewaltpotential des Monotheismus mit Hilfe einer Unterscheidung eindämmen, die Eckhard Nordhofen vorgenommen hat, nämlich zwischen einem privativen und einem usurpatorischen Monotheismus.[18] Im usurpatorischen Monotheismus bringt die eigene Partei Gott in ihren Besitz, usurpiert ihn für ihre Interessen. Das war immer die am weitesten verbreitete Variante des Monotheismus, von frommen Gottesbesitzern – auch in kirchlichen Hierarchien – bis zum „Deus vult" auf Kreuzritterfahnen und „Gott mit uns" auf deutschen Koppelschlössern. Im privativen Monotheismus hingegen ist Gott eine unkalkulierbare Größe, nicht darstellbar, eine Realität, die mit keinem der üblichen Gottesprädikate zu erfassen, mit deren Präsenz aber jederzeit zu rechnen ist – „Ich werde dasein, als der ich dasein werde", „Ich bin da" (Ex. 3,14 in der Übersetzung von Martin Buber und Franz Rosenzweig). Ein solcher Gott kann nicht zum Instrument des eigenen Willens gemacht werden. Je universaler dieser Gott ist, desto deutlicher treten Eigeninteresse und Gottesinteresse auseinander, weil es keinen Exklusivbesitz Gottes mehr geben kann. „Wenn wir nach der Zukunft des Monotheismus fragen, hängt alles von der Frage ab, ob eine Trennung des privativen vom usurpatorischen Monotheismus möglich ist."[19]

---

17 So Jan ASSMANN, Herrschaft und Heil. Politische Theologie in Altägypten, Israel und Europa, München/Wien 2000, 264. Vgl. auch ders., Die „Mosaische Unterscheidung" und die Frage der Intoleranz. Eine Klarstellung, in: Rolf KLOEPFER/Burckhard DÜCKER (Hg.), Kritik und Geschichte der Intoleranz, Heidelberg 2000, 185–195.

18 Siehe Eckhard NORDHOFEN, Die Zukunft des Monotheismus, in: Merkur 53 (1999) 828–846.

19 Ebd. 842.

Origenes und Ephräm über Paulus' Konflikt mit Petrus (Gal. 2,11–14)*

Ὁμόνοια bzw. *concordia*, Eintracht, galt in der Antike als politisch-soziales Ideal und Handlungsziel auf verschiedensten Ebenen: in Ehe und Familie, im Haus, unter Freunden, in Gruppen, „Parteien", Verbänden, in der Polis, im Staat, im Volk, schließlich weltweit unter allen Menschen und sogar im gesamten Kosmos.[1] Auch bei christlichen Autoren (und schon im neutestamentlichen Schrifttum) spielte diese Devise für das eheliche, freundschaftliche, gemeindliche oder kirchliche Zusammenleben eine große Rolle und war gerade für den Zusammenhalt der Gemeinden und der Kirche(n) von hoher Bedeutung.[2] In der Theologie des Christentums entwickelte sich dabei eine neue, dogmatisch-ekklesiologische Variante dieser alten, in der paganen Antike meist politisch oder ethisch gewendeten Vorstellung, nämlich die der *concordia apostolorum*, der Eintracht der Apostel, speziell zwischen den Hauptaposteln Petrus und Paulus. Diese neuartige Spielart machte zwar Anleihen bei den gängigen paganen *concordia*-Motiven,[3] gewann aber in einem bestimmten theologischen Kontext ein eigenes, spezifisch christliches Profil: Die Eintracht der Apostel im Handeln und ihr Konsens in der Verkündigung zeugten von der Wahrheit der christlichen Lehre und garantierten späteren Generationen, durch Rückbindung der eigenen Doktrin und Disziplin an den apostolischen Ursprung die christliche Wahrheit zu bewahren. Dieses dogmatische Argument der Apostolizität von kirchlicher Lehre und Verfassung, als dessen Schöpfer Irenäus

---

* Manfred WACHT (Hg.), Panchaia. Festschrift für Klaus Thraede (Jahrbuch für Antike und Christentum. Erg.-Bd. 22), Münster 1995, 121–130.

1 Klaus THRAEDE, Art. Homonoia (Eintracht), in: RAC 16 (1994) 176–289.

2 Zahlreiche Belege ebd. 239–281.

3 Auch auf künstlerischem Gefilde hat sich dieses Motiv niedergeschlagen, etwa in entsprechenden Darstellungen von Petrus und Paulus auf römischen Goldgläsern oder in der Ikonographie: Charles PIETRI, Concordia apostolorum et renovatio urbis (culte des martyrs et propagande pontificale), in: MAH 73 (1961) 275–322, bes. 278–293; Janet M. HUSKINSON, Concordia Apostolorum. Christian Propaganda at Rome in the Fourth and Fifth Centuries. A Study in Early Christian Iconography and Iconology (Britisch Archaeological Reports. International Series 148), Oxford 1982, bes. 3–76.

von Lyon gelten darf,[4] gehört zu den grundlegendsten Theologumena der Väterzeit und begegnet in diversen Versionen allenthalben in den Vätertexten.[5]

[122] In diesem theologischen Kontext hat Paulus' Konflikt mit Petrus in Antiochien, von dem ersterer in Gal. 2,11–14 berichtete, den altkirchlichen Exegeten und Theologen erhebliche Probleme der Deutung aufgegeben. Unter den verschiedenen Versuchen der Väter, angesichts der dogmatischen Vorgabe der *concordia apostolorum* mit dieser Bibelstelle zurechtzukommen,[6] stammt die Auslegung, die in der Alten Kirche am weitesten Verbreitung fand, von Origenes. In primärer Überlieferung ist davon allerdings nichts bekannt, da die Werke, in denen der Alexandriner sie dargelegt hat – in einem Galaterkommentar, im 10. Buch der *Stromata* und in diversen Predigten –, nicht erhal-

---

4 Norbert BROX, Offenbarung, Gnosis und gnostischer Mythos bei Irenäus von Lyon. Zur Charakteristik der Systeme (SPS 1), Salzburg/München 1966, 133–167, bes. 158–160; Gerhard MAY, Die Einheit der Kirche bei Irenäus, in: Wolf-Dieter HAUSCHILD (Hg.), Kirchengemeinschaft – Anspruch und Wirklichkeit. Festschrift für Georg Kretschmar, Stuttgart 1986, 69–81.

5 Einige Belege recht unterschiedlicher Provenienz: Hermas, vis. 3,5,1 (GCS 48, 11f.) von den Aposteln, Bischöfen, Lehrern und Diakonen: πάντοτε ἑαυτοῖς συνεφώνησαν καὶ ἐν ἑαυτοῖς εἰρήνην ἔσχαν καὶ ἀλλήλων ἤκουον; Clemens, strom. I 11,3 (GCS Clem. Al. 2^4, 9) von den christlichen Lehrern: οἱ μὲν τὴν ἀληθῆ τῆς μακαρίας σῴζοντες διδασκαλίας παράδοσιν εὐθὺς ἀπὸ Πέτρου τε καὶ Ἰακώβου Ἰωάννου τε καὶ Παύλου τῶν ἁγίων ἀποστόλων, παῖς παρὰ πατρὸς ἐκδεχόμενος … ἧκον δὴ σὺν θεῷ καὶ εἰς ἡμᾶς τὰ προγονικὰ ἐκεῖνα καὶ ἀποστολικὰ καταθησόμενοι σπέρματα; ebd. VII 108,1 (3^2, 76): μία γὰρ ἡ πάντων γέγονε τῶν ἀποστόλων ὥσπερ διδασκαλία, οὕτως δὲ καὶ ἡ παράδοσις; bei Hieronymus, adv. Iovin. I 26 (PL 23, 246), werden die Apostel als *principes disciplinae nostrae et christiani dogmatis duces* bezeichnet, in ep. 46,8 (CSEL 54, 338) Petrus und Paulus als *christiani exercitus duces*, was in ep. 70,2 (CSEL 54, 702) von Paulus allein gesagt wird; bei Orosius, apol. 27,3 (CSEL 5, 647), werden Paulus und Petrus nebeneinander *columnae et firmamenta veritatis* genannt. – Eine (singuläre?) Ausnahme von dieser Sicht findet sich bei Socrates, hist. eccl. V 22 (PG 67, 641): ὅτι δὲ εὐθὺς ἐπὶ τῶν ἀποστολικῶν χρόνων πολλαὶ διαφωνίαι διὰ τὰ τοιαῦτα – was im Kontext auf disziplinäre, nicht auf doktrinäre Fragen zu beziehen ist – ἐγίνοντο, οὐδὲ αὐτοὺς τοὺς ἀποστόλους διέλαθεν, ὡς μαρτυρεῖ ἡ βίβλος τῶν Πράξεων.

6 Einschlägig dazu ist immer noch die klassische Studie von Franz OVERBECK, Über die Auffassung des Streits des Paulus mit Petrus in Antiochien (Gal. 2,11ff.) bei den Kirchenvätern, Basel 1877 (Nachdruck Darmstadt 1968), jetzt erneut in: ders., Werke und Nachlass 2. Schriften bis 1880, in Zusammenarbeit mit Marianne STAUFFACHER-SCHAUB hg. von Ekkehard W. STEGEMANN/Rudolf BRÄNDLE, Stuttgart/Weimar 1994, 221–334. Im Detail ausgesprochen fehlerhaft und in der Deutung irreführend ist die neue Arbeit von Ralph HENNINGS, Der Briefwechsel zwischen Augustinus und Hieronymus und ihr Streit um den Kanon des Alten Testaments und die Auslegung von Gal. 2,11–14 (SVigChr 21) (Diss. Heidelberg 1991), Leiden/New York/Köln 1994, 121–130. 218–291.

ten geblieben sind. Gleichwohl ist sie für uns noch sehr gut greifbar, und zwar in sekundärer Überlieferung bei Hieronymus im Galaterkommentar aus dem Jahr 386[7] und in *Epistula* 112 (verfasst 404) an Augustinus,[8] mit dem der Bethlehemite bekanntlich einen ausgesprochen kontroversen Briefwechsel unter anderem über diese Stelle geführt hat,[9] sowie bei Johannes Chrysostomus, der sie in seinen homiletischen Galaterkommentar von 393 aufgenommen[10] und zuvor schon in Antiochien im Herbst 388 eine eigene, sehr ausführliche Predigt darüber gehalten hat.[11] Zudem gibt es Spuren dieser origeneischen Deutung bei anderen griechischen Autoren, namentlich bei Theodor von Mopsuestia,[12] Cyrill von Alexandrien[13] und Theodoret von Kyros.[14]

Wie die Auslegung von Gal. 2,11–14 bei Origenes aussah, soll hier nun nicht an diesen schon bekannten Vertretern seiner Auffassung dargestellt werden, sondern an einem, der in diesem Zusammenhang bislang noch nicht aufgefallen ist. Die skizzierte Quellenbasis zur Beschreibung der origeneischen Deutung von Gal. 2,11–14 kann nämlich um einen Zeugen vermehrt werden, der aus einer Kirche und einer Theologie kommt, in denen man dies ohne weiteres wohl nicht vermuten würde: Ephräm der Syrer hat, wohl nach seiner Übersiedlung von Nisibis nach Edessa im Jahr 363, sehr glossarische Bemerkungen zu den paulinischen Briefen verfasst – es fehlt der Philemonbrief, doch kommentierte Ephräm den apokryphen 3. Korintherbrief –, deren syrisches Original zwar verloren ist, von denen aber eine alte armenische Übersetzung existiert.[15] Aus dieser haben die Mechitharisten in Venedig Ende des 19. Jahrhunderts eine Übertragung in das Lateinische angefer-

7 Hieronymus, in Gal. I 2,11–14 (PL 26, 338–342; jetzt: CChr.SL 77A, 52–58). Im Prolog dieses Kommentars (PL 26, 308f.; CChr.SL 77A, 6) verwies er auf die genannten origeneischen Texte als Quelle seiner Auslegung.

8 Ep. 112,4–18 (CSEL 55, 370–388).

9 SS. Eusebii Hieronymi et Aurelii Augustini Epistulae mutuae, edidit, prolegomenis et notis instruxit Josephus SCHMID (FlorPatr 22), Bonn 1930. – Jetzt auch: Augustinus – Hieronymus, Epistulae mutuae. Briefwechsel, übersetzt und eingeleitet von Alfons FÜRST, 2 Bde. (FC 41/1–2), Turnhout 2002.

10 Johannes Chrysostomus, in Gal. II 4f. (PG 61, 639–642).

11 Hom. in illud: „In faciem ei restiti" (PG 51, 371–388).

12 Theodori Episcopi Mopsuesteni in epistolas b. Pauli commentarii. The Latin Version with the Greek Fragments, with an Introduction, Notes and Indices ed. by Henry Barclay SWETE, 2 Bde., Cambridge 1880–1882 (Nachdruck Westmead/Farnborough 1969), Bd. 1, 21–24.

13 Cyrill von Alexandrien, adv. Iulian. IX 325 (PG 76, 1000f.).

14 Theodoret, in Gal. 2,14 (PG 82, 472); in Ezech. 48,35 (PG 81, 1249).

15 Srboyn Epʿremi Matenagrutʿiwnkʿ (Des Heiligen Ephräm Werke), Bd. 3, hg. von den Mechitharisten, Venedig 1836.

tigt.[16] Über diese Wiedergabe ist – besonders für des Armenischen Unkundige – Ephräms Auffassung von [123] Paulus' Konflikt mit Petrus zugänglich. Sie entspricht ganz derjenigen des Origenes, doch ehe dies gezeigt werden kann, muss aufgrund der genannten überlieferungsgeschichtlichen Verhältnisse erst die textliche Basis für eine inhaltlich verlässliche Interpretation sichergestellt werden.

Da die entsprechende Passage aus Ephräms Pauluskommentar zur Darstellung der origeneischen Deutung von Gal. 2,11–14, wie gesagt, noch nicht herangezogen worden ist, gebe ich ihre lateinische Fassung (pp. 128f. Mechitharisten) hier ungekürzt wieder:

> Ut autem noscatis, quod si venissent ipsi Apostoli in Gentes, eamdem praedicationem, quam ego praedico, praedicassent; ecce *quum venisset Caephas* [korrekt: *Petrus*; s.u.] *Antiochiam*, ipsum caput Apostolorum, ac fundamentum Ecclesiae, ausus sum ego reprehendere, non quia mereretur ipse reprehensionem; sed *quia incusatus erat* ab iis, qui ex ipsa circumcisione ambulabant cum illo.
>
> *Prius enim quam venirent* apud eum circumcisi, *a Jacobo* fratre Domini nostri, *cum Gentibus* et ex cibis Gentium *edebat: quum autem venissent*, discretionem faciebat; non indiscriminatim, sed cum discretione; *veritus*, ne forte circumcisi, qui erant inter Gentes, christifideles, iterum redirent ad filios populi sui, tamquam alienati a Christo.
>
> Verum nec ipse solus id fecit; quoniam et Judaei, qui discipuli facti erant Antiochiae, qui olim non decimabant sicut Simon, reversi sunt et illi decimare cum Simone. *Sic et Barnabas quoque*, qui ex Gentibus erat, coactus est propter Simonem discernere cibos Hebraeorum.
>
> *Sed quum vidissem, quod non recte ambularent ad veritatem Evangelii*, quia erant ad morem Ethnicorum atque Judaeorum, Christi et Legis; Simon autem timebat aliquid eis dicere, ne forte scandalizarentur, *dixi Petro*, non in abscondito, sed *coram omnibus*; non enim ipse infirmatus est aliquatenus, sed propter infirmos haec facere, in angustiam redigebatur. Dixit ergo per eum ad circumcisos: *Si tu, quum Judaeus sis, gentiliter* heri *vivebas*, hodie *quomodo cogis*, non verbo, sed opere, *Gentiles iudaizare?*

Die Qualität dieser lateinischen Wiedergabe des Ephräm-Textes wurde von Joseph Molitor, der sie mit dem armenischen Text unter Berücksichtigung möglicher syrischer Äquivalente verglichen hat, nicht besonders hoch veranschlagt.[17] Von vielen Druckfehlern bis hin zu etlichen Übersetzungsfehlern erweise sie sich als ausgesprochen mangel-

16 S. Ephraemi Syri commentarii in epistolas d. Pauli nunc primum ex Armenio in Latinum sermonem a patribus Mekitharistis translati, Venedig 1893.

17 Joseph MOLITOR, Der Paulustext des hl. Ephräm aus seinem armenisch erhaltenen Paulinenkommentar untersucht und rekonstruiert (MBE 4) (Diss. Bonn 1936), Rom 1938, 19*–24*. Der Mechitharisten-Ausgabe des armenischen Textes zollte er hingegen hohes Lob (ebd. 5*–19*).

haft. Aus der Arbeit Molitors, der an der Rekonstruktion des von Ephräm gelesenen syrischen Paulustextes interessiert war, müssen an dem zitierten Lemma aus dem Galaterbrief zwei Korrekturen angebracht werden:

1. Die Mechitharisten setzten direkte Schriftzitate kursiv, verfuhren dabei allerdings im ganzen Kommentar wenig sorgfältig. Abweichend von ihrer Ausgabe wurden daher in obigem Zitat noch einige weitere Wendungen durch Kursivsetzung als aus dem Galaterbrief stammend gekennzeichnet: *quum* und *quia incusatus erat* (aus Gal. 2,11); *veritus* (2,12); *sic et Barnabas quoque* (2,13); *dixi* (2,14). Der Begriff *mos* in der Wendung *ad morem Ethnicorum* wurde von den Mechitharisten fälschlich kursiv geschrieben.

2. Statt am Wortlaut des Schrifttextes in der armenischen Fassung orientierten sich die Mechitharisten in der lateinischen Übersetzung am Wortlaut der Vulgata.[18] Für das Lemma Gal. 2,11–14 ist dabei eine Änderung unterlaufen: Während in Gal. 2,14 abweichend von der Vulgata *Petrus* steht, ist in Gal. 2,11 statt des im Armenischen anzutreffenden *Petrus* aus [124] der Vulgata *Cephas* übernommen.[19] Das mag unwesentlich erscheinen, ist es aber aus zwei Gründen nicht ganz. Zum einen gab es in der Alten Kirche eine auf Clemens von Alexandrien zurückgehende Erklärung, wonach der hier im griechischen Bibeltext genannte Κηφᾶς nicht mit dem Apostel Petrus identisch, sondern einer der 70 Jünger aus Lk. 10,1 sei.[20] Mit dieser Erklärung hat Clemens den Streit zwischen Paulus und Petrus gleichsam prosopographisch aus der Welt zu schaffen versucht. Wenn Ephräm also in seinem Text nicht Kephas, sondern Petrus las – wie übrigens auch Hieronymus und Johannes Chrysostomus, die Clemens' exegetischen Einfall explizit kritisierten[21] –, dann war diese Deutung des Apostelstreits ihm schon von seinem Bibeltext her nicht möglich. Der zweite Grund: Gegen Martin Luthers Rechtfertigung seiner Kritik am Papst mit Hilfe von Paulus' Kritik an Petrus erneuerten katholische Apologeten vom 16. bis zum 19. Jahrhundert diese alte Deutung des Clemens.[22] In diesem zeitgeschichtlichen Kontext musste nicht, aber konnte die Änderung von *Petrus* in

---

18 MOLITOR, ebd. 20*, rügte eine „geradezu sklavische *Abhängigkeit von der Vulgata*" (im Original gesperrt gedruckt).

19 Ebd. 22* und 74 Anm. 14.

20 Überliefert bei Eusebius, hist. eccl. I 12,2 (GCS Eus. 2, 82), ein Zitat aus dem 5. Buch der nicht erhaltenen *Hypotyposen* des Clemens.

21 Hieronymus, in Gal. I 2,11–14 (PL 26, 340f.); Johannes Chrysostomus, hom. in fac. rest. 15 (PG 51, 383f.).

22 Siehe dafür Christian PESCH, Ueber die Person des Kephas, Gal. II, 11, in: ZKTh 7 (1883) 456–490, bes. 466–476.

Gal. 2,11 zu *Cephas* mehr involvieren als eine bloße philologische und textkritische Ungenauigkeit.

Trotz der von Molitor monierten Mängel der lateinischen Übersetzung der Mechitharisten darf man sich als des Armenischen Unkundiger aber wohl schon auf diese beziehen. Da Molitor an einer Rekonstruktion von Ephräms Paulustext interessiert war, musste er methodisch natürlich größten Wert auf Genauigkeit im Detail legen. Interessiert man sich indes für Ephräms inhaltliche Aussagen zu Gal. 2,11–14, so gibt hierfür auch die lateinische Übersetzung verlässlich Auskunft. Dafür sprechen zwei Indizien: Molitor selber bezeichnete diese als frei und sinngemäß, was er zwar kritisch meinte, weil das seinem Arbeitsziel nicht genügen konnte,[23] was aber andererseits doch wohl auch heißt, dass die lateinische Übersetzung den Sinn der armenischen Quelle zwar in freier Weise, aber eben doch zutreffend wiedergibt; und darauf kommt es hier an. Außerdem hat Molitor in einer anderen Arbeit (und in anderem Zusammenhang) die zentralen Aussagen Ephräms zu Gal. 2,11–14 direkt aus dem Armenischen und unter Berücksichtigung ihrer syrischsprachigen Herkunft in das Deutsche übersetzt.[24] Hält man den lateinischen Text daneben, zeigt sich, dass er mit dieser Textfassung bestens übereinstimmt. Von daher rechtfertigt sich folgende nur auf das Lateinische und zum Teil auf Molitors Übersetzung gestützte Übertragung der oben zitierten Passage aus Ephräms Pauluskommentar in das Deutsche:[25]

> „Ihr sollt aber wissen: Wenn die Apostel (d.h. die Urapostel ohne Paulus) selber zu den Heiden gekommen wären, hätten sie dieselbe Botschaft wie ich (d.h. Paulus) verkündet. **Als* nämlich *Kephas* [korrekt: *Petrus*] *nach Antiochien kam,* jenes Haupt der Apostel und Fundament der Kirche, wagte ich ihn zu kritisieren, nicht weil er selber die Kritik verdiente, sondern *weil er* von denen *beschuldigt worden war,* die als beschnittene Christen sein Verhalten teilten.*
>
> *Bevor nämlich* Beschnittene *von Jakobus,* dem Bruder unseres Herrn, zu ihm *kamen, aß er zusammen mit den Heiden* und von den Speisen der Heiden; *als sie aber kamen,* machte er einen Unterschied (zwischen den Speisen); (er aß davon) nicht unterschiedslos, sondern (sie) unterscheidend, *aus* [125] *Angst,* die beschnittenen Christen, die unter Heiden lebten, könnten wo-

23 MOLITOR, Paulustext (wie Anm. 17) 20*.

24 Ders., Die kirchlichen Ämter und Stände in der Paulusexegese des heiligen Ephräm, in: Wilhelm CORSTEN/Augustinus FROTZ/Peter LINDEN (Hg.), Die Kirche und ihre Ämter und Stände. Festgabe für Joseph Kardinal Frings, Köln 1960, 379–390, bes. 384 (ebd. 379 Anm. 5 zu seiner Vorgehensweise).

25 Die im Folgenden mit *…* markierten Abschnitte kennzeichnen die von Molitor nach dem Armenischen übersetzten, hier allerdings in meiner Version formulierten Passagen.

möglich gleichsam Christus entfremdet werden und wieder zu den Söhnen ihres Volkes zurückkehren.
So verhielt sich aber nicht nur er; denn auch die Juden(christen), die in Antiochien zu Anhängern (Christi) geworden waren und vordem nicht wie Simon (aus den Speisen) auswählten, kehrten (zu den Bräuchen ihres Volkes) zurück: Mit Simon wählten sie (aus den Speisen) aus. *So* wurde *auch Barnabas*, der Heidenchrist war, *genötigt, wegen Simon in den Speisen der Hebräer Unterschiede zu machen.*
Als ich aber sah, dass sie sich nicht richtig gemäß der Wahrheit des Evangeliums verhielten – sie (d.h. die Christen in Antiochien) lebten nämlich nach sowohl heidnischer wie jüdischer Sitte, nach Anweisung Christi als auch des Gesetzes; *Simon aber hatte Angst, ihnen (d.h. den Judenchristen *von Jakobus*) etwas zu sagen, um ihnen kein Ärgernis zu geben – *sagte ich zu Petrus* nicht im Verborgenen, sondern *vor allen* – nicht er selbst ist nämlich irgendwie schwach geworden (im Glauben); vielmehr war er um der Schwachen willen zu diesem Verhalten genötigt* – er (d.h. Paulus) sagte also über ihn (d.h. vermittelt über Petrus) zu den Beschnittenen: *Wenn du, obwohl du ein Jude bist,* gestern noch *nach heidnischer Sitte lebtest, wieso zwingst du* heute nicht durch dein Reden, sondern durch dein Tun *die Heiden dazu, nach jüdischer Sitte zu leben?"*

Würde man den armenischen Text konsultieren, wäre diese deutsche Übersetzung in manchem vielleicht anders zu gestalten. Zudem wird (nach der armenischen Fassung) ein aus dem Lateinischen übersetzter deutscher Text zum bereits dritten Spiegel, über den der ursprünglich syrische Kommentar des Ephräm eingesehen wird. Durch den Wechsel der Sprachen und der damit verbundenen Kultur- und Denkformen wird der Kontakt mit dem Original auf diese Weise immer unschärfer. Trotzdem ist es wohl doch nicht einfach dilettantisch, im Bewusstsein dieser Kautelen auf dieser textlichen Basis nunmehr Ephräms Auslegung von Gal. 2,11–14 nach ihren Inhalten zu beschreiben. Diese besteht aus einigen Grundgedanken, deren Profil nicht starr an einer bestimmten sprachlichen Fixierung hängt und die in obiger Passage, wie gesagt, ohnehin durch Molitors Rückgang auf das Armenische gedeckt sind.

Vorweg zu einigen Eigentümlichkeiten von Ephräms Kommentierstil. Sein Pauluskommentar insgesamt ist inhaltlich wenig ergiebig. Des öfteren ließ Ephräm größere und kleinere Passagen aus und erwähnte nur diejenigen Verse, die ihm wichtig waren. Dies geschah meist so, dass er den paulinischen Text in Form von wörtlicher Zitierung bis hin zu ganz freier Paraphrasierung wiedergab. Nur zu entscheidenden oder ihn aus irgendeinem Grund interessierenden Texten fügte er noch erläuternde Bemerkungen und Auslegungen hinzu. In diesem Stil präsentierte Ephräm auch die Szene in Antiochien. Er gab Paulus' Bericht darüber fast lückenlos wieder, indem er direkt zitierte, frei nachformulierte oder den Text ganz verfremdet nacherzählte. Dazwischen streute er ausmalende, entfaltende, erläuternde Bemerkungen ein, was stellenweise an ein Targum erinnert. Bibeltext, Präsentation desselben und – sofern vorhanden – Kommentierung sind ganz ineinander verflochten. Stilistisch äußert sich diese Vermischung von Text und Kommentar im Wechsel von der 1. Person des Paulus zur 3. Person des Ephräm. Ephräm führt gleichsam eine Art Rollenspiel auf, in dem er bald in persona Pauli, bald aus der Distanz des Exegeten den Text erzählt und zugleich auslegt (siehe bei Gal. 2,14 den Wechsel von *dixi* zu *dixit ergo* – wenn die lateinische Übersetzung hierin verlässlich ist). Das Auffällige an der Darlegung von Gal. 2,11–14 ist, dass Ephräm vergleichsweise viel dazu erläuterte.[26] Augenscheinlich war das für ihn ein Text, der der Auslegung bedurfte.

[126] Recht ausführlich und manche Details öfter wiederholend schilderte Ephräm das Problem in Antiochien, nämlich die wegen der jüdischen Speisevorschriften problematische Mahlgemeinschaft zwischen Juden- und Heidenchristen. Das fällt aber alles noch unter die Rubrik Ausmalung und Entfaltung des Bibeltextes. Im eigentlichen Sinn kommentierende Bemerkungen machte er zu einer anderen Frage, nämlich zur Darstellung des petrinischen und paulinischen Verhaltens. In diesen Glossen steckt Ephräms Deutung des Apostelstreits.

Laut Paulus hat Petrus sich in Antiochien „nicht gemäß der Wahrheit des Evangeliums" verhalten (Gal. 2,14: οὐκ ὀρθοποδοῦσιν πρὸς τὴν ἀλήθειαν τοῦ εὐαγγελίου); er hatte Angst vor den Judenchristen (2,12: φοβούμενος τοὺς ἐκ περιτομῆς) und war „schuldig" (2,11: κατεγνωσμένος ἦν). Daher „widerstand" ihm Paulus vor der ganzen Gemeinde „ins Angesicht" (2,11: κατὰ πρόσωπον αὐτῷ ἀντέστην; 2,14: ἔμπροσθεν πάντων).

Laut Ephräm habe es sich beim Tun des Petrus in Antiochien allerdings um kein Fehlverhalten gehandelt. Zwar sei Petrus von Paulus kritisiert worden, aber nicht weil Petrus „selber die Kritik verdiente". Denn Petrus habe keinen Fehler gemacht: „Nicht er selbst ist nämlich irgendwie schwach geworden"; vielmehr habe er sich „um der Schwachen willen" lediglich deren Verhalten angepasst. Weiter oben im Text hatte Ephräm gesagt, woran er dabei konkreter dachte: Petrus habe Angst gehabt, die Judenchristen durch zu große Freiheit vom jüdischen Gesetz – im aktuellen Fall: durch ein Sich-Frei-Machen von den jüdi-

26 Zum Vergleich: Seine ‚Kommentierung' des ganzen 2. Kapitels des Römerbriefes umfasst in der lateinischen Ausgabe der Mechitharisten (p. 6f.) acht Zeilen weniger als die Erörterung von Gal. 2,11–14.

schen Speisevorschriften beim gemeinsamen Mahl mit Heidenchristen – zu brüskieren und aus der christlichen Gemeinde fort wieder in das Judentum zurückzutreiben. Um dies zu verhindern, habe sich Petrus den Vorstellungen und Verhaltensweisen der Judenchristen angepasst. Er hatte demnach nicht Angst vor den Judenchristen, sondern sorgte sich um deren Verbleiben in der gemischt heiden- und judenchristlichen Gemeinde. Er handelte nicht aus *Angst vor*, sondern aus *Sorge um* die Judenchristen. Weil er aber „von denen *beschuldigt worden war*, die als beschnittene Christen sein Verhalten teilten" – beschuldigt für sein Verhalten vor Ankunft der Jakobusleute, wie man wohl verstehen muss –, „nicht weil er selber die Kritik verdiente", griff Paulus ein. Er habe zwar Petrus kritisiert, aber mit seiner Kritik nicht eigentlich Petrus gemeint, sondern – weshalb die Öffentlichkeit dieser Kritik von Ephräm so hervorgehoben wird: „nicht im Verborgenen, sondern *vor allen*" – über Petrus seine Kritik an die Judenchristen gerichtet: „er sagte also über ihn (d.h. vermittelt über Petrus) zu den Beschnittenen: (folgt Gal. 2,14)." Diese seien die eigentlichen Adressaten der paulinischen Kritik gewesen. Im Prolog zur Auslegung des Hebräerbriefes hat Ephräm auf gerade diese Adresse der paulinischen Kritik an Petrus nochmals hingewiesen: „Wie ja auch Paulus, als Petrus nach Antiochien kam, sich von denjenigen, welche bei jenem (d.h. Petrus) waren und sich nicht richtig gemäß der Wahrheit des Evangeliums verhielten, distanzierte und es für angemessen hielt, Petrus zu ermahnen und ihn [auf die Vollkommenheit (im Glauben)] anzusprechen, damit es über Petrus jene hörten, die sich wie Petrus verhielten."[27]

[127] Mit dieser Kommentierung vertrat Ephräm inhaltlich die origeneische Auslegung von Gal. 2,11–14. Diese setzte sich aus einigen charakteristischen Elementen zusammen, von denen Ephräm hier wichtige brachte. So deuteten alle von Origenes beeinflussten altkirchlichen Ausleger φοβούμενος aus Gal. 2,12 positiv im Sinne von „aus Sorge um"[28] und entschärften das harte paulinische κατεγνωσμένος

27 Der lateinische Text (p. 202 Mechitharisten): *Sicut nempe quum Petrus Antiochiam venit, reliquit Paulus eos, qui cum illo erant haud recte ambulantes in veritate Evangelii, et aequum duxit Petrum admonere, eumque de perfectione alloqui, ut per Petrum audirent illi, qui cum Petro ambulabant.* MOLITOR, Paulusexegese (wie Anm. 24) 384, hat in seiner Übersetzung dieses Satzes die Wendung *de perfectione* ausgelassen, woraus ich schließe, dass sie im Armenischen nicht dasteht. Aus diesem Grund ist sie in meiner Übertragung in eckige Klammern gesetzt.

28 Hieronymus, in Gal. I 2,11–14 (PL 26, 338): *propter eos, qui adhuc legem observandam putabant, paululum se a convictu subtraxerant gentium*; ep. 112,8 (CSEL 55, 377): *timet autem Iudaeos, quorum erat apostolus, ne per occasionem gentium a fide Christi recederent*; Johannes Chrysostomus, in Gal. II 4 (PG 61, 640): οἰκονομῶν, … τὸ μὴ σκανδαλίσαι τοὺς ἐξ Ἰουδαίων; ebd. II 5 (61, 641): ὁ γὰρ ἐν ἀρχῇ μὴ φοβηθείς, πολλῷ μᾶλλον

aus Gal. 2,11 dadurch, dass es sich um einen Vorwurf nicht des Paulus, sondern anderer – Judenchristen (wie bei Ephräm) oder Heidenchristen (so bei Hieronymus) – an Petrus handle;[29] letzteres findet sich auch bei Marius Victorinus, der in seinem wohl 363 verfassten Kommentar zum Galaterbrief (dem ersten lateinischen Pauluskommentar überhaupt) zwar nicht die ganze origeneische Exegese von Gal. 2,11–14 bot, aber einzelne ihrer Gedanken.[30] In Petrus' ‚Judaisieren' in Antiochien – konkret: seiner Beachtung der jüdischen Speisevorschriften – sah man nicht ein Fehlverhalten gegen die „Wahrheit des Evangeliums", wie das Paulus in Gal. 2,14 ausdrückte, sondern eine pastoral motivierte Rücksichtnahme auf die Judenchristen in der antiochenischen Gemeinde.[31] Auf diese Weise deuteten die Väter generell jegliches ‚Judaisieren' aller Apostel, worauf besonders Johannes Chrysostomus in seiner Predigt über Gal. 2,11–14 einging[32] und worauf Theodoret von Kyros in seiner (nur noch fragmentarisch erhaltenen) Erläuterung zu Gal. 2,14 grundsätzlich hinwies.[33] Dass schließlich die antiochenischen Judenchristen die eigentlichen Adressaten der paulinischen Kritik an Petrus gewesen seien, diese Auffassung ist explizit zu lesen bei Hieronymus, Theodoret von Kyros[34] und besonders bei Johannes Chrysostomus, für den der Skopos dieser Kritik darin bestand, die Judenchristen (und grundsätzlich alle Christen) endgültig vom ‚Judaismus' zu befreien.[35]

τότε· ἀλλ᾿ ἵνα μὴ ἀποστῶσιν; hom. in fac. rest. 14 (PG 51, 383); Theodor von Mopsuestia, in Gal. 2,11–14 (I p. 21 SWETE): *propter illos qui a Iudaea venerant*.

29 Hieronymus, in Gal. I 2,11–14 (PL 26, 339): *non tam Paulo eum fuisse reprehensibilem, quam his fratribus cum quibus ante edens, se ab eis postea separabat*; Johannes Chrysostomus, in Gal. II 5 (PG 61, 641): οὐκ εἶπεν, ὑπ᾿ ἐμοῦ, ἀλλ᾿, ὑπὸ τῶν ἄλλων; Theodor von Mopsuestia, in Gal. 2,11–14 (I p. 21 SWETE): *quidam … incusabant illa*.

30 Marius Victorinus, in Gal. 2,11–14 (CSEL 83/2, 118f.): *non ipse eum reprehendit, sed reprehensum ab omnibus arguit et accusat*.

31 Hieronymus, in Gal. I 2,11–14 (PL 26, 338): *Iudaeos salvari cuperet*; ebd. (26, 342): *se, ne Iudaeos a fide Christi perderet, subtrahebat*; Theodoret, in Ezech. 48,35 in einer Nebenbemerkung zu Gal. 2,11–14 (PG 81, 1249): τῷ Πέτρῳ δὲ σχηματισαμένῳ τὴν τοῦ νόμου φυλακὴν διὰ τὴν τῶν μαθητῶν ἀσθένειαν.

32 Johannes Chrysostomus, hom. in fac. rest. 12–14 (PG 51, 381–383).

33 Theodoret, in Gal. 2,14 (PG 82, 472): οἱ μεγάλοι καὶ οἱ πρῶτοι ἀπόστολοι, τῆς Ἰουδαίων ἀσθενείας χάριν ἔστιν ὅτε τὸν νόμον φυλάττειν ἠνείχοντο.

34 Hieronymus, in Gal. I 2,11–14 (PL 26, 342): *ei restitit in faciem, et loquitur coram omnibus; non tam ut Petrum arguat, quam ut hi, quorum causa Petrus simulaverat, corrigantur*; ebd.: *constringit Petrum, immo per Petrum eos qui pugnantia illum inter se facere cogebant*; Theodoret, in Gal. 2,14 (PG 82, 472): λέγει δὲ καὶ τὰ ἄλλα, ὅσα πρὸς τὸν μακάριον ἔφη Πέτρον, τῆς τῶν παρόντων Ἰουδαίων προμηθούμενος ὠφελείας.

35 Johannes Chrysostomus, hom. in fac. rest. 17 (PG 51, 385): διδασκαλία τοῖς Ἰουδαίοις ἐγένετο τοῦ μηκέτι τοῖς νομίμοις ἐνέχεσθαι; ebd. 20 (51, 388): μεγίστην ἀπὸ

Außer in diesen Einzelelementen stimmt die ephrämische Deutung von Gal. 2,11–14 noch in einem weiteren wichtigen Punkt mit der origeneischen überein. Der eingangs angesprochene Rahmen, in dem ein Konflikt unter Aposteln in der Alten Kirche zu einem Problem wurde, war das von dogmatischen Vorgaben definierte Bild, das man von den Aposteln hatte: Es war von lückenloser Identität in Wort und Tat geprägt. Hieronymus hat [128] diesen Hintergrund der von ihm aufgegriffenen origeneischen Deutung des Apostelstreits Augustinus ausführlich dargelegt,[36] und Johannes Chrysostomus hat einen großen Teil seiner Predigt über Gal. 2,11–14 der Darstellung dieses Hintergrunds gewidmet.[37] Während er die Homilie mit einem Aufruf an die Gemeinde zu der Eintracht (ὁμόνοια) beendete, wie sie an Paulus und Petrus zu erkennen sei,[38] bildeten in seinem Galaterkommentar die Eintracht und der Konsens (ὁμόνοια und συμφωνία) der Apostel den Ausgangspunkt seiner Erörterungen.[39] Mit eben diesem Theologumenon begann nun auch Ephräm seine Auslegung von Gal. 2,11–14, indem er Paulus sagen ließ: „Wenn die Apostel selber zu den Heiden gekommen wären, hätten sie dieselbe Botschaft wie ich verkündet." Der Konflikt zwischen Paulus und Petrus in Antiochien vermochte diesen Konsens nicht zu beeinträchtigen. In Ephräms Augen war er vielmehr ein Erweis ihrer Eintracht und Harmonie. Um diese zu demonstrieren, habe Paulus von ihm erzählt – freilich so, wie Ephräm seinen Bericht darüber präsentierte. Diese Deutung lief gerade darauf hinaus, den Streit unter den Aposteln mit dem harmonisierenden Apostelbild der Alten Kirche zusammenzudenken, was durch die Behauptung gelang, eigentlich habe es sich nicht um einen echten Streit gehandelt. Das war das Anliegen der origeneischen Tradition zu dieser Stelle[40] und das war offenkundig auch der Skopos der von Ephräm gebotenen Deutung.[41]

τῆς κατηγορίας ταύτης διδασκαλίαν ἐλάμβανον, εἰς τὸ μηκέτι προσέχειν τοῖς Ἰουδαϊκοῖς ἔθεσι.

36 Hieronymus, ep. 112,7–11 (CSEL 55, 373–380).

37 Johannes Chrysostomus, hom. in fac. rest. 2–4. 8–13 (PG 51, 373–376. 378–382); vgl. ebd. 12 (51, 381): μὴ διαφορὰν ἐν τῷ κηρύγματι νομίσῃς εἶναι. τὰ γὰρ αὐτὰ ἀμφότεροι καὶ Ἰουδαίοις καὶ Ἕλλησιν ἐκήρυττον.

38 Ebd. 20 (51, 388).

39 In Gal. II 4 (PG 61, 639). Chrysostomus hat überhaupt oft und gern zu ὁμόνοια und συμφωνία aufgerufen: THRAEDE, Homonoia (wie Anm. 1) 258f.

40 Am deutlichsten und nachdrücklichsten bei Johannes Chrysostomus, hom. in fac. rest. 4 (PG 51, 375): οὐκ ἔστι μάχη, ἀλλὰ δοκεῖ μὲν εἶναι. Hieronymus, in Gal. I 2,11–14 (PL 26, 340), sprach von *simulata contentio* und *sanctum iurgium* (s. Anm. 43).

41 MOLITOR, Paulusexegese (wie Anm. 24) 383f., fand in Ephräms Erläuterungen zu Gal. 2,11–14 *„die bevorzugte Stellung Petri* im Zwölferkreis" ausgedrückt – eine anachronistische, die altkirchlichen Perspektiven verkennende Einschätzung.

Was bei dem Syrer allerdings fehlt, ist der theologische Schlussstein dieses von Origenes über Gal. 2,11–14 errichteten exegetischen Gebäudes: Die von ihm abhängigen Exegeten fassten das als Scheinstreit gedeutete Verhalten der Apostel Petrus und Paulus in Antiochien als οἰκονομία bzw. *dispensatio* auf, als Vermittlung von Heil (nämlich vor allem an die Judenchristen), als Ereignis im umfassenden Heilswirken Gottes; Johannes Chrysostomus: „Nicht Worte des Streits waren das" – nämlich Paulus' Kritik an Petrus –, „sondern Worte des Heils" (οὐ μάχης ἦν τὰ ῥήματα, ἀλλ᾽ οἰκονομίας).[42] Mit dieser heilsgeschichtlichen Einordnung des Vorfalls in Antiochien in der origeneischen Auslegungstradition war das dogmatisch Anstößige und Problematische eines Apostelstreits vollends bereinigt. Nicht nur, dass damit auch ein Streit unter Aposteln wieder in das vorgegebene Bild der auch doktrinär verstandenen *concordia apostolorum* eingepasst war. So, wie man sich diesen Streit zurechtlegte, nämlich als Scheinstreit, beeinträchtigte er nicht nur die Eintracht nicht – er zeigte und förderte sie vielmehr: Durch ihr harmonisches, aufeinander eingehendes Agieren in Antiochien erwiesen Paulus und Petrus ihre ungebrochene Einmütigkeit und [129] vermochten dadurch Frieden und Eintracht – ein im ὁμόνοια-Motiv verbreitetes Wortpaar – in der antiochenischen Gemeinde wiederherzustellen: „Was hätten unserer Meinung nach diese mächtigen Säulen der Kirche, Petrus und Paulus, diese gewaltigen Gefäße der Weisheit, im Streit zwischen Juden(christen) und Heiden(christen) tun sollen, wenn nicht durch ihren vorgetäuschten Streit Frieden unter den Gläubigen stiften und im Glauben der Kirche durch ihren heiligen Zwist die Eintracht wahren?"[43] In diesem Text des Hieronymus begegnen alle für das Theologumenon der *concordia apostolorum* charakteristischen Stichworte. Gemäß der origeneischen Auslegung von Gal. 2,11–14 (auch in der glossarischen Fassung Ephräms) bedeutete dieser Streit

---

42 Johannes Chrysostomus, in Gal. II 5 (PG 61, 641). Der Terminus οἰκονομία bzw. *dispensatio* zur Charakterisierung des Streits in Antiochien findet sich ferner bei: Hieronymus, in Gal. I 2,11–14 (PL 26, 338f.); ep. 112,11 (CSEL 55, 380); Johannes Chrysostomus, in Gal. II 4 (PG 61, 640f.); hom. in fac. rest. 3. 8. 9. 13. 20 (PG 51, 375. 379. 382. 388); Cyrill von Alexandrien, adv. Iulian. IX 325 (PG 76, 1001), sprach von εὐτεχνεστάτη οἰκονομία; vgl. ebd.: ἐπὶ καιροῦ ταῖς καθηκούσαις οἰκονομίαις χρώμενος. Ein spätes Zeugnis für diese hochkarätige Bewertung des Apostelstreits in der griechischen Tradition ist das Fragment zu Gal. 2,8–14, das aus Photius von Konstantinopel erhalten ist: Karl STAAB, Pauluskommentare aus der griechischen Kirche, Münster [2]1984, 606f.

43 Hieronymus, in Gal. I 2,11–14 (PL 26, 340): *quid putamus tantas ecclesiae columnas, Petrum et Paulum, tanta vasa sapientiae inter dissidentes Iudaeos atque gentiles facere debuisse, nisi ut eorum simulata contentio pax credentium fieret, et ecclesiae fides sancto inter eos iurgio concordaret?*

keine Minderung, sondern eine Bestätigung und sogar Steigerung der apostolischen Eintracht.

Obwohl damit Ephräms Auslegung von Gal. 2,11–14 ihrem Gehalt nach als der origeneischen Deutung entsprechend aufgewiesen ist, ist über quellenkritische Zusammenhänge damit noch nichts ausgemacht. Der Syrer Ephräm bewegte sich bekanntlich in einem gegenüber der Theologie und den Traditionen der östlichen, griechischsprachigen Reichskirche recht eigenständigen Raum. Seine theologischen Denkformen waren weniger hellenistisch als vielmehr semitisch geprägt. Auch „eine unmittelbare Kenntnis der großen griechischen Theologen seiner Zeit tritt nirgendwo in Erscheinung".[44] Dieser Eigenständigkeit und Unabhängigkeit war sich Ephräm auch selber durchaus bewusst, wie etwa folgende Äußerung in der Vorrede zu seinem Paulinenkommentar erkennen lässt: „Wir wissen, dass das Neue Testament den Griechen gegeben worden ist, sei es als Geschenk, sei es ⟨durch die gegebene Ordnung⟩. Obwohl sie aber, entsprechend der überaus weisen und reichen Ausdrucksfähigkeit ihrer Sprache, den Apostel mit redegewandten Worten kommentiert haben, wollten dennoch auch wir diesen kurz und knapp in der armen sprachlichen Ausdrucksweise der Syrer erläutern. ... Die Griechen mögen freilich nicht der Syrer wegen in Trauer fallen, wenn sie diese das Neue Testament kommentieren sehen, wie es ja auch die Syrer nicht verdrießt, wenn die Griechen das Alte Testament kommentieren."[45] Von diesem Hintergrund aus kann Ephräm durchaus entweder eigenständig oder auf nicht über die griechische Tradition laufenden Wegen zu seiner Auslegung von Gal. 2,11–14 gekommen sein.

Damit ist freilich nicht ausgeschlossen, dass er diese nicht doch aus der griechischen Tradition übernommen hat. Historisch undenkbar wäre eine derartige Rezeption nicht: Wir wissen von Übersetzungen griechischer theologischer Werke von Autoren des 4. und 5. Jahrhunderts in das Syrische, beispielsweise des Titus von Bostra, Epiphanius von

---

44 Edmund BECK, Art. Ephraem Syrus, in: RAC 5 (1962) 520–531, hier 524.

45 Der lateinische Text (p. 1f. Mechitharisten): *Novum Testamentum Graecis concessum cognoscimus, sive donum, sive ⟨...⟩. Quamquam vero elegantibus verbis hi, pro sua abundantia sapientique ac diviti ipsorum sermonis doctrina, Apostolum interpretati sunt, tamen nos quoque breviter hunc explicare inopi Syrorum sermone voluimus. ... At Graeci ne afficiantur moerore Syrorum causa, quum hos videant Novum Testamentum interpretantes, quemadmodum Syros non piguit, quum Graeci Vetus Testamentum interpretati sunt.* Die in diesem Passus mit spitzen Klammern markierte Lücke hat MOLITOR, Paulusexegese (wie Anm. 24) 379, bei seiner Übersetzung der ersten beiden zitierten Sätze so ergänzt, wie ich das in meine Übertragung aus dem Lateinischen übernommen habe. Die Mechitharisten boten keine Übersetzung und merkten als Begründung dafür an: „Textus armenus fert sensum obscurum" (ebd. 1 Anm. 1).

Salamis, Diodor von Tarsus, Theodor von Mopsuestia und Nestorius; an Bibelkommentaren befin[130]det sich darunter etwa der Johanneskommentar des Theodor von Mopsuestia. In diesem Milieu, geographisch – en gros gesprochen – im Hinterland von Antiochien, wo sich griechische und syrische Welt in vielfacher Weise verschränkten, ist durchaus vorstellbar, dass Inhalte der griechischen Theologie und Exegese einem syrischen Denker auch schon zu Beginn des durch die aufgezählten Namen umgrenzten Zeitraums, also in der frühen zweiten Hälfte des 4. Jahrhunderts, zuflossen. Ephräm jedenfalls besaß Kenntnisse aus der griechischen Philosophie und Theologie, die zwar insgesamt spärlich erscheinen und nicht immer direktem Kontakt entsprungen, aber durchaus vorhanden waren.[46] Aus der zitierten Vorrede zu seinem Paulinenkommentar erhellt, dass er offenbar von griechischen Pauluskommentaren wusste; aus seiner Äußerung geht aber nicht mit Gewissheit hervor, ob er vielleicht auch solche gelesen hat. Dass er bei seiner Auslegung die in der griechischen Exegese dominierende origeneische Auslegung von Gal. 2,11–14 aufgegriffen hat, ist daher durchaus möglich. Die aufgewiesene detailgetreue Koinzidenz seiner Deutung mit den Grundelementen der origeneischen ist dafür gewiss ein starkes Indiz. Ich neige deshalb eher der Annahme zu, dass wir in der ephrämischen Auffassung von Paulus' Konflikt mit Petrus ein weiteres Beispiel für Ephräms (insgesamt partielle) Kenntnisse aus der griechischen – hier speziell der origeneischen – Theologie vor uns haben.

Auch wenn die Wege der Vermittlung dieser origeneischen Exegese an Ephräm im Dunkeln bleiben, ist sie ihrem Gehalt nach doch zweifelsfrei bei dem Syrer anzutreffen. Origenes' Deutung des Konflikts zwischen Paulus und Petrus reüssierte damit nicht nur weithin in der griechischen und, vermittelt über Hieronymus, teilweise auch in der lateinischen Kirche (in der Augustins andersartige Auslegung allerdings verbreiteter war), sondern offenbar auch in der syrischen und fand durch die frühe Übersetzung von Ephräms Paulinenkommentar in das Armenische auch den Weg in die armenische Kirche. Ephräm ist somit einerseits die dritte wichtige indirekte Überlieferung für Origenes' im Original nicht erhaltene Auslegung von Gal. 2,11–14 und noch vor Hieronymus und Johannes Chrysostomus sogar deren ältester Zeuge. Andererseits ist der oben zitierte Text aus Ephräms Kommentierung des Galaterbriefes ein weiterer, kleiner Beleg für die breite Wirkung und die vielfältigen Spuren, die das Genie des großen Alexandriners in der späteren Geschichte der christlichen Theologie verschiedener Sprachen und Kirchen hinterlassen hat.

46 Belege und Beispiele dafür gibt BECK, Ephraem Syrus (wie Anm. 44) 524–526. 527f.

Klassiker und Ketzer

Origenes im Spiegel der Überlieferung seiner Werke*

Viele große Gestalten der Geschichte haben eine ambivalente Wirkungsgeschichte. Der alexandrinische Theologe Origenes ist da keine Ausnahme. Ihm war sogar ein derart zwiespältiges Nachleben beschieden wie kaum jemand anderem. Origenes hat schon zu Lebzeiten, ungleich mehr aber nach seinem Tod (um 253) und dann viele Jahrhunderte hindurch Anhänger und Gegner gefunden, begeisterten Zuspruch und erbitterte Ablehnung. Pachomius, der Initiator des koinobitischen Mönchtums, redete vom „törichten Geschwätz des Origenes" und „bezeugte im Angesicht Gottes, dass jeder Mensch, der Origenes liest und zu seinen Schriften greift, in die Tiefe der Hölle kommen wird".[1] Epiphanius, der Bischof von Salamis, ein engstirniger Ketzerjäger des 4. Jahrhunderts, polemisierte gegen den „Schwärmer Origenes, der viel lieber ein Phantasiegebilde als die Wahrheit ins Leben einführte".[2] Hieronymus hingegen hat ihn, ein Diktum des Didymus von Alexandria aufgreifend, als „zweiten Lehrer der Kirche nach den Aposteln" gepriesen[3] und „seine unsterbliche Genialität" gerühmt,[4] ehe er ihn, aufgehetzt von Epiphanius, fallen ließ, um im Streit um die Rechtgläubigkeit der origeneischen Theologie seine eigene kirchliche Haut zu retten, und sich von „diesem Allegoristen" abwandte.[5] Theophilus wiederum, der Bischof von Alexandria um 400, hat ihm „Verwegenheit" und „Irrsinn" vorgehalten; Origenes stoße „Lästerungen" aus und

* Der Text geht zurück auf einen Vortrag am 15. April 2010 in der Rüstkammer des Alten Rathauses der Stadt Münster anlässlich der öffentlichen Präsentation des „Zentrums für Textedition und Kommentierung" (ZETEK) der Westfälischen Wilhelms-Universität Münster.

1 So in der vit. Pachom. 11. 37 (BKV² I 31, 827. 872).

2 Epiphanius, anch. 54 (GCS N.F. 10, 63).

3 Hieronymus, in Hiez. hom. Orig. praef. (GCS Orig. 8, 318); nom. hebr. praef. (CChr.SL 72, 59f.). Siehe dazu Gustave BARDY, Post apostolos ecclesiarum magister, in: RMÂL 6 (1950) 313–316.

4 Vir. ill. 54,8 (p. 154 CERESA-GASTALDO); in Tit. 3,9 (CChr.SL 77C, 65).

5 In Hier. V 2,16 (CChr.SL 74, 236): *allegoricus semper interpres*; ebenso ebd. V 27,6 (74, 246f.); V 46,4 (74, 262); V 52,2 (74, 265); V 61,5 (74, 273); vgl. auch in Mal. prol. (CChr.SL 76A, 902).

schrecke „in seiner Blasphemie nicht einmal vor Gott selbst zurück".[6] Die Hölle, schrieb er in einem Osterfestbrief, habe nichts Schlimmeres ersonnen, nichts Ärgeres sei je aus Sodom oder Babylon hervorgegangen.[7] Augustinus beurteilte ihn einerseits fair, andererseits ignorant: Er hat ihn für seine Gelehrsamkeit und exegetische Kompetenz als „bedeutenden Mann" geachtet, „der nahezu allen bekannt ist",[8] ihm als Theologen aber in Verkennung seiner Eschatologie vorgeworfen, er gehöre zu den „mitleidigen Seelen", die aus Angst vor der Hölle allen den Himmel versprechen, ja er sei noch „mitleidiger" als diese.[9] Vinzenz von Lérins schrieb im 5. Jahrhundert in einem Buch gegen alle Arten von Häretikern ein ausführliches Lob auf das Genie des Origenes – darin das Bonmot: „Lieber mit Origenes irren als mit den anderen Recht haben" –, allerdings nur zu dem Zweck, um damit die Gefährlichkeit einer solchen Theologie zu demonstrieren.[10] Erasmus von Rotterdam meinte dagegen, aus einer Seite Origenes lerne er mehr als aus zehn Seiten Augustinus.[11] Martin Luther hinwiederum warf Origenes (und seinem exegetischen Epigonen Hieronymus) vor, kein Kirchenschriftsteller habe die Heilige Schrift „unpassender" und „sinnloser" behandelt als diese beiden.[12] So ziehen sich Lob und Tadel für Origenes durch die Geschichte des christlichen Denkens,[13] bis dahin, dass sich der gegenwärtig amtierende Papst, wiewohl ein überzeugter Augustiner, in seinen Schriften mehrmals positiv auf Origenes bezieht,[14] während es jedenfalls bis vor kurzem noch Dogmatiker gab, die meinten,

---

6 Theophilus, tract. c. Orig. 5 (OWD 10, 358f.).

7 Ep. pasch., lateinisch erhalten bei Hieronymus, ep. 96,12 (CSEL 55, 170).

8 Augustinus, civ. XI 23 (CChr.SL 48, 341f.); ep. 40,9 (CSEL 34/2, 79); haer. 42 (CChr.SL 46, 309).

9 Civ. XXI 17.24 (CChr.SL 48, 783. 789–793). Siehe dazu Beitrag Nr. 20 in diesem Band.

10 Vinzenz, commonit. 17 (CChr.SL 64, 170–172), das Zitat ebd. 17,12 (64, 171f.).

11 Erasmus, ep. 844 (III p. 337 ALLEN/ALLEN).

12 Martin Luther, De servo arbitrio (1525) (Studienausgabe 3, 272,10–12; vgl. ebd. 302, 31–33). Siehe dazu Giancarlo PANI, „In toto Origene non est verbum unum de Christo". Lutero e Origene, in: Adamantius 15 (2009) 135–149; Peter WALTER, *Inquisitor, non dogmatistes*. Die Rolle des Origenes in der Auseinandersetzung des Erasmus von Rotterdam mit Martin Luther, in: Alfons FÜRST/Christian HENGSTERMANN (Hg.), Autonomie und Menschenwürde. Origenes in der Philosophie der Neuzeit (Adamantiana 2), Münster (im Druck).

13 Zahllose weitere Vorwürfe gegen Origenes und einige wenige ihm angemessene Einschätzungen bei Henri DE LUBAC, Histoire et Esprit. L'intelligence de l'Ecriture d'après Origène, Paris 1950, dt.: Geist aus der Geschichte. Das Schriftverständnis des Origenes, übertr. und eingel. von Hans Urs VON BALTHASAR, Einsiedeln 1968, 23–52.

14 Joseph RATZINGER, Eschatologie – Tod und ewiges Leben (Kleine katholische Dogmatik 9), Regensburg [6]1990 (Neuausgabe 2007), bes. 121. 142–144. 149–151.

sich mit seiner Theologie nicht weiter auseinandersetzen zu müssen, weil sie ja häretisch sei.[15] In diesem Für und Wider, sei es diesem zum Trotz, sei es gerade deswegen, ist Origenes zu einem Klassiker der Theologie- und Geistesgeschichte geworden, ein Rang, der durch seine Schmähung als Ketzer nicht beeinträchtigt werden konnte.

Die postume Verurteilung des Origenes als eines Häretikers im 6. Jahrhundert – zu Lebzeiten im 3. Jahrhundert galt er als Champion der Orthodoxie – hatte viele Folgen (in den östlichen Kirchen spielt sein Denken bis heute keine wirkliche Rolle), unter anderem auch für die Überlieferung seiner Werke. Im griechischsprachigen Osten fielen seine Texte nahezu vollständig der Vernichtung anheim. Kaiser Justinian, der die Verketzerung des Origenes in den Jahren 543 und 553 maßgeblich betrieb, befahl die Zerstörung seiner Werke zusammen mit denen des Didymus und des Evagrius Ponticus.[16] Das Vernichtungswerk der byzantinischen Verwaltung war sehr wirksam: Während die Werke des Origenes im 5. Jahrhundert durchaus noch zugänglich waren und diskutiert wurden,[17] wird vom 6. Jahrhundert an „die Zahl der griechisch erhaltenen Schriften des Origenes immer kleiner".[18] Im lateinischen Westen erging es ihm nur wenig besser: Das *Decretum Gelasianum* verfügte, nur solche Schriften des Origenes als Lektüre zuzulassen, die Hieronymus gebilligt habe, verwarf jedoch die anderen zusammen mit ihrem Autor.[19]

Dabei ist mitzubedenken, dass die Verhältnisse im christlichen Byzanz für die Überlieferung der vornizänischen christlichen Literatur allgemein nicht gerade günstig waren. Diese wurde fast ganz vernachlässigt, weil ihre theologischen Inhalte durch die großen Reichssynoden

---

15 So dezidiert Leo SCHEFFCZYK, Apokatastasis. Faszination und Aporie, in: IKaZ 14 (1985) 35–46, hier 37. Weitere Beispiele für Origenes-Rezeption in der evangelischen und katholischen Theologie des 20. Jahrhunderts bei Christoph MARKSCHIES, Zur Bedeutung und Aktualität des wissenschaftlichen Denkens des Origenes, in: Alfons FÜRST (Hg.), Origenes und sein Erbe in Orient und Okzident (Adamantiana 1), Münster 2011, 27–41, hier 39f.

16 Justinian, ep. ad Menam (ACO 9, 489–533); die Anathematismen von 543 in ACO III 213f., die von 554 in ACO IV 248f. Vgl. Joseph Wilson TRIGG, Origen, London/New York 1998, 66.

17 Siehe dafür die von Martin WALLRAFF, Die Ruhe nach dem Sturm. Origenes im fünften Jahrhundert im Osten, in: Wolfgang A. BIENERT/Uwe KÜHNEWEG (Hg.), Origeniana Septima. Origenes in den Auseinandersetzungen des 4. Jahrhunderts (BEThL 137), Leuven 1999, 647–653, zusammengetragenen Zeugnisse.

18 Origenes Werke Erster Band. Die Schrift vom Martyrium. Buch I–IV gegen Celsus, hg. von Paul KOETSCHAU (GCS Orig. 1), Leipzig 1899, LVIII.

19 Decr. Gelas. 4,5 (TU 38/4, 45 und 71). Vgl. Bernhard NEUSCHÄFER, Origenes als Philologe, 2 Bde. (SBA 18/1–2), Basel 1987, 38 und dazu ebd. 337 Anm. 184.

des 4. und 5. Jahrhunderts überholt und für die theologischen Bedürfnisse der byzantinischen Theologie und Reichskirche nicht mehr brauchbar waren. Die Überlieferungsgeschichte lebt hier geradezu von Glücksfällen. Viele Texte sind nur in einer einzigen Handschrift auf uns gekommen, beispielsweise die „Lehre der zwölf Apostel" *(Didache)*, die drei noch bekannten Schriften Justins (zwei Apologien und der „Dialog mit Tryphon") oder der „Brief an Diognet" (dessen Manuskript 1870 in Straßburg verbrannte). Selbst die Schriften eines so bedeutenden Theologen wie Irenäus von Lyon sind vollständig nur in einer spätantiken lateinischen – seine „Widerlegung der fälschlich so genannten Gnosis" *(Adversus haereses)* – und in einer alten, 1907 publizierten armenischen Übersetzung – die „Darstellung der apostolischen Verkündigung" *(Epideixis)* – erhalten. „Die Tragik dieser fragmentarischen Überlieferung", stellte der große Byzantinist Hans-Georg Beck fest, „trifft am schmerzlichsten den gewaltigsten Theologen dieser Epoche, *Origenes von Alexandreia*."[20] Und „selbstverständlich kannte man keine Nachsicht mit den eigentlichen *Häretikern*",[21] zu denen seit dem 6. Jahrhundert auch Origenes offiziell zählte.

Das Ausmaß dieses Verlustes ist kaum zu ermessen. Origenes war einer der fruchtbarsten Schriftsteller der gesamten Antike. Die 6000 Bücher (nach antiken Maßstäben einer Buchrolle), die Epiphanius ihm zugeschrieben hat,[22] sind freilich eine Phantasiezahl. Realistischer ist die Angabe des Hieronymus, der gegen die Zahl des Epiphanius einwandte, nicht einmal ein Drittel davon sei zu finden.[23] Das Werkverzeichnis im dritten Buch der von Eusebius von Caesarea verfassten Vita des Pamphilus[24] ist leider verloren. Hieronymus zählt in seiner darauf beruhenden Werkliste 77 Titel auf, die etwa 800 Bücher umfassen.[25] Sein Verzeichnis ist allerdings nicht vollständig: Es fehlen darin so bekannte und bis heute erhaltene Schriften wie die „Apologie gegen Kelsos" und der Traktat „Über das Gebet".[26] Die Entstehung einer solchen

20 Hans-Georg BECK, Überlieferungsgeschichte der byzantinischen Literatur, in: Herbert HUNGER u.a., Geschichte der Textüberlieferung der antiken und mittelalterlichen Literatur, Bd. 1, Zürich 1961, 423–510, hier 494–496, das Zitat ebd. 495 (kursiv im Original).

21 Ebd. 503 (kursiv im Original).

22 Epiphanius, haer. 64,63,8 (GCS 31, 501f.).

23 Hieronymus, adv. Rufin. II 22 (CChr.SL 79, 58).

24 Vgl. Eusebius, hist. eccl. VI 32,3 (GCS Eus. 2, 586).

25 Hieronymus, ep. 33,4 (CSEL 54, 255–259).

26 Siehe dazu Erich KLOSTERMANN, Die Schriften des Origenes in Hieronymus' Brief an Paula (SPAW.PH), Berlin 1897, 855–870; Pierre NAUTIN, Origène. Sa vie et son œuvre

Masse von Schriften war dadurch möglich, dass Origenes – wie alle Autoren der Antike – diktierte: Ein reicher alexandrinischer Mäzen namens Ambrosios finanzierte ihm ein ganzes Büro mit mehreren Angestellten.[27] Die meisten Schriften sind verloren, darunter das Zentrum seines Schaffens, die Bibelkommentare, von denen zwar einige erhalten sind, aber kein einziger vollständig. „Das Ausmaß des Verlustes mag man sich an der Tatsache veranschaulichen, dass kein einziger Bibelkommentar des Origenes in seiner ursprünglichen Gesamtgestalt vorliegt."[28] Das Erhaltene ist freilich immer noch sehr umfangreich. Nach den Größenordnungen moderner, großformatigerer Editionen umfasst der Bestand ungefähr 6400 Seiten, wovon vielleicht überraschenderweise etwas mehr als die Hälfte doch auf Griechisch vorliegt, nämlich etwa 3400 Seiten.

Komplett verloren und nur noch in Fragmenten mühsam und unsicher rekonstruierbar ist eine Großtat des Exegeten und Philologen Origenes, die Hexapla, eine Synopse von vier griechischen Übersetzungen des Alten Testaments mit dem hebräischen Text und demselben in griechischer Umschrift vorangestellt (in den Psalmen kamen dazu drei weitere Übersetzungen). Dieses Riesenwerk ist vermutlich wegen seiner schieren Größe nie abgeschrieben worden, nur die fünfte Spalte wurde als Separatausgabe verbreitet, weil sie den kirchlich gebräuchlichen Text des griechischen Alten Testaments enthielt, die Septuaginta. Das Original lag in der kirchlichen Bibliothek von Caesarea in Palästina im Nachlass des Origenes und konnte dort eingesehen und benutzt werden, was zum Beispiel Eusebius und Hieronymus getan haben.[29] Vermutlich mit der Eroberung Palästinas durch die Araber im 7. Jahrhundert ist sie mit der Bibliothek untergegangen – ihre Rekonstruktion aus sekundärer Überlieferung ist mühsam und bleibt Stückwerk[30] –, wie übrigens auch die Sammlung der über hundert Briefe des Origenes, die Eusebius noch vorlagen, von denen aber neben ganz wenigen Fragmenten nur noch zwei vollständig erhalten sind: der kurze Brief an den ehemaligen Schüler Gregor den Wundertäter über den Wert der

(CAnt 1), Paris 1977, 225–260; NEUSCHÄFER, Origenes als Philologe (wie Anm. 19) 39 und dazu 337f. Anm. 186–189.

27 Eusebius, hist. eccl. VI 23,2 (GCS Eus. 2, 568–570).

28 NEUSCHÄFER, Origenes als Philologe (wie Anm. 19) 42.

29 Vgl. Hieronymus, in Ps. 4,8 (CChr.SL 72, 185); in Tit. 3,9 (CChr.SL 77 C, 65).

30 Der maßgebliche Rekonstruktionsversuch ist: Origenis Hexaplorum quae supersunt sive veterum interpretum Graecorum in totum Vetus Testamentum Fragmenta, post Flaminium Nobilium, Drusium, et Montefalconium, adhibita etiam versione Syro-Hexaplari, concinnavit, emendavit, et multis partibus auxit Fridericus Field, 2 Bde., Oxford 1875 (Nachdruck Hildesheim 1964). Siehe bes. ebd. XCVIII–CI.

griechischen Literatur und Bildung und der Brief an Julius Africanus über die Susanna-Erzählung.[31]

Nur drei Werke sind im griechischen Original vollständig erhalten: die zwei kleinen Schriften „Aufforderung zum Martyrium“ *(Exhortatio ad martyrium)* und „Über das Gebet“ *(De oratione)* und die große „Apologie gegen Kelsos“ *(Contra Celsum)* in acht Büchern (619 Seiten in der GCS-Edition). Alles andere, was griechisch vorliegt, ist nicht vollständig. Die umfangreichsten Stücke sind von den Kommentaren zum Matthäus- und Johannesevangelium erhalten: vom Matthäuskommentar insgesamt 1271 Seiten griechischer und lateinischer Text, vom Johanneskommentar 588 Seiten griechischer Text (gezählt nach den GCS-Editionen) – nur Stückwerk im Vergleich mit den immens umfangreichen Kommentaren, die Origenes geschrieben bzw. diktiert hat.

An diesen beiden Kommentaren ist studierbar, wie zufällig die Überlieferung ist. Der in Alexandria begonnene und in Caesarea fortgesetzte Johanneskommentar umfasste ursprünglich 32 Bücher[32] bis Joh. 13,33, wo Origenes die Auslegung abbrach.[33] Doch könnte die Kommentierung einmal über Joh. 13,33 hinausgereicht haben, denn im Matthäuskommentar nahm Origenes auf seine Ausführungen über Joh. 19 Bezug[34] und unter den 141 zusätzlich erhaltenen kleineren Fragmenten befinden sich drei Bruchstücke zu Joh. 14,3, 17,11 und 20,25.[35] Sollte der Kommentar freilich nie mehr als 32 Bücher umfasst haben, wird die Echtheit der Zuweisung dieser Stücke in den Katenen an Origenes verdächtig, oder sie stammen aus anderen Werken des Origenes.[36] Was

---

31 Die Briefe und Brieffragmente sind gesammelt und interpretiert bei Pierre NAUTIN, Lettres et écrivains chrétiens des IIe et IIIe siècles, Paris 1961, 126–134. 233–254; ders., Origène (wie Anm. 26) 155–182. Der in der Philokalie überlieferte (philoc. 13 [p. 64–67 ROBINSON]; vgl. SC 302, 399–404) Brief des Origenes an Gregor ist ediert von Henri CROUZEL, Lettre d'Origène à Gregoire, in: SC 148, Paris 1969, 185–195, der Briefwechsel mit Julius Africanus von Nicholas DE LANGE, La Lettre à Africanus sur l'Histoire de Suzanne, in: SC 302, Paris 1983, 469–578.

32 Hieronymus sprach sowohl in seinem Verzeichnis der Schriften des Origenes als auch andernorts von 32 Büchern und kannte zudem ein Buch *in partes quasdam Iohannis excerptorum*: ep. 33,4 (CSEL 54, 256); in Luc. hom. Orig. prol. (GCS Orig. 9, 1); vgl. Rufinus, apol. c. Hieron. II 26 (CChr.SL 20, 102). Was mit letzterem gemeint sein soll, ist allerdings nicht klar.

33 Dafür, dass Origenes die Auslegung mit dem Ende dieses Buches abgebrochen hat, spricht der Schluss, in dem er nicht, wie sonst üblich, auf die beabsichtigte Fortsetzung hinweist: in Ioh. comm. XXXII 32,401 (GCS Orig. 4, 480): Origenes Werke Vierter Band. Der Johanneskommentar, hg. von Erwin PREUSCHEN (GCS Orig. 4), Leipzig 1903, LXXXI.

34 Origenes, in Matth. comm. ser. 133 (GCS Orig. 11, 270).

35 In Ioh. frg. 105 (GCS Orig. 4, 560f.); 140 (4, 574); 106 (4, 561f.).

36 Vgl. PREUSCHEN, GCS Orig. 4 (wie Anm. 33) LXXII bzw. LXXXI.

auch immer es damit auf sich haben mag, erhalten sind neun Bücher: 1 und 2, 6, 10, 13, 19 und 20, 28 und 32, dazu größere Stücke aus den Büchern 4 und 5 bei Eusebius und in der Philokalie.[37] Diese Auswahl ist völlig willkürlich, ohne dass irgendein Auswahlprinzip erkennbar wäre, und der Verlust wiegt schwer. Der Johanneskommentar kann als das exegetische und philosophische Hauptwerk des Origenes gelten, an dem er an die zwanzig Jahre gearbeitet hat und in dem er den Kerngedanken seiner Theologie, die Verknüpfung von Exegese und Philosophie, exemplarisch in die Tat umsetzte. Natürlich können wir heute noch hunderte Seiten lesen und daraus das Denken des Origenes rekonstruieren, aber noch viel mehr können wir leider nicht mehr lesen. Allerdings muss man sich fragen, ob irgend jemand die Masse des von Origenes Hinterlassenen noch hätte bewältigen können. Schon Hieronymus, dem noch viel mehr vorlag, zweifelte angesichts dieser gigantischen Produktivität, ob wohl jemals jemand so viel lesen könne, wie Origenes geschrieben hat.[38]

Ähnlich liegen die Dinge beim großen Alterswerk des Matthäuskommentars. Von den ursprünglich 25 Büchern sind acht auf Griechisch erhalten (die Bücher 10–17), in denen Mt. 13,36–22,33 erklärt wird. Teilweise parallel dazu existiert eine lateinische Übersetzung, die bei der Erklärung von Mt. 16,13 einsetzt (in Buch XII 9), dann aber weiter bis fast zum Schluss, nämlich bis Mt. 27,63 reicht (die so genannte *commentariorum series*) und über deren Alter (am ehesten wohl 6. Jahrhundert) und Herkunft nur Vermutungen angestellt werden können;[39] dazu kommen Fragmente in der Sekundärüberlieferung und vor allem in den Katenen.[40] Erneut verfügen wir also über umfangreiche Stücke,

---

37 Eusebius, hist. eccl. VI 25,7–10 (GCS Eus. 2, 576–578); philoc. 4 und 5 (SC 302, 270–273 und 284–299). PREUSCHEN, ebd. CVIII, hat ferner ausdrücklich darauf hingewiesen, dass die von ihm abgedruckten Fragmente nicht vollständig sind.

38 Hieronymus, ep. 33,5 (CSEL 54, 259). Vgl. NEUSCHÄFER, Origenes als Philologe (wie Anm. 19) 38.

39 Erich KLOSTERMANN/Ernst BENZ, Zur Überlieferung der Matthäuserklärung des Origenes (TU 47/2 = 4. Reihe 2/2), Leipzig 1931, 39–79; Erich KLOSTERMANN, Einführung in die Arbeiten des Origenes zum Matthäus, in: Origenes Werke XII. Origenes Matthäuserklärung III. Fragmente und Indices. Zweite Hälfte, hg. von dems./Ludwig FRÜCHTEL (GCS Orig. 12/2), Berlin 1955, 1–22, hier 13–15. Zur Übersetzungstechnik des Anonymus Latinus speziell Ludwig FRÜCHTEL, Zur altlateinischen Übersetzung von Origenes' Matthäus-Kommentar, in: ebd. 23–52.

40 KLOSTERMANN/BENZ, Überlieferung der Matthäuserklärung (wie Anm. 39) 12–39; KLOSTERMANN, Einführung (wie Anm. 39) 7–13. Siehe auch ders., Nachlese zur Überlieferung der Matthäuserklärung des Origenes (T. u. U. 47, 2) (TU 47/4 = 4. Reihe 2/4), Leipzig 1932; Origenes Werke Zehnter Band. Origenes, Matthäuserklärung I. Die griechisch erhaltenen Tomoi, hg. von dems./Ernst BENZ (GCS Orig. 10), Leipzig 1935, VIIf. in der knappen Vorbemerkung.

aus denen wir viel über die Theologie des Origenes erfahren, aber erneut ist viel mehr nicht mehr erhalten. In diesem Fall ist das unter anderem deshalb zu bedauern, weil der Matthäuskommentar eines der letzten Werke des Origenes ist, in dem er zu etlichen Themen seine im Laufe seines Lebens gewonnene Ansicht formuliert und dabei manchmal frühere Aussagen korrigiert hat, zum Beispiel das Verständnis der Aussage von den „Verschnittenen um des Himmelreiches willen" (Mt. 19,12) – Eunuchen oder Kastraten –, die er in seiner Jugend vielleicht wörtlich genommen hatte (was wir aber nicht sicher wissen),[41] die er jetzt aber so las, dass sie im übertragenen Sinne zu verstehen sei.

Nur die drei oben genannten Schriften sind also vollständig auf Griechisch erhalten. Lässt sich das irgendwie erklären oder plausibel machen? Man kann ein paar Vermutungen anstellen. Die „Apologie gegen Kelsos" wurde trotz ihres Umfangs abgeschrieben, denn sie war die wichtigste Verteidigungsschrift des antiken griechischen Christentums gegen heidnische Angriffe. Apologien sind eine eigene Gattung der antiken christlichen Literatur. Eine ganze Reihe davon sind erhalten, dazu kommen etliche, von denen wir wissen, die aber verloren sind.[42] Seit dem 2. Jahrhundert sahen christliche Intellektuelle sich veranlasst, die christlichen Überzeugungen gegen heidnische Kritik zu verteidigen. In dieser Verteidigung versuchten sie nicht nur Angriffe oder Infragestellungen zu entkräften, sondern zugleich für das Christentum zu werben. Im Zuge dessen entwarfen sie die Grundzüge christlichen theologischen Denkens. Das sind also äußerst wichtige Texte für die Entstehung und Entfaltung der christlichen Theologie und höchst aufschlussreiche Quellen für viele Fragen, so für die Debatte zwischen Christen und der sie umgebenden nichtchristlichen Welt und für zentrale Themen der Religionsgeschichte wie die Zahl der Götter (Monotheismus), die Frage religiöser Verehrung und kultischer Praxis, der Zusammenhang von Staat, Gesellschaft und Religion, das Geschichtsverständnis, das Weltbild, das Menschenbild, Zukunftsvorstellungen – alles wird in diesen Texten diskutiert, oft extrem kontrovers. In diesen Texten wird einerseits die heidnische Kritik am Christentum greifbar, die ansonsten nicht erhalten ist, andererseits das christliche Selbstverständnis, das in dieser Debatte formuliert wurde.

---

41 Siehe dazu jetzt Christoph MARKSCHIES, Kastration und Magenprobleme? Einige neue Blicke auf das asketische Leben des Origenes, in: ders., Origenes und sein Erbe. Gesammelte Studien (TU 160), Berlin/New York 2007, 15–34.

42 Einführung und Anthologie dazu: Michael FIEDROWICZ, Apologie im frühen Christentum. Die Kontroverse um den christlichen Wahrheitsanspruch in den ersten Jahrhunderten, Paderborn u.a. 2000; ders., Christen und Heiden. Quellentexte zu ihrer Auseinandersetzung in der Antike, Darmstadt 2004.

Origenes' Apologie ist der Höhepunkt der vorkonstantinischen Apologetik. Origenes reagierte auf einen Angriff auf das Christentum, den ein platonischer Philosoph namens Kelsos unter dem Titel Ἀληθὴς λόγος, „Wahre Lehre", in der zweiten Hälfte des 2. Jahrhunderts publiziert hatte, wahrscheinlich um das Jahr 178, vor der Geburt des Origenes.[43] Kelsos stellte dem Christentum die „wahre Lehre" der antiken Tradition entgegen. Diese beinhalte das richtige Denken über die Welt und den Menschen und die richtigen Anweisungen für ein gutes, zum Glück führendes Leben. Das Christentum hingegen sei Verrat an diesen altehrwürdigen Überlieferungen, entstanden als Abspaltung vom Judentum und daher basierend auf Aufruhr und Abfall. Origenes kannte dieses Buch offenbar nicht, obwohl er sonst so gut wie alles gelesen hatte, was in den Bibliotheken von Alexandria greifbar war, sondern wurde von seinem Mäzen Ambrosios darauf aufmerksam gemacht und zu einer Gegenschrift gedrängt. Das war im Jahre 248. Warum die Attacke des Kelsos da, siebzig Jahre nach ihrer Entstehung, aktuell war, können wir nur vermuten. Vielleicht hängt das mit der 1000-Jahr-Feier Roms zu Beginn dieses Jahres zusammen, die möglicherweise mit nicht wenig, wir würden sagen: nationalistischer Begeisterung einherging (doch passt diese Vokabel schlecht auf antike Verhältnisse, weil das, was wir mit ‚Nation' verbinden, ein erst in der Neuzeit entstandenes Konzept ist). Eine solche Stimmung konnte sich leicht gegen die Christen wenden, die aufgrund ihrer Eigenheiten seit je im Ruch standen, potentielle Staatsfeinde zu sein.[44] Wie auch immer: Ambrosios drängte Origenes zu einer Gegenschrift. Origenes hatte offenkundig keine Lust dazu. Das merkt man schon im Vorwort, wo er auf das Beispiel Jesu verweist, der seinen Anklägern vor Gericht auch keine Antwort gegeben, sondern geschwiegen habe.[45] Entsprechend lustlos ist das Werk in einem Zug diktiert. Origenes wusste offenbar nichts von Kelsos, da er ihn zunächst für einen Epikureer hielt (einen solchen mit diesem Namen gab es in der zweiten Hälfte des 2. Jahr-

---

43 Deutsche Übersetzung mit ausführlicher Kommentierung: Die ‚Wahre Lehre' des Celsus, übersetzt und erklärt von Horacio E. LONA (KfA Erg.-Bd. 1), Freiburg/Basel/Wien 2005.

44 Dieses Datum für die Abfassung der „Apologie gegen Kelsos" in diesem historischen Kontext hat Karl Johannes NEUMANN, Der römische Staat und die allgemeine Kirche bis auf Diocletian, Bd. 1, Leipzig 1890, 265–273, aus inneren Argumenten des Textes überzeugend etabliert, übernommen von KOETSCHAU, GCS Orig. 1 (wie Anm. 18) XXII–XXIV. Nicht überzeugend ist die Kritik an diesem Datum bei Adolf VON HARNACK, Geschichte der altkirchlichen Litteratur bis Eusebius II. Die Chronologie II, Leipzig 1904 (Neuausgabe 1958), 34, und Origen, Contra Celsum, translated with an introduction & notes by Henry CHADWICK, Cambridge u.a. 1953 ([2]1965), XIVf.

45 Origenes, Cels. praef. 1 (GCS Orig. 1, 51f.).

hunderts in der Tat) und entsprechend polemisch behandelte.[46] Erst im Laufe der Lektüre von Kelsos' Schrift – Origenes las und diktierte Abschnitt für Abschnitt seine Entgegnung – merkte er, dass er es mit einem platonischen Philosophen zu tun hatte,[47] also einem Gegenüber, das philosophisch in dieselbe Schule gehörte wie er selbst (nahezu alle Denker dieser Zeit waren Platoniker). Das musste er also ernster nehmen, als wenn es sich um einen Epikureer gehandelt hätte, den um diese Zeit sowieso niemand mehr ernst nahm, weshalb er die eher summarische Art seiner Widerlegung im ersten Buch abbrach und noch einmal neu einsetzte.[48] Was er dann produzierte, ist (mit einer gleich zu nennenden Ausnahme) einmalig in der antiken apologetischen Literatur und sehr spannend und erhellend zu lesen: Origenes zitierte jeweils einen Passus aus dem Werk des Kelsos und diktierte seine Entgegnung, und so das ganze Werk hindurch. Auf diese Weise sind vom ansonsten verlorenen Werk des Kelsos große Teile erhalten geblieben (nicht alle, weil Origenes nicht auf alles einging). Wir können uns also ein eigenständiges Bild von den Ansichten des Kelsos machen. Das gab es später nur noch einmal, nämlich in der dreißigbändigen Apologie, die Kyrill von Alexandria gegen Kaiser Julian im selben Stil geschrieben hat und von der die ersten zehn Bücher erhalten sind, in denen Kyrill das erste Buch des dreibändigen Pamphlets Julians angriff. Auf diese Weise entstand ein literarisch inszenierter Disput zwischen dem platonischen Philosophen Kelsos und dem platonischen Theologen Origenes, in dem alle Themen verhandelt werden, die in dieser geistigen Auseinandersetzung eine Rolle spielten, und das mit einem Inhaltsreichtum und einem Tiefsinn, der nur mit dem lateinischen Pendant zu diesem Werk des Origenes zu vergleichen ist, nämlich Augustins „Gottesstaat". Aus diesem Grund erlangte dieses Werk des Origenes, eigentlich eine widerwillig verfasste Gelegenheitsschrift, eine solche Bedeutung, dass es tradiert wurde und als einziges seiner großen Werke vollständig erhalten ist. „Dass das Werk eben seines innern Wertes wegen auch noch in den Zeiten, als die christliche Kirche gesiegt hatte und ähnliche Angriffe wie der des Celsus nicht mehr zu befürchten waren, eifrig von den Verehrern des grossen Alexandriners gelesen worden ist, das beweist schon die Thatsache seiner Erhaltung trotz seines grossen Umfangs und trotz der Verketzerung seines Verfassers durch Justinian."[49] Wäh-

46 Cels. I 8 (GCS Orig. 1, 60f.). Siehe dazu CHADWICK, Origen (wie Anm. 44) XXIV–XXVI.

47 Vgl. bes. Cels. IV 83 (GCS Orig. 1, 354).

48 Cels. I 28 (GCS Orig. 1, 79).

49 KOETSCHAU, GCS Orig. 1 (wie Anm. 18) LVII. Das spricht gegen die Vermutung von CHADWICK, Origen (wie Anm. 44) XIII: „It seems that the subsequent influence of the

rend seine sonstigen Werke im griechischen Osten allmählich nahezu komplett verschwanden, zog die „Apologie gegen Kelsos" während des unablässigen Vorrückens der Osmanen gegen Byzanz erneutes Interesse als wichtigste Verteidigung des Christentums in griechischer Sprache auf sich. Kardinal Bessarion, ein Flüchtling aus Byzanz, trug dieses neue Interesse an Origenes nach Italien, wo der spätere Kurator der vatikanischen Bibliothek, Cristoforo Persona, 1481 eine lateinische Übersetzung drucken ließ.[50]

Für die kleineren Schriften „Über das Gebet" und die „Aufforderung zum Martyrium" kann man vermuten, dass sie so wichtige Themen behandelten (etwa die erste erhaltene Auslegung des Vaterunsers in den Kapiteln 18–30 der Schrift „Über das Gebet") und neben der Theologie für die Spiritualität so zentral waren, dass ihrer Tradierung nichts im Wege stand. „Durch ein günstiges Geschick", meinte Paul Koetschau, der Herausgeber der kritischen Edition in den Griechischen Christlichen Schriftstellern (GCS), „ist die Exhortatio handschriftlich erhalten geblieben", und er fügte zwei Vermutungen an: „sie verdankt die Erhaltung wohl teils dem interessanten Stoff, den sie behandelt, teils ihrem geringen Umfang."[51] Einzelne dogmatisch kritische Passagen in der Schrift „Über das Gebet" haben allerdings gewiss dazu beigetragen, dass sie seit Justinian zu den ketzerischen Schriften gerechnet und wenig gelesen wurde, etwa das strikte Verbot, Gebete an den Sohn zu adressieren – nur solche an den Vater *durch* den Sohn ließ Origenes zu, was die in vorkonstantinischer Zeit übliche liturgische Praxis war –, oder die platonische Ansicht von der Kugelgestalt der himmlischen Körper.[52]

Wie dünn der Kanal der griechischen Überlieferung des Origenes ist, kann man am Besten daraus erkennen, dass alle griechisch erhaltenen Werke im Grunde jeweils auf einer einzigen Handschrift beruhen, wie schon Pierre Daniel Huet festgestellt hat: „ex uno eodemque Codice descriptos omnes censuerim"[53] – ein seitdem oft bestätigtes Urteil.[54]

---

work on the Church was not very great." Einen informativen Überblick über den Inhalt und die Diskussionslinien gibt Joseph Wilson TRIGG, Origen. The Bible and Philosophy in the Third-century Church, Atlanta 1983, 214–239.

50 TRIGG, ebd. 254f.

51 KOETSCHAU, GCS Orig. 1 (wie Anm. 18) XVI.

52 Origenes, orat. 15 (GCS Orig. 2, 333–336) bzw. 31,3 (2, 397). Vgl. KOETSCHAU, ebd. LXXXI und LXXXII.

53 Pierre Daniel HUET, Origeniana, Paris 1679 (Nachdruck Köln 1685) 251 bzw. III 2,3 Nr. 12 zum Matthäuskommentar; ähnlich ebd. 253 bzw. III 2,3 Nr. 14 zum Johanneskommentar: „ex uno exemplari descriptos esse omnes pro certo habeam".

54 Etwa von Paul KOETSCHAU, Beiträge zur Textkritik von Origenes' Johannescommen-

Auch wenn, wie im Falle der „Apologie gegen Kelsos“,[55] mehrere Handschriften vorliegen, so sind die späteren doch alle Abschriften der einen, die Papst Nikolaus V. auf Veranlassung des Theodorus von Gaza in den Jahren zwischen 1450 und 1455 in Byzanz – also um die Zeit der Eroberung der Stadt 1453 durch die Osmanen – kaufen ließ, wo sie sich wahrscheinlich im Besitz des Theodorus Sophianus befand, und die heute im Vatikan aufbewahrt wird (Codex Vaticanus graec. 386 saec. XIII, fol. 13^{r}–216^{v}).[56] Abschriften davon befinden sich in Paris in einem Codex, der erst vor der Mitte des 19. Jahrhunderts von Minoides Mynas aus dem Orient dahin gebracht worden ist (Codex Parisinus suppl. graec. 616 a. 1339), und in Venedig (Codex Venetus Marcianus 45 saec. XIV und 44 saec. XV, wahrscheinlich vor 1439; der erstgenannte war dann die Vorlage für einige weitere Abschriften). Dazu gibt es, wie zu anderen Origenestexten auch, eine in diesem Fall sehr breite Nebenüberlieferung in der Philokalie, die vermutlich von Basilius von Caesarea (in Kappadokien) und Gregor von Nazianz zusammengestellte Anthologie aus den Schriften des Origenes, mit sehr vielen Texten aus der Apologie – sogar Abschnitten, die in der direkten Überlieferung nicht zu finden sind[57] – und mit eigener, umfangreicher Handschriften-Überlieferung, die parallel zu berücksichtigen ist.[58]

---

tar (TU 28/2 = N.F. 13/2), Leipzig 1905, 1f., und KLOSTERMANN/BENZ, Überlieferung der Matthäuserklärung (wie Anm. 39) 10f.

55 Die grundlegende Untersuchung dazu stammt von Paul KOETSCHAU, Die Textüberlieferung der Bücher des Origenes gegen Celsus in den Handschriften dieses Werkes und der Philokalia. Prolegomena zu einer kritischen Ausgabe (TU 6/1), Leipzig 1889, 1–77, die von dems., in: GCS Orig. 1 (wie Anm. 18) LVII–LXVI, zusammengefasst und ergänzt (teils auch modifiziert) wurde.

56 KOETSCHAU, Textüberlieferung (wie Anm. 55) 36f.; ders., GCS Orig. 1 (wie Anm. 18) LVIII.

57 Philoc. 15,19 (p. 84–86 ROBINSON; SC 302, 436–439). Sie gehören wohl zu Cels. VI 77 (GCS Orig. 2, 147–149): Richard Patrick Crosland HANSON, The passage marked *unde?* in Robinson's Philocalia XV 19, in: Origeniana Secunda (QVetChr 15), Rom 1980, 293–303, übernommen von Marguerite HARL, SC 302, Paris 1983, 441f.

58 Siehe dazu KOETSCHAU, Textüberlieferung (wie Anm. 55) 78–130; ders., GCS Orig. 1 (wie Anm. 18) LXVI–LXXII. Über die Frage, ob der direkten Überlieferung der Apologie oder der indirekten in der Philokalie der höhere textkritische Wert zuzusprechen sei, kam es nach der Publikation des Textes durch KOETSCHAU in den GCS zu einer heftigen Kontroverse: Paul WENDLAND in einer Rezension dieser Ausgabe, in: GGA 1899, 276–304, und erneut ebd. 613–622, trat für die Superiorität der indirekten Überlieferung ein und fand dafür Unterstützung bei Erwin PREUSCHEN, in: BPhWS 19 (1899) 1185–1193. 1220–1224, Franz Anton WINTER, Über den Wert der direkten und indirekten Überlieferung von Origenes' Büchern „Contra Celsum“, Programm Burghausen 1902/3 und 1903/4, und Otto STÄHLIN, in: BPhWS 26 (1906) 232–234. KOETSCHAU, Kritische Bemerkungen zu meiner Ausgabe von Origenes' Exhortatio, Contra Celsum, De oratione. Entgegnung auf die von P. Wendland in den Gött. gel.

Die im Jahre 235[59] verfasste „Aufforderung zum Martyrium“ ist in drei Manuskripten erhalten, doch bleiben in diesem Fall nur zwei eigenständige übrig,[60] denn die Handschrift in Basel (Codex Basileensis 31 A.III.9 saec. XVI), die außerdem die „Apologie gegen Kelsos“ und die Philokalie enthält, ist die Abschrift des Codex in Paris (Codex Parisinus suppl. graec. 616 a. 1339), der vielleicht aus dem Athos-Kloster Vatopedion stammt.[61] Dazu kommt der davon unabhängige Codex in Venedig (Codex Venetus Marcianus 45 saec. XIV). Diese beiden Codices gehen, wie Koetschau vermutet hat, freilich ihrerseits auf den Vaticanus graec. 386 zurück, der ursprünglich wohl auch die „Aufforderung zum Martyrium“ enthalten hat, die in der zweiten Hälfte des 14. Jahrhundert aber daraus ausgefallen ist.[62] Wiederum steht also ein einziger Codex am Ausgangspunkt der Überlieferung. Der Venediger Codex enthält übrigens 9½ Zeilen (auf fol. 334^{v}), in denen Kardinal Bessarion seine Begeisterung für Origenes zum Ausdruck bringt und aus denen hervorgeht, dass er die „Aufforderung zum Martyrium“ und die „Apologie gegen Kelsos“ eifrig gelesen hat und bemüht war, Handschriften der Werke des Origenes zu sammeln.[63] Es ist nicht zuletzt Männern wie Bessarion zu verdanken, dass einige wenige Werke des Origenes doch noch im Original vorliegen.

Der wohl in den frühen Jahren in Caesarea, vielleicht 233/34,[64] entstandene Traktat „Über das Gebet“ ist in nur einer Handschrift vollständig erhalten, die auch die erhaltenen Bücher des Matthäuskommentars enthält (Codex Cantabrigensis Coll. S. Trinitatis 194 = B.8.10 [olim Holmiensis] saec. ca. XIV). Diese Handschrift des 14. Jahrhunderts, als deren Entstehungsort mit großer Wahrscheinlichkeit Byzanz gelten kann,[65] hat abenteuerliche Wege hinter sich: Ursprünglich befand sie sich in der Bibliothek von Worms. Pierre Daniel Huet, der bedeutende Origenesforscher des 17. Jahrhunderts, entdeckte sie in der

Anz. 1899, nr. 4, veröffentlichte Kritik, Leipzig 1899, und ders., Bibelcitate bei Origenes, in: ZWTh 43 (1900) 321–378, verteidigte seine umgekehrte Option und fand Unterstützung bei anderen Rezensenten: Adolf JÜLICHER, in: ThLZ 24 (1899) 599–606; Percy M. BARNARD, in: JThS 1 (1900) 455–461. Siehe weiter dazu unten Anm. 94.

59 Die Argumente für diese Datierung bei KOETSCHAU, GCS Orig. 1 (wie Anm. 18) IX.

60 Ebd. XV–XXII. Zwei weitere Bruchstücke im Codex Regius Parisinus graec. 945 saec. XIV (fol. 315^{r-v}) sind wie der ganze Codex aus dem Parisinus suppl. graec. 616 abgeschrieben und für die Textherstellung unbedeutend: ebd. XVII.

61 So eine Vermutung von KOETSCHAU, ebd. XVI Anm. 4.

62 Ebd. XXf.

63 Ebd. XVIf.

64 Die Argumente für diese Datierung ebd. LXXV–LXXVIII.

65 Ebd. LXXXVII.

königlichen Bibliothek in Stockholm, wo er im Jahre 1652 eine Abschrift davon anfertigte (Codex Parisinus suppl. graec. 534 a. 1652).[66] Huet berichtet auch über die abenteuerlichen Wege der Handschrift nach Stockholm: Dorthin gebracht hatte sie Isaak Vossius, der sie, wie er Huet auf Anfrage hin brieflich berichtete, etwa zwanzig Jahre davor in Den Haag dem Leibarzt der böhmischen Königin abgekauft hatte. Dieser wiederum hatte sie aus Deutschland dahin gebracht, nachdem er sie um wenig Geld von Soldaten nach der Plünderung der Wormser Bibliothek erworben hatte. Nachdem die Königin das Manuskript nach ihrer Abdankung zusammen mit der übrigen Bibliothek nach Antwerpen gebracht hatte, überließ sie es zusammen mit anderen Codices Vossius. Schließlich wurde die Handschrift einem Engländer namens Herbert Thorndike ausgehändigt, der (angeblich) eine Gesamtausgabe der Werke des Origenes plante, und dieser übergab sie 1670 dem Trinity College in Cambridge, wo sie sich bis heute befindet. Rein aufgrund einer Verkettung glücklicher Zufälle entging dieser Codex der Wormser Bibliothek also der Vernichtung.[67] Ein Teil des Schlussteils dieser Schrift ist außerdem noch separat überliefert (Codex Parisinus graec. 1788 a. 1440 fol. 74v–79v), ohne jedoch von eigenständigem Wert zu sein, da der Text aus der Stockholmer bzw. Cambridger Handschrift abgeschrieben ist.[68]

Besser scheint es beim Johannes- und beim Matthäuskommentar auszusehen, aber nur auf den ersten Blick. Für ersteren gibt es acht Handschriften, die sich zu zwei Gruppen ordnen lassen, von denen die eine auf einen Codex in München (Codex Monacensis graec. 191, saec.

---

66 Das beweist die Unterschrift auf S. 87 des Codex: „Γέγραπται χειρὶ πέτρου δανιὴλ ὑετίου, ἔτει ἀπὸ τῆς θεογονίας δευτέρῳ καὶ πεντηκοστῷ, ἐπὶ τοῖς ἑξακοσίοις καὶ χιλίοις, βοηδρομιῶνος μεσοῦντος μηνὸς ἕκτῃ. ἐν ὁλμίᾳ τῶν Γοτθῶν“, zitiert aus KOETSCHAU, ebd. LXXXIV.

67 Ebd. LXXXIIIf., wo auch der Text Huets abgedruckt ist: „Cum in Sueciam venissem, contigit, ut in Reginae Bibliotheca in Graecum inciderem Codicem manuscriptum, quo Origenis in Matthaeum Commentarii et eiusdem de oratione libellus continebantur ... Holmiensem hunc codicem satis antiquum, chartaceum, literis rotundis exaratum, in Sueciam intulit Vir Cl. Isaacus Vossius; quem cum percontatus essem per literas, unde librum habuisset, et quid eo factum esset, respondit se illum Hagae Comitis ante annos plus minus viginti comparasse a Serenissimae Bohemorum Reginae Eliz. medico, dicto Rumfio, qui illum e Germania detulerat, vili pretio coëmptum a militibus post Wormaciensis Bibliothecae direptionem; perlatum eum deinde a se in Sueciam; atque a Regina post abdicatum Imperium Antverpiam cum reliqua Bibliotheca relatum, ab eaque cum aliis Codicibus a se repetitum facile fuisse impetratum; cuius usura ab annis aliquot concessa Herberto Thorndicio Anglo, qui omnium Origenis operum Editionem meditari se profitebatur, in ipsius eum potestate mansisse.“

68 Ebd. LXXXIV–LXXXVI.

XII/XIII), die andere auf einen Codex in Venedig (Codex Venetus Marcianus 43, fertiggestellt am 30. April 1374) zurückgeht. Da der Codex in Venedig vom Codex in München abhängig ist, geht die Überlieferung dieses großen Kommentars aber doch wieder nur auf eine einzige Handschrift zurück, die durch eingedrungenes Wasser schwer beschädigt ist.[69] Für den Matthäuskommentar, der ebenfalls im Münchner Codex enthalten ist, kommt dazu als zweite unabhängige Handschrift diejenige in Cambridge, die auch den Text von „Über das Gebet" enthält (Codex Cantabrigensis Coll. S. Trinitatis 194 = B.8.10 [olim Holmiensis] saec. ca. XIV). Auf diese beiden Codices sind alle übrigen sieben Manuskripte des Matthäuskommentars zurückzuführen (wovon zwei nur die Bücher 10–12 enthalten).[70]

Der Münchner Codex (graec. 191), der auf einer ihrerseits schon beschädigten Vorlage aus dem 10. Jahrhundert beruht, ist nicht zuletzt deswegen interessant, weil er Spuren des Lesens enthält, nämlich Glossen auf den Seitenrändern, die von einer intensiven Beschäftigung mit dem Inhalt des Johanneskommentars zeugen und eventuelle Leser nicht selten vor den darin enthaltenen Häresien warnen. Da steht zum Beispiel: φλυαρεῖς αἱρετικέ – „Du redest dummes Zeug, Häretiker!" (oder: „Häretischer Schwätzer!") oder: ὅρα βλασφημία – „Vorsicht! Blasphemie!" oder: ὅρα ἐκτρέπου – „Vorsicht! Wende dich ab!" (oder: „Nimm dich in Acht!") oder: ληρεῖς ὠριγένης – „Du redest dummes Zeug, Origenes!" (oder: „Origenes, du Narr!"). Für die Textüberlieferung entscheidend ist, dass die spürbare Empörung nicht zu einer Verstümmelung des Textes geführt hat. „Man hat sich vor den Häresien bekreuzigt, aber man hat sie abgeschrieben und gelesen."[71] Aus einem Proömium, das dem Kommentar vorangestellt ist, geht hervor, dass es sich um Randbemerkungen eines alten Exemplars handelt, die der Schreiber des Codex sorgfältig mitkopiert hat.[72] Ein Benutzer der Handschrift im 16. Jahrhundert hat den schon vorhandenen Notizen weitere Bemerkungen hinzugefügt. Im Venediger Codex (Marcianus 43) finden sich die Randnotizen des Münchner Codex zum großen Teil wieder, dazu ein umfangreiches Vorwort, das einem „Kaiser" zugewiesen ist und eine scharfe Verurteilung des Origenismus enthält.[73] Auch wenn es naheliegen mag, dabei an Justinian zu denken, weisen die

---

69 PREUSCHEN, GCS Orig. 4 (wie Anm. 33) IX–XXXIV.

70 KLOSTERMANN, Einführung (wie Anm. 39) 5–7.

71 PREUSCHEN, GCS Orig. 4 (wie Anm. 33) LVII.

72 PREUSCHEN, ebd. XIV–XVII, hat die wichtigeren zusammengestellt.

73 Fol. 118, publiziert von PREUSCHEN, ebd. XXIV–XXVI. Vgl. auch NEUSCHÄFER, Origenes als Philologe (wie Anm. 19) 38f. und dazu ebd. 337 Anm. 185.

historischen Irrtümer, die dem Verfasser unterlaufen sind, in eine spätere Zeit. Woher dieser Text stammt, ist bis dato nicht geklärt; der Schreiber der Handschrift dürfte nicht sein Autor sein.

Der Herkunftsort dieser Handschriften im Orient ist meist unbekannt oder lässt sich nur vermuten. Es sind fast immer späte Handschriften aus der spätbyzantinischen Zeit, also am Ende des Überlieferungsweges aus der Antike, von der Lebenszeit des Origenes aus gerechnet immerhin ein Zeitraum von einem Jahrtausend. Die byzantinische Zensur hat es glücklicherweise doch nicht geschafft, die Werke des Origenes spurlos zu vernichten.

Das Glück, das Forscher in der Neuzeit empfanden, wenn sie eine Origenes-Handschrift entdeckten, mag aus einem letzten Beispiel hervorgehen, das aus einer anderen Gattung stammt. Origenes war vor allem Exeget. Die Masse seiner Schriften sind Bibelauslegung, vor allem umfangreiche Kommentare. Neben dem Matthäus- und Johanneskommentar ist noch ein Genesiskommentar in dreizehn Büchern zu erwähnen, der allerdings nur noch ganz trümmerhaft in gut 200 meist winzigen Fragmenten vorhanden ist (nur zwei größere Stücke sind in der Philokalie erhalten, in denen es sehr detailliert und kenntnisreich um Astrologie geht),[74] ferner der Hoheliedkommentar, der in einer unvollständigen lateinischen Übersetzung des Rufinus von Aquileja vorliegt (die Kommentierung reicht bis Hld. 2,15) und in dieser Form Spiritualität und Mystik des Abendlands zutiefst beeinflusst hat.[75] Und auf die Kommentare zu paulinischen Briefen sollte noch hingewiesen werden, zum Ersten Korintherbrief, zum Epheserbrief (von beidem gibt es nur Fragmente)[76] und vor allem zum Römerbrief, der fünfzehn griechische Bücher umfasste, die in der lateinischen Übersetzung des Rufinus auf zehn gekürzt sind.[77] Neben den Kommentaren sind jedoch vor

74 Erste Ausgabe: Die Kommentierung des Buches Genesis, eingeleitet und übersetzt von Karin METZLER (OWD 10), Berlin/New York – Freiburg/Basel/Wien 2010.

75 Siehe dazu den Überblick von Luc BRÉSARD in der Einleitung zur Ausgabe von dems./Henri CROUZEL/Marcel BORRET, SC 375. 376, Paris 1991. 1992, 54–68.

76 Die einzigen kritischen Ausgaben dafür sind John A. F. GREGG, The Commentary of Origen upon the Epistle to the Ephesians, in: JThS 3 (1902) 233–244. 398–420. 554–576, und Claude JENKINS, Origen on I Corinthians, in: JThS 9 (1908) 231–247. Eine Neuausgabe mit italienischer Übersetzung aller Paulinenfragmente des Origenes bietet: Esegesi Paolina. I testi frammentari, introduzione, traduzione e note di Francesco PIERI, prefazione di Romano PENNA (Opere di Origene 14/4), Rom 2009.

77 Die kritische Edition besorgte Caroline Penrose HAMMOND BAMMEL, Der Römerbriefkommentar des Origenes. Kritische Ausgabe der Übersetzung Rufins. Buch 1–3 (VL.AGLB 16), Freiburg i.Br. 1990; Buch 4–6, zum Druck vorbereitet und gesetzt von Hermann Josef FREDE/Herbert STANJEK (VL.AGLB 33), Freiburg i.Br. 1997; Buch 7–10, aus dem Nachlass hg. von dens. (VL.AGLB 34), Freiburg i.Br. 1998. Der Ausgabe

allem Predigten des Origenes erhalten. Origenes war primär theologischer Lehrer, sowohl in Alexandria, als auch in Caesarea in Palästina, wohin er um 231/32 umzog und wo er eine christliche Hochschule gründete. Aber er predigte auch regelmäßig im Gottesdienst. Diese Predigten wurden mitgeschrieben und im Nachlass des Origenes in Caesarea aufbewahrt. In der Spätantike konnten Theologen, die sich dafür interessierten, hunderte von Predigten des Origenes lesen. Zum Bestand seiner Werke in der kirchlichen Bibliothek von Caesarea in Palästina gehörten, ausweislich des darauf beruhenden Verzeichnisses des Hieronymus, 462 Homilien über nahezu sämtliche Schriften des Alten und viele des Neuen Testaments.[78] Sehr wahrscheinlich hat Origenes als Presbyter in Caesarea noch viel mehr Predigten gehalten. Es wurden aber weder alle mitgeschrieben noch alle mitgeschriebenen veröffentlicht. 195 dieser Predigten sehr unterschiedlicher Länge (manche sind sehr lang) sind in den lateinischen Übersetzungen erhalten geblieben, die Rufinus (117) und Hieronymus (78) an der Wende zum 5. Jahrhundert anfertigten.[79] Von den griechischen Originalen sind nur 21 erhalten: eine in der Antike sehr berühmte Predigt über die Wahrsagerin (die „Hexe") von Endor (1 Sam. 28) und 20 Predigten über das Buch Jeremia (von ursprünglich wohl 45 Stück), von denen zwölf auch in einer lateinischen Übersetzung des Hieronymus vorliegen. Diese 21 Predigten sind der spärliche authentische Rest von der Predigttätigkeit des Origenes.

Zeuge für die Jeremiahomilien ist eine einzige Handschrift: ein Pergamentkodex aus dem 11./12. Jahrhundert (Codex Scorialensis Ω.III.19, fol. 208v–326v), der sich seit 1576 im Eskorial in Madrid befindet. Der spanische Diplomat, Gelehrte und Dichter Don Diego Hurtado de Mendoza hat ihn vermutlich in Venedig, wo er seit etwa 1530 ungefähr zwanzig Jahre lang als Botschafter Kaiser Karls V. tätig war, erworben und zusammen mit seiner wertvollen Sammlung seltener grie-

voraus ging die Untersuchung der Überlieferung durch Caroline Penrose HAMMOND BAMMEL, Der Römerbrieftext des Rufin und seine Origenes-Übersetzung (VL. AGLB 10), Freiburg i.Br. 1985.

78 Hieronymus, ep. 33,4 (CSEL 54, 257f.). Da dieses Verzeichnis Fehler und Lücken aufweist, ist eine deutlich höhere Zahl anzunehmen. Berthold ALTANER/Alfred STUIBER, Patrologie. Leben, Schriften und Lehre der Kirchenväter, Freiburg/Basel/Wien 91980, 201, sprechen von „etwa 574 Homilien", doch wird nicht klar, wie sich diese Zahl errechnet.

79 TRIGG, Origen (wie Anm. 16) 39, spricht von 205 Homilien in lateinischer Übersetzung, was wohl ein Rechenfehler ist. Die richtigen Zahlen bei NEUSCHÄFER, Origenes als Philologe (wie Anm. 19) 347 Anm. 243, der allerdings Hieronymus nur 77 Homilien zuschreibt, da er die 9. Jesajahomilie offensichtlich nicht als echt anerkennt.

chischer Handschriften kurz vor seinem Tod der Bibliothek des Eskorial vermacht.[80] Eine direkte Abschrift davon ist eine vatikanische Papierhandschrift des 16. Jahrhunderts (Codex Vaticanus graec. 623, p. 281–475), die in Rom angefertigt und ausweislich der erhaltenen Quittung am 25. März 1551 bezahlt wurde.[81] Wie so oft, beruht die Überlieferung also auf einem einzigen Zeugen, einer ziemlich fehlerhaften Münchner Handschrift (Codex Monacensis graec. 331 saec. X).[82]

Die Geschichte der Entdeckung der beiden Jeremiahomilienmanuskripte wirft ein Schlaglicht auf den Weg der Überlieferung origeneischer Werke.[83] Als erstes wurde im Jahre 1623 die vatikanische Handschrift von Michael Ghislerius (Ghislieri), einem Regularkleriker im Konvent St. Silvester auf dem Quirinal in Rom und bekannten Exegeten seiner Zeit, entdeckt und publiziert.[84] Der Codex enthält unter anderem zwanzig Homilien (p. 281–510) ohne Überschrift und ohne Verfasserangabe. Am Rand steht jedoch von einer späteren Hand die Notiz ὠριγένους, „von Origenes". Als Ghislerius dieses Manuskript entdeckte, erkannte er bei der Durchsicht voll freudiger Überraschung, dass es sich um Homilien des Origenes zum Buch Jeremia handelt: „Als

80 Zu Hurtado de Mendoza und seiner Sammlertätigkeit siehe Charles GRAUX, Essai sur les Origines du Fonds Grec de l'Escurial. Épisode de l'Histoire de la Renaissance des Lettres en Espagne, Paris 1880, 163–195. Zu den Origenes-Texten in seiner Sammlung gehörte auch die „Apologie gegen Kelsos" (als Nr. 94 in seinem Katalog unter dem Titel „Origenis contra Delium libri 8", die Abschrift eines Codex in Venedig: GRAUX, ebd. 225f. 249. 366; „Delium" ist eine Verschreibung für „Celsum": ebd. 218), die Philokalie (als Nr. 95: ebd. 366) und der Brief des Julius Africanus an Origenes mit dessen Antwort (als Nr. 118: „Africani ad Origenem epistola, Origenis responsio: De historia Suzannae": ebd. 368).

81 Jean GRIBOMONT, in: RBen 87 (1977) 396f., in seiner Rezension zum ersten Band der Ausgabe der Jeremiahomilien von Pierre HUSSON(†)/Pierre NAUTIN, SC 232. 238, Paris 1976. 1977, mit Bezug auf Paul CANART, Les manuscrits copiés par Emmanuel Provataris (1546–1570 environ). Essai d'étude codicologique, in: Mélanges Eugène Tisserant VI/1 (StT 236), Vatikanstadt 1964, 173–287, hier 184.

82 Origenes Werke Dritter Band. Jeremiahomilien, Klageliederkommentar, Erklärung der Samuel- und Königsbücher, hg. von Erich KLOSTERMANN (GCS Orig. 3), Leipzig 1901 (bearbeitet von Pierre NAUTIN, Berlin ²1983), XLVf.

83 Siehe für das Folgende Erich KLOSTERMANN, Die Überlieferung der Jeremiahomilien des Origenes (TU 16/3 = N.F. 1/3), Leipzig 1897, 10–19; KLOSTERMANN, GCS Orig. 3 (wie Anm. 82) XI–XVI. XXXIII–XXXVIII.

84 Michaelis Ghislerii Romani ex clericis regularibus in Jeremiam Prophetam commentarii, item in Baruch, et breves D. Io. Chrysost. in Jeremiam explanationes, et octo Origenis homiliae, quae omnia nunc primum in lucem emittuntur, Tomi III, Lugduni A. D. MDCXXIII. Die Origeneshomilien befinden sich im dritten Band. Zu Ghislerius siehe Bartolomeo MAS, in: DSp 6 (1967) 350f., zu seiner Arbeitsweise im Jeremiakommentar Michael FAULHABER, Die Propheten-Catenen nach römischen Handschriften (BSt[F] 4/2), Freiburg i.Br. 1899, 89–92.

ich mich schließlich erneut in der vatikanischen Bibliothek aufhielt, fiel mir durch eine, wie ich wahrhaft bekennen will, besondere Vorsehung Gottes eine andere griechische Handschrift in die Hände. Als ich diese raschen Blickes durchsah, entdeckte ich in ihr zwanzig Homilien des Origenes über Jeremia. Ich vermag kaum zum Ausdruck zu bringen, mit welch großer Freude mich die Entdeckung dieses so überaus kostbaren Schatzes erfüllte."[85] Ghislerius verglich den Text mit der lateinischen Übersetzung des Hieronymus und stellte fest, dass acht von ihnen lateinisch nicht bezeugt sind. Diese acht Homilien veröffentlichte er zusammen mit einer lateinischen Übersetzung in einem riesigen dreibändigen Jeremiakommentar stückweise an den geeigneten Stellen, dazu die zwanzigste Homilie in der Handschrift (p. 475–510 unter der Überschrift: ὁμιλία εἰκοστή). Deren Zugehörigkeit zu den Jeremiahomilien bezweifelte er zwar; doch stellte er erst nach der Drucklegung fest, dass diese Homilie gar nicht dem Origenes gehört, sondern es sich um die Predigt „Welcher Reiche wird gerettet werden?" (Τίς ὁ σωζόμενος πλούσιος;) des Clemens von Alexandria handelt, die damit ebenfalls entdeckt war.[86]

Auch die Pergamenthandschrift aus dem 11./12. Jahrhundert, die der belgische Jesuit Balthasar Corderius (Cordier) einige Jahre darauf im Eskorial in Madrid entdeckte, enthielt dieselben Homilien ohne den Namen ihres Verfassers (fol. 208ᵛ–326ᵛ die Homilien des Origenes über das Buch Jeremia unter der einfachen Überschrift ἱερεμίας, fol. 326ᵛ–345ʳ die Schrift des Clemens unter dem Titel ὁμιλία). Weil der erste Teil der Handschrift ausschließlich Werke Kyrills von Alexandria enthält, nämlich die Kommentare zu den Propheten Jesaja, Daniel und Ezechiel, und weil auf dem Vorlegeblatt der Handschrift auch die Jeremiahomilien dem Kyrill zugeschrieben sind,[87] schrieb Corderius die Jeremiaho-

85 Ghislerius in der praefatio seiner Ausgabe VII, 4, zitiert aus KLOSTERMANN, Überlieferung der Jeremiahomilien (wie Anm. 83) 11 Anm. 3: „Denique cum item in Vaticana Bibliotheca speciali (ut vere fatear) Dei providentia, quidam in manus meas incidisset Codex alius Graecus, illoque intrinsecus celeri oculorum intuitu perlustrato, viginti in ipso manuscriptas vidissem homilias Origenis super Jeremiam, vix effari possum quanto exinde perfusus sim gaudio ob pretiosissimi eius thesauri inventionem."

86 Siehe dazu die knappen Bemerkungen von Otto STÄHLIN/Ludwig FRÜCHTEL/Ursula TREU, GCS Clem. Al. 3², Berlin 1970, Xf.

87 Auch im Katalog der griechischen Handschriften des Hurtado de Mendoza, der zwar nicht im Original, jedoch in einer gekürzten Fassung erhalten ist, stehen diese Homilien unter dem Namen Kyrills, und zwar unter Nr. 5: „Cyrilli interpretatio in Isaiam, Danielem, cum aliquot homiliis (magnum volumen)": GRAUX, Origines du Fonds Grec de l'Escurial (wie Anm. 80) 360 (vgl. ebd. 254f. unter Nr. 40, Ω.III.19: „19 hom. sur Jérém.").

milien in rund drei Wochen ab und gab sie (ohne die Homilie des Clemens, weil er wohl erkannte, dass sie mit den anderen nichts zu tun hat) im Jahre 1648 unter dem Namen Kyrills heraus.[88] Erst Huet, der 1668 eine maßgebliche Origenes-Gesamtausgabe veröffentlichte,[89] deckte den Irrtum des Corderius auf.[90] Eine spätere Hand wohl des 18. Jahrhunderts trug in den Codex Scorialensis den Vermerk ein, dass die darin enthaltenen Jeremiahomilien nicht dem Kyrill gehören, wie Corderius irrtümlich verbreitet habe, sondern dem Origenes, und notierte zum Text mehrmals die Seiten der Ausgabe des Ghislerius.[91] Nachdem das ganze Mittelalter hindurch und noch in der Zeit der Renaissancegelehrten und Humanisten nur Predigten des Origenes in lateinischer Übersetzung bekannt waren, waren damit durch Zufall, Glück und nicht zuletzt durch den Entdeckungseifer frühneuzeitlicher Gelehrter plötzlich zwanzig griechische Predigten des Origenes vorhanden.

Im 20. Jahrhundert kam zu diesen Weisen der Entdeckung von griechischen Werken des Origenes noch eine hinzu: die archäologische.[92] Im August 1941 wurden in Tura in Ägypten in einem schon von den Pharaonen benutzten Steinbruch rund ein Dutzend Kilometer südlich von Kairo, als die britische Armee dort während des Zweiten Weltkriegs ein Munitionsdepot anlegen wollte, Papyri gefunden, die aus dem Beginn des 7. Jahrhunderts stammen und heute im Museum

---

88 S. P. N. Cyrilli Archiepiscopi Alexandrini homiliae XIX in Jeremiam prophetam hactenus ineditae, ac nunc demum ex antiquissimo codice m. s. Regiae Bibliothecae Scorialensis descriptae et latinitate donatae a Balthasare Corderio Antuerpiensi, Soc. Jesu Theologo, Antverpiae MDCXLVIII. Zu Corderius siehe Paul BROUTIN, in: DSp 2 (1953) 2322f.

89 ΩΡΙΓΕΝΟΥΣ ΤΩΝ ΕΙΣ ΤΑΣ ΘΕΙΑΣ ΓΡΑΦΑΣ ΕΧΗΓΗΤΙΚΩΝ ΑΠΑΝΤΑ ΤΑ ΕΛΛΗΝΙΣΤΙ ΕΥΡΙΣΚΟΜΕΝΑ. Petrus Daniel Huetius Graeca ex antiquis codicibus manu scriptis primus maxima ex parte in lucem edidit; quae iam extabant, varias eorum editiones inter se contulit; Latinas interpretationes partim a se, partim ab aliis elaboratas Graecis adiunxit; universa Notis et Observationibus illustravit, Rothomagi MDCLXVIII, Bd. II, 125–276; Nachdruck Köln 1685, pars prior, 53–202, dazu die Observationes et Notae 10–22.

90 HUET, Origeniana (wie Anm. 53) 250 bzw. III 2,3 Nr. 9 (abgedruckt in PG 17, 1220).

91 KLOSTERMANN, Überlieferung der Jeremiahomilien (wie Anm. 83) 13 Anm. 1.

92 Weitere Fragmente in den Wiener Papyri entdeckte Peter SANZ, Bruchstücke aus dem Genesiskommentar des Origenes / Fragmente einer Homilie des Origenes, in: MPSW N.S. 4, Baden bei Wien 1946, 87–110, jetzt Origenes, in Gen. frg. D 21 METZLER (OWD 1/1, 172–191). Ein früher in der Gießener Universitätsbibliothek entdeckter und Origenes zugeschriebener Papyrustext gilt mittlerweile als unecht: Paul GLAUE, Ein Bruchstück des Origenes über Genesis 1,28 (P. bibl. Univ. Giss. 17), in: MPSG 2, Gießen 1928 (Nachdruck Mailand 1973), 4–35, jetzt Origenes, in Gen. frg. F 1 METZLER (OWD 1/1, 312–317). Zu Origenes in den Papyri allgemein siehe Kathleen MCNAMEE, Origen in the Papyri, in: ClF 27 (1973) 28–53.

von Kairo aufbewahrt werden.[93] Neben Kommentaren des Didymus von Alexandria enthalten sie beträchtliche Exzerpte im Umfang von 59 Papyrusseiten aus den ersten beiden Büchern der „Apologie gegen Kelsos“,[94] 28 Papyrusseiten Stücke aus dem fünften und sechsten Buch des griechischen Römerbriefkommentars mit der Kommentierung von Röm. 3,5–5,7[95] und eine fragmentarische neue Fassung der Predigt über die Wahrsagerin von Endor, die bis dahin in nur einer Handschrift (Codex Monacensis graec. 331 saec. X) und deren Abschriften bekannt war.[96] Vor allem aber bietet dieser Fund zwei bis dahin unbekannte Werke des Origenes. Das eine ist ein Disput mit einem Bischof namens Herakleides und seinen Bischofskollegen über Vater, Sohn und Seele (28 Papyrusseiten),[97] das andere ein Traktat über Ostern (50 Papyrusseiten, von denen drei Viertel arg in Mitleidenschaft gezogen sind).[98] Beide Texte sind in dem Fund nicht vollständig erhalten, bereichern aber die Palette der vorhandenen Werke des Origenes um zwei originelle Farbtupfer. Wir wissen aus der Lebensbeschreibung des Origenes in der Kirchengeschichte des Eusebius von Caesarea, dass Origenes des öfteren zu Synoden eingeladen wurde, um theologische Streitfragen klären zu helfen. Der Disput mit Herakleides liefert uns die Mitschrift

---

93 Erstinformationen dazu bei Octave GUÉRAUD, Note préliminaire sur les papyrus d'Origène découverts à Toura, in: RHR 131 (1946) 85–108, und Henri-Charles PUECH, Les nouveaux écrits d'Origène et de Didyme découverts à Toura, in: RHPhR 31 (1951) 293–329.

94 Editio princeps: Jean SCHERER, Extraits des livres I et II du Contre Celse d'Origène d'après le papyrus n° 88747 du Musée du Caire (Institut Français d'Archéologie Orientale. Bibliothèque d'Étude 28), Kairo 1956. Die neuen Teile dieser Schrift haben Folgen für ihre frühe Textgeschichte und die Textgestaltung (ebd. 29–58; vgl. oben Anm. 58), die in der Ausgabe von Marcel BORRET, Contre Celse. Tome I (Livres I et II) (SC 132), Paris 1967, umgesetzt sind.

95 Editio princeps: Jean SCHERER, Le Commentaire d'Origène sur Rom. III.5–V.7 d'après les extraits du papyrus n° 88748 du Musée du Caire et les fragments de la Philocalie et du Vaticanus gr. 762. Essai de reconstitution du texte et de la pensée des tomes V et VI du „Commentaire sur l'Épître aux Romains“ (Institut Français d'Archéologie Orientale. Bibliothèque d'Étude 27), Kairo 1957.

96 Ediert von GUÉRAUD, Note préliminaire (wie Anm. 93) 99–108 und von Pierre NAUTIN, in: GCS Orig. 3[2], Berlin 1983, 354–356. Siehe auch Origène, Homélies sur Samuel, édition critique, introduction, traduction et notes par Pierre et Marie-Thérès NAUTIN (SC 328), Paris 1986, 11–19.

97 Editio princeps: Jean SCHERER, Entretien d'Origène avec Héraclide et les évêques ses collègues, sur le Père, le Fils, et l'âme (Publications de la Société Fouad Ier de Papyrologie. Textes et documents 9), Kairo 1949. Neuausgabe mit französischer Übersetzung: Origène, Entretien avec Héraclide, introduction, texte, traduction et notes par Jean SCHERER (SC 67), Paris 1960 ([2]2002).

98 Editio princeps: Origène, Sur la Pâque. Traité inédit publié d'après un papyrus de Toura par Octave GUÉRAUD/Pierre NAUTIN (CAnt 2), Paris 1979.

einer solchen Diskussion (die vielleicht in Arabien zwischen 244 und 249 stattfand[99]), in der Origenes erst dem Bischof Fragen stellt, dieser sich heillos in Widersprüche verheddert – es geht, das sei zu seiner Ehrenrettung gesagt, um ausgesprochen diffizile trinitätstheologische Sprachregelungen jener Zeit – und Origenes ihn schließlich erlöst, indem er in einer längeren Erörterung die Zusammenhänge darlegt. Der in Caesarea entstandene[100] Traktat über das Pascha bereichert das Spektrum der christlichen Deutungen des jüdischen Pascha damit, dass es sich nach Origenes' Ansicht nicht, wie es gängige Auffassung war, auf die Passion Christi beziehen lasse, weil es nicht mit dem griechischen Wort für „Leiden" (πάσχω, πάθος) zu verbinden ist, sondern hebräisch „Übergang" (φας = διάβασις) bedeutet[101] – was ziemlich originell ist.[102]

Die lateinische Überlieferung der Werke des Origenes[103] war im Vergleich zur griechischen immer viel breiter und reicht deutlich weiter zurück bis in karolingische Zeit und sogar davor. Auch hier gibt es zwar von manchen Predigtserien relativ wenige Handschriften, so für die von Hieronymus übersetzten 39 Lukashomilien nur dreizehn (die ältesten befinden sich in Cambridge, Corpus Christi College Ms. 334 saec. VIII/IX, und in Florenz, Biblioteca Laurenziana S. Marco 610 s. VIII/IX).[104] Von anderen Predigten hingegen, etwa von den von Rufinus übersetzten Heptateuchhomilien (zu Genesis bis Richter, ohne Deuteronomium), gibt es Dutzende von Handschriften (von den populären Genesishomilien über hundert)[105] – dasselbe gilt für die lateinische Sa-

---

99 Siehe die Vermutungen von SCHERER, SC 67 (wie Anm. 97) 19–21, für diese Daten.

100 Siehe dafür GUÉRAUD/NAUTIN, Sur la Pâque (wie Anm. 98) 103–110.

101 Origenes, pasch. 1,1–18 (p. 154 GUÉRAUD/NAUTIN); 12,22–16,4 (p. 176–184).

102 Siehe dazu Norbert BROX, Pascha und Passion. Eine neugefundene Exegese des Origenes (De Pascha 12,22–16,4), in: Karl KERTELGE (Hg.), Christus bezeugen. Festschrift für Wolfgang Trilling, Freiburg/Basel/Wien 1992, 267–274, erneut in: Norbert BROX, Das Frühchristentum. Schriften zur Historischen Theologie, hg. von Franz DÜNZL/ Alfons FÜRST/Ferdinand Rupert PROSTMEIER, Freiburg/Basel/Wien 2000, 375–383.

103 Der Handschriftenbestand der Bibliotheken ist zusammengestellt bei Albert SIEGMUND, Die Überlieferung der griechischen christlichen Literatur in der lateinischen Kirche bis zum zwölften Jahrhundert (ABBA 5), München 1949, 110–123.

104 Origenes Werke Neunter Band. Die Homilien zu Lukas in der Übersetzung des Hieronymus und die griechischen Reste der Homilien und des Lukas-Kommentars, hg. von Max RAUER (GCS Orig. 9), Leipzig 1930 (Berlin ^{2}1959), XX–XXXIV. Zu den griechischen Fragmenten der Lukaskommentierung des Origenes siehe ebd. XXXIV–LX, und zu beidem siehe ders., Form und Überlieferung der Lukas-Homilien des Origenes (TU 47/3 = 4. Reihe 2/3), Leipzig 1932.

105 Wilhelm Adolf BAEHRENS, Überlieferung und Textgeschichte der lateinisch erhaltenen Origeneshomilien zum Alten Testament (TU 42/1 = 3. Reihe 12/1), Leipzig 1916, 1–130; Kurzfassung der Ergebnisse in: Origenes Werke. Sechster Band. Homilien

muelhomilie,[106] für den Hoheliedkommentar und für die beiden von Hieronymus übertragenen Hoheliedhomilien[107] –, von den von Hieronymus übersetzten Prophetenhomilien (Jesaja, Jeremia, Ezechiel) etwa siebzig.[108] Eine zentrale Rolle dafür spielten das Kloster des Eugippius bei Castellum Lucullanum in Neapel und das 540 gegründete Kloster Vivarium des Cassiodor in Kalabrien, wo die erreichbaren Handschriften von Origenes-Texten gesammelt wurden.[109] Von dort aus gelangten diese in das gesamte westliche Europa (vor allem nach Bobbio), wobei irisch-angelsächsiche Vermittlung eine wichtige Rolle gespielt haben dürfte.[110] Auf diese Weise blieben viele Origenespredigten in breiter Bezeugung erhalten, doch ist die lateinische Überlieferung aus zwei Gründen mit einer gewissen Vorsicht zu benutzen.

Zum einen handelt es sich bei den erhaltenen lateinischen Predigtcorpora oft um Auswahlübersetzungen aus einem ursprünglich größeren Fundus an Origenespredigten. So hat Hieronymus von den 25 (oder 32)[111] griechischen Jesajahomilien lediglich neun in das Lateinische übersetzt, die ihn thematisch interessierten, vor allem die Predigten zur Gottesvision und zum Verstockungsbefehl in Jes. 6.[112] Auch die 16 Genesishomilien bilden eine Auswahl aus einem größeren Fundus von wohl drei Predigtzyklen über dieses biblische Buch.[113]

---

zum Hexateuch in Rufins Übersetzung. Erster Teil: Die Homilien zu Genesis, Exodus und Leviticus, hg. von dems. (GCS Orig. 6), Leipzig 1920, IX–XXVI, und in: Origenes Werke. Siebenter Band. Homilien zum Hexateuch in Rufins Übersetzung. Zweiter Teil: Die Homilien zu Numeri, Josua und Judices, hg. von dems. (GCS Orig. 7), Leipzig 1921, IX–XXXII.

106 BAEHRENS, Überlieferung und Textgeschichte (wie Anm. 105) 200–206.

107 BAEHRENS, ebd. 131–185. Kurzfassung zu beidem in: Origenes Werke. Achter Band. Homilien zu Samuel I, zum Hohelied und zu den Propheten. Kommentar zum Hohelied in Rufins und Hieronymus' Übersetzungen, hg. von dems. (GCS Orig. 8), Leipzig 1925, IX–XXVIII.

108 BAEHRENS, Überlieferung und Textgeschichte (wie Anm. 105) 207–231; ders., GCS Orig. 8 (wie Anm. 107) XXVIII–XXXV.

109 Vgl. Cassiodor, inst. I 1,8 (p. 14 MYNORS). Siehe BAEHRENS, Überlieferung und Textgeschichte (wie Anm. 105) 186–199.

110 So RAUER, GCS Orig. 9[2] (wie Anm. 104) XXXII, für die Lukashomilien.

111 Die erste Zahl bei Hieronymus, in Es. I 1 (VL.AGLB 23, 138), die zweite ep. 33,4 (CSEL 54, 257).

112 Siehe dazu: Origenes, Die Homilien zum Buch Jesaja. Im Anhang: Fragmente und Zeugnisse des Jesajakommentars und: Theophilus von Alexandria, Traktat gegen Origenes über die Vision Jesajas, eingeleitet und übersetzt von Alfons FÜRST/Christian HENGSTERMANN (OWD 10), Berlin/New York – Freiburg/Basel/Wien 2009, 27–34.

113 Nachgewiesen von Manlio SIMONETTI, Le *Omelie sulla Genesi* di Origene. Un'antologia?, in: Adele MONACI CASTAGNO (Hg.), La biografia di Origene fra storia e agiogra-

Zum anderen haben beide Übersetzer, Rufinus wie Hieronymus, den Text des Origenes, an denen dieser dogmatisch verdächtig zu sein schien, im Sinne der Orthodoxie ihrer Zeit verändert, sei es durch Zusätze, sei es durch Auslassungen, sei es durch Modifizierung des Textes. So hat Hieronymus die Auslegung der Gottesvision in Jes. 6 durch Origenes, die viel Kritik auf sich gezogen hat (Origenes deutete die Seraphim als Symbole für den Sohn Gottes und den Heiligen Geist), mit einem im Sinne des 4. Jahrhunderts dogmatisch korrekten Satz ergänzt, um der Kritik die Spitze zu nehmen.[114] Diesen Zusatz hat er aber in seiner Übersetzung nicht als solchen gekennzeichnet, und auch sonst hat er ihn verschwiegen. Wir wissen aber darum, weil Rufinus, sein früherer Freund und späterer erbitterter Gegner, ihn aufgedeckt hat: In einer Kritik an der Übersetzungsmethode des Hieronymus zitierte er den fraglichen Satz wörtlich als Beispiel für eine Ergänzung des Hieronymus im Text des Origenes.[115] An insgesamt nicht vielen, aber doch einigen wenigen Stellen ist Hieronymus ebenso verfahren, dass er trinitätstheologisch kritische Stellen in den Predigten des Origenes an die Standards der Orthodoxie seiner Zeit anpasste.[116] Das Pikante daran: Rufinus ist in seinen Übersetzungen genauso verfahren, und das noch viel extensiver als Hieronymus, und hat sich für seine Übertragungspraxis explizit auf diesen berufen.[117] So muss in den lateinischen Übersetzungen jeweils kritisch geprüft werden, ob und wenn ja, in welcher Form und in welchem Ausmaß die Übersetzer möglicherweise den Text verändert haben – was beim Übersetzen unausweichlich immer geschieht, weil alles Übersetzen Interpretieren ist, und was in der Spätantike noch viel mehr so war, weil die Übersetzer sich

---

fia (Biblioteca di Adamantius 1), Villa Verucchio 2004, 259–273, bes. 265. 270 (dazu die Hinweise von Maria Ignazia DANIELI, ebd. 275–278). Siehe jetzt auch: Origenes, Die Homilien zum Buch Genesis, eingeleitet und übersetzt von Peter HABERMEHL (OWD 1/2), Berlin/New York – Freiburg/Basel/Wien 2011, 4–8.

114 Die fragliche Stelle steht in der Hieronymus-Übersetzung von Origenes, in Is. hom. 1,2 (GCS Orig. 8, 244f.).

115 Rufinus, apol. c. Hieron. II 31.50 (CChr.SL 20, 106f. 122).

116 Siehe dazu FÜRST/HENGSTERMANN, OWD 10 (wie Anm. 112) 171–176, wo die ausführliche Untersuchung dazu (in diesem Band Nr. 11) zusammengefasst ist. Siehe auch Alfons FÜRST, Jerome Keeping Silent. Origen and his Exegesis of Isaiah, in: Andrew CAIN/Josef LÖSSL (Hg.), Jerome of Stridon. His Life, Writings and Legacy, Farnham/Burlington 2009, 141–152; ders., Origen losing his text. The fate of Origen as a writer in Jerome's Latin translation of the *Homilies on Isaiah*, in: S. KACZMAREK/ Henryk PIETRAS (Hg.), Origeniana Decima. Origen as writer (BEThL 244), Leuven 2011, 689–701 (im Druck).

117 Rufinus, princ. Orig. praef. 2 (CChr.SL 20, 245); apol. c. Hieron. II 31 (CChr.SL 20, 106).

zugleich als Transformatoren des Textes nicht nur in eine andere Sprache, sondern auch in ihre Zeit und Welt verstanden und sich so zu Modifizierungen berechtigt sahen, die wir heute als Verfälschungen bezeichnen würden – kurz, mit dem bekannten italienischen Bonmot: *traduttore – traditore*.[118] So hielt Rufinus es „für sein Recht und für seine Pflicht, als Origenes-Übersetzer nicht sklavisch-buchstäblich, sondern souverän-sinnbezogen mit dem griechischen Originaltext umzugehen".[119] Generell kann man sagen, dass die lateinischen Übersetzungen zwar die Gedanken des Origenes wiedergeben und dies auch grundsätzlich und weitgehend getreu tun,[120] dass der genaue Wortlaut aber jeweils genau auf seine Authentizität hin geprüft werden muss.[121] Es ist mit stilistischen oder erläuternden Zusätzen zu rechnen – was bei Erklärungen schwierig zu übersetzender griechischer Wörter offenkundig ist[122] und was Rufinus explizit zugegeben hat[123] –, mit der Ausmalung von Bildern und mit Steigerung des Ausdrucks, aber auch mit Kürzungen. Das macht das Edieren und Übersetzen zu einem nicht leichten Unterfangen, weil die genaue Textgestalt oft umstritten ist, noch mehr aber das Interpretieren, weil man sich tunlichst auf die griechisch überlieferten Werke stützen und von diesen aus die lateinischen berücksichtigen sollte.

---

118 Zu den Übersetzungsprinzipien und Methoden der Antike siehe Heinrich MARTI, Übersetzer der Augustin-Zeit. Intepretation von Selbstzeugnissen (STA 14), München 1974; Alfons FÜRST, Hieronymus. Askese und Wissenschaft in der Spätantike, Freiburg/Basel/Wien 2003, 88–90.

119 NEUSCHÄFER, Origenes als Philologe (wie Anm. 19) 47.

120 Das hat für die zwölf Jeremiahomilien, für die auch das griechische Original vorliegt, Vittorio PERI, I passi sulla Trinità nelle omelie origeniane tradotte in latino da san Gerolamo, in: StPatr VI (TU 81), Berlin 1962, 155–180, hier 157–164, nachgewiesen. Siehe auch KLOSTERMANN, Überlieferung der Jeremiahomilien (wie Anm. 83) 19–31. Hieronymus' Übersetzung der Lukashomilien beurteilte RAUER, GCS Orig. 9^2 (wie Anm. 104) XV, folgendermaßen: „Im übrigen zeigt der Vergleich mit den erhaltenen griechischen Texten, dass wir der Übersetzung des Hieronymus Vertrauen schenken können. Sie zeigt den flüssigen geschmeidigen Stil des erfahrenen Interpreten und ist wort- und sinngetreu."

121 So auch das Urteil von TRIGG, Bible and Philosophy (wie Anm. 50) 176: „Jerome and Rufinus transmitted the basic content of Origen's homilies, but not their style; they did not hesitate to condense passages they found tedious and to embellish those they considered too plain."

122 Vgl. beispielsweise Origenes, in Lev. hom. 5,12 (GCS Orig. 6, 355); in Num. hom. 27,12 (GCS Orig. 7, 275); in Cant. comm. III (GCS Orig. 8, 180) bzw. III 5,2 (SC 376, 524). Siehe NEUSCHÄFER, Origenes als Philologe (wie Anm. 19) 47–51, mit Beispielen für solche Ergänzungen in Hieronymusübersetzungen ebd. 49f. und dazu 350 Anm. 266–269; 440 Anm. 403.

123 Rufinus, princ. Orig. praef. 3 (CChr.SL 20, 246); in Rom. comm. Orig. epil. (CChr.SL 20, 276).

Diese Zusammenhänge haben dazu geführt, dass das spekulative Hauptwerk des Origenes, für das er gleichzeitig zum Klassiker und zum Ketzer geworden ist, nur in einer mehr oder weniger bearbeiteten lateinischen Übersetzung des Rufinus vorliegt.[124] Die Rede ist von Περὶ ἀρχῶν/*De principiis*, „Über die ersten Prinzipien". In diesem Werk, das Origenes in Alexandria in der ersten Dekade seines schriftstellerischen Wirkens schrieb und das vielleicht aus Vorlesungen hervorgegangen ist,[125] erläutert er im Stile eines philosophischen systematischen Werkes jener Zeit die christlichen Prinzipien von Gott, Welt und Mensch. Die vier Bücher sind der erste systematische Entwurf der christlichen Theologiegeschichte und begründen die Gattung theologischer systematischer Traktate. Origenes entwickelt darin seine oft kühnen Ideen über die Trinität (das christliche Gottesbild), über Anfang und Ende der Geschichte mit der Hoffnung auf Erlösung aller Menschen (die Apokatastasis), über die Freiheit als das grundlegende Merkmal des Menschseins, und er entwirft die erste Hermeneutik der Bibel und Grundsätze für ihre Auslegung. Er tat das nicht thetisch behauptend – weshalb es verfehlt ist, das Werk als ‚Dogmatik' anzusprechen –, sondern in einem suchenden, hypothetischen Stil: Er stellt Fragen und spielt Antwortmöglichkeiten durch, er lässt seine Optionen und Sympathien erkennen, aber er erörtert und diskutiert die Probleme ohne den Anspruch, sie abschließend und definitiv zu klären. Das erinnert zum einen an den sokratischen Stil des Philosophierens, der in den Dialogen Platons präsentiert wird, zum anderen an den akademischen Denk- und Diskussionsstil unserer Tage, weshalb Origenes gerade heute ein attraktiver Gesprächspartner aus der Vergangenheit ist.[126]

In der Spätantike ist ihm freilich gerade dies zum Verhängnis geworden. Man hat seine Überlegungen nicht als „theologie en recherche" gelesen,[127] sondern als feste Aussagen genommen, und man hat ihm sein Erwägen verschiedener Möglichkeiten und sein Einbeziehen vieler, auch nichtchristlicher Traditionen als mangelnde Kirchlichkeit

---

124 Die Lücken, Zusätze und Ungenauigkeiten in Rufins Übersetzung sind aufgelistet in: Origenes Werke Fünfter Band. De principiis [Περὶ ἀρχῶν], hg. von Paul KOETSCHAU (GCS Orig. 5), Leipzig 1913, CXXVIII–CXXXVII.

125 KOETSCHAU, ebd. XIII.

126 Siehe dazu jetzt Alfons FÜRST, Origenes und seine Bedeutung für die Theologie- und Geistesgeschichte Europas und des Vorderen Orients, in: ders. (Hg.), Origenes und sein Erbe in Orient und Okzident (Adamantiana 1), Münster 2011, 9–25, hier 11–16.

127 So die bekannte und oft zitierte Formel von Henri CROUZEL, Qu'a voulu faire Origène en composant le *Traité des Principes*?, in: BLE 76 (1975) 161–186. 241–260, hier 248; vgl. ders., Actualité d'Origène. Rapports de la foi et des cultures. Une théologie en recherche, in: NRTh 102 (1980) 386–399, hier 394–398; ders., Origène, Paris/Namur 1985, 216–223.

vorgeworfen. In Zeiten, in denen die christlichen Lehrinhalte in festere Formen gegossen wurden (in Glaubensbekenntnisse und Dogmen), war mit dem offenen und dialogischen Denken des Origenes nicht mehr so viel anzufangen. Seine Theologie verfiel dem Verdacht der Häresie.[128] Die Kritik wurde meist an Aussagen in „Über die ersten Prinzipien" festgemacht, denn darin ging Origenes prägnant all den Fragen und Ideen nach, die ihm später als häretisch vorgehalten wurden.[129]

Das hatte Folgen für die Textüberlieferung. Der griechische Text ist bis auf zwei große und wertvolle Stücke in der Philokalie verloren. Der letzte, der nach unserer Kenntnis Περὶ ἀρχῶν vollständig auf Griechisch in der Hand hatte und las, war der byzantinische Patriarch Photius im 9. Jahrhundert.[130] Die beiden Stücke in der Philokalie betreffen die Willensfreiheit[131] und die Schrifthermeneutik[132] – das waren Themen, die auch in der späteren Theologie grundlegend waren und daher tradiert werden konnten. Rufinus wollte Origenes gegen die zunehmenden Angriffe gleichsam retten und erstellte Ende des 4. Jahrhunderts eine Übersetzung, in der er die dogmatisch kritischen Passagen glättete – die einzige heute vollständige Fassung, die in zahlreichen (nämlich 34) Handschriften überliefert ist.[133] Die sieben wichtigsten lassen sich zu zwei Gruppen ordnen, die nach Paul Koetschau auf einen nicht erhaltenen, aber rekonstruierbaren Codex zurückgehen, der sich im 6. Jahrhundert in Castellum Lucullanum (Pizzofalcone) bei Neapel befand (weshalb Koetschau ihn Codex Lucullanus nennt), wo ein Diakon namens Donatus ihn im Jahre 562 gelesen (und dabei vermutlich auch korrigiert) hat. Möglicherweise befand er sich schon früher im dort Ende des 5. Jahrhunderts entstandenen Kloster des Eugippius, das mit seiner gut ausgestatteten Bibliothek und einem produktiven Scriptorium ein Zentrum der religiösen Kultur Italiens in der zu Ende gehenden Antike war, womit der Codex nicht weit, etwa hundert Jahre,

---

128 Lorenzo PERRONE, Der formale Aspekt der origeneischen Argumentation in den Auseinandersetzungen des 4. Jahrhunderts, in: Wolfgang A. BIENERT/Uwe KÜHNEWEG (Hg.), Origeniana septima. Origenes in den Auseinandersetzungen des 4. Jahrhunderts (BEThL 137), Leuven 1999, 119–134.

129 Ausgewählte Zeugnisse dazu bei KOETSCHAU, GCS Orig. 5 (wie Anm. 124) XV–XXIII.

130 Photius, bibl. 8 (p. 9f. HENRY): KOETSCHAU, ebd. XXIII.

131 Philoc. 21 (p. 152–177 ROBINSON) = Origenes, princ. III 1 (GCS Orig. 5, 195–244).

132 Philoc. 1,1–27 (p. 7–33 ROBINSON) = Origenes, princ. IV 1,1–3,11 (GCS Orig. 5, 292–341). Vgl. KOETSCHAU, GCS Orig. 5 (wie Anm. 124) CI–CV.

133 Zusammengestellt und beschrieben bei KOETSCHAU, ebd. XXIII–XLVI.

vom Original Rufins entfernt ist.[134] Gegen die Übertragung Rufins fertigte Hieronymus eine zweite an, in der er die dogmatisch kritischen Passagen stark hervorhob und dadurch in die Gegenrichtung überzeichnete; von dieser sehr wörtlichen Übersetzung sind allerdings nur Fragmente erhalten,[135] aus denen hervorgeht, dass Hieronymus zu definitiven Aussagen machte, was Origenes fragend erörtert hatte. Dazu kommen in der Mehrzahl griechische Fragmente bei Gegnern des Origenes, die allesamt mit Vorsicht zu verwenden sind.[136] Dieses Werk des Origenes, eines der großen Werke der Theologiegeschichte, zu edieren, zu übersetzen und zu interpretieren ist in jedem Absatz ein heikles Unterfangen – aber ungemein lohnend wegen der Fülle und Tiefe der Gedanken darin.

Der Klassiker Origenes ist vom Ketzer Origenes nicht zu trennen. Dieselben Werke, dieselben Stellen stehen für beides. Ein Kopist oder Leser hat das auf der letzten Seite der Auszüge aus dem Römerbriefkommentar, die in den Tura-Papyri gefunden wurden, bereits im 7. Jahrhundert so formuliert: „Ich bekenne, dass ich dich (sc. Origenes) stets als Genie bewundere, niemals aber als rechtgläubig anerkenne."[137] Die Überlieferung seiner Schriften ist ein Spiegel dieses unauflösbaren Zusammenhangs. Origenes zu lesen und zu verstehen ist aufgrund der komplizierten und oft schlechten Überlieferungslage ein mühsames Unterfangen, aber wer sich dieser Mühe unterzieht, wird reich beschenkt.

---

134 Siehe für diese Rekonstruktion ebd. XLVI–LXVI, bes. LVIII–LXIII. Die Annahme, eine Abschrift sei direkt aus den Händen des Rufinus durch Vermittlung des Paulinus von Nola dorthin gelangt (ebd. LXIIf.), ist allerdings noch hypothetischer als diese ganzen Rückschlüsse.

135 Etwa 50 Bruchstücke in einem Brief aus dem Jahr 408: Hieronymus, ep. 124 (CSEL 56, 96–117), dazu Zitate in anderen Hieronymusschriften, bes. c. Ioh. Hieros. 7 (CChr.SL 79A, 13); 16 (79A, 26f.); 19 (79A, 31): KOETSCHAU, ebd. LXXXVIII–XCV.

136 KOETSCHAU, ebd. LXXVII–LXXXVII (Pamphilus). XCV–C (Zitate aus Rufins Übersetzung). CV–CXV (Justinian). CXV–CXXV (weitere griechische Fragmente).

137 SCHERER, Commentaire d'Origène sur Rom. III.5–V.7 (wie Anm. 95) 4 (vgl. ebd. 49 und 232 app. crit.): Μαρτύρομαι ὡς ἀεί σε θαυμάζω ὡς ἐλλόγιμον, οὐδέποτε δὲ ἀναγινώσκω ὡς ὀρθόδοξον. PUECH, Les nouveaux écrits d'Origène (wie Anm. 93) 308, zitiert eine analoge Formulierung des Georg von Korkyra: Τινὰς γὰρ αὐτῶν ῥήσεις οὐκ ἀποδεχόμεθα, καίτοι τἆλλα σφόδρα θαυμάζονται, und schließt auf einen Leser als Autor, doch ist das nicht entscheidbar. Vgl. SCHERER, ebd. 5, und NEUSCHÄFER, Origenes als Philologe (wie Anm. 19) 337 Anm. 185, der auf ein ähnlich reserviertes Urteil zu einer origeneischen Auslegung in den Fragmenten zur Lukaskommentierung hinweist, in Luc. frg. 165 RAUER (GCS Orig. 9^2, 294): Ταῦτα εἴρηται μὲν Ὠριγένει· Εἰ δέ τῳ δοκεῖ σπουδαῖα, δοκείτω. Ἐμοὶ γὰρ οὐκ ἀρέσκει ὡς ἀντιλογίας ἔχοντα.

Hieronymus

Hieronymus gegen Origenes

Die Vision Jesajas im ersten Origenismusstreit*

1. Prolog: Das Buch Jesaja in der antiken christlichen Literatur

Das Buch des Propheten Jesaja spielte in der antiken christlichen Literatur eine herausragende Rolle. Im Neuen Testament begegnet es, nächst dem Psalter, von allen Schriften des Alten Testaments am häufigsten.[1] Jesaja wird vom Neuen Testament als der messianische Prophet par excellence angesehen. In den Schriften der Kirchenväter behauptet er diese Stellung, das Jesajabuch wird ausgiebig benutzt,[2] das Trishagion aus Jes. 6,3 findet Eingang in die christliche Liturgie.[3] Vollständige Kommentare sind, wohl wegen des großen Umfangs, nur wenige geschrieben worden; noch weniger sind erhalten.[4]

Letzteres gilt gleich für den ersten christlichen Jesajakommentar, von dem wir wissen, dem des Origenes.[5] Laut Eusebius von Caesarea[6] und Hieronymus[7] hat Origenes auf der Basis der Hexapla einen Kommentar in 30 Büchern „bis [200] zur Vision der Vierfüßigen in der Wüste" (bis Jes. 30,5) verfasst,[8] dessen 26. Buch schon Hieronymus nicht

---

* Revue d'Études Augustiniennes et Patristiques 53 (2007) 199–233.

1 Pierre JAY, Art. Jesaja, in: RAC 17 (1996) 764–821, hier 787–792, bes. 787: ungefähr 50 explizite Zitate aus etwa 40 Stellen der Jesajasammlung, dazu in sogar noch größerer Zahl mannigfaltige Rückverweise, Anspielungen und bewusste Reminiszenzen, v.a. in der Offenbarung des Johannes (vgl. ebd. 790f.).

2 Ebd. 795–805.

3 Ebd. 794f. mit Literaturhinweisen.

4 Ebd. 805–811; Manlio SIMONETTI, Uno sguardo d'insieme sull'esegesi patristica di *Isaia* fra IV e V secolo, in: ASEs 1 (1984) 9–44; Roger GRYSON/Dominique SZMATULA, Les commentaires patristiques sur Isaïe d'Origène à Jérôme, in: RÉAug 36 (1990) 3–41.

5 GRYSON/SZMATULA, ebd. 12–33.

6 Eusebius, hist. eccl. VI 32,1 (GCS Eus. 2, 586); in Is. 98 (GCS Eus. 9, 195,20f.).

7 Hieronymus, in Es. I 1 (VL.AGLB 23, 137f.). Vgl. auch Origenes, Cels. VII 11 (GCS Orig. 2, 162,26f.).

8 Diese Vision selbst in Jes. 30,6f. hat Origenes offenbar nicht mehr kommentiert: GRYSON/SZMATULA, Les commentaires patristiques (wie Anm. 4) 13. 15.

mehr vorlag[9] und von dem insgesamt lediglich drei Fragmente in der Apologie des Pamphilus erhalten sind: eines aus dem ersten Buch (wohl zu Jes. 1,2) über Christus, den einzigen Sohn Gottes,[10] zwei aus dem 28. Buch (zu Jes. 26,19) über die Auferstehung.[11] Ferner erwähnt Hieronymus zwei Bücher *Ad Gratam* über die genannte Vision, die schon zu seiner Zeit als pseudepigraphisch galten, und 25 Homilien über Jesaja,[12] von denen neun in einer von ihm angefertigten lateinischen Übersetzung erhalten sind, dazu schließlich glossarische Erläuterungen,[13] denen wohl zwei Stücke über Jes. 39,7 und 66,1 aus den Jesajakatenen zugeordnet werden können.[14]

Die Jesajahomilien des Origenes werden in der Forschung wenig beachtet. Ihr Text ist an vielen Stellen schwierig. Im Folgenden geht es um ein paar Beobachtungen zu dem Aspekt der Jesajaauslegung des Origenes, der in der Alten Kirche am meisten Aufsehen erregt hat, nämlich die Deutung der beiden Seraphim in Jes. 6,2f. als Sohn Gottes und Heiliger Geist.[15] Das Ganze liefert ein Lehrstück über die Verzerrungen, denen nicht wenige Texte und Gedanken des Origenes im Laufe der Überlieferung bis zur Unkenntlichkeit ausgesetzt waren, über die oft nicht gerade feinen Methoden, mit denen seine Anhänger wie seine Gegner dabei zu Werke gingen, und in einem größeren Rahmen über die Rolle individueller Bedürfnisse und Absichten in der Entwicklung der christlichen Theologiegeschichte.

2. Origenes über die Vision Jesajas

In fünf der neun erhaltenen Jesajahomilien kommt Origenes auf die Vision in Jes. 6 zu sprechen. In den anderen vier Homilien erörtert er in

---

9 Umstritten ist, wie die Zahl von 36 Büchern bei Hieronymus, ep. 33,4 (CSEL 54, 255,17), zu erklären ist. Siehe GRYSON/SZMATULA, Les commentaires patristiques (wie Anm. 4) 13–15, und dagegen JAY, Jesaja (wie Anm. 1) 805.

10 Pamphilus, apol. Orig. 116 (FC 80, 336f.).

11 Ebd. 136–139 (80, 354–359). Dazu kommt die Notiz bei Hieronymus, adv. Rufin. I 13 (CChr.SL 79, 13,26–31), Origenes habe im 30. Buch zu Jes. 29,1 die Deutung des jüdischen „Patriarchen" Jullus (Hiullus = Hillel, der Sohn des Patriarchen Gamaliel III.?), eines Zeitgenossen, aufgegriffen und seine frühere Meinung über diese Stelle entsprechend geändert.

12 Abweichend davon nennt Hieronymus, ep. 33,4 (CSEL 54, 257,14), 32 Homilien.

13 Hieronymus, in Es. I 1 (VL.AGLB 23, 138,88f.); ep. 33,4 (CSEL 54, 255,18).

14 GRYSON/SZMATULA, Les commentaires patristiques (wie Anm. 4) 33. – Alle diese Stücke jetzt in FÜRST/HENGSTERMANN, OWD 10, 308–313.

15 JAY, Jesaja (wie Anm. 1) 812–814.

der zweiten Jes. 7,12–15 (darin mit Jes. 7,14 einen Haupttext des Jesajabuches für die [201] Kirchenväter[16]), in der dritten Jes. 11,1f., in der siebten 8,18–20 und in der achten 10,10–14. Was die Vision betrifft, geht er auf verschiedene Verse ein und bringt verschiedene Gedanken, wiederholt sich also nicht einfach. In der sechsten und in der neunten Homilie widmet er sich vor allem Jes. 6,8–10: Die dem Propheten in Jes. 6,9f. auferlegte Verstockungsmission war schon im Neuen Testament wiederholt verwendet worden[17] und wurde von da aus zu einem der bevorzugten christlichen Argumente in der antijüdischen Apologetik. Außerhalb der großen Kommentare begegnet man dieser Stelle daher vorwiegend bei entsprechend engagierten Autoren, aber auch bei vielen anderen.[18] Über die Seraphim äußert Origenes sich in diesen beiden Homilien nicht. In der fünften Homilie begegnen dieselben Ausführungen zur Zeitangabe in Jes. 6,1 wie in der ersten,[19] aber ebenfalls nichts zu den Seraphim. Nur in zwei Homilien steht die Deutung der Seraphim in Jes. 6,2f. als Sohn Gottes und Heiliger Geist, und nur in der ersten Homilie sagt Origenes etwas mehr dazu, während in der vierten Homilie diese Auffassung nur indirekt zur Sprache kommt. Angesichts des Wirbels, den diese Sätze ausgelöst haben, seien die einzelnen Stellen im Wortlaut wiedergegeben:

Aus der ersten Homilie:

Scriptum uero est: „stabant in circuitu eius, sex alae uni et sex alae alteri; et duabus quidem uelabant faciem et duabus uelabant pedes, et duabus uolabant; et clamabant alter ad alterum“ (Jes. 6,2f.). *Verum haec „Seraphim“, quae circa Deum sunt, quae sola cognitione dicunt: „Sanctus, Sanctus, Sanctus!“* (Jes. 6,3), *propter hoc seruant mysterium Trinitatis, quia et ipsa sunt sancta; his enim in omnibus,*

16 Ebd. 814f. Siehe dazu Adam KAMESAR, The virgin of Isaiah 7:14. The philological argument from the second to the fifth century, in: JThS N.S. 41 (1990) 51–75; Francesco PIERI, Il concepimento verginale e l'argomento biblico di Is 7,14 nell'esegesi di Girolamo, tra polemica ed apologia, in: Theotokos 11 (2003) 363–384.

17 Vgl. Mk. 4,12; Mt. 13,14f.; Lk. 8,10; Joh. 12,40; Apg. 28,26f. Siehe darüber Joachim GNILKA, Die Verstockung Israels. Isaias 6,9–10 in der Theologie der Synoptiker, München 1961.

18 Stellenhinweise bei JAY, Jesaja (wie Anm. 1) 813, und Craig A. EVANS, Isaiah 6:9–10 in Rabbinic and Patristic Writings, in: VigChr 36 (1982) 275–281, z.B. auch Hieronymus, ep. 18A,16 (CSEL 54, 96,4–8). Ausführlich: Craig A. EVANS, To see and not perceive. Isaiah 6.9–10 in Early Jewish and Christian Interpretation, Sheffield 1989, bes. 137–162. Anders als in den Schriften der Kirchenväter wird Jes. 6,9f. in der rabbinischen Tradition kaum erwähnt, und: „It seems that the original idea of the Hebrew text is completely lost, or at least unacceptable, in the rabbinic literature. Isa. 6.9–10 is no longer a threat of judgment, but has become … ‚a promise' of forgiveness" (ebd. 141).

19 Origenes, in. Is. hom. 5,3 (GCS Orig. 8, 265f.).

quae sunt, sanctius nihil est. Et non leuiter dicunt „alter ad alterum": „Sanctus, Sanctus, Sanctus!", sed salutarem omnibus confessionem clamore pronuntiant. Quae sunt ista duo „Seraphim"? Dominus meus Iesus et Spiritus sanctus. Nec putes Trinitatis dissidere naturam, si nominum seruantur officia.[20]

[202] *„Et duabus uolabant, et dicebant alter ad alteram: Sanctus, Sanctus, Sanctus Dominus Sabaoth, plena est omnis terra gloria eius. Et eleuatum est superliminare a uoce, qua clamabant"* (Jes. 6,2–4), *„uoce" Iesu Christi et „uoce" sancti Spiritus.*[21]

„Et dixi: o miser ego, quoniam compunctus sum, quia, cum sim homo et immunda labia habeam" (Jes. 6,5). *Non possum sentire quia humiliauerit se ipsum Isaias, uerum dicit et testimonium dat Scriptum quia „mundentur" eius „labia" ab „uno Seraphim", qui „missus est" ad „auferenda peccata eius"* (Jes. 6,6f.). *„Vnus" autem ex „Seraphim" Dominus meus Iesus Christus est, qui ad „auferenda peccata" nostra a patre missus est, et dicit: „ecce, abstuli iniquitates tuas et peccata tua circummundaui"* (Jes. 6,7). *Nec putes naturae contumeliam, si filius a patre mittitur. Denique ut unitatem deitatis in Trinitate cognoscas, solus Christus in praesenti lectione „peccata" nunc dimittit et tamen certum est a Trinitate „peccata" dimitti. Qui enim in uno crediderit, credit in omnibus.*[22]

Aus der vierten Homilie:

„Et clamabant alter ad alterum" (Jes. 6,3), *non „alter" ad plures, sed „alter ad alterum". Audire enim sanctitudinem Dei, quae adnuntiatur a Saluatore, iuxta dignitatem rei nemo potest nisi Spiritus sanctus; quomodo rursum inhabitare sanctimoniam Dei, quae annuntiatur a Spiritu sancto, nemo potest nisi solus Saluator.*[23]

„Et missus est ad me unus de Seraphim, et in manu eius habebat carbonem" (Jes. 6,6). *„Carbo" defertur ad prophetam, ut per ignis exustionem purgentur „labia" eius, quae aliquando peccauerant. Quis est iste „unus de Seraphim"? Dominus meus Iesus Christus: iste iuxta dispensationem carnis missus est habens in manu sua „carbonem" et dicens: „ignem ueni mittere super terram, et utinam iam ardeat!"* (Lk. 12,49).[24]

Ich kann nicht auf alle Fragen eingehen, die von diesen Texten aufgeworfen werden – da ließen sich einige interessante Beobachtungen machen –, sondern beschränke mich auf die trinitarische Deutung der beiden Seraphim. Nach Auskunft des Origenes selbst stammt diese Auffassung von einem „Hebräer"; in einem griechisch überlieferten Stück im ersten Buch von Περὶ ἀρχῶν und in einem nur in der lateini-

20 Ebd. 1,2 (8, 244,19–245,1).

21 Ebd. 1,3 (8, 246,4–7).

22 Ebd. 1,4 (8, 246,13–24).

23 Ebd. 4,1 (8, 258,25–30).

24 Ebd. 4,4 (8, 261,26–262,5).

schen Übersetzung Rufins erhaltenen Passus gegen Schluss des vierten Buches machte er nämlich folgende Bemerkungen:

> Ἔλεγε δὲ ὁ Ἑβραῖος τὰ ἐν τῷ Ἡσαΐᾳ δύο Σεραφὶμ ἑξαπτέρυγα, κεκραγότα ἕτερον πρὸς τὸ ἕτερον καὶ λέγοντα· „ἅγιος ἅγιος ἅγιος κύριος Σαβαώθ" (Jes. 6,3) τὸν μονογενῆ εἶναι τοῦ θεοῦ καὶ τὸ πνεῦμα τὸ ἅγιον. ἡμεῖς δὲ οἰόμεθα ὅτι καὶ τὸ ἐν τῇ ᾠδῇ Ἀμβακούμ· „ἐν μέσῳ δύο ζῴων γνωσθήσῃ" (Hab. 3,2) περὶ Χριστοῦ καὶ ἁγίου πνεύματος εἴρηται.[25]
>
> [203] *Nam et Hebraeus doctor ita tradebat: pro eo quod initium omnium uel finis non posset ab ullo conpraehendi nisi tantummodo a domino Iesu Christo et ab spiritu sancto, aiebat per figuram uisionis Esaiam dixisse duos Seraphin solos esse, qui „duabus quidem alis operiunt faciem" dei, „duabus uero pedes, et duabus uolant clamantes ad inuicem sibi et dicentes": „Sanctus sanctus sanctus dominus Sabaoth, plena est uniuersa terra gloria tua"* (Jes. 6,2f.).[26]

Dieser Ἑβραῖος bzw., wie Rufinus erklärend wiedergibt, *Hebraeus magister/doctor* dürfte als zum Christentum konvertierter Jude zu identifizieren sein.[27] In diesem Sinne kann man sagen, dass die trinitarische Deutung der beiden Seraphim judenchristlichen Ursprungs ist. Möglicherweise stehen auch tatsächliche judenchristliche Traditionen, in denen Christus als Engel aufgefasst ist, hinter dieser Exegese.[28] Für die Pneumatologie und die Trinitätslehre des Origenes ist diese Deutung freilich nicht so wichtig, wie man einmal gemeint hat;[29] seine pneumatologi-

---

25 Origenes, princ. I 3,4 (GCS Orig. 5, 52,17–53,4), griechisch überliefert bei Justinian, ep. ad Menam (ACO 3, 210,10–14). Die Übersetzung Rufins lautet (GCS Orig. 5, 53,4–11): *Dicebat autem et Hebraeus magister quod duo illa Seraphin, quae in Esaia senis alis describuntur clamantia adinuicem et dicentia: „Sanctus sanctus sanctus dominus Sabaoth", de unigenito filio dei et de spiritu sancto esset intellegendum. Nos uero putamus etiam illud, quod in cantico Ambacum dictum est: „In medio duorum animalium (uel duarum uitarum) cognosceris", de Christo et de spiritu sancto sentiri debere.* – Vgl. Antipater von Bostra bei Johannes von Damaskus, *Parallela Rupefulcadina* (PG 96, 505B).

26 Origenes, princ. IV 3,14 (GCS Orig. 5, 346,11–17). Wie in Is. hom. 1,2 (GCS Orig. 8, 245) deutet Origenes das von den Flügeln der Seraphim bedeckte Antlitz und die ebenfalls verdeckten Füße Gottes (nicht der Seraphim) daraufhin, dass Gottes Ursprung (oder Anfang) und Ende nicht erkennbar seien.

27 So Gustave BARDY, Les traditions Juives dans l'œuvre d'Origène, in: RB 34 (1925) 217–252, hier 221f. 248f., und Jean DANIÉLOU, Trinité et angélologie dans la théologie judéo-chrétienne, in: RSR 45 (1957) 5–41, hier 26–28.

28 Näheres bei Joseph BARBEL, Christos Angelos. Die Anschauung von Christus als Bote und Engel in der gelehrten und volkstümlichen Literatur des christlichen Altertums. Zugleich ein Beitrag zur Geschichte des Ursprungs und der Fortdauer des Arianismus, Bonn 1941, 269–278; Jean DANIÉLOU, Théologie du Judéo-Christianisme, Tournai 1958, 185–192.

29 Georg KRETSCHMAR, Studien zur frühchristlichen Trinitätstheologie, Tübingen 1956, 64–68. 128. 219.

schen und trinitarischen Spekulationen in Περὶ ἀρχῶν sind nicht von der Seraphimvision in Jes. 6,2f. inspiriert, sondern ungleich stärker von der Tauftradition, speziell der dreigliedrigen Taufformel.[30] Im Kontext des pneumatologischen Traktats im ersten Buch von Περὶ ἀρχῶν steht der zitierte Text im Rahmen eines subordinierenden trinitätstheologischen Konzepts. Sohn und Geist sind dabei zwar in ihrer Gotteserkenntnis gleichrangig, doch beide dem Vater, dem Ziel ihrer Erkenntnis, untergeordnet. Das Verhältnis von Sohn und Geist zueinander wird an dieser Stelle nicht geklärt; andernorts gibt es dazu bei Origenes sowohl gleichordnende als auch (den Geist unter den Sohn) subordinierende Aussagen.[31] Entscheidend ist die Unterordnung von Sohn und Geist unter den Vater.

[204] In den Kontroversen über das Denken des Origenes hat diese Deutung Anstoß erregt. Für den zweiten Origenismusstreit im 6. Jahrhundert geht das daraus hervor, dass Justinian dieses Stück aus Περὶ ἀρχῶν im Jahre 543 in seinem Brief an Menas, den Patriarchen von Konstantinopel, zitierte und als häretisch qualifizierte (weswegen es als griechisches Fragment aus dieser Schrift erhalten ist[32]). Für den ersten Origenismusstreit an der Wende vom 4. zum 5. Jahrhundert ergibt sich das aus der Stellungnahme des Hieronymus und aus der Polemik im Traktat gegen Origenes über die Vision Jesajas gegen diese Auffassung.

3. Hieronymus über die Vision Jesajas

Sieht man von dem nicht erhalten gebliebenen Versuch über das Buch Obadja aus den Jahren 374/75 ab, von dem Hieronymus sich in seinem 396 geschriebenen Kommentar zu diesem Propheten als unreifem Jugendwerk distanzierte,[33] begann Hieronymus seine exegetische Arbeit an den Propheten im Jahre 380 während seines Aufenthalts in Konstantinopel mit einer Auslegung der Vision Jesajas, die er als Traktat unter dem Titel *De seraphim* publizierte[34] – das ist der *breuis subitusque tracta-*

30 So zu Recht Helmut SAAKE, Der Tractatus pneumatico-philosophicus des Origenes in *Περὶ ἀρχῶν* I, 3, in: Hermes 101 (1973) 91–114, hier 94 Anm. 5; 95 Anm. 1; 106 Anm. 9; Franz DÜNZL, Pneuma. Funktionen des theologischen Begriffs in frühchristlicher Literatur, Münster 2000, 370 Anm. 24; 376 Anm. 54.

31 Vgl. DÜNZL, ebd. 371 Anm. 27, gestützt auf Henning ZIEBRITZKI, Heiliger Geist und Weltseele. Das Problem der dritten Hypostase bei Origenes, Plotin und ihren Vorläufern, Tübingen 1994, 244–248. 265f.

32 Siehe oben Anm. 25.

33 Hieronymus, in Abd. prol. (CChr.SL 76, 349–351).

34 So betitelt in vir. ill. 135,2 (p. 230 CERESA-GASTALDO).

tus zu Jes. 6,1–9, auf den er im späteren Jesajakommentar hinweist[35] – und die in modernen Ausgaben der Briefe des Hieronymus die Nummer 18A trägt.[36] Dazu kommt ein kurzer Text ohne Einleitung und Schluss über Jes. 6,6–8, der heute als *Epistula* 18B gezählt wird[37] und wohl eine Zusammenfassung der Auslegung dieser Verse im Jesajakommentar des Origenes darstellt, ergänzt um [205] Angaben aus anderen Exegeten.[38] Kurz zuvor hatte er ebenfalls in Konstantinopel – oder schon früher in Antiochia zwischen 375/76 und 379/80,[39] doch ist diese Datierung eher unwahrscheinlich – neun Homilien des Origenes über Jesaja aus dem Griechischen in das Lateinische übersetzt; aufgrund zweier Bemerkungen des Rufinus von Aquileja zu diesen Homilien steht Hieronymus als Übersetzer fest[40] – das ist sonst nirgends bezeugt –, die Echtheit der neunten Homilie ist allerdings umstritten.[41] Im Zuge seiner Kommentierung sämtlicher Prophetenbücher schrieb Hie-

35 In Es. III 3 (VL.AGLB 23, 309,5–10): *De hac uisione ante annos circiter triginta, cum essem Constantinopolim … scio me breuem dictasse subitumque tractatum, ut et experimentum caperem ingenioli mei et amicis iubentibus oboedirem.* Vgl. auch ep. 84,3 (CSEL 55, 124,2), geschrieben gegen 400 n.Chr.: *Habetur liber in manibus ante uiginti annos editus.*

36 Ep. 18A (CSEL 54, 73–96).

37 Ep. 18B (CSEL 54, 97–103). Isidor HILBERG, der Editor der Hieronymusbriefe, hat die von Domenico VALLARSI, Opera Hieronymi, Bd. 1, Verona 1734, 44–62, zu einem Brief zusammengefügten Stücke aufgrund der eindeutigen handschriftlichen Überlieferung wieder getrennt.

38 Pierre NAUTIN, Le „De seraphim" de Jérôme et son appendice „Ad Damasum", in: Michael WISSEMANN (Hg.), Roma renascens. Beiträge zur Spätantike und Rezeptionsgeschichte. Festschrift für Ilona Opelt, Frankfurt a.M. u.a. 1988, 257–293, hier 281–284; GRYSON/SZMATULA, Les commentaires patristiques (wie Anm. 4) 19–24, die sich (ebd. 10 Anm. 35) gegen die Thesen von NAUTIN (ebd. 284–290) aussprechen, die Adressierung *Ad Damasum* sei fiktiv und das Stück in das Jahr 387 zu datieren.

39 So Pierre NAUTIN, La lettre *Magnum est* de Jérôme à Vincent et la traduction des homélies d'Origène sur les prophètes, in: Yves-Marie DUVAL (Hg.), Jérôme entre l'Occident et l'Orient, Paris 1988, 27–39, hier 35–37.

40 Rufinus, apol. c. Hieron. II 31 (CChr.SL 20, 106,28f.): … *in omeliis Esaiae … tu* (sc. Hieronymus) … *transtulisti* …; ebd. II 50 (20, 122,5f.): … *ille in omeliis de Esaia* … Vgl. GRYSON/SZMATULA, Les commentaires patristiques (wie Anm. 4) 28f.

41 Während Wilhelm Adolf BAEHRENS, Die neunte fragmentarische Jesajahomilie des Origenes eine Fälschung?, in: ThLZ 49 (1924) 263f.; ders., GCS Orig. 8, Leipzig 1925, XLIf., Origenes nicht für den Verfasser und Hieronymus weder für den Verfasser noch für den Übersetzer der neunten Homilie hielt, verteidigte Vittorio PERI, Intorno alla tradizione manoscritta delle Omelie origeniane su Isaia nella traduzione latina di S. Gerolamo, in: Aevum 31 (1957) 205–229, eingehend deren Echtheit, und Israel PERI, Zur Frage der Echtheit von Origenes' 9. Jesajahomilie und ihrer Übersetzung durch Hieronymus, in: RBen 95 (1985) 7–10, führte Argumente dafür an, dass Hieronymus den Text übersetzte und für ein Werk des Origenes hielt. Vgl. GRYSON/SZMATULA, Les commentaires patristiques (wie Anm. 4) 27f.

ronymus sodann von 408 bis 410 an seinem großen Jesajakommentar in 18 Büchern – als fünftes Buch ist darin die Auslegung der zehn Visionen Jesajas (Jes. 13–23) von 397 eingefügt –, der sein exegetisches Hauptwerk bildet und als erster patristischer Kommentar über diesen Propheten vollständig erhalten ist.[42] Und schließlich hat Hieronymus einmal über Jes. 1,1–6 zu einem nicht näher bestimmbaren Zeitpunkt vor seinen Mönchen in Bethlehem gepredigt, denn so, als nicht vollständig erhaltene Homilie, dürfte der kleine, am Schluss mitten im Satz [206] abbrechende Text mit der Überschrift *In Esaia paruula adbreuiatio de capitulis paucis*[43] einzuordnen sein.[44]

Hieronymus hat sich also über einen Zeitraum von 30 Jahren hinweg immer wieder in verschiedenen literarischen Formen (Übersetzung, Homilie, Kommentar) mit Jesaja beschäftigt und sich dabei mehrmals zur berühmten Vision in Jes. 6 geäußert.[45] Die Deutung der Seraphim als Sohn Gottes und Heiliger Geist spielte dabei schon in seiner ersten Abhandlung eine auffällige Rolle. Während Hieronymus im Traktat *De seraphim* nämlich weitgehend den Gedanken des Origenes in

---

42 Die Ausgabe von Marc ADRIAEN, CChr.SL 73. 73A, Turnhout 1963, ist nunmehr ersetzt durch die verbesserte Edition von Roger GRYSON u.a., VL.AGLB 23. 27. 30. 35. 36, Freiburg 1993. 1994. 1996. 1998. 1999; Rezension zum ersten Band: Marc MILHAU, Commentaires de Jérôme sur le prophète Isaïe, in: RÉAug 41 (1995) 131–143. Aus der Literatur über den Jesajakommentar des Hieronymus siehe v.a. Pierre JAY, L'exégèse de Saint Jérôme d'après son „Commentaire sur Isaïe", Paris 1985; weitere Hinweise bei Alfons FÜRST, Hieronymus. Askese und Wissenschaft in der Spätantike, Freiburg u.a. 2003, 303f.

43 Domenico VALLARSI, Opera Hieronymi, Bd. 4, Verona 1735, 1131–1134 (Venedig ²1768, 1145–1150; abgedruckt in PL 24, 937–942 von 1845 bzw. PL 24, 973–978 in der Zweitausgabe), war die Predigt bereits bekannt, doch hielt er sie für die mittelmäßige Flickschusterei eines unbekannten Autors; noch GRYSON/SZMATULA, Les commentaires patristiques (wie Anm. 4) 11f., hegen eine gewisse Skepsis gegen die Echtheit. Germain MORIN, Anecdota Maredsolana III/3, Maredsous/Oxford 1903, 97–103, publizierte eine verbesserte Edition, die in CChr.SL 73A, Turnhout 1963, 801–809 abgedruckt ist, und wies die Echtheit nach (vgl. MORIN, ebd. XVIII).

44 So Yves-Marie DUVAL, L'„In Esaia paruula adbreuiatio de capitulis paucis" de Jérôme. Une homélie (tronquée) et une leçon de méthode aux moines de Bethléem, in: Roger GRYSON (Hg.), Philologia sacra II. Apokryphen, Kirchenväter, Verschiedenes. Festschrift für Hermann J. Frede und Walter Thiele, Freiburg 1993, 422–482, in einer Neuedition des Textes, für den DUVAL (ebd. 422 Anm. 1) als passenderen Titel *„Tractatus in Isaia(m)* 1,1–6" vorschlägt.

45 Giovanni MENESTRINA, La visione di Isaia (Is. 6 ss) nell'interpretazione di Girolamo, in: BeO 17 (1976) 179–196, paraphrasiert den Inhalt der *Epistulae* 18A und B unter besonderer Berücksichtigung des von Hieronymus kommentierten lateinischen Bibeltextes; Francesco PIERI, *Isaia* 6 nell'esegesi di Girolamo, in: AScRel 5 (2000) 169–188, gibt einen Überblick zum Stand der Forschung über die Auslegung von Jes. 6 bei Hieronymus.

den Jesajahomilien folgte – die er kurz zuvor übersetzt und daher präsent hatte[46] – und diese allenfalls um eigene Recherchen ergänzte, für die er sich auf einen „Hebräer" berief,[47] kritisierte er die trinitarische Deutung der Seraphim. Seine Kritik war, für ihn eher untypisch, gänzlich unpolemisch, aber doch sehr deutlich:

> *Quidam ante me tam Graeci quam Latini*[48] *hunc locum exponentes dominum super thronum sedentem deum patrem et duo seraphim, quae ex utraque parte stantia praedicantur, dominum nostrum Iesum Christum et spiritum sanctum interpretati sunt. Quorum ego auctoritati, quamuis sint eruditissimi, non adsentio, multo si quidem* [207] *melius est uera rustice quam diserte falsa proferre, maxime cum Iohannes euangelista in hac eadem uisione non deum patrem, sed Christum scribat esse conspectum. Nam cum de incredulitate diceret Iudaeorum, statim causas incredulitatis exposuit: „Et ideo non poterant credere in eum, quia dixit Esaias: Aure audietis et non intellegetis, et cernentes aspicietis et non uidebitis* (Jes. 6,9). *Haec autem dixit, quando uidit gloriam unigeniti et testificatus est de eo"* (Joh. 12,39–41). *In praesenti uolumine Esaiae ab eo, qui sedet in throno, iubetur, ut dicat: „aure audietis et non intellegetis". Qui autem hoc iubet, ut euangelista intellegit, Christus est; unde nunc colligitur non posse seraphim Christum intellegi, cum Christus sit ipse, qui sedeat.*[49]

Mit Joh. 12,40f., wo Jes. 6,9 zitiert wird, fasste Hieronymus den *dominus* in Jes. 6,1 im Sinne des christologischen Hoheitstitels κύριος als Christus auf. Damit folgte er – auch später im Jesajakommentar[50] – Eusebius von Caesarea, der die Jesajavision nach dem altkirchlichen Grundsatz auslegte, dass angesichts der Unsichtbarkeit Gottes die Theophanien im Alten Testament als Erscheinungen beziehungsweise Visionen des Logos aufzufassen seien.[51] Hieronymus deutete damit die Vision so, dass Jesaja nicht Gott (Vater) – wie das hebräische *adonaj* zweifellos zu ver-

46 Eine detaillierte Konkordanz zwischen Origenes, in Is. hom. 1, 4, 5, 6 und Hieronymus, ep. 18A ist zu finden bei MENESTRINA, ebd. 193f.

47 Hieronymus, ep. 18A,10 (CSEL 54, 86,15–17) und 18A,15 (54, 93,6): *Hebraei mei.* – Möglicherweise täuschte Hieronymus eigene Forschung vor, während er lediglich Origenes oder Eusebius folgte, wofür es andernorts Beispiele gibt, z.B. in Es. IX 9 (VL.AGLB 30, 1049); vgl. GRYSON/SZMATULA, Les commentaires patristiques (wie Anm. 4) 17 Anm. 68.

48 Neben dem Griechen Origenes dürfte nach NAUTIN, Le „De seraphim" (wie Anm. 38) 270f., der Lateiner Victorinus von Pettau gemeint sein, der sich nach Aussage des Hieronymus, ep. 61,2 (CSEL 54, 577,18f.), bei der Auslegung der Bibel an Origenes zu orientieren pflegte. Siehe auch unten Anm. 75.

49 Hieronymus, ep. 18A,4 (CSEL 54, 78,2–20).

50 Worauf GRYSON/DEPROOST, VL.AGLB 23, 309 Anm. zu Zeile 13, nachdrücklich hinweisen.

51 Eusebius, in Is. 41 (GCS Eus. 9, 35,27–37,10). Vgl. Jean-Noël GUINOT, L'héritage origénien des commentateurs grecs du prophète Isaïe, in: Lothar LIES (Hg.), Origeniana Quarta, Innsbruck/Wien 1987, 379–389, hier 381f.

stehen ist –, sondern Christus gesehen habe, und folgerte daraus, dass dann nicht einer der Seraphim ebenfalls als Christus identifiziert werden könne. Ausgehend von Apg. 28,25–27, wo Jes. 6,9f. als Worte des Heiligen Geistes zitiert werden, zog er hinsichtlich der Identifizierung eines der Seraphim mit dem Heiligen Geist einen analogen Schluss:

> *Et licet in Actibus apostolorum aduersus Iudaeos inter se dissidentes Paulus dicat: „Bene Spiritus sanctus locutus est per Esaiam prophetam ad patres nostros dicens: Vade ad populum istum et dic: Aure audietis et non intellegetis, et uidentes uidebitis et non perspicietis. Incrassatum est enim cor populi huius et auribus suis grauiter audierunt et oculos suos clauserunt, ne quando uideant oculis et auribus audiant et corde intellegant et conuertant se et sanem illos* (Jes. 6,9f.)" (Apg. 28,25–27), *mihi tamen personae diuersitas non facit quaestionem, cum sciam et Christum et spiritum sanctum unius esse substantiae nec alia Spiritus uerba esse quam filii nec aliud filium iussisse quam spiritum.*[52]

Die Seraphim etymologisierte er und deutete sie allegorisch als Altes und Neues Testament, die „einander zuriefen", um Gottes Herrlichkeit auf der ganzen Erde zu preisen, und durch die man Gott bzw. den Herrn erkenne:

> [208] *Seraphim, sicut in interpretatione nominum Hebraeorum inuenimus,*[53] *aut ‚incendium'*[54] *aut ‚principium oris eorum'*[55] *interpretantur … Ergo quaerimus, ubi sit hoc incendium salutare. Nulli dubium, quin in sacris uoluminibus, ex quorum lectione uniuersa hominum uitia purgantur … Igitur et incendium et initium oris in duobus animaduertitur testamentis, quae circa deum stare non mirum est, cum per ea dominus ipse discatur.*[56]

In den späteren Auseinandersetzungen über Origenes hat er seine Auffassung in eben diesem Sinn zusammengefasst: *In lectione Esaiae, in qua duo seraphin clamantia describuntur, illo interpretante filium et spiritum sanctum nonne ego detestandam expositionem in duo testamenta mutaui?*[57]

Die Zusammenstellung der drei Bibelstellen Jes. 6,1–9, Joh. 12,39–41 und Apg. 28,25–27 tauchte im 4. Jahrhundert in Texten auf, die wahrscheinlich Didymus von Alexandrien zugeschrieben werden können.[58] Sie diente antiarianisch dem Zweck, die Homousie von Vater, Sohn und Geist zu demonstrieren, indem man Bibelstellen suchte, an denen

52 Hieronymus, ep. 18A,4 (CSEL 54, 78,20–79,10).

53 Nom. hebr. p. 50,24f. LAGARDE: *Seraphim ardentes uel incendentes.*

54 In Es. III 7 (VL.AGLB 23, 318,5f.): *… seraphim, qui interpretatur incendens …*

55 Für die Fehlerhaftigkeit dieser zweiten Etymologie siehe MENESTRINA, La visione di Isaia (wie Anm. 45) 183, und NAUTIN, Le „De Seraphim" (wie Anm. 38) 269.

56 Ep. 18A,6 (CSEL 54, 81,3–5.17–19; 82,7–9); vgl. 18A,7 (54, 83,19–23); 18A,14 (54, 91, 11f.14f.).

57 Ep. 84,3 (CSEL 55, 123,22–124,1).

58 Belege bei NAUTIN, Le „De Seraphim" (wie Anm. 38) 275 Anm. 14 (ebd. 292).

allen dreien dasselbe zugeschrieben werde. Die Triade Jes. 6,1–9 (Vater), Joh. 12,39–41 (Sohn) und Apg. 28,25–27 (Geist) schien dem zu entsprechen.[59] Hieronymus hat dieses im Kontext seiner Entstehung wohl nicht antiorigeneische Argument aufgegriffen und gegen die Auslegung von Jes. 6,2f. bei Origenes gewendet; jedenfalls deutet die Schlussbemerkung seiner Kritik an der origeneischen Auffassung in diesen antiarianischen Kontext.[60]

[209] Merkwürdig ist, dass Hieronymus bis ins Detail der Auffassung des Origenes folgt, die Seraphim bedeckten nicht ihr eigenes Gesicht und ihre eigenen Füße, sondern Gesicht und Füße Gottes[61] – Gottes, nicht Christi –, denn damit verwickelt er sich in einen Widerspruch zu seiner gegen Origenes entwickelten Ansicht, Jesaja habe Christus, nicht Gott geschaut. Noch merkwürdiger wird dies dadurch, dass er unmittelbar darauf die Bezeichnung *dominus sabaoth* in Jes. 6,3.5 analog zur Deutung des *dominus* in Jes. 6,1 – und erneut in offenkundigem Widerspruch zum Sprachgebrauch im Alten Testament – auf Christus bezieht und die Berechtigung dieser kühnen Annahme ausdrücklich darlegt.[62] Da er auf diese Diskrepanz nirgends zu sprechen kommt, wird sie ihm wohl nicht zu Bewusstsein gekommen sein. Diese Widersprüchlichkeit kann möglicherweise als Indiz für die Unfertigkeit eines exegetischen Anfängers gewertet werden. Vielleicht ist sie aber auch darauf zurückzuführen, dass Hieronymus diesen kleinen exegetischen Traktat hastig diktiert, das Diktat abrupt abgebrochen und vor der Publikation offenbar nicht mehr Korrektur gelesen hat, worauf er sowohl zum Schluss des Textes[63] als auch in der späteren Rückschau, als er im Jesajakommentar von *subitus tractatus* sprach,[64] eigens hinwies.

---

59 Lucien CHAVOUTIER, Querelle origéniste et controverses trinitaires. À propos du *Tractatus contra Origenem de visione Isaiae*, in: VigChr 14 (1960) 9–14, bes. 10–13, übernommen von NAUTIN, ebd. 274f.

60 Hieronymus, ep. 18A,4 (CSEL 54, 79,6–10). Aufgrund der Aussage des Hieronymus, Sohn und Geist seien *unius substantiae* (ὁμοούσιος), folgert Manlio SIMONETTI, Sulle fonti del *Commento a Isaia* di Girolamo, in: Aug. 24 (1984) 451–469, Hieronymus „identifica il Signore che appare ad Isaia con tutta la Trinità" (ebd. 457 Anm. 22). Vor dem Hintergrund der skizzierten trinitarischen Debatten kann man die Stelle so deuten, explizit sagte Hieronymus das jedoch nicht, denn seine Aussage in Es. III 4 (VL.AGLB 23, 314,50) über das *mysterium trinitatis in una diuinitate* bezieht sich auf das dreifache *Sanctus*, nicht auf die Seraphim (siehe unten Anm. 163).

61 Ebd. 18A,7 (54, 82f.). Vgl. GUINOT, L'héritage origénien (wie Anm. 51) 380f.

62 Ebd. (54, 84,2f.): *Quod autem sabaoth et saluator noster dicatur …* Zur möglichen Herkunft der sich daran anschließenden Erörterungen von Origenes siehe NAUTIN, Le „De seraphim" (wie Anm. 38) 271–274.

63 Ebd. 18A,16 (54, 96,9–14): *Et quoniam usque ad finem capituli explanatio multiplex sequitur et excipientes iam inpleuimus ceras, hucusque dictasse sufficiat, quia et oratio, quae non*

In *Epistula* 18B ging Hieronymus auf die Seraphim in Jes. 6,2f. nicht ein, setzte aber die Deutung des Origenes in einer Bemerkung zu Jes. 6,6: *et missum est ad me unum de seraphim* implizit voraus – erstaunlicherweise ohne sich davon zu distanzieren: *Quod autem ceteri interpretes pro ‚missum esse' ‚uolasse' dixerunt, intellege uelocem diuini sermonis aduentum super eos, qui digni societate illius iudicantur.*[65] Die Erläuterung der unterschiedlichen Termini mit dem Hinweis auf die „rasche Ankunft des göttlichen Wortes" funktioniert nur unter der Voraussetzung, dass der eine Seraph als Wort Gottes, und das heißt als Christus, gedeutet wird. Und in der folgenden Reflexion über das im Hebräischen, Griechischen und Lateinischen unterschiedliche Geschlecht des Heiligen Geistes[66] steckt die Deutung des anderen Seraph als Heiliger Geist.

Mit dem Hinweis auf seine langen Ausführungen im *libellus* von 380, eben *Epistula* 18A, begnügte Hieronymus sich im knapp dreißig Jahre später abgefassten [210] Jesajakommentar mit einer kursorischen Auslegung der *difficillima uisio,* wie er im Vorwort zum dritten Buch die Vision Jesajas bezeichnete.[67] Die Zeitangabe in Jes. 6,1, in der die Vision nach dem Tod des Königs Usija datiert wird, deutete er wie in *Epistula* 18A im Sinne des Origenes,[68] ebenfalls wie in diesem Brief identifizierte er aber im Gegensatz zu Origenes den *dominus* in Jes. 6,1 unter Berufung auf Joh. 12,40f. und Apg. 28,25–27 als Christus.[69] In der einleitenden Paraphrase der Vision sprach er übrigens davon, dass darin „der allmächtige Gott" *(deus omnipotens)* geschaut werde,[70] doch ob Hieronymus sich der Spannung dieser Formulierung zu seiner Auslegung bewusst war, ja ob er solche Formulierungen überhaupt als Spannung empfunden hat, muss offen bleiben. Anders als der in sich konsistente Entwurf des Origenes zeichnen sich die Gedanken des Hieronymus zur Vision Jesajas nicht durch systematische Stringenz aus.

Zu Jes. 6,2 notierte Hieronymus zunächst die philologische Beobachtung, der hebräische Text sei doppeldeutig und könne sowohl so gelesen werden, dass die Seraphim Gesicht und Füße Gottes bzw. des

---

propriae manus stilo expolitur, cum per se inculta est, tum multo molestior fit, si taedium sui prolixitate congeminet, et oculorum dolore cruciati auribus tantum studemus et lingua.

64 In Es. III 3 (VL.AGLB 23, 309,8f.).

65 Ep. 18B,1 (CSEL 54, 97,9–12).

66 Ebd. (54, 97,14–98,2).

67 In Es. III 1 (VL.AGLB 23, 307,6); III 3 (23, 309,10–12): *Ad illum itaque libellum mitto lectorem oroque ut breui huius temporis expositione contentus sit.*

68 Ebd. III 3 (23, 309,13–22).

69 Ebd. (23, 310,28–41).

70 Ebd. III 1 (23, 307,7).

Herrn *(eius)*, als auch so, dass sie ihr eigenes Gesicht und ihre eigenen Füße *(suam)* bedeckten:

> *Rursum ubi nos diximus quod unus de seraphim uelaret faciem et pedes eius, per quod intellegitur dei, in hebraeo scriptum habet* PHANAU *et* REGLAU, *quod potest interpretari et ‚eius' et ‚suam', ut seraphim iuxta hebraei sermonis ambiguitatem et faciem pedesque dei et suam faciem ac pedes operire dicantur.*[71]

Ohne das Problem an dieser Stelle zu entscheiden, gab er im Folgenden dann doch die Erklärung des Origenes wieder, bevorzugte also faktisch die Übersetzung *eius*, ging aber mit keinem Wort auf diese unter der Hand getroffene Entscheidung ein:

> *In cherubim ergo ostenditur dominus, in seraphim ex parte ostenditur, ex parte celatur; faciem enim et pedes* eius *operiunt, quia et praeterita ante mundum et futura post mundum scire non possumus, sed media tantum, quae in sex diebus facta sunt contemplamur.*[72]

Auch im Habakukkommentar von 393 hat er *en passant* diese Deutung des Origenes aufgegriffen: … *duo Seraphim … in Esaia uelantia caput et pedes Domini …*[73]

[211] Erst nachdem er auf diese kursorische Weise Jes. 6,1–3 erläutert – und dabei auch das dreifache *sanctus*, wie bei den Kirchenvätern üblich, trinitarisch erklärt[74] – hat, geht er kritisch auf die origeneische Deutung der beiden Seraphim (*quidam* = Origenes) und auf seine davon abweichende Auslegung in *Epistula* 18A (*quidam Latinorum* = Hieronymus)[75] ein:

> *Impie ergo quidam duo seraphim filium et spiritum sanctum intellegit, cum iuxta euangelistam Iohannem* (Joh. 12,40f.) *et Paulum apostolum* (Apg. 28,25–27) *filium dei uisum in maiestate regnantis et spiritum sanctum locutum esse doceamus. Quidam Latinorum duo seraphim uetus et nouum instrumentum intellegunt, quod tantum de praesenti saeculo loquitur, unde et sex alas habere dicatur, et faciem dei pedesque uelare …*[76]

---

71 Ebd. III 4 (23, 312,10–15).

72 Ebd. (23, 313,32–36).

73 In Abac. II 3,2 (CChr.SL 76A, 620,98–621,101).

74 In Es. III 4 (VL.AGLB 23, 314,50): … *mysterium trinitatis in una diuinitate …* Siehe dazu unten Anm. 163.

75 GRYSON/SZMATULA, Les commentaires patristiques (wie Anm. 4) 5, vermuten in diesem *quidam Latinorum* Victorinus von Pettau, denn dieser Name ist in zwei Handschriften zu dieser Stelle an den Rand notiert; diese Glosse gehe wohl auf einen Archetyp zurück, dessen Schreiber der Kommentar des Victorinus noch vorgelegen habe. Gegen diese Vermutung spricht freilich die Annahme von Nautin zu ep. 18A,4 (siehe oben Anm. 48). Nur eine der beiden Thesen kann richtig sein, wohl eher diejenige Nautins.

76 In Es. III 4 (VL.AGLB 23, 315,61–68).

Die Kritik an dieser Auffassung des Origenes fällt etwas schärfer aus *(impie)* als in *Epistula* 18A, doch insistiert Hieronymus auch an der vorliegenden Stelle nicht darauf, sondern konzentriert sich auf die Sache. Sein Argument entspricht gänzlich der in *Epistula* 18A von Joh. 12,40f. und Apg. 28,25–27 her entwickelten Exegese, im von Jesaja geschauten „Herrn" Christus zu sehen und die beiden Seraphim auf das Alte und Neue Testament zu beziehen. Hieronymus folgt seiner eigenen Auslegung sogar bis hinein in den ebenfalls schon in *Epistula* 18A zu findenden Widerspruch, trotz der Identifizierung des „Herrn" als Sohn Gottes *(filium dei)* die Seraphim Gesicht und Füße Gottes *(dei)* bedecken zu lassen – ein weiteres Beispiel für die mangelhafte systematische Stringenz des Hieronymus.

4. Der Traktat gegen Origenes über die Vision Jesajas

Im Jahre 1901 publizierte der Prior und Bibliothekar von Monte Cassino, Ambrosius Amelli, einen Traktat gegen Origenes über die Vision Jesajas, den er ohne Angabe eines Titels und eines Autors in zwei Handschriften aus dem 11. und 12. Jahrhundert, die Werke des Origenes und des Hieronymus enthalten, in der Bibliothek des Klosters entdeckt hatte.[77] Amelli war überzeugt, Hieronymus sei [212] der Autor,[78] und glaubte, damit die Schrift gefunden zu haben, die Hieronymus im Verzeichnis seiner Werke in *De viris illustribus* unter dem Titel *De seraphim* aufführte.[79] Schon in der damaligen Forschung bestand jedoch Konsens darüber, dass darunter *Epistula* 18A zu verstehen ist.[80] Kein geringerer als Germain Morin hielt das ἀνέκδοτον von Amelli gleichwohl für hieronymianisch,[81] reihte es unter die von ihm selbst in großer Zahl ent-

77 Editio princeps: Spicilegium Casinense III/2 (1901) 387–399 (mit eigens paginierten Prolegomena: ebd. I–XIV); Sonderausgabe: S. Hieronymi Stridonensis presbyteri tractatus contra Origenem de visione Esaiae, quem nunc primum ex codd. mss. Casinensibus Ambrosius M. AMELLI in lucem edidit et illustravit, Montecassino 1901. Die zentralen Gedanken der lateinischen Einleitung dieser Ausgabe sind italienisch zu lesen bei Ambrosius AMELLI, Un trattato di S. Girolamo scoperto nei codici di Montecassino, in: SR(R) 1 (1901) 193–204.

78 AMELLI, Tractatus (wie Anm. 77) X–XV.

79 Ebd. V–VI. XVIII–XX.

80 Siehe Giovanni MERCATI, Il nuovo trattato di S. Girolamo sulla visione d'Isaia, in: RB 10 (1901) 385–392, hier 387–389, erneut in: ders., Opere minori II, Vatikanstadt 1937, 290–297. Ebenso Georg GRÜTZMACHER, Rez. Amelli, in: ThLZ 26 (1901) 500f. Vgl. auch JAY, L'exégèse de Saint Jérôme (wie Anm. 42) 63f.

81 Siehe Germain MORIN, Le nouveau traité de saint Jérôme sur la vision d'Isaïe édité par Dom Ambr. Amelli, in: RHE 2 (1901) 810–827; ders., Pour l'authenticité du traité

deckten Predigten des Hieronymus ein[82] und nahm es, versehen mit neuem kritischem Apparat, in die „Anecdota Maredsolana" auf.[83] Da seiner Ansicht nach eine derart geharnischte Kritik an der Bibelauslegung des Origenes und speziell dessen allegorischer Methode bei Hieronymus vor 392 nicht denkbar ist und da sich sprachliche Bezüge des Traktats zur *Epistula* 98, dem von Hieronymus übersetzten Osterfestbrief des Theophilus von Alexandrien von 402, nachweisen lassen – wie bereits Amelli beobachtete, der sie mit Abhängigkeit des Theophilus von Hieronymus erklärte[84] –, datierte Morin den Traktat um das Jahr 402, als Hieronymus gegen Ende des ersten Origenismusstreites zu den Gegnern des Origenes gehörte.[85] Als Ludwig Schade 1914 eine deutsche Übersetzung für die „Bibliothek der Kirchenväter" anfertigte,[86] meinte er angesichts dieser Forschungslage, von der unbestrittenen Echtheit des Traktats ausgehen zu dürfen.[87]

[213] Allerdings waren schon unmittelbar nach dem Bekanntwerden des Stückes Zweifel an seiner Echtheit aufgekommen.[88] Franz Diekamp äußerte als erster die Vermutung, die Annahme, Theophilus von Alexandrien habe die Schrift verfasst, werde dem Quellenbefund besser gerecht.[89] Durch die Art, wie Morin demgegenüber die Autorschaft des Hieronymus verteidigte, hat er diese Annahme ungewollt bestärkt: Von den – großzügig gezählt – 44 phraseologischen und lexikalischen Analogien in den Werken des Hieronymus, die er zur Untermauerung des hieronymianischen Sprachgebrauchs im Traktat auflistete,[90] ent-

sur la vision d'Isaïe récemment publié sous le nom de S. Jérôme, in: RHE 3 (1902) 30–35.

82 Vgl. MORIN, Le nouveau traité (wie Anm. 81) 821–823.

83 Sancti Hieronymi presbyteri tractatus sive homiliae in Psalmos quattuordecim, detexit, adiectisque commentariis criticis primus edidit Germain MORIN. Accedunt eiusdem sancti Hieronymi in Esaiam tractatus duo et graeca in Psalmos fragmenta (Anecdota Maredsolana III/3), Maredsous/Oxford 1903, XVIIIf. und 103–122.

84 AMELLI, Tractatus (wie Anm. 77) XVIIf.; vgl. ebd. 15 Anm. 3; 16 Anm. 2.

85 MORIN, Le nouveau traité (wie Anm. 81) 815–821. Ähnlich MERCATI, Il nuovo trattato (wie Anm. 80) 390f., und GRÜTZMACHER, Rez. Amelli (wie Anm. 80) 501.

86 Des heiligen Kirchenvaters Eusebius Hieronymus ausgewählte historische, homiletische und dogmatische Schriften, aus dem Lateinischen übersetzt von Ludwig SCHADE (BKV[2] I 15), Kempten/München 1914, 225–249.

87 Ebd. 197–201. Germain MORIN, Études, textes et découvertes. Contributions à la littérature et à l'histoire des douze premiers siècles I, Maredsous/Paris 1913, 22f., schätzte die Forschungslage bereits so ein.

88 Und zwar bei MERCATI, Il nuovo trattato (wie Anm. 80) 389f., der trotz seiner Bedenken allerdings noch an der Autorschaft des Hieronymus festhielt.

89 Franz DIEKAMP, Rez. Amelli, in: LitRdsch 27 (1901) 293–295, hier 294f.

90 MORIN, L'authenticité (wie Anm. 81) 30–32.

stammen 30 den *Epistulae* 92, 96, 98 und 100 im hieronymianischen Briefcorpus, die Hieronymus zwischen 400 und 404 von Theophilus übersetzte; berücksichtigt man nur die markanten Belege, wird das Ergebnis noch eindeutiger. Philologisch ist das zwar kein Beweis, aber doch ein Indiz dafür, dass der Traktat von Theophilus stammen könnte und Hieronymus ihn wohl in diesen Jahren in das Lateinische übersetzt hat. Schon Amelli hatte den Übersetzungscharakter des Stückes erkannt, doch so interpretiert, dass Hieronymus den Text in Konstantinopel für seine dortigen griechischen Freunde auf Griechisch geschrieben und selbst in das Lateinische übersetzt habe,[91] während Giovanni Mercati keine ausreichenden Hinweise auf Griechisch als eigentliche Sprache zu entdecken vermochte.[92] Morin erklärte einige Gräzismen, die ihm aufgefallen waren, mit der Improvisation des Predigtstils.[93]

Ohne nähere Begründung hielt dann Ferdinand Cavallera den Text für die Übersetzung einer griechischen Vorlage, als deren mögliche Verfasser er außer Theophilus die Origenesgegner Epiphanius von Salamis und Eustathius von Antiochien nannte.[94] Phantasievoll war die Idee von Wilhelm Dietsche, ausgerechnet den Origenesverehrer Didymus von Alexandrien als Autor der Schrift, bzw. genauer: einer griechischen Grundschrift, zu erweisen:[95] Didymus habe gegen Ende seines Lebens – er starb vermutlich 398 – einen unpolemischen Kommentar zu Jes. 6 geschrieben,[96] Hieronymus jedoch habe [214] den Text des Didymus beim Übersetzen zu einer antiorigeneischen Flugschrift umgearbeitet und dabei Verunglimpfungen des Origenes hineingewoben, wobei er die polemische Tonart des Theophilus aufgegriffen habe.[97] Nach diesem misslungenen Versuch verstärkte sich die Tendenz, in Theophilus den Verfasser zu sehen. Berthold Altaner führte dafür „die allgemeine kirchengeschichtliche Situation und den Charakter des Theophilus" sowie „die freundschaftlichen Beziehungen zwischen Theophilus und Hieronymus und die von letzterem im Interesse des gemeinsamen

91 AMELLI, Tractatus (wie Anm. 77) XXIIf.

92 MERCATI, Il nuovo trattato (wie Anm. 80) 386f.

93 MORIN, Le nouveau traité (wie Anm. 81) 822. 826 Anm. 1.

94 Ferdinand CAVALLERA, Saint Jérôme. Sa vie et son œuvre, 2 Bde., Paris 1922, Bd. 2, 81–86 (bes. ebd. 85f.).

95 Wilhelm DIETSCHE, Didymus von Alexandrien als Verfasser der Schrift über die Seraphenvision. Untersuchungen zur Urheberschaft des sogenannten Anecdoton von Amelli, Freiburg i.Br. 1942, bes. 5–77. Würdigung und Kritik dieser Untersuchung bei Berthold ALTANER, Wer ist der Verfasser des Tractatus in Isaiam VI, 1–7?, in: ThRv 42 (1943) 147–151, hier 149f.

96 DIETSCHE, ebd. 97f.

97 Ebd. 100. 103–109.

Kampfes gegen Origenes besorgten Übersetzungen von Briefen des Theophilus" als weitere Argumente ins Feld und machte auf sachliche Berührungspunkte zwischen Aussagen im Traktat und in dem von Hieronymus übersetzten Osterfestbrief des Theophilus für das Jahr 404 (*Epistula* 100 im hieronymianischen Briefcorpus) aufmerksam.[98] Agostino Favale führte den Traktat unter den Werken des Theophilus auf, ließ die Frage der Autorschaft aber gleichwohl offen;[99] Lucien Chavoutier sprach sich dezidiert gegen die Annahme aus, in Didymus den Autor zu sehen, und sah eher die Kritik des Hieronymus an der trinitarischen Auslegung der Seraphim von Didymus inspiriert.[100]

Das von Amelli entdeckte lateinische Schriftstück dürfte somit von Hieronymus stammen – die ersten Gelehrten, die sich mit diesem Text beschäftigten, wurden von ihrer philologischen Kompetenz nicht getrogen –, doch nicht von ihm als Autor, sondern als Übersetzer. In Theophilus von Alexandrien den Verfasser zu sehen, kann gut begründet, wenn auch nicht schlagend bewiesen werden.

Der Traktat ist von Beginn an eine Auseinandersetzung mit Origenes, der gleich anfangs und dann im Fortgang der Erörterung häufig (insgesamt 27 mal) namentlich genannt wird,[101] bzw. mit dessen Auslegung der Vision des Jesaja. Der Titel, den sein Entdecker Amelli dem Text gegeben hat, passt daher bestens: *Tractatus contra Origenem de visione Isaiae*. Sieht man von der antiorigenischen Polemik ab, lässt sich die Abhandlung als exegetische Diskussion über die richtige Auslegung von Jes. 6,1–7 auffassen. Ehe der Verfasser die einzelnen Kritikpunkte abhandelt, kommt er nämlich bei der Darlegung seines ersten Einwands in einer methodischen Reflexion auf die korrekte Anwendung der Allegorese zu sprechen.[102] Er bestreitet dieses exegetische Verfahren nicht grundsätzlich, will aber bestimmte Regeln dafür eingehalten wissen:

> [215] ..., *non tam pertinaces sumus, ut allegoriam, si pia sit et de ueritatis fonte ducatur, refutandam putemus; ita dumtaxat, si non sit contraria ueritati, non peruertat historiam, si sensum scripturae sanctae sequatur, et non uoluntatem peruersi interpretis scripturarum praeferat auctoritati ... Historia enim pro qualitate temporum quae gesta sunt narrat, et legentes exemplo sui prouocat sequi optima et*

98 ALTANER, Verfasser (wie Anm. 95) 151.

99 Agostino FAVALE, Teofilo d'Alessandria (345 c. – 412). Scritti, Vita e Dottrina, Turin 1958, 23f.

100 CHAVOUTIER, Querelle origéniste (wie Anm. 59) 10. 13f.

101 Theophilus (?), tract. c. Orig. p. 103,18 MORIN; vgl. ebd. p. 104,3.10.22; 105,11; 106,2; 107,1.15.20; 109,3; 112,4; 113,28; 114,17; 115,10.15; 116,19; 117,10.21; 118,5.23; 119,2.10; 120,14.23; 121,4.14.22.

102 Ebd. p. 104,18–105,13.

uitare contraria; porro allegoria quasi quibusdam gradibus per historiam ad excelsa conscendit, ut sublimior sit, non contraria.[103]

Diese Konzeption des Zusammenhangs von *historia* und *allegoria* erinnert an die Grundsätze der antiochenischen Exegese, wie folgender Text des Diodor von Tarsus aus dem Vorwort zum Psalmenkommentar zeigt:

> „Soweit möglich werden wir mit Gottes Hilfe eine Erklärung … geben und uns nicht von der Wahrheit entfernen, vielmehr wird unsere Auslegung im historischen und wörtlichen Sinne erfolgen, wobei wir die Anagogie und die höhere Theoria nicht ablehnen. Der historische Sinn steht nämlich der höheren Theoria nicht entgegen; im Gegenteil erweist er sich als Basis und Grundlage der höheren Einsichten. Nur dieses eine gilt es zu beachten, dass die Theoria niemals als Zerstörung des zugrundeliegenden Textes erscheint; denn dieses wäre nicht mehr Theoria, sondern Allegorie. Wo nämlich über den Text hinaus etwas anderes gesagt wird, liegt keine Theoria mehr vor, sondern eine Allegorie."[104]

Diodor wollte die Anwendung der allegorischen Methode auf die Deutung von paganen Mythen, denen kein historischer Sinn zugrundeliege, beschränken und bei der Auslegung der historischen Erzählungen der Bibel stattdessen die „höheren Einsichten" Theoria nennen.[105] Von dieser terminologischen Differenzierung abgesehen, kommen die beiden zitierten Texte in ihrem sachlichen Gehalt weitgehend überein; die ἱστορία ist für Diodor κρηπὶς … καὶ ὑποβάθρα τῶν ὑψηλοτέρων νοημάτων,[106] im Traktat heißt es: *super fundamentum historiae spiritalem intellegentiam aedificans.*[107] Die Alexandriner unterschieden, anders als die Antiochener, nicht zwischen ἀλληγορία und θεωρία. So gelesen, bietet der möglicherweise alexandrinische Verfasser des Traktats eine antiochenisch klingende Anweisung zum Umgang mit der allegorischen Methode. Insofern liefert der Traktat ein interessantes Stück Auslegungsgeschichte der Bibel.

Im Blick auf die Frage der Verfasserschaft könnte Hieronymus eine solche methodische Anweisung und eine solche Kritik an der Allegorese geschrieben haben. Mit der antiochenischen Exegese insistierte er bekanntlich auf der engen Bindung der ‚geistigen' Bedeutung eines Textes an seinen ‚historischen' Sinn.[108] [216] Im Vorwort zum sechsten

---

103 Ebd. p. 104,18–22.24–27.

104 Diodor von Tarsus, in Ps. prol. (CChr.SG 6, 7,123–133); Übersetzung: Michael FIEDROWICZ, Prinzipien der Schriftauslegung in der Alten Kirche, Bern u.a. 1998, 86–89.

105 Vgl. dazu die Hinweise ebd. 89 Anm. 3.

106 Diodor von Tarsus, in Ps. prol. (CChr.SG 6, 7,129f.).

107 Theophilus (?), tract. c. Orig. p. 104,28–105,1 MORIN.

108 Näheres bei FÜRST, Hieronymus (wie Anm. 42) 121–128.

Buch seines Jesajakommentars redete er ganz ähnlich wie der Verfasser des Traktats an der zuletzt zitierten Stelle: ... *ut super fundamenta historiae ... spiritale exstruerem aedificium;*[109] dieser Methode gemäß ist er oft verfahren, etwa wenn er im Amoskommentar erst „die historischen Fundamente" legte und dann erörterte, „welchen anagogischen Sinn die einzelnen Aussagen enthalten könnten".[110] Auch gegen die Allegorie hat er öfter kritisch Stellung bezogen. Besonders im zwischen 414 und 416 verfassten und unvollendet gebliebenen Jeremiakommentar, aber auch schon in früheren Werken polemisierte er teilweise heftig gegen „diesen ständigen Allegoristen", womit Origenes gemeint war.[111] In *Epistula* 84, geschrieben gegen 400, als sein Streit mit Rufinus eskalierte, findet sich eine Wendung: *allegoriae nubilum serena expositione discutitur,*[112] die in ihrer Metaphorik einer Aussage im Traktat gegen Origenes, *qui allegoriae nubilo uniuersa confundit,*[113] entspricht.[114] Die methodischen Reflexionen im Traktat passen also zur exegetischen Theorie und Praxis des Hieronymus, ob er freilich als Verfasser anzusehen ist, ist von daher nicht zu entscheiden. Genauso gut kann man sich vorstellen, dass er sich mit solchen Gedanken identifizieren konnte und den Text unter anderem deshalb übersetzte.

In gut gegliederter Folge erhebt der Verfasser des Traktats fünf Einwände gegen die origeneische Auslegung der Vision Jesajas, als erstes gegen die aus der Zeitangabe in Jes. 6,1 gewonnene Ansicht des Origenes, Jesaja habe erst nach dem Tod des Königs Usija eine Vision haben können.[115] Einer Zuweisung dieser Kritik an einen Verfasser Hieronymus stehen unüberwindliche Schwierigkeiten im Weg. Merkwürdig ist schon, dass im Traktat die Aussagen des Origenes, auf die der Antiorigenist sich jeweils bezieht, allenfalls als sehr freie Wiedergabe des Wortlauts angesehen werden können, der in der von Hieronymus übersetzten ersten Jesajahomilie des Origenes zu lesen ist, wie folgende Gegenüberstellung exemplarisch zu zeigen vermag: *Quamdiu*

---

109 Hieronymus, in Es. VI 1 (VL.AGLB 27, 687,1–3). Auf diese Stelle hat schon AMELLI, Tractatus (wie Anm. 77) XI und 2 Anm. 4, hingewiesen, übernommen von MORIN 104 Anm. zu Zeile 28.

110 In Am. II 4,4–6 (CChr.SL 76,260–262); Übersetzung: FÜRST, Hieronymus (wie Anm. 42) 280–282.

111 Vgl. die Belege bei FÜRST, ebd. 128 Anm. 332; ferner SCHADE, BKV^2 I 15 (wie Anm. 86) 200 Anm. 3.

112 Hieronymus, ep. 84,2 (CSEL 55, 122,4f.).

113 Theophilus (?), tract. c. Orig. p. 104,23 MORIN.

114 Bemerkt bereits von AMELLI, Tractatus (wie Anm. 77) 2 Anm. 3, übernommen von MORIN 104 Anm. zu Zeile 23.

115 Theophilus (?), tract. c. Orig. p. 103,14–107,19 MORIN.

„Ozias rex" uixit, „uidere" non potuit „uisionem" Isaias propheta – Non poterat, inquit, Esaias propheta cernere uisionem, nisi ei fuisset Ozias rex mortuus.[116] Entsprechendes gilt für die anderen [217] Bezugnahmen im Traktat auf die Jesajaexegese des Origenes, auch wenn sich im Einzelnen größere Gemeinsamkeiten finden lassen.[117] Es ist schwer erklärbar, weshalb Hieronymus sich derart abweichend auf einen Text bezogen haben sollte, den er selbst übersetzt hat. Näher liegt die Annahme, dass der Verfasser des Traktats direkt aus dem ihm vorliegenden griechischen Text zitierte – wobei wir nicht kontrollieren können, ob bzw. wie stark seine Vorlage eventuell von dem Text abwich, den Hieronymus in Konstantinopel übersetzt hatte – und dass die Abweichungen zwischen den lateinischen Fassungen dadurch zustande kamen, dass Hieronymus die zum Teil gleichen Texte unabhängig voneinander in das Lateinische übersetzte.

Schwerer wiegt ein zweiter Vorbehalt: Den ethischen und spirituellen Gedanken, die Origenes auf der Basis seiner Auffassung der Zeitangabe in Jes. 6,1 entwickelte, ist Hieronymus andernorts bis ins Detail gefolgt, und zwar nicht nur in *Epistula* 18A von 380, in der er sich generell eng an die Auslegung des Origenes anlehnte,[118] sondern auch noch im Jesajakommentar von 408/10.[119] Das ist ein Indiz dafür, dass der Traktat nicht von Hieronymus verfasst worden ist, und wenn er ihn aus dem Griechischen übersetzt hat, dann wird dieses Indiz noch stärker: Obwohl er in diesem Traktat eine Kritik an dieser Auffassung las und übersetzte, hat er doch an der origeneischen, im Übrigen bei den Kirchenvätern verbreiteten Deutung von Jes. 6,1 festgehalten. Gegen dieses Argument ließe sich allenfalls einwenden, dass Hieronymus öf-

116 Origenes, in Is. hom. 1,1 (GCS Orig. 8, 242,6f.) – Theophilus (?), tract. c. Orig. p. 103, 18–20 MORIN.

117 Origenes, ebd. 1,1 (8, 242,10–16) – Theophilus (?), ebd. p. 104,11–18; Origenes, ebd. 1,2 (8, 244,14–18) – Theophilus (?), ebd. p. 107,21–23; Origenes, ebd. 1,2 (8, 244,22–24) – Theophilus (?), ebd. p. 114,1–4 (dazu unten); Origenes, ebd. 1,2 (8, 244,24f.): *His enim in omnibus, quae sunt, sanctius nihil est* – Theophilus (?), ebd. p. 116,21: *His enim nihil sanctius nouimus inter ea quae sunt*; Origenes, ebd. 1,2 (8, 244,27f.): *Quae sunt ista duo „Seraphim"? Dominus meus Iesus et Spiritus sanctus* – Theophilus (?), ebd. p. 119, 19f.: *Quae sunt, inquit, ista Seraphin? Dominus meus et Spiritus Sanctus* (dazu unten). Vgl. die Gegenüberstellungen bei GRYSON/SZMATULA, Les commentaires patristiques (wie Anm. 4) 31f.

118 Hieronymus, ep. 18A,2 (CSEL 54, 76f.).

119 In Es. III 3 (VL.AGLB 23, 309,13–22). Schon GRÜTZMACHER, Rez. Amelli (wie Anm. 80) 500, und auch DIETSCHE, Didymus (wie Anm. 95) 79, ist dieser Widerspruch aufgefallen. GUINOT, L'héritage origénien (wie Anm. 51) 380, macht darauf aufmerksam, dass Hieronymus hierin, anders als die griechischen Exegeten Eusebius von Caesarea und Kyrill von Alexandrien, eng Origenes folgte.

ter derart widersprüchliche Auslegungen vorlegte, auch in bunter chronologischer Folge.[120] Die Spannung zwischen dem Traktat und sämtlichen Äußerungen des Hieronymus über Jes. 6,1 bleibt aber bestehen und ist nicht mit dem Hinweis auf unterschiedliche Zeiten und Umstände der jeweiligen Schriften [218] zu erklären[121] oder dadurch aufzulösen, dass man die Widersprüchlichkeiten in die Sequenz einer biographischen Entwicklung bringt.[122]

Zweitens kritisiert der Verfasser des Traktats die Auffassung des Origenes, die Seraphim in Jes. 6,2 bedeckten nicht ihr eigenes Gesicht und ihre eigenen Füße, sondern Gesicht und Füße Gottes.[123] Er meinte dagegen: *Seraphin suam operiebant faciem, non Dei.*[124] Hier gilt dasselbe wie beim ersten Kritikpunkt: Im Widerspruch zu seinen sonstigen Überlegungen zu diesem Vers übernahm Hieronymus diese Ansicht des Origenes. In *Epistula* 18A tat er dies gänzlich unreflektiert,[125] desgleichen im Habakukkommentar,[126] und im Jesajakommentar bevorzugte er ohne Begründung diese Auffassung,[127] obwohl er darin zuvor darauf hingewiesen hatte, dass der hebräische Text doppeldeutig sei.[128] Erneut verträgt sich die Kritik im Traktat also nicht mit entsprechenden Einlassungen in Texten, die Hieronymus sicher zum Verfasser haben. Dazu kommt in diesem Fall eine weitere Beobachtung: Der Verfasser des Traktats verknüpft seine Kritik an Origenes in diesem Passus mit bemerkenswerten erkenntnistheoretischen Reflexionen.[129] „Die Darle-

120 Das beste Beispiel ist vielleicht seine uneinheitliche Auslegung des Streits zwischen Paulus und Petrus in Antiochien (Gal. 2,11–14); siehe dazu Alfons FÜRST, Augustins Briefwechsel mit Hieronymus, Münster 1999, 80–87.

121 So AMELLI, Tractatus (wie Anm. 77) XVf.

122 So MORIN, Le nouveau traité (wie Anm. 81) 817–820.

123 Theophilus (?), tract. c. Orig. p. 107,20–113,27 MORIN.

124 Ebd. p. 108,14.

125 Hieronymus, ep. 18A,7 (CSEL 54, 82f.).

126 In Abac. II 3,2 (CChr.SL 76A, 620,98–621,101).

127 In Es. III 4 (VL.AGLB 23, 313,32–36).

128 Ebd. (23, 312,10–15): siehe oben. AMELLI, Tractatus (wie Anm. 77) XVI. 6 Anm. 3, und MORIN 108 Anm. zu Zeile 14 haben diese Widersprüche bemerkt, desgleichen GRÜTZMACHER, Rez. Amelli (wie Anm. 80) 500. Wenn Morin aber meint, im Jesajakommentar habe Hieronymus „animo iam aequiori" beide Deutungen zugelassen, ignoriert er die spätere Stelle im Kommentar, an der Hieronymus gleichsam unter der Hand doch die origeneische Auffassung präferiert.

129 Als Beispiel sei folgender Auszug zitiert, Theophilus (?), tract. c. Orig. p. 110,16–21 MORIN: *Scimus enim esse Deum, scimusque quid non sit; quid autem et qualis sit, scire non possumus. Quoniam bonitatis est atque clementiae descendentis ad nos, ut aliqua de eo aestimare ualeamus, esse eum sentiamus beneficiis: qualis autem sit, propter profundum interiacens nulla potest intellegere creatura, et, ut pressius aliquid loquar, quid non sit Deus nouimus, quid autem sit scire non possumus.* AMELLI, Tractatus (wie Anm. 77) 8 Anm. 1,

gungen über die Unsichtbarkeit Gottes und die Erkennbarkeit des Schöpfers aus der geschaffenen Welt zeigen einen beachtlichen Grad von Selbständigkeit und verraten spekulative Begabung und gute Schriftkenntnisse des Verfassers."[130] Soll man Hieronymus, der – wie er selbst durchaus zu verstehen gab – kein sonderliches [219] Interesse an systematischer theologischer Reflexion hatte,[131] so eigenständige, über ein durchschnittliches Niveau hinausgehende theologische Überlegungen zutrauen? Diese Beobachtungen zum zweiten Kritikpunkt im Traktat müssen wohl als weitere Indizien gegen eine Autorschaft des Hieronymus gelten.[132]

Beim dritten Kritikpunkt[133] ist dem Verfasser ein gravierendes Missverständnis unterlaufen:

> *Cum hoc* (sc. die vorausgehenden epistemologischen Überlegungen) *nemo dubitet, rursum Origenes de Seraphin disputans sic ea super mensuram suam laudat, ut Filium Dei blasphemet et Spiritum Sanctum. Dicit enim in consequentibus: „Sed haec de Seraphin quae circa Deum sunt, et sola rationabiliter atque prudenter dicunt Sanctus Sanctus Sanctus. Ideo prudenter laudant atque sapienter, quia sancta sunt." Nec nos possumus denegare, quod Seraphin rationabiliter dicant atque prudenter, Sanctus Sanctus Sanctus: sed quaero a doctore praecipuo, ubi in sanctis scripturis legerit, sola Seraphin Deum laudare prudenter; cum omnes rationabiles creaturae et primogenita caelestis ecclesiae Deum nouerint?*[134]

Origenes hatte – in der lateinischen Übersetzung des Hieronymus – geschrieben: *Verum haec „Seraphim", quae circa Deum sunt, quae sola cognitione dicunt: „Sanctus, Sanctus, Sanctus!", propter hoc seruant mysterium Trinitatis, quia et ipsa sunt sancta.*[135] Abgesehen von weiteren Unterschieden zwischen den beiden Versionen des Origenestextes ist dem Verfasser des Traktats der Sinn einer sehr prägnanten Wendung offenbar entgangen. Die Junktur *sola cognitione dicere* ist metaphysisch zu verstehen: Was die Seraphim hier sagen, nämlich das dreifache „Heilig", hat mit Sprache, die in konkrete Laute gegossen und hörbar ist, nichts zu tun, sondern wird von Origenes als überrationaler Modus der

---

verwies dazu auf ähnliche Formulierungen bei Augustinus, en. in Ps. 85,12 (CChr.SL 39, 1186,23f.31f.): *Deus ineffabilis est; facilius dicimus quid non sit, quam quid sit … Et quid est? Hoc solum potui dicere, quid non sit*; in Ioh. ev. tract. 23,9 (CChr.SL 36, 238, 15f.).

130 ALTANER, Verfasser (wie Anm. 95) 147.

131 Näheres bei FÜRST, Hieronymus (wie Anm. 42) 22–42 (bes. ebd. 22).

132 So übrigens auch DIETSCHE, Didymus (wie Anm. 95) 81f., der allerdings auch auf den Gegensatz zwischen den diesbezüglichen Ausführungen des Traktats und Didymus hinweist (ebd. 96f.), ohne seine These dadurch in Frage stellen zu lassen.

133 Theophilus (?), tract. c. Orig. p. 113,28–116,18 MORIN.

134 Ebd. p. 113,28–114,8.

135 Origenes, in Is. hom. 1,2 (GCS Orig. 8, 244,22–24).

Erkenntnis aufgefasst, der nach platonischem Verständnis dem Bereich des reinen göttlichen Geistes, der noetischen Sphäre, vorbehalten ist: „Allein im Akt reinen Erkennens" sagen die Seraphim: „Heilig, Heilig, Heilig!" *Dicere* ist daher nicht Bezeichnung für einen zeitlich verfassten Sprechakt, sondern metaphorisch gebraucht: Dieses „Sprechen" ist ein Sprechen „jenseits" menschlicher Sprache, ein Vorgang, der sich rein in der Erkenntnis abspielt, ja jenseits des Erkennens, soweit dieses sprachlich vermittelt ist, in der Sphäre des Intelligiblen, vor einer Versprachlichung dieses Erkenntnisaktes in menschensprachliche Zeichen und Laute. Ausdruck und Vorstellung gehören zu den Topoi der philosophischen Erkenntnislehre zur Zeit des Origenes.[136] Der Polemiker des Traktats verrät nicht [220] eine Spur von Wissen um diese Zusammenhänge. Er bietet – jedenfalls in der vorliegenden lateinischen Übersetzung – eine stark veränderte Version dieser Aussage des Origenes: *sola rationabiliter atque prudenter*, in der die *cognitio* mit einer adverbialen Zweiwortverbindung wiedergegeben ist und *sola* sich nicht mehr auf *cognitio* bezieht, sondern auf den Neutrum Plural *Seraphin*. Damit aber verschiebt sich der Sinn des Satzes zu der Bedeutung, „allein" die Seraphim würden „mit Vernunft und Klugheit" sagen: „Heilig, Heilig, Heilig!" – was der Verfasser im Folgenden heftig kritisiert,[137] Origenes aber gar nicht gemeint hat. Der Antiorigenist liefert damit ein typisches Beispiel für den oft ignoranten Umgang mit den Texten des Origenes in späteren Jahrhunderten, der nicht wenig zu seiner Verketzerung beigetragen hat. Die tieferen Gedanken des Origenes bei der Auslegung der Jesajavision sind dem Verfasser des Traktats entgangen.

Weniger spektakulär ist der vierte Kritikpunkt an der Aussage des Origenes anlässlich von Jes. 6,3, nichts sei heiliger als die Seraphim,[138] der jedoch der Vollständigkeit halber gleichwohl wiedergegeben sei:

> *Porro Origenes de caelestibus disputans, et arbitrum se faciens uniuscuiusque spiritalium sanctitatis, et de Seraphin temeraria uoce pronuntiat: „His enim nihil sanctius nouimus inter ea quae sunt."*[139] *Haec ille dicit; nos autem et Seraphin, et Thronos, et Principatus, et Potestates, et Virtutes, et Dominationes, quae iuxta Paulum apostolum seruiunt Deo, et omnes Angelos atque Archangelos qui suum*

136 Vgl. Alkinoos, didask. 4,2 (p. 5 WHITTAKER/LOUIS) mit dem Kommentar bei: Alcinous, The Handbook of Platonism, translated with an Introduction and Commentary by John M. DILLON, Oxford 1993, 62f.; Augustinus, trin. XIII 1 (CChr.SL 50, 381, 3.5).

137 Vgl. *sola* bzw. *(non) solum* in diesem Sinn: Theophilus (?), tract. c. Orig. p. 114,6.17; 115,3.10.15; 116,1.16 MORIN.

138 Ebd. p. 116,19–119,12.

139 Siehe oben Anm. 117.

ordinem seruauerunt, sanctos nouimus, Dei solius intellegentiae relinquentes, quis quo sanctior sit.[140]

Den massivsten Einwand hat der Verfasser sich für das Finale seiner Polemik aufgehoben.[141] Rhetorisch geschickt steigert er die Spannung kurz vor dem Höhepunkt: Die bislang behandelten Punkte seien trotz ihrer „Verwegenheit" und „Unsinnigkeit" noch erträglich, würden jedoch vom Folgenden an „Blasphemie" und „Gottlosigkeit" übertroffen:

> *Et si huc usque temeritas processisset, ferremus utcumque eius amentiam; nunc autem maiora blasphemat et inpietas eius ad ipsum peruenit Deum. Filium enim et Spiritum Sanctum, quasi quidam fictor idoli et nouorum simulacrorum conditor, appellat duo Seraphin; et in hunc sacrilegii erumpit uomitum „a principali Sancto Seraphin sanctitatis accipere consortium, et alter clamat ad alterum: Sanctus Sanctus Sanctus". Et iterum: „Quae sunt, inquit, ista Seraphin? Dominus meus et Spiritus Sanctus." Quod Seraphin a Deo, qui sanctitatis omnium caput est, acceperint sanctitatem, et clament* [221] *alter ad alterum, Sanctus Sanctus Sanctus, negare non possumus; ut autem Filius aestimetur et Spiritus Sanctus, hoc penitus refutamus.*[142]

Dieser Passus ist in verschiedenen Hinsichten aufschlussreich. In den vorausgehenden Kapiteln wird Origenes zwar deutlich kritisiert, aufs Ganze gesehen aber nur gelegentlich mit polemischen Vokabeln bedacht;[143] beim vierten Kritikpunkt steigert sich die Frequenz polemischer Vorwürfe,[144] und zu Beginn der fünften und letzten Kritik wird Origenes mit Beschimpfungen regelrecht überzogen.[145] Der Verfasser treibt seine Kritik auf den Höhepunkt zu, wobei auffällig ist, dass Origenes an keiner Stelle direkt als Häretiker disqualifiziert wird. Die im fünften Punkt kritisierte Exegese wird als schlimmster faux pas des Origenes präsentiert. Vor allem die trinitarische Deutung der Seraphim

---

140 Theophilus (?), tract. c. Orig. p. 116,19–117,1 MORIN.

141 Ebd. p. 119,13–122,11.

142 Ebd. p. 119,13–120,2.

143 Ebd. p. 103,17: *uir, ut putant, eruditissimus* – wo *ut putant* mit ironischer Reserve gesagt ist (was Hieronymus, der der Gelehrsamkeit des Origenes stets höchste Achtung zollte, von sich aus gewiss nie gesagt hätte: CAVALLERA, Saint Jérôme [wie Anm. 94] Bd. 2, 84); 104,21f.: *peruersi interpretis*; 109,5: *inpietate*; 112,4f.: *ut Origenes somniat*; 113,29: *blasphemet*; 114,17: *audacter*; 115,10: *iuxta Origenis errorem.*

144 Ebd. p. 116,19: *arbitrum se faciens*; 116,20: *temeraria uoce*; 117,10: *audacter*; 117,21: *temeritate … ausus est*; 118,5: *ignorans …, linguae suae non ponit modum*; 118,23: *tanta … desaeuit audacia.*

145 Ebd. p. 119,13: *temeritas*; 119,13f.: *amentiam*; 119,14: *blasphemat*; ebd.: *inpietas*; 119,15f.: *quasi quidam fictor idoli et nouorum simulacrorum conditor*; 119,17: *in hunc sacrilegii erumpit uomitum*. Vgl. desweiteren 120,24: *ausus est*; 121,3: *amentia*; 121,3f.: *deliramenta Origenis*; 121,14: *iuxta Origenis furorem.*

in Jes. 6,2f. hat also zur Zeit der Abfassung des Traktats (wohl um 400) Anstoß erregt.

Die Fassung, in welcher der Autor die kritisierte Meinung des Origenes präsentiert, wirft Rätsel auf. Weniger problematisch ist, dass der zweite zitierte Origenes-Satz sich in genau dieser Form nicht in der ersten Jesajahomilie des Origenes findet;[146] die Abweichungen sind hier nicht so gravierend wie bei anderen Rekursen auf Aussagen des Origenes. Ein Problem bildet das erste Zitat (wenn es denn eines ist): Dieser Satz steht nirgends in den von Origenes erhaltenen Texten über Jesaja. Dazu sind verschiedene Erklärungen möglich. Der Verfasser des Traktats könnte auf einen anderen Text des Origenes rekurrieren, der ihm vorlag, der heute aber nicht mehr existiert. Angesichts der Trümmerhaftigkeit der Überlieferung der Werke des Origenes ist das prinzipiell nicht auszuschliessen. Dagegen spricht jedoch, dass alle sonstigen Zitate im Traktat in der ersten Jesajahomilie des Origenes verifizierbar sind (wenn auch meist nur in ungefährer Form).

So kommt eine zweite Erklärung in den Blick: Der Verfasser setzt sich vom zweiten bis zum fünften seiner Einwände sukzessive mit einer Passage in der ersten Jesajahomilie des Origenes auseinander, die anhand seiner Zitate zweifelsfrei [222] zu eruieren ist.[147] Es fehlen daraus lediglich zwei Sätze,[148] auf die der Autor überhaupt nicht eingeht, auch nicht in freier Form oder in Anspielungen, und es fehlt ausgerechnet ein Satz aus dem Passus, den er im dritten, vierten und fünften Vorwurf sehr ausführlich behandelt: *Et non leuiter dicunt „alter ad alterum": „Sanctus, Sanctus, Sanctus!", sed salutarem omnibus confessionem clamore pronuntiant.*[149] Dieser Satz würde in der Sequenz der Zitate im Traktat exakt an die Stelle passen, an welcher der nicht auffindbare Satz steht. Bezüglich des Zitates aus Jes. 6,3 entsprechen sich beide Sätze auch. Hat der Verfasser diesen Satz in einer eigenen Version zitiert? In diesem Fall unterscheiden sich beide Sätze aber so stark, dass – abgesehen vom Bibelzitat – kein gemeinsames Substrat erkennbar ist (wie das bei vergleichbaren Stellen durchaus der Fall ist). Auch diese Erklärung will also nicht befriedigen.

Damit gewinnt eine dritte Erklärung an Plausibilität, die von erheblicher Brisanz ist: Da der Verfasser offenkundig aus dem Text des Origenes zitiert, zieht Morin den Schluss, dass der zitierte Satz darin gestanden, Hieronymus ihn aber beim Übersetzen der Jesajahomilien

146 Siehe oben Anm. 117.

147 Origenes, in Is. hom. 1,2 (GCS Orig. 8, 244,14–28).

148 Ebd. Zeilen 18–21.

149 Ebd. Zeilen 25–27.

weggelassen habe, und zwar „nimio, ut reor, orthodoxiae studio“.[150] Diese Lösung ist möglich. Der Übersetzer Hieronymus hat zwar bekanntlich generell sehr verlässlich übersetzt, wie sich aus dem Vergleich der Jeremiahomilien des Origenes in lateinischer Übersetzung mit den auf Griechisch erhaltenen ergibt.[151] Aber auch er retuschierte die Texte des Origenes an einigen wenigen Stellen im Sinne der Orthodoxie seiner Zeit. So hat er an der fraglichen Stelle in der Jesajahomilie den Text beim Übersetzen verändert, und zwar fügte er unmittelbar nach der Stelle, die im Traktat als letzte zitiert wird, einen Satz ein: *Nec putes Trinitatis dissidere naturam, si nominum seruantur officia.*[152] In diesem Fall können wir die Textergänzung nachweisen, weil Rufinus Hieronymus denunziert hat:

> *Denique in omeliis Esaiae visio Dei Filium et Spiritum Sanctum retulit. Ita tu ista transtulisti, adiciens ex te quod sensum auctoris ad clementiorem traheret intellectum. Ais enim: „Quae sunt ista duo Seraphin? Dominus meus Iesus Christus et Spiritus Sanctus.“ Et ex tuo addidisti: „Nec putes Trinitatis dissidere naturam, si nominum seruantur officia.“*[153]

[223] Als Rufinus am Ende seiner Apologie gegen Hieronymus noch einmal auf diese Ergänzung – in etwas abweichendem Wortlaut – zurückkam, unterstellte er Hieronymus dasselbe Verfahren, das er selbst beim Übersetzen des Origenes anwandte, nämlich dessen Texte durch Weglassen, Verändern und Hinzufügen für das (aus seiner Sicht) richtigere Verständnis aufzubereiten:

> *Dixi eum* (sc. Hieronymus) *purgasse in Latina translatione si qua illa offendicula fidei uidebantur in Graeco, et non immerito: ita tamen ut eadem et iam a me conprobem gesta. Nam sicut ille in omeliis de Esaia duo Seraphin Filium et Spiritum Sanctum esse interpretatus est, et addens de suo: „Nemo aestimet in Trinitate naturae esse differentiam, cum nominum discernuntur officia“, per hoc curare se credit offendicula potuisse, ita nos, uel ademptis uel immutatis quibusdam uel additis, sensum auctoris adducere conati sumus ad intellegentiae tramitem rectiorem. Quid hic diuersum aut quid contrarium aut quid non idem fecimus?*[154]

In den Jesajahomilien finden sich[155] drei weitere Stellen, die von Hieronymus, wie die nahezu gleichlautenden Einleitungsformeln nahelegen,

---

150 MORIN 119 Anm. zu Zeile 17. Ebenso GRYSON/SZMATULA, Les commentaires patristiques (wie Anm. 4) 33.

151 Vittorio PERI, I passi sulla Trinità nelle omelie origeniane tradotte in latino da san Gerolamo, in: StPatr VI (TU 81), Berlin 1962, 155–180, hier 157–164.

152 Origenes, in Is. hom. 1,2 (GCS Orig. 8, 244,28–245,1).

153 Rufinus, apol. c. Hieron. II 31 (CChr.SL 20, 106,28–107,1).

154 Ebd. II 50 (20, 122,2–13).

155 Nachgewiesen von PERI, I passi sulla Trinità (wie Anm. 151) 177–179, übernommen von Pierre NAUTIN, Origène. Sa vie et son œuvre, Paris 1977, 257.

vermutlich eingefügt worden sind;[156] bei einer vierten Stelle könnte es sich ebenfalls um eine Interpolation handeln.[157] Dazu kommt eine Stelle in den Jeremiahomilien, an der Hieronymus den griechischen Text des Origenes nachweislich ergänzte.[158] An trinitätstheologisch kritischen Punkten hat Hieronymus also an zwar nicht vielen, aber doch einigen signifikanten Stellen die Aussagen des Origenes in einer Weise ergänzt, dass sie im Kontext der trinitätstheologischen Debatten des 4. Jahrhunderts[159] dogmatisch akzeptabel aussahen. Im Vorwort zur Übersetzung von Περὶ ἀρχῶν charakterisierte Rufinus die Übersetzungspraxis des Hieronymus allgemein so, dass dieser in seinen Übersetzungen von Werken des Origenes, *cum aliquanta offendicula inueniantur in Graeco, ita elimauit omnia interpretando atque* [224] *purgauit, ut nihil in illis quod a fide nostra discrepet Latinus lector inueniat.*[160] Wenn Hieronymus seiner Übersetzung der Jesajahomilie an der fraglichen Stelle einen Satz hinzufügte, um den Text des Origenes dogmatisch weniger verfänglich aussehen zu lassen – warum sollte man ihm dann nicht zutrauen, in derselben Absicht auch einen Satz weggelassen zu haben?

Für diese These spricht, dass gerade in dem von Hieronymus möglicherweise unterdrückten Satz – *a principali Sancto Seraphin sanctitatis accipere consortium* – der Gedanke zum Ausdruck kommt, der den Verfasser des Traktats an der trinitarischen Deutung der Seraphim am meisten gestört hat: die Inferiorität der Seraphim und damit des Sohnes und des Geistes gegenüber Gott: *Filius et Spiritus Sanctus non alterius consortio habent sanctitatem, ne similes creaturis esse uideantur et aliunde accipere, quod non habebant, inferioresque esse eo cuius possident sanctita-*

156 Origenes, in Is. hom. 1,4 (GCS Orig. 8, 246,20–24): *Nec putes naturae contumeliam, si filius a patre mittitur. Denique ut unitatem deitatis in Trinitate cognoscas, solus Christus in praesenti lectione „peccata" nunc dimittit et tamen certum est a Trinitate „peccata" dimitti. Qui enim in uno crediderit, credit in omnibus*; 3,3 (8, 257,2–5): *Nec putandum est aliquid indigere „sapientiam" et „intellectum" ceterosque „spiritus", quia alium cibum habeant. cum totius dispensationis unus sit cibus natura Dei*; 7,1 (8, 281,3f.): *Nec putandus est non habuisse, qui accepit, cum adhuc habeat ipse, qui „dederit".*

157 Ebd. 4,1 (8, 259,2f.): *…, quae est trinae sanctitatis repetita communitas; sanctitati patris sanctitas iungitur filii et Spiritus sancti.*

158 In Hier. hom. 9,1 (GCS Orig. 3², 64,23f.): … ἡμεῖς δὲ ἕνα οἴδαμεν θεὸν καὶ τότε καὶ νῦν, ἕνα Χριστὸν καὶ τότε καὶ νῦν, von Hieronymus (vgl. ebd. app. crit.) so übersetzt: *… nos unum nouimus Deum et in praeterito et in praesenti, unum Christum, et tunc et modo similiter*, und so ergänzt: *et unum Spiritum Sanctum, cum Patre et Filio sempiternum.* Vgl. PERI, I passi sulla Trinità (wie Anm. 151) 161.

159 PERI, ebd. 170–176, führt dazu zahlreiche wichtige Texte an.

160 Rufinus, Orig. princ. I praef. 2 (CChr.SL 20, 245,33–246,35). Weitere Belege bei PERI, ebd. 155 Anm. 1 und 2; 156 Anm. 1.

tem.[161] Sohn und Heiliger Geist dürfen nicht auf die Ebene der Geschöpfe geraten – wie bei Arius, ist man versucht zu denken! Mit dieser Bemerkung bewegt sich der Traktat vor dem Hintergrund der trinitätstheologischen Debatten des 4. Jahrhunderts. Die von ihm bekämpfte Position wird konventionell unter den Stichworten Subordinatianismus und Arianismus behandelt. Ob das Gottesdenken des Origenes damit zutreffend charakterisiert ist, ist mehr als fraglich. Doch zur Zeit der Abfassung des Traktats ist es in den Verdacht geraten, häretisch im Sinne des Subordinatianismus und des Arianismus zu sein, und von hier aus erklärt sich die Vehemenz, mit der im Traktat eben dieser Punkt in der origeneischen Auslegung von Jes. 6,2f. die heftigste Kritik auf sich gezogen hat. Der Traktat ist Ausdruck dieser zunehmenden antiorigeneischen Stimmung; als solcher ist er in der Sache nicht besonders originell, im Ton aber sehr energisch.

Diese Kritik hat Hieronymus geteilt. Schon in *Epistula* 18A und erneut im Jesajakommentar lehnte er diese Deutung des Origenes explizit ab und präsentierte eine alternative Auslegung. Sollten die Veränderungen des Textes, die Ergänzung, die Rufinus ihm vorgeworfen hat, wie die Auslassung, die sich hypothetisch aus dem Zitat im Traktat erschließen lässt, tatsächlich so von ihm vorgenommen worden sein, ist zu folgern, dass Hieronymus schon beim Übersetzen der Jesajahomilien des Origenes diese kritische Passage im Sinne der Orthodoxie seiner Zeit zu entschärfen versucht hat.

5. Hieronymus – ein Exeget stilisiert sich selbst

Die Schlussreflexion kann eingeleitet werden mit der Frage nach der Gewichtigkeit dieses Vorwurfs gegen die Jesajaauslegung des Origenes. Im zweiten Origenismusstreit hat das Thema offenbar durchaus eine Rolle gespielt, sonst hätte Justinian den Passus aus Περὶ ἀρχῶν nicht explizit zitiert. Allerdings: [225] Weder in den neun Anathematismen von 543, die Justinian seinem Brief an Menas anfügte, noch in den 15 Anathematismen von 553 taucht dieser Aspekt auf. Im 6. Jahrhundert scheint dieser Punkt nicht zu den zentralen Vorwürfen gegen das Denken des Origenes gehört zu haben.

161 Theophilus (?), tract. c. Orig. p. 120,8–10 MORIN

Anders im ersten Origenismusstreit.[162] Da scheint die trinitarische Deutung der Seraphim in der Vision Jesajas ein Hauptkritikpunkt gewesen zu sein.[163] Anders dürfte kaum zu erklären sein, weshalb ein ganzer Traktat gegen die erste Jesajahomilie des Origenes mit besonderer Betonung dieses Aspektes geschrieben wurde und weshalb Hieronymus sich so deutlich von dieser Exegese distanzierte. Bereits in einer seiner ersten Invektiven, die Hieronymus anlässlich des über die Rechtgläubigkeit des Origenes ausbrechenden Streites schrieb, *Epistula* 61 von 396 an Vigilantius, bezeichnete er Origenes ohne Umschweife als Häretiker und erklärte dessen trinitarische Deutung der Seraphim zu einem seiner schwersten Irrtümer: *Origenes haereticus: Quid ad me, qui illum in plerisque hereticum non nego? Errauit de resurrectione corporis; errauit de animarum statu, de diaboli paenitentia et – quod his maius est – filium et spiritum sanctum seraphin esse testatus est.*[164] Die Veränderungen, die Hieronymus am Text der ersten Jesajahomilie offenbar vorgenommen hat, stehen in diesem Kontext. Hieronymus scheint sich der dogmatischen Problematik dieses Textes durchaus bewusst gewesen zu sein. Dies könnte eine weitere Folge gehabt haben, die für das Bild, das Hieronymus von sich entworfen hat, nicht weniger aufschlussreich ist als für das Bild, das er von Origenes vermitteln wollte.

Im letzten Kapitel von *De viris illustribus*, in dem Hieronymus seine bis 392/93 verfassten Werke aufzählte, erwähnte er zwar die Übersetzung der Jeremia- und der Ezechielhomilien, zweier Hoheliedhomilien sowie der Lukashomilien des Origenes und auch den Traktat *De seraphim*, nicht aber seine Übersetzung der [226] Jesajahomilien des Origenes.[165] Das ist merkwürdig. Hieronymus stilisierte sich im letzten Kapi-

---

162 NAUTIN, Origène (wie Anm. 155) 132f., brachte den vierzehnten Einwand gegen die Lehre des Origenes, den Photius, bibl. 117 (II p. 90 HENRY), aus einer anonymen Apologie des Origenes aus der Zeit des ersten Origenismusstreites referiert, ὅτι τὰ Χερουβὶμ ἐπίνοιαι τοῦ Υἱοῦ εἰσιν, fälschlich in Verbindung mit princ. I 3,4 (siehe oben) und der trinitarischen Deutung der Seraphim in Jes. 6,2f.

163 CHAVOUTIER, Querelle origéniste (wie Anm. 59) 12, bemerkt – leider ohne Beleg –, dass die Arianer die Deutung des Origenes für ihre trinitarischen Konzepte verwendet hätten; dabei ging es allerdings um die trinitarische Deutung des dreimaligen *Sanctus*, die auch schon Origenes vertreten hatte und die, anders als seine Beziehung der Seraphim auf Sohn und Geist, in der altkirchlichen Theologie unproblematisch war. Vgl. Origenes, in Is. hom. 1,2 (GCS Orig. 8, 244,23f.); 4,1 (8, 258,31–259,3): *Non iis sufficit semel clamare „Sanctus!" neque bis, sed perfectum numerum Trinitatis adsumunt, ut multitudinem sanctitatis manifestent Dei, quae est trinae sanctitatis repetita communitas; sanctitati patris sanctitas iungitur filii et Spiritus sancti*; Johannes Chrysostomus, in Es. 6,3 (SC 304, 268,47–52); Theodoret von Kyrrhos, in Es. 6,3 (SC 276, 260, 66–262,72).

164 Hieronymus, ep. 61,2 (CSEL 54, 577,1–4).

165 Vir. ill. 135,2.4 (p. 230. 232 CERESA-GASTALDO).

tel dieser Schrift nämlich als Kulminationspunkt der christlichen literarischen Produktion und zählte zu diesem Zweck so viele Einzelwerke wie möglich auf, zum Beispiel auch Traktate, die in seinem Briefcorpus als Briefe überliefert sind (*Epistulae* 14, 18A, 20, 21, 22, 36, 39), und scheute nicht vor übertreibenden Verallgemeinerungen zurück, so mit der Behauptung, das Neue Testament habe er nach dem griechischen Originaltext überarbeitet, das Alte nach dem Hebräischen übersetzt, denn in Wirklichkeit hat er vom Neuen Testament lediglich die vier Evangelien in der genannten Weise revidiert und die Übersetzung des Alten Testaments aus dem Hebräischen hatte er gerade in Angriff genommen und, als er diesen Satz schrieb, erst die Samuel- und Königsbücher und die Propheten, vielleicht auch Ijob, vollendet. Die Erwähnung einer weiteren Übersetzung hätte gut in diese etwas protzige Liste gepasst.

Ihr Fehlen ist umso auffälliger, als es sich dabei um die einzige wirkliche Lücke in seinem Werkverzeichnis handelt. Es gibt nämlich nur noch einige wenige weitere Schriften, die Hieronymus darin ebenfalls nicht aufführte, deren Fehlen jedoch anders geartet und in jedem einzelnen Fall erklärbar ist.[166] Vier Briefe an Paula, Eustochium und Asella (*Epistulae* 30, 31, 33, 45) hat Hieronymus deswegen nicht eigens erwähnt, weil sie im in der Liste aufgeführten Buch der Briefe an Marcella enthalten waren.[167] Den frühen Kommentar zum Propheten Obadja von 374/75 nannte er nicht, weil er ihn für ein unreifes Jugendwerk hielt, das er 396 durch eine bessere Arbeit ersetzte.[168] Weil es müßig ist, über die eventuelle Nichterwähnung von möglichen weiteren Briefen aus den ersten Jahren in Bethlehem zu spekulieren, von denen nichts überliefert ist, von denen wir deshalb schlicht nichts wissen oder die es sogar sicher nie gegeben hat, und weil nicht sicher ist, ob der nicht erwähnte Brief an Aurelius von Karthago von 392/93 (*Epistula* 27* DIVJAK) zur Zeit der Abfassung von *De viris illustribus* schon geschrieben war oder nicht,[169] ist lediglich das Fehlen der Jesajahomilien merkwürdig, zumal die zeitgleichen Jeremia- und Ezechielhomilien notiert sind. Und selbst wenn man die Jesajahomilien neben den ebenfalls fehlenden frühen Obadjakommentar stellte und beider Fehlen aus ihrer Einschätzung als unreife Frühwerke erklärte, gäbe es einen wesentlichen Unterschied: Während Hieronymus den ersten Obadjakommentar im Vor-

166 Pierre NAUTIN, La liste des œuvres de Jérôme dans le „De viris inlustribus", in: Orph. N.S. 5 (1984) 319–334, hier 326–334.

167 Überzeugend nachgewiesen von NAUTIN, ebd. 330.

168 Ebd. 326f. Siehe oben Anm. 33.

169 Beides gegen NAUTIN, ebd. 330–333.

wort zum zweiten erwähnte – und wir ausschließlich aus dieser Notiz von dessen Existenz wissen –, ist er auf die Jesajahomilien nie zu sprechen gekommen.

[227] Zöge man aus der Nicht-Erwähnung in *De viris illustribus* den Schluss, Hieronymus habe die Jesajahomilien erst nach 392/93 übersetzt,[170] löste sich das Problem auf recht einfache Weise. Dieser Schluss überzeugt freilich nicht. Zum einen deuten die sprachlichen Unbeholfenheiten des Textes eher auf ein Jugendwerk, zum anderen wäre damit nicht erklärt, weshalb Hieronymus weder im Vorwort zum Jesajakommentar noch bei der Auslegung der Seraphimvision seine Homilienübersetzung erwähnte, die zu diesem Zeitpunkt aber bekannt war, da Rufinus in der Apologie gegen Hieronymus im Jahr 401 auf sie rekurrierte. Zudem scheint es nicht sehr plausibel, dass Hieronymus diese Homilien noch übersetzt haben sollte, nachdem er sich in *Epistula* 18A von 380 bereits so deutlich von der trinitarischen Deutung der Seraphim distanziert hatte.[171] Es empfiehlt sich daher, an der traditionellen Entstehungszeit dieser Übersetzung während des Aufenthalts in Konstantinopel festzuhalten.

Will man nicht[172] von einem Versehen im Laufe der handschriftlichen Überlieferung ausgehen, bleibt nur die Annahme, Hieronymus habe diese Übersetzung absichtlich verschwiegen. Dann ist nach möglichen Motiven zu fragen. Hat er die Jesajahomilien in *De viris illustribus* nicht erwähnt, weil darin eine Auslegung stand, die er ablehnte?[173] Aber warum hat er sie dann überhaupt übersetzt? Schon unmittelbar danach distanzierte er sich ja in *De seraphim* von der fraglichen Auslegung. Oder wollte Hieronymus ein so unfertiges Werk nicht der Nachwelt überliefern[174] und handelt es sich womöglich um eine lediglich private Vorarbeit für *De seraphim*, die vielleicht gar nicht für die Publikation gedacht war?[175] Dafür könnte die Beobachtung sprechen, dass

---

170 So BAEHRENS, GCS Orig. 8, XLVI, und schon Otto BARDENHEWER, Geschichte der altkirchlichen Literatur III, Freiburg i.Br. 1912, 612 im Anschluss an Vallarsi. Ebenso PERI, I passi sulla Trinità (wie Anm. 151) 166. 169f. 171.

171 So zu Recht NAUTIN, Le „De seraphim" (wie Anm. 38) 276.

172 Wie ders., Origène (wie Anm. 155) 257: „Son absence dans la notice du *De uiris* peut s'expliquer facilement par une omission accidentelle due à un saut du même au même dans le plus proche ancêtre commun des manuscrits actuels."

173 So ders., La liste des œuvres (wie Anm. 166) 328f.

174 So CAVALLERA, Saint Jérôme (wie Anm. 94) Bd. 1, 71; Bd. 2, 81.

175 So GRYSON/SZMATULA, Les commentaires patristiques (wie Anm. 4) 30 (vgl. ebd. 10 Anm. 35), und PIERI, *Isaia* (wie Anm. 45) 175f.; mit Nuancen ähnlich JAY, L'exégèse de Saint Jérôme (wie Anm. 42) 62f.: Hieronymus habe in Konstantinopel an der Übersetzung der Jesajahomilien gearbeitet, selbige jedoch abgebrochen, weil er sich in einem eigenen Werk mit der Vision in Jes. 6 habe beschäftigen wollen; nach des-

sich in den Jesajahomilien kaum eine Spur von den sonst für Hieronymus typischen Klauseln findet.[176] Letztere Erklärung erscheint plausibel, doch kann man fragen, weshalb Hieronymus den Text des Origenes an einer dogmatisch kritischen Stelle massiv verändert hat, wenn er keine Veröffentlichung im Sinn hatte.

[228] Von daher könnte man noch eine weitere Überlegung anstellen, und zwar im Blick auf die theologische Problematik der origeneischen Gedanken über die Vision Jesajas im Kontext der trinitarischen Debatten des 4. Jahrhunderts. Die Seraphimdeutung des Origenes erregte vor allem aufgrund des ihr inhärenten Subordinatianismus Anstoß.[177] Das subordinierende Trinitätskonzept des Origenes fand sich im 4. Jahrhundert im Kontext der gegenüber seiner Zeit neuen dogmengeschichtlichen Fragestellungen unter Denkformen wieder, die nunmehr als häretisch galten.[178] Nach den konziliaren Beschlüssen von Nizäa 325 und Konstantinopel 381 durfte von Vater, Sohn und Geist im christlichen Gottesbild orthodox nur noch gleichordnend, nicht subordinierend geredet werden. Von diesen Vorgaben aus betrachtet, sah die im 3. Jahrhundert orthodoxe Gotteslehre des Origenes häretisch aus. Die trinitarische Deutung der Seraphim in Jes. 6,2f. bei Origenes erfolgte nun aber klar in einem subordinierenden Konzept. Mit dem dogmatischen Konzept musste daher auch die exegetische Meinung problematisch werden.

Im ersten Origenismusstreit distanzierte sich Hieronymus vom angeblich häretischen Theologen Origenes, indem er zwischen dem Dogmatiker und dem Exegeten Origenes unterschied.[179] Diese Trennung war künstlich und konnte nicht funktionieren, weil sie die Denkform des Origenes zerstörte. Origenes trieb seine Theologie als Exeget und entwickelte seine Überlegungen in ständigem Rekurs auf die Bibel und inspiriert von dieser. Diese Trennung half aber Hieronymus, einerseits seinen Ruf als rechtgläubiger Theologe zu wahren, andererseits die Basis seiner Arbeit als Exeget zu retten: die exegetischen Werke des Origenes. Von diesen lebte sein exegetisches Schaffen, auch wenn er mit zunehmender Zeit eigenständiger wurde und sich partiell auch von

---

sen Abfassung *(De seraphim)* sei die Homilienübersetzung unvollendet liegengeblieben.

176 BAEHRENS, GCS Orig. 8, XLVI. XLVIII.

177 PIERI, *Isaia* (wie Anm. 45) 186–188.

178 KRETSCHMAR, Trinitätstheologie (wie Anm. 29) 68 Anm. 2, verweist auf die Schrift eines unbekannten Verfassers, die unter dem Namen des Athanasius überliefert ist und in welcher der Anhomöer die auf Origenes zurückgehende Verbindung von Jes. 6,2f. und Hab. 3,2 voraussetzt: trin. I 21 (PG 28, 1148D).

179 Näheres bei FÜRST, Hieronymus (wie Anm. 42) 30–36.

Origenes distanzierte. Mit dieser Strategie war Hieronymus erfolgreich. Es gelang ihm tatsächlich, durch die dogmatische Preisgabe seines geistigen Lehrers Origenes seinen eigenen Ruf der Rechtgläubigkeit zu retten – was in den vehementen Auseinandersetzungen des ersten Origenismusstreits auch durchaus hätte anders kommen können – und dennoch die exegetischen Werke des Origenes weiter für seine eigene Bibelauslegung zu nutzen.

Vor diesem Hintergrund lässt sich das Schweigen des Hieronymus in *De viris illustribus* über seine Übersetzung der Jesajahomilien des Origenes vielleicht ebenfalls erklären, und zwar als Selbststilisierung. Hieronymus hat in allen seinen Werken, besonders in den Briefen, gezielt seinen Ruf als Exeget und Asket gepflegt. Dabei scheute er vor Verzeichnungen und Halbwahrheiten nicht zurück. [229] Das vielleicht beste Beispiel ist die Darstellung seines Aufenthalts auf dem Land östlich von Antiochia: Nach allem, was wir heute dazu kritisch in Erfahrung zu bringen vermögen,[180] verbrachte Hieronymus einige Zeit auf dem Landgut Maronia seines Freundes Evagrius, also weder allein noch in entbehrungsreicher Umgebung und Lebensweise. Hieronymus stilisierte diese Zeit zu einem Eremitendasein und präsentierte sich seinem Lesepublikum im Westen als Asket mit Wüstenerfahrung aus dem syrischen Osten. Diese Selbstdarstellung hat funktioniert und nicht wenig zum Ruhm des Hieronymus als Asket beigetragen – bis weit über die Antike hinaus, wie nicht zuletzt zahlreiche bildliche Darstellungen des Einsiedlers Hieronymus in der Wüste zeigen.

Ein weniger spektakuläres, doch ähnliches Phänomen könnte bei dem hier traktierten Problem vorliegen. Auch in *De viris illustribus* betrieb Hieronymus Selbststilisierung, wenn er sich als krönenden Abschluss der kirchlichen Literatur präsentierte. Ein exegetisch-dogmatisch so hochproblematischer Text wie die Jesajahomilien des Origenes passte da schlecht ins Bild. Er hätte seinen Ruf als Doyen der lateinischen Übersetzer und Exegeten gefährdet. Also retuschierte er seine eigene Produktion, und das sogar um den Preis, dass er ein ganzes Werk aus seiner Publikationsliste strich, die doch von dem nicht uneitlen Bemühen gekennzeichnet ist, möglichst imposant zu wirken, und auch sonst dieses Werk mit keiner Silbe erwähnte.[181] Hieronymus wollte zwar eine möglichst umfangreiche Liste präsentieren, erstellte jedoch nicht wie ein Archivar ein vollständiges Verzeichnis seiner Publikatio-

---

180 Überzeugend herausgearbeitet von Stefan REBENICH, Hieronymus und sein Kreis. Prosopographische und sozialgeschichtliche Untersuchungen, Stuttgart 1992, 85–89, übernommen von FÜRST, Hieronymus (wie Anm. 42) 47–49.

181 Eine Bemerkung in diese Richtung machte schon MORIN, Le nouveau traité (wie Anm. 81) 815.

nen. Er notierte, was er öffentlich bekanntmachen, und er ließ weg, was er nicht gelesen haben wollte.[182] „Sa liste correspond avant tout à l'image qu'il voulait donner de lui-même à un public de chrétiens cultivés; il a mis certains ouvrages en valeur et en a omis d'autres."[183] Dogmatisch könnte man das, was Hieronymus da getan hat, Selbstzensur nennen. Im Blick auf die literarische Kommunikation unter den Gebildeten der Spätantike gehörte es zu den Mitteln der Stilisierung und Präsentierung der eigenen Person und Bedeutung.

6. Epilog: Weitergehende Einsichten zum ersten Origenismusstreit

Aus diesen Überlegungen ergeben sich zwei weitere Einsichten. Sie betreffen (1) das Agieren des Hieronymus im ersten Origenismusstreit im Blick auf seine Sensibilität für dogmatische Problemstellungen und (2) seinen Streit mit Rufinus über ihre Methode beim Übersetzen von Texten des Origenes.

[230] (1) Hieronymus wurde nicht erst im Zuge des Origenismusstreits von 393 an auf die dogmatisch kritischen Punkte in der Theologie des Origenes im Kontext der trinitätstheologischen Debatten des 4. Jahrhunderts aufmerksam. Seine Manipulationen am Text des Origenes in den Jesajahomilien und seine Distanzierung von der trinitarischen Deutung der beiden Seraphim in Jes. 6,2f. in *De seraphim* (*Epistula* 18A) belegen, dass er schon in den Jahren 380/81 für diese Problematik sensibilisiert war. Die Ergänzungen an den Texten des Origenes, die er an einer Stelle in den Jeremiahomilien und an mehreren Stellen in den Jesajahomilien vorgenommen hat, betreffen in fast allen Fällen die Trinität. Seit seinem Aufenthalt in Antiochia und Maronia wusste er von den Diskussionen über das dogmatisch korrekte Reden von Gott, wie aus *Epistulae* 15 und 16 hervorgeht, die er um 376/77 in dieser Sache an Damasus nach Rom schrieb.[184] Zudem können wir vermuten – die Quellen sagen dazu allerdings nichts –, dass er in Konstantinopel von seinem Lehrer Gregor von Nazianz entsprechend instruiert worden ist. Immerhin hat Hieronymus sich zu einer Zeit in Konstantinopel aufgehalten, als Theodosius I. (Kaiser 379–395) das nizänische Bekenntnis forcierte und die Nizäner in der Stadt am Goldenen Horn die Ober-

182 NAUTIN, La liste des œuvres (wie Anm. 166) 326f.

183 Ebd. 334.

184 Hieronymus, ep. 15 und 16 (CSEL 54, 62–67 und 68f.); Übersetzung von *Epistula* 15: FÜRST, Hieronymus (wie Anm. 42) 227–230.

hand über die Arianer bekamen.[185] Das frühe Streben des Hieronymus nach Orthodoxie, dessen er sich auch schon in Antiochia befleißigte, passt bestens in diese historische Situation. In diesem Kontext war es wohl kein Zufall, dass er schon beim Übersetzen der Jesajahomilien an den trinitarisch kritischen Stellen in den Text eingriff und dass er sich gleichzeitig in einer eigenen Abhandlung über die Vision Jesajas vom dogmatisch bedenklichen Aspekt in der Auslegung des Origenes distanzierte, obwohl er ihm ansonsten weitgehend folgte. Diese Art, von Exegese und Theologie des Origenes zu lernen, aber nicht alles zu übernehmen, erinnert entfernt an den Umgang der Kappadokier mit Origenes, die sein Denken intensiv durchgearbeitet, es weitgehend rezipiert, aber auch kritisch fortgeschrieben und an wichtigen Punkten verändert haben.[186] So gesehen, erweist Hieronymus sich als Schüler Gregors von Nazianz – ein Schüler freilich, der, in starkem Gegensatz zu seinem Lehrer, aus mangelndem Interesse an systematisch-theologischen Fragen nicht über das Stadium eines auf diesem Feld mäßig talentierten Anfängers hinausgekommen ist. Gleichwohl dürfte ihm, als die Streitigkeiten um die Theologie des Origenes in den neunziger Jahren des 4. Jahrhunderts in Palästina ausbrachen, von Anfang an klar gewesen sein, was die heißen Eisen waren. Eine seiner ersten Bemerkungen darüber, der oben [231] zitierte Passus in *Epistula* 61 von 396,[187] lässt das deutlich erkennen. Hieronymus musste nicht erst von anderen, etwa Epiphanius von Salamis, auf die Problematik der Theologie des Origenes aufmerksam gemacht werden. Er war schon im Bilde, und als die Debatte darüber losging, wusste er, wie er zu agieren hatte.

(2) Die Retuschen des Hieronymus am Text der Origeneshomilien belegen ferner, dass Rufinus mit seiner Behauptung, er folge mit seiner Praxis beim Übersetzen von Origenestexten dem Vorbild des Hieronymus,[188] Recht hatte. Gewiss ist Rufinus bei seinen Änderungen viel weiter gegangen, wenn er wegließ, kürzte, zusammenfasste, umstellte, ergänzte und sogar eine theoretische Rechtfertigung für dieses Verfahren

185 Siehe Stefan REBENICH, Asceticism, Orthodoxy and Patronage. Jerome in Constantinople, in: StPatr XXXIII, Leuven 1997, 358–377, hier 364–368, der die theologiegeschichtliche und kirchenpolitische Brisanz der in Konstantinopel geschriebenen *Epistula* 18A jedoch nicht erkennt (vgl. ebd. 375f.).

186 Eine instruktive Fallstudie dazu ist Franz DÜNZL, Die Canticum-Exegese des Gregor von Nyssa und des Origenes im Vergleich, in: JAC 36 (1993) 94–109.

187 Siehe oben Anm. 164.

188 Vgl. etwa das Vorwort zu Buch I und II seiner Übersetzung von Origenes' *De principiis*, praef. in libr. I 1f. (GCS Orig. 5, 3f. = CChr.SL 20, 245f.) = ep. 80,1f. int. ep. Hieron. (CSEL 55, 102–104); Übersetzung: FÜRST, Hieronymus (wie Anm. 42) 233–235. Siehe auch oben Anm. 160.

schrieb, in der er die phantastische Theorie aufstellte, er beseitige lediglich die häretischen Änderungen anderer am orthodoxen Text des Origenes *(De adulteratione librorum Origenis)*.[189] *Dafür* als Vorbild angerufen zu werden, dagegen hat Hieronymus sich zu Recht gewehrt.[190] Grundsätzlich jedoch hat er Origenes mit derselben Tendenz übersetzt wie Rufinus, nämlich die dogmatisch bedenklichen Stellen zu entschärfen. Als die Fronten zwischen Origenesanhängern und Origenesgegnern sich verhärteten, fand er sich daher in der öffentlichen Wahrnehmung nicht ohne Grund auf Seiten der Origenesanhänger wieder. Die Gefahr, im Zuge dieser Polarisierung zum Häretiker zu werden, war sehr real. Weil Hieronymus das sofort wahrgenommen hat, hat er sich umgehend dagegen zur Wehr gesetzt. Auch von daher konnte, ja musste er reichlich Grund haben, seine Übersetzung der Jesajahomilien totzuschweigen, in denen er an mehr als einer trinitätstheologisch relevanten Stelle den Text des Origenes verändert hatte.

Ein Schweigen zu erklären, bleibt immer ein argumentum e silentio. Doch je länger man über dieses sehr spezielle Schweigen nachdenkt, desto beredter scheint es zu werden.

---

189 Edition: CChr.SL 20, 1–17; Übersetzung: RÖWEKAMP, FC 80, 396–425.

190 Hieronymus, ep. 81 an Rufinus (CSEL 55, 106f.); Übersetzung: FÜRST, Hieronymus (wie Anm. 42) 235f.

Hieronymus über die heilsame Täuschung*

Zur Theologie des frühen Christentums gehört eine Vorstellung, die ebenso heikel wie erstaunlich ist. Etliche christliche Theologen, darunter führende Köpfe wie Clemens von Alexandrien, Origenes, Gregor von Nyssa, Chrysostomus, Hilarius, Cassian, vertraten die Ansicht, unter bestimmten, meist eng begrenzten Bedingungen sei eine Lüge oder Täuschung zulässig. Den Effekt solcher Nutzlügen, wie man in der Forschung meist sagt, formulierte man in der Sprache von Rettung und Heil und unterlief damit die stets gewärtigen Bedenken.[1] Dieses Denkmuster ist in den unterschiedlichsten Zusammenhängen überraschend breit gestreut präsent und variiert in mancherlei Versionen und Abwandlungen auf verschiedenen intellektuellen Niveaus, von banal anmutenden Anwendungen und ausgesprochen populären Motiven und Metaphern bis hin zu hochwertigeren exegetischen und theologischen Überlegungen.

Sichtbar wird diese Bandbreite in den Werken eines Kirchenvaters, der nicht eigentlich einen spezifischen Beitrag zu diesem Theologumenon geleistet hat, sondern in sehr verschiedenen Weisen auf das Thema von List und Täuschung zu sprechen gekommen ist. In älteren Untersuchungen meinte man, Hieronymus zu den Gegnern der Nutzlüge rechnen zu dürfen.[2] Man hatte moralische Probleme, dieser Tradition

---

* Zeitschrift für antikes Christentum 2 (1998) 97–112.

1 Clemens, strom. VII 53,2–4 (GCS Clem. Al. 3^2, 39); vgl. ebd. I 160,2 (2^4, 100f.); Hilarius, in Ps. 14,10 (CSEL 22, 91); Johannes Cassian, coll. XVII, bes. 15–25 (CSEL 13, 474–496), die ausgiebigste Verteidigung der heilsamen Täuschung in der frühen Kirche, zuletzt ausführlich besprochen von Julia A. FLEMING, The helpful lie. The moral reasoning of Augustine and John Cassian, Diss. masch. (auf Microfiche), Washington D.C. 1993, 330–435 (polnisch mit lateinischem Resümee ist der Aufsatz von Z. GOLIŃSKI, Doctrina Joannis Cassiani de mendacio officioso, in: CoTh 17 [1936] 491–503). Zu Origenes, Gregor von Nyssa und Chrysostomus siehe die im Folgenden notierten Texte. – Vorläufer dieser besonders von der alexandrinischen Theologie ausgehenden Vorstellung ist, wie so oft, Philon (Cher. 15; quaest. in Gen. IV 67; VI 204): David SATRAN, Pedagogy and Deceit in the Alexandrian Theological Tradition, in: Robert Joseph DALY (Hg.), Origeniana Quinta (BEThL 105), Leuven 1992, 119–124.

2 Franz M. SCHINDLER, Die Lüge in der patristischen Literatur, in: Albert Michael KOENIGER (Hg.), Beiträge zur Geschichte des christlichen Altertums und der Byzantinischen Literatur. Festschrift für Albert Ehrhard, Bonn/Leipzig 1922 (Nachdruck Am-

sine ira et studio zu begegnen, und stützte sich daher gern auf eine an zwei Stellen vorliegende Bemerkung, in der Hieronymus die origeneische Konzeption einer nützlichen Täuschung schroff [98] verwirft. Von anderslautenden Äußerungen in Hieronymus' Œuvre wusste man zwar auch, verteilte aber, hierin krass unwissenschaftlich, die Gewichte von vorneherein so auf die Texte, dass das herauskam, was man selber für theologisch-moralisch einzig korrekt hielt. Heutige Forschung ist frei von solcher Befangenheit und kann die Texte nüchtern auf ihren Gehalt hin befragen. So betrachtet, bieten die Schriften des Hieronymus interessante Einblicke in diverse Varianten der altkirchlichen Nutzlügetradition. Auf einem denkerisch anspruchsvollen Niveau bewegen diese sich nicht, sie sind dadurch aber bezeichnend für eine Theologie, die mehr auf die Pragmatik unmittelbarer Anschaulichkeit als auf das Ideal rundum abgesicherter dogmatischer Stimmigkeit setzt.

Zu den eher banalen Äußerungen gehört Hieronymus' Bemerkung in einer Homilie über den 146. Psalm, nachdem er länger als angekündigt gepredigt hatte: „Ich habe versprochen, mich kurz zu fassen, sah mich dann aber zu einer längeren Erklärung gezwungen. Ich habe gelogen, doch handelt es sich um eine sehr nützliche Lüge."[3] Der nicht näher angegebene Nutzen dieser unabsichtlichen Lüge besteht wohl darin, dass die Zuhörer in der längeren Predigt Wichtiges gehört haben, das in einer kurzen nicht hätte zur Sprache gebracht werden können. Recht ernst gemeint dürfte eine solche Berufung auf eine „sehr nützliche Lüge" freilich nicht gewesen sein. Nicht ohne Selbstironie hat Hieronymus sie vielmehr lediglich dazu bemüht, Verständnis für eine zu lang geratene Predigt zu erheischen. Nicht ganz so banal, aber auch noch nicht theologisch, sondern politisch ist Hieronymus' Rechtfertigung diplomatischen Schweigens als Taktik *(dispensatio)* und Verstellung *(simulare)*.[4]

Auf eine echte theologische Variante dessen, woran man in der frühen Kirche beim Thema der heilsamen Täuschung denken konnte, trifft man in einem Text, in dem Hieronymus den Stil der paulinischen Briefe so beschreibt: Paulus habe seine machtvolle Botschaft klug und geschickt in einer harmlos und ungebildet klingenden Sprache zu verber-

---

sterdam 1969), 421–433, hier 426; Wenzeslaus S. MAĆKOWIAK, Die ethische Beurteilung der Notlüge in der altheidnischen, patristischen, scholastischen und neueren Zeit (Diss. Freiburg i.d.Schw.), Zółkiew 1933, 80–84; Aurelius Augustinus, Die Lüge und Gegen die Lüge, übertr. u. erl. von Paul KESELING (Sankt Augustinus. Der Seelsorger 2), Würzburg 1953 (Nachdruck 1986), XVI–XVII.

3 Hieronymus, tract. I in Ps. 146,10 (CChr.SL 78, 334): *Brevitatem promisimus, et necessitate conpulsi sumus latius disputare. Mentiti sumus, sed mendacium utilissimum est.*

4 Ep. 63,1 (CSEL 54, 585) und 82,5 (55, 112).

gen gewusst.[5] Problemlos redet Hieronymus davon, dass Paulus „täuscht“ *(dissimulator, simulat)*, um seine Theologie durchzusetzen. Solche Verhaltensweisen können gemeint sein, wenn spätantike Theologen davon reden, dass Tricks und Täuschungen, unter bestimmten Umständen in rechter Weise angewandt, heilsam und deshalb erlaubt seien. Nun mag man diese Charakterisierung der paulinischen Briefe noch unter die Rubrik ‚Rhetorik in der [99] Bibel‘ buchen, die der sprachgewandte Literat Hieronymus mit sicherem Blick registriert hat. Durch einen überraschenden Vergleich, den Hieronymus dieser Darstellung anschließt, erhält sein Gedanke allerdings eine andere Wendung: Der Erlöser selbst habe gegenüber der Menge in Gleichnissen geredet, seinen Schülern aber die Wahrheit direkt gelehrt (vgl. Mk. 4,10–12 par.).[6] Die Autorität, die Hieronymus hier für den Briefstil des Paulus anführt, rückt seine Darstellung aus der Rhetorik heraus in eine andere Dimension. Zunächst ist ja nicht nachzuvollziehen, inwiefern Jesu Gepflogenheit, zu der Menge in Gleichnissen zu reden, etwas mit der Art des Paulus, Briefe zu schreiben, oder gar mit einer nützlichen Täuschung zu tun haben soll. Aus dem Text des Hieronymus allein wird man da nicht schlau. Seinem Gedankengang auf die Spur kommt man allerdings, wenn man den Vater solcher Theologie miteinbezieht. Es handelt sich nämlich um einen charakteristischen Gedanken des Origenes. Er hat die genannte Bibelstelle interpretiert als Verhüllung der Wahrheit für solche Menschen, die noch nicht reif genug seien, sie in der rechten Weise aufzunehmen. Es sei, so Origenes, „anzunehmen, dass der Erlöser ... bei den ‚Menschen draußen‘, von denen hier die Rede ist (Mk. 4,11), erkannt hatte, dass sie, wenn sie das Gesagte klarer hören würden, in ihrer Bekehrung (doch) nicht beständig sein würden; und dass der Herr deshalb über sie bestimmt hatte, dass sie nicht deutlicher von den tieferen Wahrheiten hören sollten, damit sie sich nicht allzu rasch bekehrten und geheilt würden, indem sie Vergebung erlangten, dann die Verwundungen der Schlechtigkeit als harmlos und leicht heilbar unterschätzten und aufs neue und noch schneller in sie verfielen“.[7] Solcherart Verhehlung des Wahren ist in den Augen des

---

5 Ep. 49,13 (54, 369,17–370,10): *Paulum ... quotienscumque lego, videor mihi non verba audire, sed tonitrua. Legite epistulas eius ... et videbitis eum in testimoniis, quae sumit de veteri testamento, quam artifex, quam prudens, quam dissimulator sit eius, quod agit. Videntur quidem verba simplicia et quasi innocentis hominis ac rusticani et qui nec facere nec declinare norit insidias, sed, quocumque respexeris, fulmina sunt. Haeret in causa, capit omne, quod tetigerit; tergum vertit, ut superet; fugam simulat, ut occidat.*

6 Ebd. (54, 370,14–16): *Nonne nobis loquitur cum salvatore: Aliter foris, aliter domi loquimur? Turba parabolas, discipuli audiunt veritatem.*

7 Origenes, princ. III 1,17 (GCS Orig. 5, 226); Übersetzung: p. 525 GÖRGEMANNS/

Origenes eines der Mittel der „vielfältigen Vorsehung Gottes …, die er für die unsterbliche Seele übt",[8] gehört also zur individuellen Abstimmung von Gottes Heilshandeln gegenüber jedem einzelnen Menschen: „Denn unzählig, könnte man sagen, sind unsere Seelen, und unzählig ihre Eigenarten; sie haben alle möglichen Bewegungen, Absichten, Impulse und Strebungen; einer allein ist der beste Betreuer für sie, der die rechten Zeiten kennt und die passenden Mittel der Behandlung, die Erziehungsmethoden und die Wege: der Gott und Vater des Alls."[9] Das ist ein typischer und [100] zentraler Gedanke in der Soteriologie des Origenes.[10] Mit dem Rekurs auf das Vorbild des Erlösers rückte Hieronymus somit das, was er zum ‚Taktieren' des Briefschreibers Paulus sagte, in heilsgeschichtliche Zusammenhänge. Paulus' ‚täuschende Schreibweise' dient dem Heil seiner Adressaten. Ähnlich hat Johannes Chrysostomus den Stil des Paulus charakterisiert: „Als getreuer Schüler seines Meisters (sc. Jesus, der seine Jünger bald selig gepriesen, bald getadelt hat: Mt. 16,17 neben 16,23 und 15,16) variiert er, was er sagt, nach den Bedürfnissen seiner Schüler; bald brennt und schneidet er, bald legt er lindernde Heilmittel auf", wie beispielsweise an Gal. 3,1 neben 4,19 zu sehen sei.[11] Und in einer Predigt illustriert er die heilsame Klugheit des Briefschreibers Paulus mit einer Reflexion auf die anonyme Verfasserschaft des Hebräerbriefs: Um bei den jüdischen Adressaten keinen Anstoß zu erregen, habe Paulus ihn anonym abgefasst; „wie unter einer Maske" habe er „sich durch Verschweigen seines Namens versteckt und ihnen auf diese Weise das Heilmittel seiner Mahnung verdeckt verabreicht".[12]

Direkt in der Nutzlügetradition steht die Auslegung des so genannten Antiochenischen Zwischenfalls (Gal. 2,11–14) durch Hieronymus. Paulus bezichtigt Petrus an dieser berühmten Stelle unter anderem der Heuchelei (Gal. 2,13: ὑπόκρισις, lateinisch *simulatio*). Mit einer breiten, von Origenes herkommenden exegetischen Tradition fasste Hierony-

KARPP. – FLEMING, The helpful lie (wie Anm. 1) 354, notiert einen (nur armenisch und syrisch überlieferten) Text zur Verhehlung der Wahrheit aus pädagogischen Gründen aus der origenistischen Tradition: Evagrius Ponticus, Gnost. 23 (SC 356, 125): „Il est nécessaire parfois de feindre l'ignorance, parce que ceux qui interrogent ne sont pas dignes d'entendre. Et tu seras véridique, puisque tu es lié à un corps et que tu n'as pas maintenant la connaissance intégrale des choses."

8 Origenes, ebd. (5, 228); Übersetzung: ebd. 529.

9 Ebd. III 1,14 (5, 220); Übersetzung: ebd. 513.

10 In Ioh. comm. I 7,38 (GCS Orig. 4, 12); Cels. IV 16.18 (GCS Orig. 1, 285. 287); vgl. Eberhard SCHOCKENHOFF, Zum Fest der Freiheit. Theologie des christlichen Handelns bei Origenes (TTS 33), Mainz 1990, 197–208.

11 Johannes Chrysostomus, in Gal. I 1 (PG 61, 612).

12 Hom. in fac. rest. 11 (PG 51, 381).

mus diesen Begriff allerdings nicht negativ auf, sondern als *simulatio utilis*, als „nützliche Täuschung".[13] Petrus' Verhalten in Antiochien sei nicht als Fehlverhalten zu verstehen, sondern als klug überlegte Strategie, mit der er die Judenchristen in der antiochenischen Gemeinde von ihrem ‚Judaismus' habe befreien wollen. Entsprechend sei die Kritik des Paulus als pastoraltaktisches Manöver mit demselben Ziel aufzufassen. Ohne auf alle Aspekte dieser Deutung hier weiter einzugehen, ist klar, dass diese Auffassung des Streits in Antiochien als vorgetäuscht *(simulata contentio)*[14] dem Denkmodell der nützlichen Täuschung folgt.[15]

[101] „Nützlich" sei „eine Täuschung und zu gegebener Zeit anzuwenden", verteidigte Hieronymus seine Auslegung.[16] Noch eine Nuance entschiedener hat sich Johannes Chrysostomus einmal ausgedrückt,[17] der dieselbe Auffassung des Apostelstreits vertreten hat wie Hieronymus. Zur Bekräftigung führte dieser Vorbilder aus der Bibel an, nämlich Jehus heimtückische Ermordung der Baals-Priester (2 Kön. 10,18–28) und Davids Verstellung vor Ahimelech (1 Sam. 21,1–10).[18] Das war alles andere als ungewöhnlich. Die Verteidiger der Erlaubtheit einer Nutzlüge beriefen sich auf die gewiss nicht raren Stellen in der Bibel, an denen von einer Lüge, einer List, einer Täuschung oder einem sonstigen Trick die Rede ist. Beliebt waren Jakobs Erschleichung des Erstgeburtssegens (Gen. 27,1–40), die Lüge der Hebammen in Ägypten vor dem Pharao (Ex. 1,15–21), die List Rahabs (Jos. 2), ferner Abrahams

13 Hieronymus, in Gal. I 2,11–13 (PL 26, 339).

14 Ebd. (26, 340).

15 MAĆKOWIAK, Notlüge (wie Anm. 2) 81, spricht von „ziemlich zweideutigen Bemerkungen im Kommentar zum Galaterbriefe" und will diese nicht ernst nehmen (ebd. 84). – Franz OVERBECK notierte nach der Veröffentlichung seiner grundlegenden Studie: Ueber die Auffassung des Streits des Paulus mit Petrus in Antiochien (Gal. 2, 11ff.) bei den Kirchenvätern, Programm Basel 1877 (Nachdruck Darmstadt 1968), in sein Handexemplar folgende Hinweise: „Vgl. überh. die Theorie des *Origen.* über die oeconom. od. paedagog. Lüge im 6. B. der Stromata nach *Hieron.* Ep. 84 ad Pammach. § 3 u. c. Rufin. I <18>, … S. auch c. Cels. IV, 18." Zitiert aus: Franz OVERBECK, Werke und Nachlaß, Bd. 2: Schriften bis 1880, in Zusammenarbeit mit Marianne STAUFFACHER-SCHAUB hg. von Ekkehard W. STEGEMANN/Rudolf BRÄNDLE, Stuttgart /Weimar 1994, 328 (die genannte Studie ist ebd. 231–320 abgedruckt).

16 Hieronymus, in Gal. I 2,11–13 (PL 26, 339): *Utilem vero simulationem et assumendam in tempore.*

17 Johannes Chrysostomus, sacr. I 6f. (SC 272, 88–99), bes. I 7 (272, 98): Πολλάκις ἀπατῆσαι δέον. Ähnlich Hilarius, in Ps. 14,10 (CSEL 22, 91): *Est enim necessarium plerumque mendacium, et nonnumquam falsitas utilis est, cum …;* Cassian spricht einmal von *necessitas mentiendi* als *sine dubio* apostolischer Weisung entsprechend: coll. XVII 19,7 (CSEL 13, 481).

18 Hieronymus, in Gal. I 2,11–13 (PL 26, 339f.).

Ausflucht, Sara sei seine Schwester (Gen. 12,11–20 bzw. 20,2–18), Saras Leugnen, gelacht zu haben (Gen. 18,10–15), Josefs anfängliche Verstellung vor seinen Brüdern (Gen. 42–45), auch Salomos nach ihm benanntes Urteil (1 Kön. 3,16–28). Als besonders ergiebig erwies sich das Leben Davids, beispielsweise die von Michal und Jonatan zu seiner Rettung vor Sauls Nachstellungen angewandten Listen (1 Sam. 19,9–18 und 1 Sam. 20). In allen diesen biblischen Erzählungen sah man Geschichten, die gerade und nur durch die Anwendung von List und Täuschung glücklich an ihr heilsgeschichtlich bedeutsames Ziel gebracht werden.

Man ging aber noch weiter. Nicht nur im Alten Testament, auch im Neuen suchte und fand man Geschichten, in denen mit Hilfe von List und Täuschung heilsgeschichtlich wichtige Ergebnisse erzielt werden. Der Streit des Paulus mit Petrus galt in einer breiten Tradition als so ein Manöver, dessen Sinn gewesen sei, die Judenchristen in der antiochenischen Gemeinde und überhaupt alle Christen endgültig vom ‚Judaismus' zu befreien.[19] Im ‚Judaisieren' des Paulus, von dem in der Apostelgeschichte die Rede ist, nämlich in der Beschneidung des Timotheus (Apg. 16,1–3) und im Vollzug bzw. Mitvollzug der nasiräischen Riten (Apg. 18,18 bzw. 21,17–26), sah man denselben Mechanismus mit demselben Zweck am Werk, für den Paulus in 1 Kor. 9,20 selber die Maxime ausgegeben habe: [102] „Den Juden bin ich ein Jude geworden, um Juden zu gewinnen."[20] Doch damit nicht genug. Nicht nur die Apostel, Jesus persönlich wurde bemüht, besonders die Notiz, der Auferstandene habe bei der Ankunft in Emmaus „so getan, als wolle er weitergehen" (Lk. 24,28).[21] Jesu Aussage, niemand, auch der Sohn nicht, sondern nur der Vater kenne den Tag und die Stunde, da Himmel und Erde vergehen (Mk. 13,32), deutete Cyrill von Alexandrien in Abhängigkeit von Athanasius[22] antiarianisch so, dass dieses Nichtwissen des Sohnes wie eine Reihe weiterer Fragen (Mt. 16,13; Mk. 6,38 mit Joh. 6,5f.; Joh. 11,34; auch Gen. 3,9 und 4,9) nicht tatsächliches Unwissen

---

19 So mit besonderem Nachdruck Johannes Chrysostomus, hom. in fac. rest. 17. 20 (PG 51, 385. 388); in Gal. II 5 (PG 61, 642).

20 Gregor von Nyssa zählt an einer, wenn ich recht sehe, für diese Thematik noch nicht herangezogenen Stelle Apg. 21,17–26 neben Gen. 18,10–15, Gen. 42–45 und dem freundschaftlich-vertrauten Gehabe des Judas beim Verrat als Beispiel für eine heilsame Täuschung auf: Eun. I 108 (GNO 1, 58f.). In der Kommentierung bei: Gregor von Nyssa, Contra Eunomium I 1–146, eingel., übers. u. kom. von Jürgen-André RÖDER (Patrologia 2) (Diss. Mainz 1992), Frankfurt a.M. u.a. 1993, 244–250, kommt der Hintergrund der Nutzlügetradition nicht zur Sprache.

21 Das Verbum προσποιεῖσθαι, „so tun als ob", steht in der Septuaginta auch in 1 Sam. 21,14 (1 Regn. 21,14 LXX) vom sich verrückt stellenden David.

22 Athanasius, or. c. Arian. III 42–50 (PG 26, 412–429).

signalisiere, sondern vom Logos, insofern er Mensch ist, zur Vermittlung von Heil (οἰκονομία) eingesetzt werde.[23] Ausgehend von der Überlegung, dass ein abgestorbener Baum keine Früchte tragen könne, fand Augustinus in Mt. 21,18–22 eine *fictio laudabilis*.[24] Maximus von Turin ging sogar so weit, Jesus Täuschungsabsichten unterzuschieben, für die es im Text keine Anhaltspunkte gibt: Am Jakobsbrunnen in Samaria (Joh. 4,7) habe er „so getan, als würde er Durst haben *(sitire se simulat)*, um den Dürstenden die ewige Gnade zu spenden", und nach dem vierzig Tage währenden Fasten in der Wüste (Mt. 4,2 par. Lk. 4,2) habe er „so getan, als habe er Hunger *(esurisse se simulat)*", um den Teufel zu einer Attacke auf einen vermeintlich Geschwächten zu provozieren und ihn umso glorreicher zu besiegen.[25]

Mit diesen Beispielen nähert man sich dem Paradigma, mit dem Hieronymus die von ihm angeführten alttestamentlichen Bibelstellen überboten hat: Das Eingehen des sündenlosen Logos in sündiges Fleisch zum Heil der Menschen stelle ebenfalls eine *simulatio* dar.[26] Unmittelbar fungiert die Inkarnation hier als Modell für eine heilsame Verstellung. Das hat unbestritten einen doketistischen Beigeschmack, doch trifft der Vorwurf des Doketismus nur bedingt zu. Der Skopos dieser Aussage ist nicht eine [103] substanzontologische Beschreibung der Wesensstruktur des Gott-Menschen Jesus Christus. Vielmehr geht es um die Aufhellung von Gottes Heilshandeln am Menschen mit Hilfe einer populären Denkform.

Auch diese hat eine lange Tradition. Merkwürdigerweise stammt sie ursprünglich von einem Gegner des Christentums. Der Platoniker Celsus hat, das Dogma der Unveränderlichkeit Gottes voraussetzend, die Inkarnation als Täuschung und Betrug kritisiert, jede Täuschung von Seiten Gottes aber abgelehnt.[27] In seiner Replik hat Origenes die Bezeichnung der Inkarnation als Lug und Trug entschieden zurückgewiesen. Gemäß seinem Konzept der am einzelnen Menschen orientierten Pädagogik Gottes beschrieb er sie statt dessen als Anpassung des

---

23 Cyrill von Alexandria, thes. 22 (PG 75, 368–380, bes. 376 und 378).

24 Augustinus, serm. 89,6 (PL 38, 558).

25 Maximus von Turin, serm. 22,2 (CChr.SL 23, 84) und 51,1 (23, 206). Weitere Texte hierzu bei Ulrich WILCKENS/Alois KEHL/Karl HOHEISEL, Art. Heuchelei, in: RAC 14 (1988) 1205–1231, hier 1227f.

26 Hieronymus, in Gal. I 2,11–13 (PL 26, 340): *Et ipse dominus noster non habens peccatum nec carnem peccati, simulationem peccatricis carnis assumpserit, ut condemnans in carne peccatum* (vgl. Röm. 8,3, wo statt *simulatio* freilich *similitudo* steht) *nos in se faceret iustitiam dei.*

27 Celsus im Ἀληθὴς λόγος, frg. IV 18; vgl. Robert BADER, Der ΑΛΗΤΗΣ ΛΟΓΟΣ des Kelsos (TBAW 33), Stuttgart/Berlin 1940, 106f.

Logos an die Bedürfnisse und Fähigkeiten der Menschen,[28] eine Vorstellung, die schon bei Clemens von Alexandrien greifbar wird.[29] Einigermaßen überraschend zeigt sich Origenes dann aber doch bereit, die Inkarnation als Täuschungsmanöver zu begreifen. Zwar schärft er, antidoketisch, noch einmal ein, „dass Jesus nicht scheinbar nur, sondern wahrhaft und wirklich zu den Menschen gekommen ist". Dann jedoch greift er die Bemerkung des Celsus auf, Täuschung und Lüge seien kranken und rasenden Freunden gegenüber als Heilmittel erlaubt,[30] und wendet sie auf die Heilstat Christi an: „Wäre also die Anwendung eines solchen Mittels ungereimt gewesen, wenn ein solches Mittel die Erlösung hätte vollbringen können? Denn mancher ist so geartet, dass er mit einigen Unwahrheiten, wie sich deren die Ärzte zuweilen ihren Kranken gegenüber bedienen, eher auf den rechten Weg gebracht wird als mit der reinen Wahrheit ... Denn es ist nicht ungereimt, wenn der, welcher kranke Freunde heilt, auch die Menschheit, die er liebt, durch Anwendung solcher Mittel geheilt hat, die man nicht vorzugsweise, sondern nur nach Umständen brauchen dürfte. Und war das Menschengeschlecht rasend geworden, so musste das Wort zur Heilung solche Wege wählen, die es als nützlich erkannte, um die Rasenden wieder zur Vernunft zu bringen."[31] Zu täuschen gehört nach Origenes zum Repertoire der göttlichen Heilsdidaktik.[32] An der ausgeschriebenen Stelle geht er so weit, eine heilsame Täuschung nicht nur individuell für einzelne Menschen als unter Umständen unausweichlich anzuse-hen, sondern den Zustand der gesamten Menschheit so zu beschreiben, nämlich als „rasend", dass die Anwendung einer Täuschung als Mittel, sie „zur Vernunft zu bringen", als [104] gerechtfertigt erscheint. Origenes hat die Inkarnation damit nicht doketisch aufgefasst – das lehnt er ausdrücklich ab –, sondern, in apologetischem Gedankenspiel, nicht als feste Überzeugung oder christliche Lehre, zu erläutern versucht, inwiefern es sich bei der wahrhaften und wirklichen Menschwerdung des Logos möglicherweise um ein pädagogisch-didaktisches Manöver zum Heil der Menschheit handeln könnte.

In einem merkwürdigen Motiv der christlichen Erlösungslehre, das auf eine andere Ebene führt, im Prinzip aber dem Modell einer heilsamen Täuschung folgt, sahen die Christen in Menschwerdung und Kreuzestod des Erlösers unmittelbar eine Art Täuschungsmanöver: ge-

---

28 Origenes, Cels. IV 18 (GCS Orig. 1, 287).

29 Clemens, protr. 110,2 (GCS Clem. Al. 1^3, 78).

30 Celsus, frg. IV 18 BADER.

31 Origenes, Cels. IV 19 (GCS Orig. 1, 288f.). Übersetzung: KOETSCHAU, BKV^2 I 52, 318.

32 Weiter unten im zitierten Text fällt das Stichwort οἰκονομία.

genüber dem Teufel. Nachdem Clemens von Alexandrien in der Variante, dass die fleischliche Hülle nicht des Inkarnierten, sondern jedes Menschen Tod und Teufel täusche, eine darauf hinzielende Vorstellung präsentiert hatte,[33] führte Origenes die Idee einer ‚Täuschung des Teufels' in die christliche Theologie ein.[34] Sie lebte lange weiter, besonders bei Gregor von Nyssa.[35] Gregor von Nazianz wandte sich zwar nachdrücklich gegen die von Origenes und Gregor von Nyssa damit verknüpfte Theorie vom Lösegeld, das dem Teufel gezahlt werde, akzeptierte aber gleichfalls die Vorstellung, der Teufel habe sich durch die vom Erlöser angenommene menschliche Natur täuschen lassen.[36] Und Augustinus, eigentlich strikter Gegner der Nutzlüge, bezeichnete mit einem anderen, doch ähnlichen Bild das Kreuz als „Mausefalle" für den Teufel.[37] Eine skurrile Variante steht im *Physiologus* im Kapitel über den Fischotter: „Ist ein Lebewesen, genannt Fischotter, hat die Gestalt eines Hundes, ist ein Feind des Krokodils. Wenn das Krokodil schläft, hält es den Mund offen. Nun aber geht der Fischotter hin und bestreicht seinen ganzen Leib mit Lehm; und wenn dann der Lehm trocken ist, springt der Otter in den Mund des Krokodils und zerkratzt ihm den ganzen Schlund und frisst seine Eingeweide. Also gleichet das Krokodil dem Teufel, der Otter aber ist zu nehmen als ein Abbild unseres Heilands. Denn indem unser Herr Jesus Christus den Lehm des Fleisches angezogen hatte, fuhr er hinab zur Hölle und löste die Traurigkeit des Todes, sprechend zu denen, die in Banden sind: Gehet heraus!, und zu denen, die im Dunkel sind: Tretet ins Helle! (Jes. 49,9)."[38] Deutlich wird das Täuschungsmotiv in der Dublette „Vom Ichneumon" ausgesprochen: [105] „Ist ein Tier, genannt Ichneumon, ähnlich dem Schwein, gar feindlich dem Drachen. So es einen gar wilden Drachen findet – wie der Physiologus sagt –, geht es hin und salbet sich ein mit

---

33 Clemens, div. salv. 34,1 (GCS Clem. Al. 3[2], 182).

34 Origenes, in Matth. comm. XVI 8 (GCS Orig. 10, 498); in Rom. comm. V 10 (FC 2/3, 178–181).

35 Gregor von Nyssa, or. cat. 23,3f. (GNO 3/4, 59,19–60,23); 24,4 (3/4, 62,3–14); 26 (3/4, 64,13–67,21).

36 Gregor von Nazianz, or. 39,13 (SC 358, 178f.); carm. I/I 9,56 (PG 37, 461).

37 Augustinus, serm. 130,2 (PL 38, 726); 134,6 (38, 745); 263,1 (38, 1210). – Dazu kann man eine kunstgeschichtliche Rarität notieren: In der Cloisters Collection des Metropolitan Museum of Art in New York hängt ein Triptychon mit der Verkündigung an Maria (Merode Triptych), das aus der Werkstatt des südniederländischen Malers Robert Campin (ca. 1375–1444) stammt (Inventar-Nr. 1956, 56.70a–c). Auf der rechten Tafel ist ein alter, weißbärtiger Josef als Schreiner dargestellt, der Mausefallen herstellt.

38 Phys. 25; Übersetzung: Der Physiologus, übertr. u. erl. von Otto SEEL, Zürich/Stuttgart [2]1967, 23.

Schlamm, und bedeckt sich die Nüstern mit seinem Schwanz so lange, bis es den Drachen getötet hat. So nahm auch unser Heiland die Art des aus Erden gemachten Geschlechtes an und verbarg darin seine Gottheit solange, bis er getötet hatte den geistlichen Drachen, den, der da sitzt auf dem Flusse Ägyptens, nämlich den Teufel. Denn wäre Christus nicht leiblich geworden, wie hätte er sonst den Drachen vernichten können? Denn dann hätte ihm der Drache entgegnet: Gott bist du und der Heiland, und dir kann ich nicht widerstehen. Er aber, der größer ist als alle, hat sich selbst erniedrigt, damit er alle rette (Phil. 2,8)."[39] Der Hinweis des Hieronymus im Galaterbriefkommentar auf die Inkarnation als heilstiftendes Täuschungsmanöver steht in einer relativ breiten, von volkstümlicher Erbaulichkeit bis theologischer Spekulation reichenden Tradition.[40]

Einem aufgeklärten Theologen mag bei solchen Bildern und Vergleichen unwohl sein.[41] Um solche Traditionen annähernd oder versuchsweise zu begreifen und sie angemessen einzuordnen, muss man sich m.E. vergegenwärtigen, dass frühchristliche Theologen das Heilsgeschehen nicht nur dadurch zu erläutern suchten, dass sie die Heilsbedeutsamkeit Christi unter Rückgriff auf philosophische ‚Spitzenbegriffe' beschrieben (λόγος, θεός, ὁμοούσιος τῷ πατρί etc.), sondern den Vorgang der Heilwerdung bei Gelegenheit auch plastisch ausmalten und dazu ohne Scheu ausgesprochen realistische, sogar drastische Bilder benutzen konnten. In den Briefen des Ignatius von Antiochien werden die Christen mit Bausteinen am Tempel Gottes des Vaters verglichen; das Kreuz Christi dient als Kran, der Heilige Geist als Seil, an dem die Christen, geleitet vom Glauben, auf dem Weg der Liebe zu Gott hinaufgezogen werden.[42] Clemens von Alexandrien illustriert den Weg zum Heil mit einer Schifffahrt: Das Kreuz ist der Mast, an den die Christen sich wie Odysseus binden sollen, um dem Verderben zu ent-

39 Ebd. 26; Übersetzung: ebd. 23f.

40 Zahlreiche weitere Belege (bis Luther) bei: Gregor von Nyssa, Die große katechetische Rede. Oratio catechetica magna, eingel., übers, u. kom. von Joseph BARBEL (BGrL 1), Stuttgart 1971, 146–150 Anm. 192. 203, 153f. Anm. 210f., 157f. Anm. 218; Raymund SCHWAGER, Der Sieg Christi über den Teufel. Zur Geschichte der Erlösungslehre, in: ZKTh 103 (1981) 156–177, erneut in: ders., Der wunderbare Tausch. Zur Geschichte und Deutung der Erlösungslehre, München 1986, 32–53, hier 34–36. 39–43.

41 Barbel und Schwager lehnen solche Motive als „merkwürdig", „geschmacklos", „völlig unwürdig", „theologisch völlig verfehlt" (BARBEL, Rede [wie Anm. 40] 146. 158. 147f.), „theologisch unhaltbar", „abwegig", „befremdlich" (SCHWAGER, Erlösungslehre [wie Anm. 40] 36; ebd. 42 attestiert er Gregor von Nyssa „fast peinliche Vorstellungen") ab, ohne auf den Hintergrund der Nutzlügetradition einzugehen.

42 Ignatius, Eph. 9,1.

gehen; Steuermann ist der Logos, der Heilige Geist fungiert als Wind,[42a] der das Schiff in den himmlischen Hafen navigiert.[43] Irenäus bezeichnet [106] den Dekalog als „heilsträchtigen Angelhaken" *(salutaris hamus)* zum Nutzen des Volkes Israel *(pro utilitate populi)*: Er hielt es fest, damit es nicht mehr von Gott abfiel, sondern von ganzem Herzen lernte, ihn zu lieben.[44] Solche Texte darf man nicht theologisch pressen – da geben sie kaum etwas her –, sondern sollte sie als das nehmen, was sie sein wollen: das ungenierte Bemühen, möglichst anschaulich auf allen Ebenen, auch auf der einfachsten und krudesten, vom Heil in Christus zu reden.

Wie unkompliziert mit dem doch heiklen Thema der Lüge, Täuschung und Verstellung umgegangen werden konnte, erhellt aus einer Reihe weiterer Texte. Ein durch und durch pragmatischer Utilitarismus, der sich von moralischen Skrupeln nicht plagen lässt, ist in der paganen Tradition bei dem Platoniker Maximus von Tyrus anzutreffen: „Ich denke", schrieb er, „dass es nicht bloß Gott, sondern auch einem wohlgesinnten Menschen geziemt, nicht bei jeder Gelegenheit die Wahrheit mit Eifer zu äußern. Denn die Wahrheit hat an sich nichts Achtbares, es sei denn für den Vorteil dessen, der sie erfährt. So täuscht der Arzt seinen Kranken, der General seine Armee, der Steuermann seine Matrosen, ohne dass hier etwas Schlimmes vorläge. Gibt es doch Umstände, in denen die Lüge nützlich, die Wahrheit schädlich ist."[45] So krass wie der Platoniker drückten Christen sich zwar nicht aus, sie gingen aber weit genug. Ein unbekannter Prediger erzählt, wie Eusebius von Vercelli seinen Bischofskollegen Dionysius von Mailand durch eine Finte aus den Fängen der Arianer befreit habe. Solches Tun verglich er mit dem Verhalten des Paulus gegenüber den Juden, wozu er 1 Kor. 9,20 zitierte, und empfahl es weiter mit Hilfe des Gleichnisses vom unehrlichen Verwalter, der mit dem Satz gelobt werde, die Kinder dieser Welt seien im Umgang mit Ihresgleichen klüger als die Kinder des Lichts; diese Sentenz sei im vorliegenden Fall im umgekehrten Sinn

---

42a Nicht als „Lotse", wie ich in der Erstpublikation geschrieben habe.

43 Clemens, protr. 118,4 (GCS Clem. Al. 1^3, 83).

44 Irenäus, haer. IV 15,2 (SC 100, 556f.; FC 8/4, 114f.).

45 Maximus von Tyrus, diss. 13,3d KONIARIS. Übersetzung: Henri DE LUBAC, „Du hast mich betrogen, Herr!" Der Origenes-Kommentar über Jeremia 20,7, übers. von Hans Urs VON BALTHASAR, Einsiedeln 1984, 32. – Michael Trapp verweist auf den Sinn dieser Passage in der Rede des Maximus, in der es um das Verhältnis zwischen göttlichen Prophezeiungen und menschlicher Planung und Voraussicht geht: Maximus of Tyre, The Philosophical Orations, translated with an introduction and notes by Michael B. TRAPP, Oxford 1997, 118 Anm. 6: „Maximus' point is that the selectiveness of divine truth-telling leaves room for human powers of judgement too."

wahr geworden.[46] Ähnlich locker mutet das rhetorische Lob des Chrysostomus für die „schöne Lüge" und die „schöne List" der Dirne Rahab (Jos. 2) an.[47] Im Gefolge etlicher Geschichten über heilsame Täu-[107] schungen in der monastischen Tradition, besonders in den *Apophthegmata Patrum*, sammelte Johannes Cassian Beispiele aus dem Klosteralltag.[48] Ein profanes Vorbild für den angeblich vorgetäuschten Streit zwischen Paulus und Petrus führt Hieronymus an: Er verweist auf die in seiner Jugend in Rom erlebten (Schein-)Gefechte der Advokaten vor Gericht, die das Volk täuschten und die Klienten von der Einsatzbereitschaft ihres Anwalts überzeugen sollten.[49] Chrysostomus bemühte einen Vergleich aus der Geschäftswelt.[50] Noch deutlicher dokumentiert sich die hier zum Ausdruck kommende Unbedenklichkeit in Hieronymus' genereller Rechtfertigung einer nützlichen Täuschung: „Auch noch so gerechte Menschen" würden „doch zu gegebener Zeit Täuschungen anwenden zu ihrem eigenen Heil und zu dem anderer", meinte er.[51] Diese Aussage ist in doppelter Hinsicht bemerkenswert. Einerseits verrät sie ein beträchtliches Maß an Realitätssinn und Ehrlichkeit. Wer würde die faktische Richtigkeit dieser Aussage ernsthaft bestreiten wollen? Andererseits hat Hieronymus damit eine Grenze überschritten, die von den Vertretern der Nutzlügetradition, auch den

46 Pseudo-Maximus von Turin, serm. 7,3 (CChr.SL 23, 25f.), referiert von Boniface RAMSEY, Two Traditions on Lying and Deception in the Ancient Church, in: Thom. 49 (1985) 504–533, hier 515–517.

47 Johannes Chrysostomus, poenit. 7,5 (PG 49, 331): Ὢ καλοῦ ψεύδους, ὢ καλοῦ δόλου οὐ προδιδόντος τὰ θεῖα, ἀλλὰ φυλάττοντος τὴν εὐσέβειαν. In Col. hom. 6,1 (PG 62, 338) spricht er zu Jer. 20,7 und zu Jakobs Betrug von καλὴ ἀπάτη.

48 Johannes Cassian, coll. XVII 21–24 (CSEL 13, 486–488). Die Geschichte in inst. V 39 (CSEL 17, 110–112) ist referiert bei WILCKENS/KEHL/HOHEISEL, Heuchelei (wie Anm. 25) 1229.

49 Hieronymus, in Gal. I 2,11–13 (PL 26, 340 mit geänderter Interpunktion): *Aliquoties cum adolescentulus Romae controversias declamarem et ad vera certamina fictis me litibus exercerem, currebam ad tribunalia iudicum et disertissimos oratorum tanta inter se videbam acerbitate contendere, ut omissis saepe negotiis in proprias contumelias verterentur et ioculari se invicem dente morderent. Si hoc illi faciunt, ut apud reos nullam suspicionem praevaricationis incurrant, et fallunt populum circumstantem, quid putamus tantas ecclesiae columnas, Petrum et Paulum, tanta vasa sapientiae inter dissidentes Iudaeos atque gentiles facere debuisse, nisi ut eorum simulata contentio pax credentium fieret et ecclesiae fides sancto inter eos iurgio concordaret?* Parallelen zu dieser Reminiszenz aus anderen Hieronymusschriften sind notiert bei Ferdinand CAVALLERA, Saint Jérôme. Sa vie et son œuvre, 2 Bde., Paris 1922, Bd. 1, 9f. (bes. ebd. 10 Anm. 1), pagane Beispiele bei Roger D. RAY, Christian Conscience and Pagan Rhetoric. Augustine's Treatises on Lying, in: StPatr XXII, Leuven 1989, 321–325, hier 323.

50 Johannes Chrysostomus, hom. in fac. rest. 16 (PG 51, 385).

51 Hieronymus, in Gal. I 2,11–13 (PL 26, 340): *Quamvis iustos homines tamen aliqua simulare pro tempore ob suam et aliorum salutem.*

leichtfertigeren, immer strikt eingehalten worden ist: Als erlaubt gilt eine Täuschung nur zugunsten eines anderen. Wie Hieronymus daneben auch von Eigennutz zu reden, ist innerhalb der frühchristlichen Nutzlügetradition, falls ich recht sehe, singulär.

Umso mehr heben sich die beiden Texte ab, in denen sich Hieronymus von der Theorie einer nützlichen Täuschung distanziert. Im origenistischen Streit warf er den Anhängern des Origenes vor, „in Orgien der Lüge" miteinander verbunden zu sein, und verwies als Beleg auf das sechste Buch der nicht erhaltenen *Stromata*, „in dem er unsere Lehre mit Platons Denken vermengt".[52] Als Rufin sich gegen eine solche Unterstellung ver[108]wahrte,[53] untermauerte Hieronymus seinen Vorwurf mit einer direkten Attacke gegen Origenes: „Er lehrt, die Lehrer dürften lügen, die Schüler aber dürften es nicht. Wer also trefflich lügt und hemmungslos den Brüdern vorgaukelt, was ihm gerade in den Sinn kommt, der erweist sich als vorzüglicher Lehrer."[54] Als Beleg gab er in lateinischer Übersetzung den inkriminierten Passus aus den *Stromata* des Origenes wieder sowie die Stelle aus Platons *Politeia*, auf die Origenes sich bezogen hatte.[55] Eine ungefähre Parallele hat diese Charakterisierung der origeneischen Position in einem Text aus der origenistischen Tradition, in einem bislang unedierten Werk des Evagrius Ponticus, der in französischer Übersetzung so lautet: „Quelqu'un disait qu'au médecin seul il est permis de s'irriter ou de mentir, pareillement aussi au maître, et cela en raison d'une certaine ‚économie', mais à personne d'autre."[56]

---

52 Ep. 84,3 (CSEL 55, 124,25–125,2): *Quod autem … mendacii inter se orgiis foederentur, sextus Stromatum liber, in quo Platonis sententiae nostrum dogma conponit, planissime docet.*

53 Rufinus, apol. c. Hieron. II 1–4 (CChr.SL 20, 84–86).

54 Hieronymus, adv. Rufin. I 18 (CChr.SL 79, 18): *Docet magistris mentiendum, discipulos autem non debere mentiri. Qui ergo bene mentitur, et absque ulla verecundia quicquid in buccam venerit confingit in fratres, magistrum se optimum probat.* Zur ganzen Stelle siehe die Hinweise bei Pierre LARDET, L'Apologie de Jérôme contre Rufin. Un commentaire (SVigChr 15), Leiden/New York/Köln 1993, 96–98. – Elizabeth A. CLARK, The Origenist controversy. The cultural construction of an early Christian debate, Princeton 1992, 121–151, erwähnt in ihrer Darstellung der Vorwürfe des Hieronymus gegen den Origenismus dieses Thema nicht.

55 Platon, polit. III 389 b 2–9. – Zur Valenz dieses Passus in Platons *Politeia* siehe neuerdings Norbert BLÖSSNER, Dialogform und Argument. Studien zu Platons ‚Politeia' (AAWLM.G 1997/1), Stuttgart 1997, 280–284.

56 Disciples d'Évagre 155, zitiert in: Évagre le Pontique, Le Gnostique ou à celui qui est devenu digne de la science, édition critique des fragments grecs, traduction intégrale établie au moyen des versions syriaques et arménienne, commentaire et tables par Antoine C. GUILLAUMONT (SC 356), Paris 1989, 125, erläutert bei FLEMING, The helpful lie (wie Anm. 1) 355.

Gewiss wandte sich Hieronymus hier in aller Schärfe gegen die Erlaubtheit einer nützlichen Täuschung. Wie er dies tat, kann freilich aus mehreren Gründen nicht als seriös bezeichnet werden. Die Intention dieser Äußerungen liegt auf der Hand. Im Streit um die Rechtgläubigkeit des Origenes will Hieronymus sich zur Wahrung seiner Orthodoxie eindeutig von den ‚Origenisten' distanzieren. Die scharfe Kritik an Origenes ist Polemik gegen dessen Verteidiger, besonders gegen Rufin, und Apologetik in eigener Sache. Dabei entstellte Hieronymus die Nutzlügetheorie des Origenes bis zur Unkenntlichkeit. Wie alle altkirchlichen Theologen, die eine nützliche Lüge unter bestimmten Bedingungen für zulässig hielten,[57] schärfte auch Origenes die grundsätzliche Pflicht zur Wahrhaftigkeit ein, indem er an der fraglichen Stelle auf den dafür gern bemühten Vers Eph. [109] 4,25 (Sach. 8,16) sowie auf Joh. 14,6 rekurrierte.[58] Im Rahmen dieses Grundgebots schränkte er Platons Idee sodann mehrfach ein. Platon hatte formuliert, eine nach Art eines Heilmittels eingesetzte Lüge sei für die Menschen nützlich, doch ausschließlich Ärzten und Staatsmännern zum Wohl der Patienten bzw. Bürger zuzugestehen. Schon von Platon ist die Anwendung von Listen und Tricks also an Bedingungen geknüpft worden. Origenes verschärfte diese noch. *Manchmal* sei eine heilsame Lüge den Menschen von Nutzen, sagte er in Abänderung des dabei zitierten Platontextes, in dem es heißt:[59] ἀνθρώποις χρήσιμον *(hominibus interdum utile; utatur interdum mendacio)*.[60] Zweitens legte er die Messlatte höher: Eine nützliche Täuschung müsse ein *magnum bonum* intendieren, nicht bloß ἐπ᾽ ὠφελίᾳ sein.[61] Und drittens gab er biblische Vorbilder für ‚richtiges Lügen' an: Judits Überlistung des Holofernes (Jdt. 11), Esters Täuschung des Artaxerxes (Est. 2,10.20), Jakobs Erschleichung des Erstgeburtssegens (Gen. 27,1–40). Diese Kautelen und Richtlinien hat Hieronymus zwar übersetzt, in seiner Kritik aber ignoriert. Schließlich hat er Orige-

---

57 Clemens, strom. VII 50f. (GCS Clem. Al. 3^2, 37f.); 53,1f. (3^2, 39); 53,6–54,1 (3^2, 40); Hilarius, in Ps. 14,9 (CSEL 22, 90f.); Johannes Cassian, coll. XVII 19,2 (CSEL 13, 478f.). – Für Platon gilt das auch schon: polit. II 382 c 3f.; nom. V 730 c 1–4.

58 Weiteres bei Gregor MÜLLER, Die Wahrhaftigkeitspflicht und die Problematik der Lüge. Ein Längsschnitt durch die Moraltheologie und Ethik unter besonderer Berücksichtigung der Tugendlehre des Thomas von Aquin und der modernen Lösungsversuche (FThSt 78), Freiburg/Basel/Wien 1962, 35f. Für Hieronymus siehe ebd. 47f.

59 Platon, polit. III 389 b 4.

60 Eine andere Junktur desselben Platontextes (b 7f.: προσήκει ψεύδεσθαι) ist schon in der lateinischen Übersetzung des Hieronymus in diesem Sinn interpoliert: *oportet aliquando mentiri*: Hieronymus, adv. Rufin. I 18 (CChr.SL 79, 18). Wenn Hieronymus wortgetreu übersetzt hat, hat schon Origenes Platon mit dieser Änderung zitiert.

61 Platon, polit. III 389 b 8.

nes' Konzeption der heilsamen Täuschung dadurch karikiert, dass er seine Kritik auf die eine Stelle aus den *Stromata* reduzierte. Er erweckt damit den Eindruck, als hätte der Alexandriner eine dem christlichen Denken wesentlich fremde Vorstellung aus der heidnischen Philosophie importiert und bloß äußerlich mit biblischen Rechtfertigungen und Einschränkungen garniert. Die Überlegungen des Origenes geraten auf diese Weise in ein schiefes Licht, in dem sie lange standen.[62] Eine angemessene Darstellung und Bewertung der origeneischen Nutzlügetheorie müsste auch die anderen, zudem in griechischer Fassung überlieferten Texte berücksichtigen, in denen Origenes über das Phänomen heilsamer Täuschungen nachgedacht hat,[63] [110] und auf diesem Weg zu der Erkenntnis gelangen, dass Origenes in offenem Gegensatz zu Platon eine Lüge kannte, deren Subjekt Gott ist.[64] Hieronymus hat also in seiner Kritik die Überlegungen des Origenes kräftig vergröbert und massiv verzerrt.[65] „In seiner Schmähschrift gegen Rufin sowie in seinem langen Brief an Pammachius und Oceanus möchte der hl. Hieronymus Origenes zu einem Theoretiker der Lüge stempeln … Wirklich ernstzunehmen ist das nicht."[66] Die hieronymianische Ablehnung der origeneischen Nutzlügetheorie an diesen Stellen ist derart tenden-

62 Noch bei SCHINDLER, Lüge (wie Anm. 2) 424f., MAĆKOWIAK, Notlüge (wie Anm. 2) 61f., und KESELING, Lüge (wie Anm. 2) XIV. Auch MÜLLER, Wahrhaftigkeitspflicht (wie Anm. 58) 36f., berücksichtigt in seiner Darstellung der Haltung des Origenes zu Wahrhaftigkeit und Lüge nur die von Hieronymus aus den *Stromata* überlieferten Gedanken, ohne jedoch dieser falschen Optik zu verfallen: „Die Ausführungen des Origenes zeigen mit einer nicht zu verkennenden Deutlichkeit – und dies gilt fast ausnahmslos auch für die übrigen Befürworter der Notlüge im patristischen Zeitalter –, dass der Gebrauch der Notlüge nicht aufgrund egoistischer oder feiger Motive, sondern aus wohlwollender, karitativer Absicht und mit sittlichem Ernst zugestanden wird" (ebd. 37).

63 Bes. Origenes, in Hier. hom. 19(18),15–20(19),4 (GCS Orig. 3^2, 173–184) über den berühmten Ausruf Jeremias: „Du hast mich getäuscht, Herr, und ich ließ mich täuschen!" (Jer. 20,7).

64 DE LUBAC, Betrogen (wie Anm. 45) 26–36; Norbert BROX, Falsche Verfasserangaben. Zur Erklärung der frühchristlichen Pseudepigraphie (SBS 79), Stuttgart 1975, 81–105; Joseph Wilson TRIGG, Divine Deception and the Truthfulness of Scripture, in: Charles KANNENGIESSER/William L. PETERSEN (Hg.), Origen of Alexandria. His World and His Legacy, Notre Dame IN 1988, 147–164; FLEMING, The helpful lie (wie Anm. 1) 85. 134–145. Siehe auch Origène, Contre Celse, Tome II (Livres III et IV), introduction, texte critique, traduction et notes par Marcel BORRET (SC 136), Paris 1968, 224 Anm. 1.

65 LARDET, L'Apologie (wie Anm. 54) 98: „Brutal et sommaire jusqu'au contresens." FLEMING, The helpful lie (wie Anm. 1) 157–159, wertet die hieronymianische Darstellung als reine Polemik und Karikatur. Dennoch meint SATRAN, Deceit (wie Anm. 1) 122, die Kritik des Hieronymus sei „not … totally misleading".

66 DE LUBAC, Betrogen (wie Anm. 45) 30.

ziös, dass sie nicht mehr als sachliche Stellungnahme in dieser Frage gelten kann.

Die Äußerungen des Hieronymus über die heilsame Täuschung im Kommentar zum Galaterbrief und in der Apologie gegen Rufin stehen zueinander in schärfstem Widerspruch. Er ist einfach zu erklären. Im Kommentar, der zu den ersten in Betlehem geschriebenen Werken gehört, zu datieren auf 386 (oder 387), ist er nahezu vollständig von Origenes abhängig, worauf er im Prolog und später in einem Brief an Augustinus ausdrücklich hinweist.[67] Wie die Deutung des Apostelstreits als vorgetäuscht werden auch die hierfür aus der Nutzlügetradition vorgebrachten Argumente zumindest im Kern auf Origenes zurückgehen, ausgenommen der autobiographische Hinweis auf die Gerichtsverhandlungen, denen er als Jugendlicher in Rom beiwohnte. Wie weitgehend er wörtlich von Origenes abhängig ist, ist nicht auszumachen – die Arbeiten des Origenes zum Galaterbrief sind bis auf wenige Fragmente verloren –, doch folgt er dessen Überlegungen zu Sinn und Nutzen einer heilsamen Täuschung ohne Wenn und Aber und lässt in den gewählten Formulierungen keinerlei Bedenken anklingen. Als er sich 401 jedoch gegen Rufins Attacken zur Wehr setzte, hatte sich die Bewertung der origeneischen Theologie grundlegend geändert. Um die Wende vom 4. zum 5. Jahrhundert geriet der große Alexandriner postum in den Verdacht der Häresie. Hieronymus, an den Streitereien maßgeblich beteiligt, distanzierte sich mit zunehmender Vehemenz von seinem wichtigsten exegetischen und theologischen Lehrer. Daher im Jahr 401 die rüde Kritik an einer für Origenes [111] typischen, zu dieser Zeit verketzerten Idee,[68] der er fünfzehn Jahre früher regelrecht blind gefolgt war. Der Widerspruch erklärt sich also biographisch und theologiegeschichtlich als veränderte Einstellung gegenüber Origenes.

Er erklärt sich nicht theologisch. Hieronymus verwarf die origeneische Nutzlügetheorie nicht kraft besserer Einsicht in die damit gestellten theologischen Probleme, sondern aus persönlichem Interesse an der Wahrung des eigenen orthodoxen Rufes. Nirgends kritisiert Hierony-

67 Hieronymus, in Gal. prol. (PL 26, 308f.); ep. 112,4 (CSEL 55, 370–372).

68 Theophilus von Alexandrien wandte sich im Osterfestbrief des Jahres 402 unter anderem gegen dieses Thema des origeneischen Denkens: ep. 98,22 int. ep. Hier. (CSEL 55, 207f.) (nicht berücksichtigt bei CLARK, Controversy [wie Anm. 54] 105–121). Auch wenn Hieronymus das Schreiben im Dienst der antiorigenistischen Propaganda in das Lateinische übersetzt hat, kann man seinen Inhalt doch nicht, wie SCHINDLER, Lüge (wie Anm. 2) 426, MAĆKOWIAK, Notlüge (wie Anm. 2) 80, und KESELING, Lüge (wie Anm. 2) XVII, dies praktizieren, unmittelbar für eine Ablehnung der Nutzlügetradition durch Hieronymus reklamieren. Allenfalls wird man in diesem Jahr seine Zustimmung zur Kritik des Theophilus voraussetzen dürfen.

mus die Idee der heilsamen Täuschung mit theologischen Argumenten, wie Augustinus, ihr entschiedener Gegner, das unternommen hat.[69] Die Unbedenklichkeit, mit der er über dieses Theologumenon redet, verrät vielmehr seine theologische Unbedarftheit. Origenes hat seine diesbezüglichen Überlegungen durch vielfältige Kautelen und durch Einbindung in ein umfassendes soteriologisches Konzept der individuellen Pädagogik Gottes gegen Missverständnisse und Missbrauch abzusichern gesucht. Ob Hieronymus diese komplexen Zusammenhänge erfasst hat, kann man mit einiger Berechtigung anzweifeln. Wer juristische Scheinduelle als Vergleich anführt, lässt jedenfalls jede Sensibilität für die heikle Thematik von Lüge und Täuschung in religiösen Dingen vermissen. Wie unreflektiert die Polemik in der Apologie gegen Rufin ist, wird schließlich dadurch erwiesen, dass Hieronymus drei Jahre darauf (404) die Auffassung des Apostelstreits als vorgetäuscht energisch gegen Augustins Kritik verteidigte und diese origeneische Exegese noch in den Jahren 408/10 im Jesajakommentar vorbehaltlos zur Anwendung brachte.[70]

Aufs Ganze gesehen hat Hieronymus das Theologumenon der heilsamen Täuschung damit öfter propagiert als kritisiert. In seinem Œuvre trifft man auf das breite Spektrum von sorgloser Unbefangenheit bis strikter, aber unüberlegter, rein polemischer Gegnerschaft. Nie hat er in sachlicher Überlegung wirklich Position bezogen. Man kann ihn eigentlich weder zu den zahlreichen Vertretern dieser Tradition zählen[71] noch zu den [112] auffällig wenigen Gegnern (vor Augustinus nur Basilius von Caesarea[72]). Den Texten gemäßer wird man vielmehr so sagen: In

69 Bes. in den beiden Schriften *De mendacio* (394/95) und *Contra mendacium* (420). Vgl. v.a. mend. 38–43 (CSEL 41, 458–466) und c. mend. 33–41 (CSEL 41, 514–528), dazu retr. I 27 (CChr.SL 57, 88).

70 Hieronymus, ep. 112,4–18 (CSEL 55, 367–393); in Es. XIV 26 (VL.AGLB 35, 1531).

71 Bezeugt von Augustinus, quaest. in Hept. III 68 (CChr.SL 33, 221): *De mendacio paene omnibus videtur, quod ubi nemo laeditur, pro salute mentiendum est.*

72 Basilius, reg. brev. 76 (PG 31, 1136) mit Hinweis auf Joh. 8,44 und 2 Tim. 2,5 (fehlt in Rufins lateinischer Übersetzung). Auch in der lateinischen Übersetzung der *Historia monachorum* I 2,4f. (PTS 34, 253) wird eine Lüge *pro bono* ausdrücklich abgelehnt, hier unter Rekurs auf 1 Joh. 2,21 und Mt. 5,37. – Da auch Theologen, die eine Lüge oder Täuschung in bestimmten Situationen und unter verschieden streng gefassten Bedingungen im Heilsinteresse eines anderen akzeptierten, die grundsätzliche Verpflichtung zur Wahrhaftigkeit ausdrücklich einschärften (siehe oben Anm. 57 und 58), können diejenigen, die eine Lüge strikt ablehnten, sich zur Nutzlüge aber nicht äußerten, nicht automatisch zu deren Gegnern gerechnet werden, wie SCHINDLER, Lüge (wie Anm. 2) 421. 425, und MAĆKOWIAK, Notlüge (wie Anm. 2) 76–87, dies mit Hermas, Justin, Cyprian, Laktanz und Eusebius von Caesarea tun. Allenfalls die Ablehnung einer Verstellung aus Gründen der Akkommodation durch Irenäus ließe sich anführen, doch ist auch dieser auf die Nutzlüge dabei nicht eingegangen: Ire-

den hieronymianischen Schriften sind etliche der Varianten zu lesen, in denen die Annahme, Lüge und Täuschung könnten unter Umständen zum Heil führen und deshalb erlaubt sein, im frühen Christentum zum Ausdruck gebracht worden ist. Auch bei diesem Thema ist sein Werk der Spiegel einer vielfältigen griechischen Tradition, die er samt ihrer Widersprüchlichkeit an den lateinischen Westen vermittelt.

---

näus, haer. III 5,1–3 (SC 211, 52–63; FC 8/3, 44–51). So bestätigt sich das Urteil von RAMSEY, Lying (wie Anm. 46) 531: „Augustine's position is really a new one."

Jüdisch-christliche Gemeinsamkeiten im Kontext der Antike

Zur Hermeneutik der patristischen Theologie*

Die Geschichte der Beziehungen zwischen Christen und Juden wird normalerweise als Geschichte eines Gegeneinanders erzählt. Insbesondere der christliche Antijudaismus fungiert als hermeneutischer Schlüssel für das Beschreiben und Verstehen der geschichtlichen Entwicklung der jüdisch-christlichen Beziehungen. Zwar gab es auch schon in der vorchristlichen antiken Welt Ressentiments und Aggressionen gegen Juden und Judentum. Das Christentum hat aber nach allgemeiner Auffassung zur Verschärfung des in der Antike schon vorhandenen Antijudaismus beigetragen – mit den bekannten fürchterlichen Folgen für das Judentum bis in das 20. Jahrhundert. Die frühe, in der Spätantike spielende Geschichte der jüdisch-christlichen Beziehungen wird daher meist so beschrieben, dass die Anfänge dieser Entwicklung aufgespürt und ihre weiteren Spuren verfolgt werden.

Nun ist natürlich nicht zu bestreiten, dass Antijudaismus das auffallendste Merkmal in der Geschichte der jüdisch-christlichen Beziehungen ist. Auch in der Spätantike sticht die christliche Judenfeindschaft am meisten hervor. Der historischen Forschung ist in den vergangenen Dezennien allerdings immer deutlicher bewusst geworden, dass die Beziehungen zwischen Judentum und Christentum ambivalenter und vielfältiger waren. Neben Antisemitismus ist – besonders in Spätbarock und Aufklärung – auch Philosemitismus zu beobachten. Zu allen Zeiten hat es nicht nur christliche Judenfeindschaft, sondern auch eine freundliche Einstellung einzelner Christen gegenüber Juden und Judentum gegeben. Für eine historisch angemessene Darstellung der jüdisch-christlichen Beziehungen reicht es allerdings nicht aus, die Kategorie Antijudaismus (bzw. Antisemitismus) durch die Kategorie Philosemitismus zu ergänzen. Das ergäbe immer noch eine zu holzschnittartige Malerei in Schwarz und Weiß. Von beiden Kategorien aus er-

---

* Peter HÜNERMANN/Thomas SÖDING (Hg.), Methodische Erneuerung der Theologie. Konsequenzen der wiederentdeckten jüdisch-christlichen Gemeinsamkeiten (Quaestiones disputatae 200), Freiburg u.a. 2003, 71–92.

scheint nämlich das Judentum als eine dem Christentum distanziert und fremd gegenüberstehende Größe, die von christlicher Seite angefeindet oder mit mehr oder weniger Neid für [72] seine geistigen und kulturellen Leistungen bewundert wird. Näher betrachtet, waren die Beziehungen zwischen Christen und Juden nie ausschließlich von Hass oder Bewunderung geprägt. Das Bild, welches die historischen Quellen vermitteln, ist bunter. Wir müssen von einer komplexen Interaktion zwischen Juden und Christen ausgehen.

Diese Erkenntnis stellt die historische Forschung vor die hermeneutisch-methodische Aufgabe, neue Modelle für eine angemessene Darstellung der Entwicklung der mannigfachen Beziehungen zwischen Christen und Juden zu entwickeln. Statt in den starren Kategorien von Contra und Pro zu denken – Anti- versus Philosemitismus –, dürften Begriffe wie Antagonismus, Konvergenz und Divergenz, Nähe und Distanz, Identität und Abgrenzung geeigneter sein, um der Komplexität des Verhältnisses zwischen Judentum und Christentum gerecht zu werden.[1]

1. Rhetorik und Realität

Eine wichtige Ursache für die Reduktion der Beziehung zwischen Christentum und Judentum auf die Kategorie Judenfeindschaft liegt im Charakter einer bestimmten Sorte von Quellen, die bei diesem Thema als erste und oft ausschließlich in den Blick genommen wird: die christlichen Adversus-Judaeos-Texte.[2] Mit diesem Etikett werden sowohl „gegen Juden“ gerichtete Texte bezeichnet, die unterschiedlichen Gattungen angehören und ausdrücklich einen entsprechenden Titel tragen können, als auch affine Literatur, die sich mit dem Verhältnis des Christentums zum Judentum beschäftigt. Die Adversus-Judaeos-Texte bilden eine über die Jahrhunderte hinweg bis in die Neuzeit hinein vitale Gattung der christlichen theologischen Kontroversliteratur.

---

1 Dafür plädierte jüngst Wolfram KINZIG, Nähe und Distanz. Auf dem Weg zu einer neuen Beschreibung der jüdisch-christlichen Beziehungen, in: ders./Cornelia KÜCK (Hg.), Judentum und Christentum zwischen Konfrontation und Faszination. Ansätze zu einer neuen Beschreibung der jüdisch-christlichen Beziehungen (Judentum und Christentum 11), Stuttgart 2002, 9–27. In diesem anregenden Diskussionsbeitrag sind zu dem hier eingangs Skizzierten zahlreiche Literaturhinweise zu finden.

2 Siehe für die patristische Zeit Heinz SCHRECKENBERG, Die christlichen Adversus-Judaeos-Texte und ihr literarisches und historisches Umfeld (1.–11. Jh.) (Europäische Hochschulschriften XXIII/172), Frankfurt a.M. u.a. [4]1999, 171–474. Für die folgende allgemeine Charakterisierung dieser Literaturgattung vgl. ebd. 16. 26f.

Anders als ihre Bezeichnung es nahelegt, verfolgen diese Texte allerdings nicht primär judenfeindliche Ziele. Gewiss polemisieren sie oft vehement gegen Juden und Jüdisches. Ihre Adressaten sind [73] freilich nicht Juden, sondern Christen. Sie wollen nicht Juden zum Christentum bekehren, sondern christlichen Glauben formen und bestärken. Der jüdische Part in diesen Texten erstarrte daher schon erstaunlich früh zur Schablone, die dem christlichen Autor lediglich die Stichworte liefert, von denen aus er seine Theologie entfaltet. Die „gegen Juden" gerichteten Schriften führen nicht ein polemisches Gespräch mit dem Judentum, sondern sind Teil einer innerchristlichen Debatte über christliche Identität. Die Verfasser profilieren christliche Überzeugungen durch Abgrenzung von jüdischen Vorstellungen. Das Aufkommen dieser Gattung im 2. Jahrhundert dürfte mit der Entwicklung des Christentums in dieser Epoche zusammenhängen. Es koppelte sich immer konsequenter vom Judentum, aus dem es sich schon im 1. Jahrhundert herausgelöst hatte, ab und wuchs immer mehr in die Welt der griechisch-römischen Antike hinein. Dieser Prozess ist auf verschiedenen Gebieten zu beobachten: in der Liturgie, in den kirchlichen Strukturen, in der theologischen Begrifflichkeit.[3] Diese Entwicklung bedingte und förderte das Entstehen antijüdischer Denkmuster, deren Skopos freilich ein innerchristlicher war. Es ging um Identitätsbildung durch Abgrenzung.

Aus diesen Zusammenhängen ergeben sich methodische Konsequenzen für die aus diesen Quellen zu ziehenden Folgerungen für die Geschichte der jüdisch-christlichen Beziehungen. Aus dem kontroverstheologisch motivierten Antijudaismus eines Textes ist nicht automatisch auf Judenhass seines Verfassers zu schließen. Wer gegen Jüdisches im Christentum polemisiert, um das Christentum vom Judentum abzugrenzen, muss nicht zwangsläufig Juden und Judentum an sich verwerfen.[4] Das ist freilich eine prekäre Unterscheidung, die rasch hinfällig werden kann, aber eine, die der interpretatorischen Exaktheit wegen doch zu machen ist. Ferner ist zu bedenken, dass diese Texte jeweils

3 Der Aufsatz von Clark M. WILLIAMSON, The „Adversus Judaeos" Tradition in Christian Theology, in: Encounter. Creative Theological Scholarship 39 (1978) 273–296, enthält Grundgedanken zu dieser Entwicklung von kristalliner Tiefenschärfe (vgl. ebd. 273f. 286. 293–295), die zugehörigen Textinterpretationen hingegen sind oberflächliche Paraphrasen.

4 In diesem Sinn hat Marcel SIMON im Post-Scriptum zur zweiten Auflage seines Standardwerks von 1948: Verus Israel. Étude sur les Relations entre Chrétiens et Juifs dans l'Empire Romain (135–425), Paris [2]1964 (Nachdruck 1983), 493, antijüdische Polemik von Antijudaismus bzw. Antisemitismus, d.h. einer grundsätzlich judenfeindlichen Haltung, unterschieden.

Teil einer innerchristlichen Debatte sind. In ihrer Zeit bilden sie eine Stimme unter anderen. Die in ihnen erhobenen Ansprüche sind nicht mit der Einstellung aller Christen und der ganzen Kirche gleich zu setzen. [74] Vielmehr ist bei jedem Text abzuwägen, welchen Standort er im zeitgenössischen Spektrum der Meinungen einnimmt.

Mit diesem methodischen Zugriff soll die heikle Problematik der christlichen Adversus-Judaeos-Literatur nicht weginterpretiert werden. In diesen Texten spiegelt sich die zunehmende Entfremdung zwischen Judentum und Christentum in den ersten Jahrhunderten und die immer geringere Bereitschaft, einander zuzuhören und als Dialogpartner ernst zu nehmen. Mochte das keineswegs einheitliche Judenbild dieser Texte irreal sein und am tatsächlichen Judentum vorbeigehen, hat die teilweise infame Polemik darin doch zur intellektuellen Deklassierung der Juden beigetragen und realen Aktionen gegen sie in späteren Jahrhunderten geistig den Boden bereitet. All das steht nicht in Frage. Es geht darum, über diesen dominierenden Strang der Geschichte die anderen Aspekte in den komplexen jüdisch-christlichen Beziehungen nicht zu übersehen.

Vorgehensweise und Ergebnisse einer solcherart historisch differenzierenden Hermeneutik lassen sich an dem Text explizieren, der als erstes markantes Dokument des christlichen Antijudaismus gilt.[5] Den im Jahr 130 oder 131 wahrscheinlich im ägyptischen Alexandrien[5a] verfassten Barnabasbrief kennzeichnet eine schroffe Feindseligkeit gegen alles Jüdische, die in der frühchristlichen Zeit Ihresgleichen sucht. Der anonyme Verfasser behauptet (vgl. Barn. 4,6–9; 14), Israel sei überhaupt nie Volk Gottes gewesen; Gott habe seinen Bund von vorneherein exklusiv mit den Christen geschlossen, die Schrift sei durchweg ein christliches Buch und sonst nichts – schärfer könnte antijüdische Polemik nicht sein. Der Brief entwirft erstmals einen programmatischen Antijudaismus. Das Judentum wird theologisch eliminiert, allem Jüdischen Heilsrelevanz abgesprochen. Im Blick auf die Entwicklung des jüdisch-christlichen Verhältnisses im 2. Jahrhundert ist damit aber noch nicht alles gesagt. In der für den Barnabasbrief anzusetzenden Kommunikationssituation fungiert dieser massive Antijudaismus nämlich als Argument im Rahmen einer innerchristlichen Kontroverse über die Auslegung der Schrift und in der Konsequenz über christliche Identität.

---

5 Siehe für das Folgende Ferdinand Rupert PROSTMEIER, Antijudaismus im Rahmen christlicher Hermeneutik. Zum Streit über christliche Identität in der Alten Kirche. Notizen zum Barnabasbrief, in: ZAC 6 (2002) 38–58, bes. 53–56.

5a Sicher ist dies allerdings keineswegs; vgl. dafür jetzt Alfons FÜRST, Christentum als Intellektuellen-Religion. Die Anfänge des Christentums in Alexandria (SBS 213), Stuttgart 2007, 76f.

Der Verfasser setzt sich mit Christen auseinander, die von einem Bund Gottes mit den Juden und mit den Christen ausgehen.[6] Gegen solche Nähe von Christentum und Judentum plädiert der [75] Anonymus für totale Distanz und Unvereinbarkeit. Argumentativ geht er so vor, dass er der Gegenseite die Basis entzieht, indem er, gestützt auf eine selektive Verwendung einschlägiger Bibelstellen, behauptet, einen Bund Gottes mit Israel habe es nie gegeben. Indem er das Judentum auf diese Weise ausschaltet, wird alles Jüdische instrumentalisierbar in der innerchristlichen Polemik. Die Gegner des Briefes sind Christen, die die Schrift nach Ansicht des Verfassers wörtlich auffassen. Weil das typisch jüdisch sei, gelten diese Christen ihm im Grunde wie Juden. Juden als konkrete Personen hat er nicht im Blick. „Die Juden" sind vielmehr die Negativfolie, auf deren rabenschwarz gemaltem Hintergrund der Briefautor seine christlichen Gegner diskriminiert und eine massiv antijüdische Theologie und Bibelhermeneutik entfaltet.

Gleich der Auftakt der christlichen antijüdischen Literatur lehrt also, dass an jedem Text jeweils genau zu klären ist, was das Antijüdische an ihm ist. Im Barnabasbrief ist der Antijudaismus direkt und ausschließlich innerchristliche Polemik. Seine antijüdischen Aussagen sind später immer wieder verwendet worden, die theologische Grundhaltung des Verfassers hat sich aber nicht durchgesetzt. Mit seiner radikalen Trennung des Christlichen vom Jüdischen bewegte er sich vielmehr in Richtung der Position, die etwa zehn Jahre später Markion einnahm (von dem der Anonymus sich freilich mit seiner Schrifthermeneutik unterschied), nämlich Christentum als Antithese zum Judentum zu konzipieren.[7] Die spätere kirchliche Position, wie sie beispielsweise von Justin und Tertullian vertreten wird, folgte dieser Linie nicht, sondern ging – gleichfalls antijüdisch – von einer zeitweiligen oder vorläufigen Gültigkeit des alttestamentlichen Bundes aus, und schon zur Zeit des Barnabasbriefes gab es offenbar Christen, die Christentum und Judentum für nicht so unvereinbar gehalten haben, wie der Briefautor das in maßloser Überzeichnung haben wollte. Die im

6 In Barn. 4,6 wird diese Position so wiedergegeben: ἡ διαθήκη (hebr. *b^{e}rît*, „Bund") ἐκείνων καὶ ἡμῶν; deutsch nach: Der Barnabasbrief, übersetzt und erklärt von Ferdinand Rupert PROSTMEIER (KAV 8), Göttingen 1999, 189: „Die Heilszusicherung an jene ist auch unsere."

7 Siehe dazu den Titel von Wolfgang A. BIENERT, Markion – Christentum als Antithese zum Judentum, in: Herbert FROHNHOFEN (Hg.), Christlicher Antijudaismus und jüdischer Antipaganismus. Ihre Motive und Hintergründe in den ersten drei Jahrhunderten (Hamburger Theologische Studien 3), Hamburg 1990, 139–144, der Markion allerdings vereinfachend im Gegensatz zum Barnabasbrief stehen sieht (vgl. ebd. 143).

Barnabasbrief greifbare innerchristliche Debatte zeigt somit, dass christlicher Antijudaismus ein mannigfaches Phänomen ist. Sein Verfasser vertrat einen radikalen Antijudaismus, der christlich keineswegs Konsens war und es in der von ihm propagierten Form auch nie wurde.

[76] Hermeneutisch-methodisch ergibt sich aus dieser Interpretation die Regel, dass die Rhetorik eines Textes nicht deckungsgleich in die Realität der Geschichte übertragen werden darf. Die Kluft zwischen beiden kann beträchtlich sein. Ein erhellendes Beispiel dafür sind die acht Reden des Johannes Chrysostomus „gegen Juden", die er in den Jahren 386 und 387 als Presbyter in Antiochien am Orontes, der Metropole Syriens, gehalten hat.[8] Sie gelten als die ungeheuerlichste Denunzierung des Judentums, die in den Schriften eines christlichen Theologen zu finden ist, und bilden regelrecht ein Kompendium polemischer Vorwürfe und Beleidigungen. In keinem altkirchlichen Text tauchen judenfeindliche Vorurteile und Parolen derart massiert auf wie in diesen Reden. Die Juden seien gottlos, schamlos, ruchlos, streitsüchtig, roh und unmenschlich, unselig, verflucht, verrückt, sie seien Angeber, Räuber, Diebe, Betrüger, Gotteslästerer, Feinde der Wahrheit, Fresser und Säufer, Hunde, geile Hengste, Böcke und Schweine, sie stünden im Bund mit dem Teufel, brächten Menschenopfer dar und hätten Christus gekreuzigt; ihre Synagoge gleiche einem Bordell oder einer Räuberhöhle und sei ein Ort des Rechtsbruchs und Unterschlupf für Dämonen. Das mag als Auswahl genügen.[9] Chrysostomus bietet eine infame Verunglimpfung des Judentums. Späterer antijüdischer Hetzrede dienten seine boshaften Tiraden als reiche Fundgrube und haben massiv zur Verächtlichmachung der Juden beigetragen.

Zu der Zeit, als diese Vorträge vor der christlichen Gemeinde Antiochiens gehalten wurden, stand ihre grelle Rhetorik – deren sich gerade der junge Chrysostomus übrigens auch gegen Heiden und Christen in durchaus zeitgenössischer Manier befleißigte – allerdings im krassen Gegensatz zur Realität der alltäglichen jüdisch-christlichen Be-

---

8 Griechischer Text: PG 48, 843–942; deutsche Übersetzung: Johannes Chrysostomus, Acht Reden gegen Juden, eingeleitet und erläutert von Rudolf BRÄNDLE, übersetzt von Verena JEGHER-BUCHER (BGrL 41), Stuttgart 1995. – Die Textlücke in der zweiten Rede ist nunmehr geschlossen; siehe Wendy PRADELS/Rudolf BRÄNDLE/Martin HEIMGARTNER, Das bisher vermisste Textstück in Johannes Chrysostomus, Adversus Judaeos, Oratio 2, in: ZAC 5 (2001) 23–49. Für die sich aus diesem Fund ergebenden neuen Einsichten siehe dies., The Sequence and Dating of the Series of John Chrysostom's Eight Discourses *Adversus Iudaeos*, in: ebd. 6 (2002) 90–116.

9 Die im Einzelnen zur Zeit des Chrysostomus bereits stereotypen Vorwürfe sind mit zahlreichen Belegen zusammengestellt bei BRÄNDLE/JEGHER-BUCHER, Reden gegen Juden (wie Anm. 8) 71–74.

ziehungen. In Antiochien gab es im 4. Jahrhundert eine alte, große und angesehene jüdische Gemeinde mit mehreren Synagogen, die eine hohe Anziehungskraft auf Nicht[77]juden ausübte.[10] Auch viele Christen hegten offenbar Sympathien für das Judentum. Das geht aus den Verhaltensweisen von Christen hervor, die Chrysostomus in seinen Reden „gegen Juden" oder jetzt genauer: gegen „judaisierende" Christen kritisierte.[11] Christen nahmen an Synagogengottesdiensten teil, beachteten jüdische Fasttage und den Sabbat, feierten jüdische Feste mit (Neujahrs- und Laubhüttenfest) und legten Eide in der Synagoge ab, weil diese dort als besonders heilig galten (vgl. adv. Iud. orat. 1,3). Möglicherweise begaben sich Christen auch zum Heilschlaf in die Synagoge im noblen Vorort Daphne, falls die dortige Grotte der Matrone mit einer Synagoge in Verbindung zu bringen ist (vgl. ebd. 1,6).[12] Manche scheinen sogar erwogen zu haben, sich beschneiden zu lassen (vgl. ebd. 2,1). Zu diesem religiösen Miteinander kamen vielfältige Kontakte des alltäglichen Lebens, wenn etwa Christen jüdische Ärzte konsultierten (vgl. ebd. 1,7) und umgekehrt. Christen und Juden pflegten demnach intensiven Kontakt und Austausch miteinander. Die wüste Polemik des Chrysostomus entsprach weder dem Ansehen, das die Juden Antiochiens bei vielen Einwohnern und auch bei Christen genossen, noch dem vielfachen Miteinander von Juden und Christen. Die jüdisch-christlichen Beziehungen scheinen ausgesprochen entspannt gewesen zu sein.

Aus dieser Differenz zwischen Rhetorik und Realität ergeben sich einige methodische Schlussfolgerungen. Wie schon im Fall des Barnabasbriefes ist keineswegs von einer einheitlichen antijüdischen Front auf Seiten der Christen auszugehen. Aus einschlägigen Bemerkungen des Chrysostomus ist zu schließen, dass er wohl auf wenig Resonanz gestoßen ist; besonders seine Aufforderung, „judaisierende" Christen bei den Priestern zu denunzieren, scheint weithin Unverständnis hervorgerufen zu haben (vgl. ebd. 1,2f.8; 2,1; 7,6). Aus einer späteren Bemerkung ergibt sich, dass Chrysostomus selbst die Lage wohl so eingeschätzt hat.[13] In diesem Fall ist deutlich zwischen gesellschaftlichem Verhalten und religiösen Praktiken im Kirchenvolk und theologischer Reflexion auf Seiten der Kirchenführer zu unterscheiden.[14] Viele Ge-

10 Vgl. Flavius Josephus, bell. Iud. VII 3,3.

11 Die wichtigsten hat er selbst einmal in adv. Iud. orat. 1,8 zusammengestellt.

12 Zu den Schwierigkeiten siehe BRÄNDLE/JEGHER-BUCHER, Reden gegen Juden (wie Anm. 8) 232f. Anm. 65.

13 Vgl. in Tit. hom. 3,2 (PG 62, 679).

14 Aus dieser Perspektive interpretierte Wolfram KINZIG, ‚Non-Separation'. Closeness and Cooperation between Jews and Christians in the Fourth Century, in: VigChr 45 (1991) 27–53, hier 28f. 35–41, die Chrysostomusreden.

meindemitglieder [78] lebten problemlos unter und mit Juden, respektierten deren Bräuche und Lebensweise, feierten zusammen mit ihnen und übernahmen in Einzelfällen sogar jüdische Verhaltensweisen bis hin zur Beschneidung, ohne zum Judentum überzutreten. Religiöse Führer wie Chrysostomus hingegen drangen auf stärkere Distanzierung des Christentums vom Judentum.

Ebenfalls wie im Barnabasbrief dient die antijüdische Polemik auch hier christlicher Identitätsbildung durch Abgrenzung. Ihre erschreckende Aggressivität darf nicht kaschiert werden, denn christliche Theologie muss sich selbstkritisch über ihre antijüdischen Prinzipien und Inhalte aufklären. Historisch ist diese Rhetorik aber doch im Kontext der zeitgeschichtlichen Situation zu interpretieren. Im ausgehenden 4. Jahrhundert war noch keineswegs ausgemacht, dass das Christentum sich im Imperium Romanum wirklich durchsetzen würde. Angestrengt arbeiteten Bischöfe und Theologen an der Sicherung und Erweiterung des christlichen Einflusses auf Staat und Gesellschaft. Eine große und attraktive jüdische Gemeinde wie diejenige in Antiochien, deren staatlich privilegierte Stellung nach wie vor unangetastet war, wurde dabei als Konkurrentin empfunden. Die Bischöfe agierten nervös, die Kampfsituation provozierte schrille Töne (deren Inhalte gleichwohl inakzeptabel bleiben). Das schon über zwei Jahrzehnte andauernde Schisma in der antiochenischen Kirche dürfte die Nervosität der verantwortlichen Kirchenmänner noch gesteigert haben, denn einer starken jüdischen Gemeinde stand eine in drei, kurz davor sogar in vier Parteien gespaltene christliche gegenüber, die mit ihrem internen Dauerstreit wohl wenig anziehend auf Heiden wirkte. Man wird nicht fehl gehen, wenn man den christlichen Führern dabei auch den psychologischen Faktor Angst unterstellt, denn die bloße Weiterexistenz des Judentums, aus dem man kam und mit dem man einen Großteil der heiligen Schriften, aber nicht den Glauben teilte, bedeutete eine ständige Infragestellung der christlichen Ansprüche.[15]

Um ein historisch möglichst verlässliches Bild der jüdisch-christlichen Beziehungen in einer bestimmten Epoche zu erhalten, muss die Interpretation von Quellen wie der christlichen Adversus-Judaeos-Texte weitere Forschungsverfahren einbeziehen. Die literatur- und theologiegeschichtliche Erschließung der Texte ist um sozial-, mentalitäts- und frömmigkeitsgeschichtliche sowie um [79] archäologische Studien

15 Darauf verweist zu Recht Rudolf BRÄNDLE, Christen und Juden in Antiochien in den Jahren 386/87. Ein Beitrag zur Geschichte altkirchlicher Judenfeindschaft, in: Judaica 43 (1987) 142–160, hier 153f.

zu erweitern.[16] Ferner ist das jeweilige kulturelle und politische Milieu zu berücksichtigen. In der neueren historischen Forschung wird bereits so verfahren.[17] In der kirchen- und theologiegeschichtlichen Arbeit muss dieses breite methodische Spektrum noch stärker angewendet werden, als dies bislang der Fall ist.[18] Dann wird es möglich sein, Realitätsbezug und Realitätsgehalt der antijüdischen Rhetorik der christlichen Adversus-Judaeos-Literatur methodisch verlässlich zu eruieren und ein exakteres Bild von der Geschichte der jüdisch-christlichen Beziehungen zu entwerfen. Forschungsbedarf besteht insbesondere auf drei Arbeitsgebieten, die im Folgenden kurz umrissen seien.

2. Zwischen Koexistenz und Konfrontation

Ein auf die beschriebene Weise erweiterter methodischer Zugriff fördert ein Beziehungsgeflecht zwischen Juden und Christen zutage, in dem mehr an friedlichem Miteinander steckt, als die antijüdische Rhetorik vermuten lässt. Es ist hier, wo es um wissenschaftstheoretische Grundlagenreflexion geht, nicht der Ort, die von der Forschung bislang eruierten Indizien dafür auszubreiten. Als Illustration mag lediglich ein für Palästina signifikantes Beispiel dienen. Der heilige Bezirk von Mamre bei Hebron war eine von Juden und spätestens seit dem 2. Jahrhundert n.Chr. auch von Heiden verehrte Kultstätte. Juden gedachten dort der Erscheinung Gottes bzw. dreier Engel bei Abraham (vgl. Gen. 18), die von Heiden mit dem Götterboten Hermes gleichgesetzt

16 Dieses Desiderat mahnt KINZIG, Nähe und Distanz (wie Anm. 1) 26, an, der als Beispiel ebenfalls die antijüdischen Reden des Chrysostomus heranzieht (vgl. ebd. 20–22).

17 Für Chrysostomus hat das Robert Louis WILKEN, John Chrysostom and the Jews. Rhetoric and Reality in the Late 4th Century, Berkeley/Los Angeles/London 1983, in vorbildlicher Weise geleistet.

18 Einen wichtigen Schritt in diese Richtung unternahm das umfangreiche Sammelwerk von Karl Heinrich RENGSTORF/Siegfried VON KORTZFLEISCH (Hg.), Kirche und Synagoge. Handbuch zur Geschichte von Christen und Juden. Darstellung mit Quellen, 2 Bde., Stuttgart 1968/70 (Nachdruck München 1988), weil es erstmals die gemeinsame Geschichte von Juden und Christen, nicht bloß den christlichen Antijudaismus, darstellt. Politische, kulturelle und soziale Faktoren werden allerdings nur am Rande berücksichtigt. Der Fokus liegt auf religiösen, theologischen und kirchengeschichtlichen Aspekten; vgl. die diesbezügliche Kritik von KINZIG, Nähe und Distanz (wie Anm. 1) 24f. Diese Engführung führt zu historischen Fehleinschätzungen, etwa wenn Bernhard KÖTTING, ebd. Bd. 1, 165, die chrysostomischen Judenpredigten direkt als „Gradmesser der Spannung" zwischen Christen und Juden beurteilt, und zwar nicht nur in Antiochien, sondern im ganzen Osten, speziell in Syrien.

wurden. [80] Konstantin beabsichtigte, den Platz durch Bau einer Kirche zu verchristlichen. Die Autoritäten auf allen Seiten drängten auf Abgrenzung. Die Rabbinen erklärten den dort stattfindenden, heidnisch geprägten Jahrmarkt als den Juden verboten, Heiden sollten nach dem Willen des christlichen Kaisers unter Strafandrohung von dem Gelände ferngehalten werden. Keine Gruppe indes hielt sich daran. „Beim jährlichen Markt vereinen sich Juden, Heiden und Christen zum Fest; die Juden verehren Abraham, die Heiden kommen wegen der dort erschienenen Engel; die einen beten zu Gott, die anderen stellen auf dem Altar Götterbilder auf und bringen Wein, Weihrauch und Opfertiere dar und werfen Opfergaben in den Brunnen Abrahams."[19] In Palästina „ist im allgemeinen im 4. Jahrhundert eine friedliche Koexistenz von Juden und Christen in weithin getrennten Lebensbereichen anzunehmen".[20] Viel mehr Konflikte als zwischen Christen und Juden gab es dort zwischen Christen und Heiden.[21]

Für die jüdische Diaspora gilt grosso modo dasselbe. In dieser sind zwar seit dem ausgehenden 4. Jahrhundert einige gewalttätige Konfrontationen bis hin zur Zerstörung von Synagogen oder deren Umwandlung in Kirchen bekannt. Doch erst im 5. Jahrhundert häuften sich solche Vorfälle, besonders in Nordsyrien, wo viele Juden lebten.[22] Die Auseinandersetzungen des Christentums mit dem Heidentum waren jedoch gerade im ausgehenden 4. und beginnenden 5. Jahrhundert ungleich zahlreicher und heftiger, und für die innerchristlichen Kontroversen zwischen Orthodoxie und Häresie gilt das in der gesamten Spätantike. In den ersten Jahrhunderten nach christlicher Zeitrechnung und auch noch im ersten Jahrhundert nach der Konstantinischen Wen-

19 Siehe Günter STEMBERGER, Juden und Christen im Heiligen Land. Palästina unter Konstantin und Theodosius, München 1987, 61–63; Quellen: jAZ I 5,39d; Eusebius, vit. Const. III 51–53 (GCS Eus. 1², 99–101); Eusebius bzw. Hieronymus, sit. et nom. (GCS Eus. 3/1, 6f.); für das Zitat (ebd. 63): Sozomenos, hist. eccl. II 4,2–5 (GCS N.F. 4, 54f.), dessen Bericht von archäologischen Kleinfunden bestätigt wird.

20 STEMBERGER, ebd. 131.

21 Siehe die Beispiele bei STEMBERGER, ebd. 151–160, und jetzt die Fallstudie zu den christlich-heidnischen Konflikten in Gaza von Johannes HAHN, Gewalt und religiöser Konflikt. Studien zu den Auseinandersetzungen zwischen Christen, Heiden und Juden im Osten des Römischen Reiches (von Konstantin bis Theodosius II.) (Klio.B NF 8), Berlin 2004, 191–222.

22 Beat BRENK, Die Umwandlung der Synagoge von Apamea in eine Kirche. Eine mentalitätsgeschichtliche Studie, in: Tesserae. Festschrift für Josef Engemann (JAC.E. 18), Münster 1991, 1–25, bespricht die insgesamt nicht zahlreichen bekannten Vorfälle (bes. ebd. 14–19) und differenziert richtig zwischen dem Kirchenvolk und den kirchlich Verantwortlichen (ebd. 22–24), jedoch nicht zwischen Rhetorik und Realität (ebd. 19–22), wodurch seine Wertungen beeinträchtigt werden.

de lebten Juden und Christen weitgehend problemlos zusammen.[23] Immer wieder geht [81] aus den Quellen hervor, dass Christen für das Judentum Sympathien hegten und sich entsprechend verhielten.[24]

Dieses Schwanken zwischen grundsätzlicher Koexistenz und sporadischer Konfrontation spiegelt sich in der Gesetzgebung des christlichen Staates.[25] Der Rechtsstatus des Judentums als einer offiziell erlaubten Religion *(religio licita)* mit staatlich garantierten Privilegien, zum Beispiel der Schutz der Sabbatruhe und die partielle Freistellung von Militärdienst und Kaiserkult, blieb im 4. Jahrhundert unangetastet. Im 5. und 6. Jahrhundert wurde der Rechtsschutz für die Juden dann zunehmend abgebaut bis hin zu ihrem schrittweisen Ausschluss aus dem öffentlichen Dienst. Dahinter stand jedoch keine planvolle Judenpolitik. Vielmehr schwankte die meist auf aktuelle Vorkommnisse reagierende Gesetzgebung uneinheitlich zwischen Schutzgarantien, wiederholt etwa für die Synagogen, und Beschränkungen.

Die jüdisch-christlichen Beziehungen bewegten sich in der Antike in einem vielfach differenzierten Spektrum zwischen Koexistenz und Konfrontation. Auf christlicher Seite waren es die Führer der Kirche, die auf Abgrenzung drängten. Sie taten dies aber weithin sachlicher als etwa gegenüber dem Heidentum und griffen nur ausnahmsweise zu diffamierender Polemik und Gewalt. Doch klafften das Reden übereinander und das Leben miteinander in nicht wenigen Fällen weit auseinander. Auf dieser Linie dürfte für die künftige Forschung noch manche Entdeckung bereitliegen.

---

23 Siehe Doron MENDELS, The Relationship of Christians and Jews during the Years 300–450. A Preliminary Report of the Christian Point of View, in: KINZIG/KÜCK, Judentum und Christentum (wie Anm. 1) 45–54.

24 Siehe Pieter Willem VAN DER HORST, Juden und Christen in Aphrodisias im Licht ihrer Beziehungen in anderen Städten Kleinasiens, in: Johannes VAN AMERSFOORT/ Jan VAN OORT (Hg.), Juden und Christen in der Antike, Kampen 1990, 125–143, hier 139f.; ferner BRÄNDLE/JEGHER-BUCHER, Reden gegen Juden (wie Anm. 8) 74f. Für die Situation im palästinischen Caesarea des 3. Jahrhunderts siehe die Hinweise bei Jörg ULRICH, Euseb von Caesarea und die Juden. Studien zur Rolle der Juden in der Theologie des Eusebius von Caesarea (PTS 49), Berlin/New York 1999, 20–22.

25 Siehe dazu KÖTTING in RENGSTORF/VON KORTZFLEISCH, Kirche und Synagoge (wie Anm. 18) Bd. 1, 145–149, der jedoch die historische Entwicklung verunklärt; STEMBERGER, Juden und Christen (wie Anm. 19) 237–246; VAN DER HORST, Juden und Christen (wie Anm. 24) 46–48. Eine umfassende Katalogisierung aller rechtlichen (auch kirchenrechtlichen) Bestimmungen über die Juden im Römischen Reich bietet Karl Leo NOETHLICHS, Das Judentum und der römische Staat. Minderheitenpolitik im antiken Rom, Darmstadt 1996, 76–90. 100–124, der die oben erhobenen methodischen Forderungen für die Auswertung dieser Quellen allerdings nicht im Blick hat.

[82] 3. Exegetische Kontakte

Auf einem bestimmten Gebiet kam es über Koexistenz und Sympathie hinaus gelegentlich sogar zu Kooperation zwischen Christen und Juden: in der Bibelauslegung. Diese war zunächst natürlich das Feld der fundamentalen Distanz, denn die Unterschiede zwischen Judentum und Christentum ergaben sich aus der voneinander abweichenden Deutung der heiligen Schriften Israels. Deren Beziehung auf Jesus von Nazareth als den Messias durch die Christen bedingte im Kern ihre Trennung von dem Teil des Judentums, der diese Auffassung nicht teilte, und schuf unüberwindlich scheinende Differenzen zwischen den beiden Religionen. Diese betrafen nicht nur abweichende Schwerpunktsetzungen: Während für das Judentum die Tora zentral war, galt das Interesse der Christen deren Relativierung und dafür den Propheten mit ihren messianischen Verheißungen. Der Kontrast reichte vielmehr so weit, dass das rabbinische Judentum sich im Laufe der Spätantike von der griechischen Bibelübersetzung der Septuaginta distanzierte, die vom hellenistischen Judentum Alexandriens in vorchristlicher Zeit geschaffen worden war, weil die christlichen Kirchen ihre oft antijüdische Exegese und Theologie weithin auf die Septuaginta stützten.[26] Zugleich weist diese Entwicklung freilich auf eine zentrale Gemeinsamkeit: Die heiligen Schriften der Juden bilden einen wesentlichen und quantitativ den größten Teil der heiligen Schriften der Christen, und die Auslegungstechniken auf beiden Seiten konvergieren bei aller Divergenz in den inhaltlichen Ergebnissen in nicht geringem Maß.[27] Über alle Text- und Auslegungsdifferenzen hinweg hat das immer wieder auch zu exegetischen Kontakten geführt, an denen vor allem die christliche Seite interessiert war.

Bei deren Identifizierung ist die jüngere Forschung vorsichtiger geworden. Nicht jede Parallele zwischen rabbinischen Überlieferungen und Werken der Kirchenväter deutet auf Abhängigkeitsverhältnisse oder persönliche Kontakte hin. Es können auch gemeinsame Traditionen oder ein vergleichbares exegetisches Verfahren dahinter stehen, die auf beiden Seiten zu ähnlichen oder gleichen [83] Ergebnissen führen.

---

26 Zu dieser Rezeptionsgeschichte der Septuaginta siehe bes. Martin HENGEL (unter Mitarbeit von Roland DEINES), Die Septuaginta als „christliche Schriftensammlung“, ihre Vorgeschichte und das Problem ihres Kanons, in: ders./Anna Maria SCHWEMER (Hg.), Die Septuaginta zwischen Judentum und Christentum (WUNT 72), Tübingen 1994, 182–284.

27 Näheres dazu bei William HORBURY, Jews and Christians on the Bible. Demarcation and Convergence [325–451], in: Jan VAN OORT/Ulrich WICKERT (Hg.), Christliche Exegese zwischen Nicaea und Chalcedon, Kampen 1992, 72–103.

Werden die Zeugnisse entsprechend zurückhaltend interpretiert, bleiben in fast allen Fällen viele offene Fragen. Lediglich für Origenes und auch für ihn nur nach 230 in seiner palästinischen Periode lassen sich sichere Belege ausfindig machen. In Caesarea hatte er Kontakte zu Juden. Deren exaktes Ausmaß bleibt unklar, doch verdanken sich etliche seiner Exegesen dem direkten Austausch mit ihnen. Kein christlicher Bibelausleger vor ihm hat jüdische exegetische Traditionen in solchem Ausmaß herangezogen wie Origenes.[28]

Darin übertroffen wurde Origenes später von Hieronymus, dessen Leistungen auf diesem Gebiet allerdings äußerst kontrovers beurteilt werden.[29] Weil der lateinische Bibelgelehrte, der die zweite Hälfte seines Lebens seit 386 in Bethlehem verbrachte, zu Übertreibungen neigte und an nicht wenigen Stellen andere christliche Autoren plagiierte, sind seine zahlreichen Hinweise auf hebräische Lehrer und Traditionen einer weitgehenden Skepsis ausgesetzt.[30] Neuere Forschungen erweisen jedoch immer deutlicher, dass Hieronymus in der Tat schon in Rom persönliche Kontakte zu Juden hatte (vgl. ep. 36,1) und in Palästina jüdische Lehrer gegen Bezahlung für seine Bibelübersetzungen zu Rate zog (vgl. den Prolog zu Ijob in der Vulgata) – namentlich nannte er einen Bar Anina oder Bar Chanina (Baraninas; vgl. ep. 84,3; adv. Rufin. I 13) –, dass er eigenständig auf jüdische Bibeltraditionen rekurrierte und dass er aufgrund seiner recht guten passiven Hebräischkenntnisse auch die Kompetenz dazu besaß (vgl. ep. 108,26; 125,12 und die Prologe zu Ijob und Esra in der Vulgata). Jedenfalls ansatzweise hat er der christlichen Exegese und Theologie jüdisches Bibelwissen erschlossen. Im Gefolge von Arbeiten seit der Mitte des 19. Jahrhunderts ist das in jüngster Zeit an einem in der altkirchlichen Kommentarliteratur singu-

28 Näheres bei Roelof VAN DEN BROEK, Juden und Christen in Alexandrien im 2. und 3. Jahrhundert, in: VAN AMERSFOORT/VAN OORT, Juden und Christen (wie Anm. 24) 101–115, hier 111–115, und Günter STEMBERGER, Exegetical Contacts between Christians and Jews in the Roman Empire, in: Magne SÆBØ (Hg.), Hebrew Bible / Old Testament. The History of Its Interpretation I. From the Beginnings to the Middle Ages (Until 1300) 1. Antiquity, Göttingen 1996, 569–586, hier 578–580, letzterer im Anschluss an Nicholas Robert Michael DE LANGE, Origen and the Jews. Studies in Jewish-Christian Relations in Third-Century Palestine (UCOP 25), Cambridge 1976, 123–132.

29 Die zentralen Punkte sind erörtert bei Alfons FÜRST, Hieronymus. Askese und Wissenschaft in der Spätantike, Freiburg/Basel/Wien 2003, 67–69. 77–79. 130–137.

30 Sehr skeptisch ist beispielsweise Günter STEMBERGER, Hieronymus und die Juden seiner Zeit, in: Dietrich-Alex KOCH/Hermann LICHTENBERGER (Hg.), Begegnungen zwischen Christentum und Judentum in Antike und Mittelalter. Festschrift für Heinz Schreckenberg (Schriften des Institutum Judaicum Delitzschianum 1), Göttingen 1993, 347–364; siehe auch ders., Exegetical Contacts (wie Anm. 28) 581–583.

lären Werk [84] des Hieronymus überzeugend nachgewiesen worden, den „Untersuchungen zur hebräischen Sprache im Buch Genesis" von 391/92.[31] Hier werden zahlreiche Berührungspunkte zwischen christlicher und jüdisch-rabbinischer Exegese sichtbar, die sich nur aus origineller Forschungstätigkeit des Hieronymus auf diesem Gebiet erklären lassen.

Mit seinem Rekurs auf jüdische Bibelgelehrsamkeit bietet Hieronymus überdies ein Paradebeispiel für die Dichotomie zwischen Realität und Rhetorik in einer Person. Das Einbeziehen jüdischer Überlieferungen kann engstens mit antijüdischer Polemik verbunden sein.[32] Das ist nicht als Schizophrenie misszuverstehen. Vielmehr deutet gerade der überdurchschnittlich polemische Charakter seiner Äußerungen – wie auch im Fall des aus Palästina stammenden Epiphanius von Salamis – auf eine nicht geringe Vertrautheit mit dem Judentum hin.[33] Der schroffen Distanzierung korrespondiert eine ungewöhnliche Nähe zum Judentum.

4. „Juden-Christen"

Ein drittes Arbeitsfeld für altkirchengeschichtliche Forschung, die sich mit jüdisch-christlichen Gemeinsamkeiten in der Antike beschäftigt, ist das so genannte Judenchristentum. Der Forschungsbedarf ist hier enorm, allerdings nicht, weil das Feld brachliegen würde – es gibt viele Arbeiten darüber –, sondern weil es so steinig ist. Was „Judenchristentum" genannt wird, ist ein ungemein schwer zu bestimmendes Phänomen. Es handelt sich nämlich nicht um einen klar umschriebenen Gegenstand, dem eindeutig bestimmte Quellen zuzuordnen wären, sondern um eine Größe, die erst aus einer überaus fragmentarischen und synkretistischen Überlieferung gewonnen werden muss.[34] Damit

---

31 Und zwar von Adam KAMESAR, Jerome, Greek Scholarship, and the Hebrew Bible. A Study of the *Quaestiones Hebraicae in Genesim*, Oxford 1993. – Lateinischer Text: CChr.SL 72, 1–56; englische Übersetzung mit ausführlichem Kommentar: Saint Jerome's *Hebrew Questions on Genesis*, translated with introduction and commentary by C. T. Robert HAYWARD, Oxford 1995.

32 Ein erhellendes Beispiel dafür bespricht Ralph HENNINGS, Rabbinisches und Antijüdisches bei Hieronymus Ep. 121,10, in: VAN OORT/WICKERT, Christliche Exegese (wie Anm. 27) 49–71. Ähnlich ambivalent scheint die Einstellung des Eusebius von Emesa gegenüber dem Judentum gewesen zu sein; siehe ders., Eusebius von Emesa und die Juden, in: ZAC 5 (2001) 240–260, bes. 240–242.

33 So richtig Josef LÖSSL, Hieronymus und Epiphanius von Salamis über das Judentum ihrer Zeit, in: JSJ 33 (2002) 411–436, hier 411f.

34 Überblicke über zugehörige Materialien geben Georg STRECKER, Art. Judenchristen-

aber gehen Definition und Be[85]schreibung des Forschungsgegenstands Hand in Hand mit seiner Konstituierung. Aus diesem Grund ist noch nicht einmal ein Konsens darüber erreicht, was unter Judenchristentum eigentlich genau zu verstehen ist.

Für die hier verfolgten Überlegungen muss nicht die Debatte über die verschiedenen Definitionsversuche und Beschreibungsmodelle aufgerollt werden.[35] Es genügt, das gemeinte Phänomen im Grenzbereich zwischen Judentum und Christentum anzusiedeln.[36] Im Prozess der Loslösung des Christentums vom Judentum, die schon im 1. Jahrhundert grundsätzlich vollzogen wurde, aber bis in das 4./5. Jahrhundert andauerte, gab es vor allem in Palästina und Syrien Gruppen, in denen die immer weiter auseinander strebenden Richtungen miteinander verschränkt blieben. Ihre Angehörigen glaubten an Jesus als Erlöser und praktizierten zugleich die Vorschriften der Tora. Die internen Unterschiede zwischen den von den Kirchenvätern genannten, nicht klar zu unterscheidenden Gruppen (Ebioniten, Nazoräer, Elkesaiten, Symmachianer u.a.) – sie differierten hinsichtlich ihrer Christologien (im weiten Sinn) ebenso wie im Ausmaß ihrer Gesetzesobservanz – sind für den Aspekt der Verschränkung von Judentum und Christentum nachrangig. Entscheidend ist, dass es Gruppen und Theologien gab, in denen sich Gesetzesobservanz und Jesusglaube nicht gegenseitig ausschlossen.

Es verwundert nicht, dass solche Gruppen nach dem 4. Jahrhundert aus der jüdisch-christlichen Geschichte verschwunden sind. Als die Abgrenzung zwischen dem rabbinischen Judentum und dem gesetzesfreien paulinischen Christentum definitiv vollzogen und die Trennlinien scharf markiert waren, war für Gruppen zwischen Judentum und Christentum kein Platz mehr. Während in der [86] ersten christlichen

---

tum, in: TRE 17 (1988) 310–325, und Günter STEMBERGER, Art. Judenchristen, in: RAC 19 (2001) 228–245.

35 Eine nützliche Zusammenstellung bisheriger Definitionsversuche ist zu finden bei Albertus Frederik Johannes KLIJN, The Study of Jewish Christianity, in: NTS 20 (1974) 419–431. Die Schwierigkeiten illustriert der neuere Versuch von Simon C. MIMOUNI, Pour une Définition Nouvelle du Judéo-Christianisme, in: NTS 38 (1992) 161–186. Er schlägt drei Kriterien zur Feststellung von Judenchristentum vor: Observanz des jüdischen Gesetzes, Anerkennung der Messianität Jesu oder der Gottheit Christi, ethnische Herkunft aus dem Judentum. Im Grunde handelt es sich um eine Addition der ethnischen und der religiösen Definition des Begriffs, die kaum weiterhilft: Punkt 2 ist klar, sonst würde es sich nicht um Christen handeln; bei Punkt 1 bleibt das nötige Maß an Observanz unbestimmt; Punkt 3 schließt Nichtjuden aus, auf welche die Punkte 1 und 2 zutreffen können – zu Recht?

36 Von dieser allgemeinen Vorgabe aus erörterte KINZIG, ‚Non-Separation' (wie Anm. 14) 29–35, das Phänomen am Beispiel der Nazoräer.

Generation nahezu alle Christen Juden waren, gerieten „Juden-Christen“ im Lauf der Zeit zwischen die Fronten. Mit ihren religiösen Praktiken und theologischen Vorstellungen blieben sie so nahe am Judentum, wie es für die Theologen der zum Judentum immer weiter auf Distanz gehenden Heidenkirche inakzeptabel war. Epiphanius charakterisierte sie so: „Von Christen und von Juden unterscheiden sie sich in jeweils einem Punkt: Mit den Juden stimmen sie nicht überein bezüglich des Glaubens an Christus, von den Christen unterscheiden sie sich dadurch, dass sie noch an das Gesetz gefesselt sind, an Beschneidung, Sabbat und solche Dinge“ (haer. 29,7,5). Sie galten ihm als Häretiker und als „Juden und sonst nichts. Dennoch sind sie den Juden sehr verhasst“ (ebd. 9,1f.; vgl. 7,1). „Während sie Juden und Christen zugleich sein wollen, sind sie weder Juden noch Christen“, meinte Hieronymus (ep. 112,13), und Augustinus pflichtete ihm bei (vgl. ep. 82,15). Jude oder Christ hieß jetzt die Losung. Jüdisches Leben und christliches Glauben verschränken zu wollen, war auf christlicher wie auf jüdischer Seite ein Unding geworden.

An diesem in sich höchst interessanten Phänomen ist hermeneutisch zweierlei relevant. Erstens gab es mit dem Judenchristentum nachweislich die Nicht-Trennung von Judentum und Jesusglaube. Dieses historische Faktum ist in jeder Reflexion über die Geschichte der Trennung beider Religionen zu berücksichtigen. Zweitens lassen Theologie und Praxis der judenchristlichen Gruppen die vom Judentum getrennte so genannte Großkirche in einem neuen Licht erscheinen. Die Entwicklung heidenchristlicher Theologie, Liturgie, Kirchenstruktur und Disziplin ist nicht die einzig denkbare, sondern kontextuell bedingt. Das Judenchristentum verweist insbesondere darauf, dass christliche Theologie offenbar auch anders konzipiert werden kann als antijüdisch. Es gab jüdische Wege des Christentums. Aus historisch erklärbaren Gründen war diese Richtung in der Spätantike nicht erfolgreich. Das damals gescheiterte Projekt des Judenchristentums hält jedoch vielleicht ein Anregungspotential bereit, heute mehr Gemeinsamkeiten zwischen Juden und Christen zu entdecken und herzustellen, als die Alte (Heiden-)Kirche meinte zulassen zu dürfen.

5. Juden – Christen – Heiden

Gemeinsamkeiten zwischen Judentum und Christentum gab es in der Antike nicht nur im Sinn von Koexistenz und Kooperation, sondern auch in grundlegenden religiösen und theologischen Fra[87]gen. Auch in dem Christentum, das sich vom Judentum trennte, blieb vieles jüdisch. Bei diesem Jüdischen im gesetzesfreien Heidenchristentum handelt es sich nicht um irgendwelche randständigen Erscheinungen, sondern um fundamentale Prinzipien. Jüdisch oder jüdisch gefärbt blieben in allen Christentümern das Gottesbild, das Geschichtsbild, das Welt- und Menschenbild, die individuelle und die kollektive Heilshoffnung, zahlreiche ethische Standards sowie liturgisch-zeremonielle Formen. Das Christentum wurzelt im Judentum, auch wo es dieses verlassen hat.

In der Antike virulent wurden diese jüdisch-christlichen Gemeinsamkeiten in der Auseinandersetzung des Christentums mit dem – aus der Weltsicht des christlichen Glaubens so genannten – Heidentum. Es ist die pagane Welt der Antike gewesen, mit der die frühen Christen am intensivsten um ihr Selbstverständnis gerungen haben. Das hatte zwei Gründe. Einerseits orientierte sich die heidenchristliche Kirche seit dem Ende des 1. Jahrhunderts immer stärker zur römisch-hellenistischen Welt hin. Das große Thema war die Gestaltung christlichen Glaubens und Lebens im Unterschied zur antiken Religiosität. Andererseits waren die Mitglieder der vom Judentum getrennten Kirche sehr bald nahezu ausschließlich ehemalige Nichtjuden. Es war lebensgeschichtlich bedingt, dass diese Menschen über ihr Christsein im Kontrast zu ihrem früheren Heidesein nachdachten. Hinter der erbitterten Kontroverse zwischen Antike und Christentum stecken individuelle Konversionen von der antiken Religiosität zum christlichen Glauben.

Die zum Christentum konvertierten Heiden wechselten freilich nicht von einer Welt in die andere. Das frühe Christentum war Teil der Antike, seine Anhänger blieben antike Menschen.[37] Konkret bedeutete das, dass diese Heidenchristen ihre kulturelle Prägung in das Christentum mitbrachten. Auch als Christen konnten sie, mochten sie eine noch so radikale Konvertitenmentalität an den Tag legen, die Kultur, aus der sie kamen, nicht einfach abstreifen. In den heidnisch-christlichen Debatten, wie wir sie vor allem in den apologetischen Schriften der Kirchenväter zu greifen bekommen, spiegelt sich die bleibende Bindung an antike Werte und Überzeugungen in der Weise, dass auf weite Strecken das Christliche alles andere als leicht vom Antiken zu unterscheiden ist. In nicht wenigen Fällen ist das überhaupt nicht möglich, sondern setzt sich Antikes im Christentum ungebrochen fort.

[88] Nimmt man auf diesem Hintergrund die Punkte in den Blick, an denen sich doch Unterschiede zwischen Antike und Christentum er-

---

37 Grundsätzliches dazu bei Jacques FONTAINE, Christentum ist auch Antike. Einige Überlegungen zu Bildung und Literatur in der lateinischen Spätantike, in: JAC 25 (1982) 5–21.

kennen lassen, dann beruhen diese weitgehend auf Gemeinsamkeiten des Christentums mit dem Judentum. Das gilt für alle oben genannten Themen. Der jüdisch-christliche Monotheismus steht gegen den antiken Polytheismus. Im Gegensatz zum zyklischen Denken der Antike geht die jüdisch-christliche Tradition von einem linearen Ablauf der Geschichte aus und erzählt die biblische Geschichte vom Schöpfungsbericht angefangen als Gegenentwurf zu den Geschichtserzählungen der Alten Welt. Während antik der wohlgeordnete, schöne Kosmos als ewig und der Mensch als darin geborgener, vergänglicher Mikrokosmos gilt, der sich dem Lauf des Schicksals einzufügen hat, rücken Juden und Christen den Menschen als Abbild Gottes und dem Schicksal enthobenes unsterbliches Wesen in das Zentrum einer Welt, die als unvollkommen und vergänglich aufgefasst wird;[38] dazu gehört die Erwartung eines „Reiches Gottes", eines Endgerichts und der Auferstehung – Themen, die in allen Apologien eingehend traktiert wurden, weil sich hier eine große Kluft zu antiken Weltbildern auftat. Schließlich haben die Christen in Unterscheidung vom antiken Opferkult Grundformen ihrer Liturgie mit Wortgottesdienst und Beten der Psalmen dem Synagogengottesdienst entlehnt, ethische Normen wie den Dekalog und das Doppelgebot der Gottes- und Nächstenliebe aus den heiligen Schriften Israels. Die frühchristliche Selbstdefinition ist in vielen Zügen von jüdischen religiösen und theologischen Vorstellungen geprägt. Die apologetische Kritik an den paganen Kulten sowie an antiker Gotteslehre und Kosmologie speiste sich aus jüdischer Tradition, und zwar nicht bloß quellenkundlich, sondern im Sinn sachlicher Kontinuität in grundlegenden Fragen.[39]

So beschrieben, sind diese jüdisch-christlichen Gemeinsamkeiten bzw. christlich-heidnischen Unterschiede natürlich a fortiori profiliert. Bei näherem Zusehen werden die Zusammenhänge um einige Grade komplexer, und zwar in beide Richtungen. In allen Differenzen des Christentums von der Antike stecken immer wieder auch Verbindungslinien und Überlappungen, und in den Kontinuitäten zwischen Judentum und Christentum sind immer wieder auch Diver[89]genzen zu beobachten. Das kann und muss hier nicht im Einzelnen vorgeführt werden. Die Gemengelage war vielschichtig. Gleichwohl lässt sich als Grundtendenz feststellen, dass die Christen immer dort, wo sie sich

38 Ein Detail dazu erörtert Wolfram KINZIG, Philosemitismus angesichts des Endes? Bemerkungen zu einem vergessenen Kapitel jüdisch-christlicher Beziehungen in der Alten Kirche, in: Athina LEXUTT/Vicco VON BÜLOW (Hg.), Kaum zu glauben. Von der Häresie und dem Umgang mit ihr (AzThG 5), Rheinbach 1998, 59–95.

39 So auch KINZIG, ‚Non-Separation' (wie Anm. 14) 28, der diesem Zusammenhang aber nicht weiter nachging.

pointiert vom Heidentum distanzierten, dem Judentum näher kamen. Die Juden hatten in dieser christlich-heidnischen Kontroverse keinen eigenen Part inne, doch waren jüdische Theologumena vor allem in der Fassung, die sie im hellenistischen Judentum erhalten hatten, allgegenwärtig und hätten die Christen ihre antiheidnische Kritik ohne diese nicht entfalten können.[40]

Diese Konstellation hat Konsequenzen historiographischer Art, die in Darstellungen der Institutionen und Theologien der Alten Kirche und der Religionsgeschichte der Spätantike stärker berücksichtigt werden müssten, als dies nach meinem Eindruck der Fall ist.[41] In das große und stark bearbeitete Forschungsfeld „Antike und Christentum" zum Beispiel muss nach dem Gesagten das Judentum einbezogen werden – was im Reallexikon für Antike und Christentum auch bereits geschieht; den vielfachen Interaktionen zwischen diesen Größen ist dabei methodisch nur mit einer Vielzahl von Beschreibungsmodellen beizukommen.[42] Die frühen Christen selbst haben sich im Gegensatz zu Juden und Heiden als „drittes Geschlecht" verstanden. Das ist natürlich insofern zutreffend, als das Christentum sich trotz enormer synkretistischer Tendenzen nach beiden Seiten als eigene Größe etablierte. Im Blick auf die genannten fundamentalen jüdisch-christlichen Gemeinsamkeiten ist dieses Bild allerdings zu modifizieren. In der Trias Juden – Christen – Heiden stehen die Christen, gerade auch die Heidenchristen, wesentlich enger bei den Juden als bei den Heiden. Mochten so gut wie alle Christen ehemalige Heiden mit antiken Anschauungen sein, die sie in das Werden des Christentums einbrachten, und mag auch das frühe Christentum in vielen seiner Einstellungen und Ausdrucksformen überaus antik aussehen (das sei nicht bestritten) – da, wo dann doch die Trennlinien laufen, führen sie in Richtung Judentum. Im Kontext der Antike gehören Judentum und Christentum daher viel enger zusammen, als sie das selber zugeben wollten. Ein Christentumskritiker wie Kelsos hat das im 2. [90] Jahrhundert übrigens scharf gesehen. Um die Christen als Abtrünnige von der Religion ihrer Väter zu diskreditieren, verwies er auf ihre Herkunft aus dem Judentum (vgl. Origenes, Cels. V 33) und vermochte – und das beim christlich-jüdischen Streit-

40 Das ist die These des Buches von David ROKEAH, Jews, Pagans and Christians in Conflict (StPB 33), Jerusalem/Leiden 1982, 9f.

41 In der insgesamt oberflächlichen Darstellung von Michael FIEDROWICZ, Apologie im frühen Christentum. Die Kontroverse um den christlichen Wahrheitsanspruch in den ersten Jahrhunderten, Paderborn u.a. 2000, sind diese Zusammenhänge völlig ausgeblendet.

42 So richtig Klaus THRAEDE, Art. Antike und Christentum, in: LThK[3] 1 (1993) 755–759, hier 757f.

gegenstand par excellence, der Bedeutung Jesu – kaum Unterschiede zwischen Christen und Juden wahrzunehmen (vgl. ebd. III 1).[43]

Es ist gerade diese Nähe gewesen, die die antijüdische Rhetorik der Kirchenväter polemisch angeschärft hat. Wer sich von etwas distanzieren will, mit dem ihn unaufgebbar Wesentliches verbindet, steht in der Versuchung und erliegt ihr leicht, zum groben Pinsel zu greifen, um die Grenzen nur ja nicht zu verwischen. Dass diese in der Lebenswirklichkeit der frühen Christinnen und Christen freilich höchst durchlässig waren, zeigen die vielen Hinweise auf „judaisierende" Praktiken in den ersten Jahrhunderten. Der tiefere Grund für dieses Phänomen liegt in den fundamentalen Gemeinsamkeiten, die jüdische und christliche Religiosität miteinander verbinden.

Die Identitätsfindung des frühen Christentums in Auseinandersetzung mit dem Heidentum erfolgte auf Kosten des Judentums. In der damaligen historischen Situation mag das erklärbar sein. Die genannten elementaren jüdisch-christlichen Gemeinsamkeiten lehren indes, dass christliche Identität ohne Jüdisches nicht möglich ist. Diese historische Einsicht könnte dazu anregen, christliches Selbstverständnis mit dem Judentum als Partner, nicht als Gegner zu formulieren. Die der altkirchlichen Abgrenzungsrhetorik zuwiderlaufende Entdeckung, dass Christentum und Judentum gerade in den ersten Jahrhunderten ihrer einerseits gemeinsamen, andererseits kontroversen Geschichte mehr verbindet als sie trennt, könnte nicht nur dazu beitragen, die Geschichte der Alten Kirche und der Theologie der Kirchenväter von dieser Vorgabe aus zu beschreiben, sondern auch dazu, die Beziehungen zwischen Christen und Juden auf eine neue Grundlage zu stellen.

[91] 6. Ausblick Juden und Christen in der gegenwärtigen Debatte über den Monotheismus

Die im Kontext der Antike wichtigste Gemeinsamkeit zwischen Judentum und Christentum ist der Monotheismus. Ende des 20. Jahrhunderts sind Juden und Christen – dazu der Islam als dritte monotheistische

43 Dieses und weitere Beispiele für die „Fast-Gleichartigkeit" von Juden und Christen sind aufgelistet bei Vincent DÉROCHE, Art. Iudaizantes, in: RAC 19 (2001) 130–142, hier 132–134 (das Zitat ebd. 133). Außerhalb des Römischen Reiches scheint diese sogar noch stärker gewesen zu sein; siehe dazu Han J. W. DRIJVERS, Jews and Christians at Edessa, in: JJS 36 (1985) 88–102, bes. 99.

Weltreligion – damit in das Kreuzfeuer der Kritik geraten.[44] Der Glaube an die Existenz eines einzigen Gottes gilt als potentiell intolerant und gewalttätig, und die lange chronique scandaleuse des Christentums liefert diesem Verdacht reichlich Nahrung. Es mehren sich daher die Stimmen, die für eine Wiederbelebung des (vermeintlich) friedlichen Polytheismus bzw. Kosmotheismus plädieren.[45] Nach meinem Eindruck ist diese Debatte über den Monotheismus eine Neuauflage der spätantiken Diskussion zwischen dem monotheistischen Christentum und dem polytheistischen Heidentum, allerdings mit umgekehrten Vorzeichen. Während das Christentum damals im Trend einer Zeit lag, die in Religion, Philosophie und Politik starke Einheitstendenzen aufwies,[46] ist das Christentum heutzutage jedenfalls in Europa in die Defensive geraten. Die monotheistischen Religionen sitzen auf der Anklagebank einer Gegenwart, deren Signum Pluralität ist.[46a] Inhaltlich geht es um die Frage, ob Wahrheit und Ethik im Zusammenhang mit der Gottes- und Heilsfrage stehen – das ist das grundlegende Strukturmerkmal des jüdisch-christlich-islamischen ethischen Monotheismus – oder ob sie davon getrennt werden sollten wie in der Antike, wo Wahrheit und Ethik Themen der Philosophie waren und Religion Kult und Ritual bedeutete.

---

44 Siehe jüngst Thomas SÖDING (Hg.), Ist der Glaube Feind der Freiheit? Die neue Debatte um den Monotheismus (QD 196), Freiburg/Basel/Wien 2003.

45 Aus religionswissenschaftlicher Sicht tut das Jan ASSMANN, Moses der Ägypter. Entzifferung einer Gedächtnisspur, München/Wien 1998 (Frankfurt a.M. [2]2000). Im englischen Originaltitel wird deutlich, dass es um den Monotheismus geht: Moses the Egyptian. The Memory of Egypt in Western Monotheism, Harvard 1997.

46 Siehe dazu den Sammelband von Polymnia ATHANASSIADI/Michael FREDE (Hg.), Pagan Monotheism in Late Antiquity, Oxford 1999 ([2]2002), und beispielsweise die Hinweise von Christoph MARKSCHIES, Heis Theos – Ein Gott? Der Monotheismus und das antike Christentum, in: Manfred KREBERNIK/Jürgen VAN OORSCHOT (Hg.), Polytheismus und Monotheismus in den Religionen des Vorderen Orients (AOAT 298), Münster 2002, 209–234, bes. 232f. (ebd. 209–218 sind epigraphische Indizien gesammelt). – Siehe dazu jetzt auch Alfons FÜRST, Christentum im Trend. Monotheistische Tendenzen in der späten Antike, in: ZAC 9 (2005) 496–523; ders., „Einer ist Gott". Die vielen Götter und der eine Gott in der Zeit der Alten Kirche, in: Welt und Umwelt der Bibel 11/1: Athen. Von Sokrates zu Paulus (2006) 58–63; ders., Seneca – ein Monotheist? Ein neuer Blick auf eine alte Debatte, in: ders. u.a., Der apokryphe Briefwechsel zwischen Seneca und Paulus (SAPERE 11), Tübingen 2006, 85–107; ders., Paganer und christlicher „Monotheismus". Zur Hermeneutik eines antiken Diskurses, in: JAC 51 (2008) 5–24; ders., Monotheism between Cult und Politics. The Themes of the Ancient Debate between Pagan and Christian Monotheism, in: Stephen MITCHELL/Peter VAN NUFFELEN (Hg.), One God. Pagan Monotheism in the Roman Empire, Cambridge 2010, 82–99.

46a Siehe dazu Beitrag Nr. 8 in diesem Band.

In dieser Situation dürfte statt Konfrontation regelrecht eine Koalition der monotheistischen Religionen erforderlich sein. Erneuerung der Theologie könnte dann auch bedeuten, das Trennen[92]de zwischen Judentum und Christentum (und Islam) zumindest einmal experimentell hintanzustellen – selbstverständlich ohne die Konflikte in Geschichte und Gegenwart zu verharmlosen und ohne die Unterschiede einzuebnen – und stärker über ihre wesentlichen Gemeinsamkeiten im Gottes-, Welt- und Menschenbild nachzudenken.

Kürbis oder Efeu?

Zur Übersetzung von Jona 4,6 in der Septuaginta und bei Hieronymus*

Als der Prophet Jona, frustriert vom Nichteintreffen der zuvor nur widerwillig angekündigten Zerstörung Ninives, sich mit Blick auf die Stadt irgendwo im Freien einfach auf den Boden setzte und der weiteren Geschehnisse harrte, „ließ Gott, der Herr, einen Rizinusstrauch über Jona emporwachsen, der seinem Kopf Schatten geben und seinen Ärger vertreiben sollte. Jona freute sich sehr über den Rizinusstrauch", der freilich schon am nächsten Morgen wieder verdorrte, da ein Wurm seine Wurzeln annagte, so dass Jona schutzlos der stechenden Sonne ausgesetzt war und sich den Tod wünschte (Jona 4,5–8). Seit Luther kennt man diese idyllische Szene in deutschsprachigen Bibeln mit dem ‚Rizinus'.[1] Das dürfte zwar die richtige Wiedergabe sein, mit letzter Sicherheit ist das allerdings nur mit Vorsicht zu behaupten.[2] Die Termini der nur oder vorwiegend im Vorderen Orient verbreiteten Fauna und Flora der Bibel sind kaum und oft nur annähernd zu übersetzen und machten allen Übersetzern Probleme.[3] So ist auch die im Hebräischen mit קיקיון *(qîqâjôn)* bezeichnete und in der Bibel nur in Jona 4 (fünfmal) vorkommende Pflanze lediglich aufgrund ihrer für diesen Kontext vorauszusetzenden botanischen Merkmale als *ricinus communis* zu erschließen.[4] In den griechischen und lateinischen Jona-Texten der ersten

---

* Biblische Notizen 72 (1994) 12–19.

1 Vgl. etwa die Zürcher Bibel, die Jerusalemer Bibel und die Einheitsübersetzung; auch BUBER/ROSENZWEIG übersetzten „Rizinusstaude".

2 Nur von einer ‚Staude' die Rede ist in der Standardausgabe der Lutherbibel nach der revidierten Fassung (Stuttgart 1985). Bemerkenswert ist in diesem Zusammenhang der deutsche Bibeltext der Wachtturm Bibel- und Traktat-Gesellschaft (Zeugen Jehovas) (Neue-Welt-Übersetzung 1986), wo ‚Flaschenkürbispflanze' in den Text gesetzt und im Apparat neben dem hebräischen Wort als Variante ‚Rizinuspflanze' vermerkt ist.

3 Vgl. etwa die Belege für andere Pflanzen aus Hieronymus bei Yves-Marie DUVAL, Jérôme, Commentaire sur Jonas (SC 323), Paris 1985, 422.

4 So argumentieren Hans W. WOLFF, Dodekapropheton 3. Obadja und Jona (BK XIV/3), Neukirchen-Vluyn 1977, 143f., und Michael ZOHARY, Plants of the Bible, Tel-Aviv

[13] Jahrhunderte begegnen hingegen zwei andere Übersetzungen, und unter christlichen Bibellesern gab es einen Streit darüber, welche Art von Pflanze denn nun dem Jona Schatten gespendet habe.

Für das hebräische קיקיון stand in der Septuaginta κολόκυνθα, ‚Kürbis' (Flaschenkürbis). Die alten lateinischen Bibeltexte vor Hieronymus (die so genannte Vetus Latina), die alle aus dem griechischen Text der Septuaginta übersetzt worden waren, lasen demgemäß ebenfalls ‚Kürbis' *(cucurbita)*. Hieronymus hingegen hat in seiner neuen lateinischen Fassung, für die er sich am Hebräischen orientierte, die Pflanze in Jona 4,6 mit ‚Efeu' *(hedera)* wiedergegeben. Diese Neuerung stieß auf heftigen Widerstand. Nach Hieronymus' eigener, polemisch zugespitzter Auskunft wurde er wegen dieser Übersetzung von einem Römer des Frevels (nämlich am heiligen Text der Schrift) beschuldigt: *me accusasse sacrilegii, quod pro cucurbita hederam transtulerim.*[5] Die Person dieses Kritikers ist nicht mehr zu ermitteln, da Hieronymus ihn nur mit Spottnamen erwähnte.[6] Die bekannteste und dramatischste Episode dazu hat Augustinus dem Hieronymus geschildert.[7] Er hat zwar nicht dazugesagt, um welches Wort der Streit eigentlich ging. Hieronymus, der in seiner Replik darauf die ganze Geschichte wortwörtlich noch einmal erzählte, tippte indes sofort auf die Pflanze in Jona 4,6, womit es wohl seine Richtigkeit hat.[8]

Dies der Vorfall: Der Bischof der katholischen Gemeinde im afrikanischen Oea, dem heutigen Tripolis, hatte bei einer gottesdienstlichen Lesung Hieronymus' neue Jona-Übersetzung verwendet. Darin war etwas ganz anders übersetzt *(quiddam longe aliter abs te positum)*, als man es zu hören gewohnt war. Das führte zu einer tumultartigen Auseinandersetzung unter den Gemeindemitgliedern über die richtige Übersetzung. Nach Einholen jüdischer Gutachten, die die alte Lesart bestätigten, sah der Bischof sich gezwungen, Hieronymus' neue Version zu korrigieren.

1982; dt.: Pflanzen der Bibel, Stuttgart 1983, 193: „Am besten trifft den Zusammenhang Rizinus."

5 Hieronymus, in Ion. 4,6 (CChr.SL 76, 414–416).

6 Ausgiebige Überlegungen dazu bei Albert FOURNIER, Sur la traduction par saint Jérôme d'un passage de Jonas, in: RHR 31 (1895) 254–269, hier 257–264, und bei DUVAL, Commentaire sur Jonas (wie Anm. 3) 419–421.

7 Augustinus, ep. 71,5 ad Hier. (CSEL 34/2, 253). Vgl. dazu die Bemerkungen bei Yves-Marie DUVAL, Saint Augustin et le *Commentaire sur Jonas* de saint Jérôme, in: REAug 12 (1966) 9–40, hier 10–14, und bei Stefan REBENICH, Jerome. The „vir trilinguis" and the „Hebraica veritas", in: VigChr 47 (1993) 50–77, hier 58–60.

8 Hieronymus, ep. 112,21f. ad Aug. (CSEL 55, 391–393).

Man mag verwundert sein, dass ein so nebensächlich scheinendes Bibelwort solche Aufregung verursachen konnte. Vom oftmaligen Hören in der [14] Liturgie her vertraute Texte erweisen sich freilich auch in Details als erstaunlich resistent gegen Änderungen. In der Kirchengeschichte des Sozomenos (5. Jahrhundert) wird – um ein Beispiel zu geben – erzählt, welch heftigen Unmut die Änderung (im Rahmen einer Predigt) des einfachen Wörtchens κράβατος (das ‚Bett' des einfachen Mannes) in Mk. 2,9 (vgl. Joh. 5,8) in das elegantere σκίμπους erregte (wo doch schon in Lk. 5,19.24 stattdessen κλινίδιον steht). Der cypriotische Bischof Spyridon sah darin eine hochmütige Abkehr von der demütigen Einfachheit Christi.[9] Der Kürbis des Jona war zudem ein in der frühchristlichen Welt ausgesprochen vertrautes Motiv. In der christlichen Sepulchralkunst gehörte die Jona-Erzählung zu den beliebtesten Themen, und eines der Hauptmotive dabei war, etwa in der Sarkophag-Ikonographie, neben Meerwurf und Ausspeiung aus dem Fisch, ein nackter Jona in einer Kürbislaube.[10] Die Kritik des Rufinus von Aquileja an Hieronymus' neuer Version verwies mit bissigem Spott gerade auf diesen Brauch.[11] Und bei den Vätern kursierte eine ganz gängige Auslegung dieses Jona-Kapitels, die zwar nicht primär am Kürbis hing, aber diesen wohl doch im Rahmen der Exegese dieser Stelle im Gedächtnis haften ließ (dazu unten). Jona unterm Kürbis oder Jona unterm Efeu? Das war die nur scheinbar witzige Frage.[12]

Hieronymus hat seine Version verteidigt. Er sah sich vor dem Problem, dass es im lateinischen Sprachraum kein Wort für diese in Palästina weit verbreitete[13] Pflanze gab.[14] Vermittelt über das Ägyptische gab es jedoch für diese Pflanze seit Herodot im Griechischen das Fremdwort κίκι.[15] Pli[15]nius der Ältere hatte in seiner *Naturalis historia*

---

9 Vgl. Sozomenos, hist. eccl. I 11,8f (GCS N.F. 4, 23f.; SC 306, 160f.); dazu Heinrich MARTI, Übersetzer der Augustin-Zeit. Interpretation von Selbstzeugnissen (STA 14), München 1974, 88.

10 Siehe dazu Jürgen PAUL, Art. Jonas, in: LCI 2 (1970, Sonderausgabe 1990) 414–421; Yves-Marie DUVAL, Le Livre de Jonas dans la littérature chrétienne grecque et latin. Sources et influence du Commentaire sur Jonas de saint Jérôme, 2 Bde., Paris 1973, Bd. 1, 21f. 26–28; zur Deutung der Jona-Ikonographe siehe etwa Alfred STUIBER, Refrigerium interim. Die Vorstellungen vom Zwischenzustand und die frühchristliche Grabeskunst (Theoph. 11), Bonn 1957, 136–151; Eduard STOMMEL, Zum Problem der frühchristlichen Jonasdarstellungen, in: JAC 1 (1958) 112–115.

11 Rufinus, apol. c. Hieron. II 39 (CChr.SL 20, 114): *scribamus etiam in sepulchris veterum, ut sciant et ipsi qui hic aliter legerant, quia Ionas non habuit umbram cucurbitae sed hederae.*

12 Vgl. Hieronymus, ep. 115 ad Aug. (CSEL 55, 397): *ridicula cucurbitae quaestio.*

13 In Ion. 4,6: *Palaestinae creberrime nascitur.*

14 Ebd.: *Latinus sermo hanc speciem arboris non habebat.*

15 Herodot, hist. II 94; vgl. die Liste der Belege bei Wilhelm GESENIUS/Aemilius ROEDI-

diese Bezeichnung zunächst transkribiert mit *‚cici'* und wusste dann auch einen bei Lateinern gebräuchlichen Namen dafür anzugeben, das Fremdwort *ricinus*.[16] Diese Stelle kannte Hieronymus wohl nicht. Vielleicht aber kannte er zwar dieses Wort, aber nur in der anderen Bedeutung, in der es antik gängig war, nämlich als „tique, pou du mouton" (Zecke, Laus).[17] Vielleicht aber suchte er auch nach einem rein lateinischen Wort. Wie auch immer, auf *ricinus* kam er nicht.

Wie also wiedergeben? Das hebräische Wort einfach transkribieren *(ciceion)* wollte er nicht, weil das einem Lateiner unverständlich gewesen wäre und weil er nicht etwaige ratlose Kommentatoren zu phantastischen Einfällen verführen wollte.[18] Den Kürbis *(cucurbita)* aus der Septuaginta wollte er auch nicht übernehmen, weil davon im hebräischen Text nichts stand. Er entschied sich für eine im lateinischen Text des Alten Testaments neue Lesart, für Efeu *(hedera)*.[19] Neu freilich war diese Übersetzung keineswegs: Hieronymus hatte sie nach seinen Angaben bei den Übersetzern der hebräischen Bibel in das Griechische aus dem 2. Jahrhundert gefunden, namentlich bei Aquila.[20] In Übereinstimmung mit diesen Übersetzern entschied er sich gegen die gewohnte Lesart *cucurbita* für das ‚neue' *hedera*.[21]

Die Korrektheit dieser Begründung leidet Zweifel. Es war Symmachus, der mit κισσός (attisch κιττός) übersetzt hatte, während Aquila und Theodotion das hebräische קִיקָיוֹן offenbar lediglich zum griechischen κικεών transkribiert hatten.[22] Aufgrund dieses Befundes kann

---

GER, Thesaurus philologicus criticus linguae Hebraeae et Chaldaeae veteris testamenti, Leipzig 1853, 1214 (e.g. Platon, Tim. 60a); Alfred ERNOUT, Aspects du vocabulaire latin, Paris 1954, 37.

16 Plinius, nat. hist. XV 25: *nostri eam ricinum vocant a similitudine seminis;* vgl. ebd. XXIII 83: *oleum cicinum bibitur ad purgationes ventris.*

17 Belege bei Alfred ERNOUT/Antoine MEILLET, Dictionnaire étymologique de la langue latine, Paris [4]1967, 573.

18 Hieronymus, in Ion. 4,6: *sed timuimus grammaticos, ne invenirent licentiam commentandi, et vel bestias Indiae, vel montes Boeotiae, aut istius modi quaedam portenta confingerent.* Pierre HAMBLENNE, Relectures de philologue sur le „scandale" du lierre / ricin (Hier., In Ion., 4,6), in: Euphrosyne N.S. 16 (1988) 183–223, hier 195–223, deutete diese Bemerkung als Kritik des Hieronymus an heidnischer Bildung.

19 Ep. 112,22: *hoc ergo verbum de verbo edisserens si ‚ciceion' transferre voluissem, nullus intellegeret, si ‚cucurbitam', id dicerem, quod in Hebraico non habetur; ‚hederam' posui.*

20 Ebd.: *Aquila cum reliquis ‚hederam' transtulerunt, id est* κιττόν.

21 Ebd.: *‚hederam' posui, ut ceteris interpretibus consentirem.*

22 Vgl. GESENIUS/ROEDIGER, Thesaurus (wie Anm. 15) 1214; Edwin HATCH/Henry A. REDPATH, A Concordance to the Septuagint and the other Greek versions of the Old Testament, Oxford 1857 (Nachdruck Graz 1954), 765. 777; Origenis Hexaplorum quae supersunt sive veterum interpretum Graecorum in totum vetus testamentum Fragmenta, ed. Frederick FIELD, 2 Bde., Oxford 1875 (Nachdruck Hildesheim 1964),

man annehmen, dass [16] Hieronymus in ep. 112,22 Aquila mit Symmachus verwechselt habe.[23] Eine zweite Erklärung: In Jona 4,6 kommt diese Pflanze zweimal vor. Joseph Ziegler harmonisierte den genannten handschriftlichen Befund und Hieronymus' Angaben so, dass Aquila primo loco transkribiert, secundo loco aber mit κισσός übersetzt habe.[24] Eine dritte Möglichkeit: Nach dem alleinigen Zeugnis des Hieronymus gab es von Aquilas Übersetzung von Jeremia und Ezechiel eine zweite Ausgabe. Vielleicht gilt das auch für das Dodekapropheton und vielleicht hat Aquila in Jona 4,6 in der ersten Ausgabe transkribiert, in der zweiten mit κισσός übersetzt.[25] Sicherheit lässt sich da nicht erreichen. Hieronymus hat sich entweder geirrt oder sich zwar pauschal und dadurch ungenau und übertreibend, im Kern aber vielleicht doch zutreffend ausgedrückt, wenn er sagte, Aquila habe ‚zusammen mit den anderen' mit ‚Efeu' übersetzt.[26] Stimmig zum handschriftlich rekonstruierbaren Befund ist seine Erklärung insofern, als er zwischen Transkription und Übersetzung schwankte. Er entschied sich für Efeu und spottete gelegentlich sogar auf den nicht mehr identifizierbaren römischen ‚Kürbisfreund', φιλοκολόκυνθος (in Ion. 4,6), oder, unter Verwendung einer satirischen Wortschöpfung, auf die ‚Kürbissarier', *cucurbitarii* (ep. 112,22), womit die Verteidiger der Übersetzung mit Kürbis in Oea und natürlich indirekt auch Augustinus gemeint waren.

Hieronymus argumentierte nun nicht nur auf textkritischer Ebene, sondern auch auf semantischer. An der Erzählung in Jona 4 interessierte ihn stark Gottes Wundermacht. Als Erweis dafür war ihm bezüglich der fraglichen Pflanze zweierlei wichtig: der Schatten, den sie Jona spendete, und ihr rasches Wachstum in die Höhe.[27] Bei der eingehenden botanischen Beschreibung der Pflanze hat er daher betont auf diese

---

Bd. 2, 986 mit Anm. 8; Joseph REIDER/Nigel TURNER, An Index to Aquila (VTSuppl. 12), Leiden 1966, 135: „(leg. κικαιών?)".

23 Vgl. Gerardus Q. A. MEERSHOEK, Le latin biblique d'après saint Jérôme. Aspects linguistiques de la rencontre entre la bible et le monde classique, Nijmegen/Utrecht 1966, 40–42; im Anschluss daran: MARTI, Übersetzer (wie Anm. 9) 75. 263; DUVAL, Commentaire sur Jonas (wie Anm. 3) 423.

24 Septuaginta XIII: Duodecim prophetae, ed. Joseph ZIEGLER, Göttingen 1943, 251f.; ders., Die jüngeren griechischen Übersetzungen als Vorlagen der Vulgata in den prophetischen Schriften, in: ders., Sylloge. Gesammelte Aufsätze zur Septuaginta, Göttingen 1971, 139–228, hier 154 mit Anm. 9.

25 Vgl. FIELD, Hexaplorum Fragmenta (wie Anm. 22) XXIV–XXVII, und im Anschluss daran MEERSHOEK, Latin biblique (wie Anm. 23) 40–42.

26 Hieronymus, in Ion. 4,6: *secutique sumus veteres translationes*; ähnlich in ep. 112,22.

27 In Ion. 4,6: *in ortu subito miraculum praebuerit, et potentiam ostenderit Dei in protectione virentis umbraculi.*

beiden Merkmale ab[17]gehoben.[28] Beides sprach in seinen Augen für den Efeu. Was das Wachstum angeht, war das jedoch nicht so einfach. Er beschrieb die fragliche Pflanze als ohne künstliche Stütze rasch emporwachsend.[29] Obwohl er nun wusste und auch einräumte, dass dies weder auf den Kürbis noch auf den Efeu zutraf,[30] hat er doch nur den Kürbis deswegen abgelehnt.[31] Es kam ihm da schließlich nur noch auf ein Wachstum in die Höhe als natürliches Merkmal der betreffenden Pflanze an, ob nun mit oder ohne künstliche Hilfen. Dieser natürliche Drang nach oben galt seiner Ansicht nach für Jonas Baum[32] und für den Efeu,[33] aber nicht für den Kürbis (obwohl dieser auch wie Efeu Ranken nach oben und so eine Laube bilden kann). Offenbar wegen dieser Eigenschaft und der damit zusammenhängenden semantischen Funktionen der Pflanze im Kontext (Spenden von Schatten, Wachstum in die Höhe) hat Hieronymus den Efeu gegenüber dem Kürbis bevorzugt.

Auch für diesen wusste er jedoch auf einer anderen semantischen Ebene eine Erklärungsmöglichkeit. Er brachte ihn mit dem Gurkenfeld *(cucumerarium)* aus Jes. 1,8 assoziativ in Verbindung[34] und deutete die verschiedenen Elemente der so entstehenden Szenerie (vor allem Schatten, verlassene Hütte) als Vorausbild für den Übergang des Heils von den Juden zu den Heiden. Diese Deutung setzt schon bei der Kommentierung von [18] Jona 4,5 ein[35] und reicht bis gegen Ende des Kommen-

28 Ebd.: *est autem genus virgulti, vel arbusculae, lata habentis folia in modum pampini et umbram densissimam*; ep. 112,22: *est autem genus virgulti lata habens folia in modum pampini*; siehe dazu Leopold FONCK, Hieronymi scientia naturalis exemplis illustratur, in: Bib. 1 (1920) 481–499, hier 495f.; Paul FOURNIER, Le lierre, la courge ou le ricin? dans Jonas (IV, 6–11), in: AmiCl 65 (1955) 366–368.

29 Ep. 112,22: *cumque plantatum fuerit, cito consurgit in arbusculam absque ullis calamorum et hastilium adminiculis … suo trunco se sustinens*; in Ion. 4,6: *suo trunco se sustinentis*; in Abhängigkeit davon Augustinus, ep. 82,35 ad Hier. (CSEL 34/2, 386f.): *illud apud Ionam virgultum si in Hebraeo nec hedera est nec cucurbita sed nescio quid aliud, quod trunco suo nixum nullis sustentandum adminiculis erigatur.*

30 Hieronymus, in Ion. 4,6: *cucurbita et hedera huius naturae sunt, ut per terram reptent, et absque furcis vel adminiculis, quibus innituntur, altiora non appetant*; ep. 112,22: *adminiculis, quibus et cucurbitae et hederae indigent.*

31 In Ion. 4,6: *quomodo igitur … cucurbita in una nocte consurgens umbraculum praebuit quae naturam non habet sine perticulis et calamis vel hastilibus in sublime consurgere?*

32 Ebd.: *ciceion autem … naturam suam secuta est.*

33 DUVAL, Commentaire sur Jonas (wie Anm. 3) 424, verwies als mögliche Bezugsstelle des Hieronymus auf Tertullian, an. 19,5 (CChr.SL 2, 810): *video et hederas, quantum velis premas, statim ad superna conari et nulla praeeunte suspendi.*

34 Hieronymus, in Ion. 4,6: *ubi cucumis nascitur, ibi nasci soleat et cucurbita.*

35 Ebd. 4,5 (CChr.SL 76, 413): *antequam Ninive salvaretur, et aresceret cucurbita antequam Christi evangelium coruscaret … Ionas sub umbraculo erat.*

tars.[36] Die einzelnen Motive dieser Typologie waren gang und gäbe in der Väterexegese. Augustinus etwa hat später auf die kritische Frage eines Heiden nach der wundersamen Entstehung und Bedeutung des Baumes, der dem Jona Schatten spendete, diese typologische Deutung des Hieronymus grundsätzlich übernommen und mit einzelnen Abänderungen breit ausgefaltet. Um die strittige Übersetzung ging es dabei allerdings nicht.[37]

Für Hieronymus ergaben also beide Varianten einen Sinn, auf der Ebene des Literalsinns eher der Efeu, auf der Ebene des ‚mystischen' Verständnisses und im heilsgeschichtlichen Bezug auch der Kürbis. Von seinen Vorgängern, die in das Griechische übersetzt hatten, glaubte er, sie hätten einfach keine andere Übersetzungsmöglichkeit gehabt außer κισσός.[38] Die im Rahmen der Legende von der Pflanze geforderten Merkmale sprachen in seinen Augen gleichfalls für den Efeu. Der Kürbis behielt allerdings sein Recht innerhalb der Matrix einer verbreiteten typologischen Deutung dieser Stelle.

Wie aber war es zur Übersetzung mit Kürbis gekommen? Die von Hieronymus gebotene spezifisch christliche und sicher sekundäre Deutung dieser Übersetzung kann für die Wahl in der Septuaginta nicht in Anschlag gebracht werden. Es gibt aber Elemente in der in Jona 4 erzählten Legende, die diese Übersetzung möglicherweise zu erhellen vermögen. Als einerseits schnell wachsende und sehr fruchtbare, andererseits aber auch leicht absterbende Pflanze fungiert der Kürbis in der Literatur verschiedenster Zeiten und Völker sowohl als Symbol für Wasser und Leben in Antithese zu Wüste, Trockenheit, Durst, Tod als auch als „image of short-livedness". Beide Konnotationen haben vielleicht für den Kürbis in Jona 4,6 eine Rolle gespielt.[39] Verblüffenderweise passt das tatsächlich, und zwar in doppelter Hinsicht. Zum einen haben Rizinus und Kürbis offensichtlich das gemein[19]same Merkmal raschen Wachstums, das im Text wichtig ist.[40] Der Kürbis erweist sich

36 Vgl. ebd. 4,10f. (CChr.SL 76, 417–419).

37 Vgl. Augustinus, ep. 102,30.35–37 (CSEL 34/2, 570. 574–577). Zur Abhängigkeit dieser Augustinusstelle von Hieronymus' Jona-Kommentar und den Unterschieden im Detail siehe ausführlich DUVAL, Saint Augustin (wie Anm. 7) 31–38.

38 Hieronymus, in Ion. 4,6: *aliud enim quid dicerent, non habebant*. Nach HAMBLENNE, Relectures (wie Anm. 18) 187. 194, könnte κισσός durch Verschreibung von KIKЄI-ON zu KICCON entstanden sein.

39 So die These von Ralf NORRMAN, On the Semiotic Function of Cucurbits, in: Humanitas Religiosa. Festschrift für Haralds Biezais, Stockholm 1979, 126–138, hier 130–133 (das Zitat ebd. 133).

40 Vgl. Hieronymus, in Ion. 4,6 bei der Beschreibung der Pflanze: *mirumque in modum, si sementem in terram ieceris cito confota surgit in arborem, et intra paucos dies quam herbam videras, arbusculam suspicis*; ep. 112,22: *cito consurgit*.

schon unter diesem botanischen Aspekt als ein passendes Äquivalent zum Rizinus. Auch Hieronymus hat dieses Merkmal des *‚ciceion'* nicht mit dem Efeu in Verbindung gebracht, sondern bei der Deutung des Kürbis als (freilich antijüdisches) Bild für Israel eingesetzt.[41] Zum zweiten wächst Rizinus bevorzugt an sandigen Orten.[42] Wenn man da ‚Wüste' assoziiert, ist man beim örtlichen Rahmen für die symbolische Verwendung des Kürbis. Dem entspricht die Funktion der fraglichen Pflanze im Kontext. Jonas Todeswunsch in der Glut der Sonne nach Verdorren des rasch emporgewachsenen Baumes choreographiert genau die Szenerie, in der der Kürbis als Symbol für Linderung, Kühlung, Erfrischung, kurz: für Leben steht. So gesehen hat die Septuaginta den Rizinus im Hebräischen zwar nicht wörtlich korrekt ins Griechische übersetzt, dafür aber mit einer Pflanze kreativ in die griechische Welt transferiert, deren natürliche Eigenschaften und deren symbolische Valenz sich trefflich mit dem Kontext von Jona 4 vermitteln lassen. – Als Augustinus unter Hinweis auf wohl vorhandene Ähnlichkeiten zwischen beiden Pflanzen der Septuaginta-Lesart einen Sinn vindizierte, geschah das freilich aus Prinzip; namhaft zu machen wusste er keinen.[43]

Kürbis oder Efeu? Als Übersetzung unzutreffend war genaugenommen beides. Doch zeichnet sich gutes Übersetzen zwar auch durch korrekte Wiedergabe der Begriffe an sich aus, besonders aber auch durch den Versuch, die Konnotationen und Assoziationen, die semantischen und kontextuellen Bezüge eines Terminus in einer anderen Sprache, und das heißt auch immer in einem anderen geistigen Umfeld, sowohl möglichst umfassend als auch möglichst präzise zum Ausdruck zu bringen. Hieronymus wusste für beide Varianten Argumente anzuführen, sowohl Argumente auf philologischer und textkritischer als auch solche auf verschiedenen semantischen Ebenen. Für den Efeu hatte er da gute Gründe auf seiner Seite. Aus botanischer und aus semiotischer Sicht bot freilich die Septuaginta mit ihrem Kürbis gleichfalls eine durchaus sinnvolle, wenn nicht sogar tiefsinnige Version.

---

41 In Ion. 4,6: *porro ciceion … cito consurgens, et cito arescens ordine et vita comparabitur Israeli.*

42 Jedenfalls laut Hieronymus, ebd.: *maxime in arenosis locis.*

43 Augustinus, ep. 82,35 ad Hier.: *mallem iam in omnibus Latinis cucurbitam legi; non enim frustra hoc puto Septuaginta posuisse, nisi quia et huic simile sciebant.*

Aktuelle Tendenzen der Hieronymus-Forschung

Impressionen von einer Tagung über Hieronymus in Cardiff*

Vom 13. bis 16. Juli 2006 fand an der Universität von Cardiff eine von Josef Lössl (Cardiff) und Andrew Cain (Boulder, Colorado) organisierte Konferenz über „Jerome of Stridon. Religion, Culture, Society and Literature in Late Antiquity" statt. Veranstalter war das Centre for Late Antique Religion and Culture, das im Jahr 2004 von der Cardiff School of Religious and Theological Studies in Zusammenarbeit mit der Cardiff School of History and Archaeology gegründet worden ist. Die insgesamt 33 Vorträge waren zu fünf Themenbereichen gebündelt: I. Jerome and Rome; II. Jerome and His Contemporaries; III. Writing and Translating Asceticism (Male and Female); IV. Reception; V. Exegetica et Hermeneutica.

Im Eröffnungsvortrag von David SCOURFIELD (National University of Ireland, Maynooth): „*Opportunitas mortis*. Exemplarity and Self-Fashioning in Jerome's Letters of Consolation", wurde gleich zu Beginn eindringlich ein Aspekt vor Augen geführt, auf den in der gegenwärtigen Wahrnehmung des Menschen und Literaten Hieronymus oft hingewiesen wird: Was Hieronymus schrieb, diente nicht nur sachlichen Zwecken, sondern in vielen Fällen auch zur Selbst-Stilisierung des Autors. Mit einer meisterhaften Kombination von detaillierten Beobachtungen an den Texten und allgemeinen Zusammenhängen der antiken Kultur- und Geistesgeschichte demonstrierte Scourfield die entsprechende Verfahrensweise des Hieronymus am Beispiel der Trostbriefe, die trotz ihres höchst privaten Anlasses stets ein größeres Publikum vor Augen hatten. Die *consolatio* war in der Antike nicht eine private, sondern eine soziale, öffentliche Praxis. In diesem Kontext nutzte Hieronymus die „Gelegenheit", die ihm das Ableben einer ihm nahestehenden Person bot, aus dem Kreis seiner Freunde und Bekannten eine Gallerie von neuen *exempla* zu schaffen, die an die Stelle der klassischen römischen *exempla* treten sollten. Dieses kühne Unterfangen konnte funktionieren, weil die klassischen *exempla* nicht nur „Geschichte" wa-

* Adamantius 13 (2007) 144–151.

ren, sondern auch „Gegenwart" – leuchtende Vorbilder aus der alten Zeit für die jetzige Zeit. So war es möglich, neue *exempla* zu kreieren, die für die Zukunft dieselbe Funktion übernehmen konnten. Als Mittel dafür diente Hieronymus die Gattung des Trostbriefes, deren wichtigster der Trostbrief anlässlich des Todes seiner Lebensgefährtin Paula (ep. 108) ist. Die Absicht, Paula ein Denkmal zu setzen, das sie zu einem neuen, christlichen *exemplum* und unsterblich macht – im Brief des Hieronymus lebt sie fort –, ist untrennbar damit verbunden, dass der Autor damit ebenfalls unsterblich wird. Zugleich präsentiert Hieronymus sich so als Experte für Trost, zu dem er wird, indem er seine biblische Expertise mit antiker Konsolationstopik verknüpft. Hieronymus verfügte über alle Kompetenzen hierfür, und durch seine zahlreichen Reminiszenzen an die Bibel und an klassische Traditionen (an erster Stelle in diesem Zusammenhang der Rekurs in ep. 108,33: *exegi monumentum aere perennius*, auf Horaz, carm. III 30,1) stellte er sicher, dass die Leser das auch wahrnahmen. Exemplarität (der Paula und anderer Personen) und Selbst-Stilisierung (des Hieronymus) gingen Hand in Hand.

Auf diesen Aspekt der literarischen Produktion des Hieronymus wurde in etlichen Beiträgen aufmerksam gemacht, zum Beispiel auch von Alfons FÜRST (Westfälische Wilhelms-Universität, Münster): „Jerome Keeping Silence. Origen, Jerome and the Patristic Exegesis of Isaiah", der die Tatsache, dass Hieronymus seine Übersetzung der Jesaja-Homilien des Origenes nie erwähnte, ebenfalls als Selbst-Stilisierung erklärte, in diesem speziellen Fall freilich nicht durch Reden bzw. Schreiben, sondern durch Schweigen. Und Andrew CAIN (University of Colorado, Boulder): „Becoming a Desert Saint. Jerome and his *Epistularum ad diversos liber*", interpretierte die Briefe 2–17, die Hieronymus in den 370er Jahren [145] während seines Aufenthalts in Syrien schrieb, als literarische Kunstprodukte, speziell als erhaltene Stücke eines Buches persönlicher Korrespondenz (der in vir. ill. 135 erwähnte *epistularum ad diversos liber*), das Hieronymus in den frühen 380er Jahren nach seiner Ankunft in Rom zusammenstellte und publizierte, um sich den westlichen christlichen Lesern als erfahrener Wüstenmönch aus dem Osten und auf diese Weise als asketische Autorität zu präsentieren. Mit Hilfe dieser Briefsammlung habe Hieronymus sich und seine Biographie zum heroischen „Wüstenheiligen" stilisiert, gleichsam zum latinisierten heiligen Antonius.

Generell war in den Beiträgen zu beobachten, dass aus dem umfangreichen Œuvre des Hieronymus das Briefcorpus nach wie vor einen Großteil der Aufmerksamkeit auf sich zieht. Sehr viele Vorträge rekurrierten auf Briefe. Das ist verständlich, handelt es sich bei den

Briefen des Hieronymus doch um Texte, die kultur-, sozial- und religionsgeschichtlich zum Gehaltvollsten gehören, was die antike christliche Literatur aufzuweisen hat. Auch seine Mönchsromane – eine sehr geringe Textmenge – stehen im Fokus etlicher Forschungen. Demgegenüber wird der größte Teil der hieronymianischen Werke, seine Bibelkommentare, eher vernachlässigt. Natürlich gibt es auch dazu große und wichtige Arbeiten, doch angesichts der Masse an Text gäbe es hier noch viel zu tun. Es gehört zu den Eigenheiten der Hieronymusforschung, dass sie die Schriften, in die Hieronymus die meiste Zeit und Energie investiert hat und die als seine wissenschaftlich originellen Leistungen gelten dürfen, am wenigsten beachtet. Um so mehr ist zu begrüßen, dass sich etliche Beiträge auf der Cardiffer Konferenz mit diesem Gebiet befassten.

In der ersten Sektion (I. Jerome and Rome) demonstrierte Lucy GRIG (University of Edinburgh): „*Auratum squalet Capitolium*? Jerome as a Guide to Late Antique Rome", an einigen Stellen die „performative Rhetorik" der Aussagen des Hieronymus, die bei einer historischen Auswertung seiner Informationen über das spätantike Rom unbedingt zu beachten sei. So hinterfragte sie die Wahl einiger Metaphern für Rom, etwa *Capitolium*. Hieronymus entwickelt den bereits mit Bedeutung beladenen Begriff in verschiedene Richtungen. Das Kapitol steht für das goldene Zeitalter Roms, für die gesellschaftliche Oberschicht, die dort lebt, für die Herrschaft Roms und seine ewige Dauer. Hieronymus spielt mit diesem Motiv, baut es auf, um es dann zu unterminieren, etwa im Prolog zum Ezechielkommentar, wo er mit den Wörtern *caput* und *capitolium* spielt: Rom ist gefallen. Die ganze Welt fiel mit dieser einen Stadt, dem Haupt der Welt – die Welt wurde enthauptet. Auch die pagane Bedeutung des Kapitols und der Stadt dringt immer wieder durch, etwa in ep. 23,3, wo der Jupiterkult als eine lebendige Gegenwart beschrieben wird. Die Idee eines spätantiken Rom, in dem sich Christentum und Heidentum überlagerten, spielt auch für die weitere Rezeption eine wichtige Rolle. Grig wies darauf hin, wie Edward Gibbon in romantischer Verklärung ein vermeintliches Erlebnis auf dem Kapitol zum Anlass seines Geschichtswerks erklärt. Eines düsteren Oktoberabends, so schreibt er in seinen Memoiren, habe er aus den Ruinen des Jupitertempels Mönchsgesang gehört und dies habe ihn zu seinem Werk inspiriert. Wie Grig überzeugend darlegte, stand Hieronymus zumindest zu einem wichtigen Teil Pate bei dieser Legendenbildung. Welche Konsequenzen eine solche Interpretation der Aussagen des Hieronymus hat, erläuterte Michele R. SALZMAN (University of California, Riverside): „Jerome and the ‚Fall' of Rome", an der Eroberung Roms durch die Goten im Jahr 410. Archäologische und epigraphische Befunde zeigen nämlich, dass die dramatisierten Äußerungen des Hieronymus über dieses epochale Ereignis nicht geradewegs zur Rekonstruktion der historischen Vorgänge verwendet werden dürfen.

Yves-Marie DUVAL (Université de Paris X, Nanterre): „Sur trois lettres méconnues de Jérôme concernant son séjour à Rome", erklärte anhand einer detaillierten Analyse der ep. 46A (an Aurelius), Ps.-Hier. ep. 18 (LAMBERT 155) (an Praesidius) sowie ep. 43 (an Marcella), welche [146] Erwartungen Hieronymus im Jahre 384 an seine unmittelbare Zukunft gehabt haben könnte. Insbesondere seine Pläne, „in den Osten" zu reisen, dürften zu diesem Zeitpunkt noch nicht sehr ausgereift gewesen sein. Er habe wohl Rom verlassen wollen, dabei aber eher daran gedacht, sich einer asketischen Gemeinschaft außerhalb Roms irgendwo in Italien anzuschließen. Duval mahnte in diesem Zusammenhang generell zur Vorsicht bei der Deutung der Motive des Hieronymus, insbesondere seiner „Ambitionen und Intentionen" im Hinblick auf seine „Karriere".

In einen größeren kulturgeschichtlichen Horizont stellte Andrew S. JACOBS (University of California, Riverside): „‚What has Rome got to do with Bethlehem?' Cultural Capital(s) and Religious Imperialism in the Origenist Controversy", die Kontroverse zwischen Hieronymus und Rufinus von Aquileja im ersten Origenismusstreit. Ihre Auseinandersetzung über Bildung und Sprachkenntnisse sei als Ausdruck einer tieferen Verunsicherung in der ausgehenden Antike über das „Wesen" von Wissen und Macht zu interpretieren. Konkret auf Hieronymus in Bethlehem und Rufinus in Rom bzw. Italien gemünzt, ging es um „kulturelle Rivalität": Welche Herausforderung bedeutet die „kulturelle Macht", die Hieronymus in Bethlehem, am Rand des Imperium Romanum, etablierte, für die kulturelle, politische und soziale Hegemonie des Zentrums, Rom, auf das Hieronymus mit seinen Publikationen von Palästina aus massiv einwirkte? Im Origenismusstreit, so die interessante These, standen Fragen nach Macht und Identität zur Debatte, die von der gebildeten Elite des spätantiken Christentums mit Hilfe der Etablierung ‚kultureller Zentren' ausgefochten wurden.

Eine Reihe von Vorträgen (II. Jerome and His Contemporaries) war den Kontakten des Hieronymus zu einigen Zeitgenossen gewidmet: Praetextatus, Ambrosius, Augustinus, Epiphanius, die nordafrikanische Kirche (Aurelius von Karthago). Cristiana SOGNO (University of California, Irvine): „Jerome and Praetextatus", analysierte die Gegnerschaft des Hieronymus gegen den römischen Aristokraten Vettius Agorius Praetextatus (gest. 384) im Zusammenhang der komplexen Beziehungen zwischen Praetextatus und Damasus. David HUNTER (Iowa State University): „The Raven Responds. Ambrose's Letter to the

Church at Vercelli and the Criticisms of Jerome", versuchte nachzuweisen, dass Ambrosius die verschiedentlich geäußerte Kritik des Hieronymus an seinen Schriften nicht, wie normalerweise angenommen, mit Schweigen quittiert, sondern dass er darauf reagiert habe. Einige Bemerkungen in Ambrosius' Brief an die Kirche von Vercelli (ep. extr. coll. 14), verfasst 396, seien als Antworten auf Hieronymus' Vorwürfe zu verstehen. Die Parallelität der dafür namhaft gemachten Argumentationsmuster in Ambrosius' Brief und in ep. 69 des Hieronymus bleibt nach meinem Eindruck allerdings fraglich. Als eine Art „Vexierbild" interpretierte Eric HUTCHINSON (Bryn Mawr College): „*Ego quidem absit ut laedar*. Possibility and Denial in Augustine's *Ep.* 73", Augustins ep. 73 an Hieronymus: Mit Hilfe einer raffinierten Rhetorik, die ständig zwischen offen geäußerter „Demut" und versteckter Kritik an Hieronymus changiere, habe Augustinus versucht, die von ihm intendierte, aber durch verschiedene Umstände gefährdete bzw. noch gar nicht zustandegekommene Freundschaft mit Hieronymus zu „retten" bzw. zu „stiften". Im Umfeld des Briefwechsels zwischen Augustinus und Hieronymus bewegte sich auch der Vortrag von Jennifer EBBELER (University of Texas, Austin): „*Punica Fides*. Jerome and the North African Church": Wie der Brief des Hieronymus an Aurelius von Karthago zeige, habe Hieronymus versucht, sein kulturell-soziales „Netzwerk" nach dem römischen Nordafrika auszudehnen, ferner nach Spanien, um für den Fall, dass seine Ressourcen in der römischen und gallischen Aristokratie schwinden sollten, wohlhabende Unterstützer aus diesen Regionen zu bekommen. Um Hieronymus und Pelagius ging es Benoît JEANJEAN (Université de Brest): „Le témoignage du *Dialogus Attici et Critobuli (adversus Pelagianos)* de Jérôme sur la prédication pélagienne en [147] Palestine entre 411 et 415", insbesondere darum, aus der rhetorischen und polemischen Strategie des Hieronymus im Dialog gegen die Pelagianer die Ansichten des Pelagius in Palästina zu eruieren. Entgegen seinen Überlegungen bleibt freilich fraglich, ob die Aussagen des Critobulus, des Vertreters der pelagianischen Seite im Dialog, wirklich als zuverlässige Wiedergabe der Ansichten des Pelagius genommen werden dürfen, da die speziellen Formulierungen ja von Hieronymus stammen und sie damit Teil seiner argumentativen Strategie sind; aus dem Text des Hieronymus allein sind methodisch verlässlich keine Kriterien dafür zu gewinnen, aus der Wahrnehmung und Beschreibung der Theologie des Pelagius durch Hieronymus die tatsächlichen Ansichten des Pelagius herauszufinden.

Eine lohnenswerte Zusammenstellung von an sich bekannten Daten bot der Vortrag von Claudia RAPP (University of California, Los Angeles): „Jerome and Epiphanius. Biography and Hagiography".

Trotz der geographischen Distanz – Epiphanius war seit 366 Bischof von Constantia (Salamis) auf Zypern, Hieronymus hielt sich seit 386 in Bethlehem auf – waren beide seit 377, als sie sich in Antiochia zum ersten Mal trafen, eng miteinander in Kontakt. Ihre Verbindung beruhte auf gemeinsamen Interessen in dogmatischen und kirchlichen Auseinandersetzungen und in der Propagierung der Ideale des Mönchtums in Palästina. Schon im Antiochenischen Schisma standen beide auf derselben Seite, nämlich des Altnizäners Paulinus, von dem Hieronymus sich 378/79 zum Priester weihen ließ, ebenso in der origenistischen Kontroverse in Palästina gegen Johannes, den Bischof von Jerusalem, gegen dessen kanonische Befugnisse Epiphanius 394 Paulinianus, den Bruder des Hieronymus, zum Priester für das Kloster in Bethlehem weihte. Zu dieser öffentlichen Allianz gesellte sich eine Art familiäre Vertrautheit, in deren Zentrum Paula stand. Epiphanius vermittelte die Bekanntschaft zwischen Paula und Hieronymus in Rom, auf der Reise nach Palästina besuchten beide unabhängig voneinander Epiphanius auf Zypern, als Paula während der letzten beiden Jahre ihres Lebens krank darniederlag, bat Hieronymus Epiphanius um Beistand. Diese vielfachen Bande fanden auch Ausdruck in literarischen Produkten: Hieronymus übersetzte einen Brief des Epiphanius an Johannes von Jerusalem in das Lateinische (ep. 51), und die *Vita Hilarionis* basierte auf dem (nicht erhaltenen) panegyrischen Brief des Epiphanius auf den auf Zypern gestorbenen Hilarion, in dessen Kloster bei Gaza der in Palästina (bei Eleutheropolis) geborene Epiphanius laut Legende zusammen mit Johannes von Jerusalem einst Mönch gewesen war. Hieronymus scheint Epiphanius verehrt zu haben. Diese Verbindung sollte bei der Beschreibung des Origenismusstreits stärker beachtet werden, als dies nach meinem Eindruck bislang der Fall ist.

In der dritten Sektion (III. Writing and Translating Asceticism – Male and Female) ging es neben gender-spezifischen Fragestellungen (Catherine CONYBEARE [Bryn Mawr College]: „*Beatus Hieronyma*. Thinking the Unthinkable“; Nicola MELLOR [University of Reading]: „Reading and Writing the Woman in Jerome's ‚Letters'“) um den schon bekannten literarischen Beitrag des Hieronymus zur Schaffung asketischer Heroen bzw. Traditionen in seinen kleinen Mönchsromanen, der *Vita Pauli primi eremitae* (Stefan REBENICH [Universität Basel]: „Inventing an Ascetic Hero: Jerome's Life of Paul the First Hermit“) und der *Vita Hilarionis* (Michael Stuart WILLIAMS [Willamette University]: „New Antonies. The Creation of Ascetic Tradition in Jerome's Life of Hilarion“), in denen *der* Heros des Mönchtums, Antonius, jeweils als Vorbild dient, doch für die Bedürfnisse der Zeit des Hieronymus und seines lateinischen Publikums modifiziert wird. Einen originellen historischen

Zugang zur *Vita Malchi* präsentierte Noel LENSKI (University of Colorado, Boulder): „The ‚Life of Malchus' as a Slave Narrative", der die Novelle mit Erzählungen über Sklavenschicksale verglich. Das war zwar keine eigenständige Gattung der antiken Literatur und auch Hieronymus wollte nicht eine solche Erzählung schreiben, doch finden sich etliche Spuren und Motive vergleichbarer Überlieferungen sowie eine Reihe von historisch korrekten Details in der Geschichte von der Gefangenschaft des Mönches Malchus. So gesehen, [148] kann die Novelle trotz ihrer literarischen Fiktionalität durchaus als historische Quelle dienen, um die Realität des Sklavendaseins in der Spätantike zu rekonstruieren. Richard GOODRICH (University of Bristol): „Jerome the Monk?" schließlich machte darauf aufmerksam, dass Hieronymus von seinen Zeitgenossen offensichtlich nicht als „Mönchsvater" im Sinne der damaligen Zeit wahrgenommen wurde, obwohl er in vielen seiner Schriften und mit seiner eigenen Existenz unablässig Propaganda für das asketische Leben machte. Weder zum ägyptischen noch zum syrischen Mönchtum, den damaligen „Vorreitern" der asketischen Bewegung, stand er in engerer Beziehung, ja, mit den extremen Mönchen in der syrischen Wüste vermochte er wenig anzufangen. Auch in den einschlägigen Schriften, etwa Palladius' *Historia Lausiaca*, taucht Hieronymus nicht als Asket oder gar Mönchsvater auf, sondern als Priester, als Gelehrter, als Lehrer im Kloster zu Bethlehem. Das scheint mir eine wichtige Beobachtung zu sein, denn aus ihr lässt sich wohl ein weiteres Argument dafür gewinnen, dass Hieronymus mit seiner Verbindung von Askese und Wissenschaft nicht zeittypisch war, sondern vielmehr einen neuen Typ des Mönchtums schuf, der von seinen Zeitgenossen offenbar zunächst gar nicht als solcher wahrgenommen und wenn doch, wie von Johannes Cassian, dann eher kritisiert wurde.

Einige Vorträge befassten sich mit der Rezeption des Hieronymus (IV. Reception), etwa in Gallien und Spanien (Ralph MATHISEN [University of Illinois, Champaign]: „Flying False Colors. The Use and Misuse of Jerome in Gaul and Spain during Late Antiquity") oder bei Erasmus von Rotterdam (Neil ADKIN [University of Nebraska, Lincoln]: „*Coruscaturus, si commentario illuminaveris*. Is Erasmus right about Jerome?") oder in der bildenden Kunst (Andrew EDGAR [Cardiff University]: „Jerome in the History of Western Art") mit sowohl grundlegenden kunsttheoretischen Reflexionen über die „Wahrheit", die von Kunstwerken in ihrem jeweiligen sozialen und kulturellen Kontext repräsentiert wird, als auch Interpretationen von Abbildungen des „Hieronymus in der Wildnis" und des „Hieronymus im Gehäus" – den beiden großen Typen von Hieronymus-Darstellungen –, nämlich Hieronymus Boschs „Der heilige Hieronymus" (Palazzo Ducale, Venedig) und desselben „Der heilige Hieronymus beim Gebet" (Musée des Beaux-Arts, Ghent) sowie Antonello da Messinas „Hieronymus im Gehäus" (National Gallery, London), samt deren Einordnung in die Kunstgeschichte. Dieser Aspekt der Konferenz wurde auf überraschende Weise ergänzt durch einen Hieronymus-Film, in dem Hieronymus als Bibelübersetzer und Meister der Askese in Szene gesetzt wird, und zwar nicht durch Handlung, sondern durch emblematische Situationen, in denen zentrale Texte bzw. Sätze aus seinen Schriften in regelrecht allegorische Szenen umgesetzt werden. „São Jerônimo" ist ein Werk des brasilianischen Regisseurs Julio Bressane aus dem Jahre 1999. Ausgezeichnet 1999 mit dem brasilianischen Filmpreis für beste Photographie und nominiert 2000 in der Kategorie „Bestes Drehbuch", kombiniert der Film eindrucksvolle Bildsprache und kompromisslose Textlichkeit. Die Abwesenheit eines „Plots" im Hollywoodsinn wird so nicht zur Schwäche, sondern stellt sich geradezu als die entscheidende Stärke der Darstellung heraus, die in gewissem Sinne geradezu kongenial mit dem Protagonisten selbst ist. Dies ist somit nicht irgendein Film „über" Hieronymus, sondern gewissermaßen ein Film „mit" Hieronymus, mit seinen Werken, seiner Sprache, seinen Texten und mit der Bilderwelt, die er selbst initiiert hat und die eine nunmehr jahrtausendelange Rezeption in immer neuen Formen weiterentwickelt hat. Die Verwendung des Mediums Film in diesem Kontext stellte eine echte Bereicherung des Programms dar. Was man sich eventuell für die Zukunft darüber hinaus vorstellen könnte, wären rezeptionsgeschichtliche Beiträge hierzu oder zu anderen in der Konferenz angeschnittenen Bereichen, etwa zum spätantiken Rombild oder zum Bild des Wüstenasketen.

Einen originellen und erhellenden Blick auf Hieronymus, nämlich von Syrien aus, warf Daniel KING (Cardiff University): „*Vir quadrilinguis*? Syriac in Jerome and Jerome in Syriac". Natürlich will der Titel des Vortrags nicht behaupten, Hieronymus habe als vierte Sprache Syrisch beherrscht. [149] King fragte zwar nach der Kompetenz des Hieronymus im Syrischen (die gering war) und nach seinen Kenntnissen von syrischer Kultur. Seine eigentliche Intention bewegte sich jedoch in der Gegenrichtung, und zwar über den Umweg, Reflexe syrischer Sprache und Kultur in der *Vita Malchi* aufzuspüren und von da aus gleichsam spiegelverkehrt nach der Rezeption des Hieronymus in Syrien zu fragen. Nur auf den ersten Blick sieht das wie ein fruchtloser Zirkel aus. Die Geschichte des Mönches Malchus hat nämlich ihren Ursprung in der syrischen Welt. Wenn daher die lateinische *Vita Malchi*, in der manches von syrischer Sprache und Kultur steckt, in das Syrische übersetzt wird, bedeutet diese Translation im sprachlichen Sinn die Translation des Stoffes zurück in seinen ursprünglichen Kontext. Dieser Blickwinkel ist ungewohnt, vermag unsere in der Regel westlich geprägte Sicht auf den Lateiner Hieronymus indes um einen neuen Aspekt aus östlich-syrischer Perspektive zu bereichern.

Eine Theorie der Rezeption in nuce bot Mark VESSEY (University of British Columbia): „'Jeromanesque', or: The Beginning of Literary History". Sein zentraler Gedanke war folgender – oder besser gesagt: Seine Ausführungen haben mich auf folgende Überlegungen gebracht (die ich Vessey, sollte ich ihn missverstanden haben, hiermit nicht unterschieben möchte). Wir haben keine methodisch kontrollierbare Möglichkeit, zwischen einem historischen Ereignis als solchem in seiner Zeit und dessen späterer Rezeption zu unterscheiden, weil uns das historische Ereignis immer schon nur im Modus der Rezeption zugänglich ist. Originale Produktion und erste Rezeption sind nicht zu trennen. Auf Hieronymus und seine Schriften angewandt bedeutet das: Was wir von Hieronymus historisch aussagen, beruht zum allergrößten Teil auf seinen eigenen Schriften. Damit beginnt die Rezeption aber schon mit dem historischen Ereignis selbst, nicht erst „später", im Nachhinein. Sie beginnt in dem Moment, in dem Hieronymus seine Schriften publizierte – und diese rezipiert wurden. Wären sie nicht rezipiert worden, wüssten wir nichts von ihnen und auch nichts von den in ihnen greifbar werdenden historischen Ereignissen, so dass ohne Rezeption diese Ereignisse für uns gar nicht existent wären. Das historische Ereignis namens „Hieronymus" ist nicht einfach gegeben, sondern wurde und wird produziert – im Falle des Hieronymus, der sich selbst stilisierte und selbst produzierte, schon von Hieronymus selbst. Hieronymus „in seiner Zeit" oder Hieronymus „in seiner Welt" ist ein veröffentlichter, vervielfältigter, reproduzierter, von ihm selbst und anderen, Freunden wie Gegnern, koproduzierter Hieronymus. Ein historisches Datum und dessen Rezeption können also nicht voneinander getrennt werden, weil wir ohne Rezeption auch kein historisches Datum haben. Umgekehrt bedeutet das freilich nicht, dass, sozusagen dekonstruktivistisch, alle historischen Daten sich in Rezeption auflösten, denn: Das Faktum zugrundeliegender Historie kann schlechterdings nicht bestritten werden. Das heißt: Historisches Datum und dessen Rezeption sind unlösbar aufeinander verwiesen, das eine kann nicht auf das andere reduziert werden, ohne beide zu zerstören. In diesem Sinn ist alle Geschichte Wirkungsgeschichte von tatsächlich Geschehendem, Wirkungsgeschichte, die schon im Geschehen selber beginnt, insofern dieses Wirkungen hat, die bereits Rezeption sind.

Zur fünften Sektion (V. Exegetica et Hermeneutica): Neben Beiträgen mit eher allgemeinen hermeneutisch-exegetischen bzw. theologischen Reflexionen – Danuta SHANZER (University of Illinois, Champaign): *Varia Exegetica* (es ging um die Vorstellung in biblischen Texten wie Tob. 4,10; 12,8f.; Sir. 29,11f.; Dan. 4,24 und bei Hieronymus, z.B. ep. 66,5, dass Almosen vor dem Feuer des Purgatoriums rette); Philip ROUSSEAU (The Catholic University of America): „Jerome on Jeremiah. Exegesis and Survival" (der Jeremiakommentar, vor allem das sechste Buch, als Aufruf zur Umkehr angesichts der Barbareninvasion im Westen und der häretischen Bedrohung der Kirche durch die Pelagianer); Catherine M. CHIN (The Catholic University of America): „Adulteration. Rufinus on Translation, Transmission, and Human Frailty" – zeigten die übrigen [150] Vorträge, dass hier noch viel grundlegende Forschung in der Aufarbeitung der literaturgeschichtlichen Fragestellungen zu leisten ist. Aline CANELLIS (Université de Grenoble): „Le Livre 2 de l'*In Zachariam* de saint Jérôme et la tradition alexandrine" wies nach, dass Hieronymus entgegen der verbreiteten Ansicht der Forschung im Sacharjakommentar nicht einfach den Kommentar des Didymus kopierte, sondern durchaus eigenständiger arbeitete. Hieronymus war zwar von der alexandrinischen Tradition abhängig, schuf aber kein Plagiat, sondern ging souverän mit seinen Quellen um. Gegenüber dem Sacharjakommentar des Didymus sind zahlreiche Modifizierungen festzustellen, eine neue Komposition der Anlage des gesamten Kommentars und eine „Romanisierung" der griechischen Tradition, von der er sich dadurch in gewisser Weise distanzierte. Giacomo RASPANTI (Università di Palermo): „Problematiche testuali, storiche, esegetiche dell'*Ad Galatas* di San Girolamo", erörterte textkritische Aspekte der ersten kritischen Edition des Kommentars zum Galaterbrief, die er im „Corpus Christianorum" soeben vorgelegt hat (S. Hieronymi presbyteri Opera Pars I. Opera exegetica 6. Commentarii in epistulam Pauli apostoli ad Galatas, cura et studio G. RASPANTI [CChr.SL 77A], Turnhout 2006) – Raspanti hat den Text gegenüber den alten Ausgaben an etwa 400 Stellen verändert –, und diskutierte einige Charakteristika der Exegese des Hieronymus im Kontext der lateinischen Paulusexegese der Spätantike. Anders als Marius Victorinus und Ambrosiaster schenkte Hieronymus den Differenzen zwischen dem griechischem Text des Galaterbriefes und der gängigen lateinischen Übersetzung in der so genannten Vetus Latina viel mehr Aufmerksamkeit und änderte den lateinischen Text an etlichen Stellen, wobei er seine Änderungen an manchen Stellen im Kommentar erläuterte, an anderen aber auch einfach stillschweigend vornahm. Die Vorgänger des Hieronymus wussten zwar auch schon um Varianten in den diversen lateinischen Übersetzungen, zogen es aber vor, bei der traditionell üblichen Fassung zu bleiben, während Hieronymus aufgrund seiner tieferen Einsicht in den Übersetzungscharakter der lateinischen Bibel und der damit gegebenen philologischen Probleme entschieden dazu überging, den lateinischen Text nach dem Griechischen zu verbessern; viele der von ihm dabei vorgenommenen Änderungen haben Eingang in die Vulgata gefunden, woraus der Schluss zu ziehen ist, dass der unbekannte Übersetzer des Galaterbriefs in der Vulgata den Kommentar des Hieronymus zu Rate gezogen hat. Das Innovative an diesem Verfahren des Hieronymus war, dass er dogmatische Kriterien für die Beurteilung von Übersetzungs- und Interpretationsvarianten ablehnte und stattdessen die stärker heuristischen Methoden der griechischen Bibelhermeneutik in die lateinische Exegese einführte. Indem er so dem Text zu seinem Recht verhalf, schuf er die Voraussetzung für eine offene Diskussion zwischen den Exegeten über verschiedene Deutungsmöglichkeiten.

Allerdings war auch der Philologe Hieronymus nicht immer frei von dogmatischen Einflüssen. Das zeigt sich etwa in der Frage seiner Übersetzungstechnik, der Régis COURTRAY (Université Toulouse 2 Le Minail): „Jérôme Traducteur: L'exemple du Livre de Daniel", anhand der Danielübersetzung nachging. Hieronymus übersetzte weitgehend texttreu, doch finden sich in seiner lateinischen Fassung einige Abweichungen vom hebräischen, aramäischen (und griechischen) Danieltext. Ob diese absichtlich oder unabsichtlich zustandegekommen sind, ist eine schwierige Frage, bei der aber auch theologisch-dogmatische Interpretation eine Rolle gespielt hat (so in Dan. 3,92; 9,25f; 11,45). Ähnliches lässt sich für die Übersetzung der Psalmen aus dem Hebräischen sagen, wie John CAMERON (Jesus College, University of Oxford): *„Quod melius intellegimus, melius et proferimus* (*Praef. in Pent.* 35–39). The Influence of Jerome's Christian Beliefs on his Translation of the Psalter *Iuxta Hebraeos*", aufzeigte: Hieronymus hat zwar weitgehend textnah und „neutral" übersetzt, doch finden sich einige Stellen, an denen er Mehrdeutigkeiten des hebräischen Textes [151] dazu nutzte, eine eher christlich orientierte Übersetzung zu bevorzugen, etwa wenn er in Ps. 50,14 den Namen „Jesus" einführte.

Ein Spezialproblem brachte Ariane MAGNY (Bristol University): „Jerome and Porphyry on the Bible. A Study on Intertextual Exchanges", zur Sprache. Ihr Thema waren die Fragmente der Kritik des Porphyrios am Alten Testament, die aus den Schriften des Hieronymus zu erschließen sind. Gegen die Methode, in der Adolf von Harnack in seinem nach wie vor nicht ersetzten Standardwerk die Fragmente isolierte und zusammenstellte (Porphyrius, „Gegen die Christen", 15 Bücher. Zeugnisse, Fragmente und Referate [APAW.PH 1916/1], Berlin 1916), muss der Kontext beachtet werden, in dem sie bei Hieronymus stehen. Nur wenn in Rechnung gestellt wird, dass Hieronymus die Aussagen des Porphyrios polemisch in antihäretischem Kontext aufgegriffen und für seine Zwecke verwertet hat, kann es gelingen, diese in ihrem tatsächlichen Gehalt zu fassen; ohne deren Kontextualisierung im Text des Hieronymus ist dies kaum möglich.

Zum Abschluss der Konferenz widmete Hillel I. NEWMAN (University of Haifa): „How Should We Measure Jerome's Hebrew Competence?", der alten Frage nach den Hebräischkenntnissen des Hieronymus einen wunderbar ausgewogenen methodologischen Vortrag, in dem er die methodischen Probleme bei der Beantwortung dieser Frage, die Fähigkeiten und Begrenztheiten des Hieronymus auf diesem Gebiet und seine bei allen Einschränkungen herausragende Bedeutung als kultureller Mittler ebenso klar wie überzeugend erörterte.

Insgesamt hat die Konferenz vor Augen geführt, dass Hieronymus schon lange nicht mehr nur ein Forschungsgegenstand für Theologen und Patrologen ist, sondern das Interesse von Forscherinnen und Forschern aus verschiedenen Disziplinen auf sich zieht. Der Untertitel des Tagungsthemas, in dem Religion, Kultur, Gesellschaft und Literatur als Forschungsbereiche benannt werden, brachte das treffend zum Ausdruck. Diese Aspekte, die in den diversen wissenschaftlichen Institutionen in der Regel an bestimmte Fächer und divergierende hermeneutisch-methodologische Optionen gebunden sind, zusammengeführt zu haben, war die innovative Idee dieser Konferenz, die damit zugleich einen neuen Trend markiert. In der Kombination dieser Aspekte dürfte die Zukunft der Hieronymusforschung liegen. Dabei ist zu wünschen, dass sie nicht nur multidisziplinär nebeneinander untersucht werden, sondern dass es zu einer wirklich interdisziplinären Interaktion zwischen ihnen bzw. den jeweiligen Fächern und Forschern kommt.

Origenes, Hieronymus und Augustinus

Hieronymus und Augustinus*

I. Biographie

Eusebius Hieronymus[1] ist mit einer Schwester und einem jüngeren Bruder namens Paulinianus (Hieronymus, adv. Rufin. III 22.24; ep. 81, 2) in Stridon in Dalmatien an der Grenze zu Pannonien aufgewachsen; das Städtchen ist in den Wirren der Völkerwanderung so gründlich zerstört worden (ebd. 66,14,2; vir. ill. 135), dass seine genaue Lokalisierung ungeklärt ist.[2] Während Prosper Tiro als Geburtsjahr 331 angibt (chron. I p. 451,1032 MOMMSEN),[3] schließen die meisten modernen Forscher aus der späteren Biographie des Hieronymus auf eine Geburt um 347.[4] Stimmt das, dann haben Augustinus und Hieronymus sich später über ihren nur geringen Altersunterschied getäuscht, denn Hieronymus bezeichnet im Jahr 403 Augustinus als „dem Alter nach meinen Sohn" (Hieronymus, A. ep. 72,5), und im Jahr 415 hält Augustinus Hieronymus für „viel älter" (ep. 166,1). Die begüterten (Hieronymus, ep.

---

* Art. Hieronymus, in: Augustinus-Lexikon 3 (2004) 317–336.

1 Zu Leben und Werk vgl. Georg GRÜTZMACHER, Hieronymus. Eine biographische Studie zur alten Kirchengeschichte, 3 Bde., Leipzig 1901, Berlin 1906. 1908 (Nachdruck Aalen 1986); Ferdinand CAVALLERA, Saint Jérôme. Sa vie et son œuvre, 2 Bde., Louvain/Paris 1922; John Norman Davidson KELLY, Jerome. His Life, Writings and Controversies, London 1975; Stefan REBENICH, Hieronymus und sein Kreis. Prosopographische und sozialgeschichtliche Untersuchungen, Stuttgart 1992; ders., Jerome, London/New York 2002; Alfons FÜRST, Hieronymus. Askese und Wissenschaft in der Spätantike, Freiburg i.Br. u.a. 2003.

2 István FODOR, Le lieu d'origine de S. Jérôme. Reconsidération d'une vieille controverse, in: RHE 81 (1986) 498–500, denkt an Štrigovo im ehemaligen Jugoslawien. Rajko BARTOŽ, Die Geschichte des frühen Christentums im Gebiet zwischen Sirmium und Aquileia im Licht der neueren Forschungen, in: Klio 72 (1990) 508–550, hier 533–536, an die Umgebung von Rijeka in Kroatien.

3 Pierre HAMBLENNE, La longévité de Jérôme. Prosper avait-il raison?, in: Latomus 28 (1969) 1081–1119, und KELLY, Jerome (wie Anm. 1) 337–339, halten an dieser Angabe fest.

4 Vgl. GRÜTZMACHER, Hieronymus (wie Anm. 1) Bd. 2, 45–48; CAVALLERA, Saint Jérôme (wie Anm. 1) Bd. 2, 3–12; Pierre JAY, Sur la date de naissance de saint Jérôme, in: REL 51 (1973) 262–280; Alan D. BOOTH, The Date of Jerome's Birth, in: Phoe. 33 (1979) 346–353; ders., The Chronology of Jerome's Early Years, in: ebd. 35 (1981) 237–259, hier 259; REBENICH, Hieronymus (wie Anm. 1) 21.

66,14,2), christlichen (ebd. 82,2,2) Eltern ermöglichten Hieronymus das Studium in Rom, wo er sich bei dem Grammatiklehrer Aelius Donatus eine gediegene [318] Kenntnis der klassischen römischen Literatur und einen exzellenten lateinischen Stil aneignete; vermutlich hat er sich zu dieser Zeit in Rom auch taufen lassen (ebd. 15,1,1; 16,2,1). Wie Augustinus strebte Hieronymus eine berufliche Karriere im Staatsdienst an und ging zu diesem Zweck in eine der kaiserlichen Residenzen, nach Trier (ebd. 5,2,3), erlebte dort indes 367 eine *conversio* zur asketischen Lebensform, der er sich einige Zeit darauf in Aquileja in einem Kreis gleichgesinnter Kleriker widmete.

373/374 ging Hieronymus nach Antiochia, wo er perfekt Griechisch erlernte,[5] bei Apollinaris von Laodikeia Exegese studierte (ebd. 84,3,1; adv. Rufin. I 13) und sich neben etwas Syrisch und Aramäisch[6] umfangreiche passive Kenntnisse des Hebräischen aneignete, die er später in Palästina vertiefte, ohne dass er die Sprache perfekt beherrscht hätte.[7] Diese ungewöhnliche Sprachkompetenz machte Hieronymus schon zu Lebzeiten als *trilinguis* berühmt (vgl. ebd. III 6); Augustinus rühmte ihn postum ausdrücklich dafür (c. Iul. I 34; civ. XVIII 43). Nach einem gescheiterten Rückzug in die Einöde bei Chalkis im syrischen Hinterland von Antiochia[8] ließ er sich vom Eustathianer Paulinus unter der Bedingung zum Priester weihen, seine Amtspflichten nicht ausüben zu müssen, und begab sich 379/380 nach Konstantinopel, wo er bei Gregor von Nazianz seine theologisch-exegetischen Studien fortsetzte (Hieronymus, adv. Rufin. I 13; ep. 50,1,3).

Von 382 bis 385 treffen wir Hieronymus wieder in Rom an, und zwar als spirituellen und exegetischen Lehrer eines Kreises adliger Frauen auf dem Aventin um die Witwe Marcella (ebd. 45,2,2; 47,3,1), zu dem unter anderem auch seine späteren Gefährtinnen Paula und Eustochium gehörten,[9] sowie als Sekretär des römischen Bischofs Dama-

5 Vgl. Pierre HAMBLENNE, L'apprentissage du grec par Jérôme. Quelques ajustements, in: REAug 40 (1994) 353–364.

6 Hieronymus, ep. 17,2,4; Vulg. praef. Tob. p. 676,8f. WEBER; Vulg. praef. Dan. p. 1341, 17–19 WEBER.

7 Ep. 84,3,1–3; 125,12; adv. Rufin. I 13. Diese Beurteilung der Hebräischkenntnisse des Hieronymus folgt Eitan BURSTEIN, La compétence de Jérôme en hébreu. Explication de certaines erreurs, in: REAug 21 (1975) 3–12.

8 Wohl auf das Landgut Maronia seines Freundes Evagrius. Zur unsicheren Datierung dieses ‚Wüsten'-Aufenthalts Mitte der 370er Jahre vgl. John H. D. SCOURFIELD, Jerome, Antioch, and the Desert. A Note on Chronology, in: JThS 37 (1986) 117–121.

9 Zu den asketisch lebenden Frauen um Hieronymus vgl. Barbara FEICHTINGER, *Apostolae apostolorum*. Frauenaskese als Befreiung und Zwang bei Hieronymus, Frankfurt a.M. u.a. 1995, 168–235; Patrick LAURENCE, Jérôme et le nouveau modèle féminin. La conversion à la „vie parfaite", Paris 1997; Silvia LETSCH-BRUNNER, Marcella –

sus (ebd. 123,9,1). In diesen Jahren kreuzten sich die Lebenswege des Augustinus und des Hieronymus, denn Augustinus hielt sich seit Herbst 383 als Rhetoriklehrer in Rom auf und ging im Sommer 384 nach Mailand, doch gibt es in den Quellen keinerlei Indiz dafür, dass ihnen diese Überschneidung ihrer Lebenswege je zu Bewusstsein gekommen wäre.

Als sein Protektor Damasus im Dezember 384 starb, konnte Hieronymus sich in Rom nicht mehr halten, weil seine militante Propaganda für das asketische Ideal sowohl auf gesellschaftliche wie auf kirchliche Widerstände im nicht asketisch geprägten Klerus der Stadt stieß (vgl. ebd. 40. 45). Nach einer Reise durch Palästina und Ägypten, verbunden mit einem etwa vierwöchigen Besuch bei Didymus dem Blinden in Alexandria (ebd. 50,1,3; 84,3,1; adv. Rufin. I 13), ließ Hieronymus sich 386 in Bethlehem nieder und erbaute dort mit Hilfe von Paula und ihres Vermögens ein Männer- und drei Frau[319]enklöster samt Pilgerherberge und Bibliothek, deren umfangreichen Bestand insbesondere an Bibelausgaben (in allen drei Sprachen) und Kommentaren Hieronymus seit seiner Studienzeit aufgebaut hatte.[10] In dieser ausgedehnten, bei einem räuberischen Überfall im Sommer/Herbst 416 allerdings geplünderten und in Brand gesteckten Anlage,[11] die mit der von Hieronymus kreierten Verbindung von Askese und (Bibel-)Gelehrsamkeit zum Prototyp des abendländischen Klosterwesens wurde, verbrachte Hieronymus sein weiteres Leben als Asket und Wissenschaftler, der sich neben der Werbung für die monastische Lebensform in erster Linie dem Übersetzen und Erklären der Bibel widmete, bei aller Zurückgezogenheit aber auch ein engagierter Zeitgenosse war und sich an theologischen Auseinandersetzungen beteiligte, namentlich am Streit über die Rechtgläubigkeit des Origenes (393–402) und, aus eigenem Antrieb an der Seite des Augustinus,[12] über Spiritualität und Theologie des Pelagius (414–419). Laut Prosper starb Hieronymus am 30.9.420 (chron. I p. 469,1274 MOMMSEN); seine letzten Briefe, alle aus der ersten Hälfte

Discipula et Magistra. Auf den Spuren einer römischen Christin des 4. Jahrhunderts, Berlin/New York 1998.

10 Hieronymus, ep. 10,3,2f.; 22,30,1; 32,1.2; 36,1,1f.4; 36,4,1; 78,20,2; 78,26,2; 84,3,5; vir. ill. 3.

11 Mit Hieronymus, ep. 135–139, vermutete Augustinus, gest. Pelag. 66, dahinter Pelagius oder dessen Anhänger (so auch GRÜTZMACHER, Hieronymus [wie Anm. 1] Bd. 3, 274f.; CAVALLERA, Saint Jérôme [wie Anm. 1] Bd. 1, 328f.; KELLY, Jerome [wie Anm. 1] 322), doch wurden die Klöster eher „durch eine hungrige Menge geplündert" (Pierre NAUTIN, Art. Hieronymus, in: TRE 15 [1986] 304–315, hier 308).

12 Siehe unten III; IV 2; V.

des Jahres 419 (Hieronymus, ep. 151–154), deuten eher auf 419. Augustinus redet ab 421 von Hieronymus als verstorben.[13]

II. Persönlichkeit

Hieronymus gilt als schwieriger Charakter, cholerisch reizbar, unversöhnlich im Streit, auf das schärfste polemisch. Insbesondere das heftige Zerwürfnis mit seinem Jugendfreund Rufinus von Aquileja,[14] auf das Augustinus geradezu schockiert reagierte (ep. 73,6–10; vgl. ebd. 82,1), als er 404 davon aus dem Brief des Hieronymus gegen Rufinus erfuhr, den dieser ihm 402 zugeschickt hatte (Hieronymus, A. ep. 68, 3),[15] und die dogmatische Preisgabe seines theologisch-exegetischen Lehrmeisters Origenes – *quamvis Origenem mirabiliter ante* [320] *laudaveris,* wie Augustinus ihm ep. 82,23 schrieb[16] – wurde und wird Hieronymus als unmoralisch und charakterlos vorgeworfen.

Auch zwischen Augustinus und Hieronymus kam es, nachdem ein brieflicher Kontakt zustandegekommen war,[17] fast zum Bruch. Ursächlich dafür waren zum einen die höchst unterschiedlichen Charaktere der beiden Männer. Zum anderen trugen die schwierigen Umstände der Briefübermittlung zwischen Hippo und Bethlehem – über die Entfernung von etwa 2000 Kilometern waren Briefe wochen- oder monatelang unterwegs –, speziell die Unterschlagung und Verbreitung von Augustins ep. 40 in Rom und Italien, zu einer Beeinträchtigung ihrer Beziehung bei. Die Hauptrolle aber spielte ein bestimmter Charakterzug des Hieronymus, nämlich seine mangelnde Fähigkeit zu Dialog und Umgang mit Kritik. In ep. 40 hat Augustinus Hieronymus sehr deutlich kritisiert und zum Widerruf seiner Auslegung von Gal. 2,11–

---

13 Augustinus, c. Iul. I 34; vgl. ebd. II 33.36; ench. 87.

14 Vgl. CAVALLERA, Saint Jérôme (wie Anm. 1) Bd. 1, 193–202; Hieronymus, Apologie contre Rufin, introduction, texte critique, traduction et index par Pierre LARDET (SC 303), Paris 1983, 1*–20*.

15 Hieronymus ließ Augustinus die so genannte „zweite Apologie" gegen Rufinus zukommen, einen ursprünglich selbstständigen Brief, der als drittes Buch von adv. Rufin. gezählt wird. Die bei dieser Gelegenheit versprochene ausführlichere Gegenschrift, nämlich die so genannte „erste Apologie", die Bücher 1–2 von adv. Rufin., hat Hieronymus wohl nie geschickt; Augustinus jedenfalls redet später nur von einem Buch und zitiert dabei aus dem dritten, nämlich adv. Rufin. III 28 in ep. 166,15 (vgl. dazu ebd. 180,2.5; zur Thematik vgl. Anne-Marie LA BONNARDIÈRE, Art. Adulterium, in: AL 1 [1986–1994] 125–137, hier 129).

16 Augustinus bezieht sich sehr wahrscheinlich auf adv. Rufin. III 9.27, wo Hieronymus sich ähnlich geäußert hat

17 Siehe unten IV.

14 aufgefordert (ep. 40,7f.). Obwohl Augustinus diese Aufforderung später relativierte (ebd. 82,33), verrät die Tatsache, dass Hieronymus in verärgertem Ton mehrmals auf sie zurückkam,[18] dass er darüber ausgesprochen erbost war. Augustins Zweifel an seiner Kompetenz als Bibelübersetzer (ebd. 28,2; 71,3.5) dürften den Zorn des Hieronymus noch verstärkt haben; so erklärt sich wohl sein aggressiver Ton (Hieronymus, A. ep. 75,1f.), den Augustinus mit einem Versöhnungsbrief (ep. 73) mühsam zu besänftigen suchte, freilich ohne dass ihm selbst klar geworden wäre, wieweit er damit Erfolg hatte.[19]

Hinter dieser Verstimmung steht eine diametral gegensätzliche Einstellung zu Kritik unter Freunden.[20] Während Augustinus im Gefolge der antiken Hochschätzung des Freimuts unter Freunden und der Warnung vor Schmeichelei gerade eine solche Freundschaft als *caritas maior* einstufte, in der Meinungsverschiedenheiten und kontroverse Diskussionen möglich sind,[21] und die Beziehung zu Hieronymus von dieser Vorgabe aus als kritischen Disput über theologisch-exegetische Themen gestalten wollte,[22] schlossen sich in den Augen des Hieronymus Freundschaft und Kritik gegenseitig aus – er empfand Augustins kritische Sachfragen als persönliche Kränkung (Hieronymus, A. ep. 72,4; 75,2) –, weswegen er sich diesem Ansinnen des Augustinus konsequent verweigerte (vgl. ebd. 81).

Aus dieser schlechten Erfahrung klüger geworden, hat Augustinus später zwar noch einmal auf der Basis seiner Grundsätze das Gespräch mit Hieronymus gesucht,[23] die Annahme von Kritik dabei aber nur mehr sich selbst, nicht Hieronymus abverlangt (ep. 166,9; 167,21), der sich einem kritischen Austausch indes wieder verweigerte (Hieronymus, A. ep. 172,1; 202,2). Obwohl Hieronymus Augustins Standhaftigkeit gegen die Pelagianer lobte (ebd. 172,1; 195; 202,1) und obwohl Augustinus oft und schon [321] von Anfang an die Gelehrsamkeit des Hieronymus anerkennend erwähnte[24] und ihn im Jahr 415 mit dem

18 Hieronymus, A. ep. 68,1; 72,4; 75,18; vgl. Kathleen JAMIESON, Jerome, Augustine and the Stesichoran Palinode, in: Rhetorica 5 (1987) 353–367.

19 Vgl. seine seinerseits leicht ärgerliche und schließlich resignierende Reaktion auf Hieronymus, A. ep. 81 in ep. 82,1–3.30–33.36.

20 Vgl. Alfons FÜRST, Augustins Briefwechsel mit Hieronymus (JAC.E 29), Münster 1999, 110–176.

21 Vgl. Augustinus, ep. 27,6; 33,3; 63,1; 95,4; 108,6; 110,2; 140,74; 151,12; 155,11; serm. 87,15; in ep. Ioh. tract. 10,7; conf. IV 13; trin. II 1; an. et orig. II 23.

22 Vgl. ep. 28,6; 67,2; 73,3f.9; 82,31–33.36.

23 Ep. 166,1.10; 167,1.3.21; vgl. seine Aussagen über ep. 166 und 167 in ep. 169,13; 190,21; 202A,1.

24 Vgl. ep. 28,1.5f.; 40,1; 73,5; 82,2f.33; 166,15; 167,4.10. Rühmend erwähnt wird Hiero-

höchsten Lob bedachte, das Hieronymus je von einem Zeitgenossen erhalten hat (ep. 167,21), hat sich ihre Beziehung trotz dieses versöhnlichen Ausklangs nach dem drohenden Scheitern doch nie zu einer wirklichen Freundschaft entwickelt.[25]

III. Theologisches Profil

Nicht nur menschlich, sondern auch theologisch trafen mit dem Bischof von Hippo und dem Mönch in Bethlehem zwei höchst unterschiedliche Mentalitäten aufeinander.[26] Während der spekulative Denker Augustinus sich im Kontext der zeitgenössischen Religionsphilosophie und eng verknüpft mit den Erfahrungen seiner geistigen und religiösen Biographie kreativ mit den philosophischen und theologischen Urfragen nach Glück, Leid und Gewissheit auseinandersetzte, hat der an Fragen der christlichen Lebenspraxis interessierte Asket und weniger philosophisch als philologisch geschulte Wissenschaftler Hieronymus sich auf die Übersetzung und Kommentierung der Bibel konzentriert, Fragen wie etwa die nach dem Leid kleiner Kinder hingegen, die Augustinus ihm gegenüber aufgeworfen hat (ep. 166,16),[27] als im Grunde fruchtlos abgetan, weil sie das Erkenntnisvermögen des Menschen überstiegen.[28]

Diese Divergenzen ihrer theologischen Perspektiven und Arbeitsfelder werden besonders im pelagianischen Streit deutlich.[29] Zwar haben beide darin die Übereinstimmung ihrer soteriologischen Ansichten bekundet, doch handelt es sich dabei um eine schiefe Allianz gegen Pelagius.[30] So hat Hieronymus sich am Schluss von adv. Pelag. explizit Augustins erbsündentheologischer Sinngebung der [322] Kindstaufe angeschlossen (ebd. III 17–19), obwohl diese mit seiner ansonsten vertretenen Auffassung von der Unschuld der noch unmündigen Kinder[31]

---

nymus von Augustinus auch ebd. 148,7.14; 180,5; 197,1; doctr. christ. IV 41; pecc. mer. et rem. III 12; nat. et grat. 78; civ. XX 23; c. Iul. I 34; II 36; serm. DOLBEAU 30,6.

25 Vgl. FÜRST, Briefwechsel (wie Anm. 20) 220–230.

26 Zu Differenzen ihrer exegetischen Arbeitsweise vgl. Pierre JAY, Jérôme et Augustin lecteurs d'Isaïe. À propos du *Tractatus de psalmo* 96 de Jérôme, in: Augustinus 38 (1993) 291–302.

27 Vgl. civ. XXII 22; c. Iul. III 9; c. Iul. op. imp. I 49; II 22; III 48; V 64; VI 27.

28 Vgl. Hieronymus, in Eccl. 1,13; 8,16f.; ep. 39,2,3f.; 130,16,3f.

29 Vgl. Alfons FÜRST, Zur Vielfalt altkirchlicher Soteriologie. Augustins Berufung auf Hieronymus im pelagianischen Streit, in: Johannes B. BAUER (Hg.), Φιλοφρόνησις für Norbert Brox (GrTS 19), Graz 1995, 119–185 (in diesem Band Nr. 18).

30 Vgl. FÜRST, Briefwechsel (wie Anm. 20) 177–230.

31 Hieronymus, adv. Pelag. III 6; ep. 39,2,3; 85,2,1; 85,5,1; 107,6,1.3; 121,8,14.

nicht vereinbar war. Umgekehrt berief sich Augustinus des öfteren namentlich auf Hieronymus, um seine eigene Soteriologie als die kirchlich allgemeingültige auszuweisen,[32] und führte dafür vier Aussagen des Hieronymus an,[33] deren Wortlaut allerdings nicht die von Augustinus suggerierte Bedeutung deckt. Augustinus und Hieronymus waren sich zwar einig in der Ablehnung der pelagianischen Annahme, Vollkommenheit sei dem Menschen in diesem Leben erreichbar, sowie in der Überzeugung von der Notwendigkeit der *gratia* zum Tun des Guten. In der von Augustinus reflektierten Frage nach dem genaueren Zusammenhang von Freiheit, Gnade und Erkenntnis im Erlösungsgeschehen kam Hieronymus indes nicht über eine ‚semipelagianische' Position hinaus.[34] Nicht nur in den inhaltlichen Aussagen, sondern auch in der Dynamik und Tiefe der Denkbemühung blieb Hieronymus die Gnaden- und Erbsündentheologie des Augustinus fremd.

Die Nähe des Hieronymus zum Pelagianismus im Gegensatz zu Augustins Erbsündenlehre wird an der Frage nach der Herkunft der Seele virulent,[35] die Augustinus in ep. 166 an Hieronymus eben deswegen ausgiebig erörterte. Die kreatianistische Erklärung, jede Seele werde im Akt der elterlichen Zeugung eines Menschen unmittelbar von Gott geschaffen, war unvereinbar mit Augustins Annahme, jeder Mensch sei in Adam schuldig geworden,[36] weshalb Augustinus diese Theorie nicht akzeptieren wollte, obwohl sie ihm an sich sympathisch war,[37] weil sie zu seiner Annahme passte, die Seele werde *ex nihilo*, d.h. ohne materielle Vermittlung, unmittelbar von Gott ins Dasein gesetzt.[38]

---

32 Augustinus, ep. 166,6; c. Iul. I 34; II 33.36f.; III 32. Julian von Aeclanum bestritt die Berechtigung dieser Berufung; vgl. c. Iul. op. imp. IV 88f.121.

33 Hieronymus, in Math. I 5,8 (Z. 456–458) und adv. Iovin. II 3 in Augustinus, nat. et grat. 78; Hieronymus, adv. Iovin. II 2 in Augustinus, pecc. mer. et rem. III 13 und ep. 166,6.21 sowie 167,10; Hieronymus, in Ion. 3,5 (CCL 76, 406,88–93) in Augustinus, pecc. mer. et rem. III 12 und ep. 166,6.21 sowie c. Iul. I 34. Vgl. auch Cornelius MAYER, Art. Doctrina, in: AL 2 (1996–2002) 534–551, hier 545.

34 Vgl. etwa Hieronymus, adv. Pelag. I 5; II 6; III 1.10; ep. 130,14,2f. Diese von zahlreichen Gelehrten geteilte Einschätzung vertritt schon GRÜTZMACHER, Hieronymus (wie Anm. 1) Bd. 3, 266. 269; weitere Literatur bei FÜRST, Vielfalt (wie Anm. 29) 143f. Anm. 78.

35 Vgl. etwa Gillian R. EVANS, Augustine on the Soul. The Legacy of the Unanswered Questions, in: Aug. 25 (1985) 283–294; Gerard J. P. O'DALY, Augustine on the Origin of Souls, in: Platonismus und Christentum. Festschrift für Heinrich Dörrie (JAC.E 10), Münster 1983, 184–191; ders., Art. Anima, animus, in: AL 1 (1986–1994) 315–340, hier 321f.; Gerald BONNER, Art. Baptismus parvulorum, in: ebd. 592–602, hier 598.

36 So Augustinus, ep. 166,6.10.21.25; 167,1; 180,2; 190,13; 202A,18.

37 Das bekundet er ebd. 166,8.11–15.17.19.25–27; an. et orig. I 33.

38 Vgl. Gen. ad litt. VII 5,7f.; 21,27–31; 28,32f.; X 4,7; 9,16; c. Prisc. 1–3.

Da Hieronymus nun aber, wie Augustinus erkannte (vgl. ebd. 166,8. 11f.), dem Kreatianismus zuneigte,[39] arbeitete er faktisch den Pelagianern in die Hände, die mit Hilfe eben dieser Seelenlehre gegen Augustins Erbsündendoktrin argumentierten.[40] Derartige dogmatische Implikationen, auf die Augustinus Hieronymus aufmerksam machen wollte, lagen freilich außerhalb von dessen Horizont und Interesse.

[323] IV. Briefwechsel mit Augustinus

Nicht zuletzt die geschilderten Unterschiede machen Reiz und Lebendigkeit des Briefwechsels zwischen Augustinus und Hieronymus aus. Nachdem sich beide in Rom 383/384 nicht begegnet waren und sich auch später nie persönlich kennenlernten, war es Augustins bester und lebenslanger Freund Alypius, der mit einem Besuch in Bethlehem anlässlich einer Pilgerreise nach Palästina 393/394 den Kontakt herstellte,[41] der sich über 25 Jahre hinweg zu einem von mancherlei Spannungen belasteten, inhaltlich hoch interessanten brieflichen Austausch in zwei Phasen entwickelte, von dem 18 Briefe erhalten sind, je 9 von jedem Briefpartner von jeweils 13 (also insgesamt 26 Briefe von höchst unterschiedlicher Länge, wenn man den Gruß des Augustinus und die an andere Adressaten gerichteten Briefe, die eng zu dieser Korrespondenz gehören,[42] nicht mitzählt).[43]

---

39 Das lässt sich daraus schließen, dass Hieronymus von allen möglichen Theorien über die Herkunft der Seele nur diese mit biblischen Belegen ausstattete; vgl. c. Ioh. 22; adv. Rufin. II 4.10; III 28; ep. 126,1,2.

40 Vgl. Augustins diesbezügliche Informationen vor allem aus den Schriften Julians von Aeclanum: c. duas ep. Pelag. III 26; c. Iul. op. imp. II 24.178; III 173.

41 In seinem ersten Brief knüpft Augustinus an diesen Besuch an (ep. 28,1); vgl. Erich FELDMANN, Art. Apostolus (apostolatus), in: AL 1 (1986–1994) 395–406, hier 252; Othmar PERLER/Jean L. MAIER, Les Voyages de saint Augustin (EAug 8), Paris 1969, 174.

42 Augustinus, ep. 74 an Praesidius; Hieronymus, A. ep. 165, an Marcellinus und Anapsychia.

43 Der folgenden Darstellung liegt die Rekonstruktion der komplizierten chronologischen Abläufe bei FÜRST, Briefwechsel (wie Anm. 20) 89–110. 178–187, zugrunde, an der auch die Regesten in AL 2, 929–937 orientiert sind. Separatausgabe des lateinischen Textes bei Josef SCHMID (Hg.), SS. Eusebii Hieronymi et Aurelii Augustini Epistulae mutuae (FlorPatr 22), Bonn 1930; Separatübersetzungen durch Carolinne WHITE, The Correspondence (394–419) between Jerome and Augustine of Hippo, Lewiston/Queenston/Lampeter 1990 (engl., ohne ep. 19*), und Augustinus – Hieronymus, Epistulae mutuae. Briefwechsel, übersetzt und eingeleitet von Alfons FÜRST, 2 Bde. (FC 41/1–2), Turnhout 2002.

1. Die erste Phase (394/395 bis 405)

a) Kontaktaufnahme

Der erste, nicht erhalten gebliebene postalische Kontakt zwischen Augustinus und Hieronymus bestand ca. 396 aus einer *subscripta salutatio* des Augustinus, die er zum Brief eines unbekannten Dritten[44] an Hieronymus dazugeschrieben hatte, und der kurzen Antwort des Hieronymus darauf.[45] Wohl 397 schrieb Hieronymus dem in den Westen reisenden Diakon Praesidius[46] eine Empfehlung an Augustinus (Hieronymus, A. ep. 39). Dieser hatte schon 394/395 einen Brief an Hieronymus geschrieben (ep. 28), der aber nicht abging, weil der Bote Profuturus[47] zum Bischof von Cirta gewählt wurde und bald darauf verstarb.[48] Als Reaktion auf den (verlorenen) ersten Brief des Hieronymus verfasste Augustinus ca. 397 erneut ein Schreiben (ep. 40), das nun aber – ohne dass wir den Vorgang genau rekonstruieren können (Augustinus macht später nur vage Andeutungen; vgl. ebd. 73,5; 82,32)[49] – unterschlagen wurde, in [324] Rom und Italien zirkulierte (Hieronymus, A. ep. 72,1; 75,18) und erst 402 in einer Abschrift zu Hieronymus gelangte (ebd. 68,1; 72,1).

Schon im ersten dieser Briefe bekundet Augustinus sein Interesse an einem wissenschaftlich-theologischen Austausch mit Hieronymus (ep. 28,1; im selben Sinn ebd. 67,3; 73,5; 166,1). Nach der Priesterweihe 391 trieb Augustinus intensive Bibelstudien, um sich auf seine Aufgaben in Katechese und Liturgie vorzubereiten. Der Mangel an Hilfsmitteln für das Verständnis der biblischen Texte führte zu einem ersten Wunsch an Hieronymus: Augustinus bat ihn um die Übersetzung exegetischer Werke griechischer Theologen, besonders des Origenes (ebd. 28,2). Diese zusammen mit der gesamten *Africanarum ecclesiarum studio-*

44 Donatien DE BRUYNE, La correspondance échangée entre Augustin et Jérôme, in: ZNW 31 (1932) 233–248, hier 235, KELLY, Jerome (wie Anm. 1) 218, und WHITE, Correspondence (wie Anm. 43) 20, denken an Alypius, Ralph HENNINGS, Der Briefwechsel zwischen Augustinus und Hieronymus und ihr Streit um den Kanon des Alten Testaments und die Auslegung von Gal. 2,11–14, Leiden/New York/Köln 1994, 32f., denkt an Aurelius von Karthago, doch kommt man über Mutmaßungen nicht hinaus.

45 Vgl. Hieronymus, A. ep. 39,1; Augustinus, ep. 40,1.9.

46 Vgl. Praesidius 1, in: André MANDOUZE, Prosopographie de l'Afrique chrétienne 303–533, Paris 1982, 899f.

47 Vgl. Profuturus, in: ebd. 928–930.

48 Augustinus, ep. 40,8; 71,2; Hieronymus, A. ep. 72,1.

49 Zum Boten Paulus (ep. 40,9) vgl. Paulus 3, in: MANDOUZE, Prosopographie (wie Anm. 46) 841.

sa societas (ebd.) geäußerte Bitte bildete den Auftakt zu einer ganzen Reihe weiterer Anliegen Augustins:[50] Er erkundigte sich nach dem korrekten Titel des Werkes *De viris illustribus*, das ihm unter der Bezeichnung *epitaphium* bekannt geworden war (ep. 40,2),[51] sowie nach den Irrlehren des Origenes (ebd. 40,9)[52] und regte Hieronymus zur Abfassung eines Breviars aller Häresien an – das dieser nie geschrieben hat (vgl. haer. epil. 2) –, da er in vir. ill. entsprechende Angaben vermisste (ep. 40,9). Zudem wollte er nicht nur über Briefe, sondern auch über Boten Kontakt halten, und nachdem die in diesem Sinn gedachte Reise des Profuturus (ebd. 28,6) nicht zustandegekommen war, regte er später generell einen Schüleraustausch untereinander an (ebd. 73,5), doch sollte diese Idee erst Orosius im Jahr 415 in die Tat umsetzen (ebd. 166,2).

b) Bibelübersetzung (Ijob)

Mit diesen Anregungen verband Augustinus zwei kritische Rückfragen, von denen die erste die Bibelübersetzungen des Hieronymus betraf.[53] 394/395 hatte Augustinus diejenige Ijob-Übersetzung in das La-

50 Vgl. FÜRST, Briefwechsel (wie Anm. 20) 116–119.

51 Augustinus war vermutlich eine Ausgabe in die Hände gelangt, deren Schlusskapitel, in dem Hieronymus seine eigenen Schriften aufzählt (vir. ill. 135), u.a. durch den Hinweis auf ein *epitaphium* (wohl ep. 60 zum Tod Nepotians) ergänzt war. Aus Hieronymus' Antwort geht hervor, dass er dem Werk ursprünglich selbst keinen eindeutigen Titel gegeben hat: *hic liber vel de inlustribus viris vel proprie de scriptoribus ecclesiasticis appellandus est* (Hieronymus, A. ep. 75,3). Weiteres bei Alfred FEDER, Zusätze zum Schriftstellerkatalog des hl. Hieronymus, in: Bib. 1 (1920) 500–513, hier 501–506.

52 Den Anlass für diese Frage bildeten eventuell die origenistischen Streitigkeiten, zu denen Augustinus Genaueres wissen wollte (so KELLY, Jerome [wie Anm. 1] 218f.), oder das ausführliche Kapitel über Origenes in Hieronymus, vir. ill. 54 (so Anne-Marie LA BONNARDIÈRE, Jérôme „informateur" d'Augustin au sujet d'Origène, in: REAug 20 [1974] 42–54, hier 43f.).

53 Vgl. Severin C. W. BINDESBØLL, Augustinus et Hieronymus de sacra scriptura ex hebraeo interpretanda disputantes, Hafniae 1825; Marie-Joseph LAGRANGE, Saint Jérôme et saint Augustin, à propos des origines de la Vulgate, in: ders., Mélanges d'histoire religieuse, Paris 1915, 167–184 (vgl. ders., L'esprit traditionnel et l'esprit critique, in: BLE 1 [1899] 37–50); Georges JOUASSARD, Réflexions sur la position de saint Augustin relativement aux Septante dans sa discussion avec saint Jérôme, in: REAug 2 (1956) 93–99; Henry G. DAVIS, The Scriptural Controversy Between St. Jerome and St. Augustine, in: ACR 33 (1956) 103–116; William H. SEMPLE, St. Jerome as a Biblical Translator, in: BJRL 48 (1965/66) 227–243; Heinrich MARTI, Übersetzer der Augustin-Zeit. Interpretation von Selbstzeugnissen (STA 14), München 1974, 135–139; Alfons FÜRST, *Veritas Latina*. Augustins Haltung gegenüber Hieronymus' Bibel-

teinische vor Augen, die Hieronymus um 390 nach dem hexaplarischen Septuaginta-Text angefertigt hatte[54] und in der sehr viele Stellen mit einem Asteriskos versehen waren, weil in der genuinen Septuaginta-Version etwa ein Sechstel des hebräischen Textes fehlte (vgl. Hieronymus, Vulg. praef. Iob p. 731,5–14 WEBER)[55] und Origenes diese Partien in der Hexapla aus der griechischen Übertragung Theodotions (2. Jahrhundert) ergänzt hatte (vgl. Hieronymus, A. ep. 75,19). Während Hieronymus diese textkritischen Markierungen beim Übersetzen einfach übernommen hatte, missverstand Augustinus aus Unkenntnis der biblischen Textgeschichte die mit einem Asteriskos versehenen Stellen als neue Funde des Hieronymus im hebräischen Text und äußerte unverhohlen Zweifel an der Kompetenz des Hieronymus als Übersetzer, weil ihm diese (vermeintliche) Vorgehensweise alles andere als überzeugend erschien (ep. 28,2; vgl. ebd. 71,5). Als Augustinus dann später die um 393 angefertigte zweite Ijob-Übersetzung des Hieronymus [325] nach dem Hebräischen in die Hände kam, die keine textkritischen Zeichen enthielt (und zur Vulgata-Fassung avancierte), sah er sich 403 zu einer Verschärfung seiner Kritik veranlasst: Er fand keinen Grund für die nochmalige Übertragung, wo Hieronymus doch bereits eine Übersetzung desselben Propheten aus dem Griechischen in das Lateinische vorgelegt habe (ebd. 71,3), und rügte das Fehlen der Asteriskoi, weil man dadurch dem Text die Abweichungen von der (nichthexaplarischen) Septuaginta nicht mehr ansehe (ebd.).

Angesichts dieser neuen Arbeitsweise des Hieronymus, der von 390 bis 406/407 das Alte Testament in das Lateinische übertrug, indem er programmatisch auf den hebräischen (oder aramäischen) Urtext zurückgriff,[56] erhob Augustinus jetzt aber eine weitergehende Forde-

---

übersetzungen, in: REAug 40 (1994) 105–126 (in diesem Band Beitrag Nr. 17); ders., Briefwechsel (wie Anm. 20) 139–145. Die Ansicht von HENNINGS, Briefwechsel (wie Anm. 44) 110–121. 131–217 (übernommen von Hubertus R. DROBNER, Augustins *sermo Moguntinus* über Gal 2,11–14. Einleitung, Übersetzung und Anmerkungen, in: ThGl 84 [1994] 226–242, hier 227), Augustinus und Hieronymus hätten über den Kanon, d.h. den Umfang (statt den Text) der Bibel diskutiert, beruht auf einer Fehlinterpretation der einschlägigen Aussagen; vgl. DAVIS, Controversy 107 Anm. 20; Giovanni MENESTRINA, Il carteggio Agostino – Gerolamo. Note a margine di un recente studio, in: CrSt 18 (1997) 387–396, hier 391; FÜRST, Briefwechsel (wie Anm. 20) 140f. Anm. 361.

54 Text: PL 29, 63–118; vgl. Peter J. ERBES, Die Job-Übersetzungen des hl. Hieronymus, Diss. Freiburg i.Br. 1950.

55 Vgl. MARTI, Übersetzer (wie Anm 53) 134.

56 Hieronymus, A. ep. 75,20: *hebraea veritas*; andernorts, erstmals um 390 in Vulg. praef. Regn. p. 365,69 WEBER und 391/392 in quaest. hebr. in Gen. praef. (CChr.SL 72, 2): *hebraica veritas*; vgl. in Dan. II 5,11a (Z. 110f.): *chaldaica veritas* für den aramäischen

rung. Wie Hieronymus war er ausgesprochen unzufrieden mit der Uneinheitlichkeit und schlechten sprachlichen Qualität der gegen Ende des 4. Jahrhunderts gebräuchlichen lateinischen Bibelübersetzungen.[57] Grundsätzlich teilte er daher das Ziel des Hieronymus, einen verbesserten lateinischen Bibeltext (ep. 71,6: *latina veritas*) zu erstellen,[58] weshalb er die Revision der Evangelien, die Hieronymus bei seinem zweiten Romaufenthalt angefertigt hatte (Vulg. evang. praef.), nachdrücklich begrüßte und für ihre Gediegenheit lobte (ep. 71,6). Für die ebenfalls durchaus erwünschte sprachlich-stilistische Revision des lateinischen Alten Testaments wollte Augustinus indes nicht den hebräischen Text zugrundegelegt wissen, sondern den griechischen der Septuaginta (ebd. 71,4.6; 82,35). Hinter diesem Plädoyer standen auch die Autorität der Septuaginta, die auf ihrer Inspiriertheit und apostolischen wie kirchlichen Verwendung beruhte,[59] sowie die Sorge, ein neuer Text könnte in den Gemeinden Unruhe stiften (ebd. 71,5; 82,35);[60] doch hat Augustinus gegenüber Hieronymus nicht dogmatisch oder pastoral argumentiert, sondern philologisch mit der Überprüfbarkeit einer neuen Übersetzung im Streitfall (ebd. 71,4). Weil er eine Aufgabe wie die Erstellung eines verlässlichen lateinischen Bibeltextes nicht der Zuständigkeit eines einzelnen, eben des Hieronymus, überlassen wollte und weil er zu Juden als Beratern, auf die Hieronymus ihn verwies,[61] kein Vertrauen hatte (ebd. 71,4f.; 82,34), forderte er Hieronymus auf, seiner Übersetzung des Alten Testaments den griechischen Text (der Septuaginta) zugrundezulegen.

Urtext. Den griechischen Urtext des Neuen Testaments nannte Hieronymus *graeca veritas* (Vulg. evang. praef. p. 1515,4 WEBER).

57 Hieronymus, ep. 106,2,3; vgl. ferner die Vulgata-Vorreden (Vulg. praef.) zu Ios. (p. 285,11–13 WEBER), Ezr. (p. 639,37–40), Idt. (p. 691,7f.), Est. (p. 712,1f.) und evang. (p. 1515,12f.); Augustinus, ep. 71,6; vgl. weiter ebd. 82,35; 120,1; 149,12f.; doctr. christ. II 16.

58 Augustinus hat sich generell für die Emendation verderbter Stellen im lateinischen Bibeltext ausgesprochen; vgl. doctr. christ. II 18.21f.; ep. 5*,3.

59 Ep. 28,2; 71,4.6; 82,35; vgl. doctr. christ. II 22; IV 15; civ. XV 14.23; XVIII 42–44; XX 29.

60 Vgl. Heinrich DÖRRIE, Zur Geschichte der Septuaginta im Jahrhundert Konstantins, in: ZNW 39 (1940) 57–110; Heinrich KARPP, „Prophet" oder „Dolmetscher"? Die Geltung der Septuaginta in der Alten Kirche, in: Festschrift für Günther Dehn, Neukirchen 1957, 103–117, bes. 111–115; Caroline P. BAMMEL, Die Hexapla des Origenes. Die *hebraica veritas* im Streit der Meinungen, in: Aug. 28 (1988) 125–149, hier 146–149; Mogens MÜLLER, *Graeca sive hebraica veritas*? The Defence of the Septuagint in the Early Church, in: SJOT 1 (1989) 103–124, bes. 118–120; Stefan REBENICH, Jerome. The „vir trilinguis" and the „Hebraica veritas", in: VigChr 47 (1993) 50–77.

61 Hieronymus, A. ep. 75,20; vgl. die Vulgata-Vorreden (Vulg. praef.) zu Pent. (p. 4,43f. WEBER), Regn. (p. 365f.,70–73) und Ezr. (p. 638,31f.).

c) Bibelauslegung (Gal. 2,11–14)

Die zweite kritische Anfrage richtete Augustinus an die Paulusauslegung des Hieronymus, konkret an seine Auffassung des berühmten Streits zwischen Paulus und Petrus in Antiochia (Gal. 2,11–14).[62] Von der Beobachtung aus, dass Paulus bei der Beschneidung des Timotheus (Apg. 16,1–3), beim Nasiräatsgelübde in [326] Kenchreä (ebd. 18,18) und bei der Auslösung von vier Nasiräern in Jerusalem (ebd. 21,17–26) sich ebenso wie Petrus mit seiner Beachtung von Speisevorschriften in Antiochia an das jüdische Zeremonialgesetz gehalten habe, obgleich beide um die aus christlicher Sicht soteriologische Irrelevanz dieser Gebote wussten (Hieronymus, A. ep. 75,7–11; in Gal. I 2,14 [PL 26, 367 A–C]), nahm Hieronymus in seinem Kommentar zum Galaterbrief von 386 – der Augustinus in einer anonymen Abschrift (vgl. ep. 28,3) auf unbekanntem Weg zugekommen war – mit Origenes und den ihm folgenden Auslegern,[63] auf die er sich wiederholt beruft,[64] an, Paulus könne seine Kritik an Petrus nicht ernst gemeint haben (Hieronymus, A. ep. 75,11; vgl. ebd. 75,4). Ihr Streit sei vielmehr als Scheinstreit zu begreifen. Indem die Apostel den drohenden Konflikt zwischen Juden-

62 Vgl. Johann Adam MÖHLER, Hieronymus und Augustinus im Streit über Gal. 2,14, in: ThQ 6 (1824) 195–219, erneut in: ders., Gesammelte Schriften und Aufsätze 1, Regensburg 1839, 1–18; Amédée THIERRY, Saint Jérôme. La société chrétienne en Occident, Paris [4]1891, 424–433. 453–465; Franz OVERBECK, Ueber die Auffassung des Streits des Paulus mit Petrus in Antiochien (Gal. 2,11ff.) bei den Kirchenvätern, Basel 1877, erneut in: ders., Werke und Nachlaß 2. Schriften bis 1880, in Zusammenarbeit mit Marianne STAUFFACHER-SCHAUB hg. von Ekkehard W. STEGEMANN/Rudolf BRÄNDLE, Stuttgart/Weimar 1994, 231–320; GRÜTZMACHER, Hieronymus (wie Anm. 1) Bd. 3, 114–137; Eligio MALFATTI, Una controversia tra S. Agostino e S. Girolamo, in: ScC 49 (1921) 321–338. 402–426; CAVALLERA, Saint Jérôme (wie Anm. 1) Bd. 1, 297–306; Paul AUVRAY, Saint Jérôme et saint Augustin. La controverse au sujet de l'incident d'Antioche, in: RSR 29 (1939) 594–610; KELLY, Jerome (wie Anm. 1) 217–220. 263–272; Giovanni MENESTRINA, Quia reprehensibilis erat ... (Gal. 2,11–14 nell' esegesi di Agostino e Girolamo), in: BeO 17 (1975) 33–42, erneut in: ders., Tra il Nuovo Testamento e i Padre, Brescia 1995, 119–132; HENNINGS, Briefwechsel (wie Anm. 44) 121–130. 218–291; FÜRST, Briefwechsel (wie Anm. 20) 1–87.

63 Vgl. Alfons FÜRST, Origenes und Ephräm über Paulus' Konflikt mit Petrus (Gal. 2, 11–14), in: Manfred WACHT (Hg.), Panchaia. Festschrift für Klaus Thraede (JAC.E 22), Münster 1995, 121–130 (in diesem Band Beitrag Nr. 9); Francesca COCCHINI, La recezione della controversia di Antiochia (Gal. 2,11–14) nelle comunità cristiane di ambiente orientale, in: Atti del V Simposio di Tarso su S. Paolo apostolo, Rom 1998, 225–235; dies., Da Origene a Teodoreto. La tradizione esegetica greca su Gal 2,11–14 e la controversia origeniana, in: Wolfgang A. BIENERT/Uwe KÜHNEWEG (Hg.), Origeniana Septima. Origenes in den Auseinandersetzungen des 4. Jahrhunderts (BEThL 137), Leuven 1999, 293–309.

64 Vgl. Hieronymus, in Gal. prol. (PL 26, 332C–333A); A. ep. 75,4–6.

und Heidenchristen in bestem Einvernehmen stellvertretend zwischen sich ausagierten, hätten sie für Frieden und Eintracht in der antiochenischen Gemeinde gesorgt, die Judenchristen vom ‚Judaisieren' befreit und so der „Wahrheit des Evangeliums" (Gal. 2,14) Geltung verschafft, womit der fingierten Szene heilsgeschichtliche Bedeutung über den konkreten Vorfall hinaus zukomme.[65]

Augustinus teilte die harmonistischen Vorgaben solcher Exegese (exp. Gal. 31. 41; ep. 40,5; 82,11), lehnte aber das Denkmodell ab, das hinter dieser speziellen Auslegung von Gal. 2,11–14 stand, nämlich die Ansicht, im Heilsinteresse eines anderen sei unter eng begrenzten Bedingungen eine Lüge oder Täuschung erlaubt.[66] In den Bahnen dieser Tradition verstand Hieronymus die ὑπόκρισις in Gal. 2,13 als *simulatio utilis* (in Gal. I 2,11–13 [PL 26, 364C]). Augustinus wandte sich gegen diese Vorstellung, die er mit einem Neologismus *mendacium officiosum*, „Lüge im Dienst der Heilsvermittlung", nannte,[67] weil die Annahme einer Lüge oder Täuschung in der Bibel deren Wahrheit und Irrtumslosigkeit (ep. 82,3.24; 166,24) und damit ihre Verlässlichkeit und Verbindlichkeit in Frage stelle.[68] Der Apostelstreit sei daher nicht vorgetäuscht *(simulate, dispensative)*, sondern echt *(vere)* gewesen.[69] Petrus habe in Antiochia einen Fehler gemacht, doch nicht, weil er die jüdischen Speiseriten beachtete, sondern weil er durch sein Verhalten die Heidenchristen zwang, „wie Juden zu leben" (Gal. 2,14 in ep. 40,5; 82,7f.11), was Paulus bei seinem ‚Judaisieren' immer vermieden habe, weswegen er Petrus zu Recht kritisierte.[70] Damit unterlief Augustinus das Hauptargument des Hieronymus, ließ indes (ebd. 82,24) unter Berufung auf

---

65 In Gal. 2,11–13 (PL 26, 363D); A. ep. 75,11: *dispensatio*; vgl. ebd. 75,4: *reprehensio dispensatoria*; ebd. 75,14: *dispensative*.

66 Vgl. Alfons FÜRST, Hieronymus über die heilsame Täuschung, in: ZAC 2 (1998) 97–112 (in diesem Band Beitrag Nr. 12); ders., Patristische Diskussionen über die Lüge, in: Rochus LEONHARDT/Martin RÖSEL (Hg.), Dürfen wir lügen? Beiträge zu einem aktuellen Thema, Neukirchen-Vluyn 2002, 68–90; jetzt auch Alfons FÜRST, Art. Lüge (Täuschung), in: RAC 23 (2009) 620–645.

67 Augustinus, ep. 28,3f.; 40,3; 82,21; 180,3; mend. 1. 11.

68 Ep. 28,3–5; 40,3.5; 82,4–7.21f.; vgl. Emil DORSCH, St. Augustinus und Hieronymus über die Wahrheit der biblischen Geschichte, in: ZKTh 35 (1911) 421–448. 601–664, bes. 633–641; Miguel A. TÁBET BALADY, La hermenéutica bíblica de san Agustín en la carta 82 a san Jerónimo, in: Augustinus 33 (1988) 181–193, hier 184–186; zu den antimanichäischen Aspekten dieses Arguments (ep. 28,4; 82,6) vgl. Ronald S. COLE-TURNER, Anti-Heretical Issues and the Debate over Galatians 2:11–14 in the Letters of St. Augustine to St. Jerome, in: AugStud 11 (1980) 155–166, hier 155–162; vgl. auch FELDMANN, Apostolus (wie Anm. 41) 403f.

69 Ep. 82,19.21.27; vgl. ebd. 82,13.15f.18.25.

70 Vgl. ebd. 82,8–10.15; exp. Gal. 11. 41. 63.

Cyprian[71] und Ambrosius[72] den Streit seinerseits in Eintracht münden: Petrus habe die Kritik des Paulus sogleich akzeptiert; und wie Paulus ein Vorbild für kritischen [327] Freimut sei, gebe Petrus ein noch schwerer nachzuahmendes Beispiel christlicher Demut (ebd. 82,22). Mit dieser erbaulichen Deutung des an sich ernst genommenen Apostelstreits, die Augustinus in vielen Schriften konstant vertreten hat[73] und die Hieronymus zu Recht ein *novum argumentum* nannte (Hieronymus, A. ep. 75,5), bestimmte Augustinus weitgehend die lateinische Auslegungstradition von Gal. 2,11–14.[74]

d) Kommunikationsprobleme

Einer Diskussion dieser Themen standen etliche Hürden im Weg. Nach jahrelangem Warten bat Augustinus Hieronymus 402 mit ep. 67 um Antwort auf ep. 40, von deren korrekter Zustellung er ausging (ebd. 67,1; 73,5). Da die Reaktion des Hieronymus (Hieronymus, A. ep. 68) jedoch zwei Jahre unterwegs war, meldete Augustinus sich 402/403 noch zweimal, mit einem verlorenen Brief, der aus der Antwort des Hieronymus zu erschließen ist (ebd. 72,1), und ep. 71, der er ep. 28 und 67 sowie den verlorenen Brief beifügte (ebd. 71,1f.). Während Hieronymus auf die ersten beiden Nachfragen sehr verärgert reagiert (vgl. Hieronymus, A. ep. 68. 72) und die Diskussion u.a. deshalb verweigert hatte, weil er in Augustins ep. 40 eine Fälschung seiner Gegner im origenistischen Streit argwöhnte (Hieronymus, A. ep. 72,2.4),[75] reagierte er auf die umfangreiche dritte Sendung mit einem langen Brief, in dem er

---

71 Cyprian, ep. 71,3,1f.; zu den antidonatistischen Aspekten dieser Berufung des Augustinus auf Cyprian, die in seinem Disput mit Hieronymus keine Rolle spielten, vgl. Gert HAENDLER, Cyprians Auslegung zu Galater 2,11ff., in: ThLZ 97 (1972) 561–568, hier 564f.; COLE-TURNER, Issues (wie Anm. 68) 162–166.

72 Möglicherweise dachte Augustinus an Ambrosiaster, in Gal. 2,11–14, oder an Pseudo-Augustinus, quaest. test. app. nov. 60, doch zitiert er diesen Paulinenkommentar in c. duas ep. Pelag. IV 7 unter dem Namen des Hilarius von Poitiers, so dass diese Berufung auf Ambrosius, in dessen erhaltenen Schriften sich keine Bemerkung zu Gal. 2,11–14 findet, nicht zu verifizieren ist.

73 Exp. Gal. 1. 15; mend. 8. 43; agon. 32; c. Faust. XIX 17; XXII 68; op. mon. 12; bapt. II 2. 5; III 10; IV 8.17; VI 3; VII 1.39; Cresc. I 38; II 39f.; un. bapt. 22; c. mend. 26; c. Gaud. II 9; ep. 93,31; 180,3f.; 196,2; serm. DOLBEAU 10 passim (von Pierre-Marie HOMBERT, Nouvelles recherches de chronologie augustinienne, Paris 2000, 347–354, wegen etlicher Parallelen zu ep. 82 nunmehr überzeugend datiert auf 405).

74 Vgl. HAENDLER, Auslegung (wie Anm. 71) 565–567; FÜRST, Briefwechsel (wie Anm. 20) 10. 63. 242f. 245–247.

75 Vgl. FÜRST, ebd. 131–139.

ausführlich auf die von Augustinus in ep. 28. 40. 71 (darauf bezieht sich Hieronymus, A. ep. 75,1) aufgeworfenen Sachfragen einging (A. ep. 75 von 404). Unterdessen traf Hieronymus' ep. 68 in Hippo ein, aus der Augustinus erstmals von den Abwegen seiner ep. 40 und der Verstimmung des Hieronymus erfuhr. Zur Klärung schrieb er umgehend einen versöhnlichen Brief (ep. 73) und bat Praesidius um Vermittlung (ep. 74). Ein letztes Mal kreuzten sich ihre Schreiben: Während ep. 73 nach Bethlehem ging, trafen Hieronymus, A. ep. 72 und 75 zusammen in Hippo ein (vgl. Augustinus, ep. 82,30.36). Augustinus wartete mit einer Antwort, weil er erst die Wirkung seines Versöhnungsbriefes abwarten wollte, doch ging diese aus dem tatsächlich versöhnlicher gestimmten nächsten Brief des Hieronymus (ep. 81) nicht eindeutig hervor (vgl. Augustinus, ep. 82,1). Nunmehr seinerseits leicht verärgert über die Dialogunfähigkeit des Hieronymus (ebd. 82,2f.), beantwortete er Hieronymus, A. ep. 72. 75. 81 mit dem längsten Brief der Korrespondenz (ep. 82), auf den Hieronymus offenbar nicht mehr reagiert hat.

e) Diskussionsergebnisse

Die Kontroverse zwischen Augustinus und Hieronymus blieb damit unabgeschlossen. Zur biblischen Textgeschichte und Textkritik musste Augustinus sich von Hieronymus über die Methodik seiner Bibelübersetzungen belehren (Hieronymus, A. ep. 75,19–22) und sich vom wissenschaftlichen und apologetischen Wert einer lateinischen Ausgabe des Alten Testaments nach dem Hebräischen überzeugen lassen (Augustinus, ep. 82,34), wollte für Katechese und Li[328]turgie aber nur einen nach der griechischen Septuaginta gestalteten Bibeltext zulassen (ebd. 82,35).

Was die Auslegung des Apostelstreits betrifft, so hat Hieronymus sich zwar 415 im Sinne der Auffassung Augustins geäußert (adv. Pelag. I 23), wie bereits Augustinus wahrgenommen hat (ep. 180,5), doch lässt sich das nicht als stillschweigende Zustimmung zur Exegese des Augustinus werten, weil Hieronymus den Streit auch zuvor schon in wechselnder Folge je nach Kontext und Argumentationsziel entweder als „vorgetäuscht“ oder als „echt“ aufgefasst hatte.[76] Entgegen der allge-

76 Als „vorgetäuscht“: 386 (in Gal. I 2,11–14 [PL 26, 363B–367C]), 404 (Hieronymus, A. ep. 75,4–18) und 408/410 (in Es. XIV 26 [VL.AGLB 35, 1531]); als „echt“: 386 (in Philem. 8f. [PL 26, 648A] und – sehr überraschend – in Gal. I 2,6 (PL 26, 360B–C, also wenige Seiten vor der gegenteiligen Auslegung), 402 (adv. Rufin. III 2 – mitten in der Kontroverse mit Augustinus) und 415 (adv. Pelag. I 23); 393 präsentiert er eine zwischen beiden Möglichkeiten oszillierende Auslegung (adv. Iovin. I 15); vgl. FÜRST, Briefwechsel (wie Anm. 20) 80–87.

meinen Tendenz der Forschung, Augustinus hier zum ‚Sieger' zu erklären,[77] sind im Kontext altkirchlicher Theologie und Hermeneutik Stärken und Schwächen gleichmäßig auf beide Auslegungen von Gal. 2,11–14 verteilt.[78] Die Stärke der Position des Augustinus liegt darin, dass er im Rahmen des von Irrtumslosigkeit und Eintracht geprägten altkirchlichen Apostelbildes Irrtum und Streit zulassen und damit als erster Kirchenschriftsteller den Bericht des Paulus sozusagen beim Wort nehmen konnte,[79] ohne freilich, da er die Harmonie sogleich wiederhergestellt sein ließ, die zugrundeliegenden dogmatischen Konstanten aus exegetischer Einsicht in Frage zu stellen, womit er sich mit der Intention der hieronymianischen Auslegung traf, die die Übereinstimmung der Apostel lückenlos und ununterbrochen zu wahren suchte. Die Differenz, die Augustinus zwischen dem ‚Judaisieren' des Paulus und des Petrus konstruierte (ep. 40,6; 82,8–12), um in allem Konsens Platz für einen „realen", nicht bloß „fingierten" Konflikt zu bekommen, hat ihm Hieronymus zu Recht als nicht schlüssig vorgehalten (Hieronymus, A. ep. 75,16f.),[80] weil Augustinus demselben religiösen Tun gegensätzliche Effekte anheftete, die in einem theologischen Vorbehalt gründen – dem der soteriologischen Irrelevanz des jüdischen Zeremonialgesetzes –, den die Betroffenen (etwa der von Paulus beschnittene Timotheus) schwerlich hätten durchschauen können. Augustins ständig wiederholte Alternative, die Apostel hätten „nicht in lügnerischem Trug, sondern aus barmherzigem Mitgefühl" jüdische Riten zelebriert,[81] leidet an dem logischen Fehler, Motivation und Zielsetzung zweier in beider Hinsicht im Grunde identischer Verhaltensweisen in Opposition zueinander zu setzen, weshalb die von Hieronymus behauptete Kongruenz ihrer Akkommodationsmodelle zutrifft (ebd. 75,17).[82]

---

77 Vgl. die Hinweise bei FÜRST, ebd. 64 Anm. 453, angefangen von MÖHLER, Hieronymus (wie Anm. 62) 11. 16, an dessen Urteil sich bis zu HENNINGS, Briefwechsel (wie Anm. 44) 264, viele angeschlossen haben. Lediglich THIERRY, Jérôme (wie Anm. 62) 453–465, und Reinhard BUCHWALD, Augustinus und Hieronymus im Streit über Galater 2,11 ffg. nach der neuen Ausgabe der Hieronymusbriefe, in: SPaBl 41 (1920) 19–23, hier 22, sahen in Hieronymus den Überlegenen.

78 Vgl. OVERBECK, Auffassung (wie Anm. 62) passim; GRÜTZMACHER, Hieronymus (wie Anm. 1) Bd. 3, 134f.; FÜRST, ebd. 64–80.

79 Vgl. OVERBECK, ebd. 57.

80 Anders MALFATTI, Controversia (wie Anm. 62) 335: Hieronymus habe die Kautel des Augustinus nicht verstanden.

81 Ep. 40,6: *non scilicet mentientis astu sed compatientis affectu*; verteidigt ebd. 82,26–29; vgl. ebd. 40,4; 82,31; mend. 42; c. mend. 26; c. Faust. XIX 17; op. mon. 12.

82 MENESTRINA, Reprehensibilis (wie Anm. 62) 127f., und HENNINGS, Briefwechsel (wie Anm. 44) 253 Anm. 151, unterschätzen die Valenz dieser Beobachtung.

Diese sachliche Koinzidenz bei verbaler Dissonanz beruhte darauf, „dass sich beide im Grunde in der heilsgeschichtlichen Konzeption einig sind".[83] Was das „Ende des Gesetzes" (Röm. 10,4) im Sinne der Abschaffung des Zeremonialgesetzes betrifft – die soteriologisch-existentielle Bedeutung dieses Theologumenons im Blick auf die [329] Gnade hat Augustinus lediglich in einem Exkurs angedeutet (ep. 82,20) –, hat Augustinus (ebd. 82,19) Hieronymus (Hieronymus, A. ep. 75,14) ausdrücklich beigepflichtet. In ihrer ausführlichen Kontroverse darüber[84] haben sie daher eigentlich bloß um Nuancen und Worte gestritten – was nunmehr Augustinus erkannt hat (ep. 82,15.17f.) –, denn beide mussten das mittlerweile als häretisch geltende ‚Judaisieren'[85] der Apostel als Ausnahme rechtfertigen,[86] die ihren Grund in der missionarischen oder pastoralen Zielsetzung solchen Tuns fand.[87] Obwohl ihre Auseinandersetzung bis hin zum gegenseitigen Häresievorwurf reichte (Hieronymus, A. ep. 72,2.5; 75,13; Augustinus, ep. 82,16), lagen ihre Standpunkte doch nahe beisammen und markierten beide die Grenzen der Harmonistik und Apologetik,[88] die erst später theologisch überwunden wurden.

2. Die zweite Phase (415 bis 419)

Indirekt vermittelt durch Marcellinus,[89] der 412 erst Augustinus (Antwort: ep. 143), dann Hieronymus (Antwort: Hieronymus, A. ep. 165) nach der Herkunft der Seele gefragt hatte, von diesem aber wieder an Augustinus verwiesen worden war (ebd. 165,1), wandte sich Augustinus, der von dem Brief des Hieronymus an Marcellinus (und Anapsychia) Kenntnis erlangt hatte (vgl. ep. 166,7f.), 415 über den Boten Orosius mit zwei umfangreichen Briefen, *De origine animae* (= ep. 166)[90] und

83 HENNINGS, ebd. 290.

84 Augustinus, ep. 40,4–6; Hieronymus, A. ep. 75,12–18; Augustinus, ep. 82,8–19.25–29.

85 Vgl. serm. DOLBEAU 10,10: Zur Zeit des Augustinus bedeutet die Beschneidung Häresie.

86 Augustinus spricht diesbezüglich von *libertas apostolica* (ep. 82,25; vgl. ebd. 82,12.26; mend. 8).

87 Augustinus, ep. 40,4.6; Hieronymus, A. ep. 75,9–11.17; Augustinus, ep. 82,26f.29; exp. Gal. 15.

88 Vgl. OVERBECK, Auffassung (wie Anm. 62) 49f.

89 Vgl. Flavius Marcellinus 2, in: MANDOUZE, Prosopographie (wie Anm. 46) 671–688.

90 Vgl. Giovanni MENESTRINA, Il problema dell'origine dell'anima umana in Sant'Agostino, Trient 1972, überarbeitet als: „Quaestio de anima multos movet". Per una rilettura dell'*Epistola* 166 di Agostino, in: ders., Tra il Nuovo Testamento e i Padri, Brescia 1995, 133–150; FÜRST, Briefwechsel (wie Anm. 20) 187–202. Zur Kritik an Robert J.

De sententia Iacobi (= ep. 167),[91] die er später als zusammengehörenden Traktat in die *Retractationes* aufnahm,[92] erneut an Hieronymus, um ihn in der Frage der Seelen- [331] und Erbsündenlehre auf seine Seite zu ziehen (siehe oben III) und vor einer Auffassung von Jak. 2,10 im Sinne des pelagianischen Vollkommenheitsideals (vgl. etwa Julian bei Augustinus, c. Iul. op. imp. II 107) zu warnen. Hieronymus deutete zwar seine abweichende Meinung in beiden Punkten an (Hieronymus, A. ep. 172,1), verweigerte aber erneut die Diskussion darüber – bis zum Tod des Hieronymus wartete Augustinus auf eine Antwort zur Sache[93] – und begnügte sich mit einem antihäretischen Schulterschluss mit Augustinus gegen die Pelagianer (ebd.). Dieser Brief eröffnete das kontaktreiche Jahr 416, in dem sechs Briefe, zwei von Augustinus, vier von Hieronymus, zwischen Hippo und Bethlehem hin- und hergingen, von denen neben Hieronymus, A. ep. 172 nur ep. 19* erhalten ist (die verlorenen sind aus ep. 19*,1 zu erschließen), mit der Augustinus Hieronymus umfassend über seine Aktivitäten gegen Pelagius unterrichtete und um Unterstützung bat.[94] Von einer direkten Reaktion des Hieronymus ist nichts bekannt, doch preist er zwei Jahre später Augustinus überschwänglich für die Verurteilung der Pelagianer als Häretiker (Hieronymus, A. ep. 195; wohl Fragment ist die zugehörige ep. 123, deren Datierung und Deutung angesichts der enigmatischen Anspielungen darin schwierig bleibt). Danach hat Hieronymus etwas geschrieben, was mangels Boten nicht zugestellt werden konnte (ebd. 202,1: *scripta*) und – falls es nicht mit ep. 195 bzw. 123 zu identifizieren ist – ebensowenig erhalten ist wie der Brief, den Augustinus und Alypius 418/419 gemeinsam an Hieronymus geschrieben haben (vgl. ebd. 202,1), um ihn nach einer Widerlegung der pelagianischen Schriften des Anianus von Celeda zu fragen (vgl. ebd. 202,2), und auf den Hieronymus im Frühjahr 419 mit einem letzten Billett antwortete (A. ep. 202).

O'CONNELL, The Origin of the Soul in St. Augustine's Later Works, New York 1987 (zum Briefwechsel Augustinus – Hieronymus: ebd. 77–82. 89f.; zu ep. 166: ebd. 150–167), vgl. neuerdings Ronnie J. ROMBS, Saint Augustine on the Origin of Souls. The Logic of Robert J. O'Connell, in: StPatr XXXVIII, Leuven 2001, 275–282.

91 Vgl. serm. WILMART 2 passim; Eugippius, exc. Aug. 1 (CSEL 9/1, 34–49); vgl. Giovanni MENESTRINA, L'*Epistola* 167 de sententia Iacobi apostoli (Giac. 2,10) di sant'Agostino, in: BeO 20 (1978) 43–49, erneut in: ders., Tra il Nuovo Testamento e i Padri, Brescia 1995, 151–159; FÜRST, Briefwechsel (wie Anm. 20) 202f.

92 Augustinus, retr. II 45; vgl. Possidius, indic. 10[3],22f. (MA 2, 180).

93 Vgl. Augustinus, ep. 180,5; 190,20; 202A,1–6.

94 Ep. 19*,2–4; vgl. die Informationen dazu in serm. DOLBEAU 30,5–7. Vgl. FÜRST, Briefwechsel (wie Anm. 20) 210–220.

V. Gegenseitiger Einfluss

Hieronymus hat von den Schriften des Augustinus kaum Notiz genommen, wie er 403 selbst sagt: *neque enim lectioni eorum umquam operam dedi* (Hieronymus, A. ep. 72,5). Zu diesem Zeitpunkt besaß er die *Soliloquia* und die *Enarrationes in Psalmos* 1–32 (vgl. A. ep. 72,5) – aus ebd. 75, 20 geht hervor, dass er zumindest in Augustins Psalmenerklärung doch gelesen hat –, 405 sandte Augustinus ihm *Contra Faustum* (ep. 82,17) und im pelagianischen Streit 415/416 *De peccatorum meritis et remissione* und ep. 157 (vgl. Hieronymus, adv. Pelag. III 19; Hieronymus, A. ep. 172,1), *De natura et gratia* zusammen mit Pelagius' *De natura*[95] und Abschriften von (nicht erhaltenen) Briefen an Pela[332]gius, Passerio sowie Eulogius von Caesarea und Johannes von Jerusalem, von denen der letzte eventuell mit ep. 179 identisch ist (vgl. ep. 19*,4). Konkrete Bezugnahmen des Hieronymus auf Augustinus haben sich bis jetzt nicht aufzeigen lassen: In ep. 53,7,2 (von 394) dürfte in den *mei similes* so wenig Augustinus gemeint sein wie in ep. 70,5,3,[96] und die Kritik an einem *disertissimus istius temporis interpres* in ep. 106,57,3 passt besser auf Rufinus.[97]

Umgekehrt hat Augustinus sich für die Werke des Hieronymus sehr interessiert und viele davon gelesen, doch da dieser Einfluss des Hieronymus auf Augustinus noch nicht umfassend erforscht ist, können hier nur Einzelbeobachtungen notiert werden. Schon mit dem ersten Brief an Hieronymus hat Augustinus einen Austausch ihrer Schriften angeregt (ep. 28,6), doch blieb Hieronymus reserviert: Augustins Bitte um Hieronymus' ep. 57, den Traktat über die beste Übersetzungsmethode, auf den Hieronymus ihn hingewiesen hatte (Hieronymus, A. ep. 75,20), und die Übertragung des Alten Testaments nach der hexaplarischen Septuaginta (ep. 82,34) beschied Hieronymus über zehn Jahre später abschlägig (Hieronymus, A. ep. 172,2). Augustinus kannte und benutzte von Hieronymus nachweislich folgende Schriften:[98] *De*

---

95 Vgl. Augustinus, ep. 19*,3; FÜRST, ebd. 213f.

96 Vgl. FÜRST, ebd. 130 Anm. 279. Pierre COURCELLE, Les exégèses chrétiennes de la quatrième éclogue, in: REA 59 (1957) 294–319, hier 309–311, bezieht Hieronymus, ep. 53,7 auf den *Cento Vergilianus* der Proba, Neil ADKIN, „*Taceo de meis similibus*" (Jerome, *epist.* 53,7), in: VetChr 29 (1992) 261–268, auf Ambrosius.

97 FÜRST, ebd. 142 Anm. 369, gegen SCHMID, Epistulae mutuae (wie Anm. 43) 46 zu Z. 19–22 (und die dort genannte Literatur) und Michele PELLEGRINO, Introduzione zu Sant'Agostino, Le Lettere, in: NBA 2/21, Rom 1969, VII–CIII, hier LVIII Anm. 89.

98 Vgl. Antoon A. R. BASTIAENSEN, Augustin et ses prédécesseurs latins chrétiens, in: Jan DEN BOEFT/Johannes VAN OORT (Hg.), Augustiniana Traiectina, Paris 1987, 25–57,

viris illustribus (ep. 40,2; die Notiz in Rom. exp. 11 stammt möglicherweise aus vir. ill. 5); von den Bibelkommentaren außer den zum Galaterbrief (ep. 28,3 u.ö.) noch die Kommentare zu Matthäus (nat. et grat. 78), zu Jona (pecc. mer. et rem. III 12; ep. 166,6.21; c. Iul. I 34), den er öfter benutzte,[99] zu Daniel (civ. XX 23; ep. 197,1.5), zu Jesaja (ep. 147,53; 148,7.9.11) und zu Ezechiel (vgl. civ. XX 21); von den Streitschriften die gegen Jovinian (pecc. mer. et rem. III 13; nat. et grat. 78; ep. 166,6.21; 167,10),[100] das dritte Buch der Apologie gegen Rufinus (ep. 73,6–10; 82, 23; 166,15) und den Dialog gegen die Pelagianer (ep. 19*,2; 180,5; serm. DOLBEAU 30,6); ferner Hieronymus, A. ep. 165 (ep. 166,7f.) und vermutlich eine nicht näher identifizierbare Sammlung von Hieronymusbriefen (vgl. den Rekurs auf Hieronymus, ep. 72,2,2 in ench. 87).[101] In civ. XVIII orientiert sich der chronologische Rahmen an der von Hieronymus bis zum Jahr 325/326 in das Lateinische übersetzten und bis 378 fortgeführten Chronik des Eusebius von Caesarea (vgl. civ. XVIII 8.10. 31);[102] in retr. II 42 korrigiert Augustinus eine Aussage in nat. et grat. 77 mit Informationen, die er von Hieronymus[103] hatte.

Trotz seiner Reserven gegenüber den Bibelübersetzungen des Hieronymus hat Augustinus sich dessen exegetischer Hilfsmittel und auch der Übersetzung nach dem Hebräischen (vgl. etwa civ. XX 29; XXII 29), die er freilich nicht vollständig besaß (ep. 261,5), zu verschiedenen Zwecken bedient und Hieronymus auf dessen Hauptarbeitsgebiet, der Philologie, viele Anregungen zu verdanken. So zog er das Onomastikon hebräischer Eigennamen (nom. hebr.) für die *Enarrationes in Psalmos* heran[104] und gewann daraus (wie in civ.) [333] viele Etymologien (vgl. auch civ. XX 25); z.B. hat er von Leuten, „die Griechisch und He-

---

hier 42–44. Zu deren theologischer Auswertung im pelagianischen Streit siehe oben III.

99 Vgl. Yves-Marie DUVAL, Saint Augustin et le *Commentaire sur Jonas* de saint Jérôme, in: REAug 12 (1966) 9–40.

100 Vgl. Carlos MORÁN, Un capítulo en la historia de la moral matrimonial. A propósito del *Adversus Jovinianum* de S. Jerónimo y del *De Bono Coniugali* de S. Agustín, in: EstAg 8 (1973) 329–353.

101 So Berthold ALTANER, Augustinus und Origenes, in: HJb 70 (1951) 15–41, erneut in: ders., Kleine patristische Schriften, hg. von Günter GLOCKMANN (TU 83), Berlin 1967, 224–252, hier 230 Anm. 4; vgl. dazu FÜRST, Briefwechsel (wie Anm. 20) 112f. Anm. 145.

102 Vgl. Alfred SUNDERMEIER, Quaestiones chronographicae ad Eusebi et Hieronymi chronica spectantes, Bremen 1896, 18–30; Berthold ALTANER, Augustinus und Eusebios von Kaisareia, in: ByZ 44 (1951) 1–6, erneut in: ders., ebd. 253–259, hier 255–257; Gerard J. P. O'DALY, Augustine's City of God. A Reader's Guide, Oxford 1999, 263.

103 Hieronymus, in Hier. IV 41,4; in Hiez. VI 18,5–9 (Z. 311–316); ep. 133,3,8f.

104 Vgl. LA BONNARDIÈRE, Jérôme „informateur" (wie Anm. 52) 46.

bräisch verstehen" (ep. 55,2), also von Hieronymus, gelernt, dass *pascha* ein hebräisches Wort ist und nicht *passio*, sondern *transitus* heißt (en. in Ps. 120,6; vgl. ebd. 140,25), und dieses Wissen in eine originelle Deutung von Ostern im Sinne von *transitus per passionem* umgesetzt.[105] In den *Quaestiones in Heptateuchum* rekurrierte Augustinus an die zwanzig Mal auf die Übersetzung des Hieronymus aus dem Hebräischen;[106] auch der Einfluss der *Quaestiones Hebraicae in Genesim* ist darin zu erkennen (namentlich auf Hieronymus verweist Augustinus, quaest. in Hept. I 26).[107] In den *Adnotationes in Iob* benutzte Augustinus die Ijob-Übersetzung nach der hexaplarischen Septuaginta (vgl. ep. 28,2), die er auch anderweitig zitiert,[108] auf die Vorrede zur Ijob-Version aus dem Hebräischen (vgl. ep. 71,3) bezieht er sich in doctr. christ. VI 41 zur hebräischen Metrik, und zum Thema der *eloquentia prophetarum* stützte er sich auf den sprachlich und stilistisch besseren Amos-Text in der Übersetzung des Hieronymus nach dem Hebräischen (doctr. christ. IV 15–21).[109] Weitere Anklänge sind unsicher.[110]

---

105 Vgl. en. in Ps. 120,6; Raniero CANTALAMESSA, „Ratio Paschae". La controversia sul significato della Pasqua nell'Ambrosiaster, in Girolamo e in Agostino, in: Aevum 44 (1970) 219–241, hier 232–234. Ein Beispiel für eine Meinungsverschiedenheit zwischen Augustinus und Hieronymus über die Etymologie von *Galilaea* bespricht William John Peter BOYD, Galilaea – A difference of opinion between Augustine and Jerome's „Onomastica Sacra", in: StPatr XV (TU 128), Berlin 1984, 136–139.

106 Vgl. Anne-Marie LA BONNARDIÈRE, Augustin a-t-il utilisé la „Vulgate" de Jérôme?, in: dies. (Hg.), Saint Augustin et la Bible, Paris 1986, 303–312, hier 305.

107 Vgl. Wilhelm RÜTING, Untersuchungen über Augustins Quaestiones und Locutiones in Heptateuchum, Paderborn 1916, 161; Ferdinand CAVALLERA, Les „Quaestiones hebraicae in Genesim" de Saint Jerôme et les „Quaestiones in Genesim" de Saint Augustin, in: MA 2, Rom 1931, 359–372.

108 Vgl. Joseph ZYCHA, CSEL 28/2 (1895) XVIIII–XXVI, hier XVIIIIf.; Wilhelm GEERLINGS, Art. Adnotationes in Iob, in: AL 1 (1986–1994) 100–104, hier 100f.

109 Vgl. LA BONNARDIÈRE, Vulgate (wie Anm. 106) 312; Madeleine MOREAU, Sur un commentaire d'Amos. De Doctrina christiana IV,VII,15–21, sur Amos VI,1–6, in: LA BONNARDIÈRE, Augustin et la Bible (wie Anm. 106) 313–322.

110 Vgl. FÜRST, Vielfalt (wie Anm. 29) 122 Anm. 10; ders., Briefwechsel (wie Anm. 20) 130 Anm. 279.

Veritas Latina

Augustins Haltung gegenüber Hieronymus' Bibelübersetzungen*

Hieronymus' Neuübersetzungen biblischer Schriften in das Lateinische sind von seinen Zeitgenossen bekanntlich sehr zurückhaltend bis ablehnend aufgenommen worden. Der bekannteste Einspruch kam von Augustinus. Der Bischof von Hippo brachte seine Einwände in zwei Briefen (Augustinus, ep. 28,2 und 71,3–6) vor dem Mönch in Bethlehem selber zur Sprache. Neben der Kontroverse um die Auslegung des Konflikts zwischen Paulus und Petrus in Antiochien (Gal. 2,11–14) ergab sich daraus ein zweiter größerer Dissens zwischen ihnen.

Die chronologischen Daten kurz vorweg:[1] Ep. 28 aus den Jahren 394/395 war aufgrund hier nicht näher zu diskutierender misslicher äußerer Umstände nach Abfassung zunächst in Hippo liegen geblieben. Augustinus hat diesen Brief deshalb zu der im Jahr 403 verfassten ep. 71 dazugelegt, so dass beide Briefe dem Hieronymus zusammen übermittelt wurden (vgl. ep. 71,2). Im Jahr 404 ist Hieronymus in einem langen Brief auch auf diese zwischen ihnen strittige Thematik eingegangen (ep. 112,19–22), worauf wiederum Augustinus im Jahr 405 in seinem Antwortschreiben Bezug genommen hat (ep. 82,34f.).

Dieser Disput ist schon vielfach Gegenstand der Forschung gewesen.[2] Für gewöhnlich werden die entsprechenden Abschnitte in ep. 28

---

* Revue des Études Augustiniennes 40 (1994) 105–126.

1 Das Beste zur Chronologie dieses Briefwechsels findet sich nach wie vor bei Franz OVERBECK, Aus dem Briefwechsel des Augustinus mit Hieronymus, in: HZ 42 (1879) 222–259, v.a. 255–259. Die genannten Briefpassagen sind kritisch ediert sowohl im Corpus der Briefe Augustins (ep. 28,2; 71,3–6; 75,19–22; 82,34f. [CSEL 34/1, 105–107; 34/2, 250–255. 316–324. 385–387]) als auch des Hieronymus (ep. 56,2; 104,3–6; 112,19–22; 116,34f. [CSEL 54, 497f.; 55, 239–242. 389–393. 420f.]). Ich zitiere hier (und zwar Augustinus, ep. 28, 71 und 82; Hieronymus, ep. 112) nach der Ausgabe von Josef SCHMID, SS. Eusebii Hieronymi et Aurelii Augustini Epistulae mutuae (FlorPatr 22), Bonn 1930, der Hilbergs und Goldbachers Text abgedruckt und die wenigen wichtigen Differenzen im Apparat vermerkt hat.

2 Siehe insbesonders: Severin C. W. BINDESBØLL, Augustinus et Hieronymus de sacra scriptura ex hebraeo interpretanda disputantes, Kopenhagen 1825 (nach wie vor lesenswert); Marie-Joseph LAGRANGE, L'esprit traditionnel et l'esprit critique, in: BLE

und 71, die [106] knapp zehn Jahre auseinander liegen, als inhaltlich identisch zusammengenommen und Augustins Statement so zusammengefasst, dass er Hieronymus beide Male auffordere, seiner Übertragung des Alten Testaments nicht den hebräischen Urtext, sondern den griechischen Text der Septuaginta zugrundezulegen.[3] Diese gängige Darstellung ist nur teilweise zutreffend. Zum einen hat, wie im Folgenden an den Texten erwiesen werden soll, Augustinus in ep. 71 nicht einfach seine Einwände und Forderungen aus ep. 28 wiederholt, sondern in beiden Briefen aufgrund unterschiedlicher Vorgaben differierende Statements abgegeben. Zum anderen muss genauer, als das bisher geschehen ist, Augustins Argumentation vor allem in ep. 71 analysiert werden, um das spezifische Profil seiner Haltung gegenüber Hieronymus' Bibelübersetzungen zu gewinnen.

---

1 (1899) 37–50 (= ders., Saint Jérôme et saint Augustin. À propos des origines de la Vulgate, in: ders., Mélanges d'histoire religieuse, Paris 1915, 167–184); Paul WENDLAND, Zur ältesten Geschichte der Bibel in der Kirche, in: ZNW 1 (1900) 267–290, hier 282–286; SCHMID, Epistulae mutuae (wie Anm. 1) 9–14; Georges JOUASSARD, Réflexions sur la position de saint Augustin relativement aux Septante dans sa discussion avec saint Jérôme, in: REAug 2 (1956) 93–99; Henry G. DAVIS, The Scriptural Controversy Between St. Jerome and St. Augustine, in: ACR 33 (1956) 103–116; William H. SEMPLE, St. Jerome as a Biblical translator, in: BJRL 48 (1965/66) 227–243; Carolinne WHITE, The Correspondence (394–419) between Jerome and Augustine of Hippo (SBEC 23), Lewiston/Queenston/Lampeter 1990, 35–42; ein ausgezeichneter Überblick bei Heinrich MARTI, Übersetzer der Augustin-Zeit. Interpretation von Selbstzeugnissen (STA 14), München 1974, 135–138. – Die von Ralph HENNINGS, Der Briefwechsel zwischen Augustinus und Hieronymus und ihr Streit um den Kanon des Alten Testaments und die Auslegung von Gal. 2,11–14 (SVigChr 21), Leiden/New York/Köln 1994, 110–121. 131–217, entwickelte Auffassung, beide hätten über den Kanon diskutiert, muss entschieden als Fehldeutung der genannten Briefpassagen bezeichnet werden; vgl. schon DAVIS, ebd. 107 Anm. 20: „We are not concerned here with the question of J.'s attitude towards the Deutero-canonical books of the O.T., which were not in the Hebrew canonical Scriptures." – Siehe zu diesen Briefen jetzt auch Alfons FÜRST, Augustins Briefwechsel mit Hieronymus (JAC.E 29), Münster 1999, und Augustinus – Hieronymus, Epistulae mutuae. Briefwechsel, übersetzt und eingeleitet von dems., 2 Bde. (FC 41/1–2), Turnhout 2002.

3 Vgl. WENDLAND, Geschichte der Bibel (wie Anm. 2) 282; Georg GRÜTZMACHER, Hieronymus. Eine biographische Studie zur Alten Kirchengeschichte, 3 Bde., Leipzig 1901. Berlin 1906. 1908 (Nachdruck Aalen 1969), Bd. 3, 117. 125; Ferdinand CAVALLERA, Saint Jérôme. Sa vie et son œuvre, 2 Bde., Paris 1922, Bd. 1, 297; DAVIS, Scriptural Controversy (wie Anm. 2) 110; Heinrich KARPP, „Prophet" oder „Dolmetscher"? Die Geltung der Septuaginta in der Alten Kirche, in: Wilhelm SCHNEEMELCHER (Hg.), Festschrift für Günther Dehn, Neukirchen 1957, 103–117, hier 112; Pierre BENOIT, L'inspiration des Septante d'après les Pères, in: L'homme devant Dieu. Festschrift für Henri de Lubac, Paris 1963, Bd. 1, 169–187, hier 184; John N. D. KELLY, Jerome. His life, writings and controversies, London 1975, 218; WHITE, Correspondence (wie Anm. 2) 35. 38; HENNINGS, Briefwechsel (wie Anm. 2) 40. 43. 205. 209.

1. Missverständnisse

Vom Buch Ijob, von dem Augustins Einwände sowohl in ep. 28 als auch in ep. 71 ausgingen, hat Hieronymus zwei Übertragungen in das Lateinische angefertigt, eine nach dem Griechischen und eine nach dem Hebräischen (vgl. ep. 112,19: *ibi Graeca transtulimus, hic de ipso Hebraico*).[4] Von dieser [107] zweiten Arbeit sagte Augustinus ausdrücklich, dass er sie erst „später" kennengelernt habe (ep. 71,3: *quod postea didicimus, Iob ex Hebraeo te interpretatum*), nämlich nach Abfassung von ep. 28. Dieses neue Wissen war ihm Anlass, sich in ep. 71 zusätzlich zu dem in ep. 28 Gesagten (vgl. ebd.: *hoc addo, quod postea didicimus*) gezielt und ausführlich zu dieser neuen Vorgehensweise des Hieronymus zu äußern (ep. 71,3–6). Erst in ep. 71 mündeten seine Ausstellungen daran in die Alternative zwischen hebräischem oder griechischem Ausgangstext (vgl. ep. 71,4.6; 82,35). In ep. 28 war er darauf noch nicht zu sprechen gekommen.

Bei der Abfassung von ep. 28 in den Jahren 394/395 hatte Augustinus Hieronymus' Ijob-Revision nach dem Griechischen vor sich. Sein Problem und sein Einwand in ep. 28,2 haben damit zu tun, wie er sich das Zustandekommen des ihm vorliegenden Ijob-Textes wohl vorgestellt hat. Das aufzuhellen, erweist sich als recht vertrackt, ist aber aufgrund seiner Bemerkungen in ep. 28,2 in den Grundlinien doch möglich und für das rechte Verständnis seines Einwands und seiner Forderung in den Jahren 394/395 unabdingbar.

Hieronymus hatte sich bei seiner ersten Ijob-Übersetzung an der Textgestalt der hexaplarischen Septuaginta orientiert. Dort hatte Origenes im Septuagintatext in der fünften Kolumne alle Stellen mit Obeloi (*transversa virga, linea iacens, virgula* oder *veru* bei Hieronymus) markiert, die sich im hebräischen Urtext nicht fanden, während er die Lücken der Septuaginta gegenüber dem hebräischen Text so ergänzte, dass er aus den anderen in der Hexapla aufgelisteten Übersetzungen, des Aquila in der dritten und des Symmachus in der vierten, meistens aber aus der dem Theodotion zugeschriebenen Rezension in der sechsten Kolumne, die entsprechenden Passagen in den Septuagintatext einfügte und mit Asteriskoi (*stellae praelucentes, signa radiantia*) bezeichnete (vgl. ep. 112,19: *illa enim interpretatio Septuaginta interpretum est et, ubicumque virgulae, id est obeli sunt, significatur, quod Septuaginta plus di-*

---

4 Vgl. Hieronymus, Vulg. Iob prol.: *utraque editio, et Septuaginta iuxta Graecos et mea iuxta Hebraeos, in Latinum meo labore translata est.* – Die Prologe des Hieronymus zu seinen Bibelübersetzungen sind, sofern nicht anders angegeben, zitiert nach: Biblia sacra iuxta Vulgatam versionem, ed. Robert WEBER, Stuttgart [3]1983.

xerint, quam habetur in Hebraeo, ubi autem asterisci, id est stellae praelucentes, ex Theodotionis editione ab Origene additum est).[5] Diesen vielfach korrigierten und ergänzten griechischen Septuagintatext hat Hieronymus in das Lateinische übertragen und die diakritischen Zeichen des Origenes dabei übernommen. Er hat zwar wahrscheinlich auch dabei schon zur Kontrolle Einblick in den hebräischen Urtext genommen und oft sogar danach übersetzt.[6] Wie auch immer man sich das aber genauer [108] vorzustellen hat:[7] Im Grunde war seine erste Ijob-Revision eine Übersetzung der Textgestalt der hexaplarischen Septuaginta.

Augustins Äußerungen in ep. 28,2 lassen erkennen, dass er von diesen Hintergründen des ihm vorliegenden Ijob-Textes offenbar nichts wusste. Jedenfalls hat er Textgestalt und Entstehungsweise von Hieronymus' erster Ijob-Revision in mehrfacher Hinsicht missverstanden. Man muss genau auf seine Formulierungen achten, um diese Missverständnisse zu entdecken.

In Augustins Augen unterschied sich die ihm vorliegende Textgestalt des Ijob von derjenigen der Septuaginta. Das ergibt sich aus seiner Forderung in ep. 28,2, Hieronymus möge seine Neuübersetzungen biblischer Texte immer so gestalten wie den Ijob-Text, dass er nämlich unter Anwendung der diakritischen Zeichen jeweils die Unterschiede zwischen der Septuaginta und seiner eigenen Fassung kennzeichne (ep.

---

5 Zur Bedeutung dieser der alexandrinischen (Homer-)Philologie entlehnten Ἀριστάρχεια σήματα in Origenes' Hexapla vgl. Origenes, in Matth. comm. XV 14 (GCS Orig. 10, 388); Epiphanius, mens. et pond. 2f. (p. 3f. 5f. DINDORF); Hieronymus, ep. 106,7 (CSEL 55, 252); Par. iuxt. LXX prol. (PL 29, 404); Iob iuxt. LXX prol. (PL 29, 61f.); libr. Sal. iuxt. LXX prol. (PL 29, 403); Vulg. Pent. prol.; Vulg. Ios. prol.; Vulg. Par. prol.; Vulg. Est. die Zwischenbemerkung nach Vers 10,3; Vulg. Iob prol.; Vulg. Ps. iuxt. LXX prol.; Vulg. Dan. prol.; siehe auch: Origenis Hexaplorum quae supersunt sive veterum interpretum Graecorum in totum vetus testamentum Fragmenta, 2 Bde., ed. Frederick FIELD, Oxford 1875 (Nachdruck Hildesheim 1964), Bd. 1, LII–LVII; Sebastian P. BROCK u.a., Art. Bibelübersetzungen I, in: TRE 6 (1980) 160–216, hier 165f.; Emanuel TOV, Die griechischen Bibelübersetzungen, in: ANRW II.20.1, Berlin/New York 1987, 121–189, hier 181.

6 Vgl. die Recherchen von Peter J. ERBES, Die Job-Übersetzungen des hl. Hieronymus, Diss. Freiburg i.Br. 1950, 126–135, mit der Auswertung ebd. 136–138; dasselbe Verfahren hat Hieronymus wohl auch für die *Psalmoi iuxta LXX* angewandt (vgl. Friedrich STUMMER, Einführung in die lateinische Bibel. Ein Handbuch für Vorlesungen und Selbstunterricht, Paderborn 1928, 86f.).

7 Es bleibt fraglich, ob er separate hebräische Texte beigezogen hat oder ob das innerhalb der Hexapla geschehen ist. Letzteres kann zwar aus Hieronymus, ep. 106,41 (CSEL 55, 266); in Tit. 3,9 (PL 26, 595); in Ps. 4,8 (CChr.SL 72, 185), geschlossen werden (vgl. STUMMER, Einführung [wie Anm. 6] 85; Septuaginta XI/4: Iob, ed. Josef ZIEGLER, Göttingen 1982, 37–40), es ist aber nicht sicher, ob er jemals eine ganze Hexapla zu Gesicht bekam oder nur einen hexaplarischen Septuagintatext (vgl. Bernhard NEUSCHÄFER, Origenes als Philologe, 2 Bde. [SBA 18/1–2], Basel 1987, 87).

28,2: *de vertendis autem in linguam Latinam sanctis litteris canonicis laborare te nollem nisi eo modo, quo Iob interpretatus es, ut signis adhibitis, quid inter hanc tuam et Septuaginta, quorum est gravissima auctoritas, interpretationem distet, appareat*). Diese Formulierung impliziert, dass aus Augustins Sicht Hieronymus' (erste) Ijob-Rezension erstens vom Septuagintatext abwich und dass zweitens diese Abweichungen durch diakritische Zeichen markiert waren.

Zum ersten Missverständnis: Während Hieronymus nach der Septuaginta revidiert hatte, entdeckte Augustinus also Abweichungen vom Text der Septuaginta. Die Erklärung für diese gegensätzliche Einschätzung desselben Textes dürfte wohl in der komplizierten Textgeschichte des griechischen Alten Testaments zu suchen sein.[8] ‚Die' Septuaginta gab es nicht und hat es auch nie gegeben. Abgesehen davon, dass die legendären siebzig Übersetzer aus dem Aristeasbrief nur die Tora übersetzt hatten, während die restlichen Bücher der [109] hebräischen Bibel sukzessive in den Jahrhunderten danach von Unbekannten übertragen wurden, hatte unter den Bedingungen handschriftlicher Verbreitung schriftlicher Erzeugnisse in der Antike das griechische Alte Testament von Anfang an keine einheitliche Textgestalt. Vielmehr war sein Wortlaut ständigen Änderungen und Abwandlungen unterworfen, sei es durch Fehler beim Abschreiben (Verschreibungen, Auslassungen, Hinzufügungen), sei es durch ziellose ‚Verbesserungen' der Abschreiber oder Leser, oder auch durch bewusste und geplante Rezensionen mit dem Ziel der Erstellung eines zuverlässigen Textes. Die neuen griechischen Übersetzungen des 2. Jahrhunderts, von Aquila, von Symmachus, von Theodotion und von anderen (Quinta, Sexta), waren so entstanden. Origenes hatte mit der hexaplarischen Septuagintarevision ebenfalls dieses Ziel verfolgt. Propagiert durch die Origenesschüler Pamphilos und Eusebios, war diese Rezension der um 400 n.Chr. in

8 Siehe für die folgenden Informationen: Henry B. SWETE/Richard R. OTTLEY, An introduction to the Old Testament in Greek, New York ²1914 (Nachdruck 1968), 1–86; Septuaginta. Id est Vetus Testamentum graece iuxta LXX interpretes, ed. Alfred RAHLFS, Stuttgart 1935 (verkleinerte Ausgabe in einem Band 1979), XLVIIIf.; Heinrich DÖRRIE, Zur Geschichte der Septuaginta im Jahrhundert Konstantins, in: ZNW 39 (1940) 57–110 (mit der älteren Lit. ebd. 57f.), v.a. 62–69 (zu Hieronymus' Angaben). 70–85 (Zeugnisse für Lukians Rezension). 91f. 105f. (zu Hesychios). 87–93 (zur bunten Vielfalt der umlaufenden Bibeltexte); Sidney JELLICOE, The Septuagint and Modern Study, Oxford 1968, 27–171; ders. (Hg.), Studies in the Septuagint. Origins, Recensions, and Interpretations, New York 1974, 65–391; TOV, Griechische Bibelübersetzungen (wie Anm. 5) 124. 132f. 136f. 171–184; Eugene ULRICH, The Old Testament Text of Eusebius. The Heritage of Origen, in: Harold W. ATTRIDGE/Gōhei HATA (Hg.), Eusebius, Christianity, and Judaism, Leiden/New York/Köln 1992, 543–562.

Palästina gebräuchliche griechische Text des Alten Testaments. Nach dem Zeugnis des Hieronymus waren zudem in Ägypten eine Rezension eines Hesychios verbreitet und in den Gebieten von Antiochien bis Konstantinopel eine des Lukian.[9] Für das Buch Daniel war eine Übersetzung in Gebrauch, die dem Theodotion zugeschrieben wurde.[10]

Hieronymus hatte, wie gesagt, seiner ersten Ijob-Revision die Septuaginta in der Textgestalt der Hexapla zugrundegelegt, aus der auch die diakritischen Zeichen stammten, die er in seinen lateinischen Text eintrug. Welche Septuagintafassung aber hatte Augustinus in den Jahren 394/395 bei Abfassung von ep. 28 vor Augen? Aus einer viel späteren Notiz bei ihm geht hervor,[11] dass im Jahr 425 (zur Zeit der Abfassung des 18. Buches von *De civitate dei*) eine mit Asteriskoi und Obeloi versehene Rezension der Septuaginta auch in lateinischen Übersetzungen weite Verbreitung gefunden hatte. Auch Hieronymus behauptete schon im Jahr 404 gegenüber Augustinus, dass die hexaplarische Fassung der Septuaginta die kirchlich nahezu überall gebräuchliche Textgestalt des Alten Testaments sei (vgl. ep. 112,19: *vix enim unus aut alter invenietur liber, qui ista* [sc. *quae sub asteriscis sunt*] *non habeat*).[12] Um Augustins Ignoranz auf diesem Gebiet zu desavouieren, hat er bei dieser Bemerkung allerdings polemisch übertrieben. Sonst sprach er nur von einem Verbreitungsgebiet Palästina. Aus diesen Daten lässt sich vielleicht der Schluss ziehen, dass in den Jahren 394/395 die hexaplarische Rezension der Septuaginta im lateinischen Westen noch nicht so verbreitet war, wie das Augustinus für das Jahr 425 bezeugt. Mit Sicherheit hingegen kann davon ausgegangen werden, dass Augustinus zur Zeit der Abfassung von ep. 28 von einer solchen Rezension der Septuaginta nichts wusste. Auch Hieronymus hat das angenommen und ihm mit schneidendem Sarkasmus die nötigen Basisinformationen geliefert (vgl. ep. 112,19). Augustins Missverständnis, dass die [110] ihm vorliegende Ijob-Revision von der Septuaginta abweiche, wäre dann daraus zu erklären, dass er den Ijob-Text in einer nicht-hexaplarischen Fassung kannte, was angesichts der Textgeschichte der Septuaginta (in den lateinischen Übersetzungen der Vetus Latina) auch gut möglich ist. Präzise muss also so gesagt werden: Während Hieronymus' Neufassung insofern *iuxta Septuaginta* war, als er sich an der revidierten Fassung in

---

9 Vgl. Hieronymus, Vulg. evang. praef.; Vulg. Par. prol.; vir. ill. 77 (p. 184 CERESA-GASTALDO); ep. 106,2.4 (CSEL 55, 248f. 250).

10 Vgl. Vulg. Ios. prol.; Vulg. Dan. prol.; adv. Rufin. II 33 (CChr.SL 79, 69f.).

11 Augustinus, civ. XVIII 43 (CChr.SL 48, 639f.): *multi codices has notas* (sc. *asteriscos et obelos*) *habentes usquequaque diffusi sunt et Latini*; vgl. SCHMID, Epistulae mutuae (wie Anm. 1) 69.

12 Vgl. auch Hieronymus, ep. 57,11 (CSEL 54, 522).

der Hexapla orientierte, die auch kirchlich in Gebrauch war, wich aus Augustins Perspektive der Jahre 394/395 Hieronymus' lateinischer Text vom ihm bekannten Septuagintatext des Ijob ab.

Aus dieser Perspektive ergab sich das zweite Missverständnis Augustins bezüglich der diakritischen Zeichen. Später hat er zwar richtig erfasst, dass diese Signa letztlich die Differenzen des griechischen Textes gegenüber dem hebräischen Urtext ausweisen (ep. 71,3: *asteriscis notasti, quae in Hebraeo sunt et in Graeco desunt, obeliscis autem, quae in Graeco inveniuntur et in Hebraeo non sunt*). Wenn er aber in ep. 28,2 glaubte, dass sie die vermeintlichen Unterschiede zwischen Hieronymus' Text und dem Text der Septuaginta markierten, und wenn er Hieronymus dazu aufforderte, bei allen neuen Bibelübersetzungen unter Verwendung dieser Zeichen die Abweichungen von der Septuaginta zu kennzeichnen, dann hielt er diese Zeichen offenbar für eigenständige Produkte des Übersetzers Hieronymus.[13] Auch in diesem Punkt hat ihn jener spöttisch über den wahren Sachverhalt aufgeklärt (vgl. ep. 112,19: *videris mihi non intellegere, quod quaesisti*).[14]

Zu diesen beiden Missverständnissen bezüglich der Textgestalt der ihm vorliegenden Ijob-Fassung kam (s.u.) noch ein drittes bezüglich der Vorgehensweise des Hieronymus bei der Erstellung dieses Textes. In ep. 71 ging auch Augustinus davon aus, dass Hieronymus diese Neufassung des Ijob aus dem Griechischen vorgenommen habe (vgl. ep. 71,3: *interpretationem tuam eius prophetae ex Graeco eloquio versam in Latinum*). Das von ihm in ep. 28 formulierte Problem setzt indes voraus, dass die Übersetzer des Alten Testaments nach den legendären Siebzig einschließlich des Hieronymus vom hebräischen Text ausgingen (vgl. in ep. 28,2 die *Hebraea exemplaria* und die *verborum locutionumque Hebraearum via atque regulae*). Für diese Ungereimtheit bieten sich zwei Lösungen an: Entweder nahm er in ep. 28 an, dass Hieronymus grundsätzlich aus dem Hebräischen übersetzt und die griechische Septuaginta nur beigezogen habe, um die Abweichungen zu notieren. Dann bleibt die Notiz in ep. 71,3 im Widerspruch zu dem in ep. 28,2 Vorauszusetzenden und ist vielleicht so zu erklären, dass Augustinus die Herkunft der früheren Ijob-Rezension aus dem Griechischen erst klar wurde, als er die neue aus dem Hebräischen in Händen hatte. Wahrschein-

13 DAVIS, Scriptural Controversy (wie Anm. 2) 112f. (vgl. schon SCHMID, Epistulae mutuae [wie Anm. 1] 12, in falscher Deutung von civ. XVIII 43), meinte, Augustinus habe die diakritischen Zeichen den Siebzig zugeschrieben und in ep. 28,2 geglaubt, Hieronymus habe bei der ersten Ijob-Übertragung die Septuaginta übersetzt. Augustins Missverständnis ist noch komplizierter.

14 In civ. XVIII 43 (CChr.SL 48, 639) hat Augustinus später diese Signa zutreffend erläutert.

licher aber ging er auch schon in ep. 28,2 davon aus, dass Hieronymus sich zwar grundsätzlich am griechischen Text orientiert und diese Textgestalt auch [111] übersetzt – was dann zu ep. 71,3 passen würde –, zusätzlich aber auch hebräische Handschriften (vgl. ep. 28,2: *Hebraea exemplaria*) eingesehen hat. Ob nun so oder so, jedenfalls nahm er offenbar an, dass das Plus des lateinischen Hieronymustextes gegenüber dem ihm bekannten Septuagintatext, wie er die Asteriskoi auffasste, durch Einsichtnahme in den hebräischen Text zustandegekommen sei (vgl. ebd.: *si aliquid adhuc in Hebraeis exemplaribus invenitur*).

Von diesen falschen Vorstellungen aus erklärt sich Augustins eigentliches Problem in ep. 28,2. Der Text des Ijob weist (neben 1 Kön. und Jer.) in der Septuaginta beträchtliche Abweichungen vom hebräischen Original auf. Es fehlt etwa ein Sechstel des Gesamttextes.[15] Nicht zufällig bezog sich Augustinus bei seinen Einwänden beidemale (ep. 28,2 und 71,3) auf eine Ijob-Ausgabe. Die Differenzen der verschiedenen Textgrundlagen waren da besonders deutlich. Augustinus hatte in ep. 28,2 einen Ijob-Text vor Augen, in dem gemäß seinen falschen Vorgaben sehr viele Asteriskoi zu verstehen gaben (vgl. auch ep. 71,3, wo er besonders auf die asterisierten Stellen abhob), dass Hieronymus bei seinen vermeintlichen Recherchen im hebräischen Text sehr viel aufgefunden habe (vgl. ep. 28,2: *invenire, eruere, prodere*), was dann – so Augustins Schluss – den früheren Übersetzern wohl entgangen sein musste (vgl. ebd.: *fugere, relinquere*). Angesichts der Fülle der vermeintlich neuen Funde des Hieronymus (vgl. ebd.: *multa, quae … remanerent*) kamen ihm da Zweifel, freilich nicht an seinen Annahmen, sondern an der vermeintlichen Arbeitsweise des Hieronymus: *satis autem nequeo mirari, si aliquid adhuc in Hebraeis exemplaribus invenitur, quod tot interpretes illius linguae peritissimos fugerit* (ebd.). Der Bethlehemite hatte doch so viele *(tot)* Vorgänger gehabt, lauter Koryphäen auf dem Gebiet des Hebräischen *(illius linguae peritissimi)*, darunter die legendären Siebzig, deren Autorität auch in puncto Übersetzung ihm unantastbar schien (ebd.: *omitto enim Septuaginta …*)! Die anderen hatten sich sogar noch enger am hebräischen Original orientiert (ebd.: *verborum locutionumque Hebraearum viam atque regulas mordacius, ut fertur, tenerent*)[16] – und dennoch soll ihnen so viel entgangen sein (ebd.: *reliquerunt multa*)?

15 Vgl. Hieronymus, Vulg. Iob. prol.: *si ea quae sub asteriscis addita sunt subtraxeris, pars maxima detruncabitur*; vgl. FIELD, Hexaplorum Fragmenta, Bd. 1, XLVIII; Peter KATZ, Frühe hebraisierende Rezensionen der Septuaginta und die Hexapla, in: ZAW 69 (1957) 77–84, hier 79; MARTI, Übersetzer (wie Anm. 2) 134.

16 Alle drei vorhexaplarischen Rezensenten strebten nach einer genaueren Wiedergabe der hebräischen Bibel. Am pedantischsten versuchte Aquila das Original wiederzugeben (vgl. Origenes, ep. Afric. 4 [SC 302, 526]; Eusebius, dem. evang. IX 4,2 [GCS

[112] Es war diese falsche Vorstellung, die Augustinus in den Jahren 394/395 einen Einwand gegen die vermeintlichen Entdeckungen des Hieronymus im Hebräischen formulieren ließ: *si enim obscura sunt* [sc. die vielen angeblich neugefundenen Stellen], *te quoque in eis falli posse creditur; si manifesta, illos* [sc. die Vorgänger des Hieronymus] *in eis falli potuisse non creditur* (ep. 28,2). Damit zweifelte Augustinus an Erfolg und Ertrag und letztlich an Sinn und Notwendigkeit der Vorgehensweise des Hieronymus, wie er sich diese vorstellte. Was geklärt werden konnte, sei durch die früheren Kapazitäten schon geklärt *(si manifesta, illos in eis falli potuisse non creditur)*. Bei schwierigen Stellen aber könne auch jener sich irren *(si enim obscura sunt, te quoque in eis falli posse creditur)*. Im Grunde erklärte er damit Hieronymus' Mühen um einen verlässlichen Text für überflüssig.[17] Dass genau hier der Skopos seines Einwands in ep. 28,2 liegt, belegt Hieronymus' ausführliches Eingehen auf diesen Syllogismus, den er anhand von Augustins Psalmendeutung auf jenen selbst anwendete (ep. 112,20: *si enim obscuri sunt psalmi, te quoque in eis falli potuisse credendum est; si manifesti, illos in eis falli potuisse non creditur*) und so Augustins exegetische Arbeit seinerseits für überflüssig erklärte (weiter ebd.: *ac per hoc utroque modo superflua erit interpretatio* tua).[18]

Augustins in der Forschung durchweg missverstandenes Problem mit Hieronymus' erster Ijob-Revision beruhte auf seinem Missverständnis, dass er die zahlreichen Stellen mit Asteriskos in dem ihm vorliegenden Ijob-Text als neue Funde des Hieronymus im hebräischen

---

Eus. 6, 412]; Epiphanius, mens. et pond. 2 [p. 4f. DINDORF]; Hieronymus, ep. 28,2; 36,12; 57,11 [CSEL 54, 228. 278. 523]), während Symmachus und Theodotion in verschiedenem Maße auch die griechische Idiomatik berücksichtigten; vgl. Hieronymus, in Am. I 3,11 (CChr.SL 76, 250f.) (weitere Väterbelege bei MARTI, Übersetzer [wie Anm. 2] 134f.); siehe dazu generell: RAHLFS, Septuaginta (wie Anm. 8) XLIII–XLVI (mit anschaulichen Beispielen); BROCK u.a., Bibelübersetzungen (wie Anm. 5) 168f.; TOV, Bibelübersetzungen (wie Anm. 5) 173f. 177–179; André PAUL, La Bible grecque d'Aquila et l'idéologie du judaïsme ancien, in: ANRW II.20.1, Berlin/New York 1986, 221–245, hier 226–229 (mit dem schon von Hieronymus, ep. 57,11, ausgeweideten Beispiel Dtn. 7,13).

17 Dieser Einzelaspekt ist schon oft wahrgenommen worden; vgl. BINDESBØLL, Augustinus et Hieronymus (wie Anm. 2) 23; LAGRANGE, Saint Jérôme et saint Augustin (wie Anm. 2) 179; GRÜTZMACHER, Hieronymus (wie Anm. 3) Bd. 3, 118; JOUASSARD, Réflexions (wie Anm. 2) 97f.; DAVIS, Scriptural Controversy (wie Anm. 2) 111; KARPP, „Prophet" oder „Dolmetscher" (wie Anm. 3) 112; MARTI, Übersetzer (wie Anm. 2) 138; WHITE, Correspondence (wie Anm. 2) 36.

18 Wie aus Hieronymus, ep. 105,5 ad Aug. (CSEL 55, 246), hervorgeht, besaß Hieronymus von Augustinus *quosdam commentariolos in psalmos*, wohl die *Enarrationes in Psalmos* 1–32 (vgl. SCHMID, Epistulae mutuae [wie Anm. 1] 46).

Text auffasste[19] und die diakritischen Zeichen als Markierung der Unterschiede von Hieronymus' neuer Textfassung gegenüber dem ihm bekannten lateinischen Text der Septuaginta las. Der Einwand, den er von dieser falschen Vorstellung aus gegen Hieronymus' vermeintliche Arbeitsweise erhob, gipfelte darin, dass er deren Sinn und Effizienz offen in Frage stellte. Wichtig für seine Haltung gegenüber Hieronymus' Neuübersetzung biblischer Schriften ist, dass er gegen eine von der ihm bekannten Septuaginta abweichende Textgestalt in ep. 28,2 keinen prinzipiellen Einwand erhob, sondern lediglich die Unterschiede zum Septuagintatext jeweils kenntlich gemacht wissen wollte. Für eventuelle weitere biblische Übersetzungen des Hieronymus stellte er in den Jahren 394/395 also nur diese methodische Bedingung. Mehr forderte er nicht.

[113] 2. Eine pragmatische Lösung

Nachdem Augustinus die zweite Ijob-Übersetzung des Hieronymus *ex Hebraeo* bekannt geworden war, war ihm das erneut Anlass für ein ausführliches Statement (ep. 71,3–6).[20] Einen Grund für eine neuerliche Übersetzung des Ijob vermochte er nicht zu finden. Zum einen gebe es schon eine von Hieronymus (ep. 71,3: *cum* [konzessiv] *iam quandam haberemus interpretationem tuam eius prophetae*). Zum zweiten kritisierte er eine mangelnde *verborum fides* (ebd.) der neuen Übersetzung. Das klingt so, als hätte er den aus dem Hebräischen übersetzten Text mit dem Urtext verglichen. Das kann aber nicht gemeint sein. Augustinus konnte kein Hebräisch.[21] Dieser Einwand musste aus einem anderen Blickwinkel heraus formuliert sein. Bei der Übertragung *ex Graeco* hatte Hieronymus mit Hilfe der diakritischen Zeichen die Differenzen zwischen hebräischem und griechischem Wortlaut mit größter Sorgfalt ver-

19 Als Beispiele dafür, dass das dazu verführt, vorschnell auch schon für ep. 28,2 von einer „neue(n) Übersetzung aus dem Hebräischen" zu reden, ohne sich den verwickelten Hintergrund dieses Passus klar zu machen, können WENDLAND, Geschichte der Bibel (wie Anm. 2) 282 mit Anm. 4, und KARPP, „Prophet" oder „Dolmetscher" (wie Anm. 3) 112 (dort das Zitat), dienen.

20 Bei der Abfassung von ep. 71 war Augustinus zwar kein Exemplar zur Hand (71,3: *mihi ad horam codex defuit, qui ex Hebraeo est*), seine Aussagen in 71,3 zeigen aber deutlich, dass er die neue Fassung selber eingesehen hat.

21 Vgl. Augustinus, ep. 101,4 (CSEL 34/2, 543); c. Faust. XII 37 (CSEL 25, 364; vgl. SCHMID, Epistulae mutuae [wie Anm. 1] 71); auch Gen. ad litt. XI 2 (CSEL 28/1, 336): *quid autem habeat Hebraea proprietas, ... viderint, qui eam probe noverunt*; civ. XX 23 zu Dtn. 7,25 (CChr.SL 48, 743): *dicuntur habere et Hebraei.*

merkt (ebd.: *tam mirabili diligentia, ut quibusdam in locis ad verba singula stellas significantes videamus eadem verba esse in Hebraeo, in Graeco autem non esse*). Anlässlich dieser ersten Übertragung hatte Augustinus in ep. 28,2 Hieronymus aufgefordert, nur nach dieser Methode die biblischen Bücher zu übersetzen. Entgegen dieser Forderung – von der Hieronymus bis dato noch nichts wusste – sah er sich jetzt mit einem neuen Ijob-Text konfrontiert, in dem diakritische Zeichen fehlten, obwohl auch dieser neue Text vom Septuagintatext abwich. Diese Praxis vermochte Augustinus nicht nachzuvollziehen (ep. 71,3: *nec parum turbat cogitantem, vel cur in illa prima tanta diligentia figantur asterisci, ut minimas etiam particulas orationis indicant deesse codicibus Graecis, quae sunt in Hebraeis, vel cur in hac altera, quae ex Hebraeis est, neglegentius hoc curatum sit, ut hae eaedem particulae locis suis invenirentur*). In diesem Kontext ist die bemängelte *verborum fides* nicht auf den hebräischen Text zu beziehen im Sinne etwa einer zu großen Freiheit in der Wiedergabe des Originals.[22] Augustinus hielt vielmehr die Erstfassung neben die Zweitfassung und bemängelte aus dieser Perspektive „eine nicht *in gleicher Weise* gegebene Verlässlichkeit des Wortlauts" *(non eadem verborum fides)*. Er verglich Hieronymus' neue Fassung damit letztlich nicht mit dem [114] hebräischen Urtext, sondern mit der Textgestalt der Septuaginta. Seiner Verwirrung über Hieronymus' neuerlichen Ijob-Text lag also erneut die falsche Annahme zugrunde, die diakritischen Zeichen würden von Hieronymus zur Kennzeichnung der Unterschiede zwischen seiner Übersetzung und der Septuagintafassung gesetzt. Augustins in ep. 71,3 geäußerten oder angedeuteten Ansichten bewegen sich in diesem Punkt also weiterhin auf der Linie seiner in ep. 28,2 gemachten Bemerkungen.

Im Jahr 404 ging er jetzt aber einen Schritt weiter. Im Anschluss an die Kritik an Hieronymus' neuem Ijob-Text in ep. 71,3 formulierte er die bekannte[23] Aufforderung, Hieronymus solle die biblischen Schriften lieber nach dem griechischen Text der Septuaginta (und nicht *ex Hebraeo*, wie zu ergänzen ist) in das Lateinische übersetzen (ep. 71,4: *ego*

22 Das scheint KARPP, „Prophet" oder „Dolmetscher" (wie Anm. 3) 112, anzunehmen. – Wenn die Stelle in Hieronymus, ep. 112,19: *de ipso Hebraico, quod intellegebamus, expressimus sensuum potius veritatem quam verborum interdum ordinem conservantes* auf Augustinus, ep. 71,3, zu beziehen ist, dann hat auch Hieronymus diesen Einwand falsch aufgefasst und seine Übersetzungsmethode verteidigt. Von dieser wusste Augustinus freilich nichts (vgl. KARPP, ebd. 113). Als Hieronymus ihn zur Information auf seine Schrift *De optimo genere interpretandi* (= ep. 57 [CSEL 54, 503–526]) und die Prologe seiner Bibelübersetzungen verwies (vgl. ep. 112,20), bekundete er lebhaftes Interesse an ersterem Text (vgl. ep. 82,34: *cupio legere*).

23 Siehe die Verweise in Anm. 3.

sane mallem Graecas potius canonicas te nobis interpretari scripturas, quae Septuaginta interpretum perhibentur). Dabei blieb er (vgl. ep. 71,6; 82,35). Damit ging er über das in ep. 28 knapp zehn Jahre früher Geforderte (nämlich bei einer Neuübersetzung die Abweichungen vom Septuagintatext zu notieren) hinaus. Zu fragen ist, was seine Motive dafür waren.

In der Forschung wird zur Erklärung dieser Forderung durchweg auf die Autorität der kirchlich normative Geltung genießenden Septuaginta verwiesen.[24] In der Tat hat Augustinus den apostolischen und seither gemeinkirchlichen Gebrauch dieser Übersetzung nachdrücklich betont (ep. 71,6: *neque enim parvum pondus habet illa, quae sic meruit diffamari et qua usos apostolos …*; vgl. ep. 82,35: *ab apostolis adprobatum*),[25] worin er sich mit Hieronymus einig glaubte (ep. 71,6 weiter: *non solum res ipsa indicat, sed etiam te adtestatum esse memini*);[26] dessen andersartige Haltung in dieser Frage dürfte ihm demnach nicht bekannt gewesen sein.[27]

[115] Diese Wertschätzung der Septuaginta durch Augustinus steht hinter einer Reihe von Bedenken, die er gegen Hieronymus' Übersetzen *ex Hebraeo* vorbrachte, so hinter seiner in ep. 28,2 expliziten und in ep. 71,3 stillschweigend vorausgesetzten Forderung, bei jeglicher Neuüber-

---

24 Vgl. BINDESBØLL, Augustinus et Hieronymus (wie Anm. 2) 16–20. 24–26; WENDLAND, Geschichte der Bibel (wie Anm. 2) 285; SCHMID, Epistulae mutuae (wie Anm. 1) 9–14, v.a. 10 mit Zitat Augustinus, ep. 82,35; William H. SEMPLE, Some letters of St. Augustine, in: BJRL 33 (1950/51) 111–130, hier 130; JOUASSARD, Réflexions (wie Anm. 2) passim, v.a. 96f.; DAVIS, Scriptural Controversy (wie Anm. 2) 104–106. 112; KARPP, „Prophet" oder „Dolmetscher" (wie Anm. 3) 115; Gerhard J. M. BARTELINK, Hieronymus, in: Martin GRESCHAT (Hg.), Gestalten der Kirchengeschichte 2. Alte Kirche II, Stuttgart 1984, 145–165, hier 152; WHITE, Correspondence (wie Anm. 2) 38f. 41.

25 Apostelgebrauch und kirchliche Verbreitung der LXX waren schon früh ein wesentlicher Grund für ihr Ansehen; vgl. Irenäus, haer. III 21,3f. (SC 211, 406–414); Origenes, ep. Afric. 4f. (SC 302, 524–528) (vgl. BENOIT, L'inspiration des Septante [wie Anm. 3] 177–179); für Augustinus vgl. doctr. christ. II 22 (CChr.SL 32, 47); civ. XV 14; XVIII 43 (CChr.SL 48, 474. 639); quaest. in Hept. I 169 (CSEL 28/2, 89): *Septuaginta interpretes, quos legere consuevit ecclesia* (vgl. BENOIT, ebd. 184).

26 Vermutlich bezog sich Augustinus damit auf Hieronymus, Vulg. evang. praef.: *sit illa vera interpretatio, quam apostoli probaverunt*. Mit dieser vagen Formulierung hatte Hieronymus aber schon da diese Frage offen gelassen (gegen KELLY, Jerome [wie Anm. 3] 267 Anm. 32).

27 Gerade im Gegensatz zu Augustins Meinung in ep. 71,6 argumentierte Hieronymus mit Hilfe in der LXX nicht auffindbarer Schriftzitate im NT zugunsten einer Präferenz des hebräischen Textes; vgl. z.B. Vulg. Pent. prol.; Vulg. Par. prol.; Vulg. Ezr. prol.; ep. 20,2; 57,7 (CSEL 54, 104f. 512–516); in Zach. III 12,10 (CChr.SL 76A, 867f.); adv. Rufin. II 34 (CChr.SL 79, 71f.); vgl. die Belege bei Ludwig SCHADE, Die Inspirationslehre des Heiligen Hieronymus, Freiburg i.Br. 1910, 153–156; DAVIS, Scriptural Controversy (wie Anm. 2) 107; Caroline P. BAMMEL, Die Hexapla des Origenes. Die *hebraica veritas* im Streit der Meinungen, in: Aug. 28 (1988) 125–149, hier 145.

setzung die Abweichungen vom Septuagintatext kenntlich zu machen (vgl. ep. 28,2: *Septuaginta, quorum est gravissima auctoritas*). Oder hinter seiner Befürchtung, dass angesichts der verbreiteten Akzeptanz dieser Textgestalt ein zunehmender Gebrauch von Hieronymus' neuer, nicht mehr daran orientierter Textfassung in den lateinischsprachigen Kirchen deren Gemeinschaft mit den griechischsprachigen gefährden könnte (ep. 71,4: *perdurum erit enim, si tua interpretatio per multas ecclesias frequentius coeperit lectitari, quod a Graecis ecclesiis Latinae ecclesiae dissonabunt*). In Bezug auf eine einzelne Ortsgemeinde hegte er die Sorge, dass ein gegenüber dem altvertrauten und lange gewohnten Text veränderter Wortlaut Unruhe stiften könnte (ebd.: *aliquo insolito permotus*; vgl. ep. 82,35). Zur Illustration erzählte er von einem diesbezüglichen Tumult in Oea[28] (ep. 71,5: *movit quiddam longe aliter abs te positum … quam erat omnium sensibus memoriaeque inveteratum et tot aetatum successionibus decantatum*), wo der Bischof sich letztlich gezwungen sah, zur alten Lesart zurückzukehren, wollte er nicht seine Gemeinde verlieren (ebd.: *coactus est homo velut mendositatem corrigere volens post magnum periculum non remanere sine plebe*).[29] Verschärft wurden diese Sorgen vielleicht noch durch die oft beträchtlichen Abweichungen des hebräischen Textes vom griechischen der Septuaginta, die gerade beim Ijob-Text besonders gravierend auffielen und wofür er auch bei Hieronymus um eine Erklärung nachfragte (ep. 71,6: *quid tibi autem videatur, cur in multis aliter se habeat Hebraeorum codicum auctoritas, aliter Graecorum quae dicitur Septuaginta, vellem dignareris aperire*).[30] Der Gedanke schließ-

---

28 Zu dieser Stadt (heute Tripolis; vgl. KELLY, Jerome [wie Anm. 3] 266; WHITE, Correspondence [wie Anm. 2] 23) vgl. die ausführlichen Angaben und Verweise bei SCHMID, Epistulae mutuae (wie Anm. 1) 42f.

29 Ähnliche Unruhe gab es in Augustins eigener Gemeinde, als er einmal statt der Matthäuspassion den im laufenden Lesejahr verwendeten Evangelisten vorgelesen haben wollte: *passio autem … non solet legi, nisi secundum Matthaeum. volueram aliquando, ut per singulos annos secundum omnes evangelistas etiam passio legeretur. factum est; non audierunt nomines quod consueverant, et perturbati sunt.* Seine verständnisvoll-kritische Bemerkung dazu: *qui autem amat litteras dei, et non vult esse semper idiota, omnia novit, et omnia diligenter inquirit. sed sicut cuique deus partitus est mensuram fidei, sic quisque proficit* (serm. 232,1 [PL 38, 1108]).

30 Augustinus erklärte sich schließlich die Textdifferenzen mit Hilfe der Inspiration beider Textformen (vgl. auch DAVIS, Scriptural Controversy [wie Anm. 2] 105 Anm. 7; Mogens MÜLLER, Graeca sive hebraica veritas? The Defence of the Septuagint in the Early Church, in: SJOT 1 [1989] 103–124, hier 121f.); vgl. cons. evang. II 128 (CSEL 43, 230); quaest. in Hept. I 152 zu Gen. 46,26; V 54 zu Dtn. 30,14 (CSEL 28/2, 78f. 413f.); civ. XVIII 44 zu Jona 3,4 (vgl. dazu quaest. in Hept. I 169 zu Gen. 50,3 [CSEL 28/2, 88f.]); XX 30 zu Sach. 12,10 (vgl. Anne-Marie LA BONNARDIÈRE, Augustin a-t-il utilisé la „Vulgate" de Jérôme?, in: dies. [Hg.], Saint Augustin et la Bible, Paris 1986,

lich, den Text der zahlreichen griechischen und [116] der daraus übersetzten lateinischen Handschriften vom Hebräischen her zu korrigieren, war ihm unerträglich. Er empfand das als Verwerfung von Autoritäten (ep. 71,4: *tot Latinas et Graecas auctoritates damnari quis ferat?*).[31]

Wichtigstes Attribut des Ansehens der Septuaginta war ihre Inspiriertheit.[32] Die unterschiedliche Einstellung des Hieronymus dazu, der nur einmal von einer Inspiriertheit der Siebzig sprach, sie später aber als bloße Übersetzer behandelte,[33] und des Augustinus, für den die Siebzig ihre Übersetzung als inspirierte Propheten schufen,[34] stand zwar vielleicht auch im Hintergrund ihres Disputs um neue Bibelübersetzungen. Gegenüber Hieronymus hat Augustinus dieses Theologumenon jedoch nur einmal flüchtig angedeutet[35] in der Legende von der wundersamen Übereinstimmung aller siebzig separat angefertigten Übersetzungen und bei dieser flüchtigen Andeutung auch noch die Möglichkeit mitgenannt, dass die Übereinstimmung durch Beratung

---

303–312, hier 310f.) (CChr.SL 48, 640f. 756). – BENOIT, L'inspiration des Septante (wie Anm. 3) 185, dazu: „C'est là une vue singulièrement profonde et vraie."

31 Vgl. auch Augustinus, doctr. christ. II 22 (CChr.SL 32, 47f.): *quis huic auctoritati conferre aliquid ne dum praeferre audeat? … cedendum esse arbitror divinae dispensationi, quae per eos facta est.*

32 Zu diesem Theologumenon und zu Entstehung und Entwicklung der damit zusammenhängenden LXX-Legende siehe die Testimonia aus jüdisch-rabbinischer und christlicher Tradition in den Ausgaben des Aristeasbriefes von Paul WENDLAND, Aristeae ad Philocratem epistula cum ceteris de origine versionis LXX interpretum testimoniis, Leipzig 1900, 85–166; Moses HADAS, Aristeas to Philocrates (Letter of Aristeas), New York 1951, 73–84; André PELLETIER, Lettre d'Aristée à Philocrate (SC 89), Paris 1962, 78–98, und die Darstellungen bei WENDLAND, Geschichte der Bibel (wie Anm. 1) 267–290; SCHADE, Inspirationslehre (wie Anm. 27) 141–157; BENOIT, L'inspiration des Septante (wie Anm. 3) 169–187; Pierre AUVRAY, Comment se pose le problème de l'inspiration de Septante, in: RB 59 (1952) 321–336, hier 321–325; KARPP, „Prophet" oder „Dolmetscher" (wie Anm. 3) 103–117; BROCK u.a., Bibelübersetzungen (wie Anm. 5) 163f.; MÜLLER, Graeca sive hebraica veritas (wie Anm. 30) 103–110.

33 Vgl. Hieronymus, Ps. iuxt. LXX prol. (PL 29, 401–404): *qui spiritu sancto pleni ea, quae vera fuerant, transtulerunt*; ebd.: die Zusätze in der LXX seien erfolgt *vel ob decoris gratiam vel ob spiritus sancti auctoritatem*; eine Belegsammlung bei SCHADE, Inspirationslehre (wie Anm. 27) 149–153, z.B. Vulg. Pent. prol.: *in una basilica congregatos contulisse scribant* (sc. Aristeas und Josephus), *non prophetasse. aliud est enim vatem, aliud esse interpretem*; Literatur bei BAMMEL, Hexapla (wie Anm. 27) 139 Anm. 52.

34 Vgl. Augustinus, doctr. christ. II 22; IV 15 (CChr.SL 32, 47f. 127f.); en. in Ps. 87,10 zu Vers 11 (CChr.SL 39, 1215); civ. XV 14.23; XVIII 42–44; XX 29 (CChr.SL 48, 474. 491. 638–641. 753); vgl. Charles J. COSTELLO, St. Augustine's Doctrine on the Inspiration and Canonicity of Scripture, Diss. Washington 1930, 17 mit Anm. 86; LA BONNARDIÈRE, Augustin (wie Anm. 30) 306. 308f.

35 Gesehen von JOUASSARD, Réflexions (wie Anm. 2) 97: „seulement allusion".

zustandegekommen sein könnte (vgl. ep. 28,2: *vel consilii vel spiritus ... [117] concordia*).[36] Gleichfalls ein Nebenaspekt in ep. 28 war seine damit zusammenhängende, recht naive Verwunderung über die Uneinigkeit der späteren Übersetzer trotz ihrer größeren Treue zum Originaltext (ebd.: *illi me plus movent, qui cum posteriores interpretarentur et verborum locutionumque Hebraearum viam atque regulas mordacius, ut fertur, tenerent, non solum inter se non consenserunt, ...*), die ihm offenbar ein Argument für die auch philologische Überlegenheit von siebzig Einigkeit demonstrierenden Übersetzern war (ebd.: *de quorum ... maiore concordia, quam si unus homo esset, non audeo in aliquam partem certam ferre sententiam, nisi quod eis praeminentem auctoritatem in hoc munere* [sc. dem Übersetzen] *sine controversia tribuendam existimo*). Ansonsten spielte das Thema Inspiration in seiner Argumentation gegenüber Hieronymus keine Rolle.

Das Auffällige an seinen Einwänden gegen die neuen Bibelübersetzungen des Hieronymus ist, dass Autorität und Ansehen der Septuaginta in den genannten Gedanken zwar greifbar werden, aber nicht den zentralen Punkt seiner Einwände und Forderungen bildeten. Augustinus argumentierte in ep. 71,4–6 nicht so, dass er unter Hinweis auf das traditionelle Ansehen des Septuagintatextes und aufgrund pastoraler und ekklesialer Rücksichten und Befürchtungen Hieronymus' Vorgehen abgelehnt hätte, wenngleich das oft so dargestellt wird.[37] Derartige Einwände flossen zwar immer wieder in seine Reflexionen ein, Kern und Duktus seiner Argumentation war jedoch etwas anderes.

Im Hintergrund seiner Forderung an Hieronymus, nach der griechischen Septuaginta zu übersetzen, standen primär philologische Überlegungen. Die lateinischen Bibelhandschriften, die ihm zur Verfügung standen, wichen in einer ihm unerträglichen Weise voneinander ab (ep. 71,6: *in diversis codicibus ita varia est* [sc. *Latina veritas*], *ut tolerari vix possit*) und waren so unzuverlässig aus dem Griechischen übersetzt, dass er nicht ohne Bedenken auf diese Texte zurückgriff (weiter ebd.: *et ita suspecta, ne in Graeco aliud inveniatur, ut inde aliquid proferre aut probare dubitemus*).[38] Diesen Missstand hat er oft beklagt.[39] Gegen eine ver-

36 Siehe die Verweise in Anm. 24.

37 Vgl. auch Augustinus, doctr. christ. II 22 (CChr.SL 32, 47): *si autem contulerunt, ut una omnium communi tractatu iudicioque vox fieret, ...*; civ. XVIII 43 (CChr.SL 48, 639); WENDLAND, Geschichte der Bibel (wie Anm. 1) 286 Anm. 1, erblickte darin „offenbar eine Concession" an Hieronymus.

38 Zur Textgeschichte der lateinischen Bibel siehe STUMMER, Einführung (wie Anm. 6) 4–76, v.a. 50–56 mit Besprechung einschlägiger Augustinusstellen; Bonifatius FISCHER, Das Neue Testament in lateinischer Sprache, in: Kurt ALAND (Hg.), Die alten Übersetzungen des Neuen Testaments, die Kirchenväterzitate und Lektionare. Der gegenwärtige Stand ihrer Erforschung und ihre Bedeutung für die griechische Text-

lässliche Neuübersetzung biblischer Schriften in das Lateinische hatte er daher grundsätzlich nichts einzuwenden.

[118] Was das Neue Testament angeht, hat Augustinus Hieronymus' Neufassung der Evangelien[40] sogar ausdrücklich begrüßt und gelobt (ep. 71,6: *non parvas deo gratias agimus de opere tuo, quod evangelium ex Graeco interpretatus es; labori tam utili ..., cui vicem laudis referre non sufficit*). Willkommen war ihm vor allem die Verlässlichkeit dieser Neuübersetzung (ebd.: *quia – et paene in omnibus – nulla offensio est, cum scripturam Graecam contulerimus; quaedam rarissima merito movent*). Das Interessante daran ist, dass er sich den Entscheid über eine eventuell umstrittene Neuübersetzung einer Stelle streng philologisch so vorstellte, dass beide Varianten mit dem Text verglichen werden sollten, aus dem übersetzt worden war. Wenn eine alte Lesart falsch war (ebd.: *vetus falsitas*), musste sie durch eine neue, richtige ersetzt werden. Für eine solche Emendation verderbter Stellen im lateinischen Bibeltext hat er sich des öfteren ausgesprochen.[41]

Entscheidend in diesen Überlegungen war die Möglichkeit der Überprüfung eines eventuell umstrittenen neuen Wortlauts an dem der

---

geschichte, Berlin/New York 1972, 1–92; Bruce M. METZGER, The Early Versions of the New Testament. Their Origin, Transmission, and Limitations, Oxford 1977, 285–293. 322f. 330f. 334; BROCK u.a., Bibelübersetzungen (wie Anm. 5) 177f. (für AT) und V. REICHMANN, ebd. 172–176 (für NT); Dennis BROWN, *Vir trilinguis*. A Study in the Biblical Exegesis of Saint Jerome, Kampen 1992, 97–100.

39 Vgl. Augustinus, doctr. christ. II 16 (CChr.SL 32, 42): *Latinorum interpretum infinita varietas*; ebd.: *ut enim cuique primis fidei temporibus in manus venit codex Graecus et aliquantum facultatis sibi utriusque linguae habere videbatur, ausus est interpretari*; ep. 120,1 (CSEL 34/2, 705): *mendosissimis fatigareris codicibus*; ep. 149,12f. (CSEL 44, 359f.): *secundum Graecum enim eloquium discernenda sunt; nam nostri interpretes vix reperiuntur, qui ea diligenter et scienter transferre curaverint*; retr. II 32 (CChr.SL 57, 116): *ipsam epistulam* (sc. *Iacobi*), *quam legebamus quando ista dictavi, non diligenter ex Graeco habebamus interpretatam*.

40 Dass Hieronymus vom NT wohl nur die Evangelien rezensiert hat, ist heute (anders etwa noch STUMMER, Einführung [wie Anm. 6] 95) *communis opinio* (die restlichen Schriften dürften um 400 n.Chr. in Rom übersetzt worden sein). Hieronymus' Äußerungen in vir. ill. 135 (p. 232 CERESA-GASTALDO); ep. 71,5 (CSEL 55, 6) (und in ep. 112,20) sind Generalisierungen. In ep. 27,1 (CSEL 54, 224) ist nur von den Evangelien die Rede, und auch Augustinus sprach nur von *evangelium* (ep. 71,6); siehe dazu Stefan REBENICH, Jerome. The „vir trilinguis" and the „hebraica veritas", in: VigChr 47 (1993) 50–77, hier 51 (mit Lit.).

41 Vgl. Augustinus, doctr. christ. II 18 (CChr.SL 32, 44): *et talia quidem* (es geht um die Übersetzung von ὀξύς mit *acutus* oder *velox* in Röm. 3,15) *non obscura, sed falsa sunt. ... non enim intellegendos, sed emendandos tales codices potius praecipiendum est*; II 21 (32, 47): *tantum absit falsitas; ... emendatis non emendati cedant*; II 22 (32, 47): *Latinis quibuslibet emendandis Graeci adhibeantur*; ep. 5*,3 zu Gen. 6,3 (CSEL 88, 30): *emendetur ergo mendositas codicis sive codicum vestrorum*.

Übersetzung zugrundegelegten Text.[42] Die Einhaltung dieser Maxime war aber bei einer Übersetzung aus dem Hebräischen nicht so einfach. Bei einer eventuell notwendigen Kontrolle machte nicht nur der schwierige Zugang zu hebräischen Texten Probleme (ep. 71,4: *vix aut numquam ad Hebraea testimonia pervenitur*), sondern vor allem mangelnde Sprachkenntnis. Wer konnte im 4./5. Jahrhundert Hebräisch? Die Christen nicht. Aber die Juden. Hieronymus hat Augustinus für den Zweifelsfall an diese Adresse verwiesen (ep. 112,20: *sicubi dubitas, Hebraeos interroga*).[43] Augustinus hat dies als [119] Möglichkeit zwar auch einmal angedeutet,[44] doch zu Juden hatte er kein Vertrauen (ep. 71,4: *etiam consulti Hebraei possunt aliud respondere*; vgl. ep. 82,34). Das ist auch ein Gedanke in der Geschichte aus Oea. Der dortige Bischof hatte sich einer strittigen Stelle wegen an Juden gewandt (ep. 71,5: *cogeretur episcopus … Iudaeorum testimonium flagitare*), jedoch die Auskunft erhalten, der hebräische Text stimme mit der in den griechischen und den alten lateinischen Handschriften üblichen Lesart überein (ebd.: *hoc esse in Hebraeis codicibus responderunt, quod et Graeci et Latini habebant atque dicebant*). Augustinus machte da keinen Hehl aus seinem Misstrauen (ebd.: *utrum autem illi inperitia an malitia … responderunt?*). Juden waren für ihn ohne weiteres eine glaubhafte Adresse, wenn es um Verkürzung oder Verfälschung des Bibeltextes ging.[45] Dies aufzudecken, akzeptierte er sofort als einen Nutzen von Hieronymus' Arbeitsweise (ep. 82,34: *iam mihi persuasisti, qua utilitate scripturas volueris transferre de Hebraeis, ut scilicet ea, quae a Iudaeis praetermissa vel corrupta sunt, proferres in medium*), womit auch dieser selbst sein Unterfangen (unter anderem) gerechtfertigt hat (vgl. ep. 112,20).[46] Als Adresse für die Kontrolle des richtigen Wortlauts fielen Juden damit allerdings aus.

---

42 Exemplarisch für die gängige Interpretation etwa JOUASSARD, Réflexions (wie Anm. 2) 95f., der das Kontrollproblem in Form von Paraphrasen dieser Passagen lediglich nannte, ohne darin den Kern der Argumentation zu sehen; ähnlich KARPP, „Prophet" oder „Dolmetscher" (wie Anm. 3) 114f.

43 Vgl. schon Hieronymus, Ps. iuxt. LXX prol. (PL 29, 404); Vulg. Pent. prol.: *sicubi tibi in translatione videor errare, interroga Hebraeos, diversarum urbium magistros consule*; Vulg. Regn. prol.; Vulg. Ezr. prol.; Ps. iuxt. Hebr. prol.

44 Augustinus, doctr. christ. II 21 (CChr.SL 32, 46): *aut quaerenda sunt* (sc. *signa incognita*) *ab earum linguarum hominibus …*

45 Vgl. dafür erstmals Justin, dial. 71–73 (p. 181–184 GOODSPEED) zu Jes. 7,14 und zum berühmten christlichen Zusatz ἀπὸ ξύλου zu Ps. 95,10: ὁ κύριος ἐβασίλευσεν (vgl. RAHLFS, Septuaginta [wie Anm. 8] XLII).

46 Vgl. Hieronymus, ep. 32,1 (CSEL 54, 252): *ne quid forsitan propter odium Christi synagoga mutaverit*; adv. Rufin. III 25 (CChr.SL 79, 97); für weitere Motive siehe SCHADE, Inspirationslehre (wie Anm. 27) 144–149; BAMMEL, Hexapla (wie Anm. 27) 143–146.

Blieb als letzte Instanz – Hieronymus (ep. 71,4: *tu solus necessarius videaris, qui etiam ipsos* [sc. *Hebraeos*] *possis convincere*). Doch auch damit mochte sich Augustinus nicht anfreunden. Wer sollte im möglichen Streit zwischen Hieronymus und befragten Juden entscheiden (ebd.: *sed tamen quo iudice, mirum si potueris invenire*)? Augustinus war nicht bereit, eine Aufgabe von solcher Wichtigkeit und Tragweite wie eine gründliche Revision des Textes des lateinischen Alten Testaments dem Urteil und der Kompetenz eines Einzelnen zu überlassen.[47] Auch Hieronymus konnte sich bisweilen geirrt haben (ep. 71,5: *aliquando te quoque in nonnullis falli potuisse*; vgl. ep. 28,2). Auch hier war Augustins Hauptargument die Möglichkeit der Überprüfbarkeit einer Übersetzung am zugrundegelegten Text (ep. 71,5: *vide hoc quale sit in eis litteris, quae non possunt conlatis usitatarum linguarum testimoniis emendari*).

[120] Vor diesem Hintergrund wird die an Hieronymus gestellte Forderung verständlich.[48] Aufgrund des desolaten Zustands des lateinischen Bibeltextes wünschte Augustinus sich auch für das Alte Testament eine neue, verlässliche Übersetzung und forderte Hieronymus dringend dazu auf – aber unter Zugrundelegung des griechischen Textes der Septuaginta, nicht des hebräischen Urtextes (ep. 71,6: *plurimum profueris, si eam scripturam Graecam, quam Septuaginta operati sunt, Latinae veritati reddideris*; vgl. ep. 71,4; 82,35). In dieser programmatischen Forderung stecken zwei Gedanken, (erstens) der Wunsch nach einer Neufassung des lateinischen Alten Testaments auf (zweitens) der Grundlage eines griechischen Textes. Nicht die Septuaginta ist hier in erster Linie wichtig. Augustinus bevorzugte diese griechische Textgestalt wegen ihres Ansehens in allen Kirchen. An dieser Stelle seiner Forderung sind seine diesbezüglichen Überlegungen und Bedenken einzureihen. Der Ton im Duktus seiner Argumentation liegt aber nicht auf ‚Septuaginta', sondern auf ‚Griechisch'; *Graecas potius* ist in ep. 71,4 betont vorangestellt. Eine solche Neuübersetzung aus dem Griechischen ließ sich durch Einsichtnahme in den griechischen Grundtext problemlos auf ihre Richtigkeit prüfen (ep. 71,4: *maxime quia facile contradictor convincitur Graeco prolato libro*), da Griechisch (noch) eine recht weit verbreitete

47 Vgl. auch Augustinus, doctr. christ. II 22 (CChr.SL 32, 47f.) im Blick auf die siebzig Übersetzer: *ne … quemquam unum hominem qualibet peritia ad emendandum tot seniorum doctorumque consensum aspirare oportet aut decet*; civ. XVIII 43 (CChr.SL 48, 639): *nullus eis unus interpres debuit anteponi*; dazu MARTI, Übersetzer (wie Anm. 2) 136f.: Hieronymus als „Richter in eigener Sache"?

48 Zurecht insistiert auf diesen Hintergrund der Debatte hat MARTI, Übersetzer (wie Anm. 2) 59–61; vgl. schon die Andeutungen in diese Richtung bei LAGRANGE, Saint Jérôme et saint Augustin (wie Anm. 2) 172f.; DAVIS, Scriptural Controversy (wie Anm. 2) 107; KARPP, „Prophet" oder „Dolmetscher" (wie Anm. 3) 111. 113.

Sprache war (ebd.: *id est linguae notissimae*; ep. 71,5: *conlatis usitatarum linguarum testimoniis*). Ein möglicher Einspruch gegen einen neuen Wortlaut war nach der philologischen Richtigkeit oder Falschheit zu entscheiden und in ersterem Falle abzuwehren (ep. 71,4: *contradictor convincitur*). Das entspricht exakt Augustins Haltung gegenüber Hieronymus' Evangelienrezension, die er gerade für ihre Verlässlichkeit lobte, so dass Verteidiger von alten, falschen Lesarten durch den Vergleich mit dem griechischen Urtext leicht widerlegt werden konnten (ep. 71,6: *unde, si quisquam veteri falsitati contentiosus favet, prolatis conlatisque codicibus vel docetur facillime vel refellitur*).

Gedrängt vom textlichen Tohuwabohu der ihm zur Verfügung stehenden lateinischen Bibelhandschriften hat Augustinus also eine Neufassung der lateinischen Bibel für ein dringendes Desiderat gehalten. Im eventuellen Streit um den richtigen Wortlaut hat er dabei nach philologischen Kriterien argumentiert. Der Vergleich mit dem Grundtext der Übersetzung sollte jeweils entscheiden. Für das Neue Testament sah er da wenig Probleme und zeigte sich ausgesprochen angetan von der Verlässlichkeit von Hieronymus' Evangelienrezension. Beim Alten Testament kam er hingegen mit dieser Methode in Schwierigkeiten. Grundsätzlich befürwortete er eine Neufassung des lateinischen Alten Testaments und nahm, wie bei den Evangelien auch, die dabei notwendigen Textänderungen also offenbar in Kauf. Dass er diese Revision jedoch vom griechischen Septuagintatext und nicht vom hebräischen Urtext aus durchgeführt wissen wollte, hatte auf dieser philologischen Ebene einen ganz praktischen Grund. Der Mangel an Hebräischkenntnissen seinerseits und allgemein unter Christen erschwerte, abgesehen vom Mangel an hebräischen Handschriften und vom Misstrauen gegenüber Juden, die Überprüfbarkeit einer [121] bestimmten Lesart im Streitfall. Damit war aber eine philologische Argumentation zur Verteidigung einer eventuell bezweifelten oder bestrittenen neuen Lesart, wie Augustinus sie für eine Neuübersetzung aus dem Griechischen ins Auge fasste, nicht durchführbar. In diese Aporie geriet er auf der Ebene seiner von philologischen Überlegungen gesteuerten Argumentation in ep. 71,4–6. Sein Ausweg war ein pragmatischer: Rückgriff auf die Sprache, die bekannt war, und das hieß: auf einen griechischen Grundtext. Hinter Augustins Empfehlung an Hieronymus, lieber nach dem griechischen Text (der Septuaginta) als nach dem hebräischen Urtext eine verlässliche Neuübersetzung des lateinischen Alten Testaments zu erstellen, stand nicht ein Mangel an philologischer Einsicht, sondern ein Mangel an Sprachkenntnis.

3. Nähe und Distanz beider Positionen

Seit Lagranges programmatischem Titel: „L'esprit traditionnel et l'esprit critique" (1899) wird dieser Disput zwischen Hieronymus und Augustinus beschrieben als das Aufeinanderprallen von Autorität der Kirche und *hebraica veritas* (Jouassard, 1956), von „kirchliche(m) Traditionalismus und Opportunismus" und „wissenschaftliche(m) Denken" (Karpp, 1957) oder von „le docteur et le pasteur" (Testard, 1969).[49] Selbst wo die nötigen Gegenakzente benannt sind,[50] werden diese Kontraste dann doch stark profiliert oder wird in der Anschauung von der Inspiriertheit der Siebzig und [122] der Septuaginta das streitentscheidende Datum gesehen.[51] Trotz der aus pastoralen und ekklesialen Rücksichten und Befürchtungen geäußerten Vorbehalte gegen Hieronymus' Arbeitsweise hatte Augustinus jedoch, wie gezeigt, vor allem auf philologischer Ebene damit argumentiert, ein aus dem Hebräischen

---

49 JOUASSARD, Réflexions (wie Anm. 2) 99 („le souci apostolique"; „le sens ‚ecclésiastique'"); KARPP, „Prophet" oder „Dolmetscher" (wie Anm. 3) 113–116; Maurice TESTARD, Saint Jérôme. L'apôtre savant et pauvre du patriciat romain, Paris 1969, 93–98; vgl. zudem: GRÜTZMACHER, Hieronymus (wie Anm. 3) Bd. 2, 93. 97; Bd. 3, 118. 132; STUMMER, Einführung (wie Anm. 6) 126; Ferdinand CAVALLERA, Les „Quaestiones Hebraicae in Genesim" de saint Jérôme et les „Quaestiones in Genesim" de saint Augustin, in: Miscellanea Agostiniana II. Studi Agostiniani, Rom 1931, 359–372, hier 359; ders., Jérôme (wie Anm. 3) Bd. 1, 201 Anm. 1 (vgl. ebd. Bd. 2, 106): „progressistes comme saint Jérôme, ou conservateurs comme Rufin, Palladius et Augustin"; J. DE VATHAIRE, Les relations de saint Augustin et de saint Jérôme, in: Miscellanea Augustiniana, Amsterdam 1930, 484–499, hier 496; Hermann LANGE, Der Streit der heiligen Kirchenlehrer Hieronymus und Augustinus, in: 75 Jahre Stella Matutina, 3 Bde., Feldkirch 1931, Bd. 1, 231–256, hier 240; DAVIS, Scriptural Controversy (wie Anm. 2) 104–106. 108. 112. 115; Marie A. MCNAMARA, Friendship in Saint Augustine, Freiburg i.d.Schw. 1958, 179; BENOIT, L'inspiration des Septante (wie Anm. 3) 184–186; MÜLLER, Graeca sive hebraica veritas (wie Anm. 30) 118: „The person who more than anybody else came to be regarded as the representative of church traditionalism versus Jerome, was Augustine"; WHITE, Correspondence (wie Anm. 2) 35–42.

50 Vgl. schon BINDESBØLL, Augustinus et Hieronymus (wie Anm. 2) 19: „... neque, ut Rufinus, aperte divinam LXX autoritatem ei opponere audet"; MARTI, Übersetzer (wie Anm. 2) 138. 142; KARPP, „Prophet" oder „Dolmetscher" (wie Anm. 3) 112: „Beachtenswert ist es, dass in dem Streit (sc. in Oea) keiner die Frage mit einem Hinweis auf die Inspiriertheit der Septuaginta niederzuschlagen versuchte"; ebd. 113: „... weder wollte er (sc. Hieronymus) sich von der kirchlichen Tradition freimachen noch wollte Augustin die Wissenschaft befehden".

51 Siehe dafür Anm. 24; paradigmatisch schon BINDESBØLL, Augustinus et Hieronymus (wie Anm. 2) 24 Anm. 1: „Ut ante (pag. 19) observavimus, nunquam data opera et dissertis verbis autoritatem LXX Hieronymo opponit Augustinus, sed saepissime quasi transeundo ad eam provocat."

übersetzter lateinischer Bibeltext sei mangels hebräischer Sprachkenntnisse christlicherseits im Streitfall nicht überprüfbar. Von daher ist fraglich, ob die übliche klischeehafte Frontstellung – Hieronymus der kritische Philologe, Augustinus der traditional-pastoral gesinnte Kirchenmann – Augustins Haltung gegenüber Hieronymus' Bibelübersetzungen wirklich richtig einzufangen vermag.

In Augustins Argumentation sind beide Ebenen, die ‚philologisch-kritische' und die ‚pastoral-traditionale', stark ineinander verflochten. In ep. 71,4 begründete Augustinus seine Präferenz des griechischen Textes der Septuaginta. Als erstes Argument nannte er seine Sorge um die Einheit der lateinischen und griechischen Kirchen – und begründete das vor allem *(maxime quia)* mit dem philologischen Hinweis, dass ein möglicher Zweifel am Wortlaut einer Bibelstelle durch Einsichtnahme in einen griechischen Text leicht beseitigt werden könne. Dann geht es auf der philologischen Ebene weiter mit dem Einwand, dass hebräische Handschriften kaum zur Verfügung stehen, und selbst wenn man an welche herankomme – *tot Latinas et Graecas auctoritates damnari quis ferat?* Ganz unvermutet und von der Logik des Gedankengangs her unmotiviert kippt da die Argumentation erneut um. Besonders diese Stelle zeigt, wie stark das Ansehen der Septuaginta auch seine nüchtern philologischen Überlegungen überformen konnte. Darauf folgt, einfach angeschlossen *(huc accedit)*, die Ablehnung von Hieronymus als alleinigem Sachverständigen und damit allein Zuständigem, also im Kern wieder das philologische Argument der Kontrollmöglichkeit. Die Oea-Geschichte (ep. 71,5) dient der Illustrierung dieser Bedenken, und in ihr begegnet dasselbe Ineinander der beiden Ebenen. Anstoß erregte in der Gemeinde das Abweichen von der gewohnten Lesart, ihren Skopos hat die Schilderung Augustins jedoch nicht darin, dass sich aus pastoraler Rücksicht auf das traditionell Gewohnte die neue Lesart nicht durchsetzte, sondern darin, dass der Bischof Hieronymus' Text deshalb zurückzog, weil seine Richtigkeit nicht zu beweisen gewesen war.[52]

Diese in sich wenig logischen und auch wenig wirklich durchdacht scheinenden Reflexionen zeigen an, dass Augustinus die Autorität der Septuaginta immer präsent war, so dass entsprechende Argumente ständig in [123] seine Erörterung eindrangen. In seiner abschließenden Stellungnahme gegenüber Hieronymus wollte er einen aus dem Hebräischen übersetzten Bibeltext aus pastoralen Rücksichten und wegen

52 Letzterer Gedanke ist, freilich in einer anderen als der hier vorgenommenen Einordnung, schon öfter bemerkt worden; vgl. JOUASSARD, Réflexions (wie Anm. 2) 95f.; KARPP, „Prophet" oder „Dolmetscher" (wie Anm. 3) 114f.; MARTI, Übersetzer (wie Anm. 2) 136f.; WHITE, Correspondence (wie Anm. 2) 38f.

der Autorität der Septuaginta im Gottesdienst nicht verwendet wissen (ep. 82,35: *propterea me nolle tuam ex Hebraeo interpretationem in ecclesiis legi, ne contra Septuaginta auctoritatem tamquam novum aliquid proferentes magno scandalo perturbemus plebes Christi, quarum aures et corda illam interpretationem audire consuerunt, quae etiam ab apostolis adprobata est*). Pastorale und traditionale Vorbehalte spielten damit bei seinen Einwänden gegen Hieronymus' Bibelübersetzungen durchaus eine Rolle. Von „l'esprit traditionnel" oder Ähnlichem zu sprechen hat darin seine berechtigte Grundlage.

Die Analyse von ep. 71,4–6 hat jedoch ergeben, dass Augustins Einwände und seine spezifische Argumentationsweise primär philologischer Natur waren. Mit Nachdruck forderte er einen erneuerten Text und war bereit, einen solchen auch gegen konservative Widerstände durchzusetzen. Nur wollte er das Neue nicht autoritär oktroyieren, sondern argumentativ aufweisen und vermitteln. Die Überprüfbarkeit einer Lesart war es, die ihm wichtig war. Beim Neuen Testament hatte er wenig Probleme mit Hieronymus' neuem Text, da er sehr leicht (ep. 71,6: *facillime*) überprüft werden konnte, weil der Urtext in einer (noch) allgemein bekannten Sprache, in Griechisch, verfasst war. Weil das im Falle eines hebräischen Urtextes nicht galt und ein Nachprüfen deshalb praktisch unmöglich war, lehnte er Hieronymus' Übersetzung *iuxta Hebraeos* ab. Das war der Hauptgrund.

Augustins pastorale Bedenken waren demgegenüber sekundär und streng genommen inkonsequent. Auch für das Alte Testament wünschte er sich von Hieronymus einen verlässlichen lateinischen Text (ep. 71,6: *plurimum profueris, si eam scripturam Graecam, quam Septuaginta operati sunt, Latinae veritati reddideris*) und war offensichtlich bereit, neue Lesarten zu verteidigen. Ging ihm ein neuer Text *iuxta Hebraeos* zu weit? Noch in ep. 82,35, wo er Hieronymus' aus dem Hebräischen übersetzten lateinischen Text für den Gemeindegebrauch ablehnte, forderte er doch nach wie vor einen neuen, verlässlichen lateinischen Bibeltext auf der Basis der (griechischen) Septuaginta (ep. 82,35: *ideo autem desidero interpretationem tuam de Septuaginta, ut et tanta Latinorum interpretum, qui qualescumque hoc ausi sunt, quantum possumus, inperitia careamus*). Letztendlich scheint das der Versuch zu sein, einen Kompromiss zwischen der notwendigen und erwünschten Neuerung und der pastoralen Rücksichtnahme auf das Alte und Gewohnte zu finden.

In der kirchlichen Szene der Zeit spielten pastorale Reserven und konservatives Beharren eine Hauptrolle in der nahezu einhelligen Ablehnung von Hieronymus' Lebenswerk.[53] In Nordafrika kursierte ein

53 Vgl. dafür generell Hieronymus' diesbezügliche Äußerungen in den Prologen zu

gefälschter Brief, [124] in dem der Mönch von Bethlehem seine Neuübersetzung des Alten Testaments nach dem Hebräischen als von jüdischen Hintermännern gelenkte, gezielte Falschübersetzung reuevoll widerrief.[54] Er wurde als ‚Neuerer' kritisiert, als ‚Frevler' am sakrosankten Text der Bibel gebrandmarkt,[55] und das nicht erst für seine Neuübersetzung *iuxta Hebraeos*, sondern schon für seine Evangelienrezension und seine Revisionen des Alten Testaments nach der (hexaplarischen) Septuaginta.[56] Augustinus hingegen hat die Evangelienrezension äußerst positiv aufgenommen und für ihre Verlässlichkeit sehr gelobt (ep. 71,6).[57] Auch gegen Hieronymus' erste Ijob-Revision hatte er in ep. 28 prinzipiell nichts einzuwenden gehabt, vielmehr später in ep. 71 eine Revision des gesamten lateinischen alttestamentlichen Bibeltextes *iuxta Septuaginta* nachdrücklich gefordert. Als Hieronymus ihn darauf hinwies, dass er eine solche Revision seinerseits schon angefertigt habe (ep. 112,20: [*Septuaginta*], *quae linguae meae hominibus emendata de Graeco in Latinum transtuli*), erbat er sich sogleich ein Exemplar davon (ep. 82,34: *nobis mittas, obsecro, interpretationem tuam de Septuaginta, quam te edidisse nesciebam*); mit dem Hinweis, dass ihm *ob fraudem cuiusdam* der größte Teil davon abhanden gekommen sei (vgl. ep. 134,3 ad Aug. vom Jahr 416), hat Hieronymus jedoch später dieser Bitte nicht entsprochen.[58] Auch Hieronymus' nach dem Hebräischen revidierten Text be-

---

seinen Übersetzungen (Vulg. Iob prol.: *cogor per singulos scripturae divinae libros adversariorum respondere maledictis*; vgl. Vulg. Ier. prol.); auch quaest. hebr. in Gen. praef. (CChr.SL 72, 1); adv. Rufin. II 24–35 (CChr.SL 79, 60–72) (gegen Rufinus, apol. c. Hieron. II 36–41.47 [CChr.SL 20, 111–116. 120]); siehe dazu allgemein: GRÜTZMACHER, Hieronymus (wie Anm. 3) Bd. 2, 103–106; CAVALLERA, Jérôme (wie Anm. 3) Bd. 1, 149f. 186f. 291; Bd. 1, 104–109 (Stellensammlung); Paul ANTIN, Essai sur Saint Jérôme, Paris 1951, 146–153; KELLY, Jerome (wie Anm. 3) 153–170; BAMMEL, Hexapla (wie Anm. 27) 137–139. 143–146; REBENICH, Jerome (wie Anm. 40) 63–65.

54 Vgl. dafür Rufinus, apol. c. Hieron. II 36 (CChr.SL 20, 111. 115): *a Iudaeis mutata interpretatione*; Hieronymus, adv. Rufin. II 24; III 25 (CChr.SL 79, 60f. 97).

55 Vgl. für solche Reserven schon Irenäus, haer. III 21,3 (die LXX-Legende ebd. III 21,2 [SC 211, 400–408]): *vere impudorati et audaces ostenduntur, qui nunc aliter volunt interpretationes facere* (vgl. BAMMEL, Hexapla [wie Anm. 27] 129).

56 Vgl. Hieronymus, Vulg. evang. praef.: *me falsarium me clamans esse sacrilegum*; ep. 27,1 (CSEL 54, 223f.); Iob iuxt. LXX prol. (PL 29, 61): *corrector vitiorum falsarius vocor et errores non auferre, sed serere*; in Ion. 4,6 (CChr.SL 76, 414): *me accusasse sacrilegii, quod pro cucurbita hederam transtulerim* (nämlich in Jona 4,6; vgl. dazu auch ep. 112,22). – Zu letzterem siehe Beitrag Nr. 14 in diesem Band.

57 Vgl. diesen wichtigen Gedanken bei SCHMID, Epistulae mutuae (wie Anm. 1) 9; WENDLAND, Geschichte der Bibel (wie Anm. 1) 288, sprach von einem „allmählichen Übergang ins andere Lager".

58 Ähnlich wie anlässlich seiner Revision der Evangelien (siehe dazu Anm. 40) hat Hieronymus nach heutiger Einschätzung (vgl. etwa GRÜTZMACHER, Hieronymus [wie

zeichnete er schließlich als nützlich (ep. 82,34: *qua utilitate*; 82,35: *utilibus laboribus tuis*), allerdings lediglich zu wissenschaftlichen und apologetisch-antijüdischen Zwecken.[59] Augustinus muss [125] demnach zwar in die Phalanx der Kritiker von Hieronymus' Bibelübersetzungen eingereiht werden. Seine Motive und die spezifische Art seiner Einwände heben ihn allerdings deutlich von der üblichen pauschalen Polemik ab. Was er an Hieronymus' Arbeit kritisierte, war nicht das Erstellen eines neuen Textes an sich, sondern sein methodisches Vorgehen, das Hebräische als Grundlage zu nehmen. Was er im Gegenzug forderte, war dementsprechend das Einhalten einer bestimmten Vorgehensweise bei der Revision des lateinischen Bibeltextes.

Beide, Augustinus und Hieronymus, standen vor einem lateinischen Bibeltext, der eine zu immer größerer Uneinheitlichkeit tendierende Geschichte hinter sich hatte und daher stark revisionsbedürftig war. Beide haben das erkannt und als Desiderat empfunden.[60] Hieronymus ist im Laufe seiner Arbeit an der Erstellung eines verlässlichen lateinischen Textes angesichts der Uneinheitlichkeit auch der griechi-

---

Anm. 3] Bd. 2, 94–96; KELLY, Jerome (wie Anm. 3) 159; REBENICH, Jerome [wie Anm. 40] 52) auch übertreibend von einer Revision des ganzen AT nach der LXX geredet (vgl. ep. 71,5; 106,2 [CSEL 55, 6. 248]; adv. Rufin. II 24; III 25 [CChr.SL 79, 61. 97]); bezeugt ist eine solche nur für 1–2 Chron., Ijob, Ps., Spr., Koh. und Hld. (vgl. CAVALLERA, Jérôme [wie Anm. 3] Bd. 1, 147; SCHMID, Epistulae mutuae [wie Anm. 1] 28. 125; BROCK u.a., Bibelübersetzungen [wie Anm. 5] 177).

59 Siehe dazu generell LA BONNARDIÈRE, Augustin (wie Anm. 30) (mit Besprechung einschlägiger Augustinusstellen). Zu propagandistischen Zwecken *(de eloquentia prophetarum)* verwendete er beispielsweise Hieronymus' stilistisch besseren Bibeltext am Beispiel von Am. 6,1–6 in doctr. christ. IV 15–21 (CChr.SL 32, 127–131); vgl. dazu Madeleine MOREAU, Sur un commentaire d'Amos. De doctrina Christiana IV, VII, 15–21, sur Amos VI, 1–6, in: LA BONNARDIÈRE, Saint Augustin et la Bible (wie Anm. 30) 313–322.

60 Für Augustinus siehe Anm. 39. – Belege für Hieronymus (und andere lateinische Väter) bei STUMMER, Einführung (wie Anm. 6) 12f. 53; MARTI, Übersetzer (wie Anm. 2) 59–61; vgl. z.B. Hieronymus, Vulg. evang. praef.: *tot sunt paene* (sc. lateinische Übersetzungen) *quot codices*; Vulg. Ios. prol.: *apud Latinos tot sint exemplaria quot codices, et unusquisque pro arbitrio suo vel addiderit vel subtraxerit quod ei visum est*; Vulg. Par. prol.: *si Septuaginta interpretum pura et ut ab eis in Graecum versa est editio permaneret, superflue me … inpelleres, ut Hebraea volumina Latino sermone transferrem*; Vulg. Ezr. prol.; Vulg. Idt. prol.; Vulg. Est. prol.; Ps. iuxt. Hebr. prol.; in Tit. 3,9 (PL 26, 596); ep. 106,2 (CSEL 55, 249). Für die fortdauernde Entwicklung und Verderbnis des Textes und die immer neuen Versuche, einen verlässlichen Text zu erstellen, ein Zeugnis aus der nach-hieronymianischen Geschichte des lateinischen Bibeltextes (siehe dafür STUMMER, ebd. 125–221): Wie Augustinus und Hieronymus klagte Roger Bacon (gest. 1292): *quot sunt lectores per mundum, tot sunt correctores seu magis corruptores* (zit. ebd. 150 Anm. 1). Mit Berufung auf Augustinus empfahl er zum Entscheid über Textvarianten den Rückgriff auf möglichst alte Handschriften.

schen alttestamentlichen Bibeltexte konsequent so weit gegangen, jeweils den Urtext als alleinigen Maßstab für die Textgestaltung zugrundezulegen.[61] Neben der berühmten *Hebraea veritas* für das Alte Testament (vgl. ep. 112,20 und immens oft in seinen Werken; auch *Hebraica veritas*) kannte er auch eine *Graeca veritas* für das Neue und eine *Chaldaica veritas* im Buch Daniel.[62] Augustins Forderung nach Wiederherstellung der *Latina veritas* (ep. 71,6) ist dazu das Pendant. [126] *Veritas* ist in diesen Junkturen im Kontext des Übersetzens als primär philologischer Begriff zu fassen. Gemeint ist jeweils ein verlässlicher Text als (hier kommt die theologische Komponente von *veritas* als „Wahrheit" der Auslegung ins Spiel) normative Grundlage für die Exegese. Augustins und Hieronymus' Einstellungen waren demnach in der Diagnose des desolaten Zustands des lateinischen Bibeltextes *(vetus falsitas)* und in der Aufgabe und im Ziel, einen neuen, verlässlichen Text zu erstellen *(Latina veritas)*, durchaus im Einklang.[63] In der Durchführung der notwendigen Revision war Augustinus nur nicht so konsequent wie Hieronymus, und das zuerst mangels Sprachkompetenz und erst sekundär aus konservativer und pastoraler Zurückhaltung.

---

61 Vgl. Hieronymus, Vulg. evang. praef.: *sin autem veritas est quaerenda de pluribus, cur non ad Graecam originem revertentes ea quae vel a vitiosis interpretibus male edita vel a praesumptoribus inperitis emendata perversius vel a librariis dormitantibus aut addita sunt aut mutata corrigimus? … de fonte quaerendum est*; Vulg. Par. prol.: *cum pro varietate regionum diversa ferantur exemplaria et germana illa antiquaque translatio corrupta sit atque violata, nostri arbitrii putas, aut e pluribus iudicare quid verum sit, aut novum opus in veteri opere condere*; vgl. in Eccl. praef. (CChr.SL 72, 249): *fons veritatis*; ep. 106,2 (CSEL 55, 249). – Für MÜLLER, Graeca sive hebraica veritas (wie Anm. 30) 114–117, war diese Motivation jedoch sekundär; „it was in the first place the uniformity of the Hebrew bible text that convinced Jerome" (ebd. 117).

62 Vgl. Hieronymus, Vulg. evang. praef.; in Dan. II 5,11a (CChr.SL 75A, 824); vgl. auch ep. 124,1 (CSEL 56, 96) bezüglich der Übersetzung von Origenes' *De principiis*: *postulans* (sc. *Pammachius*), *ut Graecam veritatem servaret Latina translatio*.

63 BINDESBØLL, Augustinus et Hieronymus (wie Anm. 2) 27, bewegte sich mit seiner Schlussbemerkung schon in diese Richtung: „Etsi persuasum est Aug. de utilitate instituti H., nonnulla tamen in eo relinquebantur dubia. Sed si Augustinum Hieronymus edocuisset, exemplaria LXX ita diversa esse, ut germana illa, et antiqua translatio plane corrupta esset et violata, Augustinus, qui, ut diversitate latinorum codd. careret, novam ex LXX factam interpret. ab H. postulabat, idem, ut graecorum codd. varietas tolleretur, ex hebraeo vertendi non utilitatem tantum sed necessitatem coactus concessisset."

Zur Vielfalt altkirchlicher Soteriologie

Augustins Berufung auf Hieronymus im pelagianischen Streit*

Im Gefolge der eudämonistischen Tradition der antiken Philosophie war Glück, Heil und Erlösung des Menschen das zentrale Thema des spätantiken Christentums. Leitendes Interesse der Praxis wie der Reflexion der Alten Kirche war die Vermittlung und Erklärung des dem Menschen von Gott her in und durch Jesus Christus allein zukommenden Heils. Die denkerische Durchdringung und Erhellung dieses erlösenden Handelns Gottes gehörte von daher zur zentralen Aufgabe christlicher Theologie. Entsprechend der Wichtigkeit dieser jeden Menschen unmittelbar im Kern seines Daseins betreffenden Thematik und aufgrund ihrer vielschichtigen Präsenz auf allen Ebenen christlicher und kirchlicher Existenz gestaltete sich diese von den altkirchlichen Theologen geleistete reflexive Formung der christlichen Heilsüberzeugung von Anfang an als mannigfaltiger, pluraler Prozess, der – zumal es nie ausdrücklich zur Festschreibung eines im engeren Sinn ‚soteriologischen Dogmas' kam – von immer neuer Variierung und Ausdifferenzierung geprägt war.[1] Die vitale Bedeutung dieses Themas für Christentum und Kirche manifestierte sich daher in einer Vielzahl soteriologischer Bilder, Ideen und Denkmodelle, die sämtlich, von der populären Metapher bis hin zur hochspekulativen Weltdeutung, das Heil in Christus verständlich und einsichtig zu machen suchten.[2]

---

* Johannes B. BAUER (Hg.), Φιλοφρόνησις für Norbert Brox (Grazer Theologische Studien 19), Graz 1995, 119–185.

1 Auf die Pluralität von Gottes Heilswirken am Menschen wiesen schon Theologen der Alten Kirche, etwa Clemens von Alexandria, protr. 1,8,3 (GCS Clem. Al. 1³, 8): πολύφωνός γε ὁ σωτὴρ καὶ πολύτροπος εἰς ἀνθρώπων σωτηρίαν; oder Cyrill von Jerusalem, cat. ill. 10,5 (I p. 266 REISCHL/RUPP): ἑκάστῳ δὲ ποικίλως ὁ σωτὴρ γίνεται πρὸς τὸ συμφέρον.

2 Aus der Literatur siehe die Überblicke bei: Carl ANDRESEN, Art. Erlösung, in: RAC 6 (1966) 54–219; Basil STUDER, Zur Soteriologie der Kirchenväter, in: HDG III/2a, Freiburg/Basel/Wien 1978, 55–225; Raymund SCHWAGER, Der wunderbare Tausch. Zur Geschichte und Deutung der Erlösungslehre, München 1986, bes. die ebd. 7–160 gesammelten Aufsätze zu Theologen der Alten Kirche; ferner: Gisbert GRESHAKE, Der Wandel der Erlösungsvorstellungen in der Theologiegeschichte, in: Leo SCHEFFCZYK

[120] Wie vielfältig die im Einzelnen diskutierten Themen und Vorstellungen und wie unterschiedlich die grundlegenden Perspektiven altkirchlicher Soteriologie sein konnten, davon erhält man umgehend einen Eindruck, sobald man sich einem soteriologischen Entwurf, einem Theologen oder einer soteriologischen Kontroverse en détail zuwendet. Dies soll hier vorgeführt werden, und zwar an einer Szene aus dem pelagianischen Streit, also aus der Kontroverse, in der im frühen 5. Jahrhundert am eindringlichsten und umfassendsten in der Alten Kirche die Frage nach Unheil und Heil des Menschen und ihre christlich adäquate Beantwortung diskutiert wurden. Aus dieser umfangreichen und komplexen Debatte, in der etliche, darunter auch zentrale Themen der Theologie entweder intensiv behandelt oder mehr oder weniger explizit tangiert wurden (Christologie, Anthropologie, Eschatologie, Sünde und Gnade, Ehelehre, Taufe etc.), wird im folgenden eine spezielle, eng umgrenzte Fragestellung herausgegriffen: Augustins Berufung auf Hieronymus zugunsten seiner Soteriologie, bei der es um einige spezifische soteriologische Fragestellungen ging, die im pelagianischen Streit erörtert wurden, nämlich um den (unheilvollen) Zustand des Menschen angesichts seiner Sündigkeit und um Heil und Erlösung von Kindern und Säuglingen. Die Kontrastierung der diesbezüglichen Überlegungen und Ansichten dieser beiden Kirchenväter eignet sich exemplarisch zur Demonstrierung der Vielfalt altkirchlicher Soteriologie.

Einführung

In der Auseinandersetzung zwischen Augustinus und Pelagius bzw. Julian von Aeclanum argumentierten beide Seiten zugunsten ihrer jeweiligen Position nicht nur mit Hilfe philosophisch-theologischer Axiome und auch nicht nur mit Hilfe exegetischer Beweisführungen anhand kontrovers gedeuteter Bibelstellen (vorab Ijob 14,4 LXX; Ps. 50,7 LXX; Röm. 5,12–21; 7,7–25, um nur einige der zentralen zu nennen). Die Kontrahenten in dieser Debatte versuchten die Wahrheit ihrer Standpunkte außerdem mit Hilfe eines altkirchlich verbreiteten Argumentationsmusters zu untermauern, nämlich durch den Nachweis der Kohärenz und Konsonanz ihrer Theologie mit der Lehre der Großkirche und deren Tradition. So hat Augustinus – wie seine Gegner auch – immer wieder

(Hg.), Erlösung und Emanzipation (QD 61), Freiburg/Basel/Wien 1973, 69–101; Norbert BROX, Σωτηρία und Salus. Heilsvorstellungen in der Alten Kirche, in: EvTh 33 (1973) 253–279.

an Zeugnisse aus [121] der christlichen Tradition appelliert, um seine Soteriologie als orthodox und katholisch auszuweisen.[3] Seine Hauptzeugen waren Cyprian und Ambrosius.[4] Neben etlichen weiteren bedeutenden wie unbekannteren Persönlichkeiten des spätantiken Christentums aus unterschiedlichen Zeiten und Regionen (Irenäus von Lyon, Reticius von Autun, der spanische Bischof Olympius, Hilarius von Poitiers, Innocentius von Rom, Gregor von Nazianz, Basilius von Cäsarea, Johannes Chrysostomus)[5] hat Augustinus sich auch auf Hieronymus berufen, den einzigen Presbyter in der Reihe der aufgezählten Bischöfe. Des öfteren erwähnte der Bischof von Hippo den Mönch in Bethlehem lediglich namentlich als Zeugen für den orthodoxen Glauben in den beiden großen Werken gegen Julian von Aeclanum;[6] auch gegenüber jenem selber ist er in ep. 166 vom Jahr 415 generell davon ausgegangen, dass Hieronymus im Streit gegen die Pelagianer auf seiner Seite stehe.[7] Zum Beleg für diese Annahme hat er sich andernorts mehrmals konkret auf Stellen aus drei Werken des Hieronymus bezogen, auf eine aus dessen Matthäuskommentar vom Jahr 398,[8] auf zwei aus dessen im Jahr 393 verfassten Streitschrift gegen Jovinian[9] und auf eine vierte aus Hieronymus' Jonakommentar von 396.[10]

---

3 Die Methodik von Augustins Berufung auf die kirchlich-orthodoxe Tradition untersucht Giorgio MASCHIO, L'argomentazione patristica di S. Agostino nella prima fase della controversia pelagiana (412–418), in: Aug. 26 (1986) 459–479.

4 Alle für diese beiden Väter relevanten Belege aus Augustinus und weitere Literatur sind neuerdings zu finden bei Ernst DASSMANN, „Tam Ambrosius quam Cyprianus" (c. Iul. imp. 4,112). Augustins Helfer im pelagianischen Streit, in: Damaskenos PAPANDREU/Wolfgang Artur BIENERT/Knut SCHÄFERDIEK (Hg.), Oecumenica et Patristica. Festschrift für Wilhelm Schneemelcher, Stuttgart/Berlin/Köln 1989, 259–268.

5 Aus den vielen dafür einschlägigen Stellen aus Augustins antipelagianischen Schriften — etwa pecc. mer. et rem. III 10–14 (CSEL 60, 135–141); nat. et grat. 71–81 (CSEL 60, 286–296); grat. Christ. et pecc. orig. I 46–55 (CSEL 42, 159–166); II 47f. (42, 205f.); c. duas ep. Pelag. IV 20–32 (CSEL 60, 542–569) — siehe bes. die ersten beiden Bücher von *Contra Iulianum* (verfasst i.J. 421), in denen es explizit und ausführlich um den Traditionsbeweis geht und die Genannten abschließend aufgezählt werden: c. Iul. II 37 (PL 44, 701); vgl. ebd. II 33 (44, 697); III 32 (44, 719); c. Iul. op. imp. IV 73 (PL 45, 1380).

6 Zu den in der vorigen Anmerkung aus diesen beiden Werken vermerkten Stellen vgl. noch c. Iul. II 36 (PL 44, 699) und c. Iul. op. imp. IV 88 (PL 45, 1389); in der Liste ebd. IV 73 (45, 1380) fehlt Hieronymus.

7 Ep. 166,6 ad Hieron. (CSEL 44, 554), zitiert unten in Anm. 100.

8 Hieronymus, in Math. I 5,8 (CChr.SL 77, 25) in Augustinus, nat. et grat. 78 v.J. 415 (CSEL 60, 292).

9 Hieronymus, adv. Iovin. II 3 (PL 23, 286f.) in Augustinus, nat. et grat. 78 (CSEL 60, 293) und aus Hieronymus, adv. Iovin. II 2 (PL 23, 284) ein ausgiebiges Zitat in Augustinus, pecc. mer. et rem. III 13 v.J. 412 (CSEL 60, 140); auf den Schluss der letztge-

[122] Abgesehen von Innocentius von Rom war der 419/20 verstorbene Hieronymus der einzige der von Augustinus aufgerufenen Zeugen, der zur Zeit des pelagianischen Streits, genauer in der ersten Phase, die 418 mit der kirchlichen wie staatlichen Verurteilung des Pelagius (und des Caelestius) endete, noch am Leben war und an den sich Augustinus auch selber gewandt hat, um ihn sich als Bündnispartner gegen Pelagius zu sichern. Von letzterem erfahren wir durch die Briefe, die aus ihrem Briefwechsel der Jahre 415 bis 419 erhalten sind.[11] Aufgrund dieser biographischen Nähe und aufgrund ihres demonstrativen Schulterschlusses gegen die Pelagianer erscheint eine (bis dato noch fehlende) Überprüfung von Augustins Berufung auf Hieronymus im pelagianischen Streit hinsichtlich ihrer theologischen Valenz von besonderem Reiz und Interesse.

---

nannten Hieronymusstelle bezog sich Augustinus ferner in ep. 166,6.21 ad Hieron. (CSEL 44, 555. 577) sowie in ebd. 167,10 ad Hieron. (44, 597).

10 Hieronymus, in Ion. 3,5 (CChr.SL 76, 406) in Augustinus, pecc. mer. et rem. III 12 (CSEL 60, 138); auf diese Hieronymusstelle bezog er sich erneut in ep. 166,6.21 ad Hieron. (CSEL 44, 555. 577) und in c. Iul. I 34 (PL 44, 665). – Carl ANDRESEN, in: Aurelius Augustinus. Vom Gottesstaat, übers. von Wilhelm THIMME, eingel. und erl. von Carl ANDRESEN, Zürich/München ²1978, Bd. 2, 998, äußerte die Vermutung, Augustinus habe bei den in civ. XXI 17 (CChr.SL 48, 783) kritisierten „mitleidigen Seelen" *(misericordes nostri)* vielleicht auch an Hieronymus gedacht; von den zwei dafür angeführten Stellen lässt jedoch Hieronymus, adv. Pelag. I 28 (CChr.SL 80, 35), nichts in diese Richtung erkennen und erscheint ep. 119,6 (CSEL 55, 453) wohl doch zu weit hergeholt und zu vage: *incorruptio autem idcirco communis est omnium, quia in eo miserabiliores erunt peccatores, ut ad tormenta perpetui sint et non mortali et corruptibili corpore dissoluantur.* – Keinen Bezug zum pelagianischen Streit zeigt Augustins Berufung (im Jahr 413) auf Hieronymus in ep. 147,53 (CSEL 44, 330), dem *Liber de videndo deo,* und in dem dazugehörigen *commonitorium* für Fortunatianus, ep. 148,7.9.11.14 (CSEL 44, 337f. 339. 342. 343f.).

11 Von Augustinus: ep. 166 und 167 v.J. 415 (CSEL 44, 545–585. 586–609) = ep. 131 und 132 int. ep. Hieron. (CSEL 56, 202–225. 225–241) sowie ep. 19* v.J. 416 (CSEL 88, 91–93 bzw. BAug 46B, 286–291); von Hieronymus: ep. 134 v.J. 416 (CSEL 56, 261–263) = ep. 172 int. ep. Aug. (CSEL 44, 636–639), ep. 141 und 142 v.J. 418 (CSEL 56, 290f. 291f.) = ep. 195 und 123 int. ep. Aug. (CSEL 57, 214–216; 34/2, 745f.) sowie die abschließende ep. 143 v.J. 419 (CSEL 56, 292–294) = ep. 202 int. ep. Aug. (CSEL 57, 299–301); aus ihrer nur sehr lückenhaft erhalten gebliebenen Korrespondenz dieser Jahre fehlen (mindestens) zwei Augustinus- und vier Hieronymusbriefe. – Die von Ralph HENNINGS, Der Briefwechsel zwischen Augustinus und Hieronymus und ihr Streit um den Kanon des Alten Testaments und die Auslegung von Gal. 2,11–14 (SVigChr 21) (Diss. Heidelberg 1991), Leiden/New York/Köln 1994, 45–62, neuerdings vorgelegte Chronologie dieser Briefe – er datiert Augustinus, ep. 19* in das Jahr 419 (nach Hieronymus, ep. 143) und identifiziert die in ep. 19* erwähnten (und großenteils verlorenen) Schreiben mit den erhaltenen Hieronymusbriefen 134, 141, 142 und 143 – ist in absoluter wie in relativer Reihung gänzlich unhaltbar, was nachzuweisen hier aber nicht der Ort ist.

Das Ziel der folgenden Seiten ist eine Untersuchung der Frage, ob diese Berufung Augustins auf Hieronymus zugunsten seiner Soteriologie zu Recht be[123]stand. Gezielter ausgedrückt: Hat Hieronymus die von Augustinus mehrfach zitierten Stellen so gemeint, wie Augustinus sie im Rahmen seiner Soteriologie verstanden und antipelagianisch als Beleg für die Orthodoxie seiner Lehre reklamiert hat? Um in dieser Frage zu einer verlässlichen Antwort zu gelangen, genügt eine entsprechende Prüfung der genannten Hieronymusstellen allein nicht. Um Hieronymus' Haltung zu den an diesen Stellen zur Sprache kommenden Problemen zu ermitteln und darzustellen, ist eine etwas weiter ausgreifende Untersuchung seiner soteriologischen Ansichten hilfreich und notwendig. Relevant sind die zwei eingangs genannten Problemkreise: zum einen die Frage nach den Möglichkeiten und nach den Grenzen des Menschen im Prozess seiner Heilwerdung (I), zum anderen die soteriologische Grenzfrage nach Sünde und Heil der Kinder und Säuglinge (II). Hat man von Hieronymus' Denken in diesen Fragen ein auf breiterer textlicher Basis stehendes Bild gewonnen, können die von Augustinus für seine Soteriologie reklamierten Hieronymusstellen analysiert und kann die theologische Valenz von Augustins Berufung auf Hieronymus im pelagianischen Streit überprüft werden (III).

Methodische Vorbemerkung

Bei den folgenden Streifzügen durch einige Themen der altkirchlichen Soteriologie werden Gedanken dreier Theologen erwähnt werden, des Pelagius, des Augustinus und des Hieronymus. Während wir über Augustins soteriologische Vorstellungen durch seine umfangreichen einschlägigen Werke exzellent unterrichtet sind und auch für Pelagius' Theologie auf einem im Großen und Ganzen durch die moderne Forschung gesicherten Fundament stehen, sieht man sich bei Hieronymus, dessen Denken angesichts der in der Einführung formulierten Fragestellung im Zentrum des Interesses steht, mit einer typischen Eigenheit konfrontiert, die einer methodischen Vergewisserung bedarf: Dieser Kirchenvater war, was seine literarische Produktion angeht, in erster Linie Schriftsteller im technischen Sinn dieser Bezeichnung, Übersetzer und Bibelausleger. Wozu er sich darüber hinaus geäußert hat, waren Fragen der christlichen Lebenspraxis, der Askese und Frömmigkeit. Was bei ihm fehlt, ist die spekulative, philosophisch-theologische, allgemeiner gesagt denkerische Beschäftigung mit Inhalten der christlichen Doktrin.

[124] Befragt man Hieronymus' zahlreiche und bisweilen umfangreiche Werke dennoch bezüglich einer bestimmten theologischen Thematik, ist man nahezu durchweg auf verstreute und oft en passant gemachte Bemerkungen angewiesen. Die exakte Bedeutung der betreffenden Stelle zu eruieren, ist daher meist recht schwierig. Gerade auf im engeren Sinn theologischem Gebiet war Hieronymus weder eigenständiger, geschweige denn schöpferischer Denker, sondern vielmehr Vermittler, Vermittler griechischer Theologie und Exegese an den lateinischen Westen.[12] Er ist daher oft abhängig von einer oder mehreren Quellen. Zweitens stehen für ein bestimmtes Thema relevante Äußerungen durchweg in einem bestimmten Kontext – sei es eng damit verflochten, sei es mehr oder weniger erratisch –, der Duktus und Intention des Gedankens und den Inhalt der einzelnen Aussage bestimmt, ohne dass diese als solche näher erläutert würde. Drittens wird die Deutung einer Stelle oft dadurch erschwert, dass Hieronymus selten auf Polemik zu verzichten und sich ausschließlich auf die Sache zu konzentrieren vermochte. Diese Quellenlage belastet das Vorhaben beträchtlich, auf das es hier ankommt, nämlich Hieronymus' eigenen Standpunkt in den oben genannten beiden Themenbereichen herauszufinden.

Dieser Charakter seines Œuvres spiegelt sich in der neuzeitlichen Hieronymusforschung: Während Otto Zöckler in seiner Hieronymusbiographie von 1865 noch eine „theologische Charakteristik" gegeben und „Lehrsätze" aus Hieronymus' Schriften zusammengestellt hat,[13] hat Ferdinand Cavallera in seiner groß angelegten Arbeit von 1922 nach Fertigstellung des zweibändigen ersten Teils den ursprünglich geplanten und angekündigten zweiten Teil „sur saint Jérôme théologien et exégèt"[14] nicht mehr geschrieben. Die beiden anderen wichtigen modernen Hieronymusbiographien von Georg Grützmacher und John Kelly enthalten sich ebenfalls einer Darstellung der ‚Theologie' des Hieronymus.[15] Auch gibt es kaum Literatur, die sich mit der hier rele-

12 Vgl. dazu etwa Hieronymus' Selbstzeugnis in der Vorrede zum 3. Buch seines Jeremiakommentars, in Hier. III 1,2 (CChr.SL 74, 119): *me optata quiete contentum scripturarum sanctarum explanationi insistere et hominibus linguae meae Hebraeorum Graecorumque eruditionem tradere.*

13 Otto ZÖCKLER, Hieronymus. Sein Leben und Wirken, Gotha 1865, 321–464, die „Lehrsätze" ebd. 429–444.

14 Ferdinand CAVALLERA, Saint Jérôme. Sa vie et son œuvre, 2 Bde., Paris 1922, Bd. 1, 245 Anm. 1.

15 Georg GRÜTZMACHER, Hieronymus. Eine biographische Studie zur Alten Kirchengeschichte, 3 Bde., Leipzig 1901, Berlin 1906. 1908 (Nachdruck Aalen 1969); John Norman Davidson KELLY, Jerome. His life, writings and controversies, London 1975.

vanten theologischen Thematik im [125] Œuvre des Hieronymus beschäftigt.[16] Zudem deuten die wenigen Arbeiten dazu Hieronymus' vereinzelte Äußerungen im Rahmen eines geschlossenen Theologie- und Moralsystems späterer Zeit; gegen eine solche anachronistische Methodik erweisen sich jedoch alle Vätertexte als ausgesprochen widerborstig bis resistent.

Eingedenk dieser Kautelen und mit entsprechendem methodischen Bewusstsein kann und soll dennoch versucht werden, aus diversen Gedankensplittern in Hieronymus' Werken einen Einblick zu erhalten, wie er über Unheil und Heil des Menschen und speziell der Kinder und Säuglinge dachte. Die im Folgenden dazu besprochenen Texte ließen sich wohl noch um weitere vermehren. Gleichwohl dürften sie zu einer begründeten Einschätzung seiner Haltung genügen, da sie (gemäß meinem aus der Lektüre gewonnenen Eindruck) als hinreichend signifikant und repräsentativ gelten können. Letztendlich werden sich Hieronymus' Ansichten in den genannten Fragestellungen recht deutlich und auch eindeutig profilieren lassen.

Als willkommene Nebenprodukte der folgenden Studie fallen somit eine Skizze der soteriologischen Grundgedanken des Hieronymus und eine theologiegeschichtliche Einordnung seiner Stellung im Pelagianismusstreit ab. Aufgrund der dargelegten textlichen Situation findet der Bethlehemite in modernen Darstellungen der Geschichte der frühchristlichen Soteriologie verständlicherweise keine eigene Beachtung. Er vermag jedoch mit einigen Äußerungen aufzuwarten, die kennzeichnend sind für die Horizonte des altkirchlichen Nachdenkens über Unheil und Heil des Menschen sowie für den gar nicht so eindeutigen Verlauf der theologischen Fronten im pelagianischen Streit und für das Klima der damaligen Diskussionen.

I. Möglichkeiten und Grenzen des Menschen im Prozess seiner Heilwerdung

1. Nachdem Pelagius wie viele andere Römer und Italer im Jahr 410 vor Alarichs Westgoten aus Rom nach Nordafrika geflohen, von dort bald

16 Lediglich folgende Arbeiten liegen vor: Tadeusz TRZCIŃSKI, Die dogmatischen Schriften des H. Hieronymus. Eine literärhistorische (sic) Untersuchung (Diss. Freiburg i.Br. 1900), Posen 1912 (bes. 322–379 zum Dialog gegen die Pelagianer und ebd. 347–361 zum dogmatischen Standpunkt des Hieronymus); John Joseph FAHEY, Doctrina sancti Hieronymi de gratiae divinae necessitate, Diss. Mundelein IL 1937; Severino VISINTAINER, La dottrina del peccato in S. Girolamo (AnGr 117), Rom 1962.

in den Osten [126] weitergereist und etwa 412/13 in Jerusalem eingetroffen war, kam es offenbar schnell zu einem Zusammenstoß mit Hieronymus, wie aus der Polemik des Bethlehemiten gegen Pelagius im Prolog zu seinem 414 begonnenen Jeremiakommentar hervorgeht.[17] Von da an war Hieronymus in die pelagianischen Auseinandersetzungen involviert und griff in den Werken seiner letzten Lebensjahre auch schriftlich in die Debatten ein.

Der Jeremiakommentar – der letzte noch ausstehende in seiner Kommentierung aller alttestamentlichcn Prophetenschriften – ist in unterschiedlicher Dichte und Intensität mit antipelagianischen Bemerkungen, Glossen und Statements durchsetzt, die teils reine Polemik gegen Pelagius bzw. die Pelagianer persönlich sind,[18] teils von Polemik überwucherte Kritik an der Theologie der Pelagianer[19] und teils (in sehr großer Anzahl) allgemeine Äußerungen gegen Häretiker, wie sie in der Alten Kirche generell typisch und teilweise topisch waren; letztere zielen in diesem Kommentar implizit natürlich auch jeweils auf die Pelagianer, aber nur wenige scheinen von Kontext und Formulierung her speziell auf diese gemünzt zu sein.[20] Eine Sonderstellung nehmen diejenigen Passagen ein, an denen Hieronymus diverse Theologen der Alten Kirche namentlich oder im[127]plizit als Häretiker kritisierte, vorab

17 In Hier. prol. 3–5 (CChr.SL 74, 1f.). Siehe dazu Paul ANTIN, Rufin et Pelage dans Jérôme, Prologue 1 *In Hieremiam*, in: Latomus 22 (1963) 792–794, erneut abgedruckt in: ders., Recueil sur S. Jérôme (CollLat 95), Brüssel 1968, 391–394. – Die in der neueren Forschung verbreitete These (siehe die im folgenden Artikel 529 Anm. 5 und 6, 530 Anm. 1 aufgeführten Verweise), schon in den Jahren 393/94 in der Affäre um Jovinian sei Pelagius, als der der von Hieronymus in ep. 50 (CSEL 54, 388–395) kritisierte Anonymus zu identifizieren sei, der Kontrahent des Hieronymus gewesen, ist von Yves-Marie DUVAL, Pélage est-il le censeur inconnu de l'Aduersus Iouinianum à Rome en 393? Ou: Du „portrait-robot" de l'hérétique chez s. Jérôme, in: RHE 75 (1980) 525–557, mittels einer sorgfältigen Interpretation der betreffenden Texte und mit stichhaltigen Argumenten als nicht länger haltbar erwiesen worden.

18 Neben der in der vorigen Anmerkung vermerkten Stelle aus dem Prolog zum ganzen Kommentar bes. auch in den Vorreden zum 3. und zum 4. Buch: in Hier. III 1,1–4 bzw. IV 1,1–7 (CChr.SL 74, 119f. 174f.); ferner: IV 41,4 (74, 211); IV 53,2 (74, 221); V 61,6 (74, 273); V 66,12 (74, 283). Der *tractator indoctus* in I 9,3 (74, 10) dürfte ebenfalls Pelagius sein. – Zu solcher (nicht nur, aber besonders) bei Hieronymus üblicher Polemik siehe generell Ilona OPELT, Hieronymus' Streitschriften, Heidelberg 1973, und dies., Die Polemik in der christlichen lateinischen Literatur von Tertullian bis Augustin, Heidelberg 1980, bes. 156–158 zu antipelagianischer Polemik.

19 In Hier. I 17,3 (CChr.SL 74, 15); I 46,2 (74, 29); I 56 (74, 34); I 57,5 (74, 35); I 70,4 (74, 41); II 1,1 (74, 59); II 5,2 (74,61); II 51,2 (74, 87); II 83,3 (74, 100); II 96 (74, 110); III 15,3 (74, 129); III 34,1 (74, 141); IV 48,4 (74, 218); IV 60,3–6 (74, 226f.); V 5,3 (74, 238); V 37,2 (74, 254); VI 6,4 (74, 294); VI 29,11 (74, 325f.); VI 38,7 (74, 337).

20 Nämlich ebd. I 52 (74, 32); I 72,3 (74, 43); III 41,3 (74, 144); III 71,4 (74, 163); IV 52,2f. (74, 220); V 1,1 (74, 231).

Origenes, Jovinian und Rufin von Aquileja. Da er mit dem bei den altkirchlichen Häresiologen beliebten Mittel der Ketzerfiliation insbesondere die Genannten – und etliche andere, darunter auch pagane Philosophen – zu ‚Vorläufern' des Pelagius stilisierte (so erklärt sich die von ihm passim gebrauchte Wendung *noua ex ueteri heresis*), disqualifizierte er durch Kritik an jenen mehr oder weniger explizit auch dessen Theologie als häretisch (und eigentlich schon längst erledigt).[21] Neben diesen vielen polemischen Ausfällen begegnen freilich verstreut auch solche Passagen, in denen Hieronymus die Soteriologie der Pelagianer sachlich kritisierte und seine eigene Ansicht – oft nur andeutungsweise – zu erkennen gab (die diesbezüglichen Stellen sind unten aufgeführt und besprochen).

Von den wenigen, meist sehr kurzen Briefen der Jahre von 414 bis 419, in Isidor Hilbergs kritischer Edition von 1918 (CSEL 56) die Nummern 130 bis 154, gehören nur dreizehn, nämlich die Nummern 130, 133, 134, 138 bis 143 und 151 bis 154, dem Hieronymus und in den genannten Zeitraum.[22] In allen kommen Ereignisse und Vorgänge aus den pelagianischen Streitigkeiten zur Sprache: In den [128] Briefen an Au-

---

21 Ebd. prol. 4f. (74, 2); IV 1,2 (74, 174); III 15,3 (74, 129); IV 41,6f. (74, 211); V 66,12 (74, 283); V 61,6 (74, 273): *sectator calumniae Grunnianae*, also Pelagius als „Anhänger" des „Grunzers" Rufin; *anus delira* in III 70,4 (74, 162) zielt auf Rufin, obwohl sachlich diese Kritik auf Pelagius passt; der *nouus hereticus* in III 60,3 (74, 154) ist Jovinian; ferner dezidiert auch in ep. 133,3 (CSEL 56, 244–247): *doctrina tua Origenis ramusculus est*; ebd. 133,1.9 (CSEL 56, 242. 255); adv. Pelag. prol. 1f. (CChr.SL 80, 3f.); II 15 (80, 73); II 24 (80, 88); III 1 (80, 98); III 15 (80, 119); III 19 (80, 124). Siehe dazu Robert Franklin EVANS, Pelagius. Inquiries and Reappraisals, London 1968, 6–42, sowie Claudio MORESCHINI, Gerolamo tra Pelagio e Origene, in: Aug. 26 (1986) 207–216.

22 Ep. 145 (CSEL 56, 306f.), 146 (56, 308–312) und 147 (56, 312–329) stammen zwar von Hieronymus, sind aber schwer datierbar und wenn, dann eher früher anzusetzen. – Ep. 131 und 132 (CSEL 56, 202–225. 215–241) = Augustinus, ep. 166 und 167 ad Hieron. (CSEL 44, 545–585. 586–609). – Ep. 144 (CSEL 56, 294–305) = Augustinus, ep. 202A ad Optatum (CSEL 57, 302–315): Augustinus bezog sich in diesem Schreiben an Optatus v.J. 420 auf seinen Briefwechsel mit Hieronymus von 415 bis 419 (siehe oben Anm. 11); hierin dürfte der Anlass für seine Aufnahme in das Corpus der Hieronymusbriefe zu sehen sein. – Ep. 135 (CSEL 56, 263), 136 (56, 263f.) und 137 (56, 264f.) = Innocentius, ep. 44 (CSEL 35/1, 98), 42 (35/1, 96f.) und 43 (35/1, 97f.) in der *Collectio Auellana* (in dieser Reihenfolge); dazu unten. – Ep. 148 ad Celantiam (CSEL 56, 329–356) und ep. 149, eine *disputatio de sollempnitatibus (sic) paschae* (CSEL 56, 357–363) sind pseudo-hieronymianisch; erstere stammt sehr wahrscheinlich von Pelagius. – Ep. 150 schließlich ist die lateinische Übersetzung eines griechischen Briefes des Prokop von Gaza (ep. 81 [p. 43 GARZYA/LOENERTZ]) an einen Ägypter namens Hieronymus, die Domenico VALLARSI in seine Hieronymusausgabe (Verona 1734–1742, abgedruckt von Jacques-Paul MIGNE in PL 22–30, Paris 1845/46) mit der Nummer 150 aufnahm (PL 22, 1224), Isidor HILBERG jedoch ausschied (siehe seine Erklärung in CSEL 56, 363 zu Nr. CL).

gustinus (ep. 134, 141, 142 und 143)[23] polemisierte er gegen die *perniciosissima heresis*,[24] lobte den Bischof von Hippo überschwänglich für sein standhaftes und siegreiches Vorgehen gegen die Häretiker[25] und verwies zur Sache lediglich auf seinen Dialog gegen die Pelagianer (siehe unten)[26] und kündigte eine Schrift gegen Anianus von Celeda an, die er freilich nicht mehr verfasst hat.[27] Die Briefe des Innocentius von Rom Anfang des Jahres 417 an Aurelius von Karthago (ep. 135), Hieronymus (ep. 136) und Johannes von Jerusalem (ep. 137) beziehen sich auf den Überfall auf die Klöster in Bethlehem im Sommer/Herbst 416, hinter dem (wohl zu Unrecht) Pelagianer vermutet wurden.[28] Hieronymus hatte sich mit den Klosterangehörigen zwar durch rasche Flucht in einen Wehrturm retten können, doch war ein Diakon ums Leben gekommen, wurden die Gebäude geplündert, verwüstet und in Brand gesteckt; auch wurde Hieronymus' Arbeit am Jeremiakommentar unterbrochen und blieb unvollendet (die Kommentierung reicht bis einschließlich Kap. 32 nach heutiger Zählung). Aus den genannten Innocentiusbriefen erfährt man nun, dass Hieronymus sich (mit Eustochium und Paula der Jüngeren) über Aurelius von Karthago – mit dem er schon seit langem in Kontakt stand, wie ein neuentdeckter Hieronymusbrief an diesen aus den Jahren 392/93 bezeugt[29] – mit der Bitte um Hilfe an Innocentius gewandt hatte und dass dieser gleichfalls über den Primas von Karthago zurückschrieb.[30] Der Bischof von Rom versicherte den Bethlehemiten zwar seines Mitgefühls, sah sich aber nicht imstande, etwas zu unternehmen, da Hieronymus offenbar weder Namen genannt noch seine Beschwerde konkretisiert hatte;[31] er sandte jedoch ein allgemein gehaltenes Schreiben an seinen (am 10. Januar 417 allerdings bereits verstorbenen) Bischofskollegen Johannes von Jerusalem, den Unterstützer des Pelagius, mit der Mahnung, im konkreten Fall helfend einzuschreiten und derartige Vorfalle in seiner Diözese künftig möglichst zu unterbinden.[32] Die Briefe des Hieronymus an Riparius (ep. 138 vom Jahr 417; ep. 152 vom Jahr 418 und ep. 151 vom Jahr 419),

23 Siehe oben Anm. 11.

24 Ep. 134,1 (CSEL 56, 262); vgl. auch ebd. 142 (56, 291); 143,1.2 (56, 293 *bis*).

25 Ebd. 141 (56, 290f.); 143,1 (56, 293).

26 Ebd. 134,1 (56, 262).

27 Ebd. 143,2 (56, 293).

28 Etwa auch von Augustinus, gest. Pelag. 66 (CSEL 42, 121f.).

29 Hieronymus, ep. 27* int. ep. Aug. (CSEL 88, 130–133 bzw. BAug 46B, 394–401).

30 Innocentius, ep. 135 int. ep. Hieron. (CSEL 56, 263).

31 Ebd. 136 int. ep. Hieron. (56, 263f.); vgl. ebd. 137 int. ep. Hieron. (56, 264): *nomen enim hominis causamque reticuerunt*.

32 Ebd. 137 int. ep. Hieron. (56, 264f.); vgl. ebd. 136 (56, 264).

an Apronius [129] (ep. 139 vom Jahr 419) und an Donatus (ep. 154 vom Jahr 419) dienten wie diejenigen an Augustinus in diesen Jahren dem Kampf gegen die Pelagianer, enthalten aber nur teils versteckte, teils ganz unverblümte Polemik,[33] die sich bis zu blankem Ketzerhass steigern konnte.[34] Ep. 153 vom Jahr 419 schließlich ist ein Glückwunschbillett an Bonifatius zu seiner Wahl zum Bischof von Rom und enthält im eigenhändigen Subskript des Hieronymus eine Aufforderung zur Standhaftigkeit gegen „die Häretiker", womit natürlich die Pelagianer gemeint waren.[35] Diese durchweg sehr kurzen Briefe dokumentieren somit Hieronymus' von oft heftigen antipelagianischen Ausfällen begleitete Parteinahme zugunsten der vor allem von Augustinus propagierten Orthodoxie (siehe auch unten II 4 und bes. III 4), ohne auf die theologischen Debatten in der Sache einzugehen.

Anders verhält sich das mit den drei größeren Briefen der Jahre 414 bis 419, nämlich ep. 130, 133 und 140. Letzterer, eine Auslegung des 89. Psalms (Septuaginta-Zählung), verfasst 414,[36] polemisiert an einer Stelle generell gegen Häretiker, worunter (wie im Jeremiakommentar) jetzt auch Pelagianer fallen,[37] wendet sich mit einer Frage direkt gegen diese und bringt ferner eine Äußerung des Hieronymus zum *liberum arbitrium* des Menschen (siehe die unten zitierten Belege). Ep. 130 aus demselben Jahr[38] ist insofern interessant, als die Adressatin Demetrias, eine hochadlige Dame aus dem alten römischen Geschlecht der *Anicii*, auch von Pelagius (und anderen kirchlichen Persönlichkeiten) einen Brief zum Thema des jungfräulichen Lebens erhalten hat.[39] Hinsichtlich die-

---

33 In Hieronymus, ep. 138 (CSEL 56, 265f.), ist mit *Catilina* wohl Pelagius gemeint; ferner: ebd. 139 (56, 267f.); 151,1 (56, 363); 152 (56, 364f.); 154 (56, 367f.).

34 Ebd. 154,1 (56, 367): *uere dicam, quod sentio: in his hereticis illud exercendum est Dauiticum: ‚in matutinis interficiebam omnes peccatores terrae'* (Ps. 100,8 LXX). *delendi sunt, spiritaliter occidendi, immo Christi mucrone truncandi, qui non possunt per emplastra et blandas curationes recipere sanitatem.*

35 Ebd. 153 (56, 365f.).

36 Ep. 140 ad Cyprianum presbyterum de psalmo LXXXVIIII (CSEL 56, 269–289).

37 Ebd. 140,12 (56, 281).

38 Ep. 130 ad Demetriadem (CSEL 56, 175–201).

39 Pelagius, ep. ad Demetr. (PL 30, 15–45 unter dem Namen des Hieronymus bzw. PL 33, 1099–1120 unter demjenigen Augustins). Siehe auch Augustins Brief an ihre Großmutter Proba und Mutter Juliana, ein kleiner λόγος πανηγυρικός auf Demetrias' Entschluss zur Jungfräulichkeit: ep. 150 (CSEL 44, 380–382); Juliana gewidmet (und auf ihre Bitte hin für Demetrias verfasst) ist Augustins Traktat *De bono uiduitatis* v.J. 414 (CSEL 41, 303–343). Aus Augustinus, ep. 188 an Juliana (CSEL 57, 119–130), geht hervor, dass er von Pelagius' Brief an Demetrias Kenntnis erhalten hatte und mit diesem Schreiben Juliana und ihre Tochter vor den häretischen Ansichten des Pelagius warnte. Von Innocentius von Rom gibt es schließlich ein Billett an Juliana, ep. 15 (PL 20, 518f.). Ep. 169 des Johannes Chrysostomus (PG 52, 709) ist an ei-

ser äuße[130]ren Umstände befand sich Hieronymus damit in Konkurrenz zu Pelagius, ohne dass dies freilich im Brief sonderlich in den Vordergrund träte; lediglich eine Passage enthält eine verschleierte Attacke gegen die Pelagianer *(in quibusdam)* als ‚Erneuerern' origenistischer Irrlehren (siehe oben),[40] während er sich an zwei weiteren Stellen ganz sachlich und unpolemisch zum Verhältnis zwischen *gratia* und *liberum arbitrium* äußerte (siehe die Zitate und Belege unten).

Bleibt noch ep. 133, fertiggestellt im Juli 415 und adressiert an den Pelagiusanhänger Ctesiphon.[41] Dieser Brief ist die eine der beiden Schriften, in denen sich Hieronymus direkt und ausführlich mit der pelagianischen Theologie auseinandergesetzt hat. Er enthält viel oft drastische Polemik aus dem Inventar der altkirchlichen Ketzerbekämpfung und bietet eine an keiner Stelle unpolemische Diskussion diverser pelagianischer Gedanken, in der auch Hieronymus' eigener Standpunkt durchkommt (siehe die Zitate und Belege unten).

Die zweite, wichtigere und umfangreichere direkt gegen die Pelagianer gerichtete Schrift ist der fiktive „Dialog gegen die Pelagianer" zwischen dem Orthodoxen *Atticus* und dem Pelagianer *Critobulus*, der gegen Jahresende 415 wohl noch vor der Synode von Diospolis am 20. Dezember 415, auf der Pelagius von vierzehn palästinischen Bischöfen freigesprochen wurde, vollendet war. Dieses für den Polemiker Hieronymus in mancherlei Hinsicht untypische Werk ist weitgehend frei von antihäretischen Attacken[42] und enthält, auch wenn die Diskussion bisweilen in aller Härte geführt wird,[43] doch kaum scharfe Angriffe auf

---

ne Juliana καὶ ταῖς σὺν αὐτῇ gerichtet; möglicherweise fiktiv an Demetrias adressiert ist die *Epistola ad sacram uirginem Demetriadem seu de humilitate tractatus* eines Anonymus (PL 55, 161–180 unter den Werken Leos des Großen), der mit Leo dem Großen oder auch mit Prosper von Aquitanien identifiziert werden könnte. Siehe dazu M. GONSETTE, Les directeurs spirituels de Démétriade. Episode de la lutte antipélagienne, in: NRTh 60 (1933) 783–801; für Hieronymus und Demetrias jetzt: Christa KRUMEICH, Hieronymus und die christlichen feminae clarissimae (Habelts Dissertationsdrucke. Reihe Alte Geschichte 36), Diss. Bonn 1993, 176–188.

40 Hieronymus, ep. 130,6 (CSEL 56, 196).

41 Ep. 133 ad Ctesiphontem (CSEL 56, 241–260).

42 Allgemeine Ketzerkritik in durchweg gemäßigter Form begegnet in adv. Pelag. prol. 1 (CChr.SL 80, 5); I 30 (80, 26); I 27 (80, 34f.); I 29 (80, 36); II 4 (80, 57); II 5 (80, 61); II 14 (80, 72); II 17 (80, 77); II 20 (80, 80); II 29 (80, 94); III 6 (80, 105); III 9 (80, 109); III 17 (80, 121). Konkrete Polemik gegen Marcion findet sich in I 20 (80, 26) und III 6 (80, 105), gegen Origenes' Apokatastasis-Vorstellung in I 29 (80, 37), gegen Porphyrius in II 17 (80, 76) sowie gegen die Arianer ebd. (80, 75). – Siehe auch die oben in Anm. 21 aus dem Dialog notierten Stellen.

43 Ebd. I 6 (80, 10); I 21 (80, 27); I 25 (80, 32); I 26 (80, 33f.); I 29 (80, 36f.); I 30 (80, 38); I 31 (80, 39); I 32 (80, 40); I 33 (80, 41); I 35 (80, 43); III 3 (80, 100); III 11 (80, 111); III 16 (80, 119f.).

[131] den pelagianischen Gegner.[44] Die Position des *Critobulus* wird sogar in für die pelagianische Theologie vorteilhafter Weise stark aufgebaut (um sie freilich um so nachhaltiger zu destruieren).[45] Im Folgenden steht allerdings nicht diese Auseinandersetzung als solche im Blickpunkt, sondern was darin von Hieronymus' Soteriologie zum Vorschein kommt. Seine hier dazu geäußerten Überzeugungen profilierten sich zwar im Disput, können aber doch auch als solche beschrieben werden.

Dieses insgesamt nicht sehr umfangreiche Spätwerk des Hieronymus bildet zur Eruierung seiner in Auseinandersetzung mit pelagianischem Gedankengut formulierten Soteriologie eine hinlänglich breite und sichere Basis. Die Quellenlage zur Darstellung einer theologischen Thematik bei Hieronymus erweist sich in diesem Fall also als etwas besser, als das, wie oben in der methodischen Vorbemerkung dargestellt wurde, bei diesem Kirchenvater sonst der Fall ist. Besonders im Dialog gegen die Pelagianer und im Brief an Ctesiphon (ep. 133), sodann verstreut im Jeremiakommentar und in anderen Briefen der Jahre von 414 bis 419 kann man Aufschlussreiches zum ersten hier interessierenden Thema erfahren, also zu seiner Einschätzung der Möglichkeiten und Grenzen des Menschen im Prozess seiner Heilwerdung.[46] Dabei sollen im Folgenden nicht alle diesbezüglichen Argumentationen und Debatten des Bethlehemiten mit seinem pelagianischen Gegenüber dargestellt werden, sondern nur diejenigen Grundgedanken daraus, die zur Überprüfung von Augustins Berufung auf die in der Einführung genannten Hieronymusstellen wichtig und nötig sind.

2. Im Vordergrund von Hieronymus' Auseinandersetzung mit der Erlösungslehre der Pelagianer stand die Frage nach der möglichen Vollkommenheit eines Menschen schon auf Erden. Daneben wurde eine Reihe weiterer Themen diskutiert, etwa die Frage nach Sinn und Zweck der Kindertaufe[47] oder die pelagianische These, dass die Gebote Gottes

---

44 Ebd. II 10 (80, 67): *durae frontis impudentia* als Vorwurf an *Critobulus;* siehe ferner unten in II 4.

45 Im Prolog berief sich Hieronymus explizit auf das Vorbild eines sokratischen Dialogs, ebd. prol. 1 (80, 4): *hic liber, quem nunc cudere nitimur, Socraticorum consuetudinem conseruabit, ut ex utraque parte quid dici possit exponat, et magis perspicua ueritas fiat, cum posuerit unusquisque quod senserit.*

46 Die von Claudio MORESCHINI, Il contributo di Gerolamo alla polemica antipelagiana, in: CrSt 3 (1982) 61–71, beigebrachten Stellen können beträchtlich vermehrt werden; schon FAHEY, Doctrina sancti Hieronymi (wie Anm. 16), hat sehr viel relevantes Material aus Hieronymus' Œuvre zusammengestellt.

47 Hieronymus, adv. Pelag. III 17–19 (CChr.SL 80, 120–124); dazu unten in II 4.

leicht zu erfüllen seien *(facilia dei esse* [132] *praecepta* bzw. *mandata)*.[48] Diese Fragen blieben aber in Hieronymus' Erörterungen im *Dialogus aduersus Pelagianos* und noch mehr in den anderen oben in I 1 genannten Schriften ganz zweitrangig oder kamen gar nicht zur Sprache – Augustins Auseinandersetzung mit Pelagius' und Julians Theologie war nicht nur in dieser Hinsicht breiter und tiefgreifender als Hieronymus' zwar entschiedene, doch weder extensive noch intensive Kritik (siehe auch unten III 5).

Das Thema der Vollkommenheit war durch das anspruchsvolle und optimistisch gestimmte Ethos des Mönches Pelagius und seiner Anhänger angestoßen, die in einer Zeit der immer vollständiger sich durchsetzenden Christianisierung der spätantiken Gesellschaft und des damit unausweichlich einhergehenden Niveauverlustes, was Ernsthaftigkeit, Entschiedenheit und Überzeugung im Christsein anging, die Erfüllung der (biblischen) Gebote als christlich verbindliche Norm einforderten und – hier lag der zentrale Streitpunkt – den sittlichen Kräften des Menschen auch die dazu nötige grundsätzliche Möglichkeit und Fähigkeit zusprachen.[49] *Posse hominem sine peccato esse, si uelit* – „der Mensch kann ohne Sünde sein, wenn er will", lautete die diesbezügliche Formel, die Hieronymus im Dialog gegen die Pelagianer (mit sachlich unerheblichen Varianten) sehr häufig zitierte[50] und die offenbar einer pelagianischen Schrift entnommen war.[51] Für dieses pelagianische Ideal eines vollkommenen christlichen Lebens hat Hieronymus einen neuen Terminus kreiert, den der *impeccantia*, der Sündenlosigkeit, des sündenfreien Lebens als eines für jeden Christen schon in seinem irdischen Dasein grundsätzlich erreichbaren Zieles.[52]

---

48 Von Hieronymus thematisiert zu Beginn des Dialogs in ebd. I 1 (80, 6) und erörtert in II 4–15 (80, 56–74); vgl. ep. 133,7 (CSEL 56, 252).

49 Zur Einschätzung der pelagischen bzw. pelagianischen Theologie und ihres Impetus im Kontext ihrer Zeit siehe aus der modernen Pelagiusforschung: Georges DE PLINVAL, Pélage. Ses écrits, sa vie et sa réforme, Lausanne u.a. 1943, bes. 228–234. 394–397; John FERGUSON, Pelagius. A Historical and Theological Study, Cambridge 1956, bes. 142f. 165–168; Gisbert GRESHAKE, Gnade als konkrete Freiheit. Eine Untersuchung zur Gnadenlehre des Pelagius, Mainz 1972, bes. 27–30. 47–192.

50 In der ausgeschriebenen Form in adv. Pelag. I 1 *bis* (CChr.SL 80, 6. 7); I 7 (80, 10); I 8 (80, 11); I 10 (80, 12); I 14 (80, 17); I 25 (80, 33); II 4 (80, 57); III 3 *bis* (80, 100. 101); III 17 (80, 121); III 19 (80, 123); ebenso in ep. 133,2.3.8.10 (CSEL 56, 243. 244. 253. 257); modifiziert in adv. Pelag. I 6 (CChr.SL 80, 10); I 9 (80, 12); I 17 (80, 21); I 22 (80, 28); I 25 (80, 32); II 1 (80, 53); II 14 (80, 72); II 15 (80, 74); II 17 (80, 75); III 15 (80, 118); in positiv gewendeter Form in I 11 (80, 13): *hominem posse esse perfectum*; vgl. ep. 133,8 (CSEL 56, 253): *‚potest', inquit, ‚esse sine peccato, potest esse perfectus si uoluerit'*.

51 In adv. Pelag. I 33 und II 6 (CChr.SL 80, 40f. 62) erscheint sie als wörtliches Zitat.

52 Dieser Neologismus etwa in Hier. IV 1,2 (CChr.SL 74, 174); IV 41,4 (74, 211); adv.

[133] Der Mönch in Bethlehem lehnte diese den Menschen und seine ethischen Möglichkeiten sehr hoch einschätzende Überzeugung entschieden ab, etwa anlässlich der Erklärung von Jer. 2,6, wo auf den Auszug aus Ägypten angespielt wird, den Hieronymus gemäß einer altkirchlich weit verbreiteten Exegese auf das Unterwegssein des Christen in dieser Welt deutete; abschließend zog er daraus diese Folgerung:

> *Ex quo perspicuum est non esse in uia perfectionem, sed in fine uiae et in mansione, quae sanctis in caelestibus praeparatur ... frustra igitur noua ex ueteri heresis suspicatur hic perfectam esse uictoriam, ubi pugna est atque certamen et incertus exitus futurorum.*
>
> „Von daher ist klar, dass Vollkommenheit nicht schon unterwegs erreicht wird, sondern erst am Ziel des Weges und in der Wohnung, die den Heiligen in den Himmeln bereitet wird ... Vergeblich also wähnt die aus der alten entsprungene neue Häresie (siehe oben in I 1), der Sieg sei schon hier vollkommen, wo (noch) Kampf herrscht und Einsatz und wo der Ausgang in der Zukunft ungewiss ist."[53]

In diesem Sinne hat sich Hieronymus verschiedentlich geäußert;[54] besonders im Dialog gegen die Pelagianer kreist der Großteil seiner Einwände und Argumente um diesen Punkt.[55] Argumentativ begründet hat er seinen nicht so optimistischen Standpunkt mit dem vielfachen Verweis auf die *fragilitas humana* als Signum der *condicio humana,* die

---

Pelag. I 26 (CChr.SL 80, 33); II 16 (80, 74); III 3 (80, 101); III 12 (80, 113); *sine peccato* – siehe die oben zitierte Formel – bzw. *absque peccato* als Übersetzung von ἀναμάρτητος ebd. II 17 (80, 76); II 23 (80, 86); III 10 (80, 110); ep. 133,3 (CSEL 56, 244f.). Siehe dazu Otto WERMELINGER, Rom und Pelagius. Die theologische Position der römischen Bischöfe im pelagianischen Streit in den Jahren 411–432 (PuP 7), Stuttgart 1975, 10 mit Anm. 32.

53 In Hier. I 17,3 (CChr.SL 74, 15). Diese für die christliche Daseinshaltung kennzeichnende Verteilung von Kampf und Sieg auf Diesseits und Jenseits begegnet auch in ep. 22,4 (CSEL 54, 148); tract. I in Ps. 83,7 (CChr.SL 78, 100): *locus ergo iste, hoc est uallis lacrimarum, non est pacis, non est securitatis, sed certaminis atque bellorum*; adv. Pelag. II 24 (CChr.SL 80, 87f.); III 1 (80, 98); III 13 (80, 115f.). – Alle Übersetzungen in dieser Studie stammen vom Verfasser.

54 In Hier. II 51,2 (CChr.SL 74, 87): *ubi sunt, qui in nostra esse dicunt positum uoluntate omni carere peccato?* Ebd. IV 48,4 (74, 218): *ubi sunt, qui perfectam in homine iustitiam praedicant?* Ferner: ebd. IV 60,3 (74, 226f.); VI 6,4 (74, 294); siehe auch tract. I in Ps. 114,9 (CChr.SL 78, 239), zitiert unten in II 3, sowie die unten in Anm. 131 vermerkten Stellen.

55 Adv. Pelag. prol. 1 (CChr.SL 80, 3f.); I 1 (80, 6); I 12 (80, 15); I 13 (80, 15) mit Verweis auf 1 Joh. 1,8: *‚si dixerimus quoniam peccatum non habemus, ipsi nos seducimus et ueritas in nobis non est'*; I 15 (80, 19): *haec est hominis uera sapientia, imperfectum esse se nosse, atque, ut ita loquar, cunctorum in carne iustorum imperfecta perfectio est*; I 18 (80, 24); I 33 (80, 40f.) und passim, ebenso in ep. 133.

die von den Pelagianern als grundsätzlich er[134]reichbar propagierte Sündlosigkeit und Vollkommenheit auf Erden faktisch unmöglich mache.[56]

In dieser Sache deckten sich Hieronymus' und Augustins Ansichten. Der Bischof von Hippo hat sich mit dem pelagianischen Vollkommenheitsideal und seiner Erreichbarkeit intensiv auseinandergesetzt, vorab im 2. Buch von *De peccatorum meritis et remissione* von 411/12, in *De spiritu et littera* von 412 sowie in den Schriften des Jahres 415 *De natura et gratia* und *De perfectione iustitiae hominis*, und gelangte zu einem ganz ähnlichen Ergebnis wie der Bethlehemite.[57] Um nur zwei Details herauszugreifen: Auch Augustinus verwies auf die *fragilitas humana* als Ursache der andauernden Sündigkeit des Menschen,[58] und wie Hieronymus[59] sah Augustinus in Paulus' Worten in Röm. 7,7–25 das Paradigma für die auch nach der Taufe, in der alle früheren Sünden vergeben wurden, anhaltende Gefährdung und Sündigkeit des Men-

---

56 Diverse Junkturen zum Stichwort *fragilitas* finden sich in Hier. VI 20,4 (CChr.SL 74, 309), in ep. 133,2.9 *quater* (CSEL 56, 243. 254 *bis*. 256 *bis*) und bes. in adv. Pelag. I 15 (CChr.SL 80, 20); I 16 (80, 20); I 19 (80, 25); I 35 (80, 43); I 39 (80, 49); II 2 (80, 55); II 6 (80, 62); II 9 (80, 65); II 14 *ter* (80, 72); II 17 *bis* (80, 76f.); II 19 (80, 79); II 20 (80, 81); II 25 (80, 91); II 30 (80, 96); III 4 (80, 102f.); III 11 (80, 112); III 12 *bis* (80, 113f.); III 15 *bis* (80, 118f.). Siehe dazu VISINTAINER, Dottrina del peccato (wie Anm. 16) 61–91. 188–198, und speziell Gerhard J. M. BARTELINK, Hieronymus über die Schwäche der conditio humana, in: Kairos N.F. 28 (1986) 23–32, der ebd. 27–29 weitere Texte des Hieronymus für diese neue christliche Verwendung des antiken Topos von der Schwäche der menschlichen Natur in Bezug auf die menschliche Sündhaftigkeit beibringt (darunter von den hier zitierten Stellen in Hier. VI 20,4).

57 Siehe bes. Augustinus, pecc. mer. et rem. II 7 (CSEL 60, 77f.), vom Autor selber zitiert in spir. et litt. 62 (CSEL 60, 221f.); ferner: spir. et litt. 60 (CSEL 60, 220f.); gest. Pelag. 55 (CSEL 42, 108–110); c. duas ep. Pelag. III 14–23 (CSEL 60, 501–515); ep. 157,2–10 (CSEL 44, 449–457); ein Fazit von Augustins diesbezüglicher Einstellung in perf. iust. hom. 44 (CSEL 42, 46–48). Siehe auch WERMELINGER, Rom und Pelagius (wie Anm. 52) 23–25. 31–35.

58 Etwa in c. duas ep. Pelag. III 5 (CSEL 60, 490f.). Siehe auch die Belege (aus nicht-pelagianischen Schriften) bei Gerhard J. M. BARTELINK, *Fragilitas (infirmitas) humana* chez Augustin, in: Aug(L) 41 (1991) = Bernard BRUNING/Mathijs LAMBERIGTS/Jozef VAN HOUTEM (Hg.), Collectanea Augustiniana. Mélanges Tarsicius Jan van Bavel, Leuven 1990. 1991, Bd. 1, 815–828, bes. 822–824.

59 Bes. in ep. 133,8f. (CSEL 56, 253–255) und ebd. 121,8 (56, 29-38), wo er in der ausführlichen Antwort auf Algasias achte *quaestio* nach der Bedeutung von Röm. 7,8 zu Röm. 7,7–25 generell meinte (56, 34): *sub persona sua fragilitatem describit condicionis humanae* (siehe zu dieser Stelle auch unten in II 2); ferner: ep. 130,9 (CSEL 56, 189); 133,1f. (56, 242f.); in Hier. III 15,3 (CChr.SL 74, 129) mit der Einleitung: *nos uas esse fragile iuxta apostolum dicentem*, wozu er 2 Kor. 4,7, sodann Röm. 7,18f. und 7,24 zitierte; adv. Pelag. II 2 (CChr.SL 80, 54f.) mit der Erklärung: *non ex sua persona haec dicit, sed ex persona generis humani, quae uitiis subiacet ob carnis fragilitatem.*

schen.[60] Bezüglich dieser Grenze für [135] den Menschen im Prozess seiner Erlösung und Heilwerdung – vollkommene Sündenlosigkeit bleibt ihm zumindest aus eigenem Vermögen in diesem Leben nicht erreichbar – herrschte Einigkeit unter den beiden Vätern.[61]

3. In der Frage nach der Vollkommenheit und in der pelagianischen Überzeugung, diese sei den Kräften des Menschen schon in diesem Leben erreichbar, steckt als tieferes Problem, welche Möglichkeiten und Fähigkeiten man dem Menschen im Prozess seiner Heilwerdung grundsätzlich zutraut. Im pelagianischen Streit wurde dieses Thema nicht nur in der dargestellten Version debattiert, sondern tauchte meist in der Frage auf, wie die beteiligten Theologen das Verhältnis zwischen dem Wirken Gottes und dem Tun des Menschen im Heilsprozess bestimmten, dogmatisch formalisiert ausgedrückt: das Verhältnis zwischen *gratia* (Gottes) einerseits und *natura* bzw. näherhin *liberum arbitrium* (des Menschen) andererseits. Dementsprechend lautete Hieronymus' Hauptvorwurf an die Adresse der Pelagianer, ihre optimistische Überzeugung von den positiven Fähigkeiten der menschlichen Willens- und Entscheidungsfreiheit gehe zu Lasten der Gnade Gottes, durch die der Mensch allein erlöst werden könne.[62] Hieronymus bestritt nun nicht seinerseits ein *liberum arbitrium* des Menschen, von dem er ganz ungezwungen sprechen[63] und dem er ungebrochen positive Fähigkeiten zuschreiben konnte.[64] Gleichwohl verwies er gegenüber [136] Pela-

---

60 Siehe bes. Augustinus, nupt. et conc. I 30–36 (CSEL 42, 242–248); c. duas ep. Pelag. I 13–24 (CSEL 60, 433–445); serm. 154 (PL 38, 832–840). Siehe dazu Josef LÖSSL, Auf den Spuren des *intellectus gratiae*. 300 Jahre Erforschung von Augustins Römerbriefexegese, in: Johannes B. BAUER (Hg.), Φιλοφρόνησις für Norbert Brox (GrTS 19), Graz 1995, 187–227, 191f. 210f. 213f. mit einschlägiger Literatur ebd. in Anm. 15.

61 Orosius hat sich also in seinem *Liber apologeticus* v.J. 415 in diesem Punkt zu Recht des öfteren auf Hieronymus wie auf Augustinus berufen: WERMELINGER, Rom und Pelagius (wie Anm. 52) 65f. mit Anm. 134f., listete detailliert die Parallelen auf.

62 Hieronymus, adv. Pelag. I 4 (CChr.SL 80, 9); I 28 (80, 35); II 16 (80, 75); II 24 (80, 88); III 5 (80, 103f.); III 19 (80, 123); in Hier. III 83,3 (CChr.SL 74, 100): *ubi sunt ergo, qui dicunt proprio hominem regi arbitrio et sic datam liberi arbitrii potestatem, ut dei misericordia tolleretur atque iustitia?* Ebd. II 96 (74, 110); IV 3,4 (74, 178); ep. 133,5.6.7.8.10 (CSEL 56, 248f. 251. 252. 253. 256); 140,21 (56, 289).

63 Adv. Pelag. III 6 (CChr.SL 80, 104); ep. 130,14 (CSEL 56, 193); 133,10 (56, 256); in Hier. I 94,2 (CChr.SL 74, 53); IV 2,6 (74, 177); IV 33,4 (74, 199); V 36,5 (74, 253f.); VI 45 (74, 343); ferner: in Am. III 6,2–6 (CChr.SL 76, 303); in Hiez. I 2,4b.5 (CChr.SL 75, 28); tract. I in Ps. 80,15 (CChr.SL 78, 81).

64 VISINTAINER, Dottrina del peccato (wie Anm. 16) 49–51, sprach von „elogio della libertà umana" und verwies zum Beleg auf ep. 21,6 (CSEL 54, 118); in Philem. 14 (PL 26, 612f.); adv. Iovin. I 12 (PL 23, 228). Vgl. ferner: ep. 120,10 (CSEL 55, 503): *dedit* (sc. *deus*) *arbitrii libertatem, ut faciat unusquisque, quod uult, siue bonum siue malum*; in Eccl.

gius auch immer wieder nachhaltig darauf, dass der Mensch ohne Beistand und Hilfe der Gnade Gottes allein von sich aus nichts Gutes vollbringen könne. In der nicht geringen Menge der diesbezüglichen Stellen in seinen antipelagianischen Schriften[65] kommt diese soteriologische Grundansicht des Bethlehemiten besonders in folgenden Passagen zum Ausdruck:

a. Im Dialog gegen die Pelagianer:[66]

Tum ergo iusti sumus, quando nos peccatores fatemur, et iustitia nostra non ex proprio merito, sed ex dei consistit misericordia, dicente sancta scriptura: ‚iustus accusator sui est in principio sermonis', et in alio loco: ‚dic tu peccata tua, ut iustificeris'. ‚conclusit enim deus omnia sub peccato, ut omnibus misereatur.' et haec est hominis summa iustitia, quidquid potuerit habere uirtutis, non suum putare esse, sed domini, qui largitus est.

„Dann also (voraus geht die Zitierung von 1 Joh. 1,8f.; siehe oben Anm. 55) sind wir gerecht, wenn wir uns als Sünder bekennen. Unsere Gerechtigkeit entstammt nicht eigenem Verdienst, sondern der Barmherzigkeit Gottes, gemäß der Heiligen Schrift: ‚Der Gerechte klagt zunächst sich selbst an' (Spr. 18,17 LXX). Und an einer anderen Stelle heißt es: ‚Bekenne deine Sünden, auf dass du gerechtfertigt wirst.' ‚Gott hat nämlich alles in die Sünde eingeschlossen, um sich aller zu erbarmen' (Jes. 43,26 LXX gekoppelt mit Röm. 11,32). Und dies bringt dem Menschen das Höchstmaß an Gerechtigkeit: alles Tugendhafte nicht sich selber zuzuschreiben, sondern dem Herrn, der es ihm geschenkt hat."

Sicut rami et flagella uitium illico contabescunt, cum fuerint a matrice praecisa, ita omnis hominum fortitudo marcescit et deperit, si a dei auxilio deseratur. ‚nemo', inquit, ‚potest uenire ad me, nisi pater, qui misit me, traxerit eum.' quando dicit: ‚nemo potest uenire ad me', frangit superbientem arbitrii libertatem, quod etiam qui uelit ad Christum pergere, nisi fiat illud quod sequitur: ‚pater meus caelestis traxerit eum', nequicquam cupiat, frustra nitatur.

„Wie die Zweige und Ranken eines Weinstocks sogleich verdorren, wenn sie vom Stamm abgeschnitten werden (voraus geht die Zitierung von Joh.

1,14 (CChr.SL 72, 260); 4,9–12 (72, 287); 5,6 (72, 293); 6,10 (72, 300); 7,15 (72, 306); in Math. II 11,30 (CChr.SL 77, 87): *euangelium ea praecipit quae possumus ne scilicet concupiscamus, hoc in arbitrio nostro est*; in Es. XIII 19 (VL.AGLB 35, 1420): *haec autem uniuersa dicuntur, ut liberum hominis monstraretur arbitrium. dei enim uocare est, et nostrum credere, nec statim si nos non credimus, impossibilis deus est; sed potentiam suam nostro arbitrio derelinquit ut iuste uoluntas praemium consequatur.*

65 Adv. Pelag. prol. 2 (CChr.SL 80, 5); I 25 (80, 32); I 37 (80, 47); II 10 (80, 66); II 18 (80, 78); II 19 (80, 80); II 20 (80, 81); II 29 (80, 94); III 1 (80, 98); III 3 (80, 100f.); III 8 (80, 108); III 10 (80, 111); in Hier. II 77,3 (CChr.SL 74, 97); III 22,2f. (74, 134f.); III 66,1 (74, 160); V 5,3 (74, 238); VI 6,4 (74, 294); VI 50,7 (74, 346); ep. 133,10 (CSEL 56, 256).

66 Adv. Pelag. I 13 (CChr.SL 80, 15f.); III 9 (80, 110).

15,5), so lässt alle Kraft der Menschen nach und schwindet zu nichts, wenn sie von Gottes Hilfe ver[137]lassen wird.[67] ‚Niemand', sagt die Schrift, ‚vermag zu mir zu kommen, wenn nicht der Vater, der mich gesandt hat, ihn zieht' (Joh. 6,44). Wenn sie sagt: ‚Niemand vermag zu mir zu kommen', zerbricht sie die überhebliche Freiheit eigenen Entscheidens, weil auch der, der zu Christus gelangen möchte, dies vergeblich will und sich umsonst bemüht, wenn nicht das geschieht, was folgt: ‚Mein himmlischer Vater zieht ihn'."

b. Im Jeremiakommentar:[68]

Quamuis enim propria uoluntate ad dominum reuertamur, tamen, nisi ille nos traxerit et cupiditatem nostram suo roborauerit praesidio, salui esse non poterimus.

„Obgleich wir nämlich aus eigenem Wollen zum Herrn zurückkehren, werden wir doch nicht heil sein können, wenn nicht jener uns zieht (vgl. Joh. 6,44) und unser Streben durch seinen Beistand stärkt."

Nec statim totum erit hominis, quod eueniet, sed eius gratiae, qui cuncta largitus est; ita enim libertas arbitrii reseruanda est, ut in omnibus excellat gratia largitoris iuxta illud propheticum: ‚nisi dominus aedificauerit domum, in uanum laborauerunt, qui aedificant eam; nisi dominus custodierit ciuitatem, in uanum uigilauit, qui custodit eam'. ‚non' enim ‚uolentis neque currentis, sed miserentis est dei.'

„Und doch wird nicht gleich alles, was geschehen wird, am Menschen liegen, sondern an der Gnade dessen, der alles geschenkt hat. Die Entscheidungsfreiheit ist nämlich in der Weise zu wahren, dass die Gnade des Spenders in allem größer ist, gemäß jenem Prophetenwort: ‚Baut nicht der Herr das Haus, mühen sich umsonst, die daran bauen; bewacht nicht der Herr die Stadt, wacht umsonst, wer sie bewacht' (Ps. 126,1 LXX). Denn ‚es liegt nicht am Wollenden noch am Laufenden, sondern es liegt am sich erbarmenden Gott' (Röm. 9,16)."[69]

---

67 Ähnlich mit einem anderen Bild in Zach. I 4,8–10 (CChr.SL 76A, 782): *sicut enim stannum* (= *stagnum*, eine Mischung aus Silber und Blei) *ab igne alia metalla defendit et cum sit natura aes ferrumque durissimum, si absque stanno fuerit, uritur et crematur, sic omnis angelorum et hominum fortitudo, si non fuerit auxilium saluatoris, imbecilla probatur et fragilis;* wieder etwas anders in Am. III 7,7–9 (CChr.SL 76, 320) zu Am. 7,7 LXX (*‚et ecce uir stabat super murum adamantinum, et in manu eius adamas'): hic uir et dominus, qui stat super murum adamantinum, habet in manu sua adamantem* (das härteste Eisen, später: Diamant), *qui nisi dei teneatur manu, et illius ualletur auxilio, omnem perdit fortitudinem.*

68 In Hier. I 63,3 (CChr.SL 74, 38); IV 2,7 (74, 177); V 2,15 (74, 236); V 37,2 (74, 254); VI 20,4 (74, 309).

69 Ähnlich in Hiez. IV 16,14 (CChr.SL 75, 180): *‚nisi' enim ‚dominus aedificauerit domum, in uanum laborauerunt qui aedificant eam. nisi dominus custodierit ciuitatem, in uanum uigilauit qui custodit eam'* (Ps. 126,1 LXX); *qui plantat enim et qui rigat, nihil est, nisi dominus dederit incrementum* (vgl. 1 Kor. 3,7), *quia: ‚non est uolentis neque currentis, sed mise-*

[138] *,Deus est, qui operatur in nobis et uelle et perficere', quod non solum opera, sed et uoluntas nostra dei nitatur auxilio.*

„,Gott ist es, der in euch sowohl das Wollen als auch das Vollbringen wirkt' (Phil. 2,13). Denn nicht nur unsere Taten, sondern auch unser Wille wird von Gottes Hilfe gestützt."

In nostra est ergo positum potestate uel facere quid uel non facere, ita dumtaxat, ut, quicquid boni operis uolumus, appetimus, explemus, ad dei gratiam referamus, qui iuxta apostolum dedit nobis et uelle et perficere.

„In unserem Vermögen liegt es also, etwas zu tun oder zu lassen, doch so, dass wir jede gute Tat, die wir wollen, erstreben und vollbringen, auf Gottes Gnade zurückführen, der gemäß den Worten des Apostels uns sowohl das Wollen als auch das Vollbringen geschenkt hat (vgl. Phil. 2,13)."

Vide, quantum sit auxilium dei et quam fragilis humana condicio, ut hoc ipsum, quod agimus paenitentiam, nisi dominus nos ante conuerterit, nequaquam implere ualeamus.

„Sieh, wie mächtig die Hilfe Gottes ist und in welch schwacher Lage der Mensch sich befindet, dass wir selbst unser Bußetun auf keinen Fall zu vollbringen vermöchten, wenn uns nicht der Herr vorher zur Umkehr geführt hätte!"

c. In den Briefen an Demetrias, Ctesiphon und Cyprian:[70]

Vbi autem gratia, non operum retributio sed donantis est largitas, ut inpleatur dictum apostoli: ,non est uolentis neque currentis sed miserentis dei'. et tamen uelle et nolle nostrum est; ipsum quoque, quod nostrum est, sine dei miseratione non nostrum est.

„Wo aber Gnade ist, gibt es nicht Belohnung für Taten, sondern herrscht die Freigebigkeit des Schenkenden, damit sich das Wort des Apostels erfüllt: ,Es liegt nicht am Wollenden noch am Laufenden, sondern am sich erbarmenden Gott' (Röm. 9,16). Und doch ist Wollen und Nicht-Wollen unser; aber selbst das, was unser ist, ist ohne Gottes Erbarmen nicht unser."

... ut agamus semper gratias largitori sciamusque nos nihil esse, nisi, quod donauit, in nobis ipse seruauerit dicente apostolo: ,non est uolentis neque currentis sed miserentis dei'. uelle et currere meum est, sed ipsum meum sine dei auxilio non erit meum. dicit enim idem apostolus: ,deus est, qui operatur in uobis et uelle et perficere' ...

„... immer lasst uns dem Spender Dank sagen und uns bewusst bleiben, dass wir nichts sind, wenn er nicht, was er uns geschenkt hat, selber in uns

rentis dei' (Röm. 9,16), *ut, postquam omnia fecerimus, dicamus: ,serui inutiles sumus; quae debuimus facere, fecimus'* (vgl. Lk. 17,10); *non quo ex beneficentia dei liberum hominis tollatur arbitrium, sed quo ipsa libertas dominum debeat habere adiutorem.*

70 Ep. 130,12 (CSEL 56, 192); 133,6 (56, 250); 140,5 (56, 273f.).

erhalten wird nach dem Wort des Apostels: ‚Es liegt nicht am Wollenden noch am Laufenden, sondern am sich erbarmenden Gott' (Röm. 9,16). Wollen und Laufen ist mein, aber [139] selbst das Meine wird ohne Gottes Hilfe nicht mein sein. Derselbe Apostel sagt ja: ‚Gott ist es, der in euch sowohl das Wollen als auch das Vollbringen wirkt' (Phil. 2,13) ..."

Ita et homo a principio conditionis suae deo utitur adiutore et, cum illius sit gratiae, quod creatus est, illius misericordiae, quod subsistit et uiuit, nihil boni operis agere potest absque eo, qui ita liberum concessit arbitrium, ut suam per singula opera gratiam non negaret, ne libertas arbitrii redundet ad iniuriam conditoris et ad eius contumaciam, qui ideo liber conditus est, ut absque deo nihil esse se nouerit.

„So braucht der Mensch von seiner Erschaffung an Gott als Helfer. Wo es nun schon dessen Gnade zuzurechnen ist, dass er erschaffen wurde, und dessen Barmherzigkeit, dass er existiert und lebt, vermag er auch keine gute Tat zu vollbringen ohne den, der einen freien Willen in der Weise gewährt hat, dass er bei allen einzelnen Taten seine Gnadenhilfe nicht nicht dazugäbe, damit die Willensfreiheit sich nicht zur Verunglimpfung des Schöpfers und zur Trotzigkeit dessen auswächst, der deshalb frei erschaffen wurde, damit er weiß, dass er ohne Gott nichts ist."

Dass die Willens- und Entscheidungsfreiheit des Menschen im Erlösungsprozess nicht nur grundsätzlich, sondern bei jedem einzelnen Tun entscheidend auf die helfende und heilende Gnade Gottes angewiesen sei, ohne die der Mensch nichts Gutes tun könne und ohne die er unausweichlich unerlöst bleibe, da ohne Einbeziehung Gottes schlechthin nichts von allem zu denken sei, was existiert und geschieht, bildet den Kern von Augustins Gnadenlehre, den er den Pelagianern immer wieder vorgehalten hat.[71] Dass bei Hieronymus diesbezüglich eine Entwicklung in der Hinsicht festzustellen ist, dass er in seinen Frühschriften wie in seinem Spätwerk ausgesprochen unbefangen von den positiven Fähigkeiten des *liberum arbitrium* sprach, aber erst im Alterswerk gegen Pelagius zusätzlich auf das entscheidende Wirken der Gnade wiederholt hinwies, mag auf eine Beeinflussung durch Augustinus deuten (siehe auch unten Anm. 186). Es ist freilich genauso gut denkbar, dass er in der Auseinandersetzung mit der pelagianischen Soteriologie diesen Aspekt von sich aus explizit und dezidiert in den

71 Belege erübrigen sich, wenn man etwa daran denkt, dass sich die diesbezügliche Verwendung von Röm. 7,22–25, bes. des Kolons 7,25a: *‚gratia dei per Iesum Christum dominum nostrum'*, nach Henri MARROU, Augustinus mit Selbstzeugnissen und Bilddokumenten, Hamburg 1958, 74f., an wenigstens 225 Belegstellen findet. An Literatur genüge der Hinweis auf die m.E. rundum zutreffende Darstellung dieses augustinischen Grundanliegens bei Walter SIMONIS, Anliegen und Grundgedanke der Gnadenlehre Augustins, in: MThZ 34 (1983) 1–21.

Blick nahm. Ob nun so oder so, in der radikalen, umfassenden und immer wieder neuen Bindung des freien menschlichen Wollens und Entscheidens an die Hilfe der [140] göttlichen Gnade zum Wollen und Vollbringen des Guten waren sich Hieronymus und Augustinus einig.

4. Indes bleibt die Frage, ob mit dieser verbalen Kongruenz eine sachliche einherging. Alle am Streit um die Gnade beteiligten Parteien waren bestrebt, beide Pole zu wahren, *gratia* und *liberum arbitrium,* die souveräne Hilfe Gottes und die freie Entscheidung des Menschen. Gestritten wurde um die Zuordnung dieser beiden Seiten zueinander. Pelagius sah sich mit dem Vorwurf konfrontiert, der Freiheit des Menschen zu viel Raum zu gewähren und die Gnade Gottes auf den Akt einer grundsätzlichen Befähigung des Menschen zum Tun des Guten zu reduzieren. Augustinus und Hieronymus wurde vorgehalten, angesichts der Omnipräsenz und Allwirksamkeit der Gnade die Freiheit des Menschen auszulöschen. Hier geht es um die Position des Hieronymus, der an manchen Stellen höchst aufschlussreiche Äußerungen dazu liefert, wie er sich das Verhältnis von *gratia* und *liberum arbitrium* näherhin vorgestellt hat.

Hier die Texte, in denen das noch deutlicher wird, als es in den oben in I 3 ausgeschriebenen schon da und dort anklang:[72]

> *Oro te, non legisti: ,non est uolentis neque currentis, sed miserentis est dei'? ex quo intellegimus nostrum quidem esse uelle et currere; sed ut uoluntas nostra compleatur et cursus, ad dei misericordiam pertinere, atque ita fieri ut et in uoluntate nostra et in cursu liberum seruetur arbitrium, et in consummatione uoluntatis et cursus dei cuncta potentiae relinquantur.*
>
> „Ich bitte dich (lässt Hieronymus *Atticus* zum Pelagianer *Critobulus* sagen), hast du nicht gelesen: ‚Es liegt nicht am Wollenden noch am Laufenden, sondern es liegt am sich erbarmenden Gott' (Röm. 9,16)? Daraus ersehen wir: Wollen und Laufen ist zwar unser. Dass aber unser Wollen realisiert wird und unser Laufen ans Ziel gelangt, liegt bei Gottes Barmherzigkeit. Dies ermöglicht es, dass in unserem Wollen und Laufen die Entscheidungsfreiheit gewahrt und dass in der Vollendung des Wollens und Laufens alles der Macht Gottes überlassen bleibt."
>
> *Ex quo intellegimus non nostrae solum esse potestatis facere quod uelimus, sed et dei clementiae, si nostram adiuuet uoluntatem.*
>
> „Daraus ersehen wir, dass es nicht allein (!) in unserem Vermögen liegt zu tun, was wir wollen, sondern auch an Gottes Güte, wenn er unser Wollen unterstützt."

---

72 Adv. Pelag. I 5 (CChr.SL 80, 9); II 6 (80, 63); III 1 (80, 98); III 10 (80, 111); ep. 130,1 (CSEL 56, 193).

Et tamen hoc scito, baptismum praeterita donare peccata, non futurum seruare iustitiam, quae labore et industria ac diligentia, et super omnia dei clementia custoditur, ut [141] *nostrum sit rogare, illius tribuere quod rogatur, nostrum incipere, illius perficere, nostrum offerre quod possumus, illius implere quod non possumus.*

„Und doch sollst du wissen, dass die Taufe zwar die Sünden der Vergangenheit vergibt, aber nicht ein künftiges Gerechtsein sichert. Dieses wird durch Mühe, Einsatz, Achtsamkeit und vor allem durch Gottes Güte bewahrt. Es liegt also an uns zu bitten, an ihm das Erbetene zu gewähren; an uns zu beginnen, an ihm zu vollenden; an uns zu erbringen, was wir vermögen, an ihm zu vollbringen, was wir nicht vermögen."

Vbi autem misericordia et gratia est, liberum ex parte cessat arbitrium, quod in eo tantum est, ut uelimus atque cupiamus et placitu tribuamus assensum; iam in domini potestate est, ut quod cupimus, laboramus ac nitimur, illius ope et auxilio implere ualeamus.

„Wo aber Barmherzigkeit und Gnade ist, macht der freie Wille teilweise (!) Platz. Denn an ihm liegt nur, dass wir wollen, streben und den (Glaubens-) Lehren unsere Zustimmung geben. Schon in der Macht des Herrn aber steht, dass wir das, wonach wir streben und wofür wir uns mühen und einsetzen, mit seiner Hilfe und Unterstützung vollbringen können."

... omni aetati omnique personae libertas arbitrii derelicta sit. ‚si uis', inquit, ‚esse perfectus': ‚non cogo, non impero, sed propono palmam, ostendo praemia; tuum est eligere, si uolueris in agone atque certamine coronari'.

„... jedem Alter und jedem Einzelnen ist die Freiheit der Entscheidung anheimgestellt. ‚Wenn du', sagt er (der Herr), ‚vollkommen sein willst' (aus Mt. 19,21): ‚nicht zwinge ich, nicht befehle ich; vielmehr stelle ich dir den Siegespreis vor Augen und zeige dir den Lohn. An dir liegt es zu wählen, wenn du im Wettkampf den Siegeskranz erringen willst'."

An diesen Stellen wird das Verhältnis zwischen *gratia* und *liberum arbitrium* nach Art einer klar geregelten Kompetenzverteilung beschrieben: Das Wollen des Guten, der Entschluss zu einer guten Tat, deren Beginn und das Mühen und Bestreben, sie in die Tat umzusetzen und auszuführen, gehört zu den positiven Fähigkeiten der menschlichen Willens- und Entscheidungsfreiheit. Die tatsächliche Ausführung jeder guten Tat und schließlich die Vollendung des menschlichen Strebens zum Guten im Einzelnen und insgesamt kann jedoch wesentlich und entscheidend nur durch den Beistand und die Hilfe der göttlichen Gnade gelingen. In diesem Sinn hat Hieronymus sich auch in anderen Werken geäußert.[73]

---

73 In Hiez. I 3,2.3a (CChr.SL 75, 31): *... ut initia uoluntatis in nobis sint et perfectionem beatitudinis a domino consequamur: ‚non est enim uolentis neque currentis, sed miserentis est dei'* (Röm. 9,16); *attamen et uelle et currere nostri arbitrii est*; tract. I in Ps. 5,4 (CChr.

[142] Im Disput mit Pelagius trat diese Sicht von den Möglichkeiten des *liberum arbitrium* noch an folgendem Detail zu Tage: Zwar kritisierte Hieronymus die pelagianische Überzeugung, der Mensch könne ohne Sünde leben, doch akzeptierte er eine spezifische Möglichkeit dieser Fähigkeit gleichwohl. Er wies nämlich lediglich die Ansicht zurück, der Mensch könne *auf Dauer* und sogar sein Leben lang (nach der Taufe) sündlos leben – im pelagianischen Ethos tauchte dieses urchristliche Ideal der ‚Heiligkeit' jedes Christen erneut auf –, während er ein Meiden der Sünde, ein Nichtsündigen *für kurze Zeit* durchaus für möglich hielt:[74]

> *Qui cautus et timidus est, potest ad tempus uitare peccata.*
>
> „Wer achtsam und penibel ist, kann eine Zeitlang das Sündigen meiden."
>
> *Hoc et nos dicimus, posse hominem non peccare, si uelit, pro tempore, pro loco, pro imbecillitate corporea, quamdiu internus est animus, quamdiu chorda nullo uitio laxatur in cithara.*
>
> „Das sagen wir auch, dass der Mensch das Sündigen meiden kann, wenn er will, doch je nach Zeit und Ort und aufgrund seiner körperlichen Schwachheit nur so lange, wie seine Seele die Spannung halten kann, solange die Saite der Kithara nicht durch einen Fehler an Spannung verliert."[75]

In letzterem Text akzeptierte Hieronymus die pelagianische Maxime: *posse hominem non peccare, si uelit,* die er im Dialog gegen die Pelagianer doch eigentlich kritisierte (siehe oben I 2), in ihrem Kern durchaus[76] und setzte der darin ausgedrückten Möglichkeit eine lediglich *zeitlich*, nicht grundsätzlich fixierte Grenze: Dem Vermögen des Menschen sei zwar kein generell sündloses Leben zuzuerkennen, aber doch die Fähigkeit, zeitweise das Sündigen zu meiden. Hier traf sich Hieronymus mit der pelagianischen Sicht von den positiven Kräften des *liberum arbitrium,* das gemäß dieser Theologie beim Meiden der Sünde insofern von der Gnade unterstützt werde, als dies *perpetuo* nur mit Gottes Hilfe

---

SL 78, 13): *meum est enim uelle, tuum perficere;* I 107,12 (78, 207): *nostrum est uelle et currere, et postea* (!) *deus miseretur.*

74 Adv. Pelag. II 24 (CChr.SL 80, 87); III 4 (80, 102). Für die diesbezügliche Diskussion zwischen *Atticus* und *Critobulus* vgl. ebd. I 6 (80, 10); I 7 (80, 10); I 10 (80, 12); II 14 (80, 73); II 18 (80, 78); II 25 (80, 90); III 1 (80, 98); III 10 (80, 110); III 12 (80, 113).

75 Ähnlich schon in Gal. III 5,17 (PL 26, 411), also im Jahr 386: *caro praesentibus delectatur et breuibus, Spiritus perpetuis et futuris. inter hoc iurgium media anima constitit, habens quidem in sua potestate bonum et malum, utile et nolle, sed non habens hoc ipsum utile ac nolle perpetuum.*

76 Deutlich auch in tract. I in Ps. 140,4 (CChr.SL 78, 303): *in potestate nostra est et peccare et non peccare.*

möglich [143] sei.[77] In der Zuordnung von *gratia* und *liberum arbitrium* lief das erneut auf die festgestellte sich ergänzende Kompetenz hinaus.

Zu Hieronymus' antipelagianischer Betonung der Notwendigkeit der Gnade im Heilsprozess stehen diese Aussagen nicht unbedingt in einer unüberbrückbaren Spannung. Dort (siehe die Texte oben in I 3) hatte der Bethlehemite im Grunde immer nur betont, dass zum Tun des Guten bei jeder einzelnen Handlung notwendig immer beides gehöre, Gnade Gottes und Willens- und Entscheidungsfreiheit des Menschen. Hier nun (I 4) hat er ausgeführt, wie er sich die Zuordnung dieser beiden Seiten näherhin vorstellte, nämlich als eine Art Zusammenwirken von Gott und Mensch im Sinne einer Partnerschaft. Diese hat er zwar nicht als gleichgewichtig und gleichberechtigt dargestellt, da er Gott eindeutig ein Übergewicht und die entscheidende Rolle zusprach, ohne die jedes Streben des Menschen nach Heil und Erlösung ohne Erfüllung bleibe; doch kam dem Menschen und seiner Freiheit dabei dennoch ein Bereich zu, in dem er eigenständig, aktiv und auch effektiv zum Tun des Guten beitragen könne.

Man merkt diesen Aussagen des Hieronymus an, dass er bemüht war, *gratia* und *liberum arbitrium* sowohl je für sich als auch zusammen ernst zu nehmen. So sind seine Gedanken durchaus ein Versuch, eine konkrete Freiheit auf Seiten des Menschen mit der unbegrenzten Dominanz und Wirksamkeit der Gnade Gottes zusammen zu denken. Recht deutlich zeigt sich hier freilich, wie wenig Neigung und Veranlagung zu spekulativ-philosophierendem Theologisieren dem Mönch in Bethlehem eignete. Von einer systematischen oder planvoller angelegten Untersuchung dieser gewiss schwierigen, komplexen und von der rationalen Vernunft wohl auch nie letztendlich erfassbaren theologisch-philosophischen Problematik sind seine Gedanken weit entfernt. Je nach Kontext und je nach Gegner legte er den Ton bald auf die Seite der *gratia*, bald auf die Seite des *liberum arbitrium*, ohne auf einen Ausgleich zu sinnen. Tat er dies an den oben ausgeschriebenen Stellen doch gelegentlich und en passant, gelangte er nur zu der wohl äußerlichsten und oberflächlichsten aller möglichen Zuordnungen von Gnade und Freiheit, zu einer gleichsam partitiven Kompetenzverteilung. So kam letztlich in seiner Soteriologie das heraus, was man in späterer dogmatischer Terminologie als Synergismus oder mittels einer häresiologischen Kategorie als Semipelagianismus charakterisierte, und mit diesen Termini wurde der Theologe Hieronymus denn auch immer wieder etikettiert.[78]

---

77 So adv. Pelag. I 9 (CChr.SL 80, 11).

78 ZÖCKLER, Hieronymus (wie Anm. 13) 420–449; GRÜTZMACHER, Hieronymus (wie

[144] 5. Der Ort des Hieronymus in der Debatte zwischen Augustinus und Pelagius um das Wirken der Gnade und die Möglichkeiten und Grenzen der Freiheit des Menschen im Prozess seiner Erlösung lässt sich von daher folgendermaßen bestimmen: Pelagius ging davon aus, dass jeder Mensch grundsätzlich die Fähigkeit besitze, nicht zu sündigen *(posse non peccare)*. Augustinus kritisierte das. Nach seiner Ansicht eignete diese positive Fähigkeit lediglich Adam vor seinem Fall, während der erlöste Mensch im Himmel mit einer noch größeren Gnadengabe bedacht werde, nämlich zum Sündigen grundsätzlich nicht mehr fähig zu sein *(non posse peccare)*. Der konkrete Mensch hier auf Erden befindet sich in Augustins Augen jedoch in einem schlechteren Zustand als Adam: Auch die Fähigkeit, nicht zu sündigen *(posse non peccare)*, die Adam noch hatte, sei durch dessen Sünde und deren Folgen massiv und dauernd korrumpiert. Die Lage des jetzigen Menschen sei gekennzeichnet durch eine Unfähigkeit, nicht zu sündigen *(non posse non peccare)*. Mit dieser Formulierung lässt sich Augustins Position angesichts des pelagianischen *posse non peccare* treffend charakterisieren, auch wenn sich diese Formel genau so bei ihm nicht findet.[79]

Hieronymus hingegen akzeptierte das pelagianische *posse non peccare* im Grundsatz. Zwar verwies er im Disput mit Pelagius nachdrücklich darauf, dass zur Realisierung dieser Fähigkeit des Menschen bei jedem einzelnen Tun die Hilfe der Gnade Gottes unabdingbar notwendig sei. Die grundsätzliche Fähigkeit des Menschen jedoch, nicht zu sündigen, sah der Bethlehemite durchaus als gegeben an. Gegen Pelagius betonte er lediglich eine zeitliche Begrenzung der Realisierbarkeit des Nicht-Sündigens – sozusagen ein *posse non peccare ad tempus* –, was die grundsätzliche Möglichkeit, die Augustinus bestritten hat, aber ge-

---

Anm. 15) Bd. 3, 266. 269; FERGUSON, Pelagius (wie Anm. 49) 79f.; VISINTAINER, Dottrina del peccato (wie Anm. 16) 53f. 70 Anm. 22; WERMELINGER, Rom und Pelagius (wie Anm. 52) 55f.; vgl. auch Berthold ALTANER/Alfred STUIBER, Patrologie. Leben, Schriften und Lehre der Kirchenväter, Freiburg/Basel/Wien 91980, 402f.; in etwa auch Leo SCHEFFCZYK, Urstand, Fall und Erbsünde. Von der Schrift bis Augustinus, in: HDG 11/3a, Freiburg/Basel/Wien 1981, 195: „geradezu in der späteren semipelagianischen Weise". TRZCIŃSKI, Die dogmatischen Schriften (wie Anm. 16) 353–356, und FAHEY, Doctrina sancti Hieronymi (wie Anm. 16) 50–63, bestritten diese Klassifizierung, ohne jedoch eine befriedigende Erklärung für die fraglichen Hieronymusstellen beizubringen, da sie zu schematisch und zu apologetisch von einer festgefügten Orthodoxie späterer Zeit her dachten.

79 Für Augustins diesbezügliche Diskussion mit Pelagius bzw. mit Julian von Aeclanum vgl. etwa nat. et grat. 56–59 (CSEL 60, 274–277); c. duas ep. Pelag. III 17 (CSEL 60, 505–507); corr. et grat. 33 (PL 44, 936): *prima ergo libertas uoluntatis erat, posse non peccare; nouissima erit multo maior, non posse peccare*; c. Iul. op. imp. V 56 (PL 45, 1490); V 58 (45, 1491); V 60 (45, 1494f.); VI 10 (45, 1518); VI 12 (45, 1522–1524); civ. XXII 30 (CChr.SL 48, 863f.).

rade bestätigte. Trotz Hieronymus' Kritik an Pelagius stand er dessen Theologie also im Grunde näher als der des Augustinus.

[145] Der Unterschied zwischen Augustinus und Hieronymus lag dabei nicht in ihrer Überzeugung vom Angewiesensein jedes Menschen auf die göttliche Gnade zur Erlösung an jedem einzelnen Punkt des Heilsprozesses. Das hat Hieronymus genauso wie Augustinus immer betont und gehört in dieser Allgemeinheit zu den Grunddaten christlicher Theologie. Der Unterschied liegt primär nicht auf dieser göttlichen, sondern auf der menschlichen Ebene (wenn man so formulieren kann): Wie gefährdet, wie bedroht, ja wie schon schier verloren und aussichtslos ist die Situation des in Sünde verstrickten und von Sünde und Unheil verfolgten Menschen? Augustinus beurteilte die Lage dieses Menschen bekanntlich ausgesprochen pessimistisch und ging sogar so weit, dem größeren Teil der Menschheit die Erlösung abzusprechen (ohne Festlegung im Einzelfall). Auf den Einzelnen bezogen hatten in seinen Augen die eventuell verbliebenen positiven Kräfte im Menschen keinerlei Chance gegen das Böse (Stichwort: *natura uitiata*). In radikaler Theozentrik war der Mensch völlig auf die göttliche Gnade angewiesen und von sich aus in keiner Weise mehr zum Guten fähig. Hieronymus sah die endgültige Erlösung des Menschen ebenfalls als Werk der Gnade Gottes, beurteilte aber die Situation des Menschen, aus der ihn Gottes Gnade erlöste, nicht so abgrundtief verloren und pessimistisch wie Augustinus. Nicht dass der Bethlehemite ein Optimist gewesen wäre! Doch anders als Augustinus erblickte Hieronymus im Menschen einen zwischen Sünde und Heil, zwischen Verfehlung und Erlösung Ringenden, der, von Gott zum Guten gerufen und von seiner Gnade darin unterstützt, immer neu seine guten Kräfte zu mobilisieren sucht, um die Sünde zu meiden, dies auch zeitweise schafft und dabei doch immer wieder zum Sünder wird – ein im Vertrauen auf Gottes Gnade und im Wissen um seinen Beistand mit allen seinen positiven Energien um sein Heil ringender Sünder.

Vielleicht lässt sich diese Differenz zwischen Augustinus und Hieronymus mit einer Metapher so illustrieren:[79a] In den Augen Augustins ist der Mensch seit Adam von dem zwischen Heil und Unheil gespannten Seil ins Unheil, in den Tod gestürzt, in dem er definitiv und chancenlos verbleibt, wenn ihn nicht die Gnade Gottes und nur diese daraus befreit. In den Augen des Hieronymus balanciert der Mensch auf dem Hochseil zwischen Heil und Unheil, ständig den Sturz vor Augen und auf den nächsten Schritt konzentriert, der, richtig gesetzt, eben den Sturz zeitweise verhindert, doch nur Gottes Gnade vermag ihn vor

---

79a Eine andere für Augustinus bezeichnende Metapher siehe unten S. 499 Anm. 45.

dem Absturz ins Unheil zu bewahren und endgültig ins Heil zu bringen.[80]

[146] Oder noch einmal anders ausgedrückt: Erlösung vermochte Hieronymus zu denken als Wandlung vom Guten zum Besseren: *de bonis ad meliora mutatio*.[81] Analog könnte man von Augustinus sagen, dass er sich in dualisierender Manier Erlösung nur als Wandlung vom Schlechten zum Guten vorzustellen vermochte.[82] Dass Hieronymus auch hiermit pelagianischer Denkweise näher stand als augustinischer, zeigt ein von Augustinus referierter Text Julians von Aeclanum, der für Säuglinge ebenfalls eine Wandlung vom Guten zum Besseren annahm.[83] Die Differenzen zwischen Augustinus und Hieronymus bestanden nicht in der christlich allgemeingültigen Überzeugung von der unabdingbaren Notwendigkeit der Gnade Gottes für jeden Menschen bei allem (guten) Tun. Sie bestanden primär in ihrer Anthropologie, in ihrer Einschätzung der Möglichkeiten und Grenzen, die dem Menschen im Prozess seiner Heilwerdung verblieben bzw. gesetzt waren. Von daher gelangten sie auch zu verschiedenen Aussagen darüber, wie das Wirken der Gnade Gottes im Heilsprozess näherhin zu beschreiben sei.

In größere theologiegeschichtliche Zusammenhänge gestellt, hat dieser Verlauf von Nähe und Distanz zwischen Augustinus, Hieronymus und Pelagius mit ihrer unterschiedlichen theologischen Herkunft und Verwurzelung zu tun. Was Hieronymus sich an Theologie angeeignet hat, hat er bei griechischen Theologen gelernt, namentlich bei Didymus von Alexandrien, Apollinaris von Laodicea, Gregor von Nazianz und – last but not least – aus den Schriften des Origenes. Auch das Denken des Pelagius und anderer Pelagianer, etwa des Chrysostomusübersetzers Anianus von Celeda und besonders Julians von Aeclanum, speiste sich aus den Quellen der griechischen Tradition. In ihren

80 Vgl. mit einer entsprechenden Metapher Hieronymus, tract. I in Ps. 5,9 (CChr.SL 78, 16): *meum est pedes ponere in uia tua: tuum est corrigere gressus meos*; oder ebd. 93,18 (78, 147): *considerans fragilitatem meam et inbecillitatem humanam, non putabam pedem meum firmo stare gradu; ubicumque ponebam pedem, lapsum timebam. rursum cogitabam nomen tuum, et firmo stabam pede.*

81 Adv. Pelag. II 19 (CChr.SL 80, 80). Dasselbe kommt in tract. I in Ps. 83,8 (Chr.SL 78, 100) zum Ausdruck: *nisi hic habuerimus uirtutem, ibi uirtutem maiorem habere non possumus*; mit Ps. 83,8b LXX begründete er dies so: *neque enim dixit, ibunt de inbecillitate in uirtutem* – das wäre die augustinische Perspektive –, *sed: ‚ibunt de uirtute in uirtutem'.*

82 SIMONIS, Gnadenlehre Augustins (wie Anm. 71) 20 mit Belegen ebd. Anm. 143f.

83 Julian bei Augustinus, c. Iul. op. imp. III 151 (CSEL 85/1, 456): *quae tamen gratia, quoniam etiam medicina dicitur, salua lege iustitiae facit alias ex malis bonos, paruulos autem, quos creat condendo bonos, reddit innouando adoptandoque meliores* (zitiert von SIMONIS, ebd.).

soteriologischen Grundüberzeugungen bewegten sich Hieronymus wie Pelagius von daher gleichfalls in den Bahnen, die die großen Theologen des Ostens dem christlichen Denken gewiesen hatten. Diese östliche, griechische theologische Tradition war seit Origenes, ihrem wichtigsten Archegeten, stärker auf die Freiheit des Menschen bedacht und schätzte seine positiven Möglichkeiten zum Tun des [147] Guten höher ein, als das in der nordwestafrikanischen lateinischen Theologie der Fall war, aus der Augustinus kam. Der Kontrast dieser größeren theologischen Traditionszusammenhänge spiegelt sich, wenn man Augustins und Hieronymus' Soteriologie nebeneinander hält. Nimmt man dazu nur einzelne Aussagen des Hieronymus aus ihrem Kontext heraus, klingen diese bisweilen gerade so, wie Augustinus sich ausdrückte. Man muss indes Hieronymus' soteriologische Ansichten im Gesamt betrachten, um ein zutreffendes Bild seiner Vorstellung von den Möglichkeiten und Grenzen des Menschen im Prozess seiner Heilwerdung zu erhalten. Auf dieser Gesamtebene zeigt sich bei ihm dann die beschriebene, gegenüber Augustinus doch deutlich andere Perspektive.

II. Sünde und Heil der Kinder und Säuglinge

1. Zu den Eigenheiten von Augustins Soteriologie gehört, dass er seine Grundsätze an einem Grenzfall, dem der Kinder und Säuglinge reflektierte. Als er seine diesbezüglichen Gedanken erstmals formulierte, nämlich 396/97 in *De diuersis quaestionibus ad Simplicianum* (Simpl. I 2), tat er dies sogar an Ungeborenen (Jakob und Esau im Mutterleib). Sinn und Zweck der Säuglingstaufe, die an der Wende vom 4. zum 5. Jahrhundert gerade auch in Nordafrika immer häufiger praktiziert wurde, sowie das eschatologische Geschick der ungetauft verstorbenen Neugeborenen gehörten von Anfang an zu den am schärfsten umstrittenen Themen des pelagianischen Streits. Augustins diesbezügliche Position sei hier nur kurz skizziert: Ausgehend von dem aus Cyprian aufgegriffenen ekklesiologisch-soteriologischen Grundsatz, dass es außerhalb der Kirche kein Heil gebe,[84] wurde in Augustins Soteriologie die (katholische) Taufe zur conditio sine qua non für die Erlangung des Heils.[85] Dieses Axiom der Heilsnotwendigkeit der Taufe galt für jeden

84 Augustinus, bapt. IV 24 (CSEL 51, 250): *‚salus extra ecclesiam non est.' quis negat?* Der Satz ist Zitat aus Cyprian, ep. 73,21 (CSEL 3/2, 795).

85 Dies hat Walter SIMONIS, Heilsnotwendigkeit der Kirche und Erbsünde bei Augustinus, in: ThPh 43 (1968) 481–501, erneut in: Carl ANDRESEN (Hg.), Zum Augustinus-Gespräch der Gegenwart, Darmstadt 1981, Bd. 2, 301–328, mit einer Fülle von Belegen m.E. zutreffend herausgearbeitet.

Menschen ohne Ausnahme, in Augustins Augen auch für Säuglinge.[86] Mehrfach setzte er ein nachdrückliches *etiam* in diesem spezifischen [148] Sinn;[87] auch auf die aus Stellen wie Ps. 113,21 LXX und Offb. 11, 18; 13,16; 19,5.18; 20,12 entlehnte Wendung *pusilli cum magnis* hat er in diesem Sinn angespielt[88] und im Widmungsschreiben zu *Contra Iulianum* gerade diesen Aspekt hervorgehoben.[89] Überaus betont hat Augustinus also immer wieder auf die Geltung seiner beiden zentralen soteriologischen Grundsätze – aphoristisch zusammengefasst: alles Heil von Gott, ohne Taufe kein Heil – auch für Kinder und Neugeborene hingewiesen.[90] In der negativen Konsequenz hieß das, dass ungetauft verstorbene Säuglinge ewig verdammt waren: *paruulus non baptizatus pergit in damnationem.*[91] Den gerechten Grund hierfür sah Augustinus in dem, was er *peccatum originale* nannte (auch von *damnatio originalis* oder *iniquitas originalis* konnte er sprechen):[92] Aufgrund dieser von allen Menschen „in Adam" begangenen Sünde unterliege jeder Mensch von Geburt an einer Schuld *(reatus)*, für die er zu Recht auch schon als Säugling unmittelbar nach der Geburt mit ewiger Verdammnis bestraft

---

86 Dass es Augustinus strikt um eben erst Geborene ging, zeigt eine Bemerkung in grat. Christ. et pecc. orig. II 45 (CSEL 42, 203): *paruuli a partu etiam recentissimi*; ferner: Gen. ad litt. X 13 (CSEL 28/1, 311): *non enim de pueris grandiusculis agimur*; ep. 166,28 (CSEL 44, 585): *paruuli hominis recentissime nati*; ebd. 167,1 (44, 586): *infantes recens nati*.

87 Ep. 179,6 *bis* (CSEL 44, 694f.); 190,15.23 (CSEL 57, 149. 159); 217,16 (57, 415) in einer lehrsatzhaften Aufzählung seiner soteriologischen Ansichten; in c. Iul. VI 13 (PL 44, 829f.) begegnen folgende Wendungen: *et maiores et paruuli; non sine paruulis; et paruuli; etiam paruuli*.

88 Ep. 186,3 (CSEL 57, 47); 190,3.22 (57, 140. 157); 191,1 (57, 163); serm. 115,4 (PL 38, 657); 165,9 (38, 907); 294,4 (38, 1338); pecc. mer. et rem. I 54 (CSEL 60, 51); grat. Christ. et pecc. orig. II 45 (CSEL 42, 203); nupt. et conc. I 22 (CSEL 42, 235); II 24 (42, 277); c. Iul. II 34 (PL 44, 697); don. pers. 30 (PL 45, 1011); c. Iul. op. imp. I 115 (CSEL 85/1, 133); II 132 (85/1, 258); VI 23 (PL 45, 1556).

89 Ep. 207 (CSEL 57, 342 bzw. PL 44, 639f.): *adgressus sum igitur hoc opus in adiutorio saluatoris pusillorum atque magnorum*; vgl. serm. 183,12 (PL 38, 992): *filius dei … saluator est et maiorum et minorum, saluator est et grandium et infantium.*

90 Vgl. zu den genannten Stellen etwa noch pecc. mer. et rem. I 55 (CSEL 60, 54); II 48 (60, 118) und Gen. ad litt. X 16 (CSEL 28/1, 317) in Bezug auf Röm. 5,12: *unde utique infantum animas non posse secerni et eo, quod dictum est ‚omnes', et eo, quod eis per baptismum subuenitur*; ferner: Innocentius, ep. 182,5 int. ep. Aug. (CSEL 44, 720), von Augustinus in c. duas ep. Pelag. II 7 (CSEL 60, 467) zustimmend aufgegriffen.

91 Serm. 294,7 (PL 38, 1339) vom 27. Juni 413, der ersten Predigt Augustins, in der er den pelagianischen Streit ansprach. Dass er zur Abmilderung dieser Behauptung von *damnatio leuissima* oder *poena mitissima* sprach, ändert nichts an deren Definitivität, wie seine entschiedene Bestreitung eines *locus medius* zeigt: pecc. mer. et rem. I 21 (CSEL 60, 20); c. Iul. V 44 (PL 44, 809); c. Iul. op. imp. III 199 (CSEL 85/1, 498f.); ench. 93 (CChr.SL 46, 99); serm. 294,3 (PL 38, 1337); ep. 186,29 (CSEL 57, 68f.).

92 Ep. 190,13 (CSEL 57, 147) bzw. 194,38 (57, 206).

werden könne.[93] Zu seinen wichtigsten Bibelreferenzen [149] dafür gehörten Ps. 50,7 LXX *(‚ecce enim in iniquitatibus conceptus sum et in peccatis concepit me mater me')* und Ijob 14,4 LXX, welchen Vers Augustinus in verschiedenen Fassungen, etwa in dieser las: *‚nemo mundus in conspectu tuo nec infans, cuius est diei unius uita super terram'*.[94]

Diese Grundsätze seiner Soteriologie und speziell ihre Anwendung auf Kinder und Säuglinge hat Augustinus Hieronymus in ep. 166 selber eindringlich vor Augen gestellt: Mehrmals begegnet in diesem Brief ein *etiam* im genannten Sinn;[95] auch die Wendung *pusilli cum magnis* taucht auf,[96] und einmal wird Ijob 14,4 LXX (in der oben ausgeschriebenen Fassung) zitiert.[97] Vor allem seine Überzeugung von der definitiven Verdammnis der ungetauft verstorbenen Säuglinge hat er darin immer wieder vorgetragen.[98] Da diese Ansicht für ihn eine fundamentale christliche Doktrin war,[99] ging er ganz selbstverständlich davon aus, dass Hieronymus diese auch teilte.[100]

---

93 Nupt. et conc. II 46 (CSEL 42, 301): *quomodo ergo, per unius delictum in omnes homines ad condemnationem'* (Röm. 5,18) *et non potius per multa sua cuiusque delicta, nisi quia, etiam si illud unum sit tantum, idoneum est perducere ad condemnationem etiam nullis additis ceteris, sicut perducit paruulos morientes, qui ex Adam nascuntur, nisi in Christo renascantur?* Ep. 157,11 (CSEL 44, 457f.): *illud unum, quo est obligata propago carnalis, quae ab illo primo homine originem ducit, sufficere dicit* (sc. Paulus) *ad condemnationem*; nat. et grat. 4 (CSEL 60, 236); ep. 190,12 (CSEL 57, 147); ferner: pecc. mer. et rem. I 28 (CSEL 60, 27); c. duas ep. Pelag. II 8 (CSEL 60, 468); an. et orig. I 13f. (CSEL 60, 313f.); I 16 (60, 316); IV 16 (60, 396).

94 Ep. 202A,17 (CSEL 57, 313); serm. 170,2 (PL 38, 918); civ. XX 26 (CChr.SL 48, 749); c. Iul. op. imp. IV 90 (PL 45, 1392), zitiert unten in Anm. 161; ferner die von Leonardo CALABRETTA, Il peccato originale nel commento dei Padri della Chiesa al Salmo 50,7 e a Giobbe 14,4, Catanzaro/Squillace o.J. (1988), 138–145, ausgeschriebenen Texte.

95 Ep. 166,6*ter*.7.10.21 (CSEL 44, 554f. 557. 561. 576); ferner: ebd. 167,1.2 ad Hieron. (44, 586. 587); 169,13 (44, 621) im Rückblick auf ep. 166.

96 Ebd. 166,27 (44, 583): *hoc quidem recte, ueraciter, optime, quod gratia Christi liberat a reatu peccatorum pusillos cum magna.*

97 Ebd. 166,6 (44, 555).

98 Ebd. (44, 554): *trahitur* (sc. *anima*) *in condemnationem etiam infantis morte praeuenti, si ei per sacramentum, quo etiam paruuli baptizantur, Christi gratia non subuenerit*; ebd. 10 (44, 561): *neque negare fas nobis est eos* (sc. *animas*), *quae sine Christi sacramento de corporibus exierint, etiam paruulorum non nisi in damnationem trahi*; ferner: ebd. 16.20f.25.27.28 (44, 568. 574–577. 580. 582. 585); 167,1.2 (44, 586. 587f.).

99 Ebd. 166,6 (44, 555): *catholica fundatissima fides*, ferner: ebd. 7.24*bis*.25.28 (44, 557. 579f. 580. 585); 167,2 (44, 588); 169,13 (44, 621); 190,3–5 (CSEL 57, 139–141).

100 Ebd. 166,6 (44, 554): *non enim es ex illis, qui modo noua quaedam garrire coeperunt dicentes nullum reatum esse ex Adam tractum, qui per baptismum in infante soluatur*; vgl. auch oben die Einführung mit Anm. 7.

2. Wandte man, wie Augustinus selber, seine soteriologischen Grundsätze auch auf Kinder und Säuglinge an, ergaben sich die in II 1 genannten Schlussfolgerungen und Behauptungen mit zwingender Logik. Die Kernfrage bei alledem [150] war also die, ob man die von Augustinus formulierten soteriologischen Grundsätze überhaupt und in dem ungeschmälerten Sinn, wie Augustinus das durchführte, auf den Grenzfall der Neugeborenen übertrug. Wie dachte Hieronymus in dieser Frage? Sucht man in den Werken des Bethlehemiten nach diesbezüglichen Äußerungen, steht man bei diesem Thema ganz direkt vor dem oben in der methodischen Vorbemerkung geschilderten Problem, dass dazu nur vereinzelte und verstreute Aussagen begegnen, die durchweg in einem anderen Kontext stehen. Gleichwohl wird sich zeigen, dass sich aus den diversen Texten doch ein einigermaßen klares Bild von Hieronymus' Vorstellungen zu Sünde und Heil der Kinder und Säuglinge entwerfen lässt.

In ep. 121, einem nach 406 an Algasia geschriebenen Brieftraktat, gab Hieronymus auf die achte *quaestio* nach der Bedeutung von Röm. 7,8 *(‚occasione accepta peccatum per mandatum operatum est in me omnem concupiscentiam')* eine ausführliche Antwort, indem er einige Gedanken zum ganzen Abschnitt Röm. 7,7–25 erläuterte, einem Text, der im pelagianischen Streit und im Denken Augustins bekanntlich eine zentrale Rolle spielte (siehe oben in I 2).[101] Im Blick auf Röm. 7,7–13, den engeren Kontext von Röm. 7,8, aus dem viele Wendungen des folgenden Textes entlehnt sind, gab Hieronymus unter anderem folgende Erklärung (mit *haec lex* ist das allen Menschen eigene Sittlichkeitsempfinden gemeint):

> *Hanc legem nescit pueritia, ignorat infantia et peccans absque mandato non tenetur lege peccati. maledicit patri et parentes uerberat et, quia necdum accepit legem sapientiae, mortuum est in eo peccatum. cum autem mandatum uenerit, hoc est tempus intellegentiae adpetentis bona et uitantis mala, tunc incipit peccatum reuiuiscere et ille mori reusque esse peccati. atque ita fit, ut tempus intellegentiae, quo dei mandata cognoscimus, ut perueniamus ad uitam, operetur in nobis mortem, si agamus neglegentius, et occasio sapientiae seducat nos atque subplantet et ducat ad mortem, non quo intellegentia peccatum sit – lex enim intellegentiae sancta et iusta et bona est – sed per intellegentiam peccatorum atque uirtutum mihi peccatum nascitur, quod, priusquam intellegerem, peccatum esse non noueram. atque ita factum est, ut, quod mihi pro bono datum est, meo uitio mutetur in malum et – ut hyperbolice dicam nouoque uerbo utar ad explicandum sensum meum – peccatum, quod priusquam haberem intellegentiam, absque peccato erat, praeuaricatione mandati incipiat mihi esse peccatius.*

101 Hieronymus, ep. 121,8 (CSEL 56, 29–38, das folgende Zitat ebd. 33f.).

„Von diesem Gesetz weiß die Kindheit nichts, das Säuglingsalter kennt es nicht, und wenn ein kleines Kind sündigt, unterliegt es nicht dem Gesetz der Sünde, da es dem Gebot (Gottes) noch nicht untersteht. Es schmäht den Vater und schlägt die Eltern, doch weil es das Gesetz der Weisheit noch nicht empfangen hat, ist die [151] Sünde in ihm tot. Sobald es aber dem Gebot (Gottes) untersteht, d.h. sobald die Zeit gekommen ist, da es zu unterscheiden versteht zwischen dem Streben nach dem Guten und dem Meiden des Bösen, dann beginnt die Sünde aufzuleben und jenes Kind zu sterben: Jetzt wird es verantwortlich für die Sünde. So kommt es, dass die Zeit der Einsichtsfähigkeit, da wir Gottes Gebote erkennen können, um zum Leben zu gelangen, in uns den Tod wirkt, wenn wir uns zu nachlässig verhalten, und dass die Gelegenheit, weise zu werden, uns verführt, ein Bein stellt und zum Tod führt, doch nicht etwa weil die Fähigkeit zur Einsicht Sünde wäre – das Gesetz der Einsichtsfähigkeit ist nämlich heilig, gerecht und gut –; vielmehr wird mir durch die Einsicht in das, was Sünde, und in das, was Tugend ist, das zur Sünde, von dem ich, ehe ich die Fähigkeit zur Einsicht besaß, nicht wusste, dass es Sünde war. So erklärt sich, dass sich das, was mir als etwas Gutes gegeben wurde, durch meine Schuld zu etwas Bösem wandelt und dass – ich will es übertreibend sagen und ein neues Wort gebrauchen, um zum Ausdruck zu bringen, was ich meine – die Sünde, die nicht sündhaft war, ehe ich die Fähigkeit zur Einsicht besaß, mir durch die Übertretung des Gebotes (Gottes) noch sündhafter (*peccatius* als Neologismus) wurde."

Natürlich tut nach diesem Text ein Kind *(pueritia)* und schon ein Neugeborenes *(infantia)* Dinge, die sündhaft sind: „Es schmäht den Vater und schlägt die Eltern", womit das vorausgehende *peccans* exemplifiziert wird. Aber es kann für diese Vergehen nicht verantwortlich gemacht werden: „Es unterliegt nicht dem Gesetz der Sünde"; oder nach Röm. 7,8: „Die Sünde ist in ihm tot". Die notwendige Bedingung, um von Sünde und Schuld reden zu können, ist die Einsicht in Gut und Böse: „Sobald die Zeit gekommen ist, da es zu unterscheiden versteht zwischen dem Streben nach dem Guten und dem Meiden des Bösen, dann beginnt die Sünde aufzuleben und jenes Kind zu sterben: Jetzt wird es verantwortlich für die Sünde." Da dieses „Gesetz der Weisheit" jedoch Kindern und erst recht Säuglingen fehlt, kann bei ihnen auch nicht sinnvollerweise von Sünde und Schuld gesprochen werden: „Ehe ich die Fähigkeit zur Einsicht besaß, wusste ich nicht, dass es Sünde war." Ohne auf alle Aspekte dieser hieronymianischen Deutung im Einzelnen einzugehen – er bezog den Paulustext auf die individuelle Entwicklung eines Menschen –, wird für den hier interessierenden Zusammenhang eines ganz deutlich: Hieronymus sah Kindsein und Erwachsensein klar getrennt durch den Faktor ‚Einsicht' und hat von daher die Frage nach Sünde und Schuld, Verantwortung und Heil als Thema für erwachsene Menschen bezeichnet.

Dass Hieronymus diesen Paulustext nicht im Blick auf Kinder, sondern im Blick auf Erwachsene las, zeigt auch eine Bemerkung in der weiteren Auslegung. [152] Schon vor der oben ausgeschriebenen Stelle hat er ausgehend von Röm. 2,14f. davon gesprochen, dass die ganze Welt und alle Menschen Sünder seien: „Die ganze Welt unterliegt der Sünde, und alle Menschen sind Übertreter des Gesetzes." Weiter unten heißt es entsprechend: „Kein Mensch ist ohne Sünde, und Gott hat alle in die Sünde eingeschlossen, um sich allen zu erbarmen (vgl. Röm. 11,32)."[102] Wie Hieronymus diese Universalität der Sünde auffasste, dafür gibt es ein Indiz in einer Bemerkung unmittelbar vor der zuletzt zitierten Stelle: Er hatte gerade Mt. 5,48 angeführt *(‚estote perfecti, sicut et pater uester caelestis perfectus est')* – einen Vers, auf den sich Pelagius und seine Anhänger für ihre Forderung nach absoluter Vollkommenheit (siehe oben I 2) übrigens gerne beriefen – und sagte dazu: *apostolis, non pueris praecipitur* – „den Aposteln, nicht Kindern wird das vorgeschrieben".[103] Nimmt man diese Notiz zusammen mit dem vorher erläuterten Text, gemäß dem von Sünde und Schuld zu reden bei Kleinkindern keinen Sinn mache, und das aus demselben Grund, wie es keinen Sinn mache, Kinder zur Vollkommenheit aufzufordern, weil ihnen nämlich die Einsicht in Gut und Böse fehle, dann ergibt sich daraus, wie Hieronymus solche Aussagen von der Universalität der Sünde, aus der nur Gottes barmherzige Gnade befreit, verstanden hat, nämlich so, dass *alle* Menschen weltweit und zu allen Zeiten Sünder seien, und zwar *erwachsene* Menschen.

Genauso dachte der Bethlehemite in einem Passus in ep. 107 vom Jahr 401, einem an Laeta gerichteten Brief über christliche Kindererziehung.[104] Er mahnte Laeta, nicht gleichgültig gegenüber den Fehlern ihrer Tochter zu sein, da deren Sünden ihr, der Mutter, angerechnet würden. Zur Begründung verwies er unter Anspielung auf Jona 4,11 darauf, dass Kinder Gut und Böse noch nicht unterscheiden können:

> *Si perfecta aetas et sui iuris inputatur parentibus, quanto magis lactans et fragilis et quae iuxta sententiam domini ignorat dexteram aut sinistram, id est boni ac mali nescit differentiam!*
>
> „Wenn schon die Taten von herangewachsenen und eigenverantwortlich handelnden Kindern den Eltern angerechnet werden (zuvor hatte Hieronymus auf 1 Sam. 2,27–36 und auf 1 Tim. 3,4 mit 2,15 verwiesen), um wie viel mehr dann die eines gestillten und schwachen Säuglings, der nach

102 Ebd. (56, 33 bzw. 36): *omnis mundus sub peccato et uniuersi homines praeuaricatores legis sunt* bzw.: *nullus homo absque peccato et conclusit deus omnes sub peccato, ut omnibus misereatur.*

103 Ebd. (56, 35).

104 Ep. 107,6 (CSEL 55, 297f.).

dem Spruch des Herrn von rechts und links nichts weiß (vgl. Jona 4,11), d.h. den Unterschied zwischen Gut und Böse nicht kennt!"

[153] Gegen den fiktiven Einwand Laetas mit Hilfe von Ez. 18,4.20 *(‚anima, quae peccauerit, ipsa moriatur')* wandte er seinerseits ein, dass dieser Vers nur für Erwachsene Geltung beanspruchen könne. Solange Kinder nicht eigenverantwortlich handeln könnten, seien die Eltern für deren Sünden wie für deren Tugenden verantwortlich. Auch das Getauftsein oder Nichtgetauftsein der Kinder habe soteriologische Bedeutung nicht für die Kinder, sondern für die Eltern:

> *Hoc de his dicitur, qui possunt sapere, de quibus in euangelio scriptum est: ‚aetatem habet, pro se loquatur'. qui autem paruulus est et sapit ut paruulus, donec ad annos sapientiae ueniat et Pythagorae littera eum perducat ad biuium, tam mala eius quam bona parentibus inputantur, nisi forte aestimas Christianorum filios, si baptisma non acceperint, ipsos tantum reos esse peccati et non scelus referri ad eos, qui dare noluerint, maxime eo tempore, quo contradicere non poterant, qui accepturi erant, sicut e regione salus infantium maiorum lucrum est.*

> „Diese Worte gelten von solchen, die vernünftig denken können; über diese steht im Evangelium geschrieben: ‚Er ist alt genug, er soll für sich selber reden' (vgl. Joh. 9,21). Solange aber jemand ein Kind ist und denkt wie ein Kind (vgl. 1 Kor. 13,11), werden seine bösen wie seine guten Taten den Eltern zugeschrieben, bis er die Jahre erreicht, in denen er lernt, was Weisheit ist, und der Buchstabe des Pythagoras ihn zur Weggabelung führt (nämlich gemäß der alten Fabel des Prodikos von Herakles am Scheideweg bei Xenophon, mem. II 1,21–34, die Gabelung zum Weg des Lasters bzw. zum Weg der Tugend).[105] Oder meinst Du etwa, die Kinder von Christen seien, wenn sie die Taufe nicht empfangen haben, ganz allein für diese Sünde verantwortlich, und es müssten nicht diejenigen für dieses Vergehen haften, die die Taufe nicht spenden lassen wollten, zumal zu einer Zeit, da es nicht die Kinder waren, die dem Getauftwerden widersprechen konnten? Andererseits ist auch das Heil der Kinder den Erwachsenen ein Gewinn."

Hieronymus drängte hier Laeta energisch dazu, ihre Tochter taufen zu lassen – ein klares Plädoyer für die Kindertaufe. Seine Argumentation: Nicht Heil oder Unheil der Tochter stehe auf dem Spiel, sondern das der Mutter. Der Kerngedanke dabei ist derselbe wie der in ep. 121 eruierte: Das Thema Heil und Unheil, Sünde und Schuld ist ein Thema für Erwachsene, nicht für Kinder.

---

105 Dazu: Hieronymus, Briefe über die christliche Lebensführung, deutsche Übersetzung von Ludwig SCHADE, bearbeitet von Johannes B. BAUER (SKV 2), München 1983, 124 Anm. 2: „Der pythagoräische Buchstabe ist Y. Der Längsstrich bedeutet die Kindheit. Im reiferen Alter fällt die Entscheidung hin zum Wege der Tugend oder des Lasters (vgl. Persius, Sat. 3,56f.). Die Lesart ‚litterae' (Hilberg) kann nicht richtig sein." Von daher begründet sich die Abweichung von HILBERGS Text in CSEL 55, 297 *(Pythagorae litterae)* in der zitierten Passage.

[154] Die Auslegung von Eph. 2,3 (*‚et eramus natura filii irae sicut et ceteri‘*), ein von Augustinus für seine Auffassung von der präbaptismalen Verdammung der gesamten Menschheit einschließlich der Säuglinge oft herangezogener Vers, in Hieronymus' Epheserkommentar aus dem Jahr 386 vermittelt denselben Eindruck:[106]

> *Nos uero dicimus esse primum omnes homines natura filios irae, uel propter corpus humilitatis corpusque mortis, et quod ab adolescentia mens hominum apposita sit ad malitiam, unde et Solomon ait: ‚non est iustus in terra qui faciat bonum et non peccet‘, uel quod ex eo tempore quo possumus habere notitiam dei et ad pubertatem uenimus, omnes aut opere aut lingua aut cogitatione peccemus.*
>
> „Unserer Ansicht nach sind zunächst alle Menschen von Natur aus Söhne des Zorns, und zwar entweder aufgrund der Schwachheit und Todesverfallenheit ihres Leibes und weil das Sinnen und Trachten des Menschen von Jugend an zur Bosheit geneigt ist (vgl. Gen. 8,21) – weshalb ja auch Salomo sagt: ‚Es gibt keinen Gerechten auf Erden, der das Gute täte und nicht sündigte‘ (Koh. 7,20) – oder weil ab dem Zeitpunkt, da wir Gott erkennen können und erwachsen werden, wir alle in unserem Handeln, Reden oder Denken sündigen.“

Keine Rede von Kindern oder gar Säuglingen. Die Sündenverfallenheit und Schuldverhaftung der Menschheit ist in Hieronymus' Augen universal und unausweichlich, doch dehnt sich der Horizont dieser Universalität, sofern er expliziert wird, ‚nur‘ auf alle Erwachsenen aus.

Aufschlussreich dafür ist auch folgende Stelle aus dem 410 bis 414 verfassten Ezechielkommentar:[107]

> *‚Quis‘ enim hominum ‚gloriari potest castum se habere cor?‘ uel: ad cuius mentem per oculorum fenestras mors concupiscentiae non introiuit et, ut parum dicam, animi titillatio? ‚mundus‘ enim ‚in maligno positus est‘ et: ‚a pueritia positum est cor hominis ad malum‘, ut ne unius quidem diei ⟨a⟩ natiuitatis exordio sine peccato sit humana conditio; unde et Dauid confitetur in psalmo: ‚ecce enim in iniquitatibus conceptus sum, et in peccatis concepit me mater mea‘, non iniquitatibus matris meae uel certe meis, sed in iniquitatibus humanae conditionis; unde et apostolus dicit: ‚regnauit mors ab Adam usque ad Moysen etiam super eos qui non peccauerunt in similitudinem praeuaricationis Adam‘.*
>
> „‚Wer‘ von den Menschen nämlich ‚kann sich rühmen, ein reines Herz zu haben?‘ (vgl. Spr. 20,9 LXX) Oder: In wessen Gedanken ist durch die Fenster der Augen die tödliche Begierlichkeit und, um nur eine Kleinigkeit zu nennen, ein im Geiste ausgemalter Kitzel nicht eingedrungen? Denn ‚die Welt ist dem Bösen unterworfen‘ (1 [155] Joh. 5,19b). Und: ‚Von Kindheit an ist das Herz des Menschen dem Bösen zugeneigt‘ (vgl. Gen. 8,21), so

106 Hieronymus, in Eph. I 2,1–5 (PL 26, 464–468, das Zitat ebd. 467).

107 In Hiez. XIV 47,1–5 (CChr.SL 75, 711f.).

dass die condition humaine[108] nicht einmal einen Tag nach der Geburt der Sünde entzogen ist. Deshalb bekennt ja auch David im Psalm: ‚Denn siehe, in Ungerechtigkeit bin ich gezeugt worden, und in Sünden hat mich meine Mutter empfangen' (Ps. 50,7 LXX) – nicht in der Ungerechtigkeit meiner Mutter oder doch in meiner eigenen, sondern in der Ungerechtigkeit der condition humaine. Deshalb sagt ja auch der Apostel: ‚Von Adam bis Mose herrschte der Tod auch über die, die nicht gesündigt haben entsprechend der Übertretung Adams' (Röm. 5,14)."

Obwohl im Text von Gen. 8,21 *ab adulescentia* (so im Epheserkommentar) in *a pueritia* geändert ist, hat Hieronymus die hier formulierte Vorstellung von der allgemeinen Sündhaftigkeit der Menschen doch nicht auf Kinder, geschweige denn auf Säuglinge bezogen. Die *iniquitates* aus Ps. 50,7 LXX hat er nicht als persönlich zu verantwortende Schuld der Beteiligten (des Säuglings oder der Mutter) aufgefasst, sondern alle hier zitierten Bibelstellen, die bei Augustinus eine zentrale Rolle spielten (siehe oben in II 1), als Ausdruck der generellen ‚Ungerechtigkeit' (= des ‚Nicht-Heil-Seins' vor Gott) der condition humaine gewertet, als Ausdruck der allgemeinen Misere, in der sich die Menschheit befinde und in die der Mensch hineingeboren werde.

Auch anderweitige Äußerungen aus seiner Feder lassen erkennen, dass Hieronymus das altkirchlich verbreitete Theologumenon der Sündenverhaftung allen Menschseins geläufig war, wobei er auch gerne auf Ijob 14,4 LXX rekurrierte.[109] Auch von einer Verderbtheit des Menschen von Kindesbeinen an konnte er in diesem pauschalen Sinn sprechen.[110] Nirgends hat er dabei diesen allgemeinen Gedanken erkennbar oder gar dezidiert in augustinischer Manier auch auf Kinder und Säuglinge appliziert.

Wenn Hieronymus einmal auf eine Sündigkeit von Kindern oder Säuglingen zu sprechen kam, dann immer negativ. Kinder sind in seinen Augen ohne Sünde [156] *(sine peccato pueritia)* und Säuglinge schuldlos *(innocens infantia)*,[111] wie die *simplices*, ‚die Einfältigen': Von

---

108 Der aus der französischen Existenzphilosophie geläufige Begriff der condition humaine vermag das unter *conditio* (andernorts bei Hieronymus auch *condicio*) *humana* zu Verstehende, nämlich die Kontingenz menschlicher Geschöpflichkeit, viel besser zum Ausdruck zu bringen als das dem hier Gemeinten wenig adäquate deutsche „die menschliche Situation".

109 In Eccl. 7,17 (CChr.SL 72, 307): *nullus sit absque peccato, nec si unius quidem diei fuerit uita eius, inhumana iustitia est fragilitati conditionis hominum non ignoscens*; ferner: adv. Pelag. II 4 (CChr.SL 80, 56–59); II 24 (80, 88); in Es. XIV 23 (VL.AGLB 35, 1519f.); ep. 60,3 (CSEL 54, 551); siehe auch die diesbezüglichen Belege unten in II 3.

110 Zu den im Text ausgeschriebenen Stellen siehe noch in Hiez. VIII 25,12–14 (CChr.SL 75, 343).

111 Ep. 39,2 (CSEL 54, 296f.) v.J. 384/85; siehe dazu unten in II 5.

den Kindern und ‚Einfältigen' „wirst du sicher nicht behaupten können, sie seien Sünder gewesen".[112] Letztere Bemerkung ist Auslegung zu Jona 4,10f., und in ihr wird erneut greifbar, was er schon in ep. 107 zum selben Bibelvers sagte (siehe oben): Notwendige Voraussetzung, um von Sünde und Schuld reden zu können, ist Einsichtsfähigkeit, die Kindern und ‚Einfältigen' jedoch fehlt.

Noch deutlicher wird seine eher zum Positiven neigende Einschätzung der Situation der Kinder und Neugeborenen in ep. 85, einem im Jahr 399 verfassten Brief. Ausgehend von 1 Kor. 7,14 war Hieronymus von Paulinus von Nola unter anderem gefragt worden, wie die Kinder von Getauften heilig genannt werden könnten, ehe sie die rettende Taufe empfangen hätten.[113] Hieronymus verwies in seiner Antwort erstens auf einen Gedanken aus Tertullians Schrift *De monogamia* – der dort freilich nicht nachzuweisen ist[114] –, dass solche Kinder Glaubensanwärter und durch Götzendienst nicht befleckt seien, und gab zweitens die terminologische Erklärung, dass *sanctus* in der Bibel oft im Sinne von *mundus, purificatus* und *expiatus* verwendet werde:[115]

> *De secundo problemate tuo Tertullianus in libris de monogamia disseruit adserens sanctos dici fidelium filios, quod quasi candidatae sint fidei et nullis idolatriae sordibus polluantur. simulque considera, quod et uasa sancta in tabernaculo legerimus et cetera, quae ad ritum caerimoniarum pertinent, cum utique sancta esse non possint nisi ea, quae sentiunt et uenerantur deum. idioma igitur scripturarum est, ut interdum sanctos pro mundis et purificatis atque expiatis nominet.*

> „Dein zweites Problem erörterte Tertullian in den Büchern über die Monogamie, wobei er meinte, die Kinder der Gläubigen würden deshalb als heilig bezeichnet, weil sie gleichsam Glaubensanwärter und von keinem Schmutz des Götzendienstes befleckt seien. Zudem bedenke, dass wir auch von ‚heiligen Gefäßen' im Offenbarungszelt lesen und von weiteren ‚heiligen Geräten', die zu den zeremoniellen Kulthandlungen gehören, obwohl doch ‚heilig' nur das sein kann, was Gott wahrnimmt und verehrt. Es gehört also zum biblischen Sprachgebrauch, an Stelle von [157] ‚Reinen', ‚Gereinigten' und ‚Entsühnten' manchmal von ‚Heiligen' zu sprechen (es folgt ein Verweis auf 2 Sam. 11,4)."

Diese Antwort birgt keinen Gedanken daran, dass Kinder schuldige Sünder sein könnten, sondern versucht im Gegenteil zu erklären, wie

112 Adv. Pelag. III 6 (CChr.SL 80, 106) v.J. 415, also gut 30 Jahre später: *paruulorum aetatis et simplicium, quos certe peccatores fuisse non poteris approbare.*

113 Ep. 85,2 (CSEL 55, 136). – Laut Augustinus, pecc. mer. et rem. II 41 (CSEL 60, 112f.), wurde mit dieser Bibelstelle gegen die Kindertaufe argumentiert.

114 Laut HILBERG in CSEL 55, 137 z.St.; siehe auch Pierre COURCELLE, Paulin de Nole et Saint Jérôme, in: REL 25 (1947) 250–280, hier 269 mit Anm. 3.

115 Hieronymus, ep. 85,5 (CSEL 55, 137f.).

man verstehen könnte, dass sie ‚heilig' genannt werden, obwohl ihnen wie den Tempelgefäßen an sich die Voraussetzungen dazu fehlen, wie man den Vergleich wohl aufzufassen hat.

Diesen Sprachgebrauch hat Hieronymus zwar im Epheserkommentar kritisiert: „Kleinkinder sind ja unbefleckt, weil sie unversehrten Körpers keine Sünde begangen haben; und doch sind sie nicht heilig, weil Heiligkeit durch Wollen und Einsatz erworben wird."[116] Der Gegensatz zu ep. 85 ist jedoch nur ein begrifflicher. In der Sache wird erneut das erkennbar, was er zum Thema Sünde, Schuld und Heil der Kinder und Säuglinge immer sagte: Sie sind ohne Sünde, und Voraussetzung, um von Heiligkeit sprechen zu können, ist, einen eigenen Willen und ein eigenes Streben zu haben, was sich mit der Aussage deckt, dass die Frage von Heil oder Unheil nur bei Menschen mit Einsichtsfähigkeit Sinn macht.

Die Antike sah das Kind generell aus der Perspektive des Erwachsenen und definierte es von daher weitgehend als Mangelwesen: Es fehle ihm an Wille, Einsicht und Lebenserfahrung, es habe kein Wissen von Gut und Böse, ihm eigne nicht eigentlich Sittlichkeit, da davon zu sprechen nur bei der Möglichkeit eigenverantwortlichen Entscheidens sinnvoll sei. Ein Kind befinde sich in einem von der Erwachsenenwelt unterscheidbaren und in der Regel positiv gewerteten Naturzustand (Unverdorbenheit, ‚Reinheit' – kultisch, selten moralisch aufgefasst), der auch als Unschuldszustand beschrieben werden konnte, was freilich weniger individuell moralisierend als vielmehr typologisierend als Antitypos zum in Schuld verstrickten Erwachsenen gemeint war.[117] Hieronymus' Aussagen über [158] Kinder und Kindheit entsprechen ganz diesen antik gängigen und auch bei christlichen Denkern weit

---

116 In Eph. I 1,4 (PL 26, 447): *paruuli quippe immaculati sunt, quia integro corpore nullum fecere peccatum, et tamen non sancti, quia sanctitas uoluntate et studio comparatur.*

117 Siehe dazu etwa (mit reichlich Belegen) Rudolf KASSEL, Quomodo quibus locis apud veteres scriptores Graecos infantes atque parvuli pueri inducantur describantur commemorentur, Diss. masch. Mainz 1951; Albrecht OEPKE, παῖς κτλ., in: ThWNT 5 (1954) 636–653, bes. 640f. 649f.; und v.a. Hans HERTER, Das unschuldige Kind, in: JAC 4 (1961) 146–162. – Für die antike Differenzierung zwischen Kindern (neben Tieren) und Erwachsenen durch (u.a.) den Faktor ‚Einsicht' bzw. ‚Vernunftgebrauch' bietet Aristoteles in der Eudemischen Ethik ein markantes Beispiel: „Wie sich aber Kinder und Tiere (παιδίον καὶ θηρίον) zum Erwachsenen (ἄνθρωπος καθεστώς) verhalten, so verhält sich der Schlechte und Uneinsichtige (φαῦλος καὶ ἄφρων) zum wertvollen und einsichtigen Menschen (ἐπιεικὴς καὶ φρόνιμος)" (Aristoteles, eth. Eud. VII 2, 1236 a 3–5; die deutsche Übersetzung nach: Aristoteles, Werke in deutscher Übersetzung Bd. 7: Eudemische Ethik, übersetzt und kommentiert von Franz DIRLMEIER, Berlin [4]1984, 65).

verbreiteten Vorstellungen.[118] Auch die Rede von der allgemeinen Misere des Daseins, die mit der Geburt einsetze, liegt auf der Linie des antiken Pessimismus. Hans Herter charakterisierte diesen so: „Hier handelt es sich nicht um das Geschick einzelner Menschen, die zu besonderem Unheil bestimmt sind, sondern um die allgemein menschliche Situation; die erste Lebensstunde, so heißt es, birgt schon den Tod in sich …"[119] Diese Beschreibung deckt sich exakt mit dem, was Hieronymus (von Herter nicht genannt) im Ezechielkommentar zu Ps. 50,7 LXX sagte (siehe oben): „Nicht in der Ungerechtigkeit meiner Mutter oder doch in meiner eigenen bin ich gezeugt worden, sondern in der Ungerechtigkeit der condition humaine (= deren Misere, deren ‚Unheilsein' vor Gott)." Sünde, Schuld und Unheil bzw. Heil, Rettung und Erlösung waren Themen, die nach Hieronymus für Erwachsene und ihre Lebensführung wichtig waren. Eine Übertragung dieser Fragen auf die Situation von Kindern oder gar Säuglingen legte sich in diesem gemeinantiken Horizont einer entscheidenden Distanz zwischen Kindes- und Erwachsenenalter nicht nahe und war im Grunde ein Unding. So nimmt es nicht wunder, dass sich bei Hieronymus dergleichen nicht findet.

3. Eine gesonderte Behandlung erfordern in diesem Zusammenhang die von Hieronymus überlieferten Predigten und Traktate zu den Psalmen.[120] Passagen aus diesen Texten wurden und werden verschiedentlich zum Nachweis dafür angeführt, dass Hieronymus die Lehre vom *peccatum originale* im vollen Sinn der (späteren) orthodox-katholischen Doktrin vertreten habe.[121] Diese Behauptung und ihre Fundierung leiden jedoch an einem doppelten Manko. Das erste hat mit der heiklen Frage der Echtheit der unter dem Namen des Hieronymus [159] überlieferten Psalmenerklärungen zu tun.[122] So kann folgender, von Pier

---

118 Beispiele für letzteres bei HERTER, ebd. 158–162; Pier Franco BEATRICE, Tradux peccati. Alle fonti della dottrina agostiniana del peccato originale (SPMed 8), Mailand 1978, 114–117.

119 HERTER, ebd. 152. Siehe auch Hermann DIELS, Der antike Pessimismus, Berlin 1921, 10.

120 Die teils schon bekannten, teils neu entdeckten echten Stücke sind nach der editio princeps von Germain MORIN in: AMar 3/1 (1895), 3/2 (1897) und 3/3 (1903) jetzt abgedruckt in CChr.SL 72 (1959) 177–245 sowie in CChr.SL 78 (1958). Ein Überblick dazu bei Otto BARDENHEWER, Geschichte der altkirchlichen Literatur, Bd. 3, Freiburg i.Br. 1912, 640–643 (mit einem forschungsgeschichtlichen Literaturbericht ebd. 643).

121 Nachweise in den folgenden Anmerkungen.

122 Siehe dazu die Vorrede von Germain MORIN in CChr.SL 78, XII–XXI, bes. XIIIf. zur Anerkennung der von Morin als echt betrachteten Stücke in der Gelehrtenzunft (Morin nannte u.a. Adolf Hilgenfeld, Peter Wendland, Pierre Batiffol, Georg Grützmacher und Erich Klostermann). – Hier nicht diskutiert werden kann die These von

Franco Beatrice und Leonardo Calabretta[123] zum Beleg für die genannte Behauptung herangezogener Kurzkommentar zu Ps. 50,7 LXX nicht dem Hieronymus vindiziert werden:[124]

> *‚Ecce enim in iniquitatibus conceptus sum, et in peccatis concepit me mater mea.' hic uersiculus totius generis humani casum exponi, sicut in Iob: ‚nec si unius diei sit super terram, potest esse mundus a sorde peccati'. concipitur autem et nascitur in originali peccato, quod ex Adam trahitur, sed baptismo per gratiam Christi purificatur.*
>
> „‚Denn siehe, in Ungerechtigkeit bin ich gezeugt worden, und in Sünden hat mich meine Mutter empfangen' (Ps. 50,7 LXX). Dieser Vers der Fall des ganzen Menschengeschlechts erläutert wird (die Grammatik des lateinischen Textes ist hier verderbt), wie im (Buch) Ijob: ‚Auch nicht wenn einer einen einzigen Tag auf Erden ist, kann er rein sein vom Schmutz der Sünde' (Ijob 14,4 LXX). Gezeugt und geboren wird (er) aber in der Sünde des Ursprungs, die man sich aus Adam zuzieht, von der man aber in der Taufe durch die Gnade Christi gereinigt wird."

Dieses scholienartige, in wenig elegantem Latein verfasste – die deutsche Übersetzung versucht das zu vermitteln – Traktätchen gehört zu den pseudo-hieronymianischen Stücken im Breviarium.[125] Anderenfalls wäre dieser Text ein Beleg für den Begriff *peccatum originale* bei Hieronymus. Es war aber ein Anonymus, der sich hier genuin augustinisch auszudrücken versuchte.

Aus demselben Grund zweifelhaft ist ein Fragment zu Psalm 93 (Septuaginta-Zählung) „inter additamenta rudiori calamo",[126] das die Wirkung von Christi Höllenfahrt unter anderem so beschreibt: „Er befreite alle Gerechten, die in der [160] Fessel der Sünde des Ursprungs gefangen gehalten wurden."[127] M.E. ist es ausgesprochen unsicher, ob

---

Vittorio PERI, Omelie origeniane sui salmi. Contributo all'identificazione del testo latino (StT 189), Vatikanstadt 1980, diese Hieronymushomilien zum Psalter seien gänzlich Übersetzungen von Predigten des Origenes, die bes. Pierre JAY, Jérôme à Bethléem. Les *Tractatus in psalmos*, in: Yves-Marie DUVAL (Hg.), Jérôme entre l'Occident et l'Orient, Paris 1988, 367–380, bestritten hat.

123 BEATRICE, Tradux peccati (wie Anm. 118) 248 mit Anm. 25; CALABRETTA, Il peccato originale (wie Anm. 94) 124. Auch Julius GROSS, Geschichte des Erbsündendogmas. Ein Beitrag zur Geschichte des Problems vom Ursprung des Übels. Bd. 1: Entstehungsgeschichte des Erbsündendogmas. Von der Bibel bis Augustinus, München/Basel 1960, 254, und SCHEFFCZYK, Erbsünde (wie Anm. 78) 197, behandeln den Text fälschlich als genuin hieronymianisch.

124 Pseudo-Hieronymus, brev. in Ps. 50,7 (PL 26, 972f.).

125 Unecht laut MORIN in CChr.SL 78, XXL; nach ebd. VII Anm. 3 dürfte der wahre Verfasser kaum zu ermitteln sein.

126 MORIN ebd. 447 in der Vorbemerkung.

127 Frg. in Ps. 93,1 (CChr.SL 78, 447): *omnes iustos qui originali peccato obstricti tenebantur absoluit.*

dieser unter pseudo-hieronymianischen Stücken überlieferte Text Hieronymus zugeschrieben werden kann. Die beiden echten Homilien, die zu Psalm 93 von Hieronymus überliefert sind, bieten eine solche Bemerkung jedenfalls nicht; im übrigen ist deren Auslegung des 1. Verses von Psalm 93 gänzlich anders ausgefallen als in diesem Fragment.[128] Methodisch ist es daher auf jeden Fall ratsam, Hieronymus' Haltung gegenüber einer ,Ursünde' der Menschheit nicht von solchen unechten oder sehr zweifelhaften Stellen her rekonstruieren zu wollen.[129]

Sieht man sich in den echten Psalmenhomilien des Hieronymus nach Ijob 14,4 LXX um, stellt man eine gegenüber dem oben ausgeschriebenen Passus anders artikulierte und profilierte Verwendung dieses Verses fest, die besonders an folgender Stelle deutlich wird:[130]

> *In praesenti saeculo perfectus iustus nemo esse potest, neque Dauid, neque apostoli, neque aliquis sanctorum. ,nemo enim mundus a peccato, nec si unius diei fuerit uita eius.'*
>
> „Niemand vermag auf dieser Welt und in dieser Zeit vollkommen gerecht zu sein, weder David noch die Apostel noch irgendein Heiliger. ,Denn niemand ist rein von Sünde, auch nicht, wenn sein Leben nur einen Tag währte' (Ijob 14,4 LXX)."

Hier ist die Rede von der generellen Sündenverhaftung der Menschen in dem pauschalen Sinn, der oben in II 2 festgestellt wurde.[131] Dieser Passus zeigt deutlich, dass Hieronymus eine Lebensdauer von einem Tag, von der in Ijob 14,4 LXX die Rede ist, nicht auf einen eintägigen Säugling bezog, sondern die Stelle als hyperbolischen Beleg für das Adynaton der Sündenlosigkeit las – bei Erwachsenen, auf die er den Vers explizit anwandte. Der Skopos lag bei ihm dabei in der speziellen Sorte Erwachsener, die er aufzählte: David, Apostel, Heilige – in ihrem Rang (fast) uneinholbare Vorbilder, doch nicht einmal diese seien ohne Sünde (siehe auch oben in I 2). Diese Unmöglichkeit ,belegte' er mit dem Adynaton, als das er Ijob 14,4 LXX verstand.

[161] Die allgemeine Sündenverhaftung des Menschen brachte Hieronymus noch an einigen anderen Stellen in den Psalmenhomilien zum Ausdruck, die Severino Visintainer im Anschluss an John Joseph Fahey

---

128 Hieronymus, tract. I in Ps. 93,1 (CChr.SL 78, 142f.); II 93,1 (78, 433f.).

129 Die Behauptung von CALABRETTA, Il peccato originale (wie Anm. 94) 124, Hieronymus sei der primus inventor des Begriffs *peccatum originale,* lässt sich also durch keinen Beleg stützen.

130 Hieronymus, tract. I in Ps. 114,9 (CChr.SL 78, 239).

131 Entsprechend ebd. I 75,11 (78, 53); II 87,5f. (78, 401); tract. in Marc. 14,3c (CChr.SL 78, 498); in Ps. 138,16 (CChr.SL 72, 243): *nullus est in hominibus qui non peccato obnoxius fiat.*

als „asserzioni di G. sul peccato originale" wertete.[132] Im weitesten Sinn mag das als zutreffend gelten, bedarf aber – dies das zweite Manko – einer genaueren Profilierung, wofür folgende Stelle repräsentativ sein kann:[133]

> *Deus enim nos bonos creauit, et sui arbitrii reliquit, et omnes cum Adam in paradiso posuit. Sed quia nostro arbitrio a beatitudine illa cecidimus, et uenimus in uallem lacrimarum, propterea iustus animam suam hortatur, ut conuertatur illuc unde descendit.*
>
> „Gott hat uns nämlich gut erschaffen, seinem Entscheiden überlassen und allen mit Adam einen Platz im Paradies zugewiesen. Aber weil wir aus eigener Entscheidung aus jenem glückseligen Zustand herausgefallen und ins Tal der Tränen (vgl. Ps. 83,7 LXX) gekommen sind, deshalb mahnt der Gerechte seine Seele, sie solle sich dorthin zurückwenden, von wo sie herabgestiegen ist."

Visintainer (ebd.) sagte dazu: „noi peccammo in Adamo, la punizione e in qualche modo da noi tutti meritata". Wenn man so formuliert („in Adam", „verdiente Strafe"), denkt man gut augustinisch. Das war aber gerade nicht die Diktion des Hieronymus, der allgemeiner und unpräziser von einer Sündenverfallenheit der ganzen Menschheit geredet hat, die er paradigmatisch an Adam festmachte. Das gilt auch für eine weitere von Visintainer (ebd.) zitierte Stelle: „Mögen wir auch aus eigener Schuld aus dem Paradies gefallen sein, erinnern wir uns doch an das frühere Glück und vergessen es nicht."[134] Liest man in die[162]sem Abschnitt einige Zeilen weiter oben mit dazu, erhellt Hieronymus' metaphorisch beschriebene Vorstellung recht klar: Er dachte ganz allge-

---

132 VISINTAINER, Dottrina del peccato (wie Anm. 16) 90 Anm. 67; FAHEY, Doctrina sancti Hieronymi (wie Anm. 16) 25–27. Letzterer verwies auf einige weitere Stellen (ebd. 25f.), für die entweder das gleich zu Sagende gilt – ep. 21,23 (CSEL 54, 127) zu Lk. 15,22: *stolam, quam Adam peccando perdiderat*; ep. 39,4 (CSEL 54, 302); adv. Iovin. I 29 (PL 23, 251): *cum ergo boni creati simus et recti a deo, ipsi uitio nostro sumus ad peiora delapsi; et quod in paradiso rectum in nobis fuerat, egredientibus de paradiso deprauatum est* – oder an denen von solchen Zusammenhängen nicht die Rede ist – in Gal. II 3,10 (PL 26, 358) – oder die anders zu deuten sind: zu in Hiez. XIV 47,1–5 (CChr.SL 75, 711f.) siehe oben in II 2; zu adv. Pelag. II 4 (CChr.SL 80, 57) siehe oben Anm. 109; zu in Ion. 3,5 (CChr.SL 76, 406) siehe unten in III 3. Das *peccatum pristinum quod aufertur in baptismo* in Hieronymus' Rezension zu Victorinus von Pettaus Apokalypsekommentar, in Apoc. rec. Hieron. 1,7 (CSEL 49, 31), die sich hier mit Victorins Text ebd. (49, 30) wörtlich deckt, meint Sünden vor der Taufe – weder von Kindertaufe noch von *peccatum originale* ist hier die Rede.

133 Tract. I in Ps. 114,7 (CChr.SL 78, 237); ganz ähnlich ebd. II 87,5f. (78, 401); siehe dazu auch oben Anm. 131.

134 Ebd. I 136,1 (78, 296): *licet quidem uitio nostro cecidimus de paradiso, tamen reminiscimur prioris felicitatis, et non obliuiscimur.*

mein an den „Sünder, der aus dem Paradies gefallen und ins Tal der Tränen gekommen ist, d.h. nach Babylon, in diese Welt“.[135]

Bei der Deutung und Einordnung solcher Stellen bedarf es einer kritischen Vergewisserung des hermeneutischen Horizonts. Um als Gegenfolie nochmals Visintainer (ebd.) zu zitieren: „Da tutto ciò a noi pare al di sopra di ogni dubbio, che G. sia assertore della dottrina cattolica sul peccato originale.“ Solche systematisierende Zuordnung scheint mir aus historischer Perspektive anachronistisch zu sein und zudem den spezifischen Gehalt der betreffenden Gedanken zu verfehlen. Demgegenüber ist für eine Lesart zu plädieren, die die Texte der Kirchenväter aus ihrer Zeit heraus und auf dem Hintergrund ihrer Tradition zu verstehen sucht. Im (gewiss noch sehr allgemein formulierten) Rahmen einer solchen Hermeneutik gelesen, vermögen sie die ihnen je eigene Substanz zu bewahren und stellen sich außerdem als überaus nuancenreich, differenziert und reichhaltig dar. Für das hier interessierende Thema heißt das: Für eine Auffassung vom *peccatum originale* im typisch augustinischen Sinn fehlt bei Hieronymus ein Beleg; nicht nur der Terminus als solcher, auch das von Augustinus darin komprimierte Gedankengebäude ist nicht nachweisbar.

4. Nach alledem lässt sich eine letzte und wichtige Hieronymusstelle zu diesem Thema klären. Am Schluss des Dialogs gegen die Pelagianer kam Hieronymus auf den Sinn der Kindertaufe zu sprechen.[136] Nach den ausgiebigen Erörterungen zuvor, wo er drei Bücher lang nur der Frage nach der Möglichkeit sündenlosen Lebens nachgegangen war, kommt diese neue Fragestellung überra[163]schend und wirkt wie ein Nachtrag oder Anhang zum ganzen Werk (die Themenangabe in adv. Pelag. I 1, die bis III 16 reicht, sagt darüber nichts; siehe oben in I 2).

---

135 Ebd. (78, 295f.): *peccator ergo qui cecidit de paradiso, et uenit in uallem lacrimarum, hoc est in Babylonem, in istum mundum*; vgl. noch ebd. II 88,6 (78, 409): *iuxta apostolum dico, qui affirmat nos omnes in praeuaricatione Adae de paradiso per peccatum fuisse deiectos. hoc apostolus dicit, Adam etiam in nobis corruisse, qui postea futuri eramus. ideo nunc in Christo, hoc est caelesti Adam credimus, qui per peccatum primi Adam de paradiso cecidimus, nunc per secundi Adae iustitiam ad paradisum redeamus.* – Rätselhaft und vorerst unerklärbar erscheint mir ebd. II 89,7 (78, 417): *quia iram tuam per peccata meruimus, inmortalitatem quam dederas perdidimus in Adam, a quo nobis quasi naturaliter peccatum hereditario iure dimissum est.* Der hier zum Ausdruck kommende Gedanke einer Sündenvererbung steht im Widerspruch zu sonstigen Bemerkungen des Hieronymus, der eine Übertragung von Sünden der Eltern auf die Kinder öfters entschieden ablehnte, so in adv. Iovin. I 25 (PL 23, 244): *iustitia patris non liberabit filium nec peccatum alterius alteri imputabitur*; in Hiez. I 2,3c (CChr.SL 75, 27): *ne peccato patrum filii uiderentur obnoxii*; ebd. IV 14,12–23 (75, 154): *parentum uitia filiis non nocebunt.*

136 Adv. Pelag. III 17–19 (CChr.SL 80, 120–124).

Macht das schon stutzig, lässt der Inhalt der drei Schlusskapitel noch mehr aufhorchen. *Critobulus*, der die Rolle des Pelagianers innehat, fragt nach einer Sünde von Säuglingen und beruft sich für deren supponierte Sündlosigkeit auf Jona 4,11: „Welche Sünde haben Babys begangen? Weder ein Bewusstsein eines Vergehens kann von ihnen angenommen werden noch eine Unwissenheit, sie, die gemäß dem Propheten Jona von rechter und linker Hand nichts wissen."[137] Diese Haltung, die auch Pelagius in seiner Schrift *De natura* vertreten hat, wie aus Augustins Äußerungen dazu in *De natura et gratia* hervorgeht,[138] entspricht der bisher festgestellten Position des Hieronymus, wie er sie etwa in ep. 107 und andernorts (siehe oben II 2) und auch im vorliegenden Dialog soeben noch vertreten hat.[139] Seiner Antwort, vorgetragen sub persona *Attici*, merkt man denn auch die Verlegenheit an, in die ihn diese pelagianische Frage brachte. Das meiste daran ist antihäretische Polemik. Seine einzige sachliche Erwiderung, die Säuglinge seien sündlos, wenn sie getauft seien[140] – was er bis dato auch noch nirgends so gesagt hat –, führt *Critobulus* auf die Frage nach dem Sinn der Säuglingstaufe: „Warum werden Babys getauft?" Nach der knappen Antwort: zur Vergebung der Sünden, erklärt *Atticus* (Hieronymus) auf die Nachfrage: welche Sünden? Folgendes:[141]

> *Respondebit tibi euangelii tuba, doctor gentium, uas aureum in toto orbe resplendens: ‚regnauit mors ab Adam usque ad Moysen, etiam in eos qui non peccauerunt in similitudinem praeuaricationis Adam, qui est forma futuri'. quod si obieceris dici hic esse aliquos, qui non peccauerint, intellege illud eos non peccasse peccatum, quod peccauit Adam praeuaricando in paradiso praeceptum dei. ceterum omnes homines aut antiqui propagatoris Adam aut suo peccato tenentur obnoxii. qui paruulus est, parentis in baptismo uinculo soluitur. qui eius aetatis quae possit sapere, et alieno et suo Christi sanguine liberatur.*

> „Antworten wird dir die Posaune des Evangeliums, der Lehrer der Völker, das über den ganzen Erdkreis leuchtende goldene Gefäß: ‚Von Adam bis Mose herrschte der Tod auch über die, die nicht gesündigt haben entsprechend der Übertretung [164] Adams, der Vorausbild des Zukünftigen ist' (Röm. 5,14). Solltest du aber einwenden, hier werde gesagt, es gebe welche, die nicht gesündigt haben, dann beachte dies: Jene Sünde haben diese nicht begangen, die Adam beging, als er im Paradies Gottes Gebot übertrat (siehe dazu unten am Ende von II 5). Im Übrigen bleiben alle Menschen ent-

---

137 Ebd. III 17 (80, 120): *quid infantuli peccauerunt? nec conscientia eis delicti imputari potest nec ignorantia, qui iuxta Ionam prophetam manum dexteram nesciunt et sinistram.*

138 Augustinus, nat. et grat. 6. 23 (CSEL 60, 236. 248f.).

139 Hieronymus, adv. Pelag. III 6 (CChr.SL 80, 106), zitiert oben in Anm. 112.

140 Ebd. III 17 (80, 121): *sine ullo peccato per dei gratiam sunt, quam in baptismo susceperunt.*

141 Ebd. III 18 (80, 122).

weder der Sünde des alten Stammvaters Adam oder ihrer eigenen unterworfen. Ein Kleinkind wird in der Taufe von der Bindung (an die Sündenschuld) des Vaters (sc. Adams) gelöst; wer in dem Alter ist, in dem er selber vernünftig denken und handeln kann, wird durch Christi Blut von fremder und eigener (Bindung an Sündenschuld) befreit."

Im Anschluss daran zitiert Hieronymus zum Beleg für diese Aussagen ausführlich aus Cyprians 64. Brief.[142]

In diesem Passus finden sich Elemente, die auch bisher bei Hieronymus vorkamen, so die mit Röm. 5,14 begründete generelle Verhaftung aller Menschen an die Sünde Adams und die Differenzierung zwischen Kindes- und Erwachsenenalter durch den Faktor ‚Vernunft' (siehe oben II 2). Ansonsten jedoch klingt diese Passage deutlich nach einem anderen: nach Augustinus. In der Tat ist die Thematik dieser Schlusskapitel in der Fragestellung wie in manchen Details der Ausführung augustinisch geprägt. Zu diesen augustinischen Zügen gehört besonders: die Aufteilung der Schuld des Menschen auf die Sünde Adams und auf eigene Sünden[143] – Hieronymus hatte bisher die Anrechnung fremder Sünden strikt abgelehnt (mit einer Ausnahme: siehe oben Anm. 135); ferner die Berufung auf Cyprian, auf dessen ep. 64 Augustinus im pelagianischen Streit des öfteren als auf ein wichtiges Zeugnis rekurrierte[144] – Hieronymus zitierte diesen Text nur hier; schließlich und vor allem eine Reflexion auf das eschatologische Geschick von Kindern und Säuglingen überhaupt, die für Augustins Soteriologie [165] charakteristisch ist (siehe oben II 1) – Hieronymus war auf derartige Überlegungen bis dato noch nicht verfallen. Weder aus den im Dialog gegen die Pelagianer vorausgehenden Erörterungen noch aus dem, was Hieronymus bis dahin sonst in seinen Schriften di-

---

142 Cyprian, ep. 64,5f. (CSEL 3/2, 720f.).

143 Siehe etwa die oben in Anm. 93 genannten Augustinustexte und bes. Stellen aus denjenigen Schriften, von denen Hieronymus in adv. Pelag. III 18 näherhin abhängig war, nämlich etwa Augustinus, pecc. mer. et rem. I 11 (CSEL 60, 12): *manifestum est alia esse propria cuique peccata, in quibus hi tantum peccant, quorum peccata sunt, aliud hoc unum, in quo omnes peccauerunt, quando omnes ille unus homo fuerunt* (siehe dazu auch unten in Anm. 159); ep. 157,11 (CSEL 44, 457): *Christi gratia non solum unum illud delictum soluit, quo obstringuntur infames ex illo uno homine procreati, sed etiam multa delicta, quae, cum creuerint, homines addunt malis moribus suis*; ebd. 12 (44, 460): *regenerationi non sufficit illud delictum tantum modo soluere, quod ex Adam trahitur, sed quicquid etiam postea ex iniquis operibus humanae conuersationis accedit*.

144 Pecc. mer. et rem. III 10f. (CSEL 60, 135–138); nupt. et conc. II 51 (CSEL 42, 308); c. duas ep. Pelag. IV 23f. (CSEL 60, 546–549); c. Iul. I 6 (PL 44, 644); II 18 (44, 685f.); III 31 (44, 718f.); c. Iul. op. imp. I 50 (CSEL 85/1, 44); I 52 (85/1, 47); I 106 (85/1, 125); II 164 (85/1, 285); II 214 (85/1, 324); VI 21 (PL 45, 1548f.); VI 23 (45, 1557); ep. 166,23 ad Hieron. (CSEL 44, 579); serm. 294,19 (PL 38, 1347f.).

verser Couleur und diverser Abfassungszeiten zu diesem Thema geäußert hat, lassen sich diese Schlusskapitel erklären. Bei Hieronymus findet sich weder die Ansicht, schon Neugeborene seien schuldige Sünder, noch der Gedanke einer ewigen Verdammnis der ungetauft verstorbenen Säuglinge noch irgendeine Äußerung in diese Richtung. Was er in diesen Schlusskapiteln sagte, widerspricht im Grunde sogar seiner Auffassung von der Unschuld der Kinder und Säuglinge (siehe oben II 2). Liest man sie freilich von Augustinus her, werden sie sehr plausibel. Dieser Schluss des *Dialogus adversus Pelagianos* ist daher mit Sicherheit von Augustinus abhängig.[145]

Den äußeren Beweis dafür liefert Hieronymus selber: Im abschließenden Kapitel beruft er sich explizit auf den Bischof von Hippo und verweist auf dessen drei Bücher *De peccatorum meritis et remissione* und auf ein „viertes Buch an Hilarius", womit Augustins ep. 157 an Hilarius von Syrakus aus den Jahren 414/15 gemeint ist.[146] Diese Schriften hat Orosius im Jahr 415 (vor Ende Juli) Hieronymus übergeben. Aus ihnen wie auch aus ep. 166, die Orosius zur glei[166]chen Zeit überbrachte (siehe auch oben in II 1), konnte sich Hieronymus über die diesbezüglichen Ansichten Augustins hinreichend informieren.

---

145 Das nehmen auch an: CAVALLERA, Jérôme (wie Anm. 14) Bd. 1, 325; DE PLINVAL, Pélage (wie Anm. 49) 282; WERMELINGER, Rom und Pelagius (wie Anm. 52) 44. Yves-Marie DUVAL, Saint Augustin et le *Commentaire sur Jonas* de saint Jérôme, in: REAug 12 (1966) 9–40, bes. 14–21, drückte dies so aus, dass Hieronymus diese Frage samt Antwort gleichsam erst durch Augustinus ‚entdeckt' habe (ebd. 19: „il découvre pour la première fois ces arguments, dans les ouvrages de l'évêque d'Hippone"). – Anders: ZÖCKLER, Hieronymus (wie Anm. 13) 427 Anm. 2; MORESCHINI, Il contributo di Gerolamo (wie Anm. 46) 61 Anm. 1, sah generell keinen Einfluss von Augustins dem Hieronymus übersandten Schriften auf dessen *Dialogus adversus Pelagianos*; TRZCIŃSKI, Die dogmatischen Schriften (wie Anm. 16) 374 Anm. 2, fand die Erbschuld der Neugeborenen schon in Hieronymus, ep. 107,6 (siehe dazu oben in II 2) ausgedrückt, doch las er dies in den Text hinein; FAHEY, Doctrina sancti Hieronymi (wie Anm. 16) 25, entdeckte die Erbsünde bei Hieronymus an einer ganzen Reihe von Stellen (siehe oben Anm. 132); VISINTAINER, Dottrina del peccato (wie Anm. 16) 89–91, und CALABRETTA, Il peccato originale (wie Anm. 94) 164, konstatierten zu dieser Stelle lediglich die Übereinstimmung mit Augustinus, ohne auf eine Abhängigkeit zu reflektieren; SCHEFFCZYK, Erbsünde (wie Anm. 78) 195f., behandelte die Passage als eigenständigen Text des Hieronymus und wertete sie zusammen mit anderen (teils unechten: siehe oben Anm. 123) Hieronymustexten (ebd. 193–197) als „kennzeichnend für eine Theologie, die noch nicht ihren sicheren Gang gefunden hat, aber das Ziel doch schon vor Augen sah" (ebd. 197). – ZÖCKLER, ebd. 421, und KELLY, Jerome (wie Anm. 15) 7 Anm. 29, nahmen zu Unrecht an, dass auch schon Hieronymus, in Eph. I 1,4; 2,3 und ep. 107,6 (dazu oben in II 2) sowie adv. Iovin. II 2 (dazu unten in III 2) und in Ion. 3,5 (dazu unten in III 3) von Augustinus beeinflusst seien.

146 Hieronymus, adv. Pelag. III 19 (CChr.SL 80, 123f.).

5. Wenn Hieronymus sich also im Jahr 415 Augustins Überzeugungen zu Sünde und Heil der Neugeborenen anschloss, übernahm er damit Gedanken, die bis dahin weder im Horizont seines Denkens gelegen hatten noch dazu passten. Wie unterschiedlich beide Väter gerade in dieser Frage nämlich letztlich dachten, erhellt aus der gegenläufigen Parallelität zweier weiterer Texte. Es geht darin um das Leid der Kinder und um die Suche nach möglichen Erklärungen. In ep. 166 vom Jahr 415 an Hieronymus schilderte Augustinus seine Grundüberlegung dazu so:[147]

> *Languescunt aegritudinibus, torquentur doloribus, fame et siti cruciantur, debilitantur membris, priuantur sensibus, uexantur ab inmundis spiritibus. demonstrandum est utique, quo modo ista sine ulla sua mala causa iuste patiantur. non enim dici fas est aut ista ignorante deo fieri aut eum non posse resistere facientibus aut iniuste ista uel facere uel permittere … deus bonus est, deus iustus est, deus omnipotens est; hoc dubitare omnino dementis est. tantorum ergo malorum, quae fiunt in paruulis, causa iusta dicatur. nempe cum maiores ista patiuntur, solemus dicere aut sicut in Iob merita examinari aut sicut in Herode peccata puniri … sed hoc in maioribus. de paruulis autem quid respondeamus, edissere, si poenis tantis nulla in eis sunt punienda peccata; nam utique nulla est in illis aetatibus examinanda iustitia.*
>
> „Sie siechen dahin an Krankheiten, leiden an Schmerzen, werden von Hunger und Durst gequält, haben verkrüppelte Gliedmaßen, sind ihrer Sinnesorgane beraubt, werden von unreinen Geistern geplagt. Doch ist eine Erklärung dafür zu suchen, wie sie an alledem ohne jedes eigene Verschulden gerechterweise leiden. Wir dürfen nämlich nicht sagen, das geschehe ohne Wissen Gottes; oder: Er könne die, die solches verursachen, nicht daran hindern; oder: Ungerechterweise tue er dies oder lasse er es zu … Gott ist gut, Gott ist gerecht, Gott ist allmächtig; daran zu zweifeln wäre in jeder Hinsicht eine Torheit. Die Ursache also der schlimmen Leiden kleiner Kinder ist als gerecht zu bezeichnen. Denn wenn Erwachsene leiden, pflegen wir zu sagen, es würden entweder wie im Falle Ijobs gute Verdienste auf die Probe gestellt oder wie im Falle des Herodes Sünden bestraft … Doch gilt das für Erwachsene. Was wir zu diesem Problem aber in Bezug auf die kleinen Kinder sagen sollen, das erkläre mir, wenn sie keinerlei Sünden haben, die mit so schlimmen Strafen zu sühnen sind; denn ob sie gerecht sind, ist in jenem Alter sicher nicht zu überprüfen."

[167] Aus dem Kontext des Briefes heraus – Erörterungen für und wider die kreatianistische Seelentheorie – war Augustinus auf das Leid der Kinder gestoßen. An eine Aufzählung vielfacher Leiden schloss er ein Räsonnement an, dessen Ergebnis lautet: Da bei Kindern die Erklärung von Leid als Prüfung keinen Sinn ergebe, bleibe als einziger ge-

---

147 Augustinus, ep. 166,16 (CSEL 44, 569f.).

rechter Grund, den es angesichts eines guten, gerechten und allmächtigen Gottes geben müsse, nur die Erklärung als gerechte Sündenstrafe. Die Sünde, für die Kinder zu Recht sowohl mit Leiden im Diesseits als auch mit ewiger Verdammnis (bei Tod vor der Taufe) bestraft würden, sah Augustinus im *peccatum originale* (siehe auch oben II 1). An der ausgeschriebenen Briefstelle hat er letzteres nur indirekt zum Ausdruck gebracht, doch gibt es genügend andere Stellen, an denen er dies ganz prononciert so gesagt hat: Wegen ihrer Sünde „in Adam" müssen Kinder leiden.[148]

Dazu nun folgender Hieronymustext: In ep. 130 vom Jahr 414 an Demetrias (siehe dazu oben in I 1) warnte der Bethlehemite seine Adressatin vor häretischen Lehren, wobei er an origenistisches Gedankengut dachte. Als praktisches Beispiel ließ er, rhetorisch gekonnt, einen fictus interlocutor zugunsten des Präexistentianismus mit dem Leid der Kinder argumentieren, das nur als Strafe für Sünden in einem früheren Dasein erklärt werden könne. Die Argumentationsweise, die Hieronymus diesem fiktiven Häretiker in den Mund legte, weist verblüffende Ähnlichkeiten mit Augustins Reflexionen in ep. 166,16 zum Leid der Kinder auf. Hieronymus ließ den origenistischen Häretiker so argumentieren:[149]

> *„Putasne, frustra infans paruulus et qui uix matrem risu et uultus hilaritate cognoscat, qui nec boni aliquid fecit nec mali, daemone corripitur, morbo opprimitur regio et ea sustinet, quae uidemus inpios homines non sustinere et sustinere deo seruientes? sin autem ‚iudicia'", inquiunt, „‚domini uera, iustificata in semet ipsis' et nihil apud deum iniustum est, ipsa ratio ne conpellimur, ut credamus animas fuisse in caelestibus et* [168] *propter quaedam antiqua peccata damnatas in corporibus humanis et, ut ita loquamur, sepultas nosque in ualle lacrimarum poenas luere peccatorum …"*
>
> „Glaubst du, ein Säugling, der, wie man an seinem Lächeln und an der Aufhellung seines Gesichtes sieht, gerade mal seine Mutter erkennt und

148 Ep. 193,3 (CSEL 57, 169): *unde igitur ira dei super innocentiam parvuli* – „Unschuld", weil ein kleines Kind in diesem Leben noch keine Sünden begangen hat – *nisi originalis sorte ac sorde peccati?* C. Iul. V 4 (PL 44, 784): *sub deo creatore optimo atque iustissimo nullo modo imago eius in illa aetate tanta mala pateretur, si non esset originale peccatum;* c. Iul. op. imp. V 64 (PL 45, 1506): *nemo igitur potest in tot tantisque poenis paruulorum praedicare deum iustum negans originale peccatum;* ferner: pecc. mer. et rem. III 18 (CSEL 60, 144f.); c. Iul. II 33 (PL 44, 697); III 9 (44, 706f.); III 11 (44, 707f.); IV 83 (44, 782); V 3f. (44, 783f.); VI 2 (44, 821); VI 31 (44, 840); VI 67 (44, 863f.); c. Iul. op. imp. I 49 (CSEL 85/1, 41f.); II 22 (85/1, 177); III 48 (85/1, 388); VI 27 (PL 45, 1573–1575); weitere Belege aus letzterem Werk bringt François REFOULÉ, Misère des enfants et péché originel d'apres saint Augustin, in: RThom 63 (1963) 341–362, hier 343, übernommen von BEATRICE, Tradux peccati (wie Anm. 118) 106–108.

149 Hieronymus, ep. 130,16 (CSEL 56, 196f.).

der weder irgendetwas Gutes noch irgendetwas Böses getan hat, werde grundlos von einem Dämon gequält, von der Gelbsucht geplagt und leide an alledem, woran erfahrungsgemäß die Gottlosen nicht leiden, die Diener Gottes aber schon? Wenn aber ‚die Urteile'", sagen sie, „‚des Herrn wahr und in sich gerecht sind' (Ps. 18,10b) und wenn Gott keine Ungerechtigkeit begeht, dann drängt uns vernünftiges Nachdenken zu der Überzeugung, dass die Seelen einst in den Regionen der Himmel waren und wegen einiger alter Sünden zu einem Dasein in menschlichen Körpern verurteilt und sozusagen darin begraben wurden und dass wir im Tal der Tränen (vgl. Ps. 83,7 LXX) die Strafen für unsere Sunden abbüßen ... (es folgen Bibelzitate zugunsten des Präexistentianismus: Ps. 118,67 LXX; 141,8; Joh. 9,2)."

Relevant an diesen beiden Texten aus Augustinus und Hieronymus sind für hier nicht so sehr die divergierenden theologisch-dogmatischen Inhalte. Auch hat Hieronymus hier gewiss nicht an Augustinus gedacht, dessen ep. 166 er erst im Jahr nach der Abfassung von ep. 130 erhalten hat. Aber gerade weil diese Passagen unabhängig voneinander formuliert wurden, sind ihre strukturellen Ähnlichkeiten so auffällig und aussagekräftig: In ep. 166,16 hat Augustinus gleichfalls mit dem Leid der Kinder begonnen und einige Leiden aufgezählt – in Hieronymus' ep. 130,16 sind „Dämonenbefall" und die (bei Neugeborenen häufige) Gelbsucht *(morbus regius)* als Krankheiten erwähnt, und das Thema wird erweitert zum verbreiteten Motiv vom Leid der Gerechten und Glück der Ungerechten. Hinzu kommt als zweiter Satz die Gerechtigkeit Gottes, ebenfalls wie bei Augustinus. Daraus wird jeweils die Folgerung gezogen: Das Leid der Kinder kann angesichts eines gerechten Gottes nur Sündenstrafe sein. Bis zu dieser conclusio entspricht der Syllogismus, den Hieronymus den fiktiven Häretiker formulieren lässt, Augustins Grundüberlegung: „Wegen einiger alter Sünden" seien die Leiden der Kinder gerechte Strafe eines gerechten Gottes. Nur hat sich der origenistische Häretiker des Hieronymus diese „alten Sünden" präexistentianistisch gedacht, während Augustinus sich diese Sünden in, wie man sagen kann, traduzianistischer Manier als eine Sünde aller „in Adam" vorgestellt hat.

Das hier Interessierende an dieser strukturellen Parallelität ist, dass Hieronymus nicht erst das Ergebnis dieser Argumentation kritisierte, den von ihm seit [169] dem Jahr 393 abgelehnten Präexistentianismus,[150] sondern schon ein derartiges Räsonnement in solchen Fragen als solches: Diese ganze, von ihm fingierte Argumentation bezeichnete

150 Siehe bes. c. Ioh. 7. 15–22 (PL 23, 360. 367–373) mit einer ausgiebigen Kritik daran; auch den Pelagianern hat er die Präexistenzvorstellung als origenistische Irrlehre vorgehalten: in Hier. I 2,1 (CChr.SL 74, 4); IV 28,2 (74, 194); ep. 140,6 (CSEL 56, 274); ebd. 130,16 (56, 197) sprach er von *haec inpia et scelerata doctrina.*

er einleitend als das von den (origenistischen) Häretikern verbreitete Gift; sie war ein Beispiel für „alle ihre Betrügereien und Wühlereien, mit denen sie die Wahrheit zu zerstören suchen", wie er abschließend sagte.[151]

Dass Hieronymus nicht erst die präexistentianistische Antwort, sondern schon solches Nachdenken ablehnte, erhellt aus in den Jahren verfassten Texten, in denen er gegen diese Theorie zur Herkunft der Seele noch keine Vorbehalte hegte. Zu Koh. 1,13 etwa schrieb er in den ersten Jahren in Bethlehem (388/89) – sicher angestoßen vom skeptischen Bibeltext –, Kohelet habe sich überflüssige Sorgen bereitet und sich über das Erlaubte hinausgewagt, als er die Ursachen und Gründe für das Leid von Kindern und allgemein für die offenkundige Ungerechtigkeit des Lebens (wovon im Bibeltext nicht die Rede ist) erforschen wollte:[152]

> *Dedit ergo Ecclesiastes primo omnium mentem suam ad sapientiam requirendam, et ultra licitum se extendens, uoluit causas rationesque cognoscere, quare paruuli corriperentur a daemone, cur naufragia et iustos et impios pariter absorberent; utrum haec et his similia casu euenirent, an iudicio dei. et si casu, ubi prouidentia? si iudicio, ubi iustitia dei? haec, inquit, nosse desiderans, intellexi superfluam curam et sollicitudinem per diuersa cruciantem a deo hominibus datam, ut scire cupiant, quod scire non licitum est.*
>
> „Kohelet widmete sich in seinem Nachdenken also vor allem der Suche nach Weisheit. Er wollte – womit er sich über das Erlaubte hinausbegab – vernünftige Ursachen und Erklärungen finden für Fragen wie: Weshalb werden Kinder von einem Dämon gequält? Warum ertrinken bei Schiffskatastrophen unterschiedslos Gerechte wie Gottlose? Geschehen diese und ähnliche Dinge aus Zufall oder nach dem Ratschluss Gottes? Und wenn aus Zufall, wo bleibt dann die Vorsehung? Wenn nach Gottes Ratschluss, wo bleibt dann seine Gerechtigkeit? Im Bestreben, das zu verstehen, sagt er, habe ich erkannt: Überflüssig ist die Sorge und das den Menschen von Gott verliehene, sich mit Vielerlei abquälende und unruhige Verlangen danach, das wissen zu wollen, was zu wissen nicht erlaubt ist."

[170] Zu Koh. 8,16f. hat er das generalisierend noch einmal so gesagt.[153] Dasselbe Thema, das Leid der Kinder, findet sich bei Augustinus und Hieronymus also ganz unterschiedlich reflektiert. Die zitierten Hieronymustexte repräsentieren ein ganz anderes Denken und einen ganz anderen Impetus des Denkens, als dies bei Augustinus zu beobachten ist. Während der Afrikaner zeit seines Lebens gerade der Theodizee-

---

151 Ebd.: *omnes fraudulentias eorum et cuniculos, quibus nituntur subuertere ueritatem.*

152 In Eccl. 1,13 (CChr.SL 72, 259).

153 Ebd. 8,16f. (72, 321).

frage nachgebohrt hat,[154] stellte sich der Dalmatiner diese Menschheitsfrage schon auch[155] – im folgenden Text beispielsweise anlässlich des Todes der neunzehnjährigen Blesilla in Rom –, ging ihr aber nicht nach, sondern erklärte solches Nachdenken für unerlaubt und die Frage, gleich nachdem er sie gestellt hat, für unklärbar:[156]

> *Numquid et in meam mentem non hic saepius fluctus inliditur? quare senes inpii saeculi diuitiis perfruuntur? quare adulescentia rudis et sine peccato pueritia inmaturo flore exuitur? quid causae est, ut saepe bimuli trimulique et ubera materna lactantes daemonio corripiantur, repleantur lepra, morbo regio deuorentur et e contrario inpii, adulteri, homicidae ac sacrilegi uegeti atque securi de sua in deum sanitate blasphement, praesertim cum iniustitia patris non redundet ad filium et anima, quae peccauerit, ipsa moriatur? aut si manet uetus illa sententia, peccata patrum in filios oportere restitui, iniquum sit longaeui patris innumera delicta innocentem infantiam repensare: … ,o profundum diuitiarum et sapientiae et scientiae dei, quam inscrutabilia iudicia eius et inuestigabiles uiae eius!'*

> „Wird nicht auch mein Verstand öfters von dieser Flut (an Fragen) überrollt? Weshalb genießen gottlose Greise die Reichtümer der Welt? Weshalb verblüht die noch unfertige Jugend und die sündenfreie Kindheit vor ihrer Reife? Was ist der Grund dafür, dass oft zwei- und dreijährige Kinder, die noch an der Mutterbrust hängen, von einem Dämon gequält, von Aussatz überzogen und von Gelbsucht dahingerafft werden, während andererseits Gottlose, Ehebrecher, Mörder und Frevler angesichts ihres Wohlergehens dreist und unbekümmert wider Gott lästern, zumal die Ungerechtigkeit des Vaters nicht auf den Sohn übergeht und eine Seele, die gesündigt hat, selber stirbt (vgl. Ez. 18,4.20)? Wenn indes jener alte Spruch in Geltung bleibt, dass die Sünden der Väter auf die Söhne übertragen werden müssen (vgl. Ex. 34,7), wäre es dann nicht ungerecht, einen unschuldigen Säugling für die zahllosen Vergehen eines sehr alt gewordenen Vaters bezahlen zu [171] lassen? … ,O Tiefe des Reichtums, der Weisheit und der Gotteserkenntnis! Wie unergründlich sind seine Entscheide und wie unerforschlich seine Wege!' (Röm. 11,33)."

Inhaltlich ist an diesem Text erkennbar, dass Hieronymus sich mit einer Antwort, wie Augustinus sie auf die Frage nach dem Leid der Kinder gab, nicht abfinden mochte. Er räumte zwar ein, dass sich entsprechende Fragen und Antworten auch ihm zuweilen aufdrängten, doch lösten ihm die diversen Erklärungen nicht das Problem des Leidens unschuldiger Kinder angesichts eines guten und gerechten Gottes. Seiner An-

154 Siehe nur Augustinus, conf. VII 7 (CChr.SL 27, 96) und VII 11 (27, 99): *quaerebam, unde malum*; in lib. arb. I 10 (CChr.SL 29, 213) sagt Augustinus diesbezüglich zu Evodius: *eam quaestionem moues, quae me admodum adulescentem uehementer exercuit.*

155 Das allgemeine Problem ungerechten Leidens etwa in Hieronymus, in Abac. I 1,2f. (CChr.SL 76A, 581f.); I 1,13f. (76A, 591f.).

156 Ep. 39,2 (CSEL 54, 296f.) v.J. 384/85 im Trostbrief an Paula, die Mutter der Blesilla.

sicht nach überstiegen diese Probleme die intellektuellen Fähigkeiten des Menschen, was er durch Aussagen von Kohelet und Paulus bestätigt sah. So gab es für ihn Fragen, die offen bleiben mussten und über die nachzudenken von vornherein aussichtslos war, auch wenn der Mensch gerade auf die Frage nach dem Leid der Kinder noch so gerne eine Antwort haben möchte.[157]

Als Fazit lässt sich damit Folgendes festhalten: Hieronymus hat in seinen gelegentlichen Bemerkungen zu Sünde und Heil des Menschen nie auf Kinder und Säuglinge reflektiert. Die einzige Ausnahme, der Schluss des Dialogs gegen die Pelagianer, ist als von Augustinus abhängig zu betrachten. Auch die Annahme einer Verdammung der ungetauft verstorbenen Kinder lag seinem Denken fern. Das hängt damit zusammen, dass der Bethlehemite sich in seinen Anschauungen über Kinder ungebrochen in den Bahnen antiker Anthropologie bewegte. Diese definierte den Menschen stark rationalistisch von seiner Fähigkeit zu eigenständigem Denken, Entscheiden und Handeln her, die Kindern und erst recht Säuglingen eben fehlt. Kinder galten aus dieser Perspektive noch nicht im vollen Sinn als Mensch, so dass die zentralen Fragen des Menschen nach dem Gelingen oder Scheitern seines Lebens, nach seinen Chancen und Möglichkeiten bzw. nach seinen Grenzen und Gefährdungen im Prozess seiner Erlösung Fragen des Erwachsenen waren, von denen Kinder oder gar Säuglinge noch nicht betroffen waren und auch nicht sein konnten.

Augustinus hat mit seinen diesbezüglichen Überlegungen den Horizont antiken Denkens überschritten. Zwar bewegte er sich mit seiner zu Recht oft als pes[172]simistisch etikettierten Welthaltung im weiteren Sinn durchaus in den Bahnen des antiken Pessimismus. Doch hat er das gerade auch christlich weit verbreitete Empfinden von der generellen Misere des Daseins, das sich auch bei Hieronymus findet, dramatisch verschärft ausgesagt (siehe auch oben in I 5 zu Augustins Einschätzung der Möglichkeiten und Grenzen des Menschen im Prozess seiner Heilwerdung, die ebenfalls eine deutliche Portion skeptischer ausfiel als diejenige des Hieronymus). Der Nordafrikaner dehnte den Horizont des Unheilseins des Daseins nicht nur räumlich und zeitlich auf jeden Menschen aus – so die Perspektive bei Hieronymus –, son-

157 Siehe noch in ep. 108,23 bzw. 25 (CSEL 55, 339. 343) die nicht weiter verfolgte Frage: *quid peccauit infans, ut daemone corripiatur?* bzw.: *infans, quaeris, cur daemone corripiatur, qui peccata sua non habuit.* Den origeneischen Ursprüngen solcher Hieronymustexte ist Yves-Marie DUVAL, Traces de lecture du *Peri Archôn* d'Origène avant le départ de Rome de Jérôme en 385. L'*Ep.* 39, la mort des enfants et la préexistance des âmes, in: ders. (Hg.), Jérôme entre l'Occident et l'Orient, Paris 1988, 139–151, nachgegangen.

dern in dem strikten Sinn auf *jeden* Menschen, dass jeder Augenblick des einzelnen Menschenlebens von Geburt an davon betroffen war. Darin steckt der alte antike Topos von der Geburt als Beginn des Sterbens (etwa Seneca, ep. 4,9), doch brachte Augustinus eine spezifische Nuance und Wendung in diese Befindlichkeit: Was Hieronymus generalisierend und typologisierend zur Misere des gesamten Daseins von Geburt an sagte, wandte Augustinus mit allen Konsequenzen individualisierend auf jeden einzelnen Menschen in jeder einzelnen Minute seines Lebens an. Was die Antike, auch die christliche, für die hier Hieronymus steht, zum Leid und zum Bösen als Stigma der condition humaine pauschal und generell sagte, erfuhr bei Augustinus eine radikale Wendung ins Individuelle. Er beschrieb die allgemeine Misere des Daseins mit Vorliebe als individuelle Verstrickung ins Unheil. Aus dieser Optik heraus waren auch gerade erst Geborene mit voller Wucht von den Konsequenzen der allgemeinen Sündenverfallenheit und Unerlöstheit der ganzen Menschheit betroffen: Jedes einzelne Kind, das ungetauft stirbt, war somit nach Augustins soteriologischer Logik unausweichlich zu Recht verdammt, da es für eine „in Adam" begangene Sünde individuell verantwortlich war.

Hieronymus blieben solche Gedankengänge fremd und im letzten wohl auch unverständlich. Dazu eine Beobachtung: Als er am Schluss des Dialogs gegen die Pelagianer zu erklären versuchte, zur Vergebung welcher Sünden Neugeborene getauft werden müssten, ließ er *Atticus* unter anderem sagen: „Jene Sünde haben diese nicht begangen, die Adam beging, als er im Paradies Gottes Gebot übertrat."[158] Damit meinte er die Art von Sünde, die ein Erwachsener aufgrund eigenen Entscheidens in eigenverantwortlicher Weise begeht. Diese Auffassung, die einem Neugeborenen die Sünde Adams nur noch via Vererbung in äußerlicher Übertragung imputieren konnte, lief jedoch an der Sinnspitze von Augustins ganz spezieller Konzeption eines *peccatum originale* vorbei. Augustinus dachte nämlich gerade nicht so, dass jedem Menschen eine ihm eigentlich fremde [173] Sünde (diejenige Adams) angerechnet werde. Dreh- und Angelpunkt seiner Idee einer Sünde jedes Menschen „in Adam" war vielmehr die Aussage, dass jeder Mensch „in Adam" als eigenverantwortlich handelndes Subjekt selber gesündigt habe.[159] Unabhängig davon, wie Augustinus sich diese ‚Identität' aller

158 Adv. Pelag. III 18 (CChr.SL 80, 122), zitiert oben in II 4.

159 Siehe etwa folgende Texte: Augustinus, ep. 98,1 (CSEL 34/2, 521) v.J. 408, also vor Beginn der Diskussionen um die Soteriologie des Pelagius: *ideo ex Adam traxit, quod sacramenti illius* (sc. Christi) *gratia solueretur, quia nondum erat anima separatim uiuens … iam itaque cum homo in se ipso est ab eo, qui genuit, alter effectus, peccato alterius sine sua consensione non tenetur obnoxius. traxit ergo reatum, quia unus erat cum illo et in illo,*

Menschen „in Adam" bzw. diesen ‚Sündenkonnex' aller mit Adam vorgestellt haben mag – trotz aller Äußerungen dazu (wichtige Stichworte sind etwa *tradux peccati, massa peccati, concupiscentia carnis*) hat er diesen in der Forschung oft erörterten Aspekt offen gelassen[160] –, lag der Skopos dieser Sünde aller „in Adam" in dem von der Frage der Theodizee gesteuerten Anliegen, die Misere und Erlösungsbedürftigkeit des Menschen gleich bei seiner Geburt einer der individuellen Existenz schon vorausliegenden verfehlten Freiheitsentscheidung jedes einzelnen Menschen zuzuschreiben.[161] Somit fand Hieronymus mit seiner Bemerkung im [174] Dialog zwar Anhaltspunkte in den ihm bekannten Augustinustexten, doch hat er damit nur einen Teilaspekt von Augustins Gedanken herausgegriffen, der zudem lediglich einen Zwischenschritt einer umfänglicheren Argumentation darstellte, und so deren tatsächliche Sinnmitte verfehlt.

---

a quo traxit, quando, quod traxit, admissum est; non autem trahit alter ab altera, quando sua unoquoque propria una uiuente iam est; civ. XIII 14 (CChr.SL 48, 395): *omnes enim fuimus in illo uno, quando omnes fuimus ille unus*; pecc. mer. et rem. I 11 (CSEL 60, 12): *in quo* (sc. *peccato*) *omnes peccauerunt, quando omnes ille unus homo fuerunt*; ebd. III 14 (60, 141): *nec sic dicuntur ista aliena peccata, tamquam omnino ad paruulos non pertineant – si quidem in Adam omnes tunc peccauerunt, quando in eius natura illa insita ui, qua eos gignere poterat, adhuc omnes ille unus fuerunt –, sed dicuntur aliena, quia nondum ipsi agebant uitas proprias, sed quicquid erat in futura propagine uita unius hominis continebat*; nupt. et conc. II 15 (CSEL 42, 266f.): *per unius illius uoluntatem malam omnes in eo peccauerunt, quando omnes ille unus fuerunt, de quo propterea singuli peccatum originale traxerunt*; ferner: c. duas ep. Pelag. IV 7 (CSEL 60, 528); c. Iul. op. imp. II 164 (CSEL 85/1, 285); II 178 (85/1, 299).

160 In nupt. et conc. I 21 (CSEL 42, 233f.) hat er darauf selber hingewiesen: *ut enim quod dimissum est in parente trahatur in prole, miris quidem modis fit, sed tamen fit*, von ihm selber zitiert in c. Iul. VI 11 (PL 44, 828). Einen Überblick über bei Augustinus dazu anzutreffende Vorstellungen gibt Urs BAUMANN, Erbsünde? Ihr traditionelles Verständnis in der Krise heutiger Theologie (ÖF.S 2), Freiburg i.Br. u.a. 1970, 35–40; aus der Diskussion über ‚Wesen und Fortpflanzung der Erbsünde' siehe etwa GROSS, Geschichte des Erbsündendogmas 1 (wie Anm. 123) 319–346; BEATRICE, Tradux peccati (wie Anm. 118) 64–104.

161 Siehe dafür etwa folgenden Passus in c. Iul. op. imp. IV 90 (PL 45, 1392): *dicimus autem et nos non posse esse sine libera uoluntate peccatum; nec ideo tamen, ut dicis* (sc. Julian), *nostrum dogma consumitur, cum asserimus esse originale peccatum, quia et ad hoc peccati genus ex libera uoluntate peruentum est, non eius propria qui nascitur, sed eius in quo omnes originaliter fuerunt, quando communem naturam mala uoluntate uitiauit. non habent ergo paruuli tempore conceptus uel ortus sui peccandi uoluntatem, sed ille* (sc. Adam) *tempore praeuaricationis suae magnum illud peccatum libera uoluntate commisit, a qua originalis peccati contagium sic humana natura contraxit, ut uerissime diceret sanctus: …* (es folgen Ps. 50,7 LXX und Ijob 14,4b LXX). Zu diesem Gedanken einer aus freier Entscheidung geborenen Sünde aller „in Adam" meint SCHWAGER, Erlösungslehre (wie Anm. 2) 124: „An dieser These hängt letztlich die ganze Gnadenlehre des Augustinus. Ließe sie sich nicht halten, müsste sein ganzes System zusammenbrechen."

Die spürbare Unvertrautheit des Bethlehemiten mit Augustins Reflexionen zu einer ‚Ursünde' jedes Menschen „in Adam" hatte wohl ihren tiefsten Grund darin, dass er derartige Gedankengänge letztlich als abwegig, unerlaubt und die geistigen Möglichkeiten des Menschen übersteigend betrachtete. Sie lagen auch nicht auf der Linie seines Denkens, eher damit in Widerspruch. Was er am Schluss des Dialogs gegen die Pelagianer dazu von Augustinus übernahm, vertrug sich streng genommen nicht mit seinen Äußerungen zur Sündenlosigkeit und sogar Heiligkeit (in freilich eingeschränktem Sinn) der Neugeborenen und verfehlte gerade den spezifischen Gehalt von Augustins Überlegungen. Hieronymus und Augustinus bewegten sich in dieser Frage in ganz unterschiedlichen Denkhorizonten.

III. Inkommensurable Denkweisen

1. Die Stellen aus Schriften des Hieronymus, auf die Augustinus sich für seine Soteriologie konkret berufen hat (siehe oben in der Einführung), lassen sich den besprochenen beiden Themenkreisen inhaltlich zuordnen, und zwar fallen zwei aus *Adversus Iovinianum* zitierte Passagen (adv. Iovin. II 2 und II 3) unter das Thema der Möglichkeiten und Grenzen des Menschen im Prozess seiner Heilwerdung (I), während ein Aspekt der Thematik in adv. Iovin. II 2 und der Passus aus dem Jonakommentar (in Ion. 3,5) zum Thema der Sünde und des Heils von Kindern und Säuglingen (II) gehören. Das zu diesen beiden Themen aus Hieronymus Dargestellte bildet ein solides Fundament, um die Valenz von Augustins diesbezüglicher Berufung auf Hieronymus einer näheren Überprüfung zu unterziehen.

Eine gesonderte Rolle nimmt die Stelle aus dem Matthäuskommentar ein (in Math. I 5,8). Der Vers Mt. 5,8 (μακάριοι οἱ καθαροὶ τῇ καρδίᾳ, ὅτι αὐτοὶ τὸν θεὸν ὄψονται) gehörte zu den Bibelstellen, die Pelagius zugunsten [175] seiner Soteriologie herangezogen hat. Das spiegelt sich etwa in Hieronymus' Dialog gegen die Pelagianer in der Form, dass dieser Vers in der Argumentation des Pelagianers *Critobulus*, nicht in derjenigen des Orthodoxen *Atticus* auftaucht.[162] Auch aus Augustins Replik in *De natura et gratia* geht hervor, dass Pelagius in seiner Schrift *De natura* Mt. 5,8 samt der hieronymianischen Auslegung

162 Hieronymus, adv. Pelag. III 12 (CChr.SL 80, 113): *in scripturis sanctis ad perfectam iustitiam prouocamur, ut est illud: ‚beati mundo corde, quoniam ipsi deum uidebunt'.*

für seine Forderung nach Vollkommenheit reklamiert hat.[163] Augustinus hingegen fand in Hieronymus' Kommentierung dieses Verses seinen soteriologischen Grundgedanken ausgedrückt, dass alles Mühen und Streben des Menschen durch Gottes Gnade in Jesus Christus zu der Vollkommenheit geführt wird, „in der wir reinen Herzens Gott schauen können."[164] Hieronymus hatte Folgendes geschrieben:[165]

> *‚Beati mundo corde quoniam ipsi deum uidebunt.' quos non arguit conscientia ulla peccati. mundus mundo corde conspicitur; templum dei non potest esse pollutum.*
>
> „‚Selig, die reinen Herzens sind, denn sie werden Gott schauen', deren Gewissen mit keiner Sünde belastet ist. Wer rein ist, zeigt dies an seinem reinen Herzen: Der Tempel Gottes kennt keine Befleckung."[166]

Diese aphoristische Kommentierung reflektiert lediglich auf den Begriff der Reinheit: Diese bedeute Reinheit des Herzens, was gleichbedeutend sei mit einem von keiner Sünde belasteten Gewissen, also mit Sündenlosigkeit, die wiederum dem Menschen als Tempel Gottes einzig gemäß sei. Dass Pelagius diese [176] Auffassung von Mt. 5,8 für seine anspruchsvolle Forderung nach vollkommener Sündenlosigkeit (siehe oben I 2) gelegen kam, ist naheliegend und einleuchtend. Ob freilich Hieronymus hierbei an das dachte, was Augustinus darin las, muss wohl offen bleiben. Der Bethlehemite machte keine Aussage darüber, wie diese Herzensreinheit und Sündenlosigkeit zu erreichen sei. Denkt man an seine diesbezüglichen späteren Hinweise auf die Gnade Gottes als dazu unabdingbare Hilfe (siehe oben I 3), so deckt sich Augustins Bemerkung in *De natura et gratia* mit diesen späteren Äußerungen des

---

163 Augustinus, nat. et grat. 78 (CSEL 60, 292): *Hieronymus dixit in his, quae illum dixisse commemorat* (sc. Pelagius), …

164 Ebd: *hoc utique agitur in nobis conando, laborando, orando, impetrando, ut ad illam perfectionem, in qua possimus deum mundo corde conspicere, eius gratia perducamur per Iesum Christum dominum nostrum.*

165 Hieronymus, in Math. I 5,8 (CChr.SL 77, 25).

166 Diese deutsche Übersetzung ist gestaltet nach der französischen von Émile BONNARD, Saint Jérôme. Commentaire sur S. Matthieu, 2 Bde. (SC 242. 259), Paris 1977. 1979, Bd. 1, 107. Eine andere Übersetzungsmöglichkeit für *mundus mundo corde conspicitur* wäre im Sinne des griechischen Erkenntnisprinzips γινώσκεσθαι τῷ ὁμοίῳ τὸ ὅμοιον (siehe dazu: Arthur SCHNEIDER, Der Gedanke der Erkenntnis des Gleichen durch Gleiches in antiker und patristischer Zeit, in: Festschrift für Clemens Baeumker [BGPhMA.S 2], Münster 1923, 65–76, und bes. Carl Werner MÜLLER, Gleiches zu Gleichem. Ein Prinzip frühgriechischen Denkens [Klassisch-Philologische Studien 31], Wiesbaden 1965): „Wer rein ist, wird von einem reinen Herzen erkannt", d.h. nur wer selber ein reines Herz hat, erkennt einen anderen als rein. Das Folgekolon legt jedoch die im Text wiedergegebene Fassung nahe (*mundo corde* nicht ablativus instrumentalis, sondern ein auf das Subjekt *mundus* zu beziehender ablativus qualitatis). In diesem Sinn ist Bonnards Verweis z.St. auf in Math. I 3,3 (CChr.SL 77, 16) zutreffend: *ut purus in uiis purissimis ambularet.*

Hieronymus. Seine Kommentierung von Mt. 5,8 im Jahr 398 ventiliert aber diese spezielle Frage nicht und verträgt sich theoretisch sowohl mit deren pelagianischen wie mit deren augustinischen Beantwortung. Man wird also nur sagen können, dass die später strittige Frage zur Zeit der Abfassung des Matthäuskommentars nicht in Hieronymus' Blickfeld lag, seine spätere Antwort aber im Sinne der augustinischen Verwendung dieser Matthäuskommentarstelle ausfiel. Da diese aber eben dies aus sich nicht hergibt, hat sich Pelagius genauso gut in seinem Sinn auf diese hieronymianische Äußerung beziehen können, so dass diese Bemerkung des Hieronymus zu Mt. 5,8 im Streit zwischen Augustinus und Pelagius als Berufungsinstanz ausfällt.

2. Unter den von Hieronymus im Jahr 393 widerlegten Thesen Jovinians befand sich als zweite die Anschauung, „dass diejenigen, die aus voller Glaubensüberzeugung in der Taufe wiedergeboren worden sind, vom Teufel nicht mehr zu Fall gebracht werden können".[167] In seiner Kritik daran[168] stützte sich Hieronymus auf den Haupteinwand, dass jeder Mensch auch noch nach der Taufe der Versuchbarkeit unterliege und daher der Sünde verfallen könne.[169] Eines seiner biblischen Argumente dafür bezog er aus Jak. 3,2a: πολλὰ γὰρ πταίομεν ἅπαντες.[170] Auch gegen Pelagius, den Hieronymus in diesem Punkt zum Nachfolger Jovinians stilisierte,[171] hat er in diesem Vers die Sündigkeit aller Menschen auch noch nach der Taufe ausgedrückt gesehen.[172] Auch Augustinus stützte sich ge[177]gen die pelagianische These einer möglichen Sündenlosigkeit auf diesen Vers.[173] In diesem Punkt hat sich Augustinus in ep. 167 somit zu Recht auf Hieronymus berufen.[174] In der Ablehnung der pelagianischen *impeccantia* waren sie sich ja einig (siehe oben I 2).

---

167 Hieronymus, adv. Iovin. I 3 (PL 23, 214): *nititur approbare eos, qui plena fide in baptismate renati sunt, a diabolo non posse subuerti.*

168 Ebd. II 1–4 (23, 281–290).

169 Siehe sein Fazit ebd. II 35 (23, 333): *omnis creatura sub uitio sit, non quod uniuersi peccauerint, sed quod peccare possint.*

170 Ebd. II 2 (23, 284) in dieser Fassung zitiert: *‚multa peccamus omnes'.*

171 Siehe oben in I 1 mit Anm. 21 und bes. ep. 133,3 (CSEL 56, 247): *Iouiniani secunda quaestio tui ingenii disciplina est, quicquid illi responsum est, tibi responsum credito.*

172 Adv. Pelag. II 13 (CChr.SL 80, 71) und II 15 (80, 74), wo so zitiert: *‚in multis offendimus omnes'*; ebd. II 18 (80, 78) und III 14 (80, 118) zitierte er zum selben Zweck Jak. 3,2b; zur Sache vgl. ferner: in Eccl. 7,20f. (CChr.SL 72, 309): *quamuis aliquis iustus sit, tamen dum in hac carne est constitutus, subiectus est uitiis atque peccatis*; c. Ioh. 2 (PL 23, 355): *quotidie peccamus omnes et in aliquo labimur.*

173 Augustinus, ep. 167,17.19.20 ad Hieron. (CSEL 44, 605. 606. 608).

174 Ebd. 167,10 (44, 597).

In seiner Argumentation gegen Jovinian war Hieronymus ferner auf den freien Willen des Menschen zu sprechen gekommen, und Pelagius hatte sich auf gerade diese Stelle zugunsten seiner Auffassung von den positiven Fähigkeiten des *liberum arbitrium* berufen, was allerdings Augustinus mit dem Hinweis darauf zurückwies, dass der freie Wille selbstverständlich zur kreatürlichen Ausstattung des Menschen gehöre:[175]

Quod ait a memorato dictum esse presbytero: „liberi arbitrii nos condidit deus, nec ad uirtutem nec ad uitia necessitate trahimur; alioquin ubi necessitas, nec corona est", quis non agnoscat, quis non toto corde suscipiat, quis aliter conditam humanam neget esse naturam? sed in recte facienda ideo nullum est uinculum necessitatis, quia libertas est caritatis.

„Er (sc. Pelagius) weist darauf hin, dass der genannte Presbyter (sc. Hieronymus) gesagt habe: ‚Ausgestattet mit freiem Willen hat uns Gott geschaffen. Weder zur Tugend noch zu Lastern zieht uns ein Zwang. Und ansonsten: Wo Zwang herrscht, gibt es auch keinen Siegeskranz.' Wer würde dem wohl nicht zustimmen und es mit ganzem Herzen bejahen? Wer würde bestreiten, dass dies zur geschöpflichen Natur des Menschen gehört? Aber beim Tun des Guten gibt es deswegen keine Bindung durch Zwang, weil die Freiheit der Liebe herrscht (siehe dazu unten am Ende von III 5)."

Augustinus durfte hier insofern eine Übereinstimmung mit Hieronymus für sich reklamieren, als beide dem freien Willen als zur kreatürlichen Ausstattung des Menschen gehörend ihr Recht lassen wollten (siehe oben I 3). Wenn man indes in Hieronymus' Text an der Stelle weiter liest, an der Augustins – und wohl auch schon Pelagius' – Zitat daraus abbricht, wird sehr fraglich, ob jener das wirklich im Sinne Augustins gemeint hat:[176]

Liberi arbitrii nos condidit deus, nec ad uirtutes nec ad uitia necessitate trahimur; alioquin ubi necessitas, nec corona est. sicut in bonis operibus perfector est deus – non [178] *est enim uolentis, neque currentis, sed miserentis et adiuuantis dei – ut peruenire ualeamus ad calcem, sic in malis atque peccatis semina nostra sunt incentiua et perfectio diaboli.*

„Ausgestattet mit freiem Willen hat uns Gott geschaffen. Weder zu Tugenden (Augustinus las Singular) noch zu Lastern zieht uns ein Zwang. Und ansonsten: Wo Zwang herrscht, gibt es auch keinen Siegeskranz. Wie bei guten Taten Gott der Vollender ist – es liegt nämlich nicht am Wollenden noch am Laufenden, sondern am sich erbarmenden und helfenden Gott (vgl. Röm. 9,16) –, so dass wir ans Ziel zu gelangen vermögen, so sind bei unseren Übeltaten und Sünden die stimulierenden Anreize unsere Sache, die Vollendung aber die des Teufels."

---

175 Nat. et grat. 78 (CSEL 60, 292f.) im Anschluss an die Stelle oben in Anm. 164.

176 Hieronymus, adv. Iovin. II 3 (PL 23, 286f.).

Da findet sich nun gerade die ‚partitive Kompetenzverteilung' zwischen *gratia* und *liberum arbitrium*, die sich als für Hieronymus' Soteriologie charakteristisch herausgestellt hat (siehe oben I 4): Beim Menschen liegt das Beginnen, im Guten wie im Bösen; bei Gott bzw. beim Teufel liegt die Vollendung. Hieronymus traute den guten Kräften im Menschen mehr zu als der in dieser Hinsicht ganz negativ eingestellte Augustinus und ging sogar so weit, den Fähigkeiten des Menschen zum Tun des Guten einen eigenständigen Bereich gegenüber Gottes Gnadenhilfe zuzugestehen. Er hat dabei zwar auch darauf hingewiesen, dass ohne die Hilfe Gottes ein Meiden der Sünde und ein Tun des Guten nicht möglich sei, und dieser Hilfe Gottes angesichts der menschlichen Schwäche die entscheidende Rolle zugesprochen. Trotz dieser Verschiebung des Verhältnisses zugunsten Gottes lässt sich aufgrund der Vielzahl der ‚synergistischen' Äußerungen des Hieronymus, zu denen auch die eben zitierte Stelle zu rechnen ist, aber doch sagen, dass er bei aller Notwendigkeit und Unabdingbarkeit der göttlichen Gnadenhilfe zum Tun des Guten der menschlichen Anstrengung immer noch eine eigenständige Wirksamkeit zusprach (siehe oben I 4 und I 5). Obgleich sich also Augustinus an der oben vermerkten Stelle in *De natura et gratia* in solchem Zusammenhang auf Hieronymus bezogen hat, war es doch gerade dieser Gedanke, den der Bischof von Hippo Pelagius unermüdlich als häretisch vorwarf. So hat sich Pelagius auf diese Passage aus Hieronymus' *Adversus Iovinianum* mit mehr Recht berufen als Augustinus.

3. Am ausführlichsten zitierte Augustinus aus dieser Schrift des Hieronymus in *De peccatorum meritis et remissione*, und zwar im Kontext der Sünde und des Heils von Kindern und Säuglingen. Zusätzlich zu Jak. 3,2a (siehe oben III 2) hatte Hieronymus zum Beleg für die Sündigkeit jedes Menschen auf Ijob 14,4 LXX; [179] Spr. 20,9; Röm. 5,14 und Ps. 50,7 LXX verwiesen.[177] Wenn Augustinus darin ein „ganz unbezweifelbares Zeugnis für die ‚Ursünde' des Menschen" fand,[178] dann leidet diese Behauptung allerdings Zweifel. Obige Untersuchung hat ergeben (siehe bes. II 3), dass Hieronymus gerade diese Bibelverse nicht im spezifischen Sinn des augustinischen *peccatum originale* gedeutet, sondern als Ausdruck der allgemeinen Misere der condition humaine gelesen hat. Auch an der von Augustinus recht ausführlich bemühten Stelle aus

177 Ebd. II 2 (23, 284); die bei Migne (= Vallarsi; siehe oben Anm. 22) herrschende Konfusion im Nachweis der hier zitierten Bibelstellen bedarf einer Richtigstellung.

178 Augustinus, pecc. mer. et rem. III 13 (CSEL 60, 140): *hoc tamquam certissimum de hominis originali peccato … inter multa sua documenta deprompsit.*

Adversus Iovinianum gibt der Kontext nichts weiter her als die pauschale Aussage der Sündigkeit jedes Menschen, auf die Hieronymus mit diesen Bibelversen gegen Jovinians Vollkommenheitsideal hinauswollte. So weit war er sich auch mit Augustinus einig (siehe oben I 2 und III 2). Darin aber ein Bekenntnis zu einem *peccatum originale* im augustinischen Sinn zu finden, hat der Bischof von Hippo in Hieronymus' Text hineingelesen.

Dasselbe gilt für die von Augustinus mehrmals verwendete Stelle aus Hieronymus' Jonakommentar. Ausgehend von der Angabe, die Niniviten hätten gefastet und Bußkleidung angelegt *‚a maiore usque ad minorem'* (aus Jona 3,5), zitierte Hieronymus zur Erklärung Ijob 14,4 LXX sowie Ijob 25,5 und verwies auf die Verhaftung an die Sünde Adams.[179]

> *Maior aetas incipit, et usque ad minorem peruenit, nullus enim absque peccato ne si unius quidem diei fuerit uita eius et numerabiles anni uitae illius. si enim stellae non sunt mundae in conspectu dei, quanto magis uermis et putredo et hi qui peccato offendentis Adam tenentur obnoxii?*

> „Die Alten fangen an, und es geht bis zu den Jungen. Denn keiner ist ohne Sünde, nicht einmal wenn sein Leben nur einen einzigen Tag währte (vgl. Ijob 14,4 LXX) und seine Lebensjahre (leicht) zählbar wären. Denn wenn in den Augen Gottes schon die Sterne nicht rein sind (vgl. Ijob 25,5), um wie viel weniger rein sind dann der Wurm, das Faulige und die, die der Sünde des das Gebot Gottes verletzenden Adam verhaftet sind?"

An dieser Hieronymusstelle finden sich zweifellos Elemente, die in Augustins soteriologischen Überlegungen gerade im Hinblick auf Neugeborene eine wichtige Rolle spielten, namentlich der Vers Ijob 14,4 LXX und das Kolon *‚a maiore usque ad minorem'* aus Jona 3,5, das Augustinus an die von ihm oft gebrauchte Junktur *pusilli cum magnis* (siehe oben II 1) erinnern konnte, die er einmal auch ne[180]ben dieses Kolon gestellt hat.[180] Erneut ist allerdings fraglich, ob Hieronymus bei dieser Bemerkung wirklich auch im vollen Sinn an eine Sünde und Schuld schon der Neugeborenen dachte. Wenige Seiten nach dieser Erläuterung hat er nämlich Jona 4,11 so ausgelegt:[181]

> *Ignorant autem quid sit inter dexteram et sinistram, uel propter innocentiam et simplicitatem – ut lactantem monstret aetatem et relinquat intellectui, quantus sit numerus aetatis alterius, cum tantus sit paruulorum – uel certe – quia magna erat urbs, et ‚in domo magna non solum uasa sunt aurea et argentea, sed et lignea et fictilia'– erat in ea plurima multitudo, quae ignorabat ante actam paenitentiam quid esset inter bonum et malum, inter dextrum et sinistrum.*

---

179 Hieronymus, in Ion. 3,5 (CChr.SL 76, 406).

180 Augustinus, pecc. mer. et rem. I 54 (CSEL 60, 51).

181 Hieronymus, in Ion. 4,10f. (CChr.SL 76, 419).

„Sie kannten aber den Unterschied zwischen rechts und links nicht, sei es aus Unschuld und Einfalt – um die Säuglingszeit zu bezeichnen und der Einsicht anheimzustellen, wie groß die Zahl derer sein mag, die schon älter sind, wenn schon die ganz Kleinen so viele sind –, sei es auch – denn groß war die Stadt, und ‚in einem großen Haus gibt es nicht nur goldene und silberne Gefäße, sondern auch solche aus Holz und aus Ton' (2 Tim. 2,20) –, weil es in ihr eine riesige Menge gab, die, ehe sie Buße tat, den Unterschied zwischen Gut und Böse, zwischen rechts und links nicht kannte."

Diese Exegese entspricht der Erklärung, die Hieronymus diesem Kolon aus Jona 4,11 noch zweimal gegeben hat, nämlich in ep. 107 und im Dialog gegen die Pelagianer (siehe oben in II 2), und beinhaltet die beiden auch sonst bei ihm in solchem Kontext festzustellenden Aspekte: Kleinkinder sind sündlos, weshalb er hier von *innocentia* sprach, wo er an *infantia*, die *lactans aetas*, dachte; und: Zu Sünde und Heil gehört Einsichts- und Erkenntnisfähigkeit (siehe hier die Stichworte *simplicitas* und *ignorare*). Von daher wird man die Erklärung zu Jona 3,5 als generalisierende Aussage zur allgemeinen und umfassenden Sündenverfallenheit lesen, wie sie sich bei Hieronymus oft findet (siehe oben II 2 und II 3), ohne dass er dabei jemals explizit an Säuglinge gedacht hätte. So ist wiederum fraglich, ob er bei der *minor aetas* in Jona 3,5 wirklich *auch* an unmündige Kinder dachte, wie Augustinus dies auffasste.[182]

Für gerade diese Differenz zwischen Augustinus und Hieronymus gibt es ein markantes und aussagekräftiges Detail. In *Contra Iulianum* zitierte Augustinus dieselbe Jonakommentarstelle in folgender Weise: „Ganz deutlich hat er (sc. [181] Hieronymus) gesagt, dass ‚auch die Kleinkinder der Sünde des das Gebot Gottes verletzenden Adam verhaftet sind'."[183] Da ist nun Augustins Auffassung dieser Stelle in das Zitat selber eingedrungen. Hieronymus hatte geschrieben: „... die der Sünde des das Gebot Gottes verletzenden Adam verhaftet sind."[184] Gerade dieses speziell augustinische *etiam paruuli,* die uneingeschränkte Anwendung seiner soteriologischen Grundsätze *„auch auf Kinder und Säuglinge"* (siehe oben II 1), fehlt bei Hieronymus, hier wie andernorts (siehe oben II). Dass die Sünde, von der Hieronymus an der fraglichen Stelle im Jonakommentar sprach, dezidiert auch eine Sünde der Säug-

182 Augustinus, pecc. mer. et rem. III 12 (CSEL 60, 138): *commemorantur* (sc. in Jona 3,5) *etiam paruuli ieiunio castigati;* ep. 166,6 ad Hieron. (CSEL 44, 555): *ieiunare paruulos propter ipsum originale peccatum merito coactos esse dixisti;* siehe dazu ebd. 21 (44, 577).

183 C. Iul. I 34 (PL 44, 665): *apertissime dixit, quod ‚etiam paruuli peccato offendentis Adam tenerentur obnoxii'.* DUVAL, Augustin (wie Anm. 145) 21 Anm. 62, zitiert diese Stelle so, dass *etiam paruuli* noch nicht zum Zitat gehört; philologisch exakt beginnt aber – auch bei ‚freier' Zitierung – nach *dixit quod* der zitierte Text.

184 Hieronymus, in Ion. 3,5 (CChr.SL 76, 406): *hi qui peccato offendentis Adam tenentur obnoxii.*

linge im Sinne des augustinischen *peccatum originale* sei, ist keineswegs so eindeutig und klar, wie Augustinus das dem Bethlehemiten selber gegenüber dargestellt hat.[185]

4. Trotz dieser Differenzen schlossen sich Augustinus und Hieronymus zu einer Allianz gegen Pelagius zusammen. Augustinus berief sich generell und in Details auf Hieronymus, ist bei seiner Konsensbehauptung jedoch methodisch bedenklich so vorgegangen, dass er einzelne Äußerungen aus Texten des Hieronymus, die in seiner Theorie eine Rolle spielten, herausgegriffen und im Sinne seiner soteriologischen Überzeugungen verstanden hat, ohne auf einen im jeweiligen Kontext bei Hieronymus und im Gesamt seines Denkens möglicherweise anderen Gehalt der zitierten Passagen zu reflektieren. Dass er darauf nicht achtete, hatte damit zu tun, dass er seine teilweise sehr speziellen Vorstellungen für den allgemeinen Glauben der Kirche hielt und dem rechtgläubigen Hieronymus diese daher a priori unterstellte.

Hieronymus seinerseits hat die dogmatischen Differenzen zu Augustinus, die er wohl schon wahrgenommen hat, beiseite gewischt. Am Schluss des Dialogs gegen die Pelagianer übernahm er bewusst und absichtlich Augustins Positionen zu Kindertaufe und Verdammung der ungetauft verstorbenen Säuglinge, obwohl diese mit seinem bisherigen Denken schwerlich vereinbar waren und obwohl sie ihm letztlich unverständlich blieben. Auch in der Frage nach der Willensfreiheit des Menschen und der Gnade Gottes hat er seine Formulierungen möglicherweise [182] mancherorts in Anlehnung an Augustinus gewählt.[186] Zu erklären ist das wohl nur psychologisierend mit dem Charakter des Bethlehemiten, der zeit seines Lebens immer sehr darauf bedacht war, orthodox zu sein und im Disput um den rechten Glauben auf der richtigen Seite zu stehen. Wie er im origenistischen Streit sofort Partei für Epiphanius von Salamis ergriffen hat, schlug er sich im pelagianischen Streit auf die Seite Augustins (siehe auch oben I 1). Der Unterschied: Früher ging es um seinen exegetischen (und generell theologischen) Lehrmeister Origenes, den Hieronymus von sich aus nicht angegriffen hat; jetzt ging es um Pelagius, mit dem Hieronymus unabhängig von Augustins Aktivitäten gegen diesen in eigener Sache in Konflikt geriet. Von daher war es naheliegend, dass er gegen diesen gemeinsame Sache mit Augustinus machte. Auch gab es gemeinsame Ansichten zwischen ihnen, etwa die Ablehnung der pelagianischen *impeccantia*. Wo Hiero-

185 Augustinus, ep. 166,6 ad Hieron. (CSEL 44, 555): *liber tuus in Ionam prophetam satis hoc insigniter dilucideque declarat, ubi …* (es folgt der Text oben in Anm. 182).

186 So evtl. in Hieronymus, in Hier. V 2,15 (CChr.SL 74, 236); V 5,3 (74, 238).

nymus bis dato anders (oder gar nichts) gedacht hatte, schwenkte er jetzt auf Augustins Linie ein. So bildeten Hippo Regius im westlichen Nordafrika und Bethlehem in Palästina eine gemeinsame Achse in der Bekämpfung der Pelagianer.

5. Theologisch stand diese Allianz freilich auf einem schiefen Fundament. Augustins Berufung auf Hieronymus in den besprochenen konkreten Fällen war nur teilweise sachlich korrekt, nämlich was die Ablehnung des pelagianischen Vollkommenheitsideals anging sowie in dem Versuch, *gratia* und *liberum arbitrium* in der Weise zu wahren, dass die Gnade nicht geschmälert wurde. In den weitergehenden Punkten aber begannen schon die Differenzen, so in der Frage nach den positiven Fähigkeiten des Menschen beim Tun des Guten und der genaueren Verhältnisbestimmung von Gnade Gottes und Freiheit des Menschen. Die größte Diskrepanz ergab sich bei der von Augustinus durchexerzierten Zuspitzung seiner soteriologischen Grundgedanken auf Kinder und Säuglinge und den daraus gezogenen Folgerungen. Zwar redete auch Hieronymus – mit der ganzen Alten Kirche – viel von der Sündenverfallenheit des menschlichen Daseins, doch blieben das bei ihm immer pauschale Aussagen. Ein *peccatum originale* im Sinne Augustins mit dessen soteriologischen Konsequenzen *auch* für Kinder und Säuglinge lässt sich bei Hieronymus weder terminologisch noch in der Sache nachweisen. In den Augen des letzteren konnten Kinder und Säuglinge soteriologisch noch nicht zur Verantwortung gezogen werden.

[183] In diesen Differenzen in Einzelthemen der Theologie stecken grundlegendere Divergenzen der theologischen Mentalität und Methodik.[187] Eine erste betrifft die Sicht, die beide vom Menschen hatten. Hieronymus repräsentiert in seinen Aussagen zu Sünde und Heil das Menschenbild, das in der antiken Philosophie und auch in der spätantiken christlichen Theologie, besonders in der griechischen des Ostens, aus der Hieronymus es gelernt hat, weit verbreitet war: Der Mensch zwischen Größe und Elend, Glück und Versagen, Heil und Unheil, ständig von Sünde und Schuld bedroht, ständig aber auch von Gott zum Guten gerufen und ins Heil gezogen.[188] Augustinus hat diesem Menschenbild

187 Auf eine Differenz anderer Art, nämlich in der exegetischen Arbeitsweise – die freilich etwas gesucht wirkt –, weist Pierre JAY, Jérôme et Augustin lecteurs d'Isaïe. À propos du *Tractatus de psalmo* 96 de Jérôme, in: Augustinus 38 (1993) = Pedro MERINO/Juan M. TORRECILLA (Hg.), Charisteria Augustiniana Iosepho Oroz Reta dicata. Bd. 1: Theologica, 291–302.

188 Siehe etwa Norbert BROX, Wer ist der Mensch? Bilder der Kirchenväter, in: Erich GARHAMMER (Hg.), Menschen-Bilder. Impulse für helfende Berufe, Regensburg 1989, 40–52.

seinen (nordafrikanischen) Stempel aufgeprägt. Er hat die Gefährdung und das Unheilsein stärker hervorgehoben (und wohl auch empfunden), es drastischer ausgesagt, etwa in der bekannten Formel von der *massa damnata*, und er hat in das gängige Bild generell düstere Züge eingetragen: Nicht der Mensch zwischen Heil und Unheil – das galt in Augustins Theorie nur für Adam –, sondern der Mensch im Unheil ist es, den – und das war Augustins zentrales theologisch-soteriologisches Anliegen – nur noch und allein das souveräne Eingreifen der göttlichen Gnade zu retten vermag. In dieser unterschiedlichen Grundperspektive lag eine wichtige Divergenz zwischen Augustinus und Hieronymus.

An der Grenzfrage nach Sünde und Heil der Kinder und Säuglinge wirkte sich diese unterschiedliche anthropologische Perspektive in krasser Weise aus. Während diese bei Hieronymus nicht in den Blick kam, sah Augustinus aus seiner Optik heraus auch schon Neugeborene von der Unheilssituation allen Menschseins in vollem Umfang und mit allen Konsequenzen betroffen. Seine Ansicht von der Verdammung der ungetauft gestorbenen Säuglinge ist von daher die logisch zwingende und konsequent durchgeführte Anwendung seiner anthropologischen und soteriologischen Grundsätze auf jeden Menschen vom Moment seiner Geburt an. Eine Anthropologie wie die des Hieronymus, für den Sünde und Heil Fragen waren, zu deren Voraussetzungen vernünftige Einsicht und eigenständiges Handeln gehörten, vermochte von sich aus nicht auf solche Bahnen des Denkens zu geraten und blieb – auch wenn Hieronymus das am Schluss des Dialogs gegen die Pelagianer kaschierte – mit den diesbezüglichen augustinischen Reflexionen im Grunde inkompatibel.

[184] Ein weiterer wichtiger Unterschied scheint mir der zu sein, dass die von Hieronymus in Auseinandersetzung mit Pelagius formulierten und diskutierten soteriologischen Fragen ganz aufs Praktische gerichtet blieben: Kann der Mensch ohne Sünde leben? Sind Gottes Gebote leicht zu erfüllen? In welchem Maße vermag der Mensch das Sündigen zu vermeiden? Die Antwort war gleichfalls eine ganz pragmatische: Nur für kurze Zeit könne der Mensch eine Sünde meiden, nicht auf Dauer. Das waren Themen, die den Mönch und Asketen, der der lateinischen Welt besonders in Rom und Italien in monastisch-asketischen Fragen seit langem als Koryphäe galt, in seinem Selbstverständnis, in seiner Lebensführung und in seinem eben diesen Themen zugewandten Schaffen ganz persönlich betrafen und auf die er daher ausgiebig reflektierte. Eine tiefergehende Reflexion auf das Wesen von Sünde, auf den Kern der Sündigkeit des Menschen und des Bösen in der Welt, auf das Wirken der göttlichen Gnade und darauf, was Heilwerden und Heilsein des Menschen im Tiefsten bedeuten könnten –

eine solche Reflexion, wie Augustinus sie anstellte, wird man bei Hieronymus vergeblich suchen.

Ein Detail, das in seinem inhaltlichen Gewicht den oben gegen Ende von I 5 vermerkten Differenzen sowie der zum Schluss von II 5 gemachten Beobachtung gleichkommt, vermag diesen Unterschied in der theologischen Mentalität dieser beiden Väter abschließend zu beleuchten: In *De natura et gratia* machte Augustinus zu den darin aus Hieronymus zitierten Stellen folgende Bemerkung: „Beim Tun des Guten gibt es deswegen keine Bindung durch Zwang, weil die Freiheit der Liebe herrscht."[189] Dieser knappe Hinweis auf die „Freiheit der Liebe" beim Tun des Guten zeigt in eine Richtung, in die Hieronymus nie dachte. Die innere Haltung des Liebens als Kern allen menschlichen Entscheidens und Handelns ist m.E. letztlich der zentrale Punkt von Augustins Gnadenlehre: *dilige, et quod uis fac* – „liebe, und dann tu, was du tun willst."[190] Ohne das hier näher explizieren zu können, ließe sich diese berühmte Sentenz Augustins etwa so paraphrasieren: Bei allem, was du tun willst, achte zuerst darauf, dass du aus Liebe handelst. Wenn dies der Fall ist, dann tu, was du zu tun beabsichtigst. Ein Wollen, Entscheiden und Handeln, dessen innerster Antrieb echte Liebe sei, könne nie falsch sein: *radix sit intus dilectionis, non potest de ista radice nisi bonum exsistere* – „tief in dir wurzle die Liebe; aus dieser Wurzel [185] kann nur Gutes erstehen".[191] Eine derartige, auch missverständliche (und als Freibrief für Beliebigkeit und Willkür missverstandene) und daher riskante und gefährliche Spiritualität war einem asketisch-agonistischen Praktiker wie Hieronymus fremd. In Augustins aus *De natura et gratia* zitierten Aphorismus blitzt auf, dass seine Gedankengänge zu Heilwerden und Heilsein des Menschen eine ganz andere Dimension, Tiefe und Dynamik besaßen als die verglichen damit rudimentären Äußerungen des Hieronymus.

Aus alledem wird deutlich, in welch verschiedenen Bahnen des Denkens sich Augustins und Hieronymus' soteriologische Ansichten artikulierten. Wenigen Konvergenzen in sachlichen Details steht eine grundlegende Divergenz ihres Theologisierens gegenüber. Nicht nur also, dass sie sich in konkreten Einzelfragen nur in wenigen Punkten einig waren, ansonsten aber die Differenzen überwogen. Auch nicht nur, dass beide sich in höchst unterschiedlicher Häufigkeit, Ausführ-

---

189 Augustinus, nat. et grat. 78 (CSEL 60, 293), zitiert oben in III 2.

190 In ep. Ioh. tract. 7,8 (SC 75, 328).

191 Ebd. infra; vgl. ebd. 8,9 (75, 358): *radicata est caritas? securus esto, nihil mali procedere potest*; vgl. auch en. in Ps. 118 serm. 14,4 (CChr.SL 40, 1710): *quando isto fine* (sc. der Liebe nach 1 Tim. 1,5), *id est, huius rei contemplatione fit mandatum dei, tunc fit uere opus bonum.* Siehe dazu Johannes B. BAUER, Dilige et quod vis fac, in: WiWei 20 (1957) 64f.

lichkeit und Intensität solchen Fragen widmeten. Der grundlegendste Unterschied zwischen Augustinus und Hieronymus war der, dass ihre theologischen Mentalitäten und ihre Denkweisen im Ansatz, in der Ausführung und in der Gesamtperspektive divergent waren bis hin zur Inkommensurabilität.

Wahrer Gott – wahre Gerechtigkeit

Politische Implikationen des Monotheismus in der Spätantike*

1. Thematische Abgrenzungen

Mit politischen Implikationen des Monotheismus können so viele Assoziationen verbunden werden, dass es ratsam scheint, erst zu sagen, worum es in diesem Beitrag nicht gehen soll. Um deutlich zu machen, in welche Richtung die folgenden, mit der Hauptüberschrift angezeigten Überlegungen zielen, ist vor allem eine Abgrenzung von zwei Ansätzen hilfreich, die das Nachdenken über das Problemfeld stark geprägt haben.

Das gilt insbesondere für den bekannten Traktat von Erik Peterson über den Monotheismus als politisches Problem.[1] Diese kleine Schrift ist äußerst gehaltvoll, liefert wertvolle Einsichten für das Zueinander von Monarchie und Monotheismus in Antike und Spätantike und erbringt über ihren historischen Gegenstand hinaus grundsätzliche Erkenntnisse für die damit aufgeworfene Problematik. Aus zwei Gründen möchte ich hier aber doch nicht auf den Spuren Petersons wandeln. Zum einen hat sich seine zentrale These, nur ein strikter Monotheismus sei in einer monarchischen Herrschaftsform für eine politische Theologie nutzbar, nicht hingegen der trinitarische Monotheismus, wie er im spätantiken Christentum geformt wurde, als schlechterdings falsch herausgestellt. Zum anderen führen Petersons Ausführungen in das allgemeine Feld möglicher Zusammenhänge von Religion und Politik, wie sie im 20. Jahrhundert in Reaktion auf Peterson unter dem Schlagwort ‚Politische Theologie' intensiv diskutiert worden

---

* Gesine PALMER (Hg.), Fragen nach dem einen Gott. Die Monotheismusdebatte im Kontext (Religion und Aufklärung 14), Tübingen 2007, 251–282.

1 Erik PETERSON, Der Monotheismus als politisches Problem. Ein Beitrag zur Geschichte der politischen Theologie im Imperium Romanum, Leipzig 1935, erneut in: ders., Ausgewählte Schriften 1. Theologische Traktate, hg. von Barbara NICHTWEISS, Würzburg 1994, 23–81.

sind.[2] Das Verhältnis [252] von Religion und Politik ist aber ein viel größeres Thema als die spezifische Frage nach politischen Implikationen des Monotheismus.

Historische Konsequenzen des Monotheismus im Zusammenspiel mit monarchischen Staatsformen in der Spätantike hat Garth Fowden in einer beeindruckenden Studie beschrieben.[3] Die Originalität des Buches beruht auf dem ungewöhnlichen epochalen und regionalen Ausschnitt, den Fowden fokussiert: die Welt des östlichen Mittelmeerraumes und des südwestlichen Asiens vom Ende der Blütezeit des römischen Kaiserreiches im 2. Jahrhundert bis zum Ende der islamisch-arabischen Ausbreitung im 9. Jahrhundert. In diesem Zeitraum habe die Verbindung von Monarchie und Monotheismus in dieser Großregion zwei Ausprägungen gefunden: im christlichen Byzanz und im frühislamischen Reich. Wollte man sich mit den damit aufgeworfenen Aspekten beschäftigen, würde es um ‚Universalität' gehen, um ‚weltweite' politische und kulturelle bzw. religiöse oder um politisch-religiöse Präsenz. Universalismus ist natürlich ein entscheidender Aspekt monotheistischer Religionen. Vom Ansatz her geht es Fowden allerdings mehr um das, was mit einem kritischen Begriff ‚Imperialismus' genannt wird, um den ‚Traum vom Weltreich', den viele mächtige Staaten geträumt haben und träumen, und um die Verknüpfung eines universalen politischen Anspruchs mit dem Universalitätsanspruch monotheistischer Religionen, insbesondere des Christentums und des Islam. Fowdens zentrale These ist, dass die vom römischen Kaiser Konstantin I. vorgenommene Verknüpfung von (römischem) Imperialismus und (christlichem) Monotheismus im islamischen Reich realisiert worden sei – eine aufregende Idee. Aus seiner Darstellung lernt man sehr viel über das, was man Weltpolitik in der Spätantike nennen könnte, über Hegemonialmächte und Hegemoniestreben, entweder als ‚Imperium' oder im Rahmen eines ‚Commonwealth'. Allerdings geht es dabei um politische Verzweckung des Monotheismus, nicht um politische Implikationen des Monotheismus als solchen. Zudem bleibt nach meinem Eindruck offen, welche Bedeutung ein Monotheismus für eine solche Imperiengeschichte genau hat, weil eher Zusammenhänge zwischen Religion und Politik aufgezeigt werden als spezifisch zwischen Monotheismus und Politik.

---

2 Einen Überblick über diese Debatte ermöglichen: Alfred SCHINDLER (Hg.), Monotheismus als politisches Problem? Erik Peterson und die Kritik der politischen Theologie, Gütersloh 1978; Hans MAIER, Erik Peterson und das Problem der politischen Theologie, in: ZPol 38 (1991) 33–46.

3 Garth FOWDEN, Empire to Commonwealth. Consequences of Monotheism in Late Antiquity, Princeton 1993.

Die Arbeiten von Peterson und Fowden behandeln jeweils den Konnex von Monotheismus und Monarchie, anders gesagt: die Verknüpfung von Monotheismus und Politik über die Vorstellung eines einzigen Herrschers im Himmel und eines einzigen Herrschers auf der Erde. So interessant die damit aufgeworfenen Fragen sind und so wichtig es wäre, die politische Problematik des Monotheismus in dieser Hinsicht zu erörtern, so wenig [253] möchte ich es doch tun. Im aktuellen (populär-)wissenschaftlichen Diskurs gilt der Monotheismus nämlich aus anderen Gründen als politisch problematisch, und zu dieser Debatte wollen die folgenden Überlegungen einen historischen Beitrag liefern.

2. Die ‚Mosaische Unterscheidung'

In das Bewusstsein einer größeren Öffentlichkeit ist der Monotheismus als Problem – jedenfalls wird er so hingestellt – nicht zuletzt durch die kultur- und religionsgeschichtlichen Studien des (mittlerweile emeritierten) Heidelberger Ägyptologen Jan Assmann gedrungen.[4] Assmann diagnostiziert als grundlegendes Merkmal monotheistischer Religionen die von ihm so genannte ‚Mosaische Unterscheidung'. Er meint damit die im kulturellen Gedächtnis des Judentums (und in dessen Gefolge des Christentums und des Islam) mit Mose verbundene Unterscheidung zwischen wahr und falsch auf dem Gebiet des Heiligen, des Göttlichen, der Religion. In der Tat liegt hier der Kern monotheistischer Religionen im Unterschied zu sämtlichen polytheistischen Kulten der Antike. Die Differenz liegt nicht zentral darin, dass ein einziger Gott gegen viele Götter steht. Das ist zwar der Fall, aber die sachliche Differenz ist mit dieser formalen Frontstellung nicht erfasst. Die monotheistischen Religionen Judentum, Christentum und Islam stellen die Wahrheitsfrage auf dem Gebiet des Religiösen. Das konstituiert ihre Differenz von den antiken Kulten, in denen nicht nach wahrer oder falscher Gottesverehrung gefragt worden ist.

Für Assmann ergeben sich aus der ‚Mosaischen Unterscheidung', die er zu Recht als regulative theologische Idee, nicht als historisches, religionsgeschichtliches Ereignis versteht, die Schwierigkeiten, die nicht nur aus seiner Sicht mit dem Monotheismus einhergehen, vor

4 Jan ASSMANN, Moses the Egyptian. The Memory of Egypt in Western Monotheism, Cambridge MA 1997; dt.: Moses der Ägypter. Entzifferung einer Gedächtnisspur, München/Wien 1998 (Frankfurt a.M. [2]2000); ders., Die Mosaische Unterscheidung oder Der Preis des Monotheismus, München/Wien 2003.

allem das Problem von Intoleranz und Gewalt. Diese sind nicht erst durch den Monotheismus in die Welt gekommen; darauf weist Assmann ausdrücklich hin. Worauf er insistiert, ist das Gewaltpotential, das monotheistischen Religionen eignet. Darin ist ihm uneingeschränkt zuzustimmen. Die Geschichte gerade des Christentums und des Islam liefert dafür Beispiele in Hülle und Fülle, und Ignorieren oder Weginterpretieren ist kein zulässiger, weil kein redlicher Umgang mit diesen Fakten. Was indes den Zusammenhang von Wahrheit und Toleranz näherhin betrifft, scheinen mir viele Fragen zu bestehen. So [254] einfach, wie es bei Assmann aussieht – ich bin mir nicht sicher, ob er es tatsächlich so meint –, dass nämlich mit dem Anspruch auf universale Wahrheit notwendigerweise Intoleranz und mindestens Gewaltbereitschaft, wenn nicht gleich Gewalt einhergehen – ein weit verbreitetes Vorurteil, das sich bei näherer, hier freilich nicht zu leistender Analyse als unreflektiertes Ressentiment erweist –, so einfach liegen die Dinge nämlich nicht, und zwar weder historisch betrachtet noch systematisch.[5]

3. Monotheismus und Gerechtigkeit

Im Folgenden will ich freilich nicht diesen Aspekt der Thematik erörtern – es geht darin um eventuelle Konsequenzen der ‚Mosaischen Unterscheidung' – , sondern die Unterscheidung zwischen wahr und falsch in der Religion als solche thematisieren. In den Reaktionen auf die Thesen von Assmann[6] ist verschiedentlich darauf insistiert worden, im Monotheismus insbesondere des Alten Israel gehe es nicht eigentlich um die Unterscheidung zwischen wahr und falsch, sondern vielmehr um die zwischen Recht und Unrecht, Freiheit und Unterdrückung. Der Gott Israels erweise sich als der wahre Gott, insofern er Freiheit, Gerechtigkeit und Solidarität schaffe und schütze; erst sekundär gehe es um die Alternative zwischen Monotheismus und Polytheismus, wahre Gottesverehrung und Götzendienst, primär hingegen

5 Ein paar Überlegungen dazu bei Alfons FÜRST, Monotheismus und Gewalt. Fragen an die Frühzeit des Christentums, in: StZ 222 (2004) 521–531. Siehe ferner die Beiträge in: Jürgen MANEMANN (Hg.), Jahrbuch Politische Theologie 4: Monotheismus, Münster u.a. 2003, 121–180; Hermann DÜRINGER (Hg.), Monotheismus – eine Quelle der Gewalt?, Frankfurt a.M. 2004.

6 Fünf davon (von Rolf Rendtorff, Erich Zenger, Klaus Koch, Gerhard Kaiser und Karl-Josef Kuschel) sind abgedruckt im Anhang bei ASSMANN, Mosaische Unterscheidung (wie Anm. 4) 191–286.

um Unfreiheit und Rechtlosigkeit auf der einen, Freiheit und Menschenwürde auf der anderen Seite.[7]

In seinem ersten Buch zum Thema, „Moses der Ägypter", ist Assmann auf diese Zusammenhänge mit keinem Wort eingegangen, was die genannte Kritik hervorgerufen hat. In der Reaktion seinerseits darauf, „Die Mosaische Unterscheidung", hat Assmann das Gewicht dieses Einwands anerkannt und ihm einen längeren Abschnitt gewidmet.[8] Assmann ist sich mit [255] seinen Kritikern darüber einig, dass es in der Mosaischen Religion in erster Linie um Freiheit und Gerechtigkeit gehe und eben dies als ‚wahre' Religion definiert werde; ‚falsche' Religion gebe sich demgegenüber durch Unterdrückung, Willkür, Gesetz- und Rechtlosigkeit zu erkennen; ‚frei' und ‚unfrei' seien inhaltliche Bestimmungen dessen, was als ‚wahr' und ‚falsch' zu gelten habe.

Die religions- und kulturgeschichtliche Bedeutung der so verstandenen ‚Mosaischen Unterscheidung' beschreibt Assmann in einer Weise, die ich voll und ganz teile: Die Tatsache, dass mit der ‚Mosaischen Unterscheidung' Gerechtigkeit und Freiheit zu zentralen Themen der Religion werden, bedeutet nicht, dass es vor und außerhalb der monotheistischen Religionen keine Gerechtigkeit gegeben hätte. In der gedächtnisgeschichtlichen Tradition der monotheistischen Religionen wird die Sache zwar so dargestellt, als hätten erst sie die Idee der Gerechtigkeit in der Welt zur Geltung gebracht. Das ist aber falsch. Das, was ‚Gerechtigkeit' meint, und zugehörige Vorstellungen sozialethischen Verhaltens waren schon in der Welt, als die ‚Mosaische Unterscheidung' in ihr wirksam zu werden begann. Gerechtigkeit und, allgemeiner gesagt, Ethik waren allerdings nicht Sache der Religion, sondern des Staates und der sozialen Gemeinschaft. Der Götterkult hatte mit Ethik nichts zu tun. Die entscheidende Innovation der monotheistischen Religionen bestand darin, Religion und Ethik miteinander zu verbinden. Aus diesem Konnex – hier würde ich einen Schritt weiter gehen als Assmann – ergaben sich dann neue Vorstellungen von Gerechtigkeit, vor allem die Hochschätzung sozialer Ethik aufgrund der Verbindung von Gottes- und Nächstenliebe, die im Gefolge der Expan-

7 Vgl. insbesondere Erich ZENGER, Was ist der Preis des Monotheismus? Die heilsame Provokation von Jan Assmann, in: HerKorr 55 (2001) 186–191, hier 190f., abgedruckt in ASSMANN, Mosaische Unterscheidung (wie Anm. 4) 209–220, hier 219f.

8 ASSMANN, ebd. 64–71 unter der Überschrift „Monotheismus als Politische Theologie: Ethik, Gerechtigkeit, Freiheit" und weiter ebd. 71–81 zum Thema „Recht und Moral in der ‚heidnischen' Welt und die Theologisierung der Gerechtigkeit im Monotheismus".

sion des Christentums und des Islam einen tiefgreifenden Einfluss auf die nachantike Welt ausübte.[9]

Von Anfang an geht es auf diese Weise im Monotheismus um politische Theologie – mit ungeheuer weit reichenden Folgen, denn damit beginnt die Unterscheidung von Religion und Politik. Herrschaft und Heil[10] waren im Alten Orient und in der Antike Sache des Staates bzw. des Herrschers. Dieser hatte die Aufgabe, Gerechtigkeit durchzusetzen und die Schwachen von Unterdrückung durch die Starken zu befreien. Im Alten Israel, besonders im Wirken der Propheten, wurde diese Aufgabe dem Staat entwunden und zur alleinigen Sache Gottes erklärt. Gott schließt einen ‚Bund' mit ‚seinem' Volk, direkt, ohne Vermittlung durch einen Herrscher, und befreit dieses so aus der Unterdrückung durch den Staat. Herrschaft und Heil, Politik und Religion sind von da an verschiedene Dinge, die zwar weiter miteinander zu tun haben und faktisch noch lange nicht getrennt sind, deren Zusammen[256]spiel aber mühsam und konfliktreich immer wieder neu ausgehandelt werden muss. Die Unterscheidung von ‚wahr' und ‚falsch' in der Religion im Sinne des Unterschieds zwischen ‚frei' und ‚unfrei' ist von eminenter politischer Bedeutung.

Nur am Rande sei bemerkt, dass dieser ‚Umbuchung', wie Assmann sich ausdrückt, der Gerechtigkeit vom Staat bzw. konkret vom Herrscher auf Gott ein enormes herrschafts- und ideologiekritisches Potential eignet. Ich würde das stärker betonen, als Assmann das tut, weil das ideologiekritische Moment zentral zu monotheistischen Theologien gehört und, nicht unwichtig, auch in deren Binnenraum angewendet werden und sich unter Umständen gegen sie selbst richten kann. Monotheistische Religionen und in ihrem Binnenraum oder Umfeld sich entwickelnde Formen von Macht und Herrschaft sind ihrerseits an den nunmehr ‚göttlichen' Maßstäben von Freiheit und Gerechtigkeit zu messen.

4. Gesellschaftspolitische Ordnungsvorstellungen in der Spätantike

Assmann pflichtet der gegen ihn vorgebrachten Kritik darin bei, dass die politische Theologie des Monotheismus in der skizzierten Form der

---

9 Ein Überblick dazu bei Alfons FÜRST, „Die Erde zum Himmel machen." Soziale Gerechtigkeit im antiken Christentum, in: Kirche und Schule 31 Nr. 130 (2004) 3–13.

10 Siehe dazu Jan ASSMANN, Herrschaft und Heil. Politische Theologie in Altägypten, Israel und Europa, München/Wien 2000, 13–71.

primäre Sinn der ‚Mosaischen Unterscheidung' sei, die Frage der Idolatrie hingegen sekundär. Im Verlauf der Geschichte habe sich das Schwergewicht laut Assmann allerdings auf die Idolatrie verschoben. Falsche Religion sei zunehmend als falsche Gottesverehrung angesehen worden, während die eigentlich zentralen Aspekte Gerechtigkeit und Freiheit aus dem Blick geraten seien; unter anderem in der Spätantike sei die Idolatrie zum Inbegriff falscher Religion geworden. Diese These kann als Aufhänger für die folgenden Streiflichter aus der Spätantike dienen.

Etwas breiter ließe sich die Thematik so formulieren: In der spätantiken Debatte über den universalen Wahrheitsanspruch des in diesem Fall christlichen Monotheismus ging es nicht formal um eine Unterscheidung zwischen einem wahren Gott und vielen falschen Göttern, sondern inhaltlich um Grundfragen menschlichen Zusammenlebens. Der spätantike Diskurs über den christlichen Monotheismus war ein Diskurs über gesellschaftliche und politische, näherhin sozialethische Ordnungsvorstellungen. Die Rede von einem einzigen Gott hatte eine Funktion in den zugehörigen Optionen und Argumenten, und in diesem Sinn war der Monotheismus politische Theologie bzw., angesichts der Schwierigkeit dieses Begriffs etwas zurückhaltender formuliert, hatte er politische Implikationen (nicht erst im Sinne von realpolitischen Konsequenzen, die aus ihm gezogen werden konnten).

[257] Werden diese Zusammenhänge ignoriert, gerät die ganze Debatte über die politische Problematik des Monotheismus in eine Schieflage, weil der Kern des Problems ausgeblendet wird. Die folgenden Überlegungen verstehen sich daher nicht einfach nur als interessant für jemanden, der sich mit der Spätantike beschäftigt, oder als aufschlussreich für die heutige Sicht einer bestimmten Epoche der Geschichte, sondern auch als historischer Beitrag zur semantischen Struktur der aktuellen Debatte über den Monotheismus. An ausgewählten Beispielen – Kelsos und Origenes, Augustinus[11] – soll gezeigt werden, dass die spätantike Diskussion über den Monotheismus insofern politische Im-

---

11 Die von Joseph RATZINGER, Die Einheit der Nationen. Eine Vision der Kirchenväter, Salzburg/München 1971, in großen Zügen skizzierten Zusammenhänge berühren sich mit der hier verhandelten Thematik und sind ebenfalls an Origenes und Augustinus festgemacht. Die folgenden Überlegungen sind unabhängig von dieser im Nachhinein publizierten Vorlesung Ratzingers auf den Salzburger Hochschulwochen 1962 entstanden und verstehen sich mehr im Sinne einer Diskursanalyse – in Ratzingers Ausführungen erhalten die antiken Positionen kein wirkliches Eigenrecht – als die empathische Nachzeichnung des Kirchenväterdenkens durch Ratzinger. Zudem lag sein Fokus nicht auf dem Thema der Gerechtigkeit (außer ebd. 65, doch auch da ist der Hinweis von ephemerem argumentativem Gewicht).

plikationen hatte, als es in der Sache nicht primär um im engeren Sinn theologische Fragen des Gottesbegriffs, sondern um politische und ethische Fragen der Gesellschaftsordnung ging. Im Sinne der von Assmann wiederholt vorgenommenen Unterscheidung zwischen Religionsgeschichte und Theologie bzw. Gedächtnisgeschichte und faktischem Geschichtsverlauf sind die folgenden Überlegungen nicht der komplexen Religionsgeschichte der Spätantike gewidmet – diese wird nur am Rande eine Rolle spielen –, sondern dem theologischen Konzept der ‚Mosaischen Unterscheidung' im Hinblick auf seine sozialethischen und gesellschaftspolitischen Implikationen.

Gleich vorweg sei gesagt, dass ich diese These nicht überstrapazieren möchte. Die politischen Implikationen des Monotheismus lassen sich nicht auf gesellschaftspolitische Aspekte reduzieren, und die These ist auch nicht so gemeint, dass alle weiteren Aspekte ausschließlich aus dieser Perspektive betrachtet werden müssten. Was ich lediglich, dies aber durchaus liefern möchte, sind historische Argumente für die Ansicht, dass ohne Berücksichtigung der sozialethischen Implikationen die politische Problematik des Monotheismus nicht adäquat diskutiert werden kann.

[258] 5. Die vielen ‚Nomoi' und der eine ‚Nomos': Kelsos und Origenes[11a]

Der Konnex von Religion und Wahrheit bzw. Gottesbild und Gerechtigkeit spielte eine zentrale Rolle in der Debatte zwischen Kelsos und Origenes. Wahrscheinlich im oder um das Jahr 178 n.Chr. hat der ansonsten unbekannte platonische Philosoph Kelsos eine Streitschrift gegen das Christentum mit dem Titel „Wahre Lehre" verfasst (wie man die griechische Junktur Ἀληθὴς λόγος wohl am besten übersetzt). Siebzig Jahre danach wurde Origenes (ca. 185-253/54) von seinem Mäzen Ambrosios gebeten, eine Gegenschrift zu verfassen. Die Gründe für diese Bitte kennen wir nicht. Möglicherweise stand sie im Zusammenhang mit der Millenniumsfeier der Stadt Rom im Jahre 248 n.Chr., die in die Zeit der Reichskrise des 3. Jahrhunderts fiel, aber gleichwohl mit großem Aufwand begangen wurde. Diese Feier dürfte die traditionellen religiösen Grundlagen der Größe und Macht des römischen Imperiums bewusst gemacht haben, und das hat vielleicht zu antichristlichen Affekten geführt, in denen die Streitschrift des Kelsos eine Rolle

11a Siehe dazu auch in diesem Band Beitrag Nr. 8.

gespielt haben könnte.[12] Mangels Quellen bleiben solche Überlegungen freilich spekulativ.

Origenes schrieb, reichlich lustlos, eine Widerlegung „Gegen Kelsos" in acht Büchern – neben dem unten zu besprechenden „Gottesstaat" des Augustinus die umfangreichste und bedeutendste Apologie des Christentums in altkirchlicher Zeit. Interessant wird dieses Werk nicht zuletzt dadurch, dass Origenes die Streitschrift des Kelsos abschnittsweise ausschrieb und unterschiedlich ausführliche Bemerkungen dazu machte. Dadurch ist das als solches verlorene Pamphlet des Kelsos weitgehend rekonstruierbar. Vor allem aber erlaubt diese Vorgehensweise des Origenes einen einmaligen Einblick in die ‚heidnisch'-christlichen Auseinandersetzungen der vorkonstantinischen Zeit. Zwar scheint Origenes von der „Wahren Lehre" nicht einmal gewusst zu haben, ehe Ambrosios ihm ein Exemplar zukommen ließ, doch kommt durch das von ihm gewählte Arrangement eine literarische Debatte zustande, in der die Argumente der Diskussionspartner einander direkt gegenüberstehen. Nirgendwo sonst in der spätantiken Literatur treten die gegenseitigen Kritiken und Repliken so lebendig vor Augen wie in dieser Apologie.

Was den Gottesbegriff der beiden Kontrahenten angeht, so weiß man schon lange, dass sie sich darüber in wesentlichen Punkten einig waren.[13] [259] Nicht nur der christliche Theologe Origenes verstand sich als Monotheist; auch der platonische Philosoph Kelsos könnte als solcher bezeichnet werden, oder vorsichtiger als Henotheist bzw. Summodeist. Kelsos und Origenes teilten dasselbe Weltbild: Beide gingen von der Existenz eines einzigen bzw. einzigen höchsten Gottes aus, beide nahmen Zwischenwesen zwischen Gott und der Welt bzw. Gott und den Menschen an, beide richteten – wenn man so sagen kann – die Frömmigkeit ihrer ‚Seele' nicht auf diese Zwischenwesen, sondern auf den einen (höchsten) Gott. „Wenn ihr euch der sinnlichen Wahrnehmung verschließt und mit dem Geiste aufwärts schaut, wenn ihr euch vom Fleische abwendet und der Seele Augen auftut, einzig dann werdet ihr Gott schauen", sagte Kelsos an die Adresse der Christen.[14] Es

---

12 Zu diesen historischen Zusammenhängen siehe Karl Johannes NEUMANN, Der römische Staat und die allgemeine Kirche bis auf Diocletian, Bd. 1, Leipzig 1890, 265–273, zu Unrecht kritisiert in: Origen, Contra Celsum, translated with an introduction & notes by Henry CHADWICK, Cambridge 1953 (^{2}1965), XIVf.

13 Vgl. schon Anna MIURA-STANGE, Celsus und Origenes. Das Gemeinsame ihrer Weltanschauung nach den acht Büchern des Origenes gegen Celsus. Eine Studie zur Religions- und Geistesgeschichte des 2. und 3. Jahrhunderts, Gießen 1926, 113–119.

14 Bei Origenes, Cels. VII 36 (GCS Orig. 2, 186,18–21). – Alle Übersetzungen in dieser Studie stammen vom Verfasser.

macht keinen großen Unterschied, ob Kelsos die Zwischenwesen als ‚Dämonen' und ‚Götter' qualifizierte oder ob Origenes sie als ‚Dämonen' und ‚Engel' betrachtete. Ein Unterschied ergab sich erst auf der Ebene der kultischen Gottesverehrung: Während der platonische Philosoph in den traditionellen Gottheiten Organe der Weltregierung durch den einen Gott erblickte, die problemlos verehrt werden könnten, sah der an der biblischen Überlieferung orientierte Christ darin nichts als Götzendienst, Verehrung falscher Götter an Stelle des einen wahren Gottes. Kelsos und Origenes waren sich also nicht darüber einig, welcher Stellenwert diesen Zwischenwesen zuzuschreiben sei und wie der Mensch sich ihnen gegenüber zu verhalten habe, wohl aber waren sie sich über die grundsätzliche Struktur dieses Weltbildes einig sowie darüber, dass es eine transzendente Größe gebe, die beide ‚Gott' im Singular nannten.

Dieser Konsens ist Ausdruck eines in der römischen Kaiserzeit verschiedentlich feststellbaren Trends. Die Religionsgeschichte dieser Zeit ist mit der schroffen Alternative zwischen heidnischem Polytheismus und christlichem Monotheismus nicht zutreffend zu erfassen. Das ist das Bild, das die christlichen Theologen mit ihrer kämpferischen Attitüde gegen die antiken Kulte vermitteln, und so ganz falsch ist das ja auch nicht, denn zur Antike gehörten bis an ihr Ende viele Götter und viele Kulte, während das Christentum die Existenz und die Verehrung eines einzigen Gottes als Erbe aus dem Judentum hochhielt. Von der neuzeitlichen Forschung[15] ist diese Front allerdings dahingehend modifiziert worden, dass sich in der nichtchristlichen Welt seit dem 2./3. Jahrhundert n.Chr. deutlich Tendenzen zur, um es ein[260]mal so auszudrücken, Singularisierung des Gottesbegriffs abzeichneten.[16] Am weitesten zurück reichten solche Tendenzen in der Philosophie, in der die Wirklichkeit als Einheit begriffen wurde; wo das Einheitsprinzip theologisch formuliert wurde wie insbesondere im Neuplatonismus, war von Gott im Singular die Rede und auch ein einziger Gott gemeint. Dieses Gedankengut blieb nicht auf den engen Kreis der Fachphilosophen beschränkt, sondern wurde zum allgemeinen Vorstellungs- und Bildungsgut der späten Antike, was sich vor allem an der zunehmenden Verehrung der Sonne als oberste, ja einzige Gottheit ablesen lässt.

---

15 Erstmals schon Eduard ZELLER, Die Entwicklung des Monotheismus bei den Griechen, Stuttgart 1862, erneut in: ders., Vorträge und Abhandlungen geschichtlichen Inhalts, Bd. 1, Leipzig ²1875, 1–29.

16 Vgl. Martin P. NILSSON, Geschichte der griechischen Religion. Bd. 2: Die hellenistische und römische Zeit, München 1950, 546–552. Zu entsprechenden universalistischen Tendenzen siehe FOWDEN, Empire (wie Anm. 3) 37–79.

Es gab so etwas wie ‚paganen Monotheismus',[17] oder angesichts der Schwierigkeit dieses Begriffs vorsichtiger gesagt, einen heidnischen Trend zum Monotheismus. Kelsos lag mit seiner mittelplatonischen Theologie ganz auf dieser Linie. Damit soll er nicht in christlichem Sinne vereinnahmt werden.[18] Aber es wird verständlich, weshalb die Frage nach der Zahl der Götter für Kelsos und Origenes nicht zur Debatte stand.

Dissens gab es, wie schon gesagt, über die kultische Verehrung der (untergeordneten) Götter. Die These von Assmann, im Verlauf der Geschichte und besonders in der Spätantike habe sich in der ‚Mosaischen Unterscheidung' das Schwergewicht auf den eigentlich sekundären Aspekt der Idolatrie verschoben, hat insofern Argumente für sich. Bei allen altkirchlichen Apologeten spielte diese Thematik eine wichtige Rolle. In der Debatte zwischen Kelsos und Origenes scheint darauf aber doch nicht der eigentliche Akzent zu liegen. Aus der Diskussion, wie Origenes sie literarisch arrangiert hat, geht vielmehr hervor, dass es weniger um die Frage der Kultpraxis ging als vielmehr um die Implikationen des jeweiligen Gotteskonzeptes (und der damit verbundenen kultischen Praxis) für das menschliche Zusammenleben.

Das zeigt bereits der Anfang der Streitschrift des Kelsos bzw. der Erwiderung des Origenes. „Der erste Hauptkritikpunkt für Kelsos", beginnt Origenes, „bezieht sich darauf, dass die Christen entgegen der bestehenden Ordnung heimlich untereinander Vereinigungen bilden. Denn von den Vereini[261]gungen sind die einen öffentlich, nämlich alle, die sich an die Gesetze halten, die anderen aber geheim, nämlich alle, die entgegen der bestehenden Ordnung zustandekommen."[19] Dieser Vorwurf ist nicht in juristischem Sinne zu interpretieren, sondern

---

17 Siehe die Beiträge in Polymnia ATHANASSIADI/Michael FREDE (Hg.), Pagan Monotheism in Late Antiquity, Oxford 1999 (^{2}2002), ein Band, der in der Fachwelt auf außerordentlich große Resonanz gestoßen ist.

18 Heinrich DÖRRIE, Die platonische Theologie des Kelsos in ihrer Auseinandersetzung mit der christlichen Theologie, auf Grund von Origenes, c. Celsum 7,42ff., in: NAWG.PH 2 (1967) 19–55, erneut in: ders., Platonica Minora, München 1976, 229–262, hat die genaue Stellung des Kelsos in der Entwicklung der platonischen Gotteslehre herausgearbeitet und energisch auf die Unterschiede zwischen Kelsos und Origenes in der genaueren begrifflichen Bestimmung der Größe ‚Gott' hingewiesen.

19 Origenes, Cels. I 1 (GCS Orig. 1, 56,1–5). Es ist umstritten und kaum entscheidbar, ob Origenes Kelsos hier wörtlich zitierte oder frei paraphrasierte. Albert WIFSTRAND, Die wahre Lehre des Kelsos, in: Bulletin de la Société Royale des Lettres de Lund 1941-1942 (1942) 391–431 (in eigener Paginierung: 1–41), hier 395, hält den ersten Satz für eine von Origenes frei formulierte Zusammenfassung des ersten Hauptkritikpunktes des Kelsos und den zweiten für den Anfang der Schrift des Kelsos. Für die sachliche Fragestellung sind diese philologischen Probleme unerheblich.

allgemeiner dahingehend, dass die christlichen Gruppen gegen bestehende Vorstellungen und Normen gesellschaftlicher Ordnung verstoßen.[20] Origenes hat im ersten Teil des ersten Buches[21] zentrale Vorwürfe des Kelsos in systematischer Anordnung erörtert. Geht man davon aus, dass er den wichtigsten Punkt als ersten anführte, dann lässt sich diesem Beginn entnehmen, dass der Streit in erster Linie um gesellschaftspolitische Ordnungsvorstellungen geführt worden ist. Es ging Kelsos nicht um den Monotheismus der Christen als solchen, es ging nicht einmal um ausschließlich religiöse Fragen. Zur Debatte standen vielmehr gesellschaftspolitische Implikationen des Christentums. Diese hingen, wie gleich zu zeigen sein wird, mit dem Monotheismus zusammen, der Fokus lag aber auf Aspekten, die das Zusammenleben von Menschen unmittelbar tangieren.

Origenes bewegte sich in seiner Replik auf dem damit abgesteckten Terrain, verband allerdings gesellschaftliche Fragen mit religiösen und ethischen Überzeugungen:

> „Dazu ist Folgendes zu sagen: Wenn jemand sich bei den Skythen befände, die gottlose Gesetze haben, und gezwungen wäre, bei ihnen zu leben, weil er keine Möglichkeit hat zu entweichen, dann würde er wohl sehr vernünftig handeln, wenn er im Namen des Gesetzes der Wahrheit, das bei den Skythen ja Gesetzwidrigkeit ist, zusammen mit Gleichgesinnten auch entgegen der bei jenen bestehenden Ordnung Vereinigungen bilden würde. Ebenso sind vor dem Richterstuhl der Wahrheit die Gesetze der Heiden, die sich auf die Götterbilder und die gottlose Vielgötterei beziehen, Gesetze der Skythen und womöglich noch frevelhafter als diese. Es ist daher nicht unvernünftig, zugunsten der Wahrheit Vereinigungen gegen die bestehende Ordnung zu bilden. Wie nämlich Leute, die sich heimlich zusammentun, um einen Tyrannen, der die Macht in einer Stadt an sich gerissen hat, zu vertreiben, ehrenwert handeln würden, gerade so bilden auch die Christen unter der tyrannischen Herrschaft des bei ihnen so genannten Teufels und der Lüge entgegen der vom Teufel etablierten Ordnung [262] Vereinigungen gegen den Teufel und zur Rettung der anderen, die sie vielleicht davon überzeugen können, sich einem Gesetz zu entziehen, das sozusagen ein Gesetz der Skythen und eines Tyrannen ist."[22]

Origenes identifizierte[23] die bestehende Ordnung, auf die Kelsos rekurrierte, als „die Gesetze der Heiden, die sich auf die Götterbilder und die

20 So die zutreffende Interpretation von Jakob SPEIGL, Der römische Staat und die Christen. Staat und Kirche von Domitian bis Commodus, Amsterdam 1970, 186–188, gefolgt von Karl PICHLER, Streit um das Christentum. Der Angriff des Kelsos und die Antwort des Origenes, Frankfurt a.M./Bern 1980, 122.

21 Vgl. Origenes, Cels. I 1–27 (GCS Orig. 1, 56–79).

22 Ebd. I 1 (1, 56,9–23).

23 Vgl. PICHLER, Streit (wie Anm. 20) 238.

gottlose Vielgötterei beziehen", und verknüpfte so gesellschaftliche Ordnungsvorstellungen mit religiösen Aspekten. Das ist der Sache durchaus angemessen, denn in der antiken Welt war das nicht getrennt. Indem Origenes diesen Konnex bewusst machte, gewann er die Möglichkeit, gegen die heidnischen Vorstellungen zu argumentieren. Mit dem Rekurs auf den „Richterstuhl der Wahrheit" beurteilte er die von Kelsos gegen das Christentum ins Feld geführte „etablierte Ordnung" von christlichen Maßstäben aus. Der Christ Origenes insistierte auf der Unterscheidung von wahr und falsch, aber nicht im Gottesbild, auch nicht in den religiösen Überzeugungen als solchen, sondern auf dem Feld politischer und sozialer Ordnung. Ohne die weitreichenden Implikationen der Aussagen des Origenes an dieser Stelle – nicht zuletzt seine Ansicht zur Vertreibung eines Tyrannen (wohlgemerkt: nicht zum Mord an ihm) – besprechen zu können, wird klar, dass Origenes mit Kelsos über ordnungspolitische Grundsatzfragen diskutierte und seine Kriteriologie zur Unterscheidung von wahr und falsch auf diesem Gebiet aus seinen religiös-ethischen Überzeugungen stammte. Die Zahl der Götter spielte keine Rolle.

Als erstmals im Text des Kelsos – in einer Polemik gegen Mose – von einem einzigen Gott die Rede war, kam Origenes erneut auf Vorstellungen von Ordnung zu sprechen: „Ihrem Anführer Mose folgend, fielen die Ziegen- und Schafhirten auf plumpen Trug herein und glaubten, es gebe nur einen einzigen Gott", schrieb Kelsos, und Origenes wies in seiner Entgegnung – einer Polemik gegen die griechische Götterwelt – darauf hin, worum es bei dieser Frage in der Sache geht: „Wie viel wirksamer und besser als alle diese Phantasien ist es, angesichts der sichtbaren Wirklichkeit von der guten Ordnung der Welt überzeugt zu sein und den einen Schöpfer der einen Welt zu verehren, die ganz mit sich selbst zusammenstimmt und deshalb nicht von vielen Schöpfern geschaffen worden sein kann."[24] Abgesehen davon, dass Origenes sich über diese spezielle Thematik mit Kelsos vermutlich hätte einig werden können, und abgesehen davon, dass es um kosmologische Ordnungsvorstellungen, nicht um staatlich-gesellschaftliche geht, zeigt sich erneut, dass die Frage nach einem Gott oder vielen Göttern [263] nicht als solche problematisch war, sondern im Zusammenhang mit Vorstellungen von Ordnung und Harmonie kontrovers diskutiert wurde.

Im selben Koordinatennetz bewegten sich die Kontrahenten an einer weiteren Stelle, an der diese spezielle Problematik zur Sprache kam. Für Kelsos bestand die „etablierte Ordnung" in einer Vielfalt religiöser und sozialer Gesetze und Gebräuche:

---

24 Origenes, Cels. I 23 (GCS Orig. 1, 73,9–11.22–26).

„Jedes Volk hält sein väterliches Erbe, wie immer es einst eingerichtet worden sein mag, in Ehren. Das scheint sich nicht nur daraus zu ergeben, dass die verschiedenen Völker je nachdem, wie es ihnen in den Sinn kam, verschiedene Ordnungen etabliert haben und die für die Gemeinschaft gültigen Beschlüsse bewahrt werden müssen, sondern auch daraus, dass wahrscheinlich die verschiedenen Teile der Erde von Anfang an verschiedenen Aufsehern zugeteilt und in bestimmte Herrschaftsgebiete aufgeteilt worden sind und so auch verwaltet werden. Und daher dürften die Gebräuche bei den einzelnen Völkern wohl dann in der rechten Weise ausgeübt werden, wenn sie so vollzogen werden, wie es den Aufsehern gefällt. Nicht gottgefällig aber wäre es, die von Anfang an in den jeweiligen Gebieten etablierte Ordnung abzuschaffen."[25]

Kelsos erklärte die Entstehung der faktischen Pluralität in der religiös-sozialen Ordnung: Entsprechend der Vielfalt der Völker hätten sich historisch kontingent vielfältige Modelle des Zusammenlebens entwickelt. In der Formulierung des Kelsos steckt eine kontraktualistische Gesellschaftstheorie, denn „für die Gemeinschaft gültige Beschlüsse" sind Beschlüsse, die in der Volksversammlung herbeigeführt worden sind. Diese Theorie verknüpfte Kelsos mit einer theologischen Deutung der Vielfalt in Religion und Sitte: Sie sei gottgewollt, und zwar insofern, als sie auf die einzelnen Götter zurückzuführen sei, die wiederum vom einen höchsten Gott mit der Verwaltung der einzelnen Gebiete der Erde betraut worden seien. Auf diese Weise konzipierte der ‚monotheisierende' Philosoph Kelsos eine pluralistische Gesellschaftstheorie und, untrennbar damit verbunden, eine pluralistische Religionstheorie. Die Bausteine seines Systems musste er weder erfinden noch war es nötig, die kultische Vielfalt seiner Zeit zu rechtfertigen. Sie war eine Erfahrungstatsache. Alles, was Kelsos tat, war, dieses Faktum zu erklären.[26]

Im Blick auf die Christen tat er allerdings noch ein Weiteres: Er äußerte sich zur Frage rechter oder falscher Kultausübung und zu den Ansprüchen, die eine solche Ordnung an die stellt, die an ihr partizipieren. „In der rechten Weise" würden, so Kelsos, „die Gebräuche bei den einzelnen Völkern" ausgeübt, „wenn sie so vollzogen werden, wie es den Aufsehern ge[264]fällt." Das ist ein relatives Prinzip: Je nach „Aufseher", und das heißt konkret: je nach Region und zugehöriger Gesellschaft ergibt sich, was recht ist. Diese Konstellation betrachtete Kelsos als verbindlich: Angesichts ihrer religiösen Implikationen sei es „nicht gottgefällig", „die von Anfang an in den jeweiligen Gebieten etablierte Ordnung abzuschaffen". Kelsos spielte damit auf den Vor-

25 Bei Origenes, Cels. V 25 (GCS Orig. 2, 26,5–13).

26 Eine konzise Darstellung der Haltung des Kelsos bei SPEIGL, Der römische Staat (wie Anm. 20) 190f.

wurf an, den er zu Beginn seiner Schrift gegen die Christen erhob, nämlich heimlich untereinander Verbindungen gegen die bestehende Ordnung zu schließen (s.o.). Aus der soeben besprochenen Stelle geht hervor, warum Kelsos ein solches Verhalten für gottlos gehalten hat.

Die Replik des Origenes lag auf der Linie dessen, was er seinerseits zu Beginn seines Werkes schon gesagt hatte. Erneut rekurrierte er auf Bräuche wie den Vatermord bei den Skythen oder die Ehe mit Mutter oder Tochter bei den Persern, „um die Behauptung zu bezweifeln, dass bei den einzelnen Völkern die Gebräuche in dem Maße in der rechten Weise ausgeübt werden, in dem es den Aufsehern gefällt".[27] Dabei ist nicht so wichtig, dass es sich hier um wiederholt zitierte Exempla aus der klassischen griechischen Literatur (besonders aus Herodot) handelte. Entscheidend ist das Argumentationsziel. Origenes stellte in Frage, dass sich im System des Kelsos sinnvoll eine Unterscheidung zwischen wahr und falsch treffen lasse. Er gebrauchte diese Begriffe nicht, setzte aber implizit diese Unterscheidung voraus, um Handlungen als gottgefällig oder gottlos beurteilen zu können: „Kelsos soll uns sagen, warum es nicht gottgefällig sein soll, von den Vätern ererbte Bräuche abzuschaffen, welche die Ehe mit Mutter und Tochter erlauben oder den für glücklich halten, der mit einem Strick seinem Leben ein Ende macht, oder die für vollkommen rein erklären, die sich selbst verbrennen und durch das Feuer aus dem Leben scheiden! Warum soll es nicht gottgefällig sein, beispielsweise den bei den Taurern üblichen Brauch abzuschaffen, Fremde der Artemis als Opfer darzubringen, oder den bei manchen Libyern üblichen, dem Kronos Kinder zu schlachten?"[28]

Die vertragstheoretische Gesellschafts- und Religionstheorie des Kelsos führt in den Augen des Origenes in einen Relativismus, auf dessen Basis Normen und Werte nicht mehr begründet und keine Werturteile mehr gefällt werden können:

> „Auch wird man nach Kelsos das Gottgefällige nicht von Natur aus für etwas Göttliches halten, sondern aufgrund von Übereinkunft und Abmachung. Denn bei einem Volk gilt es als gottgefällig, das Krokodil zu verehren und von den Tieren zu essen, die bei anderen angebetet werden, bei einem anderen Volk gilt es als gottgefällig, das Kalb zu verehren, und [265] bei wieder einem anderen, den Bock für einen Gott zu halten. Auf diese Weise wäre dasselbe Tun ein und derselben Person nach den einen Gesetzen gottfällig, nach anderen jedoch gottlos – was vollkommen absurd wäre … Man sehe zu, ob das nicht eine große Verwirrung anzeigt über das, was gerecht und was gottgefällig ist, sowie darüber, was Frömmigkeit bedeutet, die nicht klar definiert und keine eigenständige Kategorie wäre und nicht

27 Origenes, Cels. V 27 (GCS Orig. 2, 28,3–5).

28 Ebd. (2, 28,5–12).

> die als fromm kennzeichnen würde, die ihr Handeln an ihr ausrichten! Sollten Frömmigkeit, Gottgefälligkeit und Gerechtigkeit tatsächlich zu den relativen Begriffen gehören, so dass dasselbe Verhalten je nach Umständen und Gebräuchen gottgefällig und gottlos zugleich wäre, dann sehe man zu, ob nicht konsequenterweise auch Besonnenheit zu den relativen Begriffen gehört, desgleichen Tapferkeit, Klugheit, Erkenntnis und die übrigen Tugenden – nichts wäre absurder."[29]

Erneut wird deutlich: Kelsos und Origenes diskutierten über Grundlagen menschlichen Zusammenlebens, und Origenes ging es dabei um die Unterscheidung zwischen wahr und falsch in Religion und Gesellschaft. Der Monotheismus als solcher stand nicht zur Debatte. Generell ist ihre Diskussion nicht am Stichwort ‚Theos' festzumachen, sondern an den komplementären, in der Bedeutung von altehrwürdiger Überlieferung auf dem Gebiet der Geistes- und der Religionsgeschichte sich gegenseitig überlappenden Stichworten ‚Logos' und ‚Nomos'.[30] Da der ‚Nomos', die Lebensordnung, am ‚Theos', an der Gottesvorstellung, hing, ist beides zwar nicht zu trennen, doch war es der ‚Nomos', die bestehende, ‚gültige' Ordnung, über die die Kontrahenten sich nicht einig waren. Für Kelsos war der christliche Monotheismus nicht in seiner theologischen Semantik problematisch, sondern hinsichtlich seiner ordnungspolitischen Implikationen: „In der Tat, wer behauptet, es sei nur ein einziger Herr gemeint, wenn er von Gott redet, der handelt gottlos, denn er zerteilt das Reich Gottes und stiftet Aufruhr, als ob es dort Parteiung gäbe und einen anderen Gott, einen Widersacher."[31] Kelsos bewertete den christlichen Monotheismus als Aufruhr gegen die von ihm verteidigte plurale religiöse und soziale Ordnung.[32]

[266] Schön ablesen lässt sich der exakte Frontverlauf an einer letzten hier zu besprechenden Stelle.[33] Gegen Ende seiner Streitschrift äu-

---

29 Ebd. V 27f. (2, 28,14–20; 29,4–12).

30 Das hat Carl ANDRESEN, Logos und Nomos. Die Polemik des Kelsos wider das Christentum, Berlin 1955, in einer wegweisenden Studie aufgezeigt; siehe für hier bes. ebd. 189–200.

31 Bei Origenes, Cels. VIII 11 (GCS Orig. 2, 228,19–22).

32 Vgl. ANDRESEN, Logos und Nomos (wie Anm. 30) 221–223. Siehe ferner Michael FREDE, Celsus' Attack on the Christians, in: Jonathan BARNES/Miriam GRIFFIN (Hg.), Philosophia togata, Bd 2: Plato and Aristotle at Rome, Oxford 1997, 218–240; Die ‚Wahre Lehre' des Kelsos, übersetzt und erklärt von Horacio E. LONA (KfA Erg.-Bd. 1), Freiburg u.a. 2005, 432f.; Arthur J. DROGE, Self-definition vis-à-vis the Graeco-Roman world, in: The Cambridge History of Christianity, Bd. 1: Origins to Constantine, Cambridge 2006, 230–244, hier 241–243.

33 Siehe dazu Alfons FÜRST, „Wer das glaubt, weiß gar nichts". Eine spätantike Debatte über den Universalanspruch des christlichen Monotheismus, in: Orien. 68 (2004) 138–141 (in diesem Band Beitrag Nr. 8).

ßerte Kelsos, so Origenes, eine Art Wunsch: „Wäre es doch möglich, dass sich die Bewohner von Asien, Europa und Libyen, Griechen wie Barbaren, bis an die Enden der Erde auf ein einziges Gesetz einigten.“[34] Ob Kelsos hier wirklich einen Wunsch formuliert hat, wie Origenes den Satz auffasste, oder lediglich eine Frage stellte – „denn ob es möglich sei …“–, ist sprachlich schwer zu entscheiden.[35] Interessant daran ist in jedem Fall, dass Kelsos mit dem Monotheismus als solchem offenbar keine Probleme hatte. Die Schwierigkeiten des Monotheismus beginnen aus seiner Sicht mit seinen Implikationen für das menschliche Zusammenleben. Auch da scheint er möglicherweise – je nach Deutung des Satzes als Wunsch oder als Frage – bereit gewesen zu sein, „ein einziges Gesetz“ für alle Menschen zumindest in Erwägung zu ziehen. Freilich: Eine solche Idee hat er sogleich verworfen: „Wer das glaubt, weiß gar nichts“, unterbrach er den Gedanken, kaum dass er ihn geäußert hatte.[36] Ein einziger universaler ‚Nomos‘ wäre die Kontrastvision zur realen Pluralität der vielen ‚Nomoi‘ der Völker, die Kelsos gegen die Christen verteidigte.

Origenes hat in seiner Replik genau diese Vision einer Einheit des Menschengeschlechts unter einem einzigen ‚Nomos‘ skizziert,[37] und zwar als Utopie, deren vollständige Realisierung erst im Eschaton zu erwarten sei. Von seinen im Detail überaus komplexen Bemerkungen[38] sind für hier zwei Aspekte wichtig: Origenes gab eine theologische Antwort, in der die Unterscheidung zwischen wahr und falsch ersetzt ist durch die zwischen gut und böse; nicht gesellschaftspolitische Fragen stehen im Mittelpunkt, sondern soteriologische, bezogen auf das Heil jedes einzelnen Menschen:

> [267] „Wir hingegen sagen, dass eines Tages der Logos über das gesamte vernunftbegabte Sein herrschen und jede Seele zu seiner (des Logos) Voll-

34 Bei Origenes, Cels. VIII 72 (GCS Orig. 2, 288,14–17).

35 Das griechische εἰ γάρ mit Optativ leitet einen als möglich vorgestellten Wunsch ein. Da Kelsos eine solche Idee gleich darauf jedoch für unmöglich und völlig unrealistisch erklärt und zudem das Verbum fehlt, hat er wohl doch eher eine Frage gestellt, in der allenfalls der Wunsch eines Dritten thematisiert wurde. So verstanden, wird der Satz allerdings zu einem Anakoluth.

36 Bei Origenes, Cels. VIII 72 (GCS Orig. 2, 288,17f.).

37 Siehe dazu Erik PETERSON, Das Problem des Nationalismus im alten Christentum, in: ThZ 7 (1951) 81–91, hier 86f.; RATZINGER, Einheit (wie Anm. 11) 41–68.

38 Näheres bei Norbert BROX, Mehr als Gerechtigkeit. Die außenseiterischen Eschatologien des Markion und Origenes, in: Kairos 24 (1982) 1–16, erneut in: ders., Das Frühchristentum. Schriften zur Historischen Theologie, hg. von Franz DÜNZL/Alfons FÜRST/Ferdinand Rupert PROSTMEIER, Freiburg u.a. 2000, 385–403; Alfons FÜRST, Laßt uns erwachsen werden! Ethische Aspekte der Eschatologie des Origenes, in: ThPh 75 (2000) 321–338 (in diesem Band Beitrag Nr. 7).

> kommenheit umgestalten wird, sobald jeder Einzelne einfach von seiner Freiheit Gebrauch macht, das wählt, was er will, und bei dem bleibt, was er gewählt hat. Doch während es bei den körperlichen Krankheiten und Verwundungen Fälle gibt, an denen jede ärztliche Kunst scheitert, halten wir es für unwahrscheinlich, dass es bei den Seelen irgendetwas von der Schlechtigkeit Herrührendes gibt, das nicht von der über Allem waltenden Vernunft und von Gott geheilt werden könnte. Denn da der Logos und die ihm innewohnende Heilkraft stärker sind als alle Übel in der Seele, lässt er diese Kraft gemäß dem Willen Gottes bei jedem Einzelnen wirken, und das Ende der Behandlung ist die Beseitigung des Übels."[39]

In dieser Perspektive ging es Origenes durchaus um die Befreiung von einem Bösen, das er nicht nur individualistisch als Sünde, sondern auch als gesellschaftliche Ungerechtigkeit und Unfreiheit verstanden hat. Es war die Überwindung von Ungleichheit und Ungerechtigkeit in der Welt, für die Origenes überaus sensibel war. „Denn die Güte Gottes reizt, wie es seinem Wesen entspricht, und lockt alles hin zu dem seligen Ende, wo ‚Schmerz und Trauer und Seufzen flieht' und vergeht."[40] Wahre Gerechtigkeit – wie wird sie erreicht? Das war das eigentliche Thema des Origenes, wenn vom einen Gott die Rede war bzw., wie hier, vom einen ‚Nomos'.

Das Denken des Origenes speiste sich elementar aus der Erfahrung, dass die Welt, so wie sie ist, nicht in Ordnung ist. Weil in der Antike, in der christlichen wie in der nichtchristlichen, nicht die Menschen, sondern Gott bzw. die Götter als für den Zustand der Welt verantwortlich angesehen wurden, hing die Frage nach der Ordnung der Welt untrennbar zusammen mit der Frage nach Gott. Unrecht und Ungerechtigkeit führten zur Infragestellung der Gerechtigkeit, Güte oder Allmacht Gottes – in massiver Weise bekanntlich im Epikureismus und in der Gnosis bzw. im Gnostizismus. Die Debatte zwischen Kelsos und Origenes lässt sich in diesen Kontext einordnen. Kelsos wäre dann ein Vertreter der kosmotheistischen Option: Die Welt sei so, wie sie ist, ‚in Ordnung'; die Vielfalt und damit die Verschiedenheiten in ihr seien, vermittelt über die vielen Götter, gottgewollt. Theologie und Gesellschaftstheorie des Kelsos laufen letztlich auf eine Rechtfertigung der bestehenden Ordnung hinaus. Origenes würde in diesem Rahmen zu denen gehören, die sich damit nicht abfinden mochten. Er nahm die Verschiedenheiten als Ungleichheit und Ungerechtigkeit wahr; er wollte unterschieden wissen zwischen wahr und falsch, zwischen gut und böse; er wollte nicht alle möglichen menschlichen Handlungen relativistisch als gottgefällig akzeptieren. Also fragte er nach einer besseren

39 Origenes, Cels. VIII 72 (GCS Orig. 2, 288,24–289,9).

40 Princ. I 8,3 (GCS Orig. 5, 101,1–3) mit Zitat aus Jes. 35,10.

Ordnung für die [268] Welt. Kelsos vertrat einen kultisch inszenierten und metaphysisch abgesicherten konservativen Pluralismus. Was für ihn Aufruhr gegen die etablierte Ordnung war, die Einheitsvision des Christentums, war für Origenes Anfang einer neuen und besseren Ordnung.[41] Das war der sachliche Kern der Diskussion zwischen Kelsos und Origenes über viele ‚Nomoi' oder einen einzigen ‚Nomos'.

6. ‚*Iustitiae veritas*': Augustinus

Kelsos und Origenes führten ihre (virtuelle) Debatte zu einer Zeit, in der die meist kleinen und, auf das gesamte Römische Reich bezogen, relativ wenigen christlichen Gruppen weit entfernt von gesellschaftlichem Einfluss und politischer Macht waren. Zwei Jahrhunderte später hatte sich diese Situation grundlegend verändert. Um die Wende vom 4. zum 5. Jahrhundert war das Christentum eine feste Größe im Römischen Reich geworden, die antiken Kulte wurden durch staatliche Maßnahmen zunehmend unter Druck gesetzt.

In dieser religionspolitischen Situation geschah eine Katastrophe, die von vielen Zeitgenossen, auch von Christen, als Menetekel empfunden wurde: Die Westgoten unter Alarich eroberten im August 410 Rom und plünderten und brandschatzten es drei Tage lang. Anhänger der alten Kulte werteten dieses Ereignis als Folge der aus ihrer Sicht verfehlten Religionspolitik des christlichen Staates: Die Abkehr von den traditionellen Göttern führe offenkundig zum Untergang des Staatswesens. Als Reaktion auf diesen Vorwurf verfasste Augustinus (354–430) in den Jahren zwischen 412/13 und 426/27 sein „großes und schwieriges Werk", wie er im Vorwort selbst sagte,[42] über den „Gottesstaat" (wie man den Titel *De civitate dei* im Deutschen üblicherweise übersetzt; besser wäre „Gemeinschaft Gottes", weil es nicht um eine historisch identifizierbare Größe geht, sondern um die eschatologische Gemeinschaft der ‚erlösten' Individuen). In dieser ebenso umfang- wie inhaltsreichen Schrift, in der Augustinus sich, über den Anlass weit hinausgehend, kontrovers mit der gesamten antiken Kultur auseinandersetzte, erörterte er unter anderem die Grundlagen menschlichen Zusammenlebens. Seine Ausführungen sind nicht völlig konsistent und widerspruchsfrei, weil er, mal kämpferisch, mal konziliant, nach vielen Seiten zugleich focht, aber [269] doch getragen von einigen fundamen-

---

41 Vgl. Theofried BAUMEISTER, Gottesglaube und Staatsauffassung – ihre Interdependenz bei Celsus und Origenes, in: ThPh 53 (1978) 161–178, hier 167. 170. 176.

42 Augustinus, civ. I praef. (I p. 3,17f. DOMBART/KALB).

talen Optionen, die sich im Laufe der langen Abfassungszeit nicht verändert haben.

In der Staatsphilosophie der Antike galt seit Platon und Aristoteles Gerechtigkeit als Fundament des Staates; Cicero sah den römischen Staat auf Gerechtigkeit gegründet und versuchte, dies in seiner staatsphilosophischen Schrift „Über den Staat“ *(De re publica)* nachzuweisen. Augustinus rückte von dieser antiken Staatslegitimation ab. Er bestritt nicht nur der mit militärischer Gewalt errichteten Herrschaft der Römer über die Mittelmeerwelt, auf Gerechtigkeit gegründet zu sein, sondern stellte Gerechtigkeit als Staatsdefinition grundsätzlich in Frage. Sein Argument: Wahre Gerechtigkeit sei auf Erden unerreichbar und könne daher nicht als Grundlage für einen Staat dienen; diese bestehe vielmehr im Konsens einer Gruppe von Menschen, ihr Leben gemeinschaftlich zu organisieren. In der berühmten Seeräuberanekdote brachte Augustinus seine Einstellung so zum Ausdruck:

> „Fehlt also die Gerechtigkeit, was sind dann Reiche anderes als große Räuberbanden? Sind doch auch Räuberbanden nichts anderes als kleine Reiche. Auch da gibt es eine Schar von Menschen, die unter dem Befehl eines Anführers steht, sich durch Vereinbarung zu einer Gemeinschaft zusammenschließt und nach einer festen Regel die Beute verteilt. Wenn weitere schlechte Menschen dazukommen und dieses üble Gebilde so stark wächst, dass es ganze Regionen besetzt, Wohnsitze errichtet, Städte erobert und Völker unterwirft, legt es sich ohne Weiteres die Bezeichnung ‚Reich‘ zu, die es offensichtlich nicht erhält, weil ihm die Habgier abhanden gekommen wäre, sondern weil es Straffreiheit erlangt hat. Treffend und wahrheitsgemäß war darum die Antwort, die ein aufgegriffener Seeräuber Alexander dem Großen gegeben hat. Denn als der König den Mann fragte, was ihm einfalle, dass er das Meer unsicher mache, erwiderte er mit freimütigem Trotz: Und was fällt dir ein, dass du den Erdkreis unsicher machst? Freilich, ich tu's mit einem kleinen Schiff und heiße Räuber, du tust's mit einer großen Flotte und heißt Feldherr.“[43]

An die Stelle einer rechtsmoralischen Staatsdefinition setzte Augustinus eine vertragstheoretische Staatsbegründung, die es bei einigen antiken Denkern, etwa dem Sophisten Protagoras oder bei Epikur, auch schon gegeben, die sich allerdings erst in der Neuzeit weithin etabliert hat.[44]

---

43 Ebd. IV 4 (I p. 150,19–151,3).

44 Vgl. Christoph HORN, Einleitung, in: ders. (Hg.), Augustinus. *De civitate dei*, Berlin 1997, 1–24, hier 17f., und zur kontroversen Interpretation des Augustinischen Standpunkts bes. Otfried HÖFFE, Positivismus plus Moralismus. Zu Augustinus' eschatologischer Staatstheorie, in: HORN, Augustinus 259–287, mit dem Fazit ebd. 275: Im „Gottesstaat“ verband Augustinus „einen strengen staatsdefinierenden Positivismus mit einem bescheidenen staatsnormierenden Moralismus und einem erneut strengen

[270] An einer Jahre später geschriebenen Stelle im 19. Buch hat Augustinus diese Thematik erneut aufgegriffen. Dieses Buch gehört zu den am meisten besprochenen Teilen des „Gottesstaates"; es geht darin um ‚Frieden' als höchstes Ziel des Menschen im Kontext der antiken Güterlehre. In Auseinandersetzung mit antiken Konzepten von ‚Glück' und ‚höchstem Gut'[45] entwarf Augustinus eine umfassende, eschatologisch ausgerichtete Theorie des Friedens auf allen Seinsebenen; die Konzepte von Frieden und Ordnung sind darin komplementär,[46] die Begriffe ‚Frieden', ‚Gerechtigkeit' und ‚Ordnung' erscheinen regelrecht als Synonyme. Für die im vorliegenden Aufsatz verfolgten Überlegungen ist allerdings nicht diese Friedenstheologie Augustins relevant,[47] sondern der letzte Teil des 19. Buches, weil Augustinus darin erneut auf Gerechtigkeit im Kontext politischer Theologie zu sprechen kam.[48]

Sein Gedankengang sieht wie folgt aus: Unter Rückgriff auf das 2. Buch (bzw. die Bücher II bis IV generell) bezeichnete Augustinus Gerechtigkeit als Fundament des Staates; ohne Gerechtigkeit könne kein Gemeinwesen geleitet werden. Gerechtigkeit könne es freilich nur ge-

---

eschatologischen Rechtsmoralismus. Augustinus kennt nicht bloß eine Gerechtigkeitsbindung des Staates; er verschärft sie sogar zur Bindung an die wahre Gerechtigkeit. Weil diese aber auf Erden unerreichbar ist, erscheint jeder irdische Staat als relativ ungerecht, nämlich von der wahren Gerechtigkeit so weit entfernt, dass er nicht anders als eine Räuberbande aussieht." Oliver O'DONOVAN, Augustine's City of God XIX and Western Political Thought, in: Dionysius 11 (1987) 89–110, hier 96–103, hebt hervor, dass Augustinus nicht moderne Staatstheorien antizipierte.

45 Mögliche antike Quellen für den zentralen Passus des 19. Buches (die Kap. 12 bis 17 mit der ‚Friedenstafel' in Kap. 13) diskutierten äußerst kontrovers Harald FUCHS, Augustin und der antike Friedensgedanke. Untersuchungen zum neunzehnten Buch der *Civitas Dei*, Berlin 1926 (²1965) (Varro als ‚Vorlage'), und Joachim LAUFS, Der Friedensgedanke bei Augustinus. Untersuchungen zum XIX. Buch des Werkes *De civitate dei*, Wiesbaden 1973 (gegen die Thesen von Fuchs).

46 Vgl. Gerard O'DALY, Augustine's City of God. A Readers Guide, Oxford 1999, 203.

47 Im Gesamtwerk des Augustinus untersuchte das Thema Stanislaw BUDZIK, *Doctor pacis*. Theologie des Friedens bei Augustinus, Innsbruck/Wien 1988. Siehe ferner beispielsweise Ulrich DUCHROW, Christenheit und Weltverantwortung. Traditionsgeschichte und systematische Struktur der Zweireichelehre, Stuttgart 1970 (²1983), 268–291 (gestützt auf die Untersuchungen von Fuchs); Wilhelm GEERLINGS, *De civitate dei* XIX als Buch der Augustinischen Friedenslehre, in: HORN, Augustinus (wie Anm. 44) 211–233.

48 Eine gute Übersicht über den Gedankengang dieses Abschnitts ist zu finden bei O'DALY, City of God (wie Anm. 46) 206–210, einige Überlegungen auch bei Thomas BAIER, Cicero und Augustinus. Die Begründung ihres Staatsdenkens im jeweiligen Gottesbild, in: Gym. 109 (2002) 123–140, hier 135–139. Siehe auch Bruce HADDOCK, Saint Augustine. The City of God, in: Murray FORSYTH/Maurice KEENS-SOPER (Hg.), The Political Classics. A Guide to the Essential Texts from Plato to Rousseau, Oxford 1988 (Nachdruck 1992), 68–95, hier 75f. 90–92.

ben, wenn der Mensch Gott diene, denn nur so herrsche die Seele über den Körper, die Vernunft über die Begierden und Leidenschaften; letzteres aber sei Voraussetzung für Gerechtigkeit, individuell ebenso wie sozial:

> „Dient aber die Seele Gott, herrscht sie in rechter Weise über den Körper, und die Gott dem Herrn unterworfene Vernunft in eben der Seele herrscht in rechter Weise über die Begierde [271] und die übrigen Leidenschaften. Dient darum ein Mensch Gott nicht, was kann es dann in ihm noch an Gerechtigkeit geben? Denn wenn er Gott nicht dient, kann die Seele unmöglich in rechter Weise über den Körper herrschen oder die menschliche Vernunft über die Leidenschaften. Und wenn es in einem solchen Menschen keinerlei Gerechtigkeit gibt, dann zweifellos auch nicht in einer Versammlung von Menschen, die aus solchen Menschen besteht."[49]

Gerechtigkeit ist hier verquickt mit Ordnung. Das Ordnungskonzept, das als zentraler Fokus des „Gottesstaates" zu gelten hat, ist von dem an dieser Stelle zum Ausdruck kommenden Ansatz aus gedacht: Menschliches Handeln könne, so Augustinus, nur dann vollkommen sein, wenn es den ihm zukommenden Platz in einem harmonischen Ganzen einnehme, in dem alles in Beziehung zu Gott stehe; das gelte auch für gesellschaftliches und politisches Handeln.[50]

Von religiös fundierter Gerechtigkeit bzw. Ordnung im Individuum schloss Augustinus auf Gerechtigkeit bzw. Ordnung in einem aus Individuen bestehenden Gemeinwesen und nahm von da aus Stellung zur Gerechtigkeit von Staaten. Die moralische Qualität eines Staatswesens hänge an der – von Augustinus religiös definierten – moralischen Qualität seiner Mitglieder.[51] Die falsche Gottesbeziehung und Religionsausübung der Römer sei der Grund dafür, dass für ihren Staat nicht von Gerechtigkeit geredet werden könne; eine derartig religiös-moralische Staatsbegründung vorausgesetzt, könne es sich beim Römischen Staat auch nicht um einen Staat handeln:

> „Wer mir nämlich durch die früheren Bücher dieses Werkes bis zu dieser Stelle gefolgt ist, wie könnte der noch daran zweifeln, dass die Römer bösen und unreinen Dämonen gedient haben, wenn er nicht ausgesprochen stupid oder unverschämt streitsüchtig ist? Doch will ich nicht darüber reden, was das für Wesen sind, die sie mit ihren Opfern verehrten; im Gesetz des wahren Gottes steht geschrieben: ‚Wer den Göttern opfert und nicht dem Herrn allein, wird ausgerottet werden.' Der dies mit so furchtbarer

---

49 Augustinus, civ. XIX 21 (II p. 391,8–16 DOMBART/KALB).

50 Vgl. Peter BROWN, Saint Augustine, in: Beryl SMALLEY (Hg.), Trends in Medieval Political Thought, Oxford 1963, 1–21, erneut in: Peter BROWN, Religion and Society in the Age of Saint Augustine, London 1972, 25–45, hier 33.

51 Vgl. ebd. 44.

Drohung gebot, wollte nicht, dass man irgendwelchen Göttern opferte, weder guten noch bösen."[52]

Überraschend massiv kommt die Idolatrie als stereotyper Vorwurf der Christen an die ‚Heiden' herein, dem Hauptthema der wahren Gerechtigkeit [272] allerdings untergeordnet: Der einzig wahre Gott, aus dessen Verehrung einzig und allein wahre Gerechtigkeit entspringe, sei der Gott der Christen.[53]

Auf der Linie der ersten Bücher des „Gottesstaates" legte Augustinus gegen Ende des 19. Buches zusammenfassend seine Ansicht über Gerechtigkeit als Fundament des Staates dar. Gehe man von einer kontraktualistischen Staatsdefinition aus – „Volk ist die Vereinigung einer vernunftbegabten Menge, verbunden in einträchtiger Gemeinschaft der Dinge, die es liebt"[54] –, könne das Römische Reich und jedes andere desgleichen als Staat betrachtet werden. Es sei nämlich typisch für die Menschen, sich über gemeinsame Interessen zu verständigen und entsprechend Gemeinschaft zu bilden; über die moralische Qualität eines solchen Gemeinwesens sei damit noch nichts ausgemacht.[55] Der Gerechtigkeitsbegriff sei aus dieser Definition herauszuhalten und von wahrer Gerechtigkeit könne schon gar keine Rede sein, „denn da der Staat der Gottlosen dem Gebot Gottes, einzig und allein ihm Opfer darzubringen, nicht gehorcht und deshalb auch in ihm die Seele nicht über den Körper und die Vernunft nicht über die Leidenschaften herrscht, wie es Recht wäre und dem Glauben entsprechen würde, eben deshalb fehlt ihm grundsätzlich die Wahrheit der Gerechtigkeit *(iustitiae veritas)*."[56] Einzig die Gerechtigkeit der Christen sei „wahr wegen des wahren Gutes, das sie als Ziel erstrebt";[57] „wahre Gerechtigkeit aber gibt es nur in dem Staat, dessen Begründer und Lenker Christus ist",[58] das heißt: in der eschatologischen „Gemeinschaft Gottes", nicht – das wäre ein Missverständnis der Gedanken Augustins – in einem christlichen irdischen Staatswesen.[59]

---

52 Augustinus, civ. XIX 21 (II p. 391,31–392,5 DOMBART/KALB) mit Zitat aus Ex. 22,20.

53 Vgl. ebd. XIX 22 (II p. 392,9–21).

54 Ebd. XIX 24 (II p. 400,6f.).

55 Vgl. BROWN, Saint Augustine (wie Anm. 50) 42. DUCHROW, Christenheit (wie Anm. 47) 288, spricht von „Gründung des politischen Gemeinwesens und ihres relativen Guts auf den Willen zum Frieden statt auf die Gerechtigkeit und das Recht".

56 Augustinus, civ. XIX 24 (II p. 400,31–401,3 DOMBART/KALB).

57 Ebd. XIX 27 (II p. 402,25f.).

58 Ebd. II 21 (I p. 83,8–10).

59 Darauf insistiert zu Recht DUCHROW, Christenheit (wie Anm. 47) 291–298; vgl. auch O'DALY, City of God (wie Anm. 46) 83f. – Aus diesem Grunde glaube ich nicht, dass in der Seeräuberanekdote die von einem wahrhaften Christen regierten Staaten von

In Übereinstimmung mit der antiken Staatsphilosophie erkannte Augustinus der Gerechtigkeit durchaus einen hohen Stellenwert im Staate zu, bestritt aber den antiken Theoretikern, mit ihren Mitteln Gerechtigkeit realisieren zu können. Dies sei vielmehr nur möglich durch Rekurs auf eine Größe jenseits des Politischen – auf den einen wahren Gott. Indem die Phi[273]losophie Gerechtigkeit als wünschenswert deklariere, zugleich aber auf ihre praktische Unmöglichkeit hinweise, offenbare sie selbst die ihr inhärenten Unzulänglichkeiten; implizit erweise sie damit die Notwendigkeit, menschliche Gerechtigkeit mit einer höheren und effektiveren Form von Gerechtigkeit zu ergänzen.[60]

Der Monotheismus steht hier nicht als solcher zur Debatte, sondern hat eine Funktion innerhalb eines anderweitigen Arguments. Der wahre Gott ist darin als Orientierungsgröße für wahre Gerechtigkeit zwar unentbehrlich, doch dreht sich die Diskussion um staats- und gesellschaftspolitische Grundfragen. In dieser vertrat Augustinus den Standpunkt, dass die Probleme der menschlichen Gemeinschaft nicht in und durch die menschliche Gemeinschaft lösbar seien, sondern nur von einem Bezugspunkt außerhalb ihrer selbst aus.[61] Dieser Bezugspunkt sei der eine wahre Gott. Der Monotheismus ist damit für das Politische bzw. Gesellschaftliche von eminenter Bedeutung, doch nicht als solcher in seiner theologischen Struktur, sondern im Zusammenhang mit einer ordnungspolitischen Debatte über Frieden und Gerechtigkeit, die Augustinus von der (aus seiner Sicht) rechten Hinordnung des Individuums auf das höchste Gut her führte.

Obwohl Augustinus hier nicht den Monotheismus als solchen zum Thema machte, geht aus der Bewertung der römischen Religion als Idolatrie doch hervor, dass die Frontstellung zwischen Monotheismus und Polytheismus, die alle altkirchlichen Apologien durchzieht, durchaus präsent und argumentativ wirksam war. Die unmoralischen Götter Roms taugten nicht als Fundament von Gerechtigkeit. Um diese These zu beweisen, stellte Augustinus im 2. Buch die Unmoral des römischen Staates als Folge der Unmoral der römischen Götter dar.[62] Sein Ziel war

der Gleichsetzung mit Räuberbanden ausgenommen seien, wie Johannes CHRISTES, Christliche und heidnisch-römische Gerechtigkeit in Augustins Werk „De civitate dei", in: RMP 123 (1980), 163–177, hier 173, meint, auch wenn ihm darin zuzustimmen ist, dass unter der *iustitia* in civ. IV 4 (I p. 150,19 DOMBART/KALB) die *vera iustitia* im christlichen Sinne zu verstehen ist.

60 Dieses Resümee nach Ernest L. FORTIN, Justice as the Foundation of the Political Community. Augustine and his Pagan Models, in: HORN, Augustinus (wie Anm. 44) 41–62, hier 48f.

61 Vgl. ebd. 61.

62 Vgl. Augustinus, civ. II 3–16 und 17–22 (I p. 55–72 und 72–85 DOMBART/KALB).

durchaus die eindeutige Abgrenzung des christlichen Monotheismus vom paganen Polytheismus, den er im 4. Buch mit Hilfe seiner inneren Widersprüchlichkeit, Verlogenheit und Ineffizienz bezüglich der Förderung des Wohles von Staat und Gesellschaft aus sich selbst heraus zu widerlegen gedachte.[63]

Trotz dieser Frontstellung ist hinsichtlich des Monotheismus ein ähnliches Phänomen wie in der Debatte zwischen Kelsos und Origenes festzustellen. Darüber nämlich, dass der Gottesbegriff monotheistisch zu fassen sei, wusste Augustinus sich mit den Gebildeten unter seinen Gegnern einig. Im 19. Buch führte er Varro, „den gelehrtesten Römer", und Porphyrios, „den gelehrtesten Philosophen", als Zeugen für den einzig wahren Gott an, [274] wie ihn die Christen bekannten.[64] Diese Beurteilung deckt sich mit den oben skizzierten monotheistischen Tendenzen in der Religionsgeschichte der Spätantike. Augustinus hat die Konvergenz von christlich-theologischem und pagan-philosophischem Denken hinsichtlich des Gottesbegriffs klar gesehen. Wie Origenes mit Kelsos hatte Augustinus mit speziell Porphyrios – der ein ebenso scharfer Christentumskritiker war wie Kelsos – in diesem Punkt keinen Anlass für eine Kontroverse; im Gegenteil: Augustinus entdeckte so viele Gemeinsamkeiten, dass er Mühe hatte, sich vom nichtchristlichen Gottesdenken abzugrenzen.

Augustinus hat den spätantiken Konsens über die Einzigkeit (des höchsten) Gottes erstaunlich weit gefasst.[65] In seiner umfangreichen Auseinandersetzung mit der platonischen Philosophie und Theologie im „Gottesstaat" (in den Büchern VIII bis X) hob er hervor, dass es sich bei den Unterschieden in erster Linie um eine Frage der Nomenklatur handle; wo die Platoniker von ‚Göttern' redeten, seien offensichtlich ‚Dämonen' bzw. ‚Engel' gemeint. Augustinus war sogar bereit, die Rede von ‚Göttern' zu akzeptieren, sofern sie nur richtig verstanden werde:

> „Wenn die Platoniker die Dämonen (bzw. Engel) lieber Götter als Dämonen nennen und sie den vom höchsten Gott geschaffenen Göttern zuzählen

---

63 Vgl. Karla POLLMANN, Augustins Transformation der traditionellen römischen Staats- und Geschichtsauffassung, in: HORN, Augustinus (wie Anm. 44) 25–40, hier 33.

64 Vgl. Augustinus, civ. XIX 22 (II p. 392,21–29 DOMBART/KALB).

65 Siehe zum Folgenden Therese FUHRER, Die Platoniker und die *civitas dei*, in: HORN, Augustinus (wie Anm. 44) 87–108, besonders 89. 99f. – Michael FREDE, Monotheism and Pagan Philosophy in Later Antiquity, in: ATHANASSIADI/FREDE, Pagan Monotheism (wie Anm. 17) 41–67, überzieht die an sich richtig beobachteten Übereinstimmungen, weil er die gleichwohl vorhandenen Unterschiede völlig ausblendet.

> wollen, von denen ihr Urheber und Lehrer Platon schreibt,[66] so sollen sie sich ausdrücken, wie sie wollen, denn man muss mit ihnen keinen Streit über Worte führen. Wenn sie sie nämlich in dem Sinne unsterblich nennen, dass sie gleichwohl vom höchsten Gott geschaffen sind, und in dem Sinne selig, dass sie nicht aus sich selbst heraus, sondern dadurch, dass sie ihrem Schöpfer anhängen, selig sind, dann sagen sie dasselbe wie wir, mit welchem Begriff auch immer sie es ausdrücken."[67]

Augustinus war demnach der Meinung, dass es nicht auf die Bezeichnung des Göttlichen ankomme, sondern auf das theologische Konzept. Die Stellung des höchsten Gottes wäre gefährdet, wenn den so genannten Göttern Unsterblichkeit und Seligkeit in dem Sinne zugeschrieben würden, wie sie nur dem einen höchsten Gott eigneten. Solange das nicht der Fall sei, seien die Benennungen für die dem höchsten Gott untergeordneten Wesen unerheblich. Hinter diesem Argument steht die antike Vorstellung, dass die Götter sich durch Unsterblichkeit (versus Sterblichkeit) und Seligkeit (versus [275] Unglück, Leid, Versagen) von den Menschen unterschieden. Wesen, denen nach allgemeiner Überzeugung solche Eigenschaften zukämen, solle man, so Augustinus, dem in dieser Hinsicht weiten antiken Sprachgebrauch gemäß ruhig ‚Götter' nennen, solange theologisch klar sei, dass sie diese Eigenschaften nicht aus sich selbst hätten, sondern vom einen (höchsten) Gott her. Sofern das platonische Gotteskonzept diesem Kriterium genügt, generiert die bloße Rede von ‚Göttern' in den Augen Augustins noch keine Differenz zum christlichen Monotheismus.

Den entscheidenden Unterschied erblickte Augustinus nicht auf der Ebene der Gottesvorstellung, sondern der Gottesverehrung.[68] Die Platoniker seien zur rechten Erkenntnis Gottes gelangt, zögen daraus aber falsche Konsequenzen für die religiöse Praxis: Sie seien

> „deswegen zu Recht die berühmtesten unter allen Philosophen, weil sie zu der Einsicht gelangten, dass die unsterbliche, mit Vernunft und Erkenntnisfähigkeit begabte Seele des Menschen nur durch Teilhabe am Licht jenes Gottes, von dem sie selbst ebenso wie die Welt erschaffen worden ist, glücklich werden kann; so bestreiten sie, dass jemand das, was alle Menschen erstreben, nämlich das glückliche Leben, erlangen werde, wenn er nicht jenem Einzigen und Besten, das heißt dem unwandelbaren Gott, in reiner und keuscher Liebe anhänge. Auch sie sind freilich … für die Vereh-

66 Im *Timaios*, dem – neben dem *Parmenides* – wichtigsten Text Platons im spätantiken Platonismus.

67 Augustinus, civ. IX 23 (I p. 398,5–12 DOMBART/KALB).

68 Vgl. FUHRER, Platoniker (wie Anm. 65) 91. Siehe auch, eingespannt in einen weiten philosophischen Rahmen, Theo KOBUSCH, Das Christentum als die Religion der Wahrheit. Überlegungen zu Augustins Begriff des Kultus, in: REAug 29 (1983) 97–128.

rung vieler Götter eingetreten oder taten wenigstens so, und manche von ihnen billigten sogar den Dämonen göttliche Ehren durch Feste und Opfer zu."[69]

Augustinus hielt eine derartige Praxis deshalb für falsch, weil sie dem Gottesbegriff widerspreche. Sein Argument war ein soteriologisches: Wenn die Götter, Dämonen, Engel, oder wie immer diese ‚Zwischenwesen' benannt würden, ihre Unsterblichkeit und Seligkeit nicht von sich aus, sondern vom einen Gott aus hätten, dann könne ihnen sinnvollerweise keine kultische Verehrung zukommen, denn sie seien ja von sich aus ebenso unfähig, zur Glückseligkeit zu gelangen, wie die Menschen. In dieser Hinsicht seien beide auf Gott angewiesen, weshalb allein diesem Verehrung zu erweisen sei.

> „So möge denn dieses Buch mit der klaren Feststellung schließen, dass die Unsterblichen und Seligen, die, wie immer man sie bezeichnen mag, gleichwohl entstanden und geschaffen sind, keine Mittler sind, die elende Sterbliche zu unsterblicher Seligkeit führen, da sie sich in beidem von ihnen unterscheiden. Die Zwischenwesen aber, die mit den höheren Wesen die Unsterblichkeit gemeinsam haben, mit den tiefer stehenden das Elend, können uns, da sie aufgrund ihrer eigenen Schlechtigkeit zu Recht im Elend sind, die Glückseligkeit, die sie [278] nicht haben, eher neiden als verschaffen. Daher können uns die Freunde der Dämonen keinen triftigen Grund dafür nennen, warum wir die als Helfer verehren sollten, die wir vielmehr als Betrüger meiden müssen."[70]

Augustinus wollte den Polytheismus gerade dadurch als verfehlt erweisen, dass er die Kongruenz zwischen platonischem und christlichem Gottesbegriff aufzeigte und die kultische Verehrung der ‚Götter' von da aus als unsinnig erwies.[71] Wie in der Debatte zwischen Kelsos und Origenes lag auch im Disput zwischen Augustinus und den Platonikern die Differenz nicht im Gottesbegriff, sondern im religiösen Verhalten des Menschen gegenüber den ‚göttlichen' ‚Zwischenwesen'.

Eine weitere Analogie zwischen Origenes und Augustinus ist zu konstatieren. Wie in den Augen des Origenes die Welt so, wie sie ist, nicht ‚in Ordnung' ist, hat auch Augustinus die Welt als defizitär aufgefasst, sie sogar in überaus negativen Farben geschildert. Im 19. Buch des „Gottesstaates" – für Peter Brown „a salutary lesson in the true perspective of Augustine's thought"[72] – beschrieb er eindringlich das Elend des menschlichen Daseins in allen Lebensbereichen, von der Not

---

69 Augustinus, civ. X 1 (I p. 401,12–25 DOMBART/KALB).

70 Ebd. IX 23 (I p 400,4–15).

71 Vgl. FUHRER, Platoniker (wie Anm. 65) 100.

72 BROWN, Saint Augustine (wie Anm. 50) 40; vgl. ebd. 37–40 zum Elend des *saeculum*, der „Existenz in der Welt".

des Individuums mit sich selbst über die Schwierigkeiten im Familien- und Freundeskreis bis hin zum Elend im Staat und in der Staatenwelt.[73] Wie bei Origenes wurde damit die antike Frage nach ‚Glück' in eine eschatologische Perspektive gerückt: Friede und Gerechtigkeit im Diesseits blieben immer defizitär, wahren Frieden und wahre Gerechtigkeit gebe es erst im Jenseits.

> „Unser Friede ist der Friede mit Gott, den wir hier dadurch haben, dass wir glauben, in Ewigkeit dadurch, dass wir schauen. Hier aber ist der Friede, sei es jener allgemeine, sei es der uns eigene, von solcher Art, dass er eher Trost im Elend als Freude an der Glückseligkeit ist. Das gilt auch für unsere Gerechtigkeit: Obgleich sie wahr ist wegen des Gutes, das sie als Ziel erstrebt, ist sie in diesem Leben doch nur so groß, dass sie eher in Vergebung der Sünden als in Vollendung der Tugenden besteht."[74]

Wie in der Apologie des Origenes gegen Kelsos ging es auch in Augustins Auseinandersetzung mit dem ‚Heidentum' und speziell den Platonikern nicht um den Monotheismus als solchen. In diesem Punkt konstatierte Au[277]gustinus eine hohe Konvergenz und war, was die Rede von Göttern im Plural betrifft, zu erstaunlichen Konzessionen bereit. Die Differenzen begannen bei der Frage der Gottesverehrung. Auch dieser Aspekt stand jedoch nicht im Zentrum der Diskussion. Vielmehr ging es um Gerechtigkeit, um wahren Frieden und wahre Gerechtigkeit in der Terminologie Augustins. Die religionsgeschichtliche und religionspolitische Konstellation zu Beginn des 5. Jahrhunderts hatte sich gegenüber der Situation Ende des 2./Mitte des 3. Jahrhunderts vollkommen verändert. Die zwischen Christen und Nichtchristen strittigen Fragen waren aber im Kern dieselben. Nach wie vor ging es um Grundfragen des Zusammenlebens in Staat und Gesellschaft, nach wie vor war die Debatte eine ordnungspolitische und eine sozialethische.

In einem Punkt ist zwischen Origenes und Augustinus allerdings ein Unterschied erkennbar. Die Position des Origenes lebte aus dem optimistischen Impetus, die defizitären Zustände in Staat und Gesellschaft real zu verändern; auch wenn das zu seiner Zeit nur minimal zu realisieren war, hielt Origenes doch die Aussicht auf bessere Zeiten für alle Menschen hoch, anfanghaft schon im Diesseits, vollendet im Jenseits. Natürlich ist das eine Utopie, aber doch eine, die ein enormes Hoffnungspotential für das Leben in *dieser* Welt freisetzt. Augustinus

---

73 Vgl. Augustinus, civ. XIX 4–10 (II p. 356–370 DOMBART/KALB); XXII 22 (II p. 603–608). Seinen Schüler Orosius beauftragte Augustinus damit, als Argumentationshilfe für seine Darstellung der Geschichte im „Gottesstaat" die *globi miseriae* zusammenzustellen: vgl. Orosius, hist. II 18,4 (CSEL 5, 128,9).

74 Augustinus, civ. XIX 27 (II p. 402,21–28 DOMBART/KALB).

hingegen beurteilte die Gegenwart und generell die Wirklichkeit ausgesprochen pessimistisch.[75] Die Geschichte des Diesseits weist für ihn keinerlei Entwicklung in diese Richtung auf und ist insofern belanglos. Diese Entwertung der Geschichte und geschichtlich-kontingenten Handelns im Rahmen einer (erb-)sündentheologischen und eschatologischen Weltsicht ist ein grundsätzliches Problem des Augustinischen Denkens. Im Blick auf die Forderung nach Gerechtigkeit im Zusammenleben von Menschen wirkt es sich zusammen mit seiner Überbetonung personaler gegenüber struktureller und institutioneller Gerechtigkeit fatal aus: Bei Augustinus fehlt jeglicher Impetus zur Veränderung *dieser* Welt. Seine konsequente individualethische Eschatologisierung des Gerechtigkeitsbegriffs führte nicht zu Kritik an bestehender Ordnung, sondern zur Akzeptanz des Status quo.[76] Paradigmatisch für den in diesem Sinn konservativen Duktus seiner Ordnungsvorstellungen sind seine Ausführungen zur Sklaverei und allgemein zur Herrschaftsordnung in Familie und Staat unter [278] infralapsarischen Bedingungen.[77] Augustinus traute der Politik allenfalls die partielle oder relative Verbesserung der Lebensverhältnisse zu,[78] nicht die Herstellung vollkommener Zustände, und hat – noch weitergehend – mit der Verlagerung wahrer Gerechtigkeit ins Jenseits nicht zur Schaffung von mehr Gerechtigkeit auch schon im Diesseits beigetragen. Mag man

75 HÖFFE, Positivismus (wie Anm. 44) 279, weist zu Recht darauf hin, dass man Augustins Einstellung nicht als ‚realistisch' oder ‚nüchtern' bezeichnen könne, da ihr dazu die Ausgewogenheit in der Wahrnehmung und Anerkennung von Gut und Böse fehle. Vgl. HADDOCK, Saint Augustine (wie Anm. 48) 86: „Augustine's treatment of social and political order is intelligible only as an implication of his conception of sin."

76 Vgl. O'DONOVAN, City of God (wie Anm. 44) 103–106; O'DALY, City of God (wie Anm. 46) 209f. Das ist eine kritischere Bewertung der Beziehung des Eschatologischen bei Augustinus auf die Welt als die von RATZINGER, Einheit (wie Anm. 11) 71–106, vorgenommene.

77 Augustinus, civ. XIX 15f. (II p. 381–384 DOMBART/KALB) und dazu HÖFFE, Positivismus (wie Anm. 44) 280–282. Zu diesem Thema nach wie vor lesenswert ist die Abhandlung von Friedrich Nietzsches Basler Hausgenossen Franz OVERBECK, Über das Verhältniss der alten Kirche zur Sclaverei im römischen Reiche (1875), jetzt bequem zugänglich in: ders., Werke und Nachlaß 2. Schriften bis 1880, in Zusammenarbeit mit Marianne STAUFFACHER-SCHAUB hg. von Ekkehard W. STEGEMANN/Rudolf BRÄNDLE, Stuttgart/Weimar 1994, 144–200; ebd. 175–178 stellte Overbeck die Frage in den Zusammenhang politischer Theorien und führte Augustins Ausführungen im 19. Buch des „Gottesstaates" als Exempel an.

78 Vgl. HORN, Einleitung (wie Anm. 44) 18; HÖFFE, Positivismus (wie Anm. 44) 269; HADDOCK, Saint Augustine (wie Anm. 48) 70: „This attribution of a limited and derivative significance to political life is Augustine's distinctive contribution to political thought."

daher einen Vorzug des Monotheismus darin sehen, für Gerechtigkeit, und zwar für alle Menschen, einzutreten, so speist sich aus konsequent jenseitsorientierten Positionen wie derjenigen Augustins der Vorwurf, der Monotheismus löse seine Versprechen nicht ein, sondern trage mit seiner Vertröstung des Individuums auf das Jenseits zur Legitimierung und Stabilisierung ungerechter Verhältnisse bei.

7. Schlussfolgerungen

Aus den Bemerkungen zur Problematik des Augustinischen Gerechtigkeitskonzeptes dürfte die Ambivalenz des Zusammenhangs zwischen Monotheismus und Gerechtigkeit deutlich geworden sein. Mit dem Rekurs auf den einen wahren Gott scheint das Problem wahrer Gerechtigkeit in Politik und Gesellschaft offenbar nicht einfach gelöst zu sein. Angesichts der Komplexität dieser Thematik sehe ich mich nicht imstande, die vorstehenden Ausführungen mit einer umfassenden Stellungnahme abzuschließen. Ich begnüge mich daher mit einigen thesenartigen Schlussfolgerungen, die zum Weiterdenken anregen wollen.

(1) Die religiös-soziale Auseinandersetzung zwischen Christen und ‚Heiden' in der Spätantike war kein Streit über die Zahl von Göttern oder über die formale Unterscheidung zwischen einem wahren Gott und vielen falschen Göttern. Gewiss denunzierten die christlichen Theologen die ‚heidnischen' Kulte als Idolatrie, und gewiss nahm diese Polemik in ihren Apologien des Christentums breiten Raum ein. Dieser Aspekt war für den faktischen Unterschied der Religionsausübung zentral, konstituierte theologisch aber keinen wesentlichen Unterschied, denn über den Gottesbegriff [279] waren die Kontrahenten sich im Prinzip einig; gestritten haben sie lediglich darüber, ob den (untergeordneten) Göttern ebenfalls Verehrung zukomme oder nur dem einen (höchsten) Gott. Im Kern aber führten sie die Auseinandersetzung inhaltlich über Grundfragen menschlichen Zusammenlebens, mit Augustinus festgemacht an Stichworten wie wahre Gerechtigkeit und wahrer Friede. Weil gesellschaftspolitische Zusammenhänge in der Antike nicht losgelöst von Religion denkbar waren, kamen religiöse Überzeugungen ins Spiel. Insofern war das Gottesbild von Bedeutung. Aus welchem Gottesbild lassen sich welche ‚Nomoi' ableiten? So ließe sich mit Origenes die Leitfrage der Diskussion formulieren. Die (jüdisch-)christliche Position lautete: Der eine (wahre) Gott tauge besser als Grundlage gerechter und friedlicher menschlicher Gemeinschaft als die vielen (falschen) Götter. Über den Gottesbegriff herrschte unter den Gebildeten – anders als heute – in der Spätantike weitgehend Konsens; der Dissens

entzündete sich an den zugehörigen lebenspraktischen Ordnungsvorstellungen.

(2) Eine wichtige Gemeinsamkeit zwischen Origenes und Augustinus bestand in der Annahme, dass die Welt, so wie sie ist, nicht einfach ‚in Ordnung' sei. Origenes – der (wie auch Augustinus) schöpfungstheologisch durchaus von der „guten Ordnung der Welt" redete[79] – argumentierte gegen die pluralistische Religions- und Gesellschaftstheorie des Kelsos mit dem Rekurs auf schlimme Sitten in der Welt, Augustinus schilderte drastisch das umfassende Elend des Daseins, um die Defizienz innerweltlicher Gerechtigkeit, und das hieß bei ihm: die massive Störung der Ordnung der Welt, zu untermauern. In dieser Einschätzung der Wirklichkeit liegt der wesentliche Unterschied des christlichen Monotheismus vom antiken Kosmotheismus, und aus dieser abweichenden Diagnose ergaben sich die verschiedenen Optionen hinsichtlich der Gestaltung des Zusammenlebens. Der Rekurs auf den einen wahren Gott erfolgte im Blick auf die ungerechten Zustände in der Welt: Die vielen, in der Weltsicht des Kelsos für die verschiedenen Völker und Sitten zuständigen Götter seien offensichtlich nicht in der Lage, für Gerechtigkeit zu sorgen; wahre Gerechtigkeit sei nur vom einen wahren Gott zu erhoffen, der universal dafür zuständig sei.

Dieses Argumentationsmuster haben nicht erst die Christen in ihrer Auseinandersetzung mit der griechisch-römischen Kultur erfunden. Es geht vielmehr auf ein entsprechendes Denkmuster im Alten Israel zurück, das paradigmatisch in Psalm 82 aus der frühnachexilischen Zeit zum Ausdruck kommt: [280]

1 „Gott steht in der Gottesversammlung,
inmitten der Götter hält er Gericht.
2 ‚Wie lange noch wollt ihr ungerecht richten/regieren
und das Angesicht der Frevler erheben?
3 Richtet/rettet den Geringen und die Waise,
dem Armen und dem Bedürftigen schafft Gerechtigkeit!
4 Befreit den Geringen und den Elenden,
aus der Hand der Frevler reißt ihn heraus / rettet ihn!'
5 Sie erkannten nicht, und sie sehen nicht ein,
in Finsternis wandeln sie umher,
so geraten alle Grundfesten der Erde ins Wanken.
6 ‚Ich erkläre hiermit: Götter seid ihr zwar
und Söhne des Höchsten ihr allesamt.
7 Jedoch: Wie ein Mensch werdet ihr sterben,
und wie einer der Fürsten werdet ihr fallen!'

---

79 Im oben zitierten Passus aus Origenes, Cels. I 23 (GCS Orig. 1, 73,24).

8 Steh auf, Gott, richte/regiere doch du die Erde,
ja du, du sollst dein Erbe übernehmen bei allen Völkern."[80]

Im Rahmen der altorientalischen mythischen Vorstellungswelt – ein Göttergericht in einer Götterversammlung, in dem der Gott Israels als Ankläger und Richter zugleich auftritt und exklusiv göttliche Kompetenz zugesprochen bekommt – präsentiert der Psalm eine Welt voller Unrecht und Gewalt. Die Ursache dafür wird im Versagen der Götter der Völker gesehen, deren Aufgabe eigentlich wäre, für Frieden und Wohlergehen zu sorgen. Als Ausweg wird proklamiert: Die Götter müssen verschwinden, der eine Gott Israels muss zum Gott aller Völker werden, als Retter der Unterdrückten und Ausgebeuteten. Natürlich steht damit der eine Gott gegen die vielen Götter, Monotheismus gegen Polytheismus. Aber dieser Gegensatz ist nicht der Fokus des Textes. Es geht vielmehr um das qualitative Problem wahrer Religion und wahren Gott-Seins: Als wahr, so der Text, erweise sich der Gott, der aus Rechtlosigkeit und Entwürdigung befreie und ein Leben in solidarischer Gerechtigkeit ermögliche, und das sei der eine Gott JHWH, den Israel von Anfang an als Retter und Befreier erfahren hat. Der Begriff des Göttlichen wird vom Begriff der Gerechtigkeit her definiert – das ist der springende Punkt der Verknüpfung von Religion und Ethik in den monotheistischen Religionen. Erich Zenger, dem ich mit dieser Deutung folge, hat in der Diskussion über die ‚Mosaische Unterscheidung' bereits mehr[281]fach darauf hingewiesen, dass dies die bleibende religionsgeschichtliche und theologische Relevanz des jüdischen Monotheismus ausmacht.[81]

Die christlichen Theologen der Spätantike haben diesen Gedanken in verschiedenen, teils auch problematischen Varianten der spät- und nachantiken Welt weitervermittelt. Psalm 82 liefert ein Plädoyer für den universalen Monotheismus; sein Argument dafür ist Gerechtigkeit im Sinne einer besseren Welt für alle Menschen. Origenes hat diesen biblischen Impuls aufgegriffen und für seine Zeit fruchtbar gemacht; auch er erhoffte sich von einem universal gültigen Monotheismus mehr Gerechtigkeit, eschatologisierte freilich die vollkommene Realisierung dieser Hoffnung. Augustinus folgte ihm darin, radikalisierte die Eschatologisierung der Gerechtigkeit gegen alle innerweltlichen Heilsver-

---

80 Die Übersetzung ist entnommen aus: Psalmen 51–100, übersetzt und ausgelegt von Frank-Lothar HOSSFELD/Erich ZENGER, Freiburg u.a. [2]2000, 479f., wo (ebd. 479–492) auch eine eingehende Analyse und Kommentierung (von Erich Zenger) zu finden ist.

81 Siehe bes. Erich ZENGER, Der Monotheismus Israels. Entstehung – Profil – Relevanz, in: Thomas SÖDING (Hg.), Ist der Glaube Feind der Freiheit? Die neue Debatte um den Monotheismus (QD 196), Freiburg u.a. 2003, 9–52, hier 46–52.

sprechen allerdings derart stark, dass im Diesseits nur rudimentäre Fragmente wahrer Gerechtigkeit erreichbar seien; Veränderung hin zum Besseren ist kein Motiv im Geschichts- und Staatsdenken Augustins. Wo bleibt hier der in Psalm 82 paradigmatisch zum Ausdruck kommende, überaus realpolitische Impuls? Kann bei einem Nein zur Welt, wie Augustinus es propagiert hat, politische Freiheit überhaupt ein Wert sein?[82] Das ist, historisch gesehen, das politische Problem des Monotheismus.

(3) Die Stärke der monotheistischen Position liegt darin, sich nicht abzufinden mit dem Unrecht, der Ungerechtigkeit, der Gewalt in der Welt, und Gerechtigkeit im umfassenden Sinn nicht nur zu proklamieren, sondern auch aktiv dafür einzutreten. Ihre Schwäche besteht darin, selbst ein Problem mit Intoleranz und Gewalt zu haben; die Gewaltgeschichte monotheistischer Religionen ist ja das Einfallstor des gegenwärtigen Generalverdachts gegen den Monotheismus. Um diese Ambivalenz drehte sich schon die Debatte zwischen Kelsos und Origenes, und hierüber müsste sie auch heute geführt werden, denn hier dürfte eine Hauptursache dafür liegen, dass der Monotheismus als Problem empfunden wird. Er verspricht eine bessere Welt, gerade den Benachteiligten; aber: Hat der Glaube, Gott sei nur einer, die Welt besser, gerechter, friedlicher gemacht? Haben wir den „Frieden auf Erden", der in der Lukanischen Geburtsgeschichte Jesu „den Menschen [282] seiner Gnade" verkündet wird?[83] Die konträren Antworten hierauf sind schon bei Kelsos und Origenes vorgeprägt: Kelsos sah im Christentum eine einzige Quelle für Unfrieden, Streit, Aufruhr – Origenes erhoffte sich von ihm weniger Konflikte als Vision einer in Gerechtigkeit und Frieden geeinten Welt.

Die ‚Mosaische Unterscheidung' – die auch Assmann keineswegs revidieren will – hält das Bewusstsein dafür wach, worüber wir debat-

---

82 Diesen Widerspruch in der Darstellung von Assmann diagnostiziert Gerhard KAISER, War der Exodus der Sündenfall?, in: ZThK 98 (2001) 1–24, erneut in: ASSMANN, Mosaische Unterscheidung (wie Anm. 4) 239–271, hier 256, in einer scharfsinnigen und weitgehend zutreffenden Kritik. Aus der Theologie Augustins wird ersichtlich, dass dieser Widerspruch zumindest dem christlichen Denken nicht fremd ist und sogar auf eine lange Zeit wirkmächtige Tradition zurückgeht.

83 Lk. 2,14. – Siehe dazu jetzt auch Alfons FÜRST (Hg.), Friede auf Erden? Die Weltreligionen zwischen Gewaltverzicht und Gewaltbereitschaft, Freiburg/Basel/Wien 2006, portugiesische Übersetzung: Paz na terra? As religiões universais entre a renúncia e a disposição à violência, Aparecida 2009. Eine gekürzte englische Fassung des vorliegenden Aufsatzes ist: Monotheism between cult und politics. The themes of the ancient debate between pagan and Christian monotheism, in: Stephen MITCHELL/Peter VAN NUFFELEN (Hg.), One God. Pagan Monotheism in the Roman Empire, Cambridge 2010, 82–99.

tieren müssen, um menschenwürdiges Zusammenleben zu ermöglichen, und zwar für alle Menschen. Weil es um wahre Gerechtigkeit geht, wenn vom wahren Gott die Rede ist, und zwar deshalb, weil das eine ohne das andere nicht gedacht werden kann, können wir auf diese Unterscheidung nicht verzichten.

Origenes in den Werken Augustins*

Origenes war der bedeutendste griechische Exeget und Theologe der Antike. Mit seinen grundlegenden, teilweise kühnen Spekulationen, vor allem aber mit seiner profunden exegetischen Erschließung des Bibeltextes auf der Basis einer ausgereiften philosophisch-theologischen Hermeneutik und philologischen Methodik übte er einen tiefgreifenden Einfluss auf die Exegese, Theologie und Spiritualität des antiken Christentums aus. Er beeinflusste nicht nur griechische Theologen wie Basilius von Caesarea, Gregor von Nazianz, Gregor von Nyssa oder Johannes Chrysostomus, deren theologisches Denken wesentlich durch das Studium seiner Werke geformt wurde, sondern auch lateinische Kirchenväter wie Hilarius, Ambrosius und Hieronymus. Diese wiederum vermittelten Gedankengut des Origenes auch an Augustinus.[1] Das große lateinische Pendant zum Griechen Origenes wurde aber nicht nur über solche indirekten Kanäle von diesem beeinflusst, sondern hatte auch direkten Zugang zu dessen Schriften (in lateinischer Übersetzung). Auf diesem Gebiet ist bereits viel Forschung ins Detail investiert worden. Die folgenden Seiten geben einen Überblick über den Forschungsstand und die wesentlichen Ergebnisse und versuchen abschließend, künftigen Arbeiten auf diesem Terrain eine Richtung zu weisen.

Von Leben und Wirken des Origenes wusste Augustinus insbesondere aus Hieronymus' Verzeichnis christlicher Schriftsteller (vir. ill. 54), das er Anfang der 390er Jahre las (ep. 40,2). In diesem Zusammenhang fragte er Hieronymus nach den Irrlehren des Origenes (ep. 40,9) und bat ihn, Kommentare des Origenes in das Lateinische zu übersetzen

* Der Aufsatz bildet die Grundlage für den Artikel „Origenes", der im Augustinus-Lexikon erscheinen wird.

1 Basil STUDER, Zur Frage des westlichen Origenismus, in: StPatr IX (TU 94), Berlin 1966, 270–287, hier 277f.; Gerhard J. M. BARTELINK, Die Beeinflussung Augustins durch die griechischen Patres, in: Jan DEN BOEFT/Johannes VAN OORT (Hg.), Augustiniana Traiectina, Paris 1987, 9–24, hier 16; Gulia SFAMENI GASPARRO, Agostino di fronte alla „eterodossia" di Origene. Un aspetto della questione origeniana in Occidente, in: Aug(L) 40 (1990 = Collectanea Augustiniana. Festschrift für Tarsicius Jan van Bavel, Bd. 1) 219–243 (erneut in: dies., Origene e la tradizione origeniana in Occidente. Letture storico-religiose, Rom 1998), hier 219f. 225–229.

(ep. 28,2).[2] Ferner las Augustinus die 402/3 von Rufinus von Aquileja in das Lateinische übersetzte Kirchengeschichte des Eusebius von Caesarea, deren sechstes Buch eine Biographie des Origenes enthält, woraus er sich über deren Grunddaten informieren konnte (cur. mort. 8; haer. 83 mit Bezug auf Eusebius, hist. eccl. VI 37).

Augustinus hatte grundsätzlich Achtung vor der Lebensleistung des Origenes, „jenes bedeutenden Mannes" (ep. 40,9: *ille vir tantus*), „der beinahe allen bekannt ist" (haer. 42: *qui fere omnibus notus est*), und nannte ihn „einen in der kirchlichen Wissenschaft überaus gebildeten und versierten Mann" (civ. XI 23: *hominem in ecclesiasticis litteris tam doctum et exercitatum*).[3] Nachdem die Theologie des Origenes im ersten Origenismusstreit (393–404) in den Verdacht der Häresie geraten war, wurde Origenes zwar auch von Augustinus als Ketzer betrachtet (ep. 82,23), doch las er gleichwohl dessen Schriften, so weit diese ihm zugänglich waren, und wurde er von Origenes' Gedankengängen in verschiedenen Weisen beeinflusst.[4]

1. Einflüsse des Origenes auf Augustinus

Augustinus zählte sich nicht zu denen, die von Origenes „viel gelesen haben" (haer. 43: *plura legerunt*). Aufgrund mangelnder Griechischkenntnisse – ich gehöre zu denen, die Augustinus nur mäßige passive

---

2 Anne-Marie LA BONNARDIÈRE, Jérôme „informateur" d'Augustin au sujet d'Origène, in: REAug 20 (1974) 42–54, hier 42–46; Caroline Penrose BAMMEL, Augustine, Origen and the exegesis of St. Paul, in: Aug. 32 (1992) 341–368 (erneut in: dies., Tradition and Exegesis in Early Christian Writers, Aldershot 1995, Nr. XVII), hier 342–345; Vittorino GROSSI, L'origenismo latino negli scritti agostiniani. Dagli origenisti agli origeniani, in: Aug. 46 (2006) 51–88, hier 56–58.

3 Siehe dazu Agostino TRAPÈ, Nota sul giudizio di S. Agostino su Origene, in: Aug. 26 (1986) 223–227; Vittorino GROSSI, La presenza in filigrana di Origene nell'ultimo Agostino (426–430), in: Aug. 30 (1990) 423–440, hier 427f.; SFAMENI GASPARRO, Agostino (wie Anm. 1) 234. 241.

4 Die nach wie vor gründlichste Untersuchung ist Berthold ALTANER, Augustinus und Origenes, in: HJb 70 (1951) 15–41, erneut in: ders., Kleine patristische Schriften, hg. von Günter GLOCKMANN (TU 83), Berlin 1967, 224–252, hier 229–252. Vgl. ferner Pierre COURCELLE, Les lettres grecques en Occident de Macrobe à Cassiodore, Paris [2]1948, 185–187; Hermann SOMERS, Image de Dieu. Les sources de l'exégèse augustiniennes, in: REAug 7 (1961) 105–125, hier 107; Henry CHADWICK, Christian Platonism in Origen and Augustine, in: Richard Patrick Crosland HANSON/Henry CROUZEL (Hg.), Origeniana Tertia, Rom 1985, 217–230 (erneut in: ders., Heresy and Orthodoxy in the Early Church, Aldershot 1991, Nr. XII), hier 218–220. Einen Überblick über den Forschungsstand bis 1986 gibt BARTELINK, Beeinflussung Augustins (wie Anm. 1) 14–18.

Kenntnisse zuschreiben – vermochte er die Werke des Origenes nur in den lateinischen Übersetzungen zu lesen, die um 400 von Hieronymus, Rufinus und anderen angefertigt wurden. Nicht jede Parallele, die sich zwischen den Schriften der beiden ausmachen lässt, ist daher als direkter Einfluss zu interpretieren.[5] Das gilt beispielsweise für das bei Augustinus isoliert dastehende Theologumenon von der „unsichtbaren Sendung" des Logos und das Verständnis des Gesandtwerdens als eines Erkanntwerdens (trin. IV 27–29), wozu sich Bezüge im Johanneskommentar des Origenes ausmachen lassen.[6] Vielleicht jedoch ist Augustinus hierfür von Passagen im pneumatologischen Traktat des Origenes in seiner Grundlagenschrift (princ. I 3) inspiriert worden. Für den allgemeineren Gedanken des Geschaffenwerdens als eines Erkanntwerdens wurde Augustinus freilich nicht von Origenes, sondern von der Philosophie Plotins angeregt.[7]

In vielen Fällen dürften parallele oder analoge Gedankengänge auch darauf beruhen, dass sich Origenes und Augustinus im selben philosophischen, nämlich platonischen Kontext bewegten und in der Theologie ähnliche oder dieselben Fragestellungen zum Gegenstand ihres Nachdenkens machten. Das gilt insbesondere für ihre Bemühungen um eine intellektuelle Rechtfertigung eines zugleich guten und gerechten Gottes angesichts des Leids und für ihre Verteidigung der menschlichen Willensfreiheit gegen gnostischen bzw. manichäischen Dualismus und Determinismus.[8] Gerade das Denken des frühen Augustinus gleicht hierin dem des Origenes.[9] Mögliche Einflüsse des Origenes in den Frühschriften Augustins sind aber zudem aufgrund von Datierungsproblemen ungewiss, weil nicht sicher ist, ob die lateinischen Übersetzungen des Rufinus schon vorlagen, von denen Augustinus an

5 Vgl. BARTELINK, ebd. 17, mit dem Beispiel Origenes, orat. 26,3, und Augustinus, serm. 2,24.

6 Joseph S. O'LEARY, The Invisible Mission of the Son in Origen and Augustine, in: Wolfgang A. BIENERT/Uwe KÜHNEWEG (Hg.), Origeniana Septima. Origenes in den Auseinandersetzungen des 4. Jahrhunderts (BEThL 137), Leuven 1999, 605–622; vgl. dazu Roland KANY, Augustins Trinitätsdenken. Bilanz, Kritik und Weiterführung der modernen Forschung zu „De trinitate" (STAC 22), Tübingen 2007, 85.

7 René ARNOU, Le thème néoplatonicien de la contemplation créatrice chez Origène et chez S. Augustin, in: Gregorianum 13 (1932) 124–136.

8 Beispiele bei CHADWICK, Christian Platonism (wie Anm. 4) 220–222. 228–230 (der ansonsten Unterschiede skizziert) und Marie-Anne VANNIER, Origène et Augustin, interprètes de la création, in: Gilles DORIVAL/Alain LE BOULLUEC (Hg.), Origeniana Sexta, Leuven 1995, 723–736, hier 725f. 728–736 (ebenfalls mit Hinweisen auf Differenzen). Vgl. auch SFAMENI GASPARRO, Agostino (wie Anm. 1) 223 Anm. 21.

9 BAMMEL, Augustine, Origen (wie Anm. 2) 347–351 (ebd. 351–356 zu Unterschieden in der Paulusexegese).

den fraglichen Stellen abhängig sein könnte.[10] Offenkundig auf Origenes zurückgehende Anregungen könnten hier indirekt zu Augustinus gelangt sein, etwa über Hieronymus, dessen Übersetzungen von vierzehn Jeremiahomilien (von 380/1) und zwei Hoheliedhomilien (von 383/4) sich 391 in Karthago befanden (Hieronymus, ep. 27*,2 int. ep. Aug.) und dessen von Origenes abhängigen Kommentar zum Galaterbrief Augustinus gelesen hat.[11] Auch die Übersetzung der Jesaja- und der Ezechielhomilien (ebenfalls von 380/81) und der Lukashomilien durch Hieronymus (von 392/93) konnte Augustinus schon früh kennen. Oder man denkt an Ambrosius als Vermittler, dessen über Basilius von Caesarea letztlich von Origenes geprägte Predigten über die sechs Schöpfungstage Augustinus vor seiner Taufe 386 in Mailand gehört hat.[12] Von Ambrosius (in Luc. I 5; VII 12) hat Augustinus auf jeden Fall die auf Origenes (in Matth. comm. XII 36f.; Cels. II 64) zurückgehende Deutung der Verklärung Jesu als geistige Vision (ep. 148,6.12).[13] Schließlich sind direkte Übernahmen auch deswegen oft nur schwer mit Sicherheit auszumachen, weil Augustinus Anregungen immer kreativ aufnahm und inhaltlich wie formal eigenständig weiterbildete. Diesen methodischen Schwierigkeiten zum Trotz gibt es nun freilich doch nicht wenige deutliche Bezüge, wobei Augustinus, antiken Gepflogenheiten gemäß, seine Quelle in der Regel nicht nannte.

Das systematische Hauptwerk des Origenes, *De principiis*, von dem Rufinus 398 und Hieronymus 399 konkurrierende Übersetzungen anfertigten, hat Augustinus gekannt und wohl auch gelesen (civ. XI 23: *Hinc Origenes iure culpatur. In libris enim quos appellat περὶ ἀρχῶν, id est*

10 BAMMEL, ebd. 346f. Viele Parallelen hat neulich György HEIDL, Origen's Influence on the Young Augustine. A Chapter of the History of Origenism, Louaize/Piscataway NJ 2003, aufgezeigt. Er geht aber mit der Idee in die Irre, unter den *libri quidam pleni* in Acad. II 5, die er mit den *libri Platonicorum* in conf. VII 13. 26 identifiziert (gegen beat. vit. 4, wo explizit von *Plotini libri* die Rede ist), seien auch die Werke des Origenes zu verstehen (ebd. 35), deren Einfluss Augustinus jedoch verschwiegen habe, um dem Vorwurf zu entgehen, er sei ein Origenist (ebd. 73). Vgl. dazu auch KANY, Augustins Trinitätsdenken (wie Anm. 6) 85 Anm. 430.

11 Vgl. dazu in diesem Band Nr. 16, oben S. 349–351: Augustinus kritisierte die origeneisch-hieronymianische Auslegung von Gal. 2,11–14.

12 SOMERS, Image de Dieu (wie Anm. 4) 107–109. 111f.; Roland J. TESKE, Origen and St. Augustine's First Commentaries on Genesis, in: Robert Joseph DALY (Hg.), Origeniana Quinta (BEThL 105), Leuven 1992, 179–185, hier 183f.; VANNIER, Origène et Augustin (wie Anm. 8) 724f. Vgl. ferner György HEIDL, Did the young Augustine read Origen's homily on paradise?, in: Wolfgang A. BIENERT/Uwe KÜHNEWEG (Hg.), Origeniana Septima. Origenes in den Auseinandersetzungen des 4. Jahrhunderts (BEThL 137), Leuven 1999, 597–604, hier 603f.

13 Jacques PINTARD, Remarques sur la Transfiguration dans l'œuvre de Saint Augustin. Une influence de l'Orient?, in: StPatr XI (TU 108), Berlin 1972, 335–340, hier 338f.

de principiis, hoc sensit, hoc scripsit).[14] Seine Kritik an einem ewigen Kreislauf von Welten (civ. XII 14; s.u.) ist wegen des Rekurses auf Koh. 1,9f. wohl von Origenes abhängig (princ. I 4,5; III 5,3), falls sie nicht durch Hieronymus (in Eccl. 1,9f.) vermittelt ist.[15] Ferner richtet sich die Kritik an der Deutung von Gen. 2,7 in Kombination mit Joh. 20,22 auf den Heiligen Geist (civ. XIII 24) gegen Origenes, der überlegt hatte, ob unter dem „lebendigem Odem", der dem Adam eingehaucht wird, eine allgemeine Gabe an alle Menschen oder die Gabe des Geistes Gottes für die Heiligen zu verstehen sei (princ. I 3,6).[16] Und schließlich kehrt auch das hermeneutische Prinzip des Origenes, dass manche Stellen in der Bibel wörtlich genommen keinen Sinn ergeben und gerade dies ein Hinweis des Textes selbst ist, nach einem höheren, geistigen Sinn zu suchen (princ. IV 2,5), gelegentlich bei Augustinus wieder (en. in Ps. 103 serm. 1,18).[17] Wohl aufgrund der Verketzerung des Origenes hat sich Augustinus mit dem theologisch-philosophischen und exegetisch-hermeneutischen Entwurf in Origenes' Grundlagenschrift allerdings nicht näher auseinandergesetzt, obwohl in dieser alle Themen behandelt werden, die auch sein Denken wesentlich beschäftigten.[18]

Vielfältige Anregungen hat Augustinus direkt oder indirekt aus der Auslegung des Schöpfungsberichtes in den Genesishomilien des Origenes empfangen, die Rufinus vor 404 in das Lateinische übersetzt hat. Was Origenes zu Gen. 1,1 über die Deutung von „Anfang" *(principium)* nicht als zeitlichen Anfang, sondern in Kombination mit Joh. 1,1 als Jesus Christus, das Wort Gottes, sowie über Zeit und Ewigkeit, vor allem das Geschaffensein der Zeit, sagte (in Gen. hom. 1,1), ist bei Augustinus in mehreren Schriften über diese Bibelstelle ausführlich entfaltet (Gen. adv. Man. I 3; Gen. litt. imp. 6; Gen. ad litt. I 2–12; conf. XI 10–14; civ. XI 4.6.32). Auch zu der Frage, ob unter „Himmel und Erde" in Gen. 1,1 die geschaffene Welt der Geister und Körper zu verstehen sei

---

14 Die von Irénée CHEVALIER, Saint Augustin et la pensée grecque. Les relations trinitaires, Freiburg i.d.Schw. 1940, 103–105. 162, dagegen angeführten Gründe sind nicht überzeugend.

15 Für Letzteres plädiert LA BONNARDIÈRE, Jérôme „informateur" (wie Anm. 2) 51f.

16 Willy THEILER, Die Seele als Mitte bei Augustin und Origenes, in: ders., Untersuchungen zur antiken Literatur, Berlin 1970, 554–563, hier 562f. Im Schlusskapitel von *De Genesi ad litteram liber imperfectus* (Gen. litt. imp. 16), das Augustinus in seinen frühen Jahren begonnen, aber erst 426/27 fertiggeschrieben hat (vgl. retr. I 18), findet sich eine kritische Anspielung auf princ. III 6,1: SOMERS, Image de Dieu (wie Anm. 4) 124.

17 Henri DE LUBAC, Histoire et Esprit. L'intelligence de l'Ecriture d'après Origène, Paris 1950, dt.: Geist aus der Geschichte. Das Schriftverständnis des Origenes, übertr. und eingel. von Hans Urs VON BALTHASAR, Einsiedeln 1968, 125f. Anm. 60.

18 CHADWICK, Christian Platonism (wie Anm. 4) 221.

(Gen. litt. imp. 9; Gen. ad litt. I 3f.), ist Augustinus von Origenes angeregt worden (in Gen. hom. 1,2). Generell dürfte Augustinus in der anthropologischen Ausdeutung der Schöpfungstage (Gen. adv. Man. I 43; conf. XIII) von der ersten Genesishomilie des Origenes beeinflusst sein. Zudem folgte er Origenes eng in der Auslegung von Gen. 1,26 als Erschaffung des inneren Menschen und von Gen. 2,7 als Erschaffung des äußeren Menschen (vgl. Origenes, in Gen. hom. 1,13 mit Augustinus, Gen. adv. Man. I 27f.; II 9; ferner Origenes, ebd. 1,15 mit Augustinus, Gen. ad litt. III 34).[19] Ferner gibt es in der Trinitätslehre Parallelen zwischen den Reflexionen über den Zusammenhang von *imago Dei*-Lehre und *homo interior* (vgl. Origenes, in Gen. hom. 1,13; 13,4 mit Augustinus, trin. XII 12; XIV 5f.; auch trin. VII 12 könnte auf Origenes, in Gen. hom. 1,15 beruhen).[20] Schließlich berief sich Augustinus (quaest. in Hept. I 4; civ. XV 27) mit namentlicher Nennung des Origenes auf die von ihm gegebene Erklärung zur Glaubwürdigkeit des biblischen Berichts über die Ausmaße der Arche – Origenes berechnete mit Hilfe mathematischer Axiome riesige Maße der seiner Auslegung nach pyramidenförmigen Arche (in Gen. hom. 2,2) – und schloss sich (quaest. in Hept. I 7; civ. XV 27) zum Problem der Nahrungsbeschaffung für die Tiere in der Arche ebenfalls Origenes an (in Gen. hom. 2,1). Auch eine Deutung von Länge, Breite und Höhe der Arche (Gen. 6,16) mit Hilfe von 2 Kor. 13,13 auf Glaube, Hoffnung und Liebe (civ. XV 26) entnahm Augustinus der zweiten Genesishomilie des Origenes (in Gen. hom. 2,6). Die Lehre von der Simultanschöpfung hingegen wurde Augustinus (siehe vor allem Gen. ad litt. IV 43.51–56) nicht durch Origenes, sondern wahrscheinlich durch Basilius und Hilarius vermittelt.[21]

Aus einer Levitikushomilie des Origenes (in Lev. hom. 6,2) stammt die berühmte Deutung der von toten Tieren stammenden „Kleider aus Fellen" in Gen. 3,21 als eines symbolischen Hinweises auf die Hinfälligkeit und Sterblichkeit des menschlichen Körpers zur Strafe für die Sünde (Gen. adv. Man. II 32;[22] en. in Ps. 103 serm. 1,8; 2,2; serm. 362,11;

---

19 SOMERS, Image de Dieu (wie Anm. 4) 115–117 (ebd. 123f. allerdings ein Beispiel, das zur Vorsicht mahnt); TESKE, Commentaries on Genesis (wie Anm. 12) 180f. mit weiteren Analogien; VANNIER, Origène et Augustin (wie Anm. 8) 731; HEIDL, Homily on paradise (wie Anm. 12) 597. Ebd. 600–603 vergleicht HEIDL zudem Augustins Auslegung von Gen. 1,28 mit dem von Paul GLAUE edierten Gießener Papyrus 17, doch stammt dieser Text – der zudem griechisch ist, so dass Augustinus ihn wohl kaum lesen konnte – wohl nicht von Origenes: in Gen. frg. F 1 METZLER (OWD 1/1, 312–317).

20 KANY, Augustins Trinitätsdenken (wie Anm. 6) 84–86. 111 Anm. 560.

21 ALTANER, Augustinus und Origenes (wie Anm. 4) 246–250.

22 In Gen. ad litt. XI 52 erwähnt Augustinus diese Deutung nicht.

trin. XII 16;[23] Anspielungen auf diese Exegese finden sich in conf. XIII 16 und c. Iul. op. imp. IV 37).[24] Wie Origenes in einer Richterhomilie (in Iud. hom. 8,5) brachte Augustinus (in Ioh. ev. tract. 56,5) den Bericht über die Fußwaschung in Joh. 13,3ff. in Verbindung mit Hld. 5,3, wo ebenfalls vom Waschen der Füße die Rede ist. Die Hoheliedauslegung des Origenes hat generell auf Augustinus eingewirkt, etwa im Gedanken der Tugend als „Ordnung der Liebe" bzw. „geordnete Liebe" (civ. XV 22: *ordo amoris*) mit Bezug auf Hld. 2,4: „Ordnet in mir die Liebe *(ordinate in me caritatem)*" (Origenes, in Cant. hom. 2,8; in Cant. comm. III 7 über die *caritas ordinata*). Und mit Augustins Hinweis bei der Beziehung von Ps. 21(22),7 auf die jungfräuliche Geburt Christi auf „frühere" *(priores)* Ausleger (ep. 140,21) ist Origenes gemeint, denn nur bei ihm, in den von Hieronymus im Jahre 392 übersetzten Lukashomilien, steht genau die gleiche Exegese (in Luc. hom. 14,8).

Nach Origenes, dem Schöpfer der Lehre von den fünf geistigen Sinnen,[25] ist Augustinus der erste Lateiner, der diese bietet und dabei wohl von Origenes beeinflusst ist. Deutlich erkennbare Bezüge gibt es zwischen zwei Predigten des Origenes (in Lev. hom. 3,7) und des Augustinus (serm. 159,4), wo drei als Beleg dafür herangezogene Bibelstellen (Ps. 33[34],8; Mt. 11,15; 2 Kor. 2,15) bei beiden vorkommen.[26] Auch für die allegorische Deutung von „Babylon" finden sich etliche Parallelen bei Origenes und Augustinus.[27] Ferner lassen Origenes (princ. I praef. 10) wie Augustinus (civ. XI 32) die Frage offen, ob die Engel vor der Welt erschaffen wurden (vgl. auch Origenes, in Matth. comm. XV 27 mit Augustinus, civ. XI 9, wo beide aus Ijob 38,7 schließen, dass die Engel vor den Gestirnen entstanden seien). Desgleichen dürfte Augustinus die Vorstellung von Schutzengeln von Origenes haben (vgl. Ori-

---

23 Siehe dazu KANY, Augustins Trinitätsdenken (wie Anm. 6) 84.

24 ALTANER, Augustinus und Origenes (wie Anm. 4) 236–239; Jean PÉPIN, Saint Augustin et le symbolisme néoplatonicien de la vêture, in: AM 1 (1954) 293–306, hier 301–305, der ebd. 305 als Stütze für diese Abhängigkeit auf die Etymologie des Namens *Her* als *pellicius* bei Origenes, in Lev. hom. 5,4, und Augustinus, c. Faust. XXII 84, hinweist; STUDER, Origenismus (wie Anm. 1) 285; TESKE, Commentaries on Genesis (wie Anm. 12) 179; HEIDL, Homily on paradise (wie Anm. 12) 597.

25 Siehe dazu Karl RAHNER, Le début d'une doctrine des cinq sens spirituels chez Origène, in: RAM 13 (1932) 113–145; John DILLON, *Aisthesis Noete*. A Doctrine of Spiritual Senses in Origen and in Plotinus, in: A. CAQUOT u.a. (Hg.), Hellenica et Judaica. Festschrift für Valentin Nikiprowetsky, Leuven/Paris 1986, 443–455; erneut in: ders., The Golden Chain. Studies in the Development of Platonism and Christianity (Variorum. CS 333), Aldershot u.a. 1990, Nr. XIX.

26 Weitere Belege für beide bei ALTANER, Augustinus und Origenes (wie Anm. 4) 242f., von Augustinus etwa conf. X 8 und in Ioh. ev. tract. 18,10.

27 Stellen bei ALTANER, ebd. 243f.

genes, in Gen. hom. 9,3; 16,2; in Luc. hom. 23,8; princ. I 8,1; III 3,2, mit Augustinus, civ. XI 34; en. in Ps. 88 serm. 1,3; div. quaest. 79,1).

2. Augustins Kritik an Origenes

Man kann wohl sagen, dass Augustins intellektuelle Entwicklung, besonders sein Nachdenken über Sünde und Gnade, ihn schon von dem Augenblick an von Origenes weggeführt hat, als er begann, ihn zu lesen.[28] In der pelagianischen Kontroverse beschäftigte er sich dann intensiv mit dem Zusammenhang von Freiheit, Sünde und Gnade und in Verbindung damit mit Fragen der Christologie und Soteriologie, die auch für die Theologie des Origenes zentral waren. So bezogen sich beide auf dieselben Bibelstellen, etwa Ijob 14,4f. in der Septuaginta-Fassung, Ps. 50(51),7 und Joh. 3,5 zur Taufe oder Röm. 7 und 9 zur Willensfreiheit.[29] In diesem Zusammenhang sind diejenigen Aspekte der Theologie des Origenes verstärkt in den Blick Augustins gerückt, die als häretisch galten, zumal Pelagius sich für seine ethische Paränese auf Traditionen bezog, die auf Origenes zurückgingen.[30] Eine Rolle hat dabei wahrscheinlich die Übersetzung von Origenes' Römerbriefkommentar durch Rufinus (wohl um 405/6) gespielt, die Augustinus gelesen haben dürfte.[31]

Im Jahre 414 wies Orosius Augustinus auf eine Reihe von Irrtümern des Origenes hin (Orosius, commonit. 3; vgl. Augustinus, ep. 169,13).[32]

---

28 So Joseph Wilson TRIGG, Art. Origen, in: Allan D. FITZGERALD (Hg.), Augustine through the Ages. An Encyclopedia, Grand Rapids MI/Cambridge U.K. 1999, 603–605, hier 604.

29 Siehe dazu in diesem Band Beitrag Nr. 18, darin bes. S. 386. 415. 444f. – In seiner Dissertation in Oxford, die Dominic KEECH mir als Manuskript (2009) zur Verfügung gestellt hat, verficht er die These, dass Augustinus vor allem in seiner christologischen Auslegung von Röm. 8,3 von Origenes beeinflusst sei.

30 STUDER, Origenismus (wie Anm. 1) 271; GROSSI, L'origenismo latino (wie Anm. 2) 58–62. 83.

31 Nachgewiesen von BAMMEL, Augustine, Origen (wie Anm. 2) 356–363; die einschlägigen Texte sind ebd. 365–368 ausgeschrieben. – Für Konsens vgl. Origenes, in Rom. comm. V 1 zu Röm. 5,12 (p. 367 HAMMOND BAMMEL) mit Augustinus, pecc. mer. I 9; Origenes, ebd. V 1 zu Röm. 5,13 (p. 376f.) mit Augustinus, ebd. I 65f.; Origenes, ebd. V 9 zu Röm. 6,6 (p. 438–440) und ebd. VI 12 zu Röm. 8,3 (p. 525) mit Augustinus, ebd. I 34; II 11.15.38, beide mit Rekurs auf Ijob 14,4f. und Ps. 50(51),7. – Für Dissens vgl. Origenes, ebd. II 5 zu Röm. 2,10f. (p. 127f.) mit Augustinus, spir. et litt. 44; Origenes, ebd. III 7 zu Röm. 3,30 (p. 253–256) mit Augustinus, ebd. 50.

32 LA BONNARDIÈRE, Jérôme „informateur" (wie Anm. 2) 50f.; BAMMEL, Augustine, Origen (wie Anm. 2) 345f.

In seiner Antwort mit einer kleinen Schrift unter dem Titel *Contra Priscillianistas et Origenistas* bündelte Augustinus die kritischen Punkte zu drei Themen: Eschatologie, speziell zur Bedeutung von αἰώνιον bzw. *aeternum*, das Origenes im biblischen Sinn als Ausdruck für die begrenzte Dauer einer Welt auffasste (c. Prisc. 5–8), Schöpfung (ebd. 9f.; vgl. civ. XI 23) und Kosmologie, speziell zur Beseelung der Gestirne (c. Prisc. 11–14; vgl. ench. 58). Auffällig ist, dass Augustinus, offenbar abhängig von Orosius (commonit. 3: *de trinitate doctrinam satis sanam*), Origenes keinen Irrtum in der Trinitätslehre vorhielt (c. Prisc. 4; vgl. haer. 43).[33] Die Trinitätslehre des Origenes scheint im Westen generell keine Rolle gespielt zu haben. Die dafür grundlegenden ersten beiden Bücher des Johanneskommentars lagen nicht in einer lateinischen Übersetzung vor, und der dafür zentrale Passus in princ. I 3, in der Origenes seinen Heilstrinitarismus skizziert, ist einerseits ob seiner Dichte ein sehr schwieriger Text (was einen Augustinus aber gerade hätte anziehen müssen), andererseits steht er eben in einer Schrift, die paradigmatisch für die Häresien des Origenes stand.[34]

Im Zuge der Zuspitzung seiner Prädestinationslehre hat der späte Augustinus Origenes vermehrt kritisiert.[35] Als seine Hauptirrtümer betrachtete er folgende:[36] Während der frühe Augustinus seinerseits die

33 STUDER, Origenismus (wie Anm. 1) 279f.; LA BONNARDIÈRE, ebd. 46–51; Robert J. O'CONNELL, St. Augustine's Criticism of Origen in the *Ad Orosium*, in: REAug 30 (1984) 84–99; SFAMENI GASPARRO, Agostino (wie Anm. 1) 235–239.

34 Gleichwohl beruht es auf einer Verkennung dieser Texte des Origenes, wenn Joseph Wilson TRIGG, Origen. The Bible and Philosophy in the Third-century Church, Atlanta 1983, 103, meint, zur Trinitätslehre habe Origenes keinen substantiellen Beitrag geleistet.

35 GROSSI, La presenza in filigrana di Origene (wie Anm. 3); ders., L'origenismo latino (wie Anm. 2) 64–70; ebd. 70–82 Texte in Spätschriften Augustins *(De gratia et libero arbitrio; De correptione et gratia; De praedestinatione sanctorum)*, in denen Origenes nicht genannt, aber seine Eschatologie (nebst seiner Auffassung von der Willensfreiheit) kritisiert wird.

36 ALTANER, Augustinus und Origenes (wie Anm. 4) 228f.; Willy THEILER, Augustin und Origenes, in: Aug(M) 13 (1968) 423–432, erneut in: ders., Untersuchungen zur antiken Literatur, Berlin 1970, 543–553, hier 543; CHADWICK, Christian Platonism (wie Anm. 4) 223f.; SFAMENI GASPARRO, Agostino (wie Anm. 1) 229–235. – In haer. 42 erwähnt Augustinus *Origeniani*, die auf einen Origenes zurückgingen, der ein anderer sei als der „fast allen bekannte" Origenes und nur im Ketzerkatalog des (Pseudo-)Epiphanius vorkommt, auf den Augustinus sich stützte. In haer. 43 nahm er, abhängig von der gleichen Quelle, gegen die Irrtümer anderer *Origeniani* Stellung, nämlich zur Leugnung der Auferstehung der Toten, in der Trinitätslehre (Christus und der Heilige Geist als Geschöpfe) und zur Allegorisierung des Schöpfungsberichtes. Aufgrund dieser Einlassungen wurde im lateinischen Westen der Ausdruck *Origenistae* abgelöst durch die Bezeichnung *Origeniani*: GROSSI, L'origenismo latino (wie Anm. 2) 84f. mit Belegen.

Ansicht vertreten hatte, dass alles zu Gott zurückkehren werde, auch die gefallenen Engel (mor. II 79; vgl. retr. I 7,6),[37] hat er in späten Jahren die Theorie der Apokatastasis, das heißt die Wiederherstellung aller Dinge einschließlich des am tiefsten gefallenen Geistwesens, des Teufels, vehement abgelehnt. Als horrendesten Gedanken in der Theologie des Origenes kritisierte er dabei einen ständigen Wechsel von Fall und Erlösung in einer endlosen Abfolge von Welten, weil das jede Heilsgewissheit ausschließe, so in einem Brief an Hieronymus im Jahre 415: „Erstens läuft die Annahme irgendwelcher Kreisläufe darauf hinaus, dass nach Ablauf von was weiß ich wie vielen Welten unausweichlich eine Rückkehr zu dieser Last des verderblichen Fleisches und zum Abbüßen von Strafe erfolgt – ich weiß nicht, was man sich Schrecklicheres als eine solche Anschauung ausdenken kann. Zweitens: Gibt es, wenn diese Leute Recht haben, eigentlich einen Gerechten, nach dessen Tod wir nicht in Sorge sein müssten, er könnte im Schoß Abrahams sündigen und dafür in das Feuer jenes Reichen hinabgeworfen werden (vgl. Lk. 16,22–24)? Denn warum sollte nicht auch nach dem Leben im irdischen Körper gesündigt werden können, wenn das auch vorher möglich war?" (ep. 166,27; vgl. ferner im selben Sinne gest. Pelag. 10; civ. XII 14.18.20f.; XXI 17.23; c. Prisc. 5. 7; haer. 43; retr. I 7,6; c. Iul. op. imp. V 47; VI 10). Sein leicht abfälliger Tonfall zeigt, dass Augustinus sich dieser Kritik sehr sicher war: Es seien „jene auf verkehrte Weise Mitleidigen" (civ. XXI 24: *isti in perversum misericordes*; vgl. ebd. 17: *cum misericordibus nostris*), also wohl zeitgenössische Anhänger eines vulgären Origenismus, die solche Ideen verträten, und Origenes sei noch „mitleidiger" als diese (ebd.: *misericordior*). Augustinus hat die diesbezüglichen Überlegungen des Origenes allerdings missverstanden,[38] denn dieser konzipierte keinen zyklischen Wechsel von Seligkeit und Elend, sondern erhoffte die definitive Wiederherstellung aller Vernunftwesen nach einer unbekannten, aber endlichen Anzahl von aufeinander folgenden Welten.[39] Den Einwand Augustins, die zurückgekehrten Seelen könnten ja immer wieder sündigen, konterte Origenes mit dem Gedanken, dass die gefallenen Geistwesen im Laufe ihres irdischen Daseins Erfahrungen gemacht hätten – besonders die Erfahrung der nie endenden Liebe Gottes, auch nicht dem übelsten Sünder gegenüber –, die sie so vorher nicht hatten, und, aufgrund dieser Erfah-

37 CHADWICK, ebd. 229. Nach HEIDL, Homily on paradise (wie Anm. 12) 599, war er dabei von Origenes, princ. II 1,1f. abhängig. Da diese Schrift jedoch erst 398/9 übersetzt vorlag, ist dieser Zusammenhang unmöglich.

38 Auch THEILER, Augustin und Origenes (wie Anm. 36) 543. 547f., und CHADWICK, ebd. 223, taten dies.

39 Siehe dazu in diesem Band Beitrag Nr. 6, S. 147–149, und Nr. 7, S. 173–175.

rungen gereift, ihre Freiheit „am Ende“ nur noch richtig gebrauchen und nicht mehr zum Abfall von Gott missbrauchen würden (siehe bes. Origenes, princ. III 6,6; in Rom. comm. V 10; VI 5; dial. 26f.).[40]

Ferner kritisierte Augustinus die Präexistenz der Seelen als Erklärung für die Übel dieses Daseins – in frühen Schriften konnte er noch unbefangen auf den Präexistentianismus zu sprechen kommen (ep. 7,3) – und die Konzeption der Welt als eines Strafortes (civ. X 31; XI 23; pecc. mer. I 31f.; c. duas ep. Pelag. II 11; grat. Christ. et pecc. orig. II 36; an. et orig. I 9.16; III 9; ep. 164,20; 166,27; 202A,8; 217,16; c. Prisc. 9). Mit Letzterem hat er Origenes freilich erneut missverstanden, für den die Welt nicht zur Strafe geschaffen wurde, sondern als Möglichkeit der Bewährung und Besserung für die gefallenen Vernunftwesen (vgl. bes. princ. II 1–3). Mit dieser Kritik demonstriert Augustinus, dass er in die Schöpfungs- und Erlösungslehre des Origenes – anders als in seine Bibelauslegung, die er vielfach aufgriff (s.o.) – wohl nur einen begrenzten Einblick bekommen und deren Kerngedanken nicht wahrgenommen hat.

Ein weiterer kleiner Kritikpunkt war Augustins Ablehnung von Origenes' Argument zugunsten der Ewigkeit der Schöpfung: Weil Gott ewiger Allherrscher sei, müsse auch ewig ein von ihm Beherrschtes existieren, so dass die Welt keinen Anfang haben könne (princ. I 2,10). Augustinus argumentierte umgekehrt: Weil die Schöpfung nicht ewig sei, komme die Bezeichnung „Herr“ Gott erst in der Zeit zu (trin. V 17; civ. XII 16).[41]

3. Ein kurzes Desiderat

Man kann gewiss noch weiter Quellenforschung im Detail betreiben. Der kleine Überblick zeigt allerdings, dass in dieser Hinsicht das Wesentliche geleistet ist. Da kann es nur noch um Einzelfragen gehen, die schnell zu Quisquilien werden können. Solche Quellenforschung stößt im Falle Augustins vor allem deshalb an Grenzen, weil er – wie schon gesagt – Anregungen aus der Lektüre anderer Werke stets eigenständig und kreativ aufgegriffen und verwendet hat. Dem brillanten Autodidakten Augustinus genügte ein tiefsinniger Satz, um ihn zu weiteren

40 Die wesentlichen Argumente für diese Deutung der Endgültigkeit des Heils im Apokatastastis-Konzept des Origenes bei Peter NEMESHEGYI, La Paternité de Dieu chez Origène, Tournai 1960, 203–224, und Hermann Josef VOGT, Das Kirchenverständnis des Origenes (BoBKG 4), Köln/Wien 1974, 208–210. 344f.

41 KANY, Augustins Trinitätsdenken (wie Anm. 6) 85, der THEILER, Augustin und Origenes (wie Anm. 36) 549, leicht korrigiert.

tiefsinnigen Gedanken anzuregen. Augustinus war weit entfernt von der profunden Kenntnis der antiken Philosophie, über die Origenes aus intensiver Lektüre verfügte. Aber das wenige an (neu-)platonischen Schriften, das Augustinus in die Hände kam – welche Schriften auch immer es im Einzelnen gewesen sein mögen –, reichte völlig aus, sein Denken mit den notwendigen Anregungen zu versorgen und auf die Spur zu setzen, auf der er weiterdenken konnte. Mit der Lektüre von Origenestexten, welche auch immer diese im Einzelnen gewesen sein mögen, muss es sich ähnlich verhalten haben. Damit ist der Weg versperrt, sämtliche Anregungen, die er daraus möglicherweise empfangen hat, durch den Vergleich von Texten aufzuspüren.

Fragt man nach Ähnlichkeiten und Unterschieden zwischen Origenes und Augustinus, wird man in der Schriftauslegung große Gemeinsamkeiten feststellen:[42] Beiden geht es um das Aufspüren des tieferen Sinns der Texte der Bibel, die alle Wahrheit in sich enthält, in Verbindung mit einer philosophischen Deutung der Wirklichkeit, und beide beziehen die biblischen Texte und ihren Sinn auf die Entwicklung der Seele zum Besseren. Auch in ihrer Argumentationstechnik sind beide sich ähnlich: Sie entwickeln präzise die jeweilige Fragestellung, erörtern Alternativen und legen ihre eigenen Überlegungen dazu genau und ausführlich dar. Origenes und Augustinus waren hoch philosophische Köpfe, die ihre überragenden geistigen Fähigkeiten darauf verwandten, mittels der Erklärung der Bibel über die so genannten großen Fragen des Lebens nachzudenken.

Entscheidend ist, dass die beiden größten Theologen der Alten Kirche ihre Theologien vor demselben philosophischen Hintergrund entworfen haben. Das gilt grosso modo, denn Origenes stand im Kontext des so genannten Mittelplatonismus und schuf eine theologische Metaphysik, die in vielem der Philosophie Plotins parallel geht, insbesondere im Blick auf ihre Freiheitsmetaphysik. Augustinus hingegen schöpfte aus den Errungenschaften des von Plotin ausgehenden Neuplatonismus und konnte diese als Basis für seine Theologie nutzen. Aber eben weil das Denken des Origenes so neuplatonische Züge hat, kommen beide sich wieder nahe. Vor allem aber kommen sie sich nahe, weil sie von denselben Fragen umgetrieben wurden und in dieselben Richtungen nach Antworten suchten. Augustins Denken wurde beherrscht von der Frage nach Glück, von der Frage nach dem Leid und nach der Herkunft des Bösen – *unde malum?* – und von der Frage nach Sicherheit,

42 Auf diesen und den folgenden Aspekt macht TRIGG, Origen (wie Anm. 28) 604f., im Anschluss an CHADWICK, Christian Platonism (wie Anm. 4) 221, aufmerksam.

nach Heilsgewissheit.[43] Nimmt man den programmatischen ersten Satz der Vorrede zu *De principiis*, dann sieht man, dass auch für Origenes die antike Leitfrage nach einem guten und glücklichen Leben zentral war und dass er darauf, wie Augustinus, im Konzert der philosophischen Antworten, die seit den Zeiten der klassischen griechischen Philosophie gegeben wurden, eine christliche Antwort auf der Basis der Bibel suchte.[44] Wie Augustinus opponierte Origenes vehement gegen dualistische Konzepte jedweder, vor allem gnostischer Provenienz, um die Frage nach der Herkunft des Bösen ruhig zu stellen – die sich, wie die Religions- und Philosophiegeschichte zeigt, nicht ruhig stellen lässt. Wie Origenes räumte Augustinus gerade mit Blick auf diese Frage der ethischen Praxis einen grundsätzlichen Vorrang vor theoretischer Spekulation ein.[45] Nur in der Frage nach Heil und Erlösung gingen die beiden verschiedene Wege, was Augustinus klar gesehen und entschieden gegen Origenes vertreten hat. Die Eschatologie des Origenes, und damit seine ganze ethische Paränese, lebte aus einem offenbar unerschütterlichen Vertrauen in die alle Widerstände überwindende Liebe des Schöpfers zu seinen fehlbaren, aber erfolgreich erziehbaren Geschöpfen (vgl. nur Cels. VIII 72). Augustinus vermochte ein solches Vertrauen in eine umfassende Erlösung offenbar nicht aufzubringen und rettete sich vor der Verzweiflung angesichts des Absurden in eine Prädestinationslehre, in deren Zentrum ein dem menschlichen Verstehen entzogener

---

43 So nach meinem Dafürhalten zutreffend Wilhelm GEERLINGS, Art. Augustinus, in: LThK[3] 1 (1993) 1240–1247, hier 1243f. – Einem anderen Thema hat Basil STUDER einen (freilich nicht sehr tiefschürfenden) Aufsatz gewidmet: Geschichte und Glaube bei Origenes und Augustinus, in: CrSt 25 (2004) 1–24, erneut in: ders., Durch Geschichte zum Glauben. Zur Exegese und zur Trinitätslehre der Kirchenväter, Rom 2006, 177–203.

44 Vgl. princ. I praef. 1: „Jene, die zu dem Glauben und der Gewissheit gelangt sind (vgl. 2 Tim. 1,12), dass ‚die Gnade und Wahrheit durch Jesus Christus geworden ist' (vgl. Joh. 1,17) und dass Christus ‚die Wahrheit ist' – nach seinen eigenen Worten: ‚Ich bin die Wahrheit' (Joh. 14,6) –, alle diese empfangen die Erkenntnis, die den Menschen dazu beruft, gut und glücklich zu leben *(ad bene beateque vivendum)*, nirgendwo anders her als von eben den Worten und der Lehre Christi."

45 Siehe dazu das wunderbare Gleichnis in ep. 167,2: „Ein Mensch war in einen Brunnen gefallen. Das Wasser stand gerade so hoch, dass es ihn auffing und vor dem Tod bewahrte. So ertrank er nicht und konnte noch sprechen." Das Bild ist ungemein bezeichnend für Augustins Sicht auf die Situation des Menschen: Das Wasser steht im buchstäblich bis zum Hals. Weiter im Text: „Da kam ein anderer, und als er ihn erblickte, meinte er mitleidig: Wie bist du da bloß hineingeraten? Jener aber entgegnete: Ich bitte dich! Wie du mich hier herausholen kannst, überlege dir, nicht, wie ich hier hineingeraten bin!" Die folgenden Ausführungen gehen dann der Frage nach, „wie wir dieses Leben hier führen und uns bemühen, Gott zu gefallen, um ewig zu leben".

Willkür-Gott steht. Augustinus brach damit mit der Rationalität des Glaubens und des religiösen Denkens, die Origenes mit seiner Verknüpfung von Bibel und Philosophie in die christliche Theologie eingeführt hatte. Hier gingen ihre Denkwege auseinander, mit weitreichenden Folgen für die abendländische Geschichte christlichen Denkens und Lebens.

Ohne diese Thesen an dieser Stelle weiter ausführen zu können: Ein Vergleich zwischen Origenes und Augustinus auf dieser Ebene wäre überaus lohnend. Vielleicht wäre ein derartiges Unternehmen zu anspruchsvoll und würde mehr als ein dickes Buch erfordern. Viele Vorarbeiten dazu liegen freilich vor, sowohl zur Theologie des Origenes als auch zur derjenigen des Augustinus, und mögliche direkte Bezüge Augustins auf Origenestexte sind, wie aus diesem kleinen Beitrag hervorgeht, weitgehend erkundet. Ein Vergleich ihres Denkens anhand der skizzierten Themen dürfte Erhellendes zur Entwicklung der antiken Theologie und ihrer Weiterentwicklung im Abendland beitragen und wohl auf manche, nach wie vor akute Fragen neues Licht werfen.

Nachweis der Erstveröffentlichungen

1. Origenes. Theologie der Freiheit (unveröffentlicht)
   Teile aus: Liebhaber der Freiheit – Origenes, in: Michael LANGER/Józef NIEWIADOMSKI (Hg.), Die theologische Hintertreppe. Die großen Denker der Christenheit, München 2005, 214–229, und Teile aus: Origenes (185–254), in: Gregor Maria HOFF/Ulrich H. J. KÖRTNER (Hg.), Arbeitsbuch Theologiegeschichte. Band 1: 2. bis 15. Jahrhundert, Stuttgart 2011 (im Druck).

2. Hieronymus. Theologie als Wissenschaft:
   Wilhelm GEERLINGS (Hg.), Theologen der christlichen Antike. Eine Einführung, Darmstadt 2002, 168–183.

3. Der junge Origenes im Bildungsmilieu Alexandrias:
   Ferdinand R. PROSTMEIER (Hg.), Frühchristentum und Kultur (Kommentar zu frühchristlichen Apologeten. Erg.-Bd. 2), Freiburg u.a. 2007, 249–277.

4. Origenes – der Schöpfer christlicher Wissenschaft und Kultur. Exegese und Philosophie im frühen Alexandria (unveröffentlicht).

5. Das Theologiestudium als Lebenswende. Eine Geschichte aus der Alten Kirche:
   Geist und Leben 78 (2005) 40–48.

6. Origenes als Theologe der Geschichte. Exegese und Philosophie in der Geschichtstheologie des Origenes (unveröffentlicht).

7. Laßt uns erwachsen werden! Ethische Aspekte der Eschatologie des Origenes:
   Theologie und Philosophie 75 (2000) 321–338.

8. „Wer das glaubt, weiß gar nichts“. Eine spätantike Debatte über den Universalanspruch des christlichen Monotheismus:
   Orientierung 68 (2004) 138–141.

9. Origenes und Ephräm über Paulus' Konflikt mit Petrus (Gal. 2, 11–14):
   Manfred WACHT (Hg.), Panchaia. Festschrift für Klaus Thraede (Jahrbuch für Antike und Christentum. Erg.-Bd. 22), Münster 1995, 121–130.

10. Klassiker und Ketzer. Origenes im Spiegel der Überlieferung seiner Werke (unveröffentlicht).

11. Hieronymus gegen Origenes. Die Vision Jesajas im ersten Origenismusstreit:
Revue d'Études Augustiniennes et Patristiques 53 (2007) 199–233.

12. Hieronymus über die heilsame Täuschung:
Zeitschrift für antikes Christentum 2 (1998) 97–112.

13. Jüdisch-christliche Gemeinsamkeiten im Kontext der Antike. Zur Hermeneutik der patristischen Theologie:
Peter HÜNERMANN/Thomas SÖDING (Hg.), Methodische Erneuerung der Theologie. Konsequenzen der wiederentdeckten jüdisch-christlichen Gemeinsamkeiten (Quaestiones disputatae 200), Freiburg u.a. 2003, 71–92.

14. Kürbis oder Efeu? Zur Übersetzung von Jona 4,6 in der Septuaginta und bei Hieronymus:
Biblische Notizen 72 (1994) 12–19.

15. Aktuelle Tendenzen der Hieronymus-Forschung. Impressionen von einer Tagung über Hieronymus in Cardiff:
Adamantius 13 (2007) 144–151.

16. Hieronymus und Augustinus:
Art. Hieronymus, in: Augustinus-Lexikon 3 (2004) 317–336.

17. *Veritas Latina*. Augustins Haltung gegenüber Hieronymus' Bibelübersetzungen:
Revue des Études Augustiniennes 40 (1994) 105–126.

18. Zur Vielfalt altkirchlicher Soteriologie. Augustins Berufung auf Hieronymus im pelagianischen Streit:
Johannes B. BAUER (Hg.), Φιλοφρόνησις für Norbert Brox (Grazer Theologische Studien 19), Graz 1995, 119–185.

19. Wahrer Gott – wahre Gerechtigkeit. Politische Implikationen des Monotheismus in der Spätantike:
Gesine PALMER (Hg.), Fragen nach dem einen Gott. Die Monotheismusdebatte im Kontext (Religion und Aufklärung 14), Tübingen 2007, 251–282.

20. Origenes in den Werken Augustins (unveröffentlicht).

Register

Die Abkürzungen der biblischen Bücher folgen den Loccumer Richtlinien. Bei antiken Quellen ist der Name des Autors ausgeschrieben. Werktitel sind nach der ersten Silbe der zentralen Begriffe abgekürzt (meistens in der lateinischen Fassung); Bücher sind mit römischen Ziffern gekennzeichnet. Zu Werken, die in den gängigen Editionsreihen ediert sind, wird die Sekundärzitierung (in Klammern) so notiert, dass auf das Kürzel der Reihe die Bandzahl, dann die Seitenzahl folgt (gelegentlich dazu die Zeilenzahl); bei separat erschienenen Werken steht (in Klammern) nach dem Kürzel p. (für *pagina*) die Seitenzahl (bei mehrbändigen Werken davor die Bandzahl in römischer Ziffer), gefolgt vom Nachnamen des Editors.

Abkürzungen von Periodica und Lexika folgen Siegfried M. SCHWERTNER, Internationales Abkürzungsverzeichnis für Theologie und Grenzgebiete. Zeitschriften, Serien, Lexika, Quellenwerke mit bibliographischen Angaben, Berlin/New York [2]1992. Was darin nicht erfasst ist, ist ausgeschrieben.

Zusätzlich sind folgende Abkürzungen verwendet:

ZAC Zeitschrift für antikes Christentum

OWD Origenes, Werke mit deutscher Übersetzung, herausgegeben von Alfons FÜRST und Christoph MARKSCHIES, 25 Bde., Berlin/New York – Freiburg/Basel/Wien 2009ff.

Die Seitenzahlen in den Registern können sich sowohl auf den Text als auch auf die entsprechenden Fußnoten beziehen.

1. Bibelstellen

2. Origenesstellen

3. Hieronymusstellen

4. Augustinusstellen

5. Namen und Sachen

Die Namen Augustinus, Hieronymus und Origenes werden nur aus den Teilen des Buches erfasst, die nicht speziell ihnen gewidmet sind. Allgegenwärtige Begriffe wie Bibel, Heilige Schrift oder Theologie sind nicht berücksichtigt. Adjektive sind jeweils in die aufgeführten Substantive mit eingeschlossen.